TURING 图灵新知

**Paul Halmos**

[美] 保罗·哈尔莫斯 —— 著

张十铭 —— 译

U0734116

# I Want to be a Mathematician

*An Automathography*

# 我想当数学家

人民邮电出版社

北 京

**图书在版编目（CIP）数据**

我想当数学家 /（美）保罗·哈尔莫斯

(Paul Halmos) 著 ；张十铭译. -- 北京 ：人民邮电出

版社，2025. --（图灵新知）. -- ISBN 978-7-115

-66288-0

Ⅰ. K837.1261.1

中国国家版本馆CIP数据核字第2025SZ7512号

## 内 容 提 要

本书是著名数学家保罗·哈尔莫斯的自传，也是他为自己所处的"数学时代"写下的历史掠影。哈尔莫斯因在泛函分析、遍历理论、测度论、布尔代数理论等领域的贡献著称于世。他不仅对整个数学领域的研究保持着浓厚兴趣，而且始终关注着数学世界的人与事。读者可在本书中看到上百位数学家的身影。哈尔莫斯讲述了他们的趣闻轶事，为他们拍照留念，让读者对这群数学家产生全面而感性的认识。这本书堪称20世纪的数学"社会史"。同时，作者谈到如何学习、如何做研究、如何营造良好的学习和学术环境，讲述了自己对数学的理解，以亲身经历告诉读者，什么是真正的数学家和数学研究，以及怎样才能成为一名数学家。

本书适合数学爱好者、数学研究人员，以及对数学史和科学史感兴趣的大众读者阅读。

◆ 著　　　　[美] 保罗·哈尔莫斯（Paul Halmos）

　 译　　　　张十铭

　 责任编辑　戴　童

　 责任印制　胡　南

◆ 人民邮电出版社出版发行　　北京市丰台区成寿寺路11号

　 邮编　100164　电子邮件　315@ptpress.com.cn

　 网址　https://www.ptpress.com.cn

　 涿州市京南印刷厂印刷

◆ 开本：720×960　1/16

　 印张：33.75　　　　　　　2025年5月第1版

　 字数：514千字　　　　　　2025年5月河北第1次印刷

　 著作权合同登记号　图字：01-2020-5999号

定价：139.80元

读者服务热线：(010) 84084456-6009　印装质量热线：(010) 81055316
反盗版热线：(010) 81055315

# 版 权 声 明

向安布罗斯、杜布和冯·诺伊曼致敬，
他们在不知不觉中造就了今天的我。

# 序曲

这是一本数学自传[1]，由传主写的数学传记。它绝对不是一本数学书，更可以肯定的是，它无关我的出身和生活。的确，我有父母（2 人）、妻子（2 任，每任一人，现任 40 年），还有猫（8 只，每次两只，现在的两只养了 3 年）。我曾经有、现在仍然有许多的缺点，与此同时，我相当确定，还有一些优点。我喜欢海顿[2]、长距离散步、尼罗·沃尔夫[3] 和黑啤酒，还有几年我尝试了超觉静坐[4]。这些都是事实，但与你毫不相干，也无关本书主旨。

这本书讲的是一名职业数学家从 20 世纪 30 年代到 80 年代的职业生涯——从高中到退休，一定程度上遵循时间顺序呈现，但各小节是按实质内容而不是时间来编排的。书中涉及美国伊利诺伊大学、普林斯顿高等研究院，以及芝加哥大学、密歇根大学和印第安纳大学等大家熟悉的高校。书中表达成见，言叙轶事，聊说闲话，还有经验之谈；讲述参加考试、求职、著书、旅行、教学和当编辑的故事。

50 年前，我自傲、反传统、心切、雄心勃勃、风风火火、懵懵懂懂、缺乏安全感。如今，我已心境和缓，老成持重了（或许吧），而且学到了一些东西。从某种程度上讲，这本书从今日之我回望往昔之我，揭示了一些我当时迫切想知道的奥秘。

保罗·哈尔莫斯（P. H.）

## 译者注

[1]　作者由 autobiography（自传）创造了一个新词 automathography（数学自传），这个单词

尽管并未被收入主流词典，但如今已被许多数学圈内人士采用，尤其是在互联网上。

[2]  弗朗茨·约瑟夫·海顿（Franz Joseph Haydn，1732—1809），奥地利作曲家，18 世纪
     古典音乐史的代表人物之一。他促进了弦乐四重奏和交响乐的结构与风格的建立。

[3]  尼罗·沃尔夫（Nero Wolfe）是一位虚构的侦探，由美国推理小说作家雷克斯·斯托
     特（Rex Stout）于 1934 年创造。沃尔夫优雅、古怪、隐遁，其形象也常出现在影视作
     品中。

[4]  原文为 TM。原书索引列有 "personal tastes: dark beer, long walks, TM"（个人品味：
     黑啤酒、长距离散步、TM），说明 TM 应该属于作者比较私密的个人兴趣或爱好，因
     此这很可能是 transcendental meditation，即超觉静坐，也称超验冥想。

# 致谢

有六人逐字阅读了本书打印稿。他们的评论（诸如"删掉这个""他是谁?""还凑合""缓和语气""你确定吗?"）要么让我振作起来，要么让我发疯，但无论是哪种情况，都激励了我。他们是约翰·尤因 [1]、埃琳娜·弗拉博斯基 [2]（她录入了所有内容，很多内容还录了好几遍）、伦纳德·吉尔曼 [3]、弗吉尼娅·哈尔莫斯 [4]、瓦尔特·考夫曼－比勒 [5] 和彼得·罗森塔尔 [6]。他们所说的一切都帮了我，我真的很感谢他们的帮助。非常感谢。

## 译者注

[1] 约翰·尤因（John Ewing），作者在印第安纳大学时的同事，出现在本书第 15 章，曾与人合作编辑出版了庆祝作者 75 岁生日的专辑。

[2] 埃琳娜·弗拉博斯基（Elena Fraboschi），作者在印第安纳大学的同事。

[3] 伦纳德·吉尔曼（Leonard Gillman，1917—2009），美国数学家，也是一位古典钢琴演奏家，曾担任美国数学协会理事长。他的研究领域包括博弈论、集合论和拓扑学。在英语中，伦尼（Lenny）通常是伦纳德（Leonard）的昵称，本书第 15 章采用了这个昵称。此外，本书有大量人名使用昵称或简称，译文仅对其中部分加以注释说明。

[4] 弗吉尼娅·哈尔莫斯（Virginia Halmos，1915—2015），作者的第二任妻子。

[5] 瓦尔特·考夫曼－比勒（Walter Kaufmann-Bühler，1944—1986），作者的朋友，也是一位出版商、编辑、作家，本书英文版的编辑。作者曾专门为他写过悼念文章，评价道："瓦尔特在纽约的施普林格（Springer）出版社做了 13 年数学编辑，他的工作对几乎所有当代数学家都产生了影响。"

[6] 彼得·罗森塔尔（Peter Rosenthal），作者在密歇根大学指导的最后一位博士生，出现在本书第 12 章和第 14 章。

关于人称代词的说明，此处转引玛丽－克莱尔·范勒南（Mary-Claire Van Leunen）的作品《学者手册》（*A Handbook For Scholars*）中的一段话 [1]。

> 我的阐释风格大量采用了单数形式，因此经常出现"每个人""他的"这类用法。这个"他的"是泛指某人，不分男性和女性。若使用"他的或她的"，会因重复变得笨拙，且暗示了当"他的"单独出现在别处时，单指男性的，而事实并非如此。若采用"她的"，反而会让读者感到突兀，打断了眼前的话题。"他们的" [2] 巧妙地解决了这个问题，却产生了另一个问题。"ter" [3] 对我来说更夸张了。"某人的"破坏了用词结构，显得刺眼而特殊。"它的"简直是个苛刻的笑话。我们女权主义者与其玩弄语言，还不如同情男性，因为他们被迫四处分享自己的代词。

> 玛丽－克莱尔·范勒南版权所有 ©1978。经艾尔弗雷德·A. 克诺夫公司（Alfred A. Knopf, Inc.）许可转载。

## 译者注

[1]  有意思的是，该书的修订版（牛津大学出版社，1992 年）一字不落地引用了这段关于人称代词的注解，但是范勒南给予了全面的否定。在本书第 15 章，作者谈及自己指导的最后一位博士生时，两人曾就"he"的含义产生分歧，或许这就是他转载这段文字的缘由。

[2]  原文是"their"，在英语中可以表示所有第三人称复数的所有格形式，在提及性别不详的人时，也用以代替"his"（他的）或"her"（她的）。"their"在使用时，虽然避开了性别区分的问题，却带来了难于区分单复数的麻烦。

[3]  "ter"来自拉丁语，意为"三者"，泛指男性、女性和中性的人称。

# 目录

## 第一部 学生时代

### 第 1 章 读·写·算

### 第 2 章 大学教育

### 第 3 章 研究生生活

## 第4章　学会做研究

## 第5章　学会思考

## 第6章　在研究院

## 第7章　赢得战争

# 第二部　学者生涯

## 第8章　一所伟大的大学

## 第9章　初创年代

## 第 10 章　蒙得维的亚大学

## 第 11 章　美妙绝伦的五十年代

# 第三部　成为长者

## 第 12 章　教学的故事

## 第 13 章　出访悉尼，出访莫斯科，然后回家

## 第 14 章　如何做好几乎所有事

## 第 15 章　公共服务，各色各样

第一部

# 学生时代

# 读·写·算 [1]

## 文字

我喜欢文字胜过数字，而且向来如此。

那么，你可能要问，为什么我会是一个数学家？我不知道。我从生活经历中找到了些缘由，发现机遇起了不小的作用，至少和个人选择同等重要。请听我慢慢道来。我确实知道，我并不总拿得准自己想成为什么样的人。

开篇头一句解释了我对很多事情的感受，以及我是如何产生那样的感受的。例如，它意味着，或者无论如何，我希望它意味着，在数学中我喜欢概念胜过计算。对我而言，群的定义比柯西（Cauchy）积分公式更清晰、更重要、更漂亮。将概念与事实相比较是否有失公允？要知道，对我而言，在美感和深度方面，一次可微复变函数的无穷可微性远胜过著名的关于非交换指数运算的贝克－坎贝尔－豪斯多夫（Baker-Campbell-Hausdorff）公式。

开篇那句话也是我的一点声明：我喜欢理解数学，喜欢为自己和大众阐明数学，更甚于在数学上有所发现。对我来说，顿悟一个未知秘诀的喜悦和突然发现未知真理的喜悦是一样的——两者都有启迪之光的闪现、几乎难以置信的视野拓展，以及精神放松后的快感和狂喜。同时，就主观的愉悦程度而言，发现一个崭新真理类似于参透一个已知真理，但有一点颇为不同。不同之处在于，前者带来的那种自豪感、胜利感，以及成为第一名后近乎恶意的满足感。"第一"就意味着某人是第二，想当第一就是要求"按曲线评分"[2]。我好像在说，几乎可以肯定，阐明旧数学比发现新数学更合乎道德——这显然是蠢话，但可以换个说法：不伴随沾沾自喜的见解更好。也许，我更擅长打磨旧东西而不是探索新东西，更喜欢我能加以改进的那些东西。

我主张在论述上，尤其是在数学论述上，也要"文字多于数字"。精妙符号的发明（对于乘积、指数、级数、积分……一切计算概念）通常是一个巨大的进步，它能化繁为简，但同时也令人费解。

举个例子来说明我的观点，试看一个著名的基本定理和它的一个著名的基本证明。这个定理是内积空间中的贝塞尔（Bessel）不等式，叙述为，如果 $\{x_i\}$ 是规范正交集，$x$ 是向量，$\alpha_i = (x, x_i)$，则 $\sum_i |\alpha_i|^2 \leqslant \|x\|^2$。这个定理有个标准证法，令 $x' = x - \sum_i \alpha_i x_i$，然后计算：

$$0 \leqslant \|x'\|^2 = (x', x') = \left(x - \sum_i \alpha_i x_i, x - \sum_j \alpha_j x_j\right)$$

$$= (x, x) - \sum_i \alpha_i (x_i, x) - \sum_j \bar{\alpha}_j (x, x_j) + \sum_i \sum_j \alpha_i \bar{\alpha}_j (x_i, x_j)$$

$$= \|x\|^2 - \sum_i |a_i|^2 - \sum_i |a_i|^2 + \sum_i |a_i|^2$$

$$= \|x\|^2 - \sum_i |a_i|^2$$

证明严谨利落，但缺乏启发性。我认为，理想的证明是这样一句话："作 $x - \sum_i \alpha_i x_i$ 与其自身的内积，再乘出来。"这应该足以让跃跃欲试的读者拿起铅笔把上面的等式链重写出来；或者，他可能更乐于倚靠在椅背上，合上双眼，脑海里浮现这些等式。如果他懒得这样做，想让别人帮他完成更多的工作，那么这句证明还可以加长："结果为正，由四项组成：第一项是 $\|x\|^2$，规范正交性意味着最后一项是 $\sum_i |a_i|^2$，两个向量积项都等于 $-\sum_i |a_i|^2$，其中一项与正的和项抵消，余下的即为所证不等式。"

就篇幅而言，文字和符号的数量相当。文字除了更清楚，还有另一个优点：在从教室回到办公室的路上，人们无须使用黑板或粉笔也可以进行交流。人们还更有可能通过文字发现适当的一般概念和背景（例如与投影相关的内容）来深化见解。"

　　我并不主张人们应该偏好文字，但我察觉到自己差不多喜好关于文字的一切。我喜欢玩文字类的游戏——易位构词游戏 [3]、詹姆斯·瑟伯的"超级幽灵"文字游戏 [4]、乔托游戏 [5]、拼字游戏 [6]；我也喜欢词源学——字词源自何处、曾经的意思、如何演变，以及当下的精确含义。我的这种爱好过去被称为"语文学"（philology）——对文字的热爱 [7]；如今时髦的名称是"语言学"（linguistics）。我不喜欢"语言学"，太像数学了。不仅如此，更糟糕的是，它就像那种"数字"类的数学，它没有解决自然语言中困难的抽象语义概念（例如"意义"和"解释"），而是几乎完全专注于形式语法的符号演算。

　　并不是所有的数学家都喜欢文字。我猜测数学和文字存在着以下关联性，却没有证据能证明：代数学家喜欢文字，比如阿廷（Artin）；分析学家不喜欢文字，比如柯朗（Courant）；几何学家中的代数派（扎里斯基，Zariski）和分析派（莱夫谢茨，Lefschetz），各有所好。我想证明的另一种关联性是：擅长文字叙述的数学家往往因清楚的讲解而获得口碑，受人爱戴；相反，某些"鬼教授"每天都在被恼怒的莘莘学子嘀咕和埋怨。不管我能否证明这一普遍定理，这种相关性，这种类比，在情感上我是信服的。集合论和代数与算术和微分方程之间的关系，似乎如同文字与数字的关系一样。

　　我敢一概而论吗？我想说，喜欢文字能够比会做演算更好地反映一个人的数学能力。许多研究生院的指导教师曾特别指出：申请数学奖学金的学生，如果在研究生入学考试中语言推理部分得分较高，则要比数量推理部分成绩好但语言推理部分成绩差的学生更有可能被录取为博士生。

## 书籍

　　"喜欢文字胜过数字"，或正好相反的偏好，是如何产生的呢？我认为，这要么是天性使然，要么是早期养成的，一旦我们养成了这种习惯，无论如何，我们都会坚持下去。以我自己为例，这种倾向在 4 岁时开始显现，到了 8 岁得到巩固。我很早就轻松学会了阅读，然后学会了写作；算术并不难，但我学得晚些，也慢些，既说不上明显感到简单，也没带来极大的乐趣。

我家住在匈牙利布达佩斯一栋公寓的第三层，面朝着一条繁忙的街道（现在叫作列宁大街 [8]）。这条大街十分热闹，色彩缤纷，人头攒动，声音嘈杂。街上店铺林立：一家扎眼的五金店宽大的平板玻璃后，陈列着闪亮的刀具；几家书店里堆满了五颜六色的书籍；咖啡馆中态度恭顺却牢骚满腹的侍者们，黑色左袖上搭着白色餐巾；还有些商店里满是玩具、糖果、拐杖、衣服、鞋子和各式钟表。便道很宽阔，摩肩接踵的人群穿梭在商店橱窗与路边的树、磅秤（花一枚分币可以称体重）、售报亭、出租车停靠点之间。便道上似乎总是熙来攘往：当我一大早去上学的时候，他们就在那里；当我偶尔外出远足或看完电影，深夜被带回家的时候，他们也在那里；后来当我长大成人，以一名美国游客的身份去了匈牙利，夜间很晚出门时，人群仍然在那里。灯火通明，咖啡馆里传来吉普赛乐曲。

列宁大街的路面很宽，容得下两条有轨电车线路，此外还有两条车道。有轨电车和出租车从未清静过。在电车轨道上放一枚分币，金属轮子碾过后，它就被轧得平平的，真是好玩。我很小的时候，出租车是马拉车，后来才变为机动车。虽然列宁大街和拉科齐（Rákoczi）路的拐角处并不完全像美国的百老汇和第七大道，但是，比起像斯卡斯代尔 [9] 那样的商业区，它还是更像百老汇和第七大道。13 岁的时候，我搬到了美国芝加哥，所在住宅区的街头巷尾白天寂静无声，晚上简直荒无人烟，我住了一段时间才适应。

老早以前，那时我还没上学，我就喜欢透过临街的窗子目不转睛地向外望，并且乐在其中。我对组成商店名字的巨大字母感到困惑。"那是什么意思？"我很想知道，"那个字母的名称是什么？"这些问题的答案，并不能构成一门系统的阅读课。我的这种学习方法可能会让"看 – 说"学派和语音学派的支持者感到震惊，但它确实奏效。我坚持不懈的好奇心的结果是，在我 4

岁生日的时候，我不仅认识了字母表，而且还能阅读。我开始走进祖父[10]的大型私人藏书室，没过多久，街那头与我家隔几扇门的公共图书馆也变得有用了。祖父的书都存放在带玻璃门的书柜中，妥善锁藏着，钥匙搁在一个抽屉里，抽屉也锁了，老爷子随身带着抽屉的钥匙。他让我看任何我想要的书，不过问，不检查，但他必须亲自取出来。

我读了很多书。当我 6 岁开始上学的时候，我每天都有家庭作业要做——是的，家庭作业，从 6 岁开始——但我仍有足够的时间阅读：吃早点的时候，晚饭前，浴缸里，最好的是晚上。熄灯之前，我会躺在床上看书，并用一台收音机插上耳机收听维也纳和巴黎的电台音乐。我阅读并享受着格林童话、安徒生童话、伊索寓言和拉封丹寓言，以及不久之后的《丑角三唱：律师、戏子、剑客》(Scaramouche) 和《曾达的囚徒》(The Prisoner of Zenda)，这些书的语言全是匈牙利高级书面语。当然，还有匈牙利文学，如约卡伊 (Jókai) 和考林蒂 (Karinthy) 的作品，以及来自世界各地的优秀著作和令人兴奋的流行文学。尼摩船长和尼克·卡特[11]，夏洛克·福尔摩斯和亚森·罗平都是我的朋友。美国文学以詹姆斯·费尼莫尔·库珀 (James Fenimore Cooper) 和马克·吐温为代表，我对钦加哥和汤姆·索亚的了解大概和美国堪萨斯城的大部分男孩子一样多。

五六十年后的今天，当我回首那些日子时，我很感激并欣赏那里的气氛。文化不是搞笑的、异常的或柔弱的东西，这是理所当然的。书籍和音乐被认为是人类共同遗产的一部分。在学校里，我们讨论最新的尼克·卡特作品，当然，也讨论达达尼安。我们可以告诉彼此，自己刚刚读了些什么，别人并不会觉得奇怪。

## 写作

当我刚上小学的时候，我就知道如何阅读，但是我仍然要学习写字。弗洛伊德也许会推断，这对我来说一定是一次创伤性的经历，然而我几乎什么都不记得了。我集中精力去回想，脑海中呈现出一幅模糊的画面：一间不大的屋子，还不如我现在的起居室大，里面坐着一些不知姓名的孩子，还有一位不知姓名的女士，就是老师。我们要用专门的横格纸写字。小写字母，比如 e 和 o，必须夹在中间的两条线之间，靠得很近；向上和向下的笔画，就像 t 和 p 中的，要到达更靠外的顶线和底线。写出来像这样：

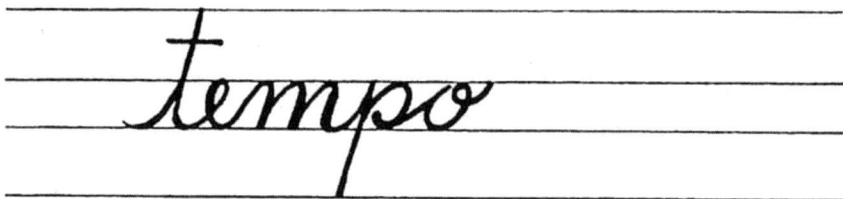

这对我来说很难，我感觉没把握。教大写字母 M 那天我没有去上课，我不得不自创写法——这困扰了我很长一段时间。

当我到美国后，我很快就注意到我的笔迹是"不同的"，虽然字迹清晰，但是带着一种奇怪的外国"腔调"。后来，我刚开始教书时，这成了一个沟通的小障碍。我重新自学，结果是至少就书写而论，我可以冒充本地人了。

机械意义上的写字（writing）就说到这里。拥有不同意义的写作（writing）作为一种表达思想的方式，要重要得多、困难得多，学习的时间也要长得多。在我印象中的第一篇习作里，我努力表达了自己的爱国之情。

当时，匈牙利人的爱国热情因《特里亚农条约》[12] 爆发了。第一次世界大战后，根据此项条约，战胜国瓜分了匈牙利，其国土面积仅剩原来的三分之一。"反对，反对，永远反对！"成为国家的座右铭。在学校里，我们每天课诵效忠匈牙利的国旗誓词。我热爱这段誓词。我对《特里亚农条约》感到愤慨，希望帝国回归。我是保皇派，这就是我的政见。当我们被要求写一篇爱国主义的作文时，我的作文在班上得了奖。我相信自己的潜力，而且，我开始感受到今后对文字的热爱的萌动。我能写出辞藻华丽的散文，我为此感到自豪。

我为什么喜欢写作并且感觉驾轻就熟？我姑且揣测，这得益于三个方面的主要影响：我读了很多，写了很多，而且热爱语言。我想，说到底这都归结于对文字的嗜好。

我相信阅读伏尔泰和塞万提斯的作品，或者大仲马、小仲马和施尼茨勒（Schnitzler）的作品，会影响和改善我的数学风格，帮助我成为一名更好的老师。阅读丰富了我的用词，拓展了我的世界观，加深了我对自己想要接触的受众的理解。我的有些朋友骄傲地宣称他们从不读小说，这让我感到震惊。他们中的一些人把所有小说都称为谎言，或者用更客气的说法，称为虚构的人造故事，而不是现实的真实故事。真实故事是关于压迫、萧条和战争的，是关于竞选、选举和高层腐败的，它们比简·奥斯丁、狄更斯、高尔斯华绥和毛姆的作品更有"意义"，更加"切题"。不对，不对，不对！我在情感上和行动上都反对这种观点。我并不主张脱离世界，退隐世外；但我坚持认为，倘若我没读过《旧约》和《新约》（英王詹姆斯钦定本）[13]、《爱丽丝漫游奇境记》，以及《麦克白》、美国《独立宣言》和《人与超人》（*Man and Superman*），我就不会成为一名作家。

至于写作，我一直在写作，从我记事时起就一直在写。我写信，时不时地写日记，还给自己写笔记——我会用完整句子写笔记，而不仅仅写什么"试作幂级数展开"或者"$p>1$ 时见邓福德 – 施瓦茨（Dunford–Schwartz）定理"。我通过写作来思考。上大学时，我一直写笔记，将课堂上潦草记下的缩写转录成清晰易懂、合乎语法的句子。后来，当我开始尝试证明定理（这个低调的说法比故作高深的"做研究"更易被人接受），我继续写下去，仿佛我在和自己进行一场对话。"如果我只考虑遍历的情形会怎样？让我想想。我已经研究过 $S$ 为遍历的情形，但有用的情形是当 $S$ 和 $T$ 都是……"

我很想鼓吹：这是正确的方法，以这种方法——我的方法做，否则你就会失败。但我唯一可以确定的是，这只是对我来说正确的方法，我没有别的方法。

## 语言

阅读、写作和语言，是促进我创作的三个因素。我已经讲解过阅读和写作的作用了，至于语言因素的作用，我感觉可能是——至少部分是因为在我学会母语之前，已经学了一门外语。我不到 2 岁的时候，家里来了位蒂罗尔人[14]保姆教我德语，我一直希望自己保留德语能力。我德语听力不错（尤其是奥地利的德语），但我不会说与写：除了后来学过的技术语言，我掌握的词汇量只有一个 4 岁孩子的水平，动词和 der、die、das[15] 之类的词我都不懂。

在大约 6 岁时，拉丁语“细胞”融入我的血液之中。我有一个哥哥，比我大 5 岁，在我们经常玩耍和学习的共用桌子旁，他喃喃地背诵功课，其中一些内容对我产生了影响。我还记得一串拉丁语介词：ante，apud，ad，adversis，circum，circa，citra，cis……它们是与宾格连用的介词吗？

希伯来语我学得稍晚一些。学校按天主教徒、新教徒和犹太教徒将学生分开，宗教教育分成两部分：一部分很有趣，另一部分很可怕。有趣的部分是，那个下巴上留着小胡须、软弱无力的老领唱，坐在一架簧风琴前，教我们唱一些希伯来语赞美诗。我想，他害怕我们，但那活泼的曲调使我们一整天都很兴奋，我们几乎都期待着每周的这堂课。我仍然记得一些曲调和一首赞美诗的前几行。可怕的部分是希伯来语课。教这门课的是一个严厉的、圆脸刮得光光的男人，他把自己看得很重要。他没有教我们任何希伯来语，他甚至不去试着教教——那可不是工作职责所要求的。他只是把我们变成能够把希伯来语的印刷文本转化为声音的机器。面对一页带标点的希伯来语《旧约》，我无须知道任何一个词的含义，就能将进入眼帘的符号转换成从双唇间发出的声音。

无论是在学校，还是在家里，我所受的教育都强调国际化。法语（不知怎么搞的，我一直没有时间去学）不仅是一门学科，而且是活生生的事物——我父亲在打电话时，若不想让他爱管闲事的孩子们听懂，就用法语。

我觉得，即便是娃娃德语、二手拉丁语、机械希伯来语和保密法语，也扩大了我的文学视野。且不说别的，这些语言教会了我去感受表达同一思想的各种方式之间的异同。

现在，一些研究生反对将学会阅读两种语言作为获得博士学位的必要条件。"我们为什么要学习花卉、家人、属格和过去分词呢？我们只想能阅读上个月巴黎研讨会的报告。"有些人甚至说："谁需要德语？对我来说，Fortran语言[16] 更为重要。"

恐怖！我很不安。我敢说，这种反语言、反文化、反理智的态度将导致国际科学信息交流恶化，并催生大量糟糕的作品。我所学到的每一丁点儿语言知识都对我后来的写作有帮助，丹麦语、葡萄牙语、俄语和罗马尼亚语是这样，我学这些语言是出于特定的数学原因，而我接触过一点的希腊语和梵语也是这样。我一直遗憾没人教过我希腊语，每一分希腊语知识都可以换来十分的语言感悟。在这些年里，我设法学会了不少希腊语词根，我的资料来源是我书架上的英语词典，尤其是《美国传统词典》(*The American Heritage Dictionary*)和第二版韦氏词典。我觉得我需要先查出单词的词源，然后才能准确地使用它们，而且我知道（这是件小事，在这儿顺便提一下）我在英语拼写上没有问题的原因是，即使只是对其他语言有"点头之交"，也能让我认识到大部分的难词来自哪里。

我得承认，用 Fortran 语言代替德语只是 **90%** 的糟糕，而不是 **100%** 的糟糕。这让我在理解文化和精通传播**艺术**方面有所失，但在一丝不苟地注重细节和日益精通传播**科学**方面，却有所得。形式语言的理论学习和实践训练，可能有助于文字表达的严谨精确，尤其是对那些数学天赋不是特别突出的学生来说，但其对于文字表达的清楚明了并无帮助。有时候，这种区别会被忽视，甚至被驳斥，然而这是一个可悲的错误。毕竟，在一篇文章中，不会被误解与确实被理解之间存在着天壤之别。

# 数字

我是在家里学会数数的，这意味着我学会了正整数集合中初始一小段的那些成员的名称。我可以按顺序背出来，我还能分辨出五块饼干和七块饼干的区别。我那充满魅力又神秘莫测的父亲给了我最早的算术经历，这事与时钟有关。他从硬纸板上剪下一个圆盘，用罗马数字 I 到 XII 做了记号，在圆盘中心钉上指针，教我报时。课堂在他的大房间里，那是他的地盘，被允许进入是一种难得的优待。这个房间既是他的诊室（他是一名医生），也是他的书房（在难得的空闲时间，他会在书桌前琢磨国际象棋问题），还是他的卧室。床在白天是一张宽大而豪华的长沙发，上面盖着一张色彩艳丽的波斯毛毯。房间一面墙上有三扇大窗户，阳光充足，令人愉快，与窗户相对的是一排带玻璃门的书柜。认钟课持续了一个多星期。我终于学会了，当时钟显示 8:45 时，我能说出"八点三刻"，这让我既兴奋又得意。

在那段时间里，我还听说过三角学，但那时候三角对我来说是一个伟大而可怕的谜。我哥，就是那个嘟囔拉丁语介词的哥哥，记住了对边、斜边和各种恒等式。当时我什么都记不住，我甚至不知道这些概念用匈牙利语怎么说。许多年后，当我学习这门课时，我必须先克服恐惧才能明白，其实这一切都很容易。

上小学时，我学习算术，诸如九九乘法表之类。我算术不太好，有的乘积，比如 $6×7$ 和 $7×8$，我总是不能对答如流，必须停下来仔细想想。（乘法和大写字母 M 是同一天教的吗？）那些口诀（我很确定 $3×7 = 21$）似乎在我的听觉记忆里。乘法口诀与其说是我"看到"的或"理解"的，不如说是**听见**的。

此外，当我听到乘法口诀用我的母语匈牙利语讲出来时，有时，这会让我心中为之一颤。尽管我已经说英语、读英语、写英语和梦英语超过半个世纪，我听到的算术却总是匈牙利语的。当我结算支票时，我是用匈牙利语嘟囔着数字——不是"nine and eight is seventeen, carry one"[17]，而是"kilenc és nyolc az tizenhét, marad egy"。为什么会这样？也许是因为，算术是我们所有人每天都在喃喃自语的东西，而大多数其他科目往往一搁置就是一星期或是一个月。

我在匈牙利受到的算术教育，成了我在美国教书初期的一个小障碍。要了解问题出在哪里，请看这两个算术竖式：

$$
\begin{array}{r}
1932 \times 473 \\
\hline
7728 \\
13524 \\
5796 \\
\hline
913836
\end{array}
$$

和

$$
\begin{array}{r}
1963 \div 29 = 67.68 \\
-174 \\
\hline
223 \\
-203 \\
\hline
200 \\
-174 \\
\hline
260 \\
-232 \\
\hline
28
\end{array}
$$

不费什么工夫就能看出，两个算式一个是长乘法，一个是长除法，但都有些"与众不同"，它们看起来和美国国内的竖式不太一样。我就是这么学的，但我教的大一代数班的学生，做 1963 除以 29 就够麻烦的了，更无法忍受一种他们觉得落后的方法。这下子，和我的笔迹一样，我必须重新学习一些东西。我做到了，我变得更像内布拉斯加州人了。然而，我承认，即使是现在，在我当众进行长乘法或长除法运算时，我也必须有意识地避免自己回到原先读书时的状态。

有一个算术上的障碍却从来没有让我担心过，那就是上学时，我未曾学过一些更复杂的算法，比如平方根的算法。告别学校后很久，有位朋友曾经教过我如何手算开平方，但我只记住了几个星期。

我堂哥[18]比我大一岁。在我 8 岁、他 9 岁时，祖父常常让我俩比赛三位数乘法，当然不能用纸和笔，全靠心算，看谁算得快。我既不喜欢也不讨厌这个游戏。不过我享受胜利的感觉，想得到奖励给获胜者的那枚硬币。（或许我就是那时成为"数学家"的。）我俩的计算能力差不多一样好。

## 学习或忧愁

所有的孩子都害怕上学吗？至少我是，不过我上小学的时候不像上中学那么怕。我上的中学被称为文理中学（Gymnasium）[19]，G 的发音犹如英语单词give 里的 g。用"害怕"这个词来形容我的感受太苍白了，更恰当的描述是持续不断、不得安宁的忧虑、担心，是的，还有恐惧。我从来没有被打败过，但是，一想到要在公开场合遭受讽刺和非难，一种无法抵抗的精神压力足以激励我学"好"。对我来说，所谓学"坏"并不是指变得下流、吵闹、喜欢搞破坏或残忍，主要是指没准备好课堂提问。

文理中学的课程是八年制，包括 8 年拉丁语、4 年希腊语、5 年数学，以及大量的自然科学、地理、历史和文学课程。我 10 岁时如期入学，但是没有待到 18 岁参加被称为"matura"[20]的高强度综合考试，因为我在 13 岁的时候就移民了。文理中学的教育重点在美国曾经被称为博雅教育（liberal arts education），即重视博大而深厚的文化，完全没有职业或专业的训练。

沉重的教科书在家和学校之间被带来带去，我们中的许多人都有一个我现在看来很可悲的习惯：星期二早上，我们会把与星期二课堂功课有关的四五页书撕下来，书的其余部分留在家里，这样携带的东西就少多了——这些是必须带的，因为在课堂上，老师可能让我们翻译拉丁语课本第 87 页的内容，或者解决代数课本第 43 页的问题。是吉还是凶？星期二可能被点到回答课堂提问的忐忑，始终伴随着我们。我们当然会投机。我们知道，如果在星期一的课堂被提问后，那么在星期二再次被选中的可能性很小。我们试着猜测老师们的习惯——一位常按字母顺序叫，另一位总爱"关照"坐在后面的男生，也就是那些"小笨瓜"。

课堂提问有时很短，你可以就在座位上回答，比如："谁是马提亚国王 [21] 的继任者？""意大利最长的河流是哪条？"有时回答时间很长，要到黑板前面去，比如，在黑板上翻译一段拉丁语，或者通过配方法来解一个二次方程。答得不好的学生常常会遭到大家的嘲笑，要么放学后被留下来，要么被安排额外的家庭作业，当然，当天的差成绩还会让你在学年结束时，把一张糟糕的成绩单带回家。

一次不尽如人意的课堂提问最糟糕的地方，就是让你感觉自己像个傻瓜：你站在那里，所有人都盯着你看。同学们并不比其他孩子善良多少，但也没有更坏。他们没有自居天才而嘲笑别人是笨蛋，他们在课下的态度大多与各地学生一样，带着乳臭未干的反智主义，觉得糖果、足球、电影和女孩远比课程、家庭作业、课堂提问和成绩更重要。但是，当你被诘问并且表现不佳时，或者，当你张口结舌、磕磕巴巴时，你会感到每个人都轻视你，你再也无法抬起头来。

我的拉丁语不太好，地理更糟。这两门课的老师比文学和数学老师更让我害怕。学得不好与怕老师，我不知道哪个是原因，哪个是结果。只有一次，我做了件正确的事情，回想起来，我越发感到一种暖心而愉快的兴奋。一晃55 年过去了，这件事仍犹在眼前。我在黑板上写了一个拉丁语句子，在一行的末尾，我遇到了一个单词，我必须把它分成几个音节。匈牙利语的音节划分规则和我们课本上说的拉丁语规则不一样，我记得拉丁语的规则，并照做了。班上有些同学——是谁，有的不知道，有的忘记了——对我的"错误"窃笑起来，而我也不是那么有把握，不能不担心。埃斯泰戈米（Esztergomi）先生（我发誓这是他的名字，我永远不会忘记他）瞥了一眼我写的东西，对那些窃笑的人咆哮道："他做得很好！"他让我开心了一整天，甚至是一辈子。

在我的记忆里（或许是由于怀旧）我觉得那个年代的老师，不管是我喜欢的还是我害怕的，都是认真的人，他们真正理解并关注他们的课程。甚至在我十几岁的时候，我就开始认识到学习本身是件好事，比取得高分要好。

物理课是一场观赏性娱乐。老师向我们展示一些准备好的实验，比如马格德堡半球 [22] 实验，并告诉我们泵是如何工作的。大概是我 12 岁那年的平安夜，我想出了个法子让自己平静下来，度过打开礼物前的那段难熬的时光，我绘制了一张非常细致而美丽的水泵工程图。这是我刚在学校学的。

我所学的数学是初等代数（括号、二次方程、二元一次方程组），对我来说既不难也不特别容易。我学得够好，中上等水平，并因此受到大家的注意。有一年夏天，一个跟我同龄的男生的父亲在一处旅游胜地找到我，花钱请我（我！）给他儿子当家教。这个男孩的麻烦是，他上一年度数学不及格，需要通过一场特别考试，才能获准下一年度秋季注册入学。报酬并不高（一小时的工资可以买一块奶油派），但这是我第一次挣到钱（而不是比赛赢的）。最终那男孩及格了。

## 学习英语

我的父亲是个鳏夫，我是他最小的儿子。在我 8 岁时，父亲移民到了美国。他稳定下来后，又结了婚，给我们带来了两个继姐妹，并开始陆续接我们去美国：首先是我的两个哥哥，不多久，在我父亲加入美国籍后，他几乎马上把我接去了。鉴于我父亲的国籍，我在 13 岁那年一到美国就立刻成了美国人。

预料到要移居美国，家里就安排我们学英语。但这安排做得不大好。约翰·费根（John Fegan），一位上了年纪的爱尔兰人，每周一次来教我们。我不知道他为什么在布达佩斯，也不知道他一开始是如何与我们取得联系的。我怀疑他是那种靠家里汇款为生的人 [23]。我确信他没有教语言的才能，甚至也没有学语言的才能。他在匈牙利住了这么多年，只学会了三个匈牙利语单词，其中一个是 "transfer"（用于有轨电车），另外两个是 "scrambled eggs" [24]。

费根的主要教学方法是把他从英文杂志上剪下来的精彩篇章给我们，让我们抄写——全是你可以在《读者文摘》（Reader's Digest）上看到的那类文章，例如，有一篇是关于泰坦尼克号沉船事件的，关于这个话题，我学到的比我想知道的要多得多。在抄写完这篇文章后，我要大声读出来，一边读一边被纠正发音，然后回答问题。灾难是什么时候发生的？（1912 年 4 月 15 日）有多少乘客遇难？（1500 人 [25]）在我看来，这个学习过程和在学校里学习差不多，却不如在学校里能与朋友沟通交流，取长补短。我尽量不费工夫，学到的也确实很少。

在和我同时移民的父亲的一个朋友的陪伴下，我到达纽约五分钟后，一位好心的海关官员认为我不知所措，问我是否需要帮忙。我勉强能听懂"帮助"这个词，就得意地答道："我们在等一个……""行李员"这个词从我的脑海里消失了。我的发音很糟糕，但他明白了，笑了笑，补充上我漏掉的词。（我想说的这句话曾出现在费根的一节课上。）

不到一个月，我就在芝加哥北部的沃勒（Waller）高中上了第一堂高中课。有人把我带到一间教室，我还记得，一个很得体的男人在教室里讲物理。我本分地听着，但老师说了些什么，我一个字也没听懂。一小时结束，所有的学生都起身去了其他教室。我觉得自己又笨又尴尬，没有人向我解释上课的程序。我该做什么？我该去哪里？我坐在那里，不知所措。那位老师佩恩（Payne）先生走到我的座位前问了我一些问题。我无奈地耸了耸肩。我们尝试了多种语言，几个拉丁语单词，几个法语单词，还有一些手语。他终于成功地告诉我，我必须去 252 号教室。我去了 252 号，最终，我挺过了在美国高中的第一天。

在你 13 岁的时候，学习一门新语言很容易，即使你害羞、自负、胆怯，仍不在话下，但并非总是愉快的。我还记得两三个月后发生的一件事，羞耻和愤怒令我战栗。我们当时在考试，我旁边的男孩向我前面的男孩借橡皮。当他用完后，我也需要用，就向原主笑了笑表示歉意，从旁边取过来用。原主瞪了我一眼，咕哝着："该死的外国佬。"我永远都不会忘记这一幕，每次想到，我就感到难过、痛苦和愤怒。他的形象和态度印在了我心里，这可能解释了我的一个非理性偏见，他一定是我讨厌那种圆脸阔肩的"橄榄球运动员"型的人的主要原因。

三个月后，我的英语可以说得很快了，但说得不准，而且口音很重。阅读则更容易、更快。1929 年圣诞节假期的一天，最令人兴奋的事情发生了。那是我第一次从头到尾一气呵成地读完一本英语书（那是一本夏洛克·福尔摩斯的故事），不是为了学习，而是为了快乐，不像上课那样紧张，也不用停下来查单词。快乐！

下一步需要解决口音问题。我是个外国人——无论前面是否带上贬义的形容词，我感觉上像个外国人，我听起来也像个外国人。一天，我在一间不上课的教室里学习，有一位女士探进头来，问我教师休息室在哪儿。听到我的回答，她没有去那里，反倒进来了。她在教育委员会（the Board of Education）工作。她的工作是寻找像我这样的外国人，并给予帮助。她受过语言训练，打算发挥她的专长来纠正我的口音，使之听起来有美国味儿。她虽然没有成功，但帮了我很多，我一直对她心存感激。

我过去常把 what 读成 vaht，v 和 w 的发音区别对我来说太微妙了。我的口音矫正师解决了大部分问题。读"hoo"，她说。读"ah"，她说。读字母"t"，她说。现在把它们一个接一个地、间隔地、细微而缓慢地读：hoo‑ah‑t。念快点。再快点。现在飞快地说——果然，我说出了"what"，口音就如同我出生在四个街区之外的富勒顿大道（Fullerton Avenue）一样。

我们一家人在家里交流几乎一直都是用英语，于是，我对匈牙利语的了解也仅停留在 13 岁的水平。我当初可能是一个聪明的 13 岁孩子，一个博览群书的 13 岁孩子，但我的匈牙利语静止在了 13 岁，至今如故。大多数关于哲学和政治的词（例如洞察力、道德、投票、治理之类）都不在我每天常用的词汇中，实际生活中的成人用词（例如加薪、建筑承包商之类）也是如此。虽然我说匈牙利语的速度仍然很快，而且带有近乎完美的口音，但我对单词和语法的控制能力很弱，这让我感到尴尬和不舒服。

我在说英语时还没有完全丢掉我的外国口音，这是我生活上的心病。我努力了，并且很努力。有时候能做到让自己的外国口音不明显、不被人注意，从而融入人群中，是件令人欣慰的事。我希望自己是那些男孩中的一员，而不用被问"那**你**是从哪里来的?"或者"你来**这里**多久了?"。我再也不想听到别人说："哦，你的口音**真有意思**。"我可能对这个问题太敏感了，但我总是把"你是从哪里来的?"听成"你是一个陌生人，我们不太希望你在这里"。我几乎一生都在美国度过，在各个方面——举止、语言、品味和文化，我都感觉自己像个美国人。我不喜欢别人说我是匈牙利人。我不是**他们**中的一员，我是**咱们**中的一员。

## 高中时代

我在匈牙利八年制的文理中学课程是在上完四年小学之后开始的，这与美国的学制正好相反，美国学制是在八年级之后接着上四年高中。这种差异让我能在一些事上搞点儿手段，从某种意义上说，我借机节省了四年的时光。我的继母一贯认为，她生活中的每件事都是在解一个极值问题：她认识的穷人比其他所有人更穷，富人则更富；她读的大学有最好的法学学位；她光顾的肉店卖最美味的肉；她的孩子们（包括我在内）是芝加哥最聪明的。她在匈牙利领事馆一位和蔼可亲的熟人的帮助下，翻译了我在文理中学的学业记录（课程对课程，年级对年级），官方译本证明我已经完成了三年的中学学业。结果，13 岁的我被准许进入高中读书，水平介于高中三年级和四年级之间。她赌我聪明到可以跳过四个年级。

这一操作让我所受的教育出奇地混乱（我从未上过任何种类的生物学课程，却一次又一次地学解二次方程），除此之外，并没有什么害处。在我所在的班上，其他人都比我大，但这并不重要。就我的年龄而言，我个子很高，而且很"神气"（cocky，根据我的词典，这词的意思是"兴致勃勃地自矜或自信"）。语言问题一解决，我就没遇到任何因年龄差异造成的社交问题。在此后的 10 到 15 年里，我通常是聚会上最年轻的人；但在刚过去的 10 到 15 年里，我很难习惯成为最年长的人，这是一个很大的负担。

当然，语言问题从一开始就是最严重的。而且糟糕的是，几乎在同一时间，我不得不上一门课，即公民学。在这门课上，语言起着关键作用。更糟糕的是，我发现老师思罗克莫顿（Throckmorton）先生的口音很难听懂（或许他是威尔士人），但我们很快就达成了友好的谅解，我只需要在另一个学期重修公民学课就行了。至于这学期，我要把这门课当作自习时间，我们俩互不打扰。（沃勒高中不存在"退课补选"的惯例。）

历史课是塔尔博特（Talbot）小姐在下个学期教的，这门课上，我没有遇到任何困难。其实，我很喜欢历史。这门课是讲解美国历史的，美国宪法只是其中的一部分内容。我不满足。我组织了一次请愿，要求在那之后的学期再开设一门关于宪法的课程，但这一请愿毫无结果。

我接触的数学课程包括代数和几何。代数从我喜欢的"高中代数"（大部分我已经知道了）讲起。我继续学习"高等代数"（advanced algebra），因为在这方面做得也很好，所以我接着在高中学习"大学代数"（college algebra）。顺便说一下，在大学里，我必须从"大一代数"开始，以便为"高级代数"（higher algebra）[26]（矩阵）做好准备，然后是"近世代数"（置换群和多项式）。这一系列课程的高潮出现在研究生院的一门名为"代数引论"的课程上（环和域，如范德瓦尔登[27] 书中所述）。在这个过程的初级阶段，我在高中通过两门不同的课程学习了复数。复数似乎并不特别神秘。令我惊讶和沮丧的是，现在的高中生不学习复数，可能是因为高中老师不懂复数。我在最近的研究生课程上遇到的学生，从未听说过棣莫弗（De Moivre）定理，即使是绝对值和复共轭也让他们感觉没把握。

欧几里得几何非常有趣。我们面临的挑战是如何证明"显而易见"的陈述，并把证明写下来：步骤1，原因；步骤2，原因；依此写下去。我喜欢这种论述过程，而且认为我比老师做得更好。

我在物理课上学到了最好的数学。例如，佩恩先生给我们讲了那群有名的兔子，它们按时间上的单调规律不断繁殖。（或许大家都知道这个问题，但以防万一，还是说说它是怎么回事儿。在这个故事里，每一对兔子，一雄一雌，在出生两个月后就开始繁殖，它们会每月定期产下另一对具有同样繁殖能力的兔子。故事中的兔子不会死亡。问题是：一年后会有多少对兔子？）这个故事引出了我后来学到的"斐波那契（Fibonacci）数列"。我当时没有解决这个问题，但它给我留下了深刻的印象。

我在高中所学的数学，大部分是在浪费时间吗？如果有人设计了一个智能化而又没有浪费的课程，我会学得更好吗？我应该在14岁的时候就接触到重要的计算、定理和证明吗？也许吧，我不确定，但值得思考一下。

我该上哪所大学呢？我父亲说，他仅有能力送我去两所大学。（我后来得知，他当时的年收入大约 6000 美元。）我可以去芝加哥大学，就在城里；或者去伊利诺伊大学，那是设立在厄巴纳（Urbana）的州立大学。我没花一分钟就做出了决定：厄巴纳离父母家有 130 英里 [28]，去厄巴纳意味着自由。我选择了厄巴纳。

从那以后，我一直在自责。我喜欢厄巴纳，也向往自由，我成了一个忠诚的"伊利诺伊大学人"（Illini）。伊利诺伊大学是一所不错的学校，但芝加哥大学过去（现在仍理所当然地）享有名校的声誉。若在芝加哥大学，我的教育质量会高得多，随后的职业生涯进展（获得更好的人脉、工作）也要容易得多。啊，好吧，下次我就知道了。

你曾经想长大后做什么？你一直想成为现在的自己吗？我不是。4 岁时我想当木匠，14 岁时想当药剂师，16 岁时想当化学工程师，18 岁时想当哲学家。从那以后，并且一直以来，我在学法律的道路上摇摆不定。我买了厚厚的案例书（但只读了几页），我还旁听了证据学课程（在迈阿密大学），还有侵权行为法和刑法（在印第安纳大学），以及罗马法（在英国爱丁堡大学）。

在办理伊利诺伊大学的入学手续时，有人问我打算学什么课程，我说化学工程。在我上高中化学课时，我就对化学着了迷。与物理和数学相比，化学对我来说是全新的，我乐在其中。那些化学反应方程式以令人满意的方式保持平衡，比如：

$$4Zn+5H_2SO_4 \rightarrow H_2S+4ZnSO_4+4H_2O$$

我之所以做出这个决定，有当初想做工程师的理想的影子。因为我喜欢数学，而我不知道除了工程师以外，还有什么职业跟数学有关系。（更正一下：我喜欢的是自己当时确信的那种数学。）我父亲是一名医生，我的两个哥哥是医科学生。医学与药学有关，药学又与化学有关。P. R. H.（我的名字缩写）和 R. Ph.（注册药剂师的缩写）组合在一起，很适合开几个小小的玩笑。所有这些"理由"，与一个 6 岁的孩子想成为一名消防员的理由如出一辙，为此，我宣告自己的主修科目是化学工程。于是，1931 年 9 月，我走进了伊利诺伊大学。

# 译者注

[1] 标题原文是 Reading and writing and 'rithmetic，即所谓的"三 R 技能"（three R's，因为 reading、writing 和 arithmetic 三个词的开头都有重音 r），这是西方基础教育中强调的三种基本技能。作者特别将 arithmetic 写成了 'rithmetic（其实首字母 a 是发音的），却没有将 writing 写成 'riting（首字母 w 不发音），但在通常情况下，这两个词要么都拼写完全，要么都采用缩略的写法。显然，作者有自己的理解和选择。

[2] 原文是 graded on the curve，即按照一定的成绩分布曲线确认评分或排名，是一种相对评价。例如，前 10% 的人可以得到 A 评分。在这种评价体系下，个人的成绩也部分取决于他人的成绩，引入了一定的竞争性。

[3] 易位构词游戏（anagram），把一个词（或短语）的字母调换位置或重新排列，以产生其他有意义的词，最好与原词有某种逻辑关系。

[4] 詹姆斯·瑟伯（James Thurber，1894—1961），美国作家、漫画家，也是一名忠实的文字游戏玩家。"超级幽灵"文字游戏，原文为 super-ghosts。"幽灵"（ghost）是一种文字游戏，从一个不成单词的字母片段开始，每名玩家在片段末尾依次添加一个字母，这个字母必须有助于最终形成一个单词，但不能完成它。字母添加至构成单词的玩家输掉该局，成为三分之一的"幽灵"；失败三次后，玩家退出比赛。"超级幽灵"是 1951 年由詹姆斯·瑟伯提出的改进版本，可以指定是在开头还是末尾添加字母，增强了挑战性。

[5] 乔托游戏（Jotto）发明于 1955 年，是一款以逻辑为导向的文字游戏，两名玩家通过一支笔和一张画有字母表的纸进行游戏。每名玩家写一个秘密单词，并尝试猜出另一名玩家的单词。

[6] 拼字游戏（Scrabble）发明于 1938 年，二到四名玩家将带有单个字母的棋子放在划分为 15×15 格的棋盘上，玩家争取按行（从左到右）或按列（从上到下）组成单词，以此来得分。

[7] "philology"源自希腊语 φιλολογία——φίλος（爱）+λόγος（文字），故有此说。

[8]　"现在"指作者写作本书的年代（本书初版于 1985 年），如今这条路为布达佩斯"大环路"上的泰雷兹（Teréz）环路和伊丽莎白（Erzsébet）环路。本书中所说的"最近""刚刚""如今"等描述皆以作者叙述的时间为准，敬请读者理解。

[9]　斯卡斯代尔（Scarsdale）是美国纽约州的一座城镇，位于纽约市北部郊区，以其经济发达、市场活跃、教育资源丰富著称。

[10]　原文是 grandfather，英文可指祖父，也可指外祖父。此处人物称谓无从考证，译者只能自行臆断。

[11]　尼克·卡特（Nick Carter），约翰·拉塞尔·科里尔（John Russell Coryell）在 1886 年发表于《纽约周刊》（*New York Weekly*）的小说《老侦探的学生》（*The Old Detective's Pupil*）中虚构的侦探。后来，弗雷德里克·范伦塞勒·戴伊（Frederick Van Rensselaer Dey）进一步发展了这个角色，写了大量以卡特为主角的故事和小说。许多其他作家也为尼克·卡特这个人物写了故事和小说，并匿名出版。

[12]　1920 年 6 月 4 日，第一次世界大战的战胜国与匈牙利（战败国）在法国凡尔赛大特里亚农宫（Grand Trianon）签订了《特里亚农条约》，罗马尼亚、南斯拉夫、捷克斯洛伐克和奥地利等国分别获得匈牙利部分领土，条约还规定限制匈牙利的武装力量并要求匈牙利赔款。

[13]　《旧约》《新约》是《圣经》的两大部分。英王詹姆斯钦定本（King James Version，KJV），也称钦定本（Authorized Version，AV），是《圣经》的一个英文译本，1611 年在苏格兰及英格兰国王詹姆斯六世及一世的主持下出版。该译本对英语文学风格产生了显著影响，从 17 世纪中叶起，被普遍认为是标准的英语版《圣经》。

[14]　蒂罗尔人（Tyrolean）即来自奥地利蒂罗尔州（Tyrol）的人。奥地利的官方语言为德语。

[15]　德语的名词分为阳性、阴性和中性，der、die、das 分别是用于阳性名词、阴性名词（及复数名词）、中性名词的定冠词。

[16]　Fortran 是 formula translation（公式翻译）的缩略语，Fortran 语言是第一个面向过程的高级程序设计语言，主要用于科学计算，也可用于数据处理和仿真。

[17]　英语，意为"9 加 8 等于 17，进位 1"。后一句为匈牙利语的同一句话。

[18]　原文是 cousin，表示同辈的表 / 堂兄弟姐妹。由前后文可知，这是一个比作者年龄大的男孩，所以是表哥或堂哥。译者权且把本段的 grandfather 当作本章"书籍"一节中出现的祖父，因此这个男孩该是作者的叔伯之子。

[19]　相对于培养职业技能、提供普通教育，文理中学是以培养学生进入大学为导向的一类学校，这一模式以德国为代表。

[20] 源自拉丁语，意为高中毕业考试（也指因此而获得的文凭）。这是一种大学入学考试，类似我国的高考。在某些欧洲国家，年轻人（通常 17 至 20 岁）在中学教育结束时，一般必须通过该考试，以申请就读一所大学或其他高等教育机构。在匈牙利，这项考试发生在 12 或 13 年的学校教育之后，每一名通过考试的学生都会收到包含成绩的文件，可凭此申请大学。

[21] 马提亚·科尔温（Mátyás Hunyadi 或 Matthias Corvinus，1443—1490），即马加什一世，匈牙利国王（1458—1490），他试图在几十年的封建无政府状态后重建匈牙利国家，实施了财政、军事、司法和行政改革。

[22] 马格德堡半球（Magdeburg hemispheres）是德国科学家、发明家奥托·冯·居里克（Otto von Guericke，1602—1686）发明的。1654 年，他利用该装置第一次证实了大气压的巨大力量。1656 年，他在自己担任市长的家乡马格德堡重复了这个实验。

[23] 原文是 remittance man，指受家中汇款资助而移居外国的人，多指旧时来自欧洲显贵家庭的人，由于丑闻等各种原因，被家族送往海外生活，家族对其汇款资助以确保其不会返回。

[24] 此处原文就是英语，不是匈牙利语。transfer 的意思是换乘，scrambled eggs 的意思是炒鸡蛋。

[25] 泰坦尼克号沉没事故的具体遇难人数没有准确的结论，普遍的认识是 1500 人左右。

[26] 这里权衡采用了现在的通行译法。在作者读书的年代，这些中文翻译不统一，甚至可以说是混乱的：advanced algebra 译作高等代数或大代数；college algebra 大部分译作高等代数，少部分译作大代数；higher algebra 绝大部分译作高等代数，鲜少译作高级代数。课程内容类似，但采用不同的名称，或者课程内容不同，但采用相同的名称的情况，都不罕见。

[27] 巴特尔·伦德特·范德瓦尔登（Bartel Leendert van der Waerden，1903—1996），荷兰数学家，以其专著《近世代数学》（*Moderne Algebra*）而闻名。《近世代数学》共两卷，1930—1931 年德语初版问世，后更名为《代数学》（*Algebra*），不断再版。该书具有里程碑意义，呈现了代数这门学科的全新面貌，颠覆了经典代数的概念层次。尽管范德瓦尔登还从事拓扑学和数学史的研究，也有别的著作，但谈到他的著作，一般指的就是这本书，本书（如第 3 章"黑兹利特和内佐格"一节）亦是如此。

[28] 英美制长度单位，1 英里约等于 1.6 千米。

# 第 2 章

# 大学教育

## 移居尚巴纳

从芝加哥乘火车到尚佩恩（Champaign）不到 3 小时，车费是 4.56 美元。尚佩恩和厄巴纳是孪生城市，有时会被合称为尚巴纳（Chambana）。伊利诺伊大学主要是在厄巴纳，但是当你身处那里，你根本无法确定自己的位置，因为穿过马路就会是另一座城市。两座城市的市政管理部门磨合得还算不错，但有时也会发生混乱。举个例子，在美国《统一时间法案》（Uniform Time Act，1966）颁布之前，就可能会出现混乱，而且实际上出现过麻烦，尚佩恩在某年夏天实行夏令时，而厄巴纳没有。如果你受邀在 7 点钟吃晚饭，通常还要再打一个电话来确定实际约会的时间。

要习惯在一个陌生的城市生活在陌生的人中间，讲着仍有点陌生的语言，做新生入学周必须做的陌生的事情，即使对于一个有些早熟的 15 岁少年来说，也依然会产生很大压力。到那里的第二天晚上，我和几百名学生被赶到体育馆的一个巨大房间，挤在一个篮球场里，在乐队助理指挥雷·德沃夏克（Ray Dvorak）假惺惺的热情鼓动下，一起唱："有微笑，让我们快乐……"我讨厌这种事，看不起它，觉得这样做很尴尬，但我还是唱了，甚至享受其中，被它所感染。尽管我反感，但是雷·德沃夏克确实达到了他的目的。活动结束后，我回了"家"——纽曼大楼（Newman Hall），上床睡觉。睡在房间另一边的是来自伊利诺伊州法默城（Farmer City）的新生斯坦利·弗赖伊（Stanley Fry），他长得出奇瘦长，被安排做我的室友。第二天早上，我排了长队，一个

保罗·哈尔莫斯，1931 年

不耐烦的系代表在几十张卡片上写上名字的缩写，帮我完成修辞学 1、化学 2 和数学 4 的课程注册。

一切都是陌生的。纽曼大楼有着陌生的、长长的、空荡荡的、冷冰冰的、没有人情味的、像监狱一样的走廊，浴室远在走廊尽头；斯坦利·弗赖伊是陌生的，饭票也是陌生的。我在学期结束时搬出了纽曼大楼。尽管我和斯坦利已经很要好，但我不想要什么室友，包括他。至于饭票，在那个经济萧条的年代还是很便宜的。花 4.5 美元买张价值 5 美元的打孔饭票，靠这个可以过一个星期。

我花了很长时间才认识一些人，而且我一直都没有过很大的朋友圈。我从一间宿舍搬到另一间宿舍，再从一个公寓搬到另一个公寓，搬家次数比一般学生要多，但这可以帮助我扩大熟人数量。我还能从当时记的日记里找到他们的名字，但大多时候已经想不起他们是谁了。好像是费利克斯·焦瓦内利（Felix Giovanelli）吧？对，就是他，每天都会从词典里查新词的家伙。我试图效仿他，虽然我当时已经爱上了文字，甚至下定决心掌握它们，但我还是没能有条不紊地坚持下去。顺便说一句，我不是用正规的日记簿来记录过去的，我只有一个小巧便携的记事本，提醒自己接下来该做什么事情。我从 1932 年开始养成了这个习惯，从没乱丢过任何一个小记事本，除了一两个不知道什么原因找不到了，其他的一直保留着。这些日记为我回首往事提供了很大帮助。

# 如何不做大一新生

学期学时 [1] 是每周上课积攒的"学分"数，每节课时间通常是 50 分钟，一学期大约 15 周。获得学士学位需要 120 学分，一般是 8 个学期毕业，这意味着每学期需要 15 个学时。

看着我在伊利诺伊大学的成绩单，我不禁为自己曾在那里接受的枯燥而糟糕的通识教育感到不寒而栗。这并不是说我感到无聊，其实我让自己忙得不可开交，根本没时间感到无聊。有一个学期，我上了 22 个学时；还有一个学期，除了每周 16 小时的课程外，我准备并通过了特别考试，最终获得了 28 学分。诸如此类，再加上一个暑期课程，让我在三年内完成了四年的学业。

第一学年，有门称作卫生学的课程是必修课。当时"自体中毒" [2] 这一术语很流行，学生们被告知不要那么做。我当时在朱达（Judah）医生的班上（他是位**真正的**医生，而不是哲学博士 [3]），我猜，他应该会为这些不得不跟我们说的废话而感到难堪。在学年结束的时候，我给他留了张明信片，因为我要在布达佩斯过暑假，所以提前在明信片上面贴好了邮票并写下我在国外的收件地址，这是想知道课程得分常用的办法。这令他印象深刻。他后来告诉我，这是他寄过最远的一个 A 等成绩。

体育是两年的必修课。因为我的脚不好（我两岁时在一次电车事故中受过伤），所以不能做田径类运动和棒球运动，甚至不能参加其他日常的体育活动——真的不能，说实话，确实也不想参加。第二学期，我被转到"矫正"体操班。因为脚趾残缺是没办法矫正的，所以我能做的就是保证按时上课和多做几个俯卧撑。但是我的出勤率越来越不好，四个学期得到的成绩分别是B、B、C、D。我在读本科期间得过的另一个C是历史课。不管怎样，我还是挺喜欢这门名为"古代世界"的历史课的，内容是比较罗马帝国基督教徒与美国共产党人各自的社会地位。

我在第一学期上了一门德语课，但不太喜欢。就因为觉得太容易，我没好好学，以致最后变得跟不上。我虚张声势地上完了盖森德费尔（Geissendörfer）教授的课，说服他允许我参加另外三个学期德语课的特别考试，这样我就可以完成两学年语言方面的学习要求。不过我感觉在学习过程中，我忘记的德语比学到的还要多。

再讲讲修辞学。大一新生的修辞课程，就是伊利诺伊大学的英语写作课程，包括逗号误用[4]、分裂不定式[5]之类内容，还要每周写篇作文。这门课既有用又有趣。虽然在这之前我从没真正学习过英语，但是我非常喜欢这门课。我的老师彼得森（Peterson）先生大概32岁，看起来像位单身女士，却是个细瘦、干巴的男人。他似乎永远是一个研究生，一个尽责的军事教官，一个清楚地解释标点符号奥秘的人。他在文化上有点自命不凡。我还记得有天早上，在一场交响音乐会结束后，他告诉我们，对于那些没有去观看音乐会的人他都不以为然——这态度可能还有点蔑视吧。他似乎喜欢我，两个学期都给了我A的成绩，而且（啊，激动！啊，自豪！）他还把我的一篇作文刊登在校内杂志《绿釜》（*The Green Caldron*）[6]上，那上面登的都是最好的文章。

大学里的无机化学课程和我高中的课程内容有很多重复。我从中主要学到的就是如何用蔓越莓酿造啤酒——我发誓，千真万确！酿造配方是负责我所在实验室的那位友善的研究生希尔兹（Shilz）给我的。为了万一有人感兴趣，我把方法写在下面："一夸脱 [7] 蔓越莓加同等的水煮沸，大约煮 5 分钟，直到蔓越莓爆裂。过滤掉果皮和籽，加入一杯糖和半块酵母。然后发酵 36 小时，装入瓶子，再等一星期就可以喝了。"不过我从来没有勇气尝试。

说到喝酒，那会儿美国正禁酒，啤酒很难弄到，我有时喝自制啤酒，不是正味。烈性酒容易买到，但不好喝。有时我想喝"杜松子酒"或"波旁威士忌"（够劲儿，除此之外没什么优点的仿制品），就会打电话给卖私酒的巴尼（Barney），告诉他我想要什么，并通过密码证实身份。（我的密码是 3 – 3 – 11[8]，就是把我的生日往前推 5 年。）半小时后，巴尼和我在约好的街角碰面，一手交钱一手交酒，"杜松子酒"和"波旁威士忌"都是每品脱 [9]1 美元。

还有个更好的办法可以搞到威士忌，但是你需要有个化学系的朋友，从他那儿拿到一些优质的实验室纯酒精和蒸馏水，再去药店买来一小瓶"波旁香精"，大约如小手指那么大。香精不含酒精，它的作用是上色。把酒精、水和香精灌入一个大瓶子里，用软木塞密封，在地上来回滚动，这就是所谓的"酒的陈化"。最后可以得到足足一加仑 [10] 的高品质威士忌。

言归正传，回到化学。在我看来，实验室工作毫无创新性，纯属瞎浪费时间。从来没有人告诉过我，我也从来没发现，其实，实验可以教给你新的事实和见解。在我看来，实验就是学徒出徒前被安排的那些杂活（如同德语的不规则动词和弹钢琴的指法训练）。我事先就知道每个实验证明的是什么，然后证明它——这简直是毫无顾忌地做假账。不到一年，我就清楚化学不适合我，我计划转到通识课程去。我对专业选择犹豫不决，我想，可能不是数学就是哲学吧。

卫生、体育、德语、修辞和化学，这几门课再加上数学，就是我大一的课程。因为我当年身在其中，所以没有察觉它们有多肤浅。这些课没有带给我挑战，没有开发我的智力，对我的文化修养、认知视野和理解深度的帮助也不大。

# 三角学和解析几何

我在大一学到的大部分内容都不是从课堂上学的。举个例子，因为我吃透了课程注册流程，所以在第二次注册的时候没有排长队，只用了 7 分钟就从头到尾办理完成。我成功的秘诀是读懂学校的课程目录，观察并理解了注册机制。我知道哪些课程是必修的，哪些课程是可选的，而且我还知道，在登记卡上写上名字缩写主要是为了避免荒唐的冲突或其他蠢事。（校方也是为了避免教室人满为患，但是如果你到得早，这些就不是问题。）我制订了一个切实可行的上课计划，在我的登记卡上伪造了一个看起来合理的缩写签名，然后直接走到办理窗口缴费，全程只花了 7 分钟时间。

然而，我从没有掌握如何学习，或者说，我从未理解学习真正意味着什么。以我的聪明，我也仅仅认识到学习不只是死记硬背，但我确实认为，学会什么主要意味着记住了什么。我之前被教会的每件事都是："这个要这么去做……现在你来做吧。"我就是这样学会数数、写作和解代数题的。我不明白理解一件事意味着什么，也不明白一个人应该做些什么才能真正理解一件事。

我在大学一年级学的数学有代数学（旧东西）、三角学（太多了）和解析几何学（令人耳目一新）。

我的三角学老师是一名研究生助理[1]，我已经忘了他的名字。他教我邻边比斜边（全新的知识），用对数"解"三角（令人厌烦的事）。他也教过我恒等式（很有趣，像玩简单的拼图游戏）。很久以后，当我开始教授三角恒等式时，有个脑瓜灵活的学生告诉我一个绝对管用的方法，几乎每次都能获得满分。如果要证明某个表达式 A 等于另一个看起来不同的表达式 B，你可以把 A 写在页面的左上角，把 B 写在右下角，然后，使用正确但琐碎的代换，不断地变形，从两端向中间凑。当它们相同时，就可以停下了。如果给定的恒等式是正确的（总是如此），那么页面上的每一步都是对的。可以肯定的是，在页面中间的某个地方有一个巨大的步骤，可能和原来的问题一样难，但几乎没有阅卷人会发现它，即使发现了，也不好因此而扣分——毕竟，每一步都是正确的！

　　除了做白日梦和学习解析几何，第二学期和第一学期差不多。我身着工程师的制服（棕色条绒裤子，把滑尺——就是所谓的计算尺挂在皮带上），我抓紧时间学习，为考试发愁。我读高乃依（Corneille）、菲尔丁（Fielding）和拉辛（Racine）的书，还试着找姑娘们约会。我住在伊利尼大楼（Illini Hall），这是后来庞大的联合大楼（Union building）的前身，一座颇有火灾隐患的古老建筑，我甚至在那里找了份看大门的兼职工作（打扫楼梯和清洁饮水机）。我希望存到足够的钱后，就能向父亲提一个合理分摊出行费用的计划，好在暑假去欧洲旅行。

　　我幻想着离开这里，去其他地方的大学，去一个迷人的地方。我向往着法国、德国、俄罗斯 [12] 和阿根廷，向往着马德里、爱丁堡、伦敦和洛杉矶。我研究了图书馆中各大学的简介手册，并且写信要了很多我找不到的手册。（我问询的大学基本都回复了我，并寄给我一本简介。除了一所大学，爱丁堡大学就是那个例外：他们在回复我上一个月 7 号的信中说，如果我能支付 2 先令 [13] 的邮政汇票，他们就会寄来一份简介。这种苏格兰式的玩笑是认真的吗？）到最后，白日梦只是一场空。

　　解析几何学真的很棒。它首先描绘了笛卡儿（Descartes）的伟大见地，他洞察到代数学可以从几何学中诞生，反之亦然。解析几何的内容都是关于图形的，主要讲圆锥曲线。圆锥曲线有三种定义方法：用平面截锥面得到的交线定义，用焦点和准线定义，用二次方程定义。圆锥曲线有离心率和 latera recta（正焦弦，我们还需记住这是 latus rectum[14] 的复数形式）。课程还包括双纽线和蚌线，大多数现象均有三维版本（但是这部分内容在课程结尾处，没有被重视）。最大的谜团被称作简化和旋转。我一直不理解它们是同义词的含义：我们应该通过旋转什么来简化什么。这门课从未提到线性代数（向量和矩阵）。我觉得数学真是了不起的东西，在写给家人的信中，我曾在提到数学课时激动地说：真是美极了。

在那个年代，微积分被认为对于大一新生来说有点儿复杂，所以被推迟到第二年学习。（似乎没有人注意到，微积分实际被应用到解析几何里的部分只是有关图形的概念，我们很多人在进入大学之前就已经知道了**这一点**。）另一个不同于现在的规则是，研究生助理不许教授微积分，他们在做研究生的第一年也根本不能教任何课。

我在一年级数学课程中所学的大部分内容，现在知名大学都不再讲了，有一部分被转移到高中，剩下的被忘却了。这么做好吗？我不确定，真的不确定。

## 微积分，系里有博士吗？

1932 年的夏天，我去了匈牙利。我花了七天时间横渡大西洋，坐的是阿奎塔尼亚号（Aquitania）邮船的三等舱，从那时起，我决定以后只坐头等舱。我并不是总能保持这种决心，但不是因为我不想坚持。我在 9 月份回到了美国，下一次我去匈牙利已经是在 32 年以后的 1964 年了。

我还保存着大学时期的一些记录——成绩单、记事本，还有非常少的一些信件，然而，即使有这些资料的帮助，我对当时日常生活的记忆也少得出奇。这些资料帮我回忆起自己读过罗伯特·瑟维斯（Robert Service）的打油诗，读过赛珍珠（Pearl Buck）的著作，买过、陶醉过、丢失过林德·沃德（Lynd Ward）的那本辉煌的木刻 "小说" 《上帝的人》（*God's Man*）。诙谐的反传统的社会主义者查尔斯·厄斯金·斯科特·伍德（Charles Erskine Scott Wood）的著作《天堂的话语》（*Heavenly Discourse*），令我印象非常深刻，即使在 50 年后，作者名字的全拼仍印在我的记忆中。但是，有些人我想不起来是谁了，比如有个叫查克·爱德华（Chuck Edward）的人，在当时很长一段时间里，我都和他每周至少联系一次。我愉快地将其遗忘，我想，他应当很友善，是我喜欢的类型，但他是谁呢？

我读大二的那一年是"微积分年"。微积分虽然没有占据我日常的大部分时间，却是份苦差事，我挖空心思、竭尽全力也学不明白。B 是我能拿到的最好的成绩。尽管我会求每道微分和积分题，但我就是不明白课本里"四步法则"的含义。（我现在知道了，它的意思是"应用定义来求导数"。）当时用的课本风评不是太好，由格兰维尔（Granville）、史密斯（Smith）和朗利（Longley）编著[15]。根据传闻，这本书给每位作者带来了成千上万美金的版税收入，至少持续了 20 年。那教材的确很糟糕，讲解不像讲解，既说不明白也不够准确，它就像食谱里的操作指南，仅此而已。这本书的卖点在于它收录了很多练习题，几乎都是常规的机械式题型。多年以后，我惊讶地得知，它还被翻译成法语——古尔萨[16]和另一巨著《分析教程》[17]所用的语言。

我的微积分老师是亨利·罗伊·布拉哈纳（Henry Roy Brahana）。他个子很高，脸上有点凹凸不平，嘴巴经常一张一张的。他就像一个刚到大城市、还没搞清楚状况的乡下人。他常常语无伦次，在我认识他的这些年里，他没说过一句整话。他努力工作，想成为一名数学家。他挑战四色问题，不过主要是详细钻研了许多 $p^n$ 阶 $(1,1,\cdots,1)$ 型的特殊亚阿贝尔群。我佩服他只要看着一个 $3\times 3$ 矩阵，就可以计算出其平方值的能力。直到今天，如果不把两个矩阵并排放在一起（或者说，若是求平方，就要把同一个矩阵写两次），我都不能做行对列的乘法。布拉哈纳很和善，很乐意指导我，给我提些建议，然而（宽恕我！）我以前常直呼他为"Doc"[18]（那时我还不了解他，也没和他做朋友，还不能叫他罗伊）。

学术界的称谓礼仪，难道不奇特吗？在非一流的大学，比如我曾经任教的美国锡拉丘兹大学和夏威夷大学，Doctor Jones 是对"琼斯博士"的称呼方式，他和他所在的机构一分钟都不想让你忘记他手握这一殊荣。（请不要只称呼 Doctor 或者 Doc，这条规则对一流大学和末流大学都适用。单用 Doctor 意味着医生，跟 Doc 一样，这两个词暴露了一个局外人对习俗的无知。）有些讲师可能没有博士学位，他们和校工都被称作 Mr. Jones（琼斯先生）。[ 还要加以必要的变通，没有博士学位的女讲师被称为 Miss（小姐）、Mrs.（夫人）或 Ms.（女士）。] 助理教授虽然在学术排行上座次靠后，但若不是博士，也被称作 Professor Jones（琼斯教授），对于副教授和"正"（也可以不加这个形容词）教授都可以这么称呼。总而言之，在低水平的地方，"博士"级别最高，"教授"是一个不够好的替代称呼，而"先生"则更令人遗憾了。

在一所更高层次的大学（比如伊利诺伊大学，或大多数州立大学），人们理所当然地认为每位学术人员均拥有博士学位，称某人"琼斯博士"只是为了把他和校工区分开。在那里，你被称作"琼斯博士"，直到被提升为教授（或许前面再加个形容词），从此以后，你就是"琼斯教授"了。注意，军队不会区分（至少在称呼时不区分）橡树叶上校和鹰徽上校 [19]。同理，大学也不会区分助理教授和副教授。

几所超精英大学，如芝加哥大学，对于学术地位的排列境界最高（我本人也更欣赏）。在那里，人们理所当然地认为博士学位并不重要，不能带来任何特殊地位，所有平常的身份象征与就职于**那里**的荣耀相比，都显得微不足道。在芝加哥大学，无论你是一名年轻的讲师、上年纪的教授、系主任、院长、校长、校董还是校工，你仅仅是"琼斯先生"，对于你的秘书、学生，以及对于街角的报童，你也是"琼斯先生"。可怜的查克·麦克卢尔（Chuck MacCluer），我告诉了他这些规矩，并让他称我为"先生"——他一开始称我"博士"。然而，他后来也称呼我密歇根大学的一个同事"先生"，结果被那个古板守旧、不可一世的学术"势利眼"狠狠地训了一顿。你对于谁都是"琼斯先生"，但除了你的同事。在同事之间有一个神圣的传统，无论你是 25 岁刚入职的青年教师，还是 65 岁要退休的人，在吃茶点和系里开会时，你必须是"比尔"[20]。这么称呼，年长者叫年轻人很容易说出口，反过来就很难了。因为刻意避开名而只称姓也显得很不礼貌，所以尽管刚开始很难开口，我们还是很快就适应了彼此直呼其名。

# 初等数学和文化修养

数学是我生活的中心，半个世纪以来一直如此，但是在伊利诺伊大学二年级的大部分时间里，我的心态还不成熟。为了满足要求，我选修了一些课程，还花了大把时间在社交生活与文化上。

除了微积分外，我修的唯一的数学课程是立体解析几何，它或许令我对线性代数有了缓慢而温和的初步认识。任课老师是维克托·赫尔施（Victor Hoersch），身材高大魁梧，有一头卷曲的灰白头发，嗓音和做派像一位得克萨斯州的老政治家，课上得枯燥，非常枯燥。赫尔施会在黑板上仔细地写出 $4 \times 4$ 矩阵，还会把矩阵的 16 个元素 $a_{ij}$ 全部写上。坐在我旁边的一个女孩——我们熟到可以开玩笑——会假装生气，因为我没有写作业，需要用上课的开头一段时间抄她的（赫尔施那会儿正在黑板上写下标），以便在下课时交。

当时，在伊利诺伊大学有很多像赫尔施那样的人，他们毕生的事业不是研究数学，而是教授数学。亨利·迈尔斯（Henry Miles）就是其中之一，他是我大一的代数老师。虽然在我 16 岁的时候，他看上去已经中年（大概 30 多岁），但当我 40 年后最后一次看到他的时候，他还像是中年，完全没有变化。他是个好人，很和善，留着小八字胡（在匈牙利我们称它为英式小胡子），就像在老式相册里见到的父辈们留的那样。他有着柔和却清亮的嗓音，才思敏捷，拥有足够的智慧和品格，可以令每个自以为比他聪明又任性的大学生乖乖就范。他曾经在课堂上很严厉地对待一个想拖延测验的本班同学，这个学生净问一些他既不想知道答案，也显然不能理解的问题。测验最后照常进行。虽然亨利不是数学家，但是他工作非常优秀。他喜欢大家，喜欢讲解课堂上的东西，而且他也懂得如何讲解。他风度翩翩地老去。大约在 20 世纪 50 年代，他被诊断出绝症（白血病），医生说他只剩下一年的寿命。后来，他又活了 20 多年，身体健康，精神饱满。

至于社交生活，我只记得参加过很多聚会、闲聊和约会——在朋友愉快的陪伴中消磨时间的方式有很多。我当时认识了几个研究生，有段时间我们合租了一套公寓，过着奢侈的生活。我们每周轮流做家务（包括做饭），这可不是开玩笑：地毯用吸尘器打扫，晚餐也不是汉堡和冰激凌，而是烤牛肉和自制的香蕉奶油派，并且每顿饭后还要清洗和擦干净餐具。阿尔·伯顿（Al Burton）和拉尔夫·麦科马克（Ralph MacCormack）在化学系，基基·康德（Kiki Conder）在动物学系。我是这几个人里唯一学数学的学生，也是唯一的本科生。为完成学位论文，阿尔经常早上 5 点就要起床，赶着去实验室打开开关。这就是他要做的，开机，这样他早上的工作就完成了。可怜的老拉尔夫，他是家中第二代化学家，因为患有先天性心脏病，人到中年就去世了。基基研究海龟。他的经历有点曲折，曾经做过传教士，还酗酒。在烤馅饼之前，他会摘下假牙，用来修剪饼皮，让饼皮能又快又整齐地嵌进烤盘。

文化是指文学和音乐。詹姆斯·斯蒂芬斯（James Stephens，受一位爱尔兰室友的影响）和圣奥古斯丁（St. Augustine，我注定终生与天主教有缘无分），蒂法尼·塞耶 [21]（20 世纪 30 年代限制级文学作者）和皮兰德娄（Pirandello），詹姆斯·布兰奇·卡贝尔（James Branch Cabell）和 G. K. 切斯特顿（G. K. Chesterton），莫尔纳尔（Molnár，毕竟，我出生在匈牙利）和柏拉图，亚里士多德，莎士比亚（我热爱《亨利四世》和《亨利五世》），刘易斯·卡罗尔（Lewis Carroll），伊夫林·沃（Evelyn Waugh）——我当时的兴趣不够专一。一小部分的读物来自我的老师比尔·坦普尔曼（Bill Templeman）的建议，他教授 18 世纪和 19 世纪两门英语文学课程。（后来我们成了聚会上的熟人，一起吃了几顿饭，喝了几杯酒，所以我称他"比尔"。）他是位"好老师"，讲解清楚，善于启发（我现在甚至很想知道，他有没有学过教育类的课程），比他的学生都精明。

在遇到沃伦·安布罗斯 [22] 之前，我在音乐方面曾经喜欢浪漫主义风格（比如勃拉姆斯）。虽然我已经记不起和安布罗斯的初次见面，但那是我们长久而亲密的友谊的开始。我们一起上过好几门课，一起谈论哲学、数学、性、政治和音乐。他比我晚学了一两个学期的数学课，当我告诉他微分法的奥秘仍在等着他的时候，我感觉自己又成熟又聪明。他向我介绍巴赫的《g 小调小赋格曲》(斯托科夫斯基的交响改编版)。从那以后，(不像安布罗斯)我成了一个彻头彻尾的音乐"叛逆分子"。我的观点大概是，如果一首曲子是在莫扎特之后创作的，那它就不可能好——我不是指全部，我是说大部分如此。贝多芬有些作品是好的，甚至普罗科菲耶夫有一些作品也不错，但是，我听不得德彪西和斯特拉文斯基，当然还有欣德米特、勋伯格、巴尔托克、科达伊、科普兰，还有——太"恐怖"了——约翰·凯奇。我的"叛逆"看法也有例外，主要是因为我喜欢某些伤感的音乐：匈牙利的吉普赛音乐、约翰·施特劳斯、约翰·菲利普·苏泽和斯科特·乔普林。

"文化"一词有时被用来指代人类在几个世纪中积累起来的艺术作品：诗歌、戏剧、各类文学、绘画、雕塑、建筑、音乐……我遗漏了什么吗？如此说来，"培养文化"就是与那些已经离世很久的人接触，与活着的人分享这些遗产，同时，除了赋予人享受艺术所带来的快乐之外，那种敏感性和洞察力，是其他教育方式都不能给予的。为了保持文化上的活力，我们必须用一生来观察和倾听。然而，我坚信，如果不是从孩童时期就培养，任何人都不可能具有文化修养。18 岁太迟了，14 岁也不行。我相信，每个孩子都应该在 6 岁时接触威尔第，在 10 岁时接触伏尔泰，莫不如此。一位公交车司机和我如果都在 12 岁的时候听说过《法斯塔夫》[23]，我们就会有很多共同点——没有理由不如此。音乐和诗歌比化油器和微积分更重要。倘若公交车司机和我有更多的共同点，那么我们就会成为更好的人；而且，如果我们更容易协作，世界也将更理智、更安全。

# 数学白日梦和芭芭拉 [24]

慢慢地，慢慢地，我开始醒悟。在大二的中期，我在袖珍日记簿上写下公式，总结了积分学的基本定理。在那一学年末尾的时候，我写了少数几则真正意义上的日记，像这则："我越来越确信，我通过主修数学找到了自己正确的研究方向。"

在同一时期的别的笔记中，我发现了那些当时我认为很深刻的白日梦问题："$n$ 边形有多少条对角线？"（我一点也不知道，不过，如果我没记错的话，这是一个值得重视的初等组合问题；在任何一本相关主题的书中，都可以找到关于它的讨论。）"对于分数指数是否存在二项式定理？"（当然，牛顿和莫里亚蒂教授 [25] 也不是白活的。）"是否存在不定义位置的坐标，只是定义？也就是说，是否存在一个不占空间的物理对象的定义？"（我是想创造流形吗？）还有一条，莫名其妙地提到了非欧几里得台球。

对于 17 岁的我来说，女孩很重要，我们约会、跳舞、参加聚会。我踢过几场球赛，参加了一场校友返校舞会（Homecoming Prom），还喜欢独自在厄巴纳附近的玉米地和墓地里散步。那一年我的成绩平平，逻辑学是我唯一一门得 A 的课程。

逻辑学不是数学，至少在那时候、在伊利诺伊大学不是，它是关于三段论的迂腐的、分类学的、学究气十足的肤浅研究，教科书作者将其浓缩成大学二年级学生的智力水平可以理解的知识。这课对我来说很容易。虽然我似乎记不住有效的三段论的名称，但我通过观察就可以知道它们是不是有效，那些无意义的分类方案（像什么对当方阵）逗得我发笑。在逻辑中，通过逻辑，我发现了哲学，在以后的两年半时间里，我把超过一半的学术精力都花在了哲学上。

在逻辑学方面，我立刻成为专业人士：我在一家名为霍巴特（Hobart）的辅导机构上岗，通过向那些一窍不通的学生解释"芭芭拉"和其他正统的三段论，挣了几美元。霍巴特先生开办这个辅导机构，是因为在那个经济萧条的年代，他找不到教授数学的工作。他是一名身材魁梧的绅士，有一头漂亮的白发，风度翩翩。在《伊利诺伊大学日报》（_Daily Illini_）上几乎每天都能看到他刊登的广告。参照当年采用的 A、B、C、D、E 评分制度，广告宣称：E+ 霍巴特 =A。因此，我们这些打工仔都管他叫 A–E。

哲学系里唯一对逻辑学感兴趣的人是奥斯卡·库比茨（Oscar Kubitz，当时是助理教授）。他教我形式逻辑，更重要的是，他跟我提到了罗素（Russell）和怀特海（Whitehead）的《数学原理》（*Principia Mathematica*）。当然，我从没读完这部书，但在人生的不同阶段，我一直留存着这部书的全套三卷。我一页页地浏览，密切注意开头的平铺直叙，仔细研究了 $p$、$q$[26] 和粗体命题联结词，一切都是缓慢开始的。

# 全高卢 [27]

20 世纪 30 年代伊利诺伊大学的数学，犹如尤利乌斯·恺撒（Julius Caesar）统治下的高卢，被分为三个部分：代数学、分析学和几何学。应用数学要么根本就不存在，要么它的相关信息压根儿就没有传到我们这些本科生的耳中。统计学确实存在，但并不多，也不是很重要。我在 1933 年的暑期课程中潜入了"高卢全境"，开始了我的第三年也是最后一年的本科学习。那是一个忙碌的夏天。我在短短 8 周时间里，设法获得了一整个学期的学分。除了代数、分析和几何外，我还通过了一门哲学课和一门英语文学课的考试，拿到了学分。我唯一拿到 A 的是哲学课。

詹姆斯·伯尼·肖 [28] 教授的代数是一门软性课程。课程中提到了群和域，但主要是轻松探讨过去被称为方程理论的部分内容：$n$ 次多项式方程有 $n$ 个根，这些根的初等对称函数是好东西，三次曲线和四次曲线可以求根。

当年，肖即将退休。他是一位颇有名气的代数学家，一位温文儒雅的老派绅士。关于他有个逗乐、并无恶意的私下传闻：比起满教室都是男生，他更喜欢教满教室都是女生的新生代数班。有个传闻更过分：据说他班上的每个女生都得了 A，每个男生都得了 B。他给我的是 B。我赶上了他给最后一个班讲的最后一堂课。他最后微微鞠躬，温和地笑了笑，半是骄傲、半是留恋地轻声说道："这就是我 50 年教学生涯的结尾。"

斯泰姆利（Steimley）教授分析课程，他的教学方式就像美国海军陆战队的军事教官。他为高等微积分课程准备了详细的教案，反复地使用。他及时又严格地给作业和考试打分。你的成绩不大可能是 B、80 分或 85 分这种整齐的分数，而是像 83 分这样精确。平均分小数点右边的数字在决定你这门课程的成绩方面起着重要作用。他雷厉风行、思维敏捷，还强迫性地要求事事有条理，他的成绩册、他的集邮册和他的唱片，全部归档，登记在卡片上，彼此都能互相参照。我也有类似的强迫行为，我们产生了共鸣；他乐意教给我这些分类方法，我也乐意学。我永远忘不了他曾留过的一道作业题：利用一张照片在坐标纸上画出你自己的面部轮廓（朝上），然后使用傅里叶（Fourier）级数近似这幅轮廓图到指定的精度范围内。我总是责怪斯泰姆利令我一直没有学会高等微积分。他的课程让我贸然得出一个结论：经典分析只不过是微不足道的记账方法，围绕格林（Green）定理和斯托克斯（Stokes）定理的整个理论，对我来说一直是一团迷雾。

几何学课程基于当时著名的格劳斯坦（Graustein）的著作，主要涉及射影几何，处在初级水平，内容包括齐次坐标、无穷远点、交比以及德萨格（Desargues）定理和帕普斯（Pappus）定理。老师的讲法部分采用综合法（公理化的方法），部分采用解析法（坐标化的方法），但是从来没有触及过像射影几何基本定理那样现代又新奇的东西。

哈里·利维（Harry Levy）是我的几何学老师，相比其他人，是他指明了我学习本科数学后的出路。他是一名很好的几何学家，算不上特别出众，而且我后来听说，他曾错失良机，令人惋惜。他有机会在微分几何（好像是对称空间）中有重要发现，他几乎做到了，但是他疏忽了。当他本可以走上一条获得荣耀的道路时，他却否定了这种可能性，说这样的例子显然不可能存在。他丑得可爱，长着一个大鼻子，一张麻子脸，咧嘴露出引人注意的笑容。当我学会了康托尔（Cantor）的证明"$\alpha$ 总是小于 $2^{\alpha}$"时，我兴冲冲地跑到他的面前，急切地和他分享我的新知识。他耐心地倾听着，然后挥挥手：当然，当然，这是另一个悖论论证。

他教会了我很多东西。有一次，我听他讲复球面上的无穷远点，令我印象深刻的是，他拒绝使用符号 ∞，而是用了一个星号代替。他还超出他的职责范围，教我有关图书馆的技术。我们走进数学图书馆，他指引我看了法语期刊《半年评论》(Revue Semestrielle)、德语期刊《年鉴》(Jahrbuch) 和《数学文摘》(Zentralblatt)，还有其他各类数学知识和数学智慧的来源。从那时起，我也时常为自己的学生做同样的事，每当这时，我总是暗自骄傲——看！现在我长大了，我也做着哈里·利维做的事。

哈里·利维也指导了我的本科毕业论文。当时我已经不再需要写毕业论文了，但我还是选择写一篇，因为这让我有资格获得优等级的学位。论文主题是关于射影几何的，我还记得论文构思。我的想法是找两本书——一本是维布伦 (Veblen) 和扬 (Young) 合著的，另一本是库利奇 (Coolidge) 的，两本书都给出了射影几何的一套公理系统，我就这两套系统进行比较研究。由于两本书的主题是相同的，"比较"的意思就成了证明一本中的任何公理都是另一本中的定理。

## 理学学士

1933 年的夏天或许已经很忙了，但接下来的两个学期完全是忙到极致。头一学期，我获得了 28 学分，涉猎了世界语，开始阅读《遵主圣范》(Imitatio Christi)，高度专注于哲学，选修了一门有关北欧神话的优美课程，依然坚持学习数学。

哲学是重头戏，包括三门课程，其中最好的是科学哲学。接下来的那学期，我又选修了三门哲学课程，其中最好的是形而上学。这两门最好的课都是由 D. W. 戈特沙尔克 (D. W. Gottschalk) 讲授的，他矮小结实，高鼻梁，两眼炯炯有神。我喜欢戈特沙尔克讲课。他讲得又快又大声，充满了热情和感染力。我专心听讲，努力理解，同时仔细、完整地记录笔记，每次讲课结束时，我都既兴奋又疲惫。戈特沙尔克发展出一种复杂而"精确"的宇宙学理论，就像斯宾诺莎（Spinoza），有定义和证明。（我把"精确"两字加上引号，是因为后来从一个职业数学家的眼光看，我认为它一点儿都不精确。）第二年夏天，在拿到学士学位后，我花了几个星期整理和打印戈特沙尔克的形而上学的课堂笔记，这只是出于兴趣，没有任何特殊目的。最终我整理出很厚的一本书，可惜后来丢了，里面的内容也早已忘记了。

弗洛姆（Flom）教授教我北欧神话课，下一学期又教我易卜生（Ibsen）。虽然我的北欧神话课只得了个 B，但我还是很喜欢他。他是一个不苟言笑的斯堪的纳维亚人，带点冷幽默，学识渊博。他不仅解释了朱庇特（Jove）[29]、宙斯（Zeus）和托尔（Thor）[30] 之间的关系，而且解释了维纳斯（Venus）、阿芙洛狄忒（Aphrodite）和弗蕾娅（Freya）[31] 之间的关系，还引申出爱与自由之间的词源关联。弗蕾娅是爱的女神，她的名字和"自由"（freedom）这个词的相似之处不仅仅是巧合。我还注意到，托尔之日（Thursday，星期四）归属于朱庇特（西班牙语中星期四拼作 Jueves），弗蕾娅之日（Friday，星期五）归属于维纳斯（西班牙语中星期五拼作 Viernes），发现这一切令我陶醉。弗洛姆一丝不苟，从不虚张声势，我爱上了他的课。我在期末考试卷上给他写了一封崇拜信（"我的本科生涯中最好的两门课程"）。从那以后，我再也没有听到过他的消息，他说的很多东西我也都忘了。若是从某种程度上说我还有些修养，那大部分要归功于他。

除了写本科学位论文，我还通过三门微不足道的课程来坚持学习数学：欧几里得几何高等内容、基本数学概念，以及概率论。概率论应该是门好课，实则不然，它只是一堆关于排列和组合的谜题，没有定理。大数律从未被提及，但它似乎作为一个实验事实在幕后徘徊。中心极限定理也从未被提及，我们只是见识了高斯分布的一些性质，并认为它是上帝的神秘行为。

莱特尔（Lytle）教授教欧几里得几何课。我记得他的腿有点跛，就像那种小儿麻痹症的后遗症，但我更记得他的白发，以及他善良、祥和、祖父般的面庞。他通常会教一些非常规的课程，这些课程是为那些准备毕业后去皮奥里亚[32]教高中的、活泼但脑袋不灵光的学生设计的。我从他那里学到的关于九点圆的知识比我现在想知道的还要多，我当时就是很感兴趣。我画了一个巨大的三角形，上面什么都有——内切圆、莫利（Morley）三角形，当然还有九点圆和很多别的内容。我喜欢莱特尔，他也喜欢我。当我申请研究生奖学金时，我请他推荐我。他看上去面露难色，并和善地告诉我应该找谁推荐；他说，他的推荐信对我不会有多大帮助。

　　就是这样，这就是我在大学所受的数学专业教育（或者说是哲学专业，如果我愿意这样称呼的话——我满足了这两科的学业要求）。在数学方面，我不仅缺乏灵感，而且无知得惊人。魏尔斯特拉斯（Weierstrass）、豪斯多夫（Hausdorff）、庞加莱（Poincaré）、伽罗瓦（Galois）和凯莱（Cayley），他们对我来说都只是传说。严格的 $\varepsilon$ 分析，不管是点集拓扑还是代数拓扑，代数学，甚至是线性代数（$4 \times 4$ 矩阵的乘法计算除外），我都一无所知。但我确实是1934 届毕业于伊利诺伊大学的一名理学学士，并且是美国大学优秀生荣誉学会（Phi Beta Kappa）的成员。

## 译者注

[1]　美国大学学年制主要包括三种：semester 制（一学年划分为春、秋两个学期）、quarter制（一学年划分为四个学季）及 trimester 制（一学年划分为秋、冬、春三个学期）。此处学期学时（semester hour）来自 semester 制，通常 1 学期学时代表一学期内每周 1 小时的课程或 3 小时的实验室工作。学期学时往往被视作学分。

[2]　自体中毒（auto-intoxication）是 1884 年由法国病理学家夏尔·雅克·布夏尔（Charles Jacques Bouchard，1837—1915）创造的术语，是一种基于古埃及和古希腊医学观念的假说，但在 20 世纪早期即遭受质疑。该假说认为腐败的粪便堆积在大肠壁上，这些堆积的粪便含有寄生虫或致病性肠道菌群，导致非特异性症状和身体不适。这为肠道清洁的疗法（如灌肠）提供了理论依据。

[3]　此处"医生"原文用的是缩写"Dr."（Doctor），在英语中既可以称呼医生也可以称呼

博士；此外，英语中也用 Ph. D.（哲学博士）通称博士。所以，作者补充说"他是位真正的医生，而不是哲学博士"。

[4] 逗号误用（comma fault，又作 comma splice）指在没有连词连接的并列主句之间使用逗号，导致句子结构不清晰或语法错误。

[5] 分裂不定式（split infinitive），将不定式的 to 和动词分开，在中间加修饰语，有人认为这种用法有语病。

[6] 这是一份由伊利诺伊大学英语系修辞学系工作人员出版的杂志，创刊于 1931 年，起初每年度刊发 4 期，第 36 卷起每年度刊发两期，似乎止于 1970 年 2 月（1969—1970 年度第 38 卷第 2 期），之后，译者未寻见。第 1 ~ 37 卷收录新生优秀习作或者考试作文。译者并未发现本书作者的署名文章，或许因为译者粗心，或许因为其隐藏于匿名作者的文章之中而未能被识别。刊名"The Green Caldron"很容易让人联想到女巫在用大锅熬制绿色的毒药，不知有无典故。

[7] 夸脱（quart）是容积单位，分英制和美制。美制的干货 1 夸脱约等于 1.1 升，液体 1 夸脱约等于 0.95 升。

[8] 原文是"3–3–1.1"，作者生于 1916 年 3 月 3 日，再依后面的叙述，此处当是原书错误。

[9] 品脱（pint）是容积单位，分英制和美制。1 品脱约等于 0.47 升（液体，美制）。

[10] 加仑（gallon）是容积单位，分英制和美制。1 加仑约等于 3.79 升（液体，美制）。

[11] 研究生助理（graduate assistant）属于提供给研究生勤工俭学的资助岗位，一般分为两类：teaching assistant（TA，直译为"助教"，即教学助理，不同于国内的"助教"职称，TA 是教授教学方面的助手）和 research assistant（RA，即科研助理，可以译为"助研"，不授课，是教授学术研究方面的助手）。

[12] 这里本书作者提到"俄罗斯"，实际上指苏联时期的苏俄。作者并没有特意针对不同历史时期在称呼上有所区分，而是统一称"Russia"，可看作一种简称或通称。正文中另出现"乌克兰"同理。译文保留这一说法，请读者留意。

[13] 英国货币辅币单位原为先令和便士，1 英镑（pound）等于 20 先令（shilling），1 先令等于 12 便士（pence），1971 年 2 月 15 日（被称为十进制日），英国实行新的货币进位制（即十进制），辅币单位改为（新）便士，1 英镑等于 100（新）便士。在本书第 13 章，作者游历苏格兰的故事也涉及这一旧单位。

[14] 拉丁语 latus（意为"边"）和 rectum（意为"直"）的组合，即正焦弦，亦称通径，指过圆锥曲线的焦点，且与准线平行的弦。

[15] 威廉·安东尼·格兰维尔（William Anthony Granville，1863—1943），美国数学家、

教育家，1910—1923 年担任宾夕法尼亚学院 [Pennsylvania College，1921 年更名为葛底斯堡学院（Gettysburg College）] 院长。格兰维尔出版有多种教材或数学用表，比较著名的是 1904 年的《微分学与积分学要素》（*Elements of the Differential and Integral Calculus*）。该书 1911 年修订时，珀西·富兰克林·史密斯（Percey Franklyn Smith，1867—1956）为其合作者和编辑；1929 年再次修订，又增加合作者威廉·雷蒙德·朗利（William Raymond Longley，1880—1965），以后多次再版。此处所述教材即指后来的三人修订版，其中译本有李士奇翻译的《汉译葛斯郎三氏微积分学》等。

[16] 爱德华 – 让 – 巴普蒂斯特·古尔萨（Édouard-Jean-Baptiste Goursat，1858—1936），法国数学家，他对函数、伪椭圆积分、超椭圆积分和微分方程理论的贡献影响了法国数学学派。他的一个主要成就是其教程《解析数学讲义》（*Cours d'Analyse Mathématique*），产生于 20 世纪的前十年，为数学分析特别是复分析的高水平教学树立了标准。

[17] 原文 *Cours d'Analyse* 是法语。这是比利时数学家夏尔 – 让·德拉瓦莱·普桑（Charles-Jean de la Vallée Poussin，1866—1962）最主要的著作。本书第 4 章“重生”一节再次谈到该作品。

[18] Doc 即 Doctor，既可以表示博士，又可以表示医生。本节标题 “Calculus, and is there a doctor on the faculty?” 就使用了这个模棱两可的词。

[19] 橡树叶上校是 oak leaf colonel 的直译，实际是指 lieutenant colonel（中校）。美军中校军衔的徽章标志是一片银色的橡树叶。鹰徽上校原文为 chicken colonel，直译应当作“肉鸡上校”，是 colonel（上校）的俚语。美军上校军衔的徽章标志是一只展开两翼的银鹰。

[20] 比尔（Bill）是男子教名威廉（William）的昵称，此处意为同事间直呼比较亲近的名字。

[21] 蒂法尼·塞耶（Tiffany Thayer，1902—1959），美国演员、作家，所写的浪漫小说常不为当代文学评论家所喜欢。

[22] 沃伦·安布罗斯（Warren Ambrose，1914—1995），美国数学家，主要从事微分几何、偏微分方程和概率论的研究。他是作者的好友，与作者同为杜布（Doob）的学生，书中多次提及他。他是本书题献页中的第一位受献者（dedicatee）。

[23] 《法斯塔夫》（*Falstaff*）是一部三幕歌剧，由意大利作曲家朱塞佩·威尔第（Giuseppe Verdi，1813—1901）谱曲，剧作家阿里戈·博伊托（Arrigo Boito，1842—1918）根据莎士比亚《亨利四世》和《温莎的风流娘儿们》中法斯塔夫这一喜剧人物形象综合改编而成。

[24] 芭芭拉原文是 BARBARA，女子名。三段论推理的形式数量有限，其中有效的形式可以整理成 4 格 24 范式。欧洲中世纪逻辑学家为了帮助人们记忆有效的三段论形式及其归约方法，用拉丁语编写了一些口诀，在单词中嵌入了代表有效形式的字母，这些单词就是有效的三段论形式的名称。如 BARBARA 中就嵌入了 AAA（三段全肯定），是为人熟知的第一格第一范式的名称。

[25] 莫里亚蒂（Moriarty）教授是夏洛克·福尔摩斯系列小说中的虚构人物，数学家，福尔摩斯的对手。故事中提到他对于二项式定理有一定研究。

[26] 在命题逻辑中，常常使用 $p$ 和 $q$ 表示简单命题（也称作原子命题）。

[27] 高卢（Gaul），西欧古代地区名，分为山内高卢和山外高卢。山内高卢大体相当于今意大利北部地区，公元前 2 世纪罗马占领此地并设行省；山外高卢大体包括今法国、比利时、卢森堡及荷兰、瑞士的一部分，公元前 1 世纪被罗马统帅恺撒征服。恺撒在《高卢战记》中将行省以外的山外高卢地区称为"高卢全境"，将其分为三个部分，分别居住着比利时人、阿奎塔尼人、高卢人（其自称凯尔特人）。

[28] 詹姆斯·伯尼·肖（James Byrnie Shaw，1866—1948），美国数学家，写过多本教科书，至今还不断重印。

[29] 即 Jupiter，古罗马神话中的众神之首，掌管光明、天空与天气、国家及其福利和法律，对应古希腊神话中的宙斯。

[30] 一译"索尔"，北欧神话中掌管雷电、天气和庄稼的神。

[31] 三者均为爱与美的女神。维纳斯来自古罗马神话，阿芙洛狄忒来自古希腊神话，弗蕾娅则来自北欧神话。

[32] 皮奥里亚（Peoria）指的应是美国伊利诺伊州皮奥里亚县的县治，位于伊利诺伊河畔，是该州中部皮奥里亚大都市区的主要城市。

# 第 3 章

# 研究生生活

## 统计学

学士学位没有打断我大踏步前进的节奏。我甚至从来没停下来想过，只是一门心思地认为自己会继续读研究生。资金是个问题，但不是障碍。我父亲在持续资助我，直到我 22 岁，能开始挣点小钱。读什么专业呢？这是个问题。我有哲学和数学两条道路。我的每一门本科哲学课都得了 A，而且我认为自己对哲学的理解比数学要好，所以我决定选择哲学，但是我仍然想继续学习数学，不致荒废。我选择的课程是"统计学理论"。

在 20 世纪 30 年代，统计不是一个主要行业，我一下子记不起是否存在什么重要的统计系。那些后来影响统计学未来的人并没有受过统计学家的培养，例如，威尔克斯（Wilks）和沃尔德（Wald）当年都是数学系的学生，而图基（Tukey，和我差不多是同时代的人）早年因为写了关于一般拓扑学的论文，并把佐恩引理归功于马克斯·佐恩（Max Zorn）而出名。很久以后，我参与推动在芝加哥大学建立独立的统计系（成功了），然后又在印第安纳大学做了同样的努力（未成功）。在我的职业生涯后期，在加利福尼亚大学伯克利分校、哥伦比亚大学、普林斯顿大学和耶鲁大学等院校，重要的统计系才建立起来。

当年，在伊利诺伊大学的研究生中间，统计学并不受欢迎，选修代数几何课程的人数要多得多。当然，代数几何是"预备考试"（博士学位考试）中严格规定的要求之一，而统计学不是。统计学的雏形是由克拉索恩（Crathorne）

讲授的，他自己的专业是变分法。他出名的主要原因是写了一本畅销的大一
代数书。我选修他课程的时候，他的事业已经接近尾声，他再没有活力和激
情，说话轻声细语，经常追忆往事，学生在他那里很容易评个好分数。

克拉索恩给我们讲了学生 $t$ 检验（Student's $t$-test）和 $\chi^2$ 检验，他让我们做
了很多计算。计算是在台式机器上完成的，比如，一个数乘以 37，输入另一
个因数后，转动手柄 7 次，拨动变挡杆进一位，然后转动手柄 3 次。除法是
一种稍微复杂一些的重复减法的过程（手柄必须反向转动），而平方根则更巧
妙——必要时，我知道怎么求。

修统计学的学年结束时，我写了一篇日记："克拉索恩剃掉了胡子，成了
正教授。"当时他大概 60 岁。

## 情事的终结

研究生院的第一年是忙碌的一年，而且没有一个圆满的结局。我为第
一学期做了一份周计划，从周一到周六，从早上 8:00 到晚上 8:00。主要内容
包括法语、伦理学、柏拉图、统计学和打字，每一项我都分配了适当的学习
时间。

我认真地对待打字。我花 10 美分在澳沃氏（Woolworths）商店买了一本
自学打字的小册子，在几个月里，每天午饭后练习半小时。我成了一名熟练
的打字员，不算顶级，但还不错。我打字会出错，但速度很快，在后来 25 年
左右的时间里，书信、课堂笔记、考卷、论文和著作，一切都由我自己打字
来完成。几年后，当一位准博士生来找我时，我首先问他会不会打字，并告
诉他如果不会就去学。有一段时间，这种要求被认为很古怪，然后就过时了。
但现在，众人的办公桌上都摆放着计算机，这可能再次成为一个明智的想法。
我曾经读到过，无论从事什么职业，一位专业人士的真正标志是，他理解、

热爱并擅长哪怕是他专业中的苦差事。这条箴言给我留下了深刻的印象，并且我还可以用它来自我表扬一番。我确信，我对打字的态度有助于证明自己是一个真正的行家。

学习法语是为博士阅读考试做准备。德语并没有让我担心（虽然我不得不认真学习一下），但我是个"恐法症"患者（并且这辈子一直是）。我从来没有学过法语，也没有在说法语的国家住过，对大多数法国人抱有怀疑。在我的袖珍日记簿里有这样的话，比如"查找改变词干的法语不规则动词"。我完全是自学法语（没修课程），查了足够多的语法，记住了足够多的短单词来应付（长单词无关紧要），然后我就熬过去了。考试很简单：把以前没读过的新文章翻译成英语。题目包括两部分：45 分钟可查字典和 45 分钟不可查字典。主考人是哲学系的尼科尔森（Nicholson），当他告诉我我通过考试时，他还补充说，我的译文是他见过的最为随心所欲的译文。但是我及格了。德语考试也及格了。从那以后，我就一直在吹嘘自己是在学习哲学的时候，翻译了难懂的散文才通过语言考试的，而不是在学习数学的时候。数学外语文章要简单得多，纸面上的公式，或者说句子里的公式，都能给你很好的提示，让你知道文章到底是什么意思。

当然，我并不是一直在学习。我还阅读《早餐桌上的独裁者》(*Autocrat of the Breakfast Table*) [1] 和《资本论》(*Das Kapital*)，并且经常下国际象棋。我在 1935 年初的日记中写道："莫菲 [2] 肯定是个天才。"我参与组建了一个小型国际象棋俱乐部，我还是美国通信国际象棋联盟（Correspondence Chess League of America，CCLA）的热心会员。但这一切都过去了——我已经忘记奥利弗·温德尔·霍姆斯说过些什么，我不再对马克思沉重的文稿留有印象，我也不太确定如何用"吃过路兵"[3] 的方式捎带抓住个卒子。

然而，最重要的不是法语、统计学、打字或者国际象棋，而是哲学——第一学期的伦理学和柏拉图，第二学期的洛克、贝克莱、休谟（Locke-Berkeley-Hume）[4] 和德国唯心主义。我想要认真对待哲学，并为此付出了努力，但不知何故，我们——我和哲学之间的恋情，很早就开始恶化了。

在那段日子里，我写了一本真正的日记——好吧，几乎是一本真正的日记。那是一个袖珍平装书大小的小本子，从 1935 年 1 月 1 日到 1939 年 12 月 31 日，我在 5 年里每天简短写下四行字。我的记录如电报一样精练，如今，我凭着记忆已经看不懂了。1935 年记的许多事项都是关于哲学课程的，当我最近重读这些日记时，我惊讶地发现它们是多么尖酸刻薄："柏拉图课普普通通……柏拉图考试滑稽又无聊……洛克、贝克莱、休谟无聊……单调乏味的康德课……康德课失控了。"也有一些不那么狭隘的忧愁表白，比如抱怨："哲学是走向没落了吗？"再如幼稚的嘲讽："要成为一个哲学家，你必须有一个灵活的、丰富的、无用的头脑。"谁是因？是我的敌对态度，还是哲学系对我的低评价？这一切已经足够让我不必在情感上纠结，我完全可以承认，作为学哲学的学生，我根本不行。

这一事件中的反派人物，同时也是故事的男主人公、"斧头手"，就是我最喜欢的哲学家格伦·莫罗 [5]。他是一个威严的人，一个齐整的人。我一想到他就想到棕色，他有棕色的胡子，棕色的领带，光亮、舒适的棕色皮衣，以及常春藤联盟的风度。在我与他的一次会面后，我在日记中写道："莫罗是位绅士。"

莫罗指定我做一个关于康德的"实践理性批判"的课堂报告。我为此进行研究，准备报告，并精心组织。我将主要提示词写在 3×5 卡片 [6] 上，并附上相关的参考文献和引文。约定的时间到了，我们五个学生和莫罗围坐在一张研讨会桌旁，我和莫罗目光相碰，并点了点头，我拿出那叠卡片。莫罗皱起眉头："这就是你准备的所有东西吗？""是的，先生。""你没有完整写下来吗？""没写，我想我这样可以表现得更好。""很好，开始吧。"这不是一个良好的开端，但不管怎么说，我的报告还算不错——我这么觉得。

当然，我当时没有经验。从那以后，我了解到，在某些学科中，当一位学者在其学术界的会议上"宣读论文"时，他就是逐字逐句地照本宣科，换句话说，他要把放在讲台上的论文大声念出来。哲学家们经常这样做，可我认为这很糟糕。在这样的演讲中，观众很难保持清醒，更难从中学到东西。我听说过有人用这种方式宣讲数学论文，但并不常见，这样的报告每一回都是一场灾难。有一次报告是由一位哲学家做的，讨论一个边缘问题，可以被称为命题逻辑（哲学）或布尔代数（数学）。他读出每一个单词，每一个字母，每一个 $p$ 和 $q$，每一个命题联结词。多蒙他好意，省略了计算性较强的证明，但当观众中有人提出问题时，他略带不悦地说："嗯，其实，我可以把证明读给你听。"

在那个学年的春天，我写了一篇关于价值论的论文。这不是为了什么课程任务，而是我发自内心想做。我想把我对哲学的担忧一五一十地说出来，勇敢地正视它们。实际上，我是在问哲学是否有价值。现在我可能会为这篇论文感到羞愧，但我还是想翻翻它。当时，我把这篇论文拿给一些哲学朋友看，包括戈特沙尔克（Gottschalk）。他们不喜欢。我在日记中写道："我有充分的理由猜测，这个哲学系绝对不会授予**我**博士学位。"

5 月初，美国哲学协会在圣路易斯召开了一次会议，格伦·莫罗以及他迷人的妻子维克（Vic）让我搭个便车。真是好极了。我在会议上认识了一些重要的人物，我喜欢其间许多演讲，享受与格伦和维克的私下往来。"他们都是很了不起的人。"我的日记里说。

事情就这样发展，上上下下，来来回回，直到那年的 5 月底，崩盘来临。这场大难发生在硕士学位的综合口试上。当然，我预感到进展不会顺利。我被问到的问题不仅是关于哲学本身的（这个我认为能知道），而且是关于这门学科的历史的（这是我一直很不擅长的）。我失败了，我不及格，我被淘汰了。

格伦·莫罗告诉我这个坏消息。我们在他的办公室站着，我不时地踱来踱去，走到窗边向外看，然后又回来，非常仔细地察看书柜里几册期刊合订本的书脊。我努力不让失望、挫折、愤怒和痛苦的泪水涌上我的眼睛，但我没有做到。莫罗试图讲得通情达理，我讨厌他这样："算了，哈尔莫斯，毕竟你知道，除了知识领域外，人类还有很多领域需要努力。"那天的日记上我写着："综合考试不及格。回到家，紧绷着，垂头丧气地去睡觉。"

12 年后的 1947 年，我荣获了古根海姆奖（Guggenheim Fellowship）。那之后的两三年内，格伦·莫罗也获得了该奖项，我不禁感到胜利、自满，并为"打败"了他而沾沾自喜。我不时地试图找到他并建立联系，但未能如愿。

# 矩阵

哲学上的失败并没有打断我前进的步伐。我从未烧毁我与数学之间的桥梁，从哲学研究生正式转换为数学研究生很容易。这场灾难发生后不到一个月，暑期课程班开始了，我全力以赴地学习布拉哈纳讲授的"高等代数引论"、斯泰姆利讲授的"高等分析引论"和卡迈克尔（Carmichael）讲授的"数论"。代数和数论占据了我大部分的注意力。我确信我想成为一名代数学家，就像布拉哈纳一样，布拉哈纳也暂时地接收我跟他读博士。代数课程异常困难，我拼命地学习。数论既富于启示也有乐趣，我满怀热情地学习。

我说"拼命"，意思就是拼命。高等代数教材是博谢的那本书[7]（我认为写得一团糟），布拉哈纳不知道如何解释清楚。在我花在这个科目上的大部分时间里，我的情绪从懊恼到达了愤怒。我后来职业生涯的大部分时间都花在了线性代数及其推广上（这是数学中我越来越喜欢和擅长的部分），因此现在看来，我当年会如此愤怒，似乎有些奇怪。但我并不这么认为。或许一部分是因为那句老话：恨与爱之间只有一步之遥。另一部分可能是因为，我本能地被这一学科所吸引，而那些不必要的困惑让我无法触及问题的核心，所以我才会心烦意乱。

向量空间不在博谢那个时代常见的数学词汇中，线性变换在他的书中也没有发挥重要作用，只是泛泛地被提及。正交矩阵在最后一章被粗暴地定义（$P' = P-1$）[8]，没有任何关于其几何意义的线索。经典的相似性的充要条件（包括不变因子等等）依赖于"$\lambda$-矩阵"理论，所谓 $\lambda$-矩阵是指以 $\lambda$ 的多项式为元素的矩阵。面向那些和我一样对 $\lambda$-矩阵有困惑的学生，我组织了个补差班。在这个班的一次课后，我扬扬得意地在日记中写道："我可以教书。"布拉哈纳的课有些内容是基于迪克森（Dickson）的《近世代数理论》（*Modern Algebraic Theories*）的，这是一本写得不好但组织严密的书，其中各种典范形得到了应有的强调。博谢、迪克森、补差班，还有从戴维·内佐格（David Netzorg，我将稍后讲述他）那里得到的一些灵感，不知怎的，让我闯过了线性代数引论[9] 这门课。直到四五年后，我已获得博士学位，在听过冯·诺伊曼（von Neumann）谈论算子理论之后，我才真正开始理解这门学科是围绕什么的。

# 院长

鲍勃·思罗尔（Bob Thrall）当时是伊利诺伊大学的一名研究生，他做的是纯粹数学。后来，他成为应用数学的积极支持者，但那时他是布拉哈纳的博士生。我们不仅在这一点上有共同之处，而且都对卡迈克尔的课程很感兴趣，还都爱下国际象棋。除此之外，我们几乎在每一件事上都保留着各自的差异。鲍勃仪表堂堂，19 岁时就有了少白头，他总是系领带，是一个滴酒不沾、政治上保守、经常去教堂的卫理公会信徒（Methodist）。我则留着长发（在那时），不在意领带，纵酒狂饮，政治上开始越来越倾向于左翼，从不去教堂。我们经常在一起，研究代数和数论，还一块儿下棋。他赢我是常态。我们还为卡迈克尔的群论专著做出贡献，每一个字我们都读了至少三遍（未经拼版的长条校样、排版校样、付印校样）——没有报酬，爱心劳动。

R. D. 卡迈克尔[10] 是伊利诺伊大学数学系的杰出成员之一。他曾告诉我，在过去的几年里，世界上只有三位数学家每年发表 100 页以上的论文：G. D.

伯克霍夫（G. D. Birkhoff）、N. E. 内隆[11]和他自己。他的讲座组织得井井有条，清晰明了，富于启迪。当我从他那里得知$2^{2^5}+1\equiv 0\bmod 641$时，我赶紧跑回家，把它记在日记里。他写了好几本书，还不断大量发表文章（主要是关于微分方程的）。我钦佩他，想在很多方面都能做到像他一样。例如，他手写的"p"就很特别（小圈上面竖的那笔几乎和下面的一样长），我也采用了这种写法。直到今天，我写的"p"都看起来有几分古怪。

在卡迈克尔的课堂上，我爱上了数论。他让我们准备好一张表格，行标题是前400个正整数，而列标题大约有25项，包括因数分解、平方和、质数和，诸如此类。他要求我们填写该表格，再进一步猜测尽可能多的定理（如果可能的话要做出证明）。

我的第一次研究经历受到了卡迈克尔的启发。他给我们讲了一个独特的问题（也许是受到四平方和定理的启发）：对于哪些正整数$a$、$b$、$c$、$d$，每个正整数都可表示为$ax^2+by^2+cz^2+dt^2$的形式？（"可表示"的意思是通过变量$x$、$y$、$z$、$t$的整数值来表示。）答案是，恰好存在54种这样的形式，拉马努金（Ramanujan）已将它们全部确定下来。我的问题是：哪些同类形式可表示所有正整数，其中只有一个正整数除外？我找到了88种候选形式，证明了不可能有其他形式，还证明了其中86种确实成立。例如，$x^2+y^2+2z^2+29t^2$仅仅不能表示14。我无法确定的两种形式后来被戈登·帕尔（Gordon Pall）解决了：$x^2+2y^2+7z^2+11t^2$和$x^2+2y^2+7z^2+13t^2$仅仅不能表示5。这是我第一次发表研究成果，不需要任何灵感，只需要耐心、勤奋地运用卡迈克尔教给我的那些技术，但这一过程给了我一种成就感和胜任研究工作的（我迫切需要的）信心。我非常自豪。我买了200份抽印本，花了好多年才找到足够多的人送出去。

卡迈克尔是我那个年代的研究生院院长，数学系通常也称呼他"院长"[12]。他欣赏我，还喜好清谈。我以前常常按预约时间去他的研究生院办公室，带着一份准备好的问题清单。不过，院长所需的只是一个问题。关于那个问题——以及所有与之相关、不相关的话题，他可以给我开一场一个半小时的讲座（毫不夸张）。最后，他下午预约的其他人都等在外面，望着他，双臂抱怀，颇为光火，我不得不匆匆离开。他向我讲述了他攻读研究生的时代，他在普林斯顿大学的生活，他的六口之家，他写的诗歌，以及他正在撰写的和即将撰写的论文。他抱怨当院长占了他太多的时间。他说，自从上任以来，他一周都找不出 20 小时来进行研究。

在参加哲学考试几个月后的一天，我收到了研究生院办公室的正式通知：院长要见我。当他告诉我事情的来龙去脉时，他显得几乎有些尴尬：他催促我取得一个硕士学位。哲学硕士，我是没戏了，但考虑到我的统计学课程和暑期班课业负担，取得一个数学硕士绰绰有余。我很吃惊，但又很高兴。这给我的生活带来的唯一影响就是得为文凭支付 10 美元。直到后来，我才猜到院长着急的原因。我的计划是去读博士学位，中间的学位就是个点缀。然而，从校方的角度来看，我是一个成绩单上一科不及格、其他科 B 又太多的学生。在至关重要的研究生院秘书沃伊特（Voigt）小姐看来，我获得博士学位的机会肯定比我自认为的更渺茫。我猜，她向院长建议，劝我以常规性的安慰奖为目标。我天真地把这个安排看作一次小小的鼓励，于是，我和我的朋友们庆祝了这个额外获得的学位。

# 第一堂课

如果你是数学系的系主任，你会给我这样成绩的人发奖学金吗？教学助理金呢？或者，至少是学费减免金？科布尔就没有给。他应该给我吗？当时我很生气，觉得受到了歧视。我**知道**，我比大多数拿奖学金的研究生和助理都要优秀。现在我明白科布尔的观点了：这份成绩单看起来不够好。我一直是研究生院的"付费客户"，除了仅有的一个学期，当时出现了紧急情况，系里安排了一个班给我教。

阿瑟·拜伦·科布尔（Arthur Byron Coble）在当时是一个大名鼎鼎的人

物：代数几何学家，列入美国数学学会"学术研讨会"丛书[13]的专著作者，美国国家科学院院士，在美国数学领域有重要影响，领导伊利诺伊大学数学系多年。他当年的年薪是 1 万美元，在那个没有通货膨胀的经济萧条时期，这个数字所代表的财富超出了大多数人的贪婪之梦。1933 年，一封美国国内信件的邮资是 2 美分；1935 年，花 600 美元就可以买一辆崭新的福特汽车；1938 年，一位刚获得博士学位的教师的标准工资是 1800 美元。粗略地说，倘若 50 年间的通货膨胀系数是 10，科布尔的薪水相当于 1983 年的 10 万美元。

我仅是从科布尔的行政人员身份认识他的，我从来没有听过他的课，哪怕是一次单独的讲座。有一则关于他做博士生导师的故事，可能是杜撰的，但确实能展现他的本性。据说，他用博士学位论文题目构造了一个无穷序列：在证明了二维的一个定理之后，他让下一个博士生把结果推广到三维，再让下下一个博士生推广到四维……谁知最后来了个败兴的家伙杰拉尔德·赫夫（Gerald Huff），不仅解决了五维的情况，而且解决了每个更大维数的情况，让无穷个未来的博士全歇菜了。

1935 年 9 月，在伊利诺伊大学开学的前一天，我才知道这次自己有了一份工作：我要教一年级学生的代数课，早上 8 点（从第二天早上开始），每周 5 天，一个学期。工资是每月 45 美元，我觉得这很不错，帮了大忙。我当时住在一套舒适而宽敞的带有五间卧室的老式公寓[14]里，离校园步行不到 5 分钟，租金恰是每月 45 美元。

我不害怕教书。怯场，有；恐惧，没有。怯场，指的是精神处于高度准备状态，有轻微紧张，暂时无法集中注意力的感觉。每次上新课，我都会有 6 分钟的时间怯场：上课前 5 分钟，上课后 1 分钟。学术研讨会报告和所有其他形式的公开露面也是如此。用"怯场"来形容这种现象可能不太恰当，它可能只是一种下意识的自我加速，给人所需的动力来克服每次开始时的巨大惰性。

尽管关于教书还有很多东西要学，但我知道我能应付，而且我也做到了。有些教学新手说，他们根本不知道如何教，这总是让我很惊讶。难道他们不是已经在老师的影响下度过了近二十年吗？难道他们没有注意到有些方法似乎很有效，而另一些则令人生厌？难道他们没有对自己咕哝过"我可以讲得更好"吗？我已经受够了糟糕的老师。我知道——我认为我知道——什么不该做。我自信地大步走进我的第一堂课，昂首挺胸，在我努力想上好这堂课的渴望下，怯场几乎察觉不到了。

我做得很好。我 8 点钟讲课，另外，每周有三天上午排得满满的，我还要在 9 点、10 点和 11 点去上我自己修的研究生课程。我认真对待这份工作，我的许多日记都是关于我的课堂的："因式分解的错误……对数小测验……课堂训斥招致了无数的议论……得到掌声（我不记得为什么，但我很高兴）……教行列式……弄完期末考试。"

我的学生年龄都在十七八岁。19 岁的我是一个聪慧而老成的研究生。他们信任我讲授的内容。学生中有些人很好，有些人则无可救药。唯一一个让我永远不会忘记名字的人（让我们叫他"渣渣过"[15] 吧），是无可救药中的无可救药：出勤无规律，家庭作业不是没有完成就是做得太差，期中考试只有 D⁻ 的水平。他只能靠期末考试来通过这门课，但我没有太多信心，他也没有。期末考试前的那个星期六晚上，我家有个小聚会，聚会突然被门铃打断，正是"渣渣过"。他问我能单独说几句话吗，我有点儿意外，把他带到一个空房间，问他怎么了。我是一个研究生，不是吗？也许我不是很富裕，对吧？这门课对他很重要，所以如果我能帮他通过，他会很感激的，而且他会让我觉得值得这么做，他会给我 5 美元（半周的房租，一周的伙食）。我太惊讶了，我没有生气，但叫他离开了。我回到聚会上，告诉大家我知道了自己的"价格"。紧接着的星期一，我评阅的第一份试卷就是"渣渣过"的。他得了不及格，评阅不会出任何差错。

## 黑兹利特和内佐格

我在 1935—1936 学年所修的课程，尤其是第一学期的课程，完全依照伊利诺伊大学研究生课程大纲的标准，我百分百地跟着教材走。我修了代数、分析和几何，还有什么呢？

代数是由奥利芙·黑兹利特 [16] 讲授的，按照我们的看法，她是一位著名而重要的数学家，她发表论文，教授高级课程。我记得系里还有另外三名女性——这在现在可能会让人吃惊，但当初似乎很自然。数学系里没有尼格罗人（Negroes）[17]，这是当时对黑人（Blacks）体面而礼貌的称呼。一名才华横溢的黑人新生出现在初级班里，很快就被发现了，受到鼓励，并被允许按照自己的步调学下去。他就是戴维·布莱克韦尔（David Blackwell），此后，他也许称得上是当今最优秀的黑人数学家。

黑兹利特的课程主要基于范德瓦尔登的教材第一卷，当然，也有一些删节和增补。她很高兴告诉我们，她的一篇论文的题目是《在域中嵌入环》（"Embedding a Ring in a Field"）；她也很高兴告诉我们，她的同事肖 [18] 是如何取笑她的，肖说，这让人联想到一幅违背常理的农业活动画面 [19]。

尽管黑兹利特教授在数学界的地位非同小可，但她至少有一个我从未忘记的局限，那就是对数学及其分支，尤其是她所研究的那一分支——代数的狭隘看法。在开始讲代数中形式幂级数所起的重要作用时，她向我们展示了幂级数是怎么计算的。戴维·内佐格，一名才华横溢的学生，和我在一个班上课。他在训练和天资方面远远领先于我，但他之前从未见过这个特定的理论，他有些困惑，提出了一个反对意见。他说，你不能在不讨论收敛性的情况下讨论无穷级数。他错了——不仅可以讨论，还应该讨论。但黑兹利特的回答不是这样的。她的回答带着尖锐的语气，正如戴维的问题带着抱怨和挑战的语气。错，错，她说，在代数中不可以也不应该谈收敛这样的事情。她重复了她最喜欢说的一个短语："方法的纯洁性"。她似乎对戴维怀有恶意，因为他想把她的代数搞得"不干净"。戴维听不懂她的回答，也不赞同她的观点。直到当下一节课的人来上课时，我们被挤了出去，讨论才结束，问题并没有得到解决。

现在，将近 50 年过去了，我理解了这场争论。戴维错了，无需任何分析学，形式幂级数是有意义的，但他知道或感觉到一些东西，显然，黑兹利特教授不知道这些。戴维知道，结构的混合经常使现代数学更加丰富，胜过"方法的纯洁性"。拓扑代数学、代数几何学和几何测度论是重要的混合，没有这些学科，现代数学就不可能存在。戴维错了，但黑兹利特错得更厉害。要纠正他，就必须提供一个缺失的定义；要纠正她，就必须摒弃情感上的偏见。

我认识许多数学家，他们既聪明又没有条理，就像戴维·内佐格一样，但我对他的欣赏异乎寻常。起初我不喜欢他，因为他看起来太不合群。其实他很害羞，他偶尔的粗鲁只是因为尴尬而已。我觉得他也很自命不凡，因为我的数学不如他，所以他不会和我交往，但我错看他了。他不是一个善于讲解的人，但他知道很多，而且喜欢解释他知道的东西。点点滴滴，我从他那里学到了越来越多的东西，他因此欣赏我，我也欣赏他。在数学上，他关怀我；而我则在一些与学生生活相关的流程琐事上来照顾他，比如按时申请奖学金，为研究生院提供正确数量的学位论文副本。

我记得曾向他抱怨，我很难理解矩阵的有理典范形，我还记得他解释时的状态。他可能会混淆他的符号和他的语言，但他知道内在思想，这就是他试图传达的。这是常事，他说，这是典型的线性现象。给定一个线性变换，你只需选择一个向量作为基，然后不断用这个变换来处理它。当你不再得到新的东西时，就停止，然后，你瞧，你得到了一个典型的友矩阵。我当时不知道他是什么意思，但我现在明白了，这是一种见识，值得理解。

我们成了亲密的朋友。他经常在晚上待在我的公寓里，看我的杂志，偶尔还会翻我的冰箱找吃的。我会先犯困，然后上床睡觉，戴维则留下来。早上，他要么还在看书，要么就在起居室的长沙发上睡觉。不管怎样，他都会吃点早餐再回家。

我无意中偷听了戴维·内佐格和特德·马丁 [20] 的一次谈话。戴维把我介绍给特德，然后我们就分开走了，特德和戴维走在前面，我和其他人在后面几步。特德用头指向我问："他行吗?""马马虎虎，"戴维说，"但他很用功。"然后戴维碰巧半路回头看了一眼，似乎意识到我可能无意中听到了，显得很尴尬。

我不太介意。至少我现在认为，虽然我介意被描述成那个样子，但我只在乎一点点。戴维的标准很高，我有些不安。我从不期望他会说我就是好。当然，我希望自己"行"，也许在潜意识里，甚至在我内心里，我以为我行，但我并不真的相信我行。不管怎么说，就是这样，我从来没告诉戴维我无意中听到了。

戴维在二战前回到了菲律宾（他父母住在那里）。日本人来的时候，他也在那里，他在被拘留后死了。

## 早上好，分析学

我在 1936 年 4 月成了一名数学家。或者在 3 月？我有一种"话就在嘴边，却想不起来"的感觉，我几乎可以说出那是 4 月（或 3 月）的哪一天。在那一天之前，我还是个学生，有时很出色，有时不太行。符号并不能困扰我，我可以很灵巧地"耍弄"它们，而且我理解代数的干净、有限的推理。我仍然觉得，我生来就是一名代数学家，只是环境的偶然性阻止我成为一名成熟的代数学家。我不理解（甚至做梦也没有想到）"结构"的思想，后来，布尔巴基 [21] 使用了这个词，我被 ε 分析的无穷小的细微之处难住了。我读得懂分析证明，如果我努力的话，能记住它们，还能在某种程度上写下来，但我真的不知道这是怎么回事。

此前一年，当斯泰姆利指导我学习"高等分析"时，悲伤的日记远远超过了愉快的日记。日记里经常有"斯泰姆利的分析让我担心""分析又让我失望了""分析失去了控制"，只有很少的内容提到"正确地解决了一些傅里叶级数的问题!"，以及"分析得 A，40 题做对 39 题"。

当我开始读研究生时，情况并没有立即好转。皮尔斯·凯彻姆（Pierce Ketchum）试图教我一些分析知识，但我就是没听懂。凯彻姆会说，让我们考虑一个定义在单位圆上的函数，而特德·王（Ted Wang）——一个在课堂上爱表现的人——会问："是开的还是闭的?"我看不出这个问题有什么意义，也看不出有什么区别，也不知道谁在乎，我因被打断而恼火。另一次，凯彻姆给我布置了一道阅读题目，让我在全班同学面前报告，这道题目与一致收敛性有关。他告诉我要读什么内容：哈代（Hardy）的《纯数学教程》（A Course of Pure Mathematics）[22] 中的某些特定页和蒂奇马什（Titchmarsh）的《函数论》（The Theory of Functions）中的某些特定页。我硬记住了我的报告，当我不得不从哈代转到蒂奇马什时，我几乎不知道其中有什么关联，我轻率地把记号从哈代的改为蒂奇马什的。对我而言，我讲的不是一个概念，而是两组书页上的符号。我不喜欢分析学。

我还记得当时的情景，天未明，我和安布罗斯在数学楼二层一间研讨室里交谈，他说的一些话是我这只瞎骆驼所需要的最后烛光。我突然明白了 $\varepsilon$ 和极限，一切都清楚了，一切都完美了，一切都令人兴奋。我兴高采烈地花了一小时把格兰维尔、史密斯和朗利编的教材翻检了一遍，既焦躁又开心地点着头。是的，是的，当然，我能证明这个! 没错，这显然成立。他们怎么可能把事情搞糟到这种地步? 一切都豁然开朗，顺理成章。我在这世上还有很多东西要学，没有什么能阻止我去学。我就知道我可以。我已成为一名数学家。

沃伦·安布罗斯，1948 年

# 为什么学几何？

　　20世纪30年代，伊利诺伊大学数学专业研究生学习大纲的设计者们似乎坚信，他们确切地知道每位数学家都必须知道什么。矩阵、置换群和伽罗瓦理论入围，豪斯多夫空间和同伦理论出局。"出局"的科目有时也会出现，在最后一年，当时我正在撰写学位论文，我利用这个机会修了一般拓扑学的基础课程。一致收敛性和柯西定理入围，巴拿赫空间、希尔伯特空间和概率论出局。但是公平地说，别忘了，巴拿赫的书 [23] 和斯通的书 [24] 出版于1932年，科尔莫戈罗夫的书 [25] 出版于1933年。这个大纲最稀奇的地方是，19世纪的意大利代数几何被纳入其中。要想在伊利诺伊大学获得数学专业的博士学位，你必须对三次曲面上的27条直线 [26] 了如指掌。

　　我从阿诺德·埃姆什（Arnold Emch）那里学习了几何课程，他是个肥胖的小个子瑞士人，留着白色的山羊胡子，操着浓重的德国口音。在精神上，他绝对属于意大利学派。根据一些评论家的观点，那个学派所发展的代数几何是数学中唯一把定理的反例看作对该定理的美丽补充的。埃姆什提到了所有该提到的名字，比如克莱布什 [27] 和塞韦里 [28]，并试图教我们如何数一切事物，这门课有时被称为计数几何。有一段时间，我觉得这很有趣（我的日记上写着"塞韦里非常值得一读"）。我们计数二重点、尖点、交点和重数，需要"交易"的组合技巧：首先，两个整数相乘，但这并不是答案，因为有些项在乘积中出现了两次，所以必须减去；但是，这样做很明显导致一些项被不止一次减去，所以必须把它们加回去。我们很难知道什么时候做完，什么时候可以停下来。我们都不敢问，当费利克斯·韦尔奇（Felix Welch）问起时（你怎么知道什么时候该停止呢？），埃姆什很不高兴。埃姆什给我们讲了泛点，他非正式地使用了这个词，却希望我们能理解它的含义。当他知道我们没有理解的时候，到了下一节课开始，他就告诉我们："泛"，没有什么特别的意思。

　　曲线和曲面是实的，一定如此，因为我们画出了它们的图形（其中一些包含不止一个分量）；曲线和曲面是复的，一定如此，因为它们作为多项式方程总是有解的。在任何情况下，像"域"和"理想"这样的词都没有被提及。我们认为要使这门学科严谨起来，唯一的办法就是折腾 $\varepsilon$ 分析，但我们并不真正知道该怎么做。

　　我和班上的其他人一样困惑，但是，也和其中几位一样，我把这门课当作游戏。你必须学会，然后按照你猜的规则来玩。我们中的一些人已经很擅长了。安布罗斯玩不好，他坚持要知道这些语句的意思。在一次重要考试前的几个星期，他放弃了，向我寻求帮助。我们一起温习功课，我把自己知道的一切都告诉了他。在考试的时候，（我以为）我理解了所有的问题，写下了它们的答案。安布罗斯不理解这些问题（他后来承认了），他只写下了他从我这里学到的一切。我得了 B，他得了 A。

# 译者注

[1] 该书作者是奥利弗·温德尔·霍姆斯（Oliver Wendell Holmes，1809—1894），美国医生、作家。他最有名的作品是三部"早餐桌"系列随笔集。其子与他同名，是美国法官、法学家。

[2] 保罗·查尔斯·莫菲（Paul Charles Morphy，1837—1884），美国国际象棋大师。

[3] 原文是法语 en passant，国际象棋术语，是国际象棋中兵的一种特殊吃子规则。

[4] 指英国哲学家约翰·洛克（John Locke）、乔治·贝克莱（George Berkeley）和大卫·休谟（David Hume），均是 17—18 世纪经验主义哲学代表人物。

[5] 格伦·雷蒙德·莫罗（Glenn Raymond Morrow，1895—1973），20 世纪杰出的柏拉图学者之一。他 1929 年来到伊利诺伊大学担任教授，除了 1933—1934 学年去德国慕尼黑和奥地利维也纳学术休假外，在那里工作了 10 年。1939 年进入宾夕法尼亚大学，直至 1965 年荣誉退休。

[6] 这是指 3 英寸 × 5 英寸（7.62 厘米 × 12.7 厘米）的标准卡片，常用于制作图书馆索引卡。

[7] 马克西姆·博谢（Maxime Bôcher，1867—1918），美国数学家、教育家，他的学说和著作影响了许多数学研究者。这里的书指的是 *Introduction to Higher Algebra*，有中译本《高等代数引论》（吴大任译）。

[8] 该教材共 22 章，在第 11 章末的练习题部分，以正交变换的形式定义过正交矩阵。哈尔莫斯在他读书求学时，乃至成名以后写作本书时，对该教材的评价一以贯之。但该教材由于成书较早，存在局限性是不可避免的。

[9] 从上下文意看，此处是"高等代数引论"更恰当，但原文如此。显然，对于这种不同称谓，作者认为是一门课程而未加区分。在我国，一般将"高等代数"和"线性代数"视为不同课程。

[10] 全名罗伯特·丹尼尔·卡迈克尔（Robert Daniel Carmichael，1879—1967），美国数学家，术语卡迈克尔数即以其姓氏命名。

[11] 尼尔斯·埃里克·内隆（Niels Erik Nørlund，1885—1981），丹麦数学家和天文学家，研究差分方程理论。

[12] 同一部门的职员常常以最高负责人的职位作为该负责人的称呼，比如"系主任""院长"。但数学系并不隶属于研究生院，此处仍用"院长"称之，表达出亲近。

[13] Colloquium series，由美国数学学会（American Mathematical Society，AMS）出版的丛书，全称为"学术研讨会出版物"（Colloquium Publications），其中第一本专著出版于 1905 年，内容源自 1903 年该学会夏季会议中的学术研讨会。该丛书至今仍不断推新和重印。

[14] 5-room apartment，一种美式公寓套房，包括五间卧室。一般情况下，起居室（或客厅）、厨房是公共区域；条件好一些的，卧室内各自带有浴室。很显然，作者当年只是租住其中一间卧室。

[15] 原文是 Drossin，的确是一个姓（德罗辛），但显然此处并不是真名，只是个化名，似为作者将 dross（渣滓、碎屑）与 sin（罪恶、过失）合写。

[16] 奥利芙·克利奥·黑兹利特（Olive Clio Hazlett，1890—1974），美国数学家，从事代数学研究，她的大部分职业生涯在伊利诺伊大学度过。她在二战期间为美国密码分析委员会（Cryptanalysis Committee）做出了杰出贡献。

[17] Negro 在西班牙语中本意为"黑色"，特指分布在非洲大陆撒哈拉以南的黑人居民，后泛指黑人。但这是过时的称谓，而且成了禁忌词。从 20 世纪 80 年代中期起，美国官方机构都停止使用该词（而本书原书出版于 1985 年），取而代之的是 black（英语中的"黑色"），并逐渐成为主流用法。在以 black 指代黑人时，单词首字母 b 可以小写，也可以大写，本书采用的就是大写，然而在 21 世纪 20 年代初，有人指出首字母 B 大写才是一种尊重。现在，美国通用的称谓是非裔美国人（African American）。

[18] 指的应当是詹姆斯·伯尼·肖，在本书第 2 章"全高卢"一节中出现过。

[19] 论文标题"Embedding a Ring in a Field"，按照平常的字面意思是"在田里种上戒指"。不过，译者在黑兹利特发表的论文中并未找到相同或类似的题目。

[20] 威廉·特德·马丁（William Ted Martin，1911—2004），美国数学家，主要从事数学分析、多复变函数和概率论的研究。从 1947 年到 1968 年，他担任美国麻省理工学院数学系主任。

[21] 布尔巴基全名尼古拉·布尔巴基（Nicolas Bourbaki），最初是 20 世纪 30 年代中期法国数名年轻数学家组成的研究小组的集体笔名，后演变为一个数学学派。小组成员最初打算编写一本新的数学分析教科书，后发展成统称作《数学原本》（Éléments de Mathématique）的教科书系列。研究现代纯粹数学是该小组的中心工作。1968 年 11 月，布尔巴基的讣告在一次讨论班上发布，而逝世的日期选在了第一次世界大战停战日，即 11 月 11 日。

[22] 1908 年首次出版，前后共修订 10 版，被认为改变了大学数学教学。中译本由张明尧译（人民邮电出版社，2009 年、2020 年）。

[23] 斯特凡·巴拿赫（Stefan Banach，1892—1945），波兰数学家，创立了现代泛函分析，并对拓扑向量空间理论做出了重大贡献。此处的书所指即是他最重要的著作 *Théorie des Opérations Linéaires*，其中他引入了赋范线性空间的概念，现在被称为巴拿赫空间。该书是法语版，根据 1931 年波兰语版翻译而来，并进行了扩充和大量修改，很快就成为

经典。本书多次谈及，都是以"巴拿赫的书"来指代，而未明示。中文版《线性算子理论》（金成桴译，科学出版社，2011 年）基于法语版并参考 1987 年的英译本翻译。

[24] 马歇尔·哈维·斯通（Marshall Harvey Stone，1903—1989），美国数学家，其最为知名的是关于用多项式一致逼近连续函数的斯通 – 魏尔斯特拉斯定理，本书第 15 章"如何做系主任"一节就有提到。此处的书所指是他的长篇巨制《希尔伯特空间中的线性变换及其在分析中的应用》（*Linear Transformations in Hilbert Space and Their Applications to Analysis*，1932 年）。本书多次谈及，都是以"斯通的书"来指代，并未明示。1990 年美国数学学会重印该书时，哈尔莫斯仍将该书与巴拿赫的名著并举，还称斯通"这项工作开始于 1928 年，当时斯通 25 岁，这本书在他 29 岁时出版。前言从容地告诉读者，他希望提供'缜密论述，从基础开始，并在各个方向上尽可能地展开。……为了将这些材料压缩到 600 多页的篇幅内，有必要在保障陈述的完整性和清晰度的前提下尽量采用简洁的风格……'"，从中我们可以对该书了解一二。

[25] 安德烈·尼古拉耶维奇·科尔莫戈罗夫（Andrey Nikolaevich Kolmogorov，1903—1987），苏联数学家，其贡献影响了现代数学的许多分支，特别是调和分析、概率论、集合论、信息论和数论。他有着广泛的文化背景，对技术、历史和教育感兴趣，在苏联的教育改革中发挥了积极作用。他最为人所铭记的是建立了测度论概念上的概率论公理系统，奠定了现代概率论的基础。此处的书所指即其代表作 *Grundbegriffe der Wahrscheinlichkeitsrechnung*。这是德文版（1933 年），后有俄文版（1936 年）、英文版（1950 年），中文版《概率论基本概念》（商务印书馆，1952 年）由丁寿田据德文版及俄文版翻译。

[26] 这里给一个直观的解释：当采用复坐标时，（几乎所有）三次曲面都包含同样数目的直线，即 27 条。这是英国数学家阿瑟·凯莱（Arthur Cayley，1821—1895）和爱尔兰数学家乔治·萨蒙（George Salmon，1819—1904）1849 年得出的结果。这是三次曲面的一个显著特征。采用复坐标时，每个二次曲面都可以分解为一族直线，即所有二次曲面都是直纹面；四次（或更高次）曲面一般不会包含任何直线。

[27] 鲁道夫·费里德里希·阿尔弗雷德·克莱布什（Rudolf Friedrich Alfred Clebsch，1833—1872），德国数学家，对代数几何和不变量理论有重要贡献。他与卡尔·戈特弗里德·诺伊曼（Carl Gottfried Neumann，1832—1925）共同创建了著名期刊《数学年鉴》（*Mathematische Annalen*），本书第 6 章"经典力学"一节谈到该刊。

[28] 弗朗切斯科·塞韦里（Francesco Severi，1879—1961），意大利数学家。1936 年，菲尔兹奖首次颁发时，他是评奖委员会主席。

# 第 4 章

# 学会做研究

## 杜布的到来

1935 年秋季开始的学年是一个分水岭，那是伟大的一年，那一年最值得纪念的是乔·杜布[1] 的到来。

我和安布罗斯已经成了见怪不怪的研究生。我们清楚系里发生的一切，认识每一个人，系里的秘书让我们负责看守主办公室，放心地让我们去处理 9 月初某个下午可能发生的任何事。一个小伙子走进来，看起来像个新来的研究生，留着平头，穿着长袖衬衫，就这种打扮。我后来了解到，他当时已经 25 岁，但看上去只有 19 或 20 岁。"有什么事吗?"我们问。"科布尔在吗?"他想知道，"我的名字是杜布，D，O，O，B。"我和安布罗斯都听说过这个年轻有为的热门人物，他从哥伦比亚大学的一项研究基金职位下来，即将来到伊利诺伊大学。我们猛地把脚从办公桌上挪开，告诉他我们是谁。

没过多久，我们的生活就交织在一起。杜布来了没几天，我的日记里就开始出现很多关于他的记录，比如"和杜布一起吹牛""和杜布打了 13 局（老天！）壁球，7 比 6，他胜"，以及"杜布的课很棒"。我没上过他的课（我还没准备好），但我偶尔会去旁听。在我们最初的一次壁球比赛中，我错过了一个取胜的机会，气得直骂街。"就叫我乔吧。"他说。我们谈论数学，也不排除政治、音乐、专业上的八卦和其他许多受关注的人类话题，但更多的还是数学。平面上是否存在集合，使得……? ……但是如果导数本身是不可微的，是否仍然遵循……?

当时伊利诺伊大学的数学课程太少了，也不能与时俱进。但它可能并不比其他大多数大学的课程差，例外的情况肯定非常少，比如芝加哥大学、哈佛大学和普林斯顿大学的课程要好许多。杜布是系里第一位见多识广的现代数学家，后来，R. S. 马丁（R. S. Martin）和赖因霍尔德·白尔（Reinhold Baer）以及随后的许多人都陆续来了。虽然我的职业生涯都是在研究遍历理论、拓扑群、数理逻辑以及泛函分析——这些是 20 世纪 30 年代产生热门结果的分支，但当我在 1938 年获得博士学位时，我几乎没有接触过其中任何一项内容，当然也从未上过其中任何一门课。我们几个研究生组织了一个以巴拿赫的书为基础的短期讨论班，除此之外，我们采用的都是常规的课程材料，没有触碰到研究的前沿内容。杜布不是一个"传教士"，他也不是想通过设计一门新课程来发起"革命"，他只是做他自己，在这个地方注入一种新的精神。

他要教的研究生们要修我在前面谈到过的代数、分析和几何课程。二年级和三年级研究生的边缘科目课程，如同调代数、微分拓扑和泛函分析，这些后来变得很普遍，但当时并不为人所知，唯一与之相类似的是卡迈克尔曾经开过的一门关于椭圆函数的课程，很稀罕。在我读研究生的最后一年里，杜布尝试了一些新的东西：他开设了我之前提到的拓扑学课程。课程主要是集合论，但也包括一些同伦和二维紧流形的分类的内容。在伊利诺伊大学多年，杜布虽然指导过几篇关于随机过程的博士论文，但他从来没有机会教授他专业研究的相关课程，他的学生们只能通过阅读原始文献来了解背景知识。我并不是在暗示这不好，这或许比先有预备知识更好，但是如今，这肯定会吓坏许多研究生，以及许多讲授那类响当当的研究课程的准教师。

顺便说一句，虽然我钦佩杜布，认为他很优秀，但我不认为他是一个优秀的授课人。他过于轻率了。他似乎很担心自己显得妄自尊大，所以把一切都轻描淡写了，没有什么是重要的，没有什么是困难的，没有一件事值得花很多时间（时间足够吗？）。在私下谈话时，他展现出非凡的洞察力，但即便如此，你也必须观察他的面部表情和声音，而不只是听他说话。他看起来很警觉，兴致勃勃，听起来很高兴，也很兴奋，但他说的是："这真的微不足道，你所要做的只是……"当他陷入困境时，他才会展现出最棒的状态，你可以看到他用自己的方式与困难做斗争，变得坚韧又认真。

他拥有一名教师必备的品质：能看到学生看不到的东西。他的轻率和简洁可以成为强大洞察力的源泉。记得有一次，他只对我说了两个词就点醒了我。我当时一直在试图理解可求长曲线，而我看过的书里从来没有提到那两个至关重要的词。回想起来，我感到惊讶和怀疑，也许书上有，但我看漏了。无论如何，我被通篇的和、绝对值、不等式和上界弄糊涂了，也被绝对连续性和有界变差之间的异同弄糊涂了。在我们一群人的一次谈话中，我们又聊到可求长曲线，那时我一定看上去茫然而费解。乔一定也察觉到了。他转向我说："具有长度。"就这两个词，令我茅塞顿开，后面的理解也变得水到渠成。

约瑟夫·利奥·杜布（乔·杜布），1967 年

## 全是工作和政治

我给研究生的建议并不总是来自我做研究生时的经历。例如，我建议他们绝不要留在本科所在大学的研究生院继续就读。留校读研不是个好主意：你学得不够多，见识的人不够多，你的观点会变得过于狭隘。从伊利诺伊大学到密歇根大学，甚至从普林斯顿大学到伊利诺伊大学，当然还有从加利福尼亚大学洛杉矶分校到芝加哥大学，都会让你领略到全新的观点。这可能会带给你从未见识过的数学，而且肯定会向你展示新的方法和途径。新环境中的教员和他们的专业人脉，将拓展和丰富你科学交流的渠道。这甚至在常规层面也很重要，我们都应该知道，组织课程、讨论班、图书馆和一般院系管理的方式可不止一种，这几乎是所有人都认同的"过来人"的智慧。当时想成为一名初级数学家的我，没有注意到这些，现在追悔莫及。

我给出的另一项建议，和"只工作，不玩耍"[2]这句老话有关，要是自己当时能做到就好了。我本对这句话不以为然，认为"只工作，不玩耍"是完成任何事情的唯一途径。在尽己所能地以一种令人震惊的方式表达了这一观点之后，我准备收回，并加以改进。我不是在谈论一生的煎熬和奴役，我也没有要禁止轻松的网球比赛、侦探小说、跟一群朋友去唐人街聚餐，或在星期六晚上看场电影。我想说的是，一个学者的工作并不会因为没有消遣就成了无法忍受的煎熬，对我们大多数人来说，在两件事上投入热情，已经够耗费精力的了。

我们数学家是幸运的，我们同许多艺术家和匠人拥有一样的好运：做自己喜欢做的事，并为此获得了报酬。我们不是劳动号子所唱的那种状态："我们去工作，挣现钱，买嚼裹儿，长体力，去工作，挣现钱……"餐馆的收银员厌倦了一天筋疲力尽的工作，出于乐趣或为了改善生活，可能会去进修学校学习法律；或者，需要一项业余爱好，也可能每晚去打保龄球。我们不需要业余爱好。我甚至可以说，我们不应该有任何业余爱好。大多数普通人没有足够的能力专注于两种热情，我们不可能同时擅长数学和大提琴，不可能在数学和细木工艺上都有令人满意的创造性，更不可能在数学和政治上都有见地。我们只能拥有一种热情。对于一个处于发展阶段的专业人士来说，把所有精力只投入一项主要的活动中，尤其重要。数学专业的研究生除了做数学专业的研究生外，没有，也不应该有时间去做任何事情。

我违反了这项规则。之所以违反，不是因为旁听过一门音乐鉴赏的课程，不是因为阅读过一两本关于语文学的奇书（语文学是我一生的小嗜好），也不是因为和一群玩扑克的化学家混在一起。那些只是小小的放松，类似打网球比赛、读侦探故事和在唐人街聚餐。我违反了自己的这项规则，将注意力消耗在了政治理念上，尽管短暂，却极其耗费时间。

20 世纪 30 年代中期，我从一个爱国的匈牙利保皇派变成了一个典型的左翼分子。希特勒在德国的势力越来越大，而在美国，像休伊·朗（Huey Long）和库格林（Coughlin）神父这样煽动家的追随者也越来越多。相比之下，社会主义者诺曼·托马斯（Norman Thomas）和利昂·布卢姆（Leon Blum），还有共产主义者厄尔·白劳德（Earl Browder），乃至约瑟夫·斯大林看起来都还不错。在很大程度上，是我对乔·杜布的崇拜影响了我的决定，在我的观念左倾之前很久，他就已经是左翼人士。于是我改变了信仰，参与他们的活动。我参加集会，为后来被称作共产主义阵线的各个组织收集请愿签名和募集资金。我甚至不记得那都是些什么组织了。我的日记中经常提到 ALWF，这个组织很容易认：美国反战反法西斯主义联盟（American League against War and Fascism）。我属于所谓的青年委员会，似乎也是某个组织的接待委员会委员，以及另一个组织的和平委员会委员，日记里没有具体说是什么组织。我散发宣传左翼演讲者的传单，并且为西班牙共和派 [3] 募集资金。我帮助组织了一个合作社，其目的之一就是经营一家餐厅，在那里，黑人与白人受到同等的欢迎。

我的社交生活甚至也受到了影响。最大的影响来自数学，但有一段时间，很大一部分影响来自校园的其他地方，出于表达、传播的热情。乔·杜布在周五晚上组织了讨论小组，劝一个人"志愿"研读一些有社会意义的东西，然后给十几个人做一个关于该主题的报告。主题包括美国最高法院、人寿保险、辩证唯物主义、墨西哥、新闻自由，还有反派分子，比如出名一时的英国人奥斯瓦尔德·莫斯利（Oswald Mosley），他自称法西斯主义者。报告结束后，我们享用咖啡和饼干，然后，很可能对当天话题做深刻的学术讨论。这部分内容是不可预测的，讨论的话题可能会转向最近本地的离婚丑闻或数学。安布罗斯有时会来，当然，他和我讨论的话题也包括政治，我们喜欢争辩这些。我记得，他最初和我一样保守，甚至更保守。我的日记中记录着我说服他加入 ALWF 那天时的惊喜。从那时起，他就一直是一个保守的（我的意思是，始终如一、坚持不懈、忠贞不渝、坚定不移的）激进分子。我早就放弃了这一切，在失望、厌恶和烦躁中放弃了，但在过去的 40 年中，在世界所面临的大多数社会问题上，他却始终保持忠诚，并经常站在正确的（即左翼）一边。

在我和政治"度蜜月"期间，它影响了我做的每一件事（当然除了数学）。例如，我的阅读从约翰·里德（John Reed）的《震撼世界的十天》（*Ten Days that Shook the World*）和安娜·路易丝·斯特朗（Anna Louise Strong）的《我改变世界》（*I Change Worlds*），跳到亚历山大·伍尔科特（Alexander Woollcott）和 P. G. 沃德豪斯（P. G. Wodehouse），然后又回到《新群众》（*New Masses*）[4] 和厄普顿·辛克莱（Upton Sinclair）的《不准通过！》（*No Pasarán!*）。我开始学习俄语，并梦想移居到那个"流淌着奶与蜜"的国度。

这些大多是在 1935—1936 年发生的事。到了 1936 年末，我开始意识到一天中没有足够的时间既做数学又搞政治，于是我辞去了各委员会的职务，减少出席会议的次数。我的观点仍然带有浓厚的意识形态色彩，我会做这样的笔记："柏拉图这家伙是个丑恶的反动派，一个法西斯主义者。"大约一年以后，疲劳、厌倦、烦躁和对数学的痴迷开始改变我的看法。我的日记开始写这样的事情："辛苦的 ALWF，面对的一切都像往常一样糟糕，我不奢求什么。""难以忍受的夜晚，我要退出。""过了今年，我再也不想这样了。"同那个时期的其他许多激进知识分子一样，随着 1939 年《苏德互不侵犯条约》的签订，对我来说，那个时期突然就结束了。这令我感到意外，甚至惊悸，但某种程度上又松了一口气。我告诉朋友们，我是在"政治自杀"，我确实也这么做了。我决定不支持任何事，不签署任何请愿书，不再为任何社会事业做贡献。我一直很难为情，无法成为一名劝人入会的传教士——这似乎有失尊严，就像强卖专利药，或者从另一个角度看，像个可耻的乞丐。避免让别人接受我的观点，这一决心很容易保持。

我的观点是什么？在以数学为中心的讨论中，这个问题是无关紧要的，但既然已经讲了这么多，我不妨试着回答它，然后继续回到主题。我习惯用"疲倦的自由主义者"这个词来形容我的过去。在经济上，我是保守的，但我赞成在工业中负责任的集体谈判。我反对大学教师的工会化，我确信这会导致学术标准被漠视，造成学术水平降低。我主张黑人和其他少数族裔完全平等，把妇女当作我们人类俱乐部的一员。我们所有人，包括西班牙裔、白种人 [5] 和匈牙利犹太人，应该拥有同等的机会在安全、舒适和有尊严的环境中生活。然而，我反对所谓的平权运动。让一个不称职的西班牙裔、白种人或匈牙利犹太人担任参议员或者教授，只是因为在推举时没有找到足够多有能力的人，让他们在美国国会山或大学城的代表与他们在人口普查中的比例相称，我认为这是人类追求精神和理智完善的倒退。

我在富兰克林·罗斯福当选美国总统的 1932 年、1936 年、1940 年和 1944 年都是民主党人，现在依然是。罗斯福这个人有缺点（有谁没有缺点吗？），但这位领袖指明了通向正确目标的道路。我并不真的认为投票选一个共和党人当总统有罪，但我从来没有那样做过。和我打扑克的律师和汽车销售员认为我是一个热情的激进分子，而我年轻的同事们知道，毋庸置疑，我是一个"反动分子"。

# 重生

即使在最终掌握了 $\varepsilon$ 之后，我也没能立即喜欢分析学。我一点都不喜欢它。杜布对我的影响在不知不觉间缓慢地发挥着作用。回想起来，我发现我在学习线性代数时也遇到过同样的情况：我还没完全理解，因此我一方面不喜欢它，一方面必须努力学习。经过努力学习，我对它的理解深度胜过了那些看似简单的科目，结果是我更喜欢它了。

在 1935—1936 学年开始的时候，生活看起来有些黯淡（"很沮丧，如果我考不过怎么办？"）。我还是一个十足的亚阿贝尔群追随者，和布拉哈纳有过很多次长时间的讨论。然而，随着时间的推移，我越来越努力地钻研分析学，偶尔也会取得一点小小的胜利。我从 12 月开始读惠特克（Whittaker）和沃森（Watson）的著作 [6]，1 月开始读德拉瓦莱·普桑（de la Vallée Poussin）的著作 [7]，2 月开始读汤森（Townsend）的《实变函数》（*Functions of Real Variables*）。不可思议吧，我写过"汤森还不错"！但后来我觉得它很糟糕，既不严谨也不清晰。我当时会被吸引，一定是因为它不像惠特克和沃森的风格。它少了许多烦琐，少了许多 $\varepsilon$，使数学变得容易，如此，你轻轻一挥手，难点就会被抛诸脑后。我反复重温了哈代的《纯数学教程》，虽然难懂却很纯粹、真实。如果保持头脑清醒，你很快就会看到自己的进步。

在第二学期，卡迈克尔开设了一门椭圆函数课程。他说我不能去，因为我还没有学过复变函数论中的必需部分。我一再恳求他，允许我同时学习复变量。他勉强同意，于是我拼命学习。我通过把两卷本克诺普（Knopp）的小书完整地翻译成英文，自学了复变函数，最终，我椭圆函数课得了 A。细细回想，还真可怕：在幂级数之间有很长的恒等式，通过仔细比较足够多的系数，你可以弄清，有多少种方式可以将一个指定的整数表示为三个平方数之和。

6 月时，我在日记里说"克诺普对周期函数的处理很漂亮"；几周后，我又写道"黎曼曲面是可怕的东西"。7 月初，我写下"函数理论是伟大的东

西"；7 月中旬写道"我几乎下定决心要学分析专业了"；快到月底的时候变成
"木已成舟：我就是一名分析专业的学生"。当然，这并不意味着我已经走到了
终点——恰恰相反。但下功夫是有回报的。"今天比之前任何一天都更加忙碌：
早上是兰伯特（Lambert）级数，下午是卡拉泰奥多里（Carathéodory）。"进入
8 月，"我身上整天装着哈恩（Hahn）的书。虽然作用不大，但我还是感觉自
己**正在慢慢掌握它**"。

当我在分析领域重生的时候，代数和数论仍然在我的脑海中萦绕。我试着
读了马修森（Mathewson）写的一本关于群的书，还有著名的米勒（Miller）、布
利希费尔特（Blichfeldt）和迪克森合著的书（书名是《线性群》吗？[8]）也让我
头痛过。（米勒是位高产的美国有限群理论家，年老，驼背，虚弱，教条，他在
数学上颇为狭隘，在经济上日益富有。我经常在数学楼见到他，他在那里与股
票经纪人会面。他死时已成了百万富翁，并把遗产赠给了伊利诺伊大学。）

在数论中，我尝试着解读兰道[9]的理论。这就像走在山路上：斜坡看起
来不太陡，但半小时后你就会气喘吁吁。也就是大约在这个时候，我差不多
做完了之前提到过的几乎涵盖一切的工作，日记里的一些篇目提到了这一进
步带来的兴奋。比如 7 月 1 日："辛苦登山，提出了偶数情形的证明。但奇数
情形看起来很困难。"两天后："今天早上搞定了奇数情形！超变态的证明！卡
迈克尔本人也隐约觉得好笑。"

那个夏天，卡迈克尔又开始教数论了，但那时，他的课对我来说已经太
"小儿科"，我只是偶尔过去玩玩。他的听众主要是暑期班学生——学校的老
师，他们每年暑假读一两门课程，以便获得硕士学位。他们的水平不太行。
我记得一个细节。卡迈克尔提醒大家复数和笛卡儿平面上的点之间是一一对
应的。一位满怀希望的硕士生举手提问："我知道你对 $a$ 和 $b$ 的做法，但你介
意告诉我 $i$ 去了哪里吗？"院长听完有点沮丧。

那年夏天最令人兴奋的经历是我初次接触集合论。我会坐在前门廊的秋

千上，喝着冰茶，如饥似渴地读豪斯多夫的《集合论基础》(*Grundzüge der Mengenlehre*)。我就像一个刚得到新玩具的孩子，觉得它既漂亮又令人惊讶。很多最基本的想法让我吃惊不已，但我已经做好充分的准备，当它们到来时，我能够领会它们的意义。我喜欢基数运算，并急切地计算出我能想到的每一个集合的元素数量。序数是另一个启示，奇怪的序型，非良序的那些，就像是音乐：错综复杂，却恰到好处。

只工作，不娱乐？我那时才 20 岁，刚学会骑自行车，在 8 月中旬，我自豪地记录下：我会拐弯了。

## 其他的力量，其他的语言

当我在"改换门庭"后逐渐站稳脚跟时，其他的影响，无论是个人的还是职业的，也非常明显。

特里津斯基（Trjitzinsky）对我的影响不大，但并非没有。我一见到他就喜欢上他了，"他很有人情味"，我在日记里这样记着。他有一种暗黑风格电影演员的帅气和浓重的俄罗斯口音，他和他那金发碧眼、体态丰盈的妻子瓦尔瓦拉（Varvara，我们听说，俄罗斯人就是这么称呼"芭芭拉"的 [10]）都被普遍当成招人喜爱但有点古怪的中年大孩子。他最孩子气的一点就是喜欢开车。他和瓦尔瓦拉经常驾车去西海岸（我大概记得，是去看一个晚辈）。他给他那辆动力强劲的赫德森（Hudson）汽车换上四只新轮胎，只要能逃脱处罚，就会以每小时 85 英里的速度开上 20 小时，仅在加油时停下来。他有时会把车靠在路边小憩一会儿（瓦尔瓦拉不开车）。我记得他说过，他连续开了两天车就到了洛杉矶 [11]。

那个时候，特里津斯基是伊利诺伊大学的重要人物。他是一位多产的论文"发行人"和勤奋的博士"制作人"。他吸引了许多成绩差的学生，据说，他帮助学生的方法实际就是帮人家写学位论文。多年后，他的一些成绩好的学生向我抱怨，当初要是老师的要求严格些，自己就可以更努力地学习，学得更多。特里基（Triji，特里津斯基的绰号，大家都在用）做"硬分析"（微分方程、积分方程），但同时他也对超穷分类的现代集合论概念 [ 博雷尔（Borel）集、贝尔（Baire）函数 ] 十分着迷。他的几篇论文，以及他学生的几篇论文，混合了古典分析和贝尔类：不管是什么，把它排列成一个超穷序列，然后在里面加入多重积分。特里基认为他很优秀，他愤恨自己没有得到应有的认可。有一次，克洛代·谢瓦莱（Claude Chevalley）被提名担任美国数学学会理事会的一个职位时，特里基嘟囔着："他到底做了什么？"他还发牢骚，不知道为什么**自己**没有被提名。

还有其他影响吗？有。形形色色的数学围绕着我，无论什么内容，我都来者不拒，学会了就喜欢——其实在接触时已经喜欢上了。在几何中，我学到了不变量，那是 19 世纪准希尔伯特意义下的不变量，我在日记里写道："整天学习不变量，这东西越来越令人兴奋了。"数论方面，我读了欧拉的四平方数定理的证明，还是拉丁语的！我有很多词不认识，但可以根据上下文猜到意思，所以我和证明之间没有语言障碍。

语言仍然是快乐和回报的源泉。英语是我目前为止在所有方面最擅长的语言，特别是在学习数学方面。虽然我的匈牙利语说得相当好，西班牙语马马虎虎，德语很糟糕，但我用来理解数学的第二好的语言是德语。什么原因？一部分原因可能是我小时候就接触了德语，感觉德语像一门"真正的"语言，而不像法语，是我后天学习的；另一部分原因可能是我在学生时代阅读到的最好的书大部分都是德语的，如范德瓦尔登、塞弗特和思雷福尔（Seifert and Threlfall）、卡拉泰奥多里的著作。在文理中学打下的拉丁语基础和在博士学位期间的法语必修课程，让我可以用意大利语（容易）、葡萄牙语和罗马尼亚语（困难），以及世界语（微不足道，我曾经读过一整篇文章，轻松自如，甚至都没问过这是用什么语言写的）学习数学。把英语和德语结合起来理解，便可能阅读荷兰语，但很多地方只是猜测。遗憾的是，我发现，要想接触丹麦语、挪威语和瑞典语，这些语言基础是不够的。

荷兰语很有趣。我不是说它奇怪或特殊，我是说幽默。我曾经问过一个荷兰人，他是否知道为什么荷兰语会令说英语的人微笑或窃笑，他说他知道，因为听起来像是婴儿在说话一样。他解释说，这正如阿非利卡语（Afrikaans）听起来像是婴儿在跟他说话一样。我喜欢一页荷兰文字所带来的挑战，就像玩横纵填字游戏一样，最终认出的许多同源词给我的那种乐趣，仿佛认出一位久违的朋友，即使他长出了浓密的胡须。

俄语一点儿也不好玩，真的很难学。我从来没有真正掌握它，但我参加过一两次课程，研究过几种语法，并下决心坚持每天阅读一页文字。对我最有影响的训练是赖科夫（Raikov）翻译计划。我拿走他那篇 90 页的论文《交换群上的调和分析》[12]，找来词典静心研究。我差不多必须每隔一个词查一次，第一页就花了我一个半小时。现在我能读懂俄语数学文章了，当然要靠着词典并伴着几分吃力，但我已经能读懂了。

还有其他的影响吗？或许应该提到"利伯丛书"（Lieber books），我非常喜欢这套丛书，它给我留下了深刻的印象。我不知道这套书共有多少本，我至今还收藏有三本。这三本很薄（分别有 34 页、64 页和 73 页）。扉页上印着"莉莲·R. 利伯（Lillian R. Lieber）著，休·格雷·利伯（Hugh Gray Lieber）绘"（不清楚是夫妻、兄妹还是姐弟[13]）。我手上的三本内容是非欧几何学、伽罗瓦理论和相对论。每页看起来都像诗，各行长短不一，每行都以大写字母开头。序言中关于这一点给出了解释。

> 并非故意编成
> 自由体诗。
> 短语单独成行
> 只为促进快速阅读。

现在

毕竟人人都

非常匆忙。

这一精彩的阐述是讲给 T. C. Mits[14] 听的。想读这些书，Mits 先生需要在数学方面付出比平时更多的耐心；但那些对数学充满好奇心的高中孩子，肯定会喜欢这些书，并从中受益。

埋头苦读，学习，担心预考——"达摩克利斯之剑"总是在我和我的朋友们头上挥舞，我就这样一往无前。虽然现在回想起来好像一帆风顺，但当时的情况并非总是如此。日记里记录着："在六个月里，我能忘记的数学知识总和似乎是无限的。"

## 预考

博士学位的预备考试由四部分组成，其中前三部分是笔试（分别是代数、分析和几何，一次考一门，三门间隔开），第四部分是综合口试。口试中也包含"小科目"，通常是一门硬科学，但我考的是哲学。

现在回想起来，我喜欢这种考试机制。它提供了充分的信息（对于应试者和教师双方而言），有助于课程之间的连贯性。常言道，笔试告诉老师考生知道什么，口试揭示他不知道什么。就连贯性而言，这正与当前趋势相反，却是可取之处。当前的趋势是为每个学生提供量身打造、私人定制的教育，而不是共享一个庞大的知识背景，每个人都可以依靠其他人获得认知。无论过去还是现在，都存在一套基本的最低限度的数学知识，每个数学家都应该具备，而且我认为艰难摸索这套基本知识的最小量也总比完全没有要好。在目前的"数学科学"系里很难找到一门课程是所有学生都必修的，例外多于共识。有些人会问：为什么计算机科学家要懂微积分？为什么数值分析学家要学习数论？为什么统计学家要了解同调群？这种实用态度的结果是造成思想上的混乱，在一些大学里，这种混乱甚至可能让一个纯粹数学领域的博士完全不懂解析函数的理论。

我为预考努力学习，当然我也担心，但我并不认为自己会落榜。笔试如微风吹过，我的日记上写着："参加分析笔试，当然，通过了。"口试带来积极的快乐。我记得口试评审委员会由布拉哈纳、卡迈克尔、杜布、埃姆什和麦克卢尔（人文学院院长，哲学评委）组成，我甚至还记得一些问题。杜布问我关于二维流形分类定理的证明，我想我回答了他，但他看起来并不满意。后来他告诉我，他是想从我那里听到直观理解，他想听我说的是"剪切和粘贴"。卡迈克尔问我施图姆（Sturm）是谁，他有什么贡献，我胡乱地回答。布拉哈纳让我在黑板上写下 $\begin{pmatrix} a & b \\ -b & a \end{pmatrix}$，告诉我 $a$ 和 $b$ 是实数，并问我所有这类矩阵的集合是什么。我松了口气，感到题目很友善，于是自信地说："如果我写对了，它就与全体复数的集合同构。"

我想起了一个我曾经听过并喜欢讲的故事。这个故事建立了我与历史上最伟大的数学家之一的关系，不过要间隔三人。阿瑟·罗森塔尔（Arthur Rosenthal）在普渡大学的时候我就认识他。许多年前，当他还是学生的时候，他和兰道是室友。一天，兰道回到宿舍，抱怨他刚刚和老头子戴德金（Dedekind）度过了一个漫长而无聊的下午。戴德金失去了控制，讲述的都是些陈年旧账，愤恨地抱怨在他博士口试时，高斯问了他那些困难、不友善、不公平的问题。

当口试结束时，考官叫我退出房间，等候委员会的审议。我在走廊上来回踱步，一口口深吸着烟。几分钟后，他们成群结队地走出来。埃姆什刚好是第一个。他微笑着握了握我的手说："恭喜你！非常好，就是哲学还有点小问题。"我通过了。其实，杜布说我考得很好，但是最后通过还有个条件：我需要再参加并通过一场哲学的笔试。我对此抱怨过，但也无能为力。大约三个月后，我参加了那场考试，满足了这个条件。

1936—1937 学年是我作为一名真正的修课学生的最后一年。我的课程并不繁重：一学期的微分方程（卡迈克尔）和两学期的拓扑学（杜布），再加上名为"讨论班和学位论文"的学分要求，课程代码为数学 100，只是为了让学期学时数达到标准。第二学年实际上是我在校的最后一年，我只注册了第一学期。1938 年春季学期期间，我写完了学位论文，节省下学费。如上所述，就课程而言，我已经描述了我全部的数学教育。与当今的情况相比，我的数学教育如何呢？

## 举例说明

教育阶段既已"结束"，我开始静下心来搞研究。前期的压力已经过去，学位论文的压力才刚刚开始，在相对平和的过渡时期，我有时间阅读《烟草路》（*Tobacco Road*），也有时间跟安布罗斯和迪克·莱布勒（Dick Leibler）玩"豌豆台球"（类似瓶式台球），即使会输钱。当我问乔·杜布是否愿意做我的学位论文导师时，他说："我想，我们能帮你找些值得的事做做。"他有一个从廉价商店买的袖珍笔记本，上面潦草地记着十几个待研究的问题。他最初的想法是，我应该将现代的、强有力的、基于测度论的方法应用到 R. A. 费希尔（R. A. Fisher）所宣扬的统计思想中。他已经开始用最大似然法"清理费希尔"，但还有很多工作要做。第一步就是，我要尽可能多地学习现代概率论和统计学。

到目前为止，我已经当了 60 多年的学生，注册了各类学校（从小学到博士）共 16 所。我觉得我懂得如何做研究了。当初在预考之后，我还不懂，但我已经开始摸索一种适合我的方法。如果要我用一个词来描述我的研究方法，我会说：**举例**。对我来说，例子是极其重要的。每当我学习一个新概念（比如，自由群、伪微分算子或仿紧空间）时，我都会寻找示例——当然，也会寻找非示例。这些例子应该尽可能包括典型的和极端退化的。是的，可以肯定的是，$\mathbb{R}^2$ 是一个实向量空间，而所有实系数多项式的集合，以及所有在开单位圆盘上定义的解析函数的集合也都是如此，那么零维的情况呢？有没有满足向量空间定义中除了 $1 \cdot x = x$ 以外的其他全部条件的例子？定义于——比如说，单位区间上的所有实值单调增函数的集合是实向量空间吗？那么所有的单调函数，包括增函数和减函数，情况又如何？

我忍不住要提一个有关的趣味难题，是在开始学习线性代数课程时经常遇到的常规考试题目：所有复数的集合 $\mathbb{C}$ 是否为实数域 $\mathbb{R}$ 上的一个向量空间？语言讲究严谨的人会反对这题的问法，而是问：是否可以定义实数对复数的乘法，从而使加法群 $\mathbb{C}$ 成为 $\mathbb{R}$ 上的一个向量空间？听闻一个概念混乱的学生误解过这个问题，他以为问题是：$\mathbb{R}$ 是否是 $\mathbb{C}$ 上的一个向量空间？那就是说：是否可以定义复数对实数的乘法，使加法群 $\mathbb{R}$ 成为 $\mathbb{C}$ 上的一个向量空间？这是我最喜欢的趣味难题之一。如果你认输了，可以翻到本节最后。

当赖因霍尔德·白尔刚到伊利诺伊大学时，他开了一门课，我旁听过一段时间。在早些时候，他定义了一个环的子环是整闭的这一概念。该定义很自然就满足，太自然了，我听到过的例子都是满足定义条件的。我请白尔给我们举个**不**满足条件的例子，他没有回答。他可以举出这样例子的，但他没有。他不耐烦地冷嘲热讽一番，把问题扔下，继续讲课。顺便说一下，这就是典型的白尔：他才华横溢却也傲慢自大，他是一位多产的数学家，一位德国专制传统下的强势的"教授大人"[15]，也是一位有教养、有魅力的健谈者。

他用助理的方式就是诠释他威严气场的例证（我一直羡慕他，但从来没有勇气效仿）。助理们的职责之一就是不间断地浏览图书馆刚到的新期刊，确保从中挑出白尔感兴趣的文章。当然，他们会得到指导，即使这样，他们也必须用数学的洞察力来做判断。无论如何，白尔必须只看他想看的东西，而不用亲自费力地翻阅大量无关的材料。

在伊利诺伊大学，他是一位来自世界学术界的受欢迎的大使。他在那里工作了很长时间，直到 50 多岁可以退休了，开始领取一笔相当合适的养老金。

然而，对他来说，除了养老金之外，退休其实意味着换一份工作：德国政府对被纳粹虐待的人心怀内疚，因此他被任命为德国法兰克福大学的教授。他精力充沛地投身到这一新的事业中，积极撰写论文和培养博士，并踊跃参加很多学术会议。当他达到法兰克福大学的强制退休年龄时，他开始同时领取他在法兰克福大学和伊利诺伊大学的养老金，并在瑞士苏黎世大学开始了另一份事业。

我和他在伊利诺伊大学就成了朋友，几十年来我们在许多国家不断会面。但我没有回到他的课堂，因为我认为他对示例的态度很糟糕。

尤金·维格纳[16]曾优雅地说，对于将数学应用于"现实世界"的不切实际的有效性表示惊叹，已成为陈词滥调。而另一方面，数学在将精准定义与我们的直觉成见相匹配时，显得笨拙无能。（事实可能是，人类的直觉是模糊和不一致的，任何精准的东西都无法与之匹配。）我们都自认为知道连续性是什么意思，但当得知有一个函数在每个有理点处都是不连续的，而在每个无理点处都是连续的时，我们中的一些人肯定会感到不舒服。（一个更深刻、更著名的怪象是：一条处处连续但处处没有切线的曲线。）我们都确信我们清楚连通性是什么意思，但是当知道一条由两个部分组成的曲线（例如一个圆和一条围着它无限缠绕的螺线）仍被称为连通时，我们难道不持怀疑态度吗？在任何情况下，我认为，一个学生在看到这样例子以前，是**不**理解连续性和连通性的含义的。

要全面理解任何概念，一个尽可能大的示例库是必不可少的。当我想学习新东西时，我的第一项工作就是构建一个示例库。的确，有时候，这还不能立即完成：哪怕仅仅证明一个示例的存在，也可能需要更多的理论，超过定义本身所显露出的理论。例如，当我们第一次学习超越数时，这样的数是否存在，一点也不明显。但当我们第一次听说可测集时，情况恰恰相反：毫无疑问，这样的集合有很多，却比较难找到一个**不是**那样的集合的单独示例。

　　当然，反例也是例子，但它们的名声不好：它们突出反面，是否定，而不是肯定。这种差异通常只是表达和看法的问题，虽然在知识上有一定的正确性，但更多的还是情绪上的问题。比如，康托尔集是一个美丽的正例（一个内部为空的完满集），还是一个讨厌的反例（一个不可数的测度为零的集合）？

　　肯定的或否定的，对我来说都是示例、示例、示例，所有的数学都是基于这些示例，我总是在寻找它们。当我开始做研究时，我先寻找示例，一直不停地找，我很看重它们。

　　你还记得前面提到的问题吗？（$\mathbb{R}$可以是$\mathbb{C}$上的一个向量空间吗？）令大多数人吃惊的是，答案是肯定的。

　　这里用一种精深的方式来重新表述该问题：从$\mathbb{C}$到$\mathbb{R}$的群自同态环内，是否存在环单态射？这一提法的答案显然是肯定的。理由是：加法群$\mathbb{R}$同构于加法群$\mathbb{C}$。不明白吗？还是看不出来？那么想想哈默尔（Hamel）基，让它们提醒你，$\mathbb{R}$的加法群是有理数域$\mathbb{Q}$的加法群的不可数个副本的直和。由此，$\mathbb{R}$的加法群同构于$\mathbb{R}^2$的加法群。

## 统计学，此路不通

　　我们在哪里可以找到示例、非例和反例呢？答案是：在同一个地方，那就是我们找到定义、定理、证明以及数学的所有其他东西的地方——前人的著作，以及我们自己的思想中。换言之，我们在图书中、发表的文章中、预印本中、课程中、座谈会中、讨论班中、私人谈话中、书信中都能找到它们。而首先，最重要的在于我们自己，通过创造性的思考来找到它们。在预考后和学位论文开题研究之初，我非常依赖书籍，无论旧书还是新著，后来随着逐步走上正轨，我也依赖新近的期刊文章了。（至于预印本，这个词当时还不存在。）

　　我在数学图书馆的卡片目录中查找了"测度""积分""概率""统计学"，

将吸引人的书名列了一张清单，然后去摆放这些书的书架各处。我没有在书架上找到我书单上的所有书（曾经有人也这样吗？），但也找到了几本。在它们中间，我发现了其他几本看起来很有趣的书，我在查阅卡片目录时没有注意到。我拿下来看了下，有三四十本书。这一本看起来我能读懂吧？但另一本的前言就把我拒之门外（因为我知识面不够，或者它与我研究方向不同，或者其他什么原因）。第三本是用我不熟悉的语言写的吗？……不到一小时，我就找到了一打很不错的书。我摇晃着捧着它们去外借台登记，随后把书带回家。

那些书我没有都读完。甚至一本也没有读完过。除去我自己写的书，我能想到的只有两本数学书是我真读完了的——当然，每个字都读过才算读完，就像读伊夫林·沃和刘易斯·卡罗尔的作品那样。读完的两本书是由我翻译的克诺普的《函数论》（*Theory of Functions*），和由我校对的卡迈克尔的《群论》（*Theory of Groups*）。但我确实读过所有那些书的前 10 到 20 页，然后浏览了其他部分，在前后之间来回跳跃。（我真希望我读过更多书的前 10 页，通过这种方式可以获得极好的数学训练。）然后我把大部分书都还给了图书馆，又抱了一大堆书回家。

霍布森（Hobson）的书已经在我的书桌上放了很久，令人心灰意冷。萨克斯（Saks）的《积分论》（*Theory of the Integral*）像部圣经，也许是《旧约》；科尔莫戈罗夫的《概率论基本概念》则是《新约》。我对萨克斯的抽象积分的处理很感兴趣，但对科尔莫戈罗夫的条件概率觉得讨厌。在博雷尔担任主编出版的那套丛书中，有几卷看上去质量很有保障，但我发现大多数都令人失望——晦涩难懂或者草率注水。我喜欢利维和罗思（Roth）（"这是一本优秀的书，但对数学家来说还需要进一步阐述"），我几乎被冯·米泽斯（von Mises）以威严口吻就 Kollektivs[17] 下的断言弄到中风，我发现辛钦（Khinchin）很难理解但很有启发性，却从来没有学会理解保罗·莱维（Paul Lévy）的诀窍。这里"利维和罗思"中的利维不是哈里·利维，而是海曼·利维（Hyman Levy），他是英国人。而法国人保罗·莱维是现代概率论中最伟大的人物之一。莱维有深刻的见识，又令人几乎完全不可理解。他似乎对解释或证明一些东西意味着什么毫无头绪。

　　我的研究是有方向的（从测度论到概率，再到统计学），但我的阅读并不是沿直线进行的。我喜欢萨克斯，所以我倏忽离了正题，一个猛子扎进了《数学基础》（*Fundamenta Mathematicae*[18]）。这本伟大的期刊在 20 世纪二三十年代达到了鼎盛时期，在那里我遇见了塔尔斯基 [19]、斯坦因豪斯（Steinhaus）、巴拿赫，还有其他许多伟大的波兰人。这种意外的收获（在你为其他目的阅读期刊时碰巧读到"不对路"的文章）总是有用的：我力劝所有学生都去这样碰碰运气。顺便提一下我反对期刊专门化的一个理由。如果你翻阅的各期中只有关于 $C^*$ 代数的文章，你就失去了撞到过去 25 年来出现的关于李（Lie）群的最好论文的机会。

　　与此同时，当我不能专心为理解概率建立坚实的逻辑基础时，我就试着走历史的老路：切比雪夫（Chebyshev）和马尔可夫（Markov）做了什么？至于统计学，大量的文献根本不存在。我旁听过丘贝尔（Czuber），借了些霍特林（Hotelling）的笔记，有机会听了内曼（Neyman）的两三次课，我尽力原谅费希尔本就不是纯粹的数学家。这很难。日记里记录着："试着研究费希尔的统计学：不可能的事。"学年快结束的时候（1937 年 5 月），我失去了耐心："再试着读费希尔和杜布的论文。我要研究概率，让费希尔见鬼去吧。"

## 阅读和评级

　　除了学术研讨会，还有研究生俱乐部，这是一种初级研讨会。研究生俱乐部的演讲者是研究生和教师，讲的内容是解释性的。我还有一个私人小圈子，叫作"实变函数俱乐部"，只有六七名成员，我记得有唐·基比（Don Kibbey）、安迪·林德斯特鲁姆（Andy Lindstrum）、菲尔·马克尔（Phil Maker）、费利克斯·韦尔奇，当然还有安布罗斯和我。我们有点像研究生俱乐部，只是报告的内容都是关于或者接近实分析的（安布罗斯讲康托尔函数，韦尔奇讲不可分空间，我讲"机会变量"），只是（我们妄自尊大、自以为是地认为）我们的报告达到了更高层次。我第一次接触希尔伯特空间就是在实变函数俱乐部，我很高兴（日记中写着"非常可爱"）。

除此之外，我还试图通过阅读费利克斯·克莱因（Felix Klein）的《高观点下的初等数学》[20]，偶尔旁听鲍勃·马丁（Bob Martin）的课程，来不断充实自己的数学文化。R. S. 马丁来自普林斯顿大学，那是一个完全不同的世界，拥有现代的、活跃的、令人兴奋的数学氛围，聚集着富有魅力的知名人物。R. S. 马丁不但和善，而且才思敏捷。我第一次从他那里听到这样的判断："里面包含的内容比我们看到的要少。"（说的是塔尔斯基的那篇关于真理意义的著名论文。）他懂数学，但不会讲解。他可以对文学、传闻、政治和历史侃侃而谈，但他所认识的数学对他来说太简单了，阐明显而易见的东西反而会让他结结巴巴、跌跌撞撞。他班上的学生跟不上他，说他是个坏老师，他临死前差点被解雇。（他的脚后跟感染了。我们中有几个人去验血，只有安布罗斯的血型符合条件，但最后输血也无济于事。如果青霉素早几年普及的话，或许可以救他的命。）鲍勃就是位势论中著名的马丁边界的发现者，但由于他很少发表文章，而且英年早逝，因此这份荣誉常常归功于其他的马丁们。

研究生会把他们的时间都花在钻研（最好如此！）和抱怨（这个不需要教）上。我们经常抱怨的一个话题是博士学位评级系统及其后果。课程成绩不代表什么（许多老师似乎不太会盯上一名学生，给他打个低分），尤其是这些评分对于院系明智地评估一名学生是否有机会获得博士学位，几乎毫无帮助。评级系统设计的初衷就是让评级更有效。办法是，让研究生院系的每位成员给自己认识的每名研究生打分，然后私下向主任办公室上报分数。学生们只被告知他们的平均成绩，而不是每位打分人的个人评分。1 级意味着"顶级博士水准"，3 级意味着"没有希望"。

作为学生，我们并没有太在意老师对我们的评价：我们确信自己对自己了解得更清楚。到如今，我不是那么确信了。从那以后，我的经验表明，学生往往会高估其他学生，每个人都确信自己了解得还不够多，以至于别人看上去哪怕有一点点聪明的闪光点，都会给他留下深刻的印象。

评级结果是获得助理金和奖学金的主要依据。从 1935 年那个幸运的第一学期 [21] 开始，每年的 9 月和 2 月我都满怀希望（新的紧急情况？新的教书机会？）。4 月 1 日之前，也就是下一年度秋季奖学金公布以前，我都会焦急地祈祷。日记在每个 9 月、每个 2 月和每个 4 月都报告着坏消息——"没有工作"。最后一则是在 1937 年："这似乎是最后一次了：我没有获得奖学金。"

## 抽印本：杜布的和其他人的

当时静电复印还没有出现，预印本虽然在技术上可行，但还没有被广泛使用，那么如何吸收现有的可用科学信息呢？答案是：可以订阅这些期刊，或者使用图书馆的藏书，或者请作者给你寄抽印本。期刊的价格并没有高得离谱。举个例子，在 20 世纪 40 年代早期，有一段时间，存在一种特别的交易，我至今还记得，如果你加入美国数学协会（Mathematical Association of America，MMA，内部就称作"协会"），你可以每年花 4 美元订阅《数学年刊》[22]。至于使用图书馆的藏书，这比现在人们设想的要切实可行得多。如果你想看的论文发表在不流通的期刊上，那也无妨，通常只要半小时（甚至五分钟），那一期期刊就会被放到你面前的图书馆桌子上，再用上手边的纸和笔，你可以得到你想要的内容。（现代人倾向于先去复印然后阅览，这不是很浪费吗？）如果论文很长，而你看得又慢，那就要花更多时间，于是你就得不断地跑图书馆，在那张桌子上花许多小时阅读那一期。虽然比不上躺在自家起居室的沙发上看几张复印件舒服，但也不算太糟糕。此外，如果你愿意，完全可以手抄文章或者只抄关键部分。这并不一定是浪费时间——你可以边做边学。

写信要抽印本是一种常见的做法。几乎每个人都喜欢应他人所托，寄出他人请求的东西。有时印刷品还伴随着更私人的交流。例如，当我收到一张辛钦（伟大的辛钦）寄给保罗·R. 哈尔莫斯博士（在我获得学位的六个月前）的明信片时，我非常激动。他敬称我为 "Sehr geehrter Herr Kollege"[23]，并为我索要的一篇论文没有副本而道歉。他还寄了一些相关的论文，并希望能引起我的兴趣。我感到无比自豪和荣耀！

我是一个狂热的收藏家：我写信到法国、德国、丹麦、俄罗斯、波兰和日本，当然，还有美国各地，我积聚了大量精彩的藏品。我拥有保罗·莱维、埃伯哈德·霍普夫（Eberhard Hopf）、本格·耶森（Børge Jessen）、马尔钦凯维奇（Marcinkiewicz）和齐格蒙德（Zygmund），还有吉田耕作（Kōsaku Yosida）和角谷静夫（Shizuo Kakutani），以及博赫纳（Bochner）、科普兰（Copeland）、费勒（Feller）、图基、范坎彭（van Kampen）、冯·诺伊曼、维纳（Wiener）、温特纳（Wintner）的论文抽印本。我很珍视它们，通常甚至会把它们装订起来，用经久耐用的图书馆硬麻布制作成册。四本这样的册子，红色皮面，金字书脊，至今仍保存在我的书柜里。它们可能是，或者有一天可能成为珍贵的收藏品：其中包含霍普夫关于遍历理论的最早著作，以及可能是图基关于统计学的第一篇论文。

我一旦得到抽印本，就会马上阅读，而且在很多情况下，我会仔细研究。我欣赏斯坦因豪斯讨论诸如 $\sum \pm \frac{1}{n}$ 这类级数收敛的概率，以及讨论诸如 $\sum \pm \frac{z^n}{n}$ 这类幂级数以单位圆作为自然边界的概率。几位德国人——赖辛巴赫（Reichenbach）、托尼尔（Tornier）和冯·米泽斯在概率方面的神秘方法让我很纠结。他们写的部分内容纯属胡言乱语，我不禁想知道，这种智力水平是否也是他们中的一些人成为活跃而傲慢的纳粹党徒的原因。最早通过无穷乘积空间的测度来研究概率的论文中，有一篇是沃姆尼茨基（Łomnicki）和乌拉姆（Ulam）写的。这是一篇很好的论文，但是存在一处错误，很大的错误，涉及非一致收敛性。我苦苦思索，但看不出问题出在哪里。包含这篇论文的那期《基础》（Fundamenta）[24] 已**被**许可流通，我就把它放在家里。有两三个星期，乔·杜布几乎每隔一天就来我家看看这篇沃姆尼茨基和乌拉姆的论文，他也遇到了困难。最终，他查明了错误所在，并在随后他自己的一篇论文中阐明如何补救这些问题。

乔知道冯·诺伊曼和 G. D. 伯克霍夫在 20 世纪 30 年代早期发表的遍历定理，他是最早开拓遍历定理与所谓强大数律之间联系的数学家之一。我和乔相处了很长一段时间，却没有意识到他在多大程度上教育和启发了我，而我把大部分的研究时间都花在阅读和咒骂他的论文上。1937 年 4 月 25 日的日记："整个下午和晚上都在努力钻研杜布的'极限分布'。为这去找杜布。我是个笨蛋。"两天后的日记："下午继续研究杜布的论文。杜布是个笨蛋，我赢了5 美分。"

杜布的性格开朗、悠然自在，他似乎和每个人都相处得很好。他看起来似乎从不把什么当回事儿，但他对每个人都同等重视。他从来没有在思想上不诚实——好吧，几乎从来没有。曾经有一段时间，我和安布罗斯坚持要压制他。他说了一些关于时间和运动的事（似乎是从同伦的讨论引起的），当我们要求通过集合、函数和参数给出精确定义时，他说："你不能那样做，不能把动态的变成静态的。"纯粹胡扯。

他在条理、论述、表达或符号方面不够讲究。这里有一个实例。在他早期的一些随机过程的论文中，他使用了类似"所有函数 $x(t)$ 的空间"这样的表述（不妥，不应该有变量的名称），几页之后，他讨论了" $x(t)$ 是 $T \times \Omega$ 上的可测函数"这个假设。后一个表达式指的是映射 $\langle x, \tau \rangle \mapsto x(\tau)$，这一映射把由一个函数和一个点组成的对映射到一个值。你应该已经猜到 $t$ 是一个"变量"，而希腊字母 $\tau$ 的使用则意味着别的意思。出于这样的原因，以及其他更糟的情况，他的论文不容易阅读。但同时，他又具有博大的思想理念和深邃的洞察。我有时会想（偶尔在我对自己不是最满意的时候），他和我在才能上是否刚好互补？

# 研究

　　你坐在这儿，也许是一名本科生，面前是一本打开的微积分教材；也许是一名准备学位论文开题的研究生，那堆参考书中至少要有一本你精通前十页的内容；也许是一名刚刚发表论文的科研型数学家（已成名，或即将成名）——现在，你该怎么办？你如何展开研究，如何穿透黑暗，如何获取新知？我只能告诉你我所做的一切，但是我猜想，同样的方法对每个人都适用。

　　我以前也经常这么讲，但怎么强调也不过分：主动研究。不要只是读它，要跟它斗争！提出你自己的问题，寻找你自己的范例，发现你自己的证明。这个假设是必要的吗？反过来是对的吗？经典的特例情况下会发生什么？退化情况呢？证明中在哪儿使用这个假设了？

　　我在阅读时采用的另一种保持主动的方法是改变符号。倘若在其他方面无能为力，至少我可以选择改换（改进？）字母。我的一些朋友认为这很傻，但这对我很有效。当我在一次有安布罗斯和杜布参加的小型讨论班上，报告斯通的书的第 7 章内容（关于重数理论，一个复杂的问题）时，有听众取笑我改换字母，但我觉得，在试图组织和系统化材料时，这能帮助我集中注意力。我觉得，如果我对一座建筑物钦佩得目瞪口呆，我就必须专注于砖块和砂浆，那么细节之处便不太可能逃过我的眼睛。我选择自己满意的字母（和其他符号），而不是沿用作者选择的；更重要的是，我在整个主题中始终选择相同的符号，统一我正在研究的部分文献的符号。

　　改变符号是一种集中注意力的手段，就像在课堂上做笔记一样，但这也表明，不同作者在方法上有差异，借此可以指出一些具有数学深度的东西，认同的读者会对此点头——是的，是的，这一定是我昨天在另一本书中读到的同一条定理。长远来看，改变我所读的每一本书中的符号，使之与我自己的习惯一致，无疑可以节省我的时间。如果我能把这件事做到极致，就不用浪费时间把每一篇关于同一主题的新论文都纳入符号方案中，因为我已经彻底思考过**这一点**，现在可以继续做更重要的事情。最后还有一点值得一提，这在心理上对我会有很大帮助：我不断把符号改为自己的符号，会让我觉得自己富有创造性——微小，但不是没有。甚至在我明白这是怎么回事儿之前，在我能够推广、改进或应用它之前，我就已经开始行动，着手做一些事情了。

学习一门语言不同于学习一门数学课程，一个需要养成习惯，另一个则需要理解结构。这种差异隐含一些重要的意义。如果从课本上学习一门语言，你不妨把书从头到尾看一遍，做一下书里的所有练习题，重要的是，要不断练习使用这种语言。然而，假设你想学习群论，也是翻开书的第一页，按顺序阅读和做所有的题，直到最后一页，这就不是个好主意了——这是个歪点子。书中的材料就是那样编排的，所以线性阅读在逻辑上合乎情理。但可以确定的是，我们读者都是人，我们彼此不同，也不同于作者，每个人都可能发现，有些事对其他人来说容易，对自己却困难。我的建议是先阅读，直到你学到一个新定义，然后停下来，尽力想一些示例和非例；或者直到看到一个新定理，然后停下来，尽力理解它，试着自己证明它；最重要的是，当你遇到一个障碍、一个难解的段落、一个无法解决的问题，可以直接跳过去，向前推进，尝试下一个问题，翻到下一页，阅读下一章，甚至放下这本书，开启一本新的书。书籍可能是按照线性结构排列的，但我们的大脑不是。

你的配偶相信你说的每一句话吗？我的另一半并不总是接受我的专业意见。有一次，我的妻子想读些数学书，我给了她我刚刚提过的建议（跳过不明白的部分），她看起来持怀疑态度。然而第二天，她兴奋地给我看一本相关的书的序言："瞧，你是对的，他们和你说得一样。"果不其然，序言中说读者不能"期望在第一次阅读时就能理解这本书的所有部分。他可以自由地跳过复杂的部分，以后再读。通常一个论证会在随后的备注中加以说明"。我妻子没有注意到的是，确切地说，"他们"并不是一个独立的旁证。"他们"是一个编写小组，"他们"的名字列在扉页上，而我也是其中的成员，"他们"说的话实际上就是我写的。

　　每当我思索自己是如何通过眼睛学习数学的，我可能也会沉思片刻如何通过耳朵学习。课堂授课是学习东西的一种标准方式——最糟糕的方式之一。学生过于被动，这就是问题所在。规范推荐：做笔记。反方会反驳：是的，可以肯定，做笔记是一项活动，而且，如果你做了笔记，你在日后会有可靠的参考材料，但你可能会错过课堂上展现的精彩细节，忽略主要部分、格式塔 [25]——你忙于潦草记录，没办法专心听讲。正方会反驳：如果你不做笔记，你日后就不记得当时讲了什么，按什么顺序讲的；而且如果不记笔记，你上课时注意力很可能会时而减弱，做上白日梦，甚至会打瞌睡，谁知道呢。

　　无论是赞成还是反对做笔记，理由都对。我自己的解决办法是来个折中：我只做个非常粗略的笔记，然后，只要有可能，就尽快改写出更详细的笔记。我说的"非常粗略的笔记"是指一分钟记一两个单词，加上一两个关键的公式和一两幅关键的图——刚好够确定内容的次序。顺便说一句，这么做还能让我保持清醒和警觉。我说的"改写"是指详细到可以给一个不在现场的朋友看，有望让他理解他错过的内容。

　　一次性的演讲，比如研讨会报告，有时"名声"不怎么好，可能是因为它们通常效果都不好。这对学生有用吗？或者说，对想学点儿东西的成年人有用吗？某些东西可能是具体的（我需要更多地了解黎曼曲面的拓扑结构和全纯结构之间的关系），或者，有人仅仅在良知上有一种模糊但长期存在的烦恼（我的数学教育太狭隘了，我需要知道其他人在做什么，为什么这么做）。我自己的回答是，研讨会报告对想要学习的人（无论是出于具体的或模糊的需求）是有用的，即使是一些非常糟糕的报告。我力劝我的学生和同事支持、参加这类活动。

　　为什么这么做？部分原因是数学是一个整体，各环节紧紧相扣，互相影响。我们所学的一切将改变我们所知道的一切，并将帮助我们以后学习更多。好的研讨会报告，动机良好，中心主题鲜明，条理清晰，解释清楚，具有显而易见的益处。但即便是糟糕的报告也有益处。在这一点上，我最喜欢的例证是一次我听到的关于拓扑学的糟糕报告。我不理解那些定义、定理或证明，但我听到了"稳定同伦群"，几分钟后又听到"伯努利（Bernoulli）数"。我对什么是稳定同伦群只有最模糊的概念，对伯努利数也同样模糊，但正是得益于那次古怪、惊讶、骇人的倾听体验（从那时起，这对有经验的人来说已是司空见惯的事了），我的知识增长了，我理解数学（尤其是理解日后的研讨会报告）的能力变得更强了。如果能在 5 分钟内得知亚纯函数的零点理论和质数的分布有很大关系，浪费其余的 55 分钟是值得的。

有人认为讨论班上的报告是不同的，实则不然。大家通常认为，参加讨论班的听众都是专家，他们知道截至前天相关领域已被证明的一切，他们来这里，只是为了看看最后的细节。这种想法是错误的。讨论班上的报告，好的就是精彩，差的就是乏味，和研讨会的报告没有区别。如果把研讨会视为讨论班，那么报告人在专业方面的"不理解"就会变为概念方面的"见解"，这种想法不是实事求是，是错误的。在场的"专家"是与报告人从事类似（但是记住，"类似"几乎从来不是"相同"）问题研究的同行，或是正努力钻研晦涩难懂的技术的研究生，他们出现迷失、焦躁和厌烦情绪，只比研讨会上所谓的"一般"观众晚 30 秒。在我看来，好的讨论班报告和好的研讨会报告是可以互换的，而且即使是不好的报告也值得一听。

最好的一类讨论班有两名成员，其间可以用五分钟持续讨论一个问题，接着，提供不完整的答案和参考文献；这也可以是一种持续几十年的坚定的合作纽带，两者性质兼有。我坚定地支持数学方面的个人交流，这也是我支持研讨会和讨论班的原因之一。我参加过的最好的讨论班是由艾伦·希尔兹（Allen Shields）和我组成的。我们每周都会在一个下午见面，大约两小时。我们不会为会面做准备，当然也没有互相讲课。我们对类似的事物感兴趣，彼此相处得很好，我们都喜欢解释自己的想法，对方是富有智慧的倾听者，彼此能产生共鸣。我们会交换这周听到的初等数学谜题，在课堂上被问到的疯狂问题，脑海里突然间闪现的不成熟问题，上周解决问题时的模糊想法，在其他讨论班上听到的启发性评论。我们会兴奋地大叫，或一同茫然、沉默地凝视着黑板。

艾伦·洛厄尔·希尔兹，1969 年

无论做什么，我们都在那一年的讨论班上从对方身上学到了很多东西，而且乐在其中。我们的会谈最终并未促成实质性合作，比如联合发表论文，但我们对此并不在意。通过研讨，我们变得……聪明了吗？……是的，更聪明了，也许吧。

## 译者注

[1] 乔·杜布（Joe Doob，1910—2004），美国数学家，研究概率论数学基础及其与其他数学领域相互作用的先驱，作者攻读博士学位的导师。他的全名是约瑟夫·利奥·杜布（Joseph Leo Doob），Joe 是 Joseph 的昵称，因此本书常用"乔"称呼杜布。

[2] 全句是"All work and no play makes Jack a dull boy"，可译为"只工作，不玩耍，聪明的孩子会变傻"或者"只会学习不玩耍，聪明的小孩也变傻"。

[3] 共和派是西班牙内战期间支持西班牙第二共和国政府、反对国民军叛乱的左翼群体，书中原文用的是 loyalists，可译作"忠诚派"，是英语中对共和派的另一种称呼。为免与"效忠派"或"保皇派"混淆，译文直接称"共和派"。

[4] 1926 年创办的美国左翼杂志，许多著名的左翼作家和艺术家为该杂志撰稿。它于1948 年停刊。

[5] 原文用的是 honkies，honky 的复数形式，是对白种人侮辱和轻蔑的称呼。后文"白种人"同。

[6] 这里应是指《现代分析教程》（*A Course of Modern Analysis*），1902 年首次出版，后多次再版。

[7] 这里应是指《分析教程》，第一卷第一版出版于 1903 年，第二卷第一版出版于 1906 年。本书第 2 章"微积分，系里有博士吗?"一节谈到该作品。

[8] 这里应是指《有限群的理论及其应用》（*Theory and Application of Finite Groups*）。作者此处可能将"Linear Groups"（线性群）与"Finite Collineation Groups"混淆了，后者是布利希费尔特独著的重要著作《有限直射变换群》的书名。

[9] 埃德蒙·兰道（Edmund Landau，1877—1938），德国数学家，首次系统地介绍了解析数论，并在单变量解析函数理论方面有重要作品。

[10] Varvara 是 Barbara 的俄语变体。

[11] 以如今美国的公路交通来看，从伊利诺伊大学开车前往洛杉矶共约 3200 千米车程，横穿了大半个美国。

[12] 原文著录标题不全，或为《具有哈尔测度的交换群上的调和分析与特征标理论》（"Harmonic Analysis on Commutative Groups with the Haar Measure and the Theory of Characters"），1945 年发表在 *Travaux Inst. Math. Stekloff* 第 14 卷。

[13] 莉莲是长岛大学数学系的系主任。在 20 世纪 40 年代，她写了一系列轻松愉快且备受推崇的数学书。休是其丈夫，长岛大学美术系的系主任，他为妻子莉莲写的许多书配了插图。

[14] 原书随文注有"The Celebrated Man in the Street"，字面意思是"街头名人"，T. C. Mits 是各单词首字母缩写。

[15] 原文是 Herr Professor，Herr 是德语，意为主人、先生、大人、老爷等。

[16] 尤金·维格纳（Eugene Wigner，1902—1995），匈牙利裔美国理论物理学家，1963 年诺贝尔物理学奖得主之一。他发展了应用群论研究原子核能级的原理。

[17] 德语，字面意思是"集体"。1919 年，冯·米泽斯第一个发表文章完成概率论的公理化，它基于一种特殊的无序序列，也就是所谓的 Kollektivs。

[18] 这是波兰语，该期刊也来自波兰，第一期于 1920 年出版，标志着波兰数学学派的诞生。它是多语种期刊，在波兰第二共和国期间（截至 1939 年），共发行 32 卷，其中大约三分之二的论文使用法语，少量使用德语、英语和意大利语等，作者中波兰数学家大约占三分之二。该期刊至今连续出版，目前绝大多数发表的文章都用英语撰写，来

自波兰以外的作者比例也明显增加。由于该期刊的来源国，在美国曾一度出现是否准许其流通的问题，本章"抽印本：杜布的和其他人的"一节就谈及此。

[19] 艾尔弗雷德·塔尔斯基（Alfred Tarski，1901—1983），波兰裔美籍数学家和逻辑学家，在一般代数、测度论、数理逻辑、集合论和元数学方面做了重要的研究。他于 1942 年加入加利福尼亚大学伯克利分校，1949 年被任命为数学教授，尽管 1968 年荣誉退休，但任教到 1973 年，并指导博士研究生直至他去世。

[20] 该书共三卷，原文是德语，第一卷首次出版于 1902 至 1908 年间。有英译本，但此处原书将书名写作 *Elementary Mathematics*（"from the higher point of view out"），而英译本书名是 *Elementary mathematics from an advanced standpoint*，更像是作者直接翻译了德语书名 *Elementarmathematik vom höheren Standpunkte aus*。英译本很早就出了前两卷，但较原书做了删节与扩展；直到 2016 年第三卷英译本才出版。至迟 1989 至 1993 年间，该书就有了完整的中译本。

[21] 参见本书第 3 章"第一堂课"一节。

[22]《数学年刊》（*Annals of Mathematics*）于 1884 年在美国弗吉尼亚大学创办，1899 年迁移到哈佛大学，1911 年又迁至普林斯顿大学，1933 年以后，一直由普林斯顿大学和普林斯顿高等研究院共同编辑，现为双月刊。20 世纪中叶，普林斯顿大学逐渐发展成为世界数学中心，《数学年刊》也声名渐起，成为数学领域最重要的学术期刊之一。

[23] 德语，意思是尊敬的同行先生。

[24] 此处当指 *Fundamenta Mathematicae*，参见本章注释 [18]。

[25] 德语 Gestalt，意思是"形式、形状"，心理学术语，中文将其音译为"格式塔"，或意译为"完形"。格式塔心理学是强调经验和行为的整体性，主张从整体的动力结构观来研究心理现象的心理学学派。据该学派代表人物美籍德裔心理学家库尔特·考夫卡（Kurt Koffka）的解释，假使有一种经验的现象，它的每一成分都牵连其他成分，而且每一成分之所以有其特性，是因为它和其他部分具有关系，这种现象便称为格式塔。

第 5 章

# 学会思考

## 选择性略过

雷·怀尔德[1]曾任美国两大数学组织的主席。他是美国国家科学院院士，也是好多书和文章的作者。他 80 岁那年，也就是从密歇根大学退休 15 年后，他告诉我，他做研究的日子肯定还没有结束（促使自己做研究的压力感也没有消失）；他仍在阅读数学，参加学术研讨会，并努力跟上数学的发展。

从某种意义上说，一位学者一生都在学习，但是，吸收别人发现的知识（学习）和自己发现一部分真理（研究）是完全不同的学习历程。1937 年春天或夏天的某个时候，我的学习达到了一个节点，我能够像学者一样向一条狭窄的隧道内部看去，是时候停止学习并开始挖掘了。杜布当然提出了一个方向，我沿着这个方向可以完成一篇学位论文（那条隧道），但我不记得他在多大程度上（如果有的话）提出了最初的一两个定理。

基本思想是推广冯·米泽斯 Regellosigkeit[2] 原理的杜布式数学化。"随机"是什么意思？冯·米泽斯的回答提道，在科学实验室或赌场里对实验的一系列观察结果，除非它是完全不可预测的，否则不应该被称为随机。用赌场的语言来说，不可预测性意味着不存在一个成功的赌博系统。举一个简单但典型的示例，考虑一个只有两种可能结果（是和否、开和关、0 和 1 或正面和反面）的实验，进行有规律的重复，每分钟重复一次。在这种情况下，杜布对赌博系统的定义是一个函数序列 $f_1, f_2, f_3, \cdots$，第 $n$ 项是 $n$ 元函数，其值只有肯定和否定。如果将前 $n$ 个结果 $x_1, \cdots, x_n$ 代入函数 $f_n$ 中得到的答案 $f_n(x_1, \cdots, x_n)$ 是肯定的，那么玩家在第 $n+1$ 盘赌局下注；如果答案是否定的，那么他就不参与那盘赌局。（杜布用短语"选择性略过"来描述这些行为。）可能的具体特例如：当且仅当最后 10 个 $x$ 是反面，$f_n(x_1, \cdots, x_n)$ 是肯定的。杜布将巧妙但不精确的 Regellosigkeit 原理阐述成一个定理：每个将结果无穷序列 $x_1, x_2, x_3, \cdots$ 转换为玩家实际下注的赌局结果序列 $y_1, y_2, y_3, \cdots$ 的变换，都将保留所有概率关系。特别地，得出概率为 1 时，所有 $x$ 的极限平均值与所有 $y$ 的极限平均值相等。换句话说，不可能有"成功"的赌博系统，无论你用何种系统来决定什么时候下注、什么时候略过，你赢的概率还是与你每次都下注一样，既不会更大也不会更小。

　　杜布的定理是关于实验的独立重复的。我的问题是，对于那些不一定独立完成的实验，情况如何。我最终证出的典型结论是，选择性略过并不会改变游戏的"公平性"。更明确一点，假设"随机变量" $x_1, x_2, x_3, \cdots$ 并不一定是独立的，但它们在这个意义上描述了一个公平的游戏：若前 $n$ 场的结果 $x_1, \cdots, x_n$ 已经给出，则玩家对于第 $n+1$ 场的条件期望总是 0。（注：因此，赌场的条件期望也为 0，这个游戏公平地对待了桌上的双方。）例如，玩家打赌，如果每天的总降雨量超过 5 毫米，他就赢，否则就输。观察结果并不是独立的，如果星期一下雨，那么星期二下雨的可能性就更大，但目的是使它成为一场公平的打赌，也就是，当星期一是雨天时，对于紧跟的星期二，若下雨，则玩家的回报小，若不下雨，则玩家的损失大。无论前一周降水丰沛还是稀少，根据局数的安排，条件期望平均赢得的金额为 0。在这种情况下，玩家使用选择性略过可能增加赢的频率，然而，由于回报是可操控的，从长远来看，总金额将仍然持平。

　　在我写完学位论文多年之后，我和吉米·萨维奇（Jimmie Savage）在芝加哥大学合作教授了一门关于随机过程的课程。我们或多或少隔几周轮班。有一周，我要讲赌博系统，但我在课堂上搞混了，非常困惑。那时我已经研究了数学的其他几个分支，概率对我来说不再是顺理成章的事。由于杜布的书是我们的正式教材，我翻翻书，试着让自己不再困惑。令我惊讶的是，我发现杜布慷慨地将相关的几页（第 309 ~ 311 页）内容描述为"源于哈尔莫斯"。我在 20 世纪 50 年代感觉最难的东西，正是我在 30 年代努力发掘的东西。

# 过山车

论文不是靠灵感瞬间迸发出来的产物，至少我的不是。整个过程就像一个不那么快乐的旋转木马、一个过山车，难得的美好时光混杂着许多沮丧的日子。1937 年 6 月："即便想法最后被证明不对，拥有想法依然会很有趣。"两天后："当想法最后被证明**是**正确的时候，拥有想法会更加有趣。"一天后，烦恼："没人知道有关保测变换的任何东西。"很多天后："做研究工作……专注于研究……但愿我知道答案……我越是深入我的学位论文，感觉自己知道得越少。"后来，在 10 月份："异常欢快的杜布会议……通过杜布的论文取得进展……开始撰写学位论文！"三天后："全心投入在学位论文上……慢工细琢。"又过了一个星期："激动起来……完成定理……面对杜布而大喜过望。"过山车就这样继续下去，跌到一个特别糟糕的低点，接着是一个过早的高点，然后是一个令人发狂、受刺激、受鼓励的低点，在我最后一个学年的几个月里，不断起伏。

杜布很好共事。他不逼迫我，有时还鼓励我，而且总是乐意听我说。但我们并不是在天堂里工作，我们是人，有时候他会对我失去耐心，有时候我会觉得他还可以多帮点忙。如果他情绪特别低落，那我一定是纠缠他太多了，问了太多微小琐碎、细枝末节的问题，他就这样失去了耐心。我忘了他的原话，但我确实记得他的意思："这应该是你的论文，你知道，如果我们继续这样做，它就不得不成为合作论文了，这对你来说不是很好。"

这番话触动了我。我拼命地做研究，日记的调子几乎变得欢快起来："下午解决连续情形……整天都在写学位论文——玩大了，不能让这个该死的级数收敛……找到想要的 Gegenbeispiel[3]……也许有一个定理即将降临——渐近定理看来有戏……得到大数律的不变性……开始修正学位论文，这是艰苦的工作……把论文打出来并填写（打多少就填多少）——在连续随机过程中觉察到新的可能性。"

"填写"（fill in）的意思可能已经不为人所知了。在那个年代，这是数学文稿打字中不可避免的一个环节。幸运的话，你的打字机上会有加号和等号，但是从未听说英文打字机上有希腊字母和不等号，更不用说积分和其他数学家喜欢的奇怪符号了。不知现在是否还生产不带半空格棘轮的打字机。那时，它是一种奢侈品。当年，数学文稿打字要先打出零散的字，跳过足够的空格以便留出地方给其他语言字母和怪异符号，完成之后，你再回到这一页，用钢笔**手工填写**下标和其他之前被跳过的内容。在完成学位论文大约十年后，我打自己的书《测度论》（*Measure Theory*），几百页的原件和五份复写件，我填写了六遍，每一遍都填写几百页，除了使用昂贵却不令人满意的直接影印机（photostat）[4]，没有其他办法得到六份副本。

我的欢喜来得太早了：我心急火燎地称作学位论文的东西没有及格。1 月的一个下午，我的日记上写着："关于学位论文与杜布摊牌。就算花十年时间，我也要让他们看看！肤浅？！"专业上的意见分歧并没有伤害我们的友谊。那个星期的晚些时候，日记上写着："在精彩的壁球比赛中打败乔。"

从那时起，情况有所好转。此外，是连续不断的日记："有了什么进展？……每天做一点儿——心无挂碍，因为我喜欢工作……上午 8 点半被困住了，下午 4 点半解困……今天有所成就——巩固地位并取得重大进展……今天做得不错——学位论文的两个重要补充……致力于 Gegenbeispiel——完成它……大喜并且乐观——事情进展得非常顺利。"在 3 月中旬（1938 年），我花了四天时间抄写了我再次寄予厚望的学位论文，然后把它交给了乔。第二天："乔因为脚注而不快。"但是一周后："我跟博士差不多了。"

在做研究的过程中，那些引起不安且值得称道的心潮起伏，我是否已经传达出来？首先，你会很兴奋，因为你理解了这个问题，并渴望着手解决它。有很多灌木丛需要清理，让你忙碌，让你认为自己有所成就，然后你被困住了。你坚持工作，每周（每天？每小时？）都尝试不同的途径，周而复始，吃饭时想，走路时想，做梦时想，但被困在了高地，似乎没有任何进展。

当我逐渐意识到发生了什么，我开始明白无法仅仅朝着定理的最终一般形式直接发起攻击，我必须尝试把它们及其证明分解成最简单的特殊情况。我一直在简化这个问题。我将测度空间设为有限集，限制了选择性略过函数以使每个函数只依赖一个变量，用 2 替换了无穷，用常数替换了收敛的序列。对任何一个做过研究的人来说，这种做法的必要性是显而易见的。正如波利亚（Pólya）的格言所说：如果你不能解决一个问题，那么至少还有一个更简单的问题你还没能解决——找到它！

最终，我找到了，我找到了我能看透的平凡情形，这就是突破。下降结束了，我来到上升的路上。剩下的（对我如此，我想对每个人来说都是如此）就是工作——令人兴奋、有回报、很辛苦的工作。压缩证明，简化方法，推广结果，得到推论，在胜利的光芒中完成工作。就在我得意地完成学位论文一个月后，我打出正本并上交研究生院，另一份一模一样的副本寄出投稿给《杜克数学学报》[5] 发表。它的标题是《某些随机变换的不变量：赌博系统的数学理论》[6]，描述得略显任性。顺便说一下，这种荣耀感只持续了几天，也许一个星期，它就变成："为什么这么久我都没做任何事情了？"

# 工作，没有

在学生时代的最后一年里，我并没有把每一分钟都花在学位论文上，但那些额外的事情所花时间的集合的测度几乎为零。

1937 年 9 月，学年开始的时候，在宾夕法尼亚州学院 [7]，我第一次参加了美国数学学会（AMS 或干脆称为"学会"）举办的会议。我一个人都不认识，一切都很陌生，我没有学到什么，我感到孤独。

随着时间的推移，我经常玩斯诺克（障碍台球），多次阅读巴拿赫的书，以此放松自己。后者是一种瘾。日记里记了很多条，比如："学习巴拿赫一整天……我是巴拿赫迷……巴拿赫不太容易懂……在沃恩的帮助下，早晨攻下巴拿赫。"

哦，是的，赫比·沃恩（Herbie Vaughan）。他是一位年轻而又雄心勃勃的讲师，当时刚从密歇根大学来到这里，是位拓扑学家。我们谈了很多，包括数学和其他内容，12 年后，我们合作写了一篇两页的小论文《婚配问题》（"The Marriage Problem"）[8]。这篇论文使我们在组合学界声名鹊起。这可能是署我名字的论文中最常被引用的一篇。"婚配问题"假定，一群可能无限多的小伙儿，他们当中的每一位跟有限多位姑娘相识，问在什么条件下每位小伙儿都能与他认识的一位姑娘结婚。赫比给出了一个有限情况下的归纳法证明，比之前的任何证明都更清晰，而我通过吉洪诺夫（Tihonov）定理给出了一个无限情况下的拓扑学证明。赫比接着得出了一个巧妙的广义推论，他称之为"修道士的著名问题"。他编造了一段引文，这是巴尔扎克的《都兰趣话》（Droll Stories）[9] 中原本不存在的故事，他将之命名为 "Des Moines et Novices"[10]，并将其作为论文的历史背景。这处引文给许多读者留下了深刻印象，我至今仍然不时地收到读者来信，请求我指出引文在哪儿。

在我 1937—1938 年的阅读清单上，有尼科迪姆（Nikodým）对后来被称为拉东（Radon）- 尼科迪姆定理做的持续研究的几篇论文，茹利亚（Julia）的《量子理论》（Théorie Quantique），以及每一期的《数学文摘》——新一期出版时，我们几个人都迫不及待地抢着看，渴望得到最新的消息。

另一项重要、耗时却与论文无关的活动是打求职信。当时还没有静电复印，食不果腹的研究生也得不到秘书服务。我打了 120 封求职信，然后邮寄出去，每天都要检查信箱好几次，常常不见回信。收到过几封回复，比我上次讲这个事时记得的两封还多，但也多不了多少，我的日记说是有五封（如果一条不明确的日记指的是回信，那么就是六封）。日记中多次提到哈佛大学：3月8日，"等待哈佛的邮件"；4月1日，"没有消息就是来自哈佛的好消息"；最后，4月7日，"沃尔什（Walsh）教授表示遗憾"。4月下旬，"来自密歇根大学的意向"；三天后，"密歇根大学？"；5月6日，"等待邮件"；5月11日，"没有工作，等待邮件"；5月20日，"（密歇根大学的）希尔德布兰特（Hildebrandt）教授表示遗憾"。哥伦比亚大学、堪萨斯大学和俄亥俄州立大学也都表示遗憾。收到的录用通知总数：0。

为了找工作，我当然得参加在夏洛茨维尔（Charlottesville）举行的美国数学学会春季会议，而且作为最近加入该学会的一员，我行使了特权，就我的论文做了10分钟的演讲。美联社按惯例派了几位记者去，看看这些数学家都在做什么，但是重要演讲的标题使记者们大为灰心，他们不知道这些词的意思。也就是说，直到他们读到我标题的后半部分——关于赌博系统——他们才开始感兴趣。J. R. 克兰（J. R. Kline）是学会的秘书，他问我是否介意接受采访。我的答复是，是的，我当然会介意，但为什么不呢，这会很有趣，而且，的确，它可能有助于解决工作问题。我和记者们进行了愉快的交谈。他们在其报道中发了一则短讯。美国的大多数报纸很容易忽略这条新闻，但对《伊利诺伊大学日报》来说，这是国内的热门新闻。它引起人们的极大关注不仅是因为有"本校生能出人头地"的一面，还有另一个原因。原来，在尚佩恩，正在进行一场几乎是定期的反恶习斗争，市议会议员们反对花天酒地、纵情声色，顺便说一句，也反对赌博。对我的采访恰逢其时，我的名字在一篇文章的大标题上醒目地印着："P. R. 哈尔莫斯说：你不可能赢。"

最后的博士学位考试只是走个过场，和所有人一样，我轻松地通过了。我当时既高兴又骄傲，而且我现在仍然为自己是杜布的学生而感到高兴和自豪。顺便说一下，我是他的第一个学生。他在两到三年的时间里先后招了四位博士生，然后是一段空白期，几年之后他又开始带博士。招进的第二位、第三位、第四位博士生是安布罗斯、基比和布莱克韦尔。考试一结束，我就松了一口气，心想："再也不考了！我这辈子再也不用参加考试了！"直到现在，我一想起这件事，仍然时不时会在早上醒来时感觉很好。我没有参加毕业典礼，我不赞成这样的活动。我让人把博士学位证书寄了过来，然后将其归档。我现在还保存着它，但没有装进镜框挂在墙上——它只是被归档，压在旧成绩单下面。

我拿到博士学位的那一年，全美国有 68 人获得了数学博士学位，名单载于《美国数学学会通报》[11]1939 年卷。68 人中有 12 人来自伊利诺伊大学，其中一位是内佐格。我想，除了他，我是 12 人中最优秀的。我想起了所有那些我不断申请却没有得到的奖学金、助理金和工作，而其他人都得到了。我还是有点恼火。

# 自力更生

接下来的一年，大概从 1938 年 7 月到 1939 年 7 月，是一段过渡期。生活在继续，事情在发生，但当时的感觉似乎是——现在回想起来仍然是，我必须尽可能快地奔跑，才能保持在原地。

8 月初，我的病足做了一次小手术。（"小"是外科医生的用词。接下来的两个月里，我先是感到疼痛，然后是不安，之后是烦恼，一直在担忧。对我来说，需要一个更深刻的形容词来形容这次手术。）在康复阶段，医生建议我使用手杖，也就是从那时起，我一直在用手杖。我至今还保存着我的第一根手杖，它被磨损得很光滑，漆皮早就掉了，但还像新的一样好用。

8 月下旬，我得到了最后两条工作消息：杜克大学拒绝，伊利诺伊大学接受。多年后，杜布告诉我，杜克大学的系主任 J. J. 格根（J. J. Gergen）告诉了他我为什么没有被录用。"我不想要任何难民。"他说。伊利诺伊大学为什么会接受我，到现在我也没弄清楚，或许部分是出于怜悯，作为一种安慰奖？我不是对这份"礼物"吹毛求疵，但奇怪的是，我的日记只是记录了事实，并没显出喜悦之情。年薪是 1800 美元，职责是每周 15 小时的教学。这些条款都是标准的。而且，光荣！我自己做到了，我是个成年人了，我被允许教微积分了。

班级各有个性：有些积极配合，有些显得暴躁，有些是友好的，有些是迟钝的。在 1938 年秋季学期，我教两个班的三角学。两个班的课程是两小时接连着上的：一个班是在周二和周四的上午 9 点，另一个班是在 10 分钟吸烟休息后的 10 点。我喜欢 9 点上课的那个班，讨厌 10 点的那个班。他们之间产生差异可能是我的错，至少部分是我的错。9 点钟的时候，我心旷神怡，很想知道我做的讲解会如何被人接受。我讲个笑话，他们就笑了。师生互相吸引。到了 10 点钟，我有些厌倦，但讲得更贴切、更流畅、更迅速了。我讲同样的笑话，学生们却盯着我看。我们不喜欢彼此。

每周 15 小时，在今天看来是沉重的教学负担，但我们那时都学会了适应。在我一连串教三个班的日子里，我会抱怨——工作就是工作！——但我还有时间做研究。我的时间不充裕，但还是有一些时间。并且，我没有任何委员会职务或行政职务。无论如何，这 15 小时教学后留给我的研究时间比后来的还要多。

研究方面，我也是自力更生——这是一种可怕的方式。当然，杜布还在左右，但他不再是"老师"了，他只是一位年纪稍大一点、更有智慧的朋友和同事。鲍勃·马丁在我身边，他在我试图证明一个级数收敛的那几周内帮了大忙。我不断地证明，一遍又一遍，目标是由调和级数逐项控制的。安布罗斯离开了，他接受了亚拉巴马大学的一份临时工作。我们疯狂地通信，每周两三封长信，但这与面对面交谈总是不一样的。

这一年的日记所揭示的，与其说是不知道答案的过山车效应，不如说是不知道问题所在的过山车效应，更令人沮丧。日记（从 7 月到 12 月）中有一连串相关记录："获得研究创意，希望它能奏效……整天担心问题的细节。感觉非常好。我认为我确实得到了些结果。现在只要我能找到答案……整天都被问题困住，但还没有茫然若失之感……专注于研究。对'我是数学家'产生深度怀疑……在研究中，激动起来就会碰壁。担心研究的前景……放弃研究问题……更好形式的不等式，仍然不完整……与杜布聊天，得到关于不等式的有用提示。工作，欢欣鼓舞。生活是美好的……我的级数徒劳无功。我的研究令人沮丧，但我还没有放弃……在我的不等式上又浪费了一个下午……暴躁的、急躁的一天。写下过去六个月的工作成果：六页肤浅的东西。"

与之交织在一起的是一系列笔记，显示出我在寻找出路。"我每天读数学的时间不能超过四小时（我现在仍然不能。谁能呢？）……担心数学的研究前景，决定搞代数。这些东西很有趣。到处构造 Gegenbeispiels。我觉得今年我学到了很多数学……我已经（再一次！）决定改变研究领域，看看我是否无法在一些数学**就是**数学的方面进行研究：希尔伯特空间及其同源的主题。让保罗·莱维的东西见鬼去吧……读温特纳的《谱理论》（*Spektraltheorie*）[12] 很有趣……该死的一天又一天，只有温特纳的《谱理论》让生活更美好……我**想**我已经找到了我的领域，但这将是艰难的。我希望知识轴是具有阿基米德性质的。"

我曾有一个理论，保持研究活力的方法就是经常更换领域。这观点最初是下意识产生的，后来我经过深思熟虑，仍然这样认为。我从来没有真正成为一名代数学家，但我确实从测度论（我的意思是包括概率论和遍历理论）转向到了希尔伯特空间，然后是代数逻辑，再后来又回到希尔伯特空间，其间还稍微涉猎了一些拓扑群，还有统计学点缀其中。大约经过 30 年，也就是在 1968 年前后，我意识到自己不太可能再次改变领域了。差不多在同一时间，我开始写更多的说明性论文，比如《希尔伯特空间的十个问题》（"Ten Problems in Hilbert Space"）[13]，还有"传经布道"的科普文，比如《如何写数学》（"How to Write Mathematics"）[14]。

# 一个时代的终结

生活并非全是教学和研究——我还有时间。在那些日子里，我至少有空练一会儿钢琴，也还有时间读书，看几场演出，而且还得花时间不断申请工作。

我需要读一些平凯莱（Pincherle）的著作，为此，我艰苦地花了一天时间，靠一本意大利语词典和一本语法书"学会"了意大利语。我读了有关"茹利亚线"、正规族和皮卡（Picard）定理的文章，试着学习积分方程，还花了不少时间阅读乌斯片斯基（Uspensky）关于概率的书。其间，我读了几本主人公叫陈查理 [15] 的书，以及布里福（Briffault）的《欧罗巴》（*Europa*），读了达希尔·哈米特（Dashiell Hammett）、尼罗·沃尔夫 [16]、语文学（它叫语言学了吗？）、多萝西·塞耶斯（Dorothy Sayers）、萨基（Saki）[17]、埃勒里·奎因（Ellery Queen），以及厄普顿·辛克莱的《屠场》（*The Jungle*）、赫尔曼·外尔（Hermann Weyl）的《空间－时间－物质》（*Space, Time, Matter*）。

我在星期六下午从广播里面收听托斯卡尼尼（Toscanini），去看《女巫的诅咒》（*Ruddigore*[18]，当地业余爱好者的表演）、希区柯克的经典电影《贵妇失踪记》（*The Lady Vanishes*）、亚历克·坦普尔顿（Alec Templeton，钢琴家、幽默作家、模仿者，某种程度上是维克托·博奇 [19] 的先驱）的演出和电影《大幻影》（*La Grande Illusion*，这是我最喜欢的电影，我已经看了 14 遍）。我熬夜到很晚——半夜，凌晨 1 点、3 点，甚至 5 点才上床睡觉，偶尔也会通宵不睡。

我还要打字写信。我不知道那一年寄了多少封求职信，但肯定很多。我申请了超级好的工作 [ 美国国家研究委员会研究基金（National Research Council fellowship）]、好工作 [ 哈佛大学的本杰明·皮尔斯（Benjamin Peirce，Peirce 发音为 "purse"，珀斯）讲师职位 ] 和普通工作（任何地方的任何教学工作）。那年，我收到了更多的回信，但都是"不行""不行""不行"。回信从 2 月中旬开始一直持续了整个春天。美国国家研究委员会在 4 月初说不行，几天后哈佛也说不行；加利福尼亚大学抛来了意向，却终究在 5 月初失败。日记里总是提到那些信件："早上有很多信件，没有一件好事……没有信件……生活在这种不确定的阴云之下是不愉快的……我真希望有一份工作……西雅图大学来了坏消息……整个下午都在打字写信……"

最后，在 5 月中旬，迎来一阵欣喜，在科瓦利斯的俄勒冈州立学院（Oregon State College，这是当时的叫法 [20]）有一份临时岗位在招人，当然，我尽了最大的努力去争取。我没有去面试，太远了，也太费钱，只寄送了几封信，发了少量电报。我在 6 月中旬拿到了这份工作。一个月后，也就是 7 月中旬，我满怀歉意地辞职了。

事情是这样的，7 月 7 日，安布罗斯从研究院（就是普林斯顿高等研究院）得知，他是研究基金职位的候补人选，而第一个被任命者拒绝了录用要约。"哦，不，你别去。"我说，"你不能这样。如果**你**要去那所研究院，那我也要去。哪怕赴汤蹈火，我都要去。"（顺便提一句，安布罗斯不同意关于这件事的这种说法。他说，他不是候补的，而且，不管怎样，我们怎么知道他是候补的呢？这类事情通常不会透露给当事人。他也许是对的，但我只能按照我记忆中的方式讲述这件事。至于我们是怎么知道的，也许只是因为公布的日期推迟了，类似这种研究基金职位的任命通常是在 4 月 1 日宣布的，也许还有一封解释性的致歉信："我们未能早些邀请你，是因为……"主要事实是毋庸置疑的：安布罗斯受到了邀请，而我也决心和他在一起。）

我制订了一些疯狂的计划，然后又放弃了。我一直抱有希望，然后又变得灰心丧气。我计算了大致费用，然后写信给父亲：我能借 1000 美元吗？我的愿望和计划在数学楼里是公开的。萨姆·坎贝尔（Sam Campbell，一位研究生同学，我将永远深情地记着他）提出借给我 300 美元（事实证明，我并不需要接受这个提议）。我父亲把钱汇了过来。我写信给俄勒冈州立学院，要求放我走——我如愿了。接下来的一个月左右，我就这么兴奋而高效地重新安排了日常生活。我把公寓的租约转了出去（这很容易，因为公寓很难找），卖掉了自行车，打包收拾好所有的书和笔记。1939 年 8 月 25 日，就在我第一次到美国十周年纪念日的四天前，我坐火车去了普林斯顿（年轻的博士们没有汽车）。九天之后，第二次世界大战爆发了。

## 译者注

[1]　雷蒙德·路易斯·怀尔德（Raymond Louis Wilder，1896—1982），美国数学家，他在研究拓扑学的同时也在研究哲学。Ray（雷）是男子教名 Ramond 的昵称。

[2]　德语，无规律性。

[3]　德语，反例。

[4]　照相复制印刷技术大约始于 1912 年。Photostat 原为直接影印机的注册商标名，后逐渐转换成商品名，指"直接影印机"或"影印本"。

[5]　原文 *Duke Journal*，这里应当指的是 *Duke Mathematical Journal*，1935 年由美国杜克大学创办，是世界领先的数学期刊之一。

[6]　*Invariants of Certain Stochastic Transformations: The Mathematical Theory of Gambling Systems*，1939 年发表在所述期刊的第 5 卷第 2 期。

[7]　原文是 State College, Pennsylvania，这是美国宾夕法尼亚州立大学的前身，是一所美国著名的公立研究型大学，创建于 1855 年，初称农学院，后改为州学院，直至 1953 年改为现用名。

[8]　该类问题一般被称作匹配问题（matching problem），其中一个重要结论是由英国数学家菲利普·霍尔（Philip Hall，1904—1982）1935 年发表的，即霍尔定理。《婚配问题》阐述的就是霍尔定理的简化证明，1950 年 1 月发表在《美国数学学报》第 72 卷第 1 期。

[9]　法语原书名是 *Les Cent Contes Drôlatiques*（趣话百篇），是巴尔扎克用古法语写的一部故事集，原计划写一百篇，每卷十篇，共十卷，实际完成三十余篇，包括前三卷和几卷残稿。

[10]　法语，意为"修道士与初学修道士"，在论文中，这篇本不存在的故事被标为位于《都兰趣话》第四卷第九篇。

[11]　原文 *Bulletin of the AMS*，即 *Bulletin of the American Mathematical Society*，本书中多次出现，常常简称为《通报》（*Bulletin*）。

[12] 全名《无穷矩阵的谱理论》(*Spektraltheorie der Unendlichen Matrizen*)，1929 年。

[13] 参见《美国数学学会通报》1970 年第 76 卷第 5 期。

[14] 这篇文章出现在美国数学学会主持编辑的一本同名小册子《如何写数学》中，详见本书第 15 章 "如何写数学" 一节。

[15] 陈查理或陈查礼 (Charlie Chan) 是美国作家厄尔·德尔·比格斯 (Earl Derr Biggers，1884—1933) 笔下虚构的华人警探。创造这一角色的灵感来自美国火奴鲁鲁 (檀香山) 的华裔警探 Chang Apana (郑阿平) 出色侦破当地悬案的故事。

[16] 参见本书开篇 "序曲" 注释 [4]。

[17] 英国作家、记者赫克托·休·芒罗 (Hector Hugh Munro，1870—1916) 的笔名。

[18] 《女巫的诅咒》(*The Witch's Curse*) 最初就称作《拉迪戈尔》(*Ruddigore*)，是两幕喜歌剧。

[19] 维克托·博奇 (Victor Borge，原名本格·罗森鲍姆，Børge Rosenbaum，1909—2000)，出生于丹麦的美国钢琴家和喜剧演员，以他不可抑制的幽默闻名于世。他将无表情的表达、机智的文字游戏、讽刺、肢体喜剧和音乐结合在一起。他与盲人作曲家亚历克·坦普尔顿 (1909 或 1910—1963) 属于同时代。

[20] 现为俄勒冈州立大学 (Oregon State University)。

第 6 章

# 在研究院

## 公共休息室

对大多数身处国内的美国人（包括我）来说，这场战争令人担忧，令人兴奋，却不过是遥不可及的一系列新闻报道罢了。过了几年，美国才卷入其中，战争才开始影响我们的日常生活。在此之前，生活还是像以前一样。大萧条仍然伴随着我们，尽管影响已经开始减弱，公交车司机开公交车，医生看病，高等研究院[1]的成员做研究。

当班贝格尔（Bamberger）家族被说服资助这所研究院时，他们的顾问亚伯拉罕·弗莱克斯纳（Abraham Flexner）写信给三四个学科中每一学科的六到八位世界顶尖人物，问他们："在您的学科中，谁是最优秀的六到八位人物？"只有在数学领域，他得到了近乎一致的回答，这也就是为什么该研究院在 1933 年成立了自己的数学所。这顶尖的六位教授是亚历山大（Alexander）、爱因斯坦、莫尔斯（Morse）、维布伦、冯·诺伊曼和外尔。

1939 年，当我来到普林斯顿研究院的时候，这家研究院是一个舒适的小型机构。普林斯顿大学和研究院所有数学家的生活中心都在法恩大楼（Fine Hall），即老法恩大楼，它仍然是我柏拉图式理想中的数学建筑。黑暗的走廊，铅制的窗户，厚重的家具，磨损的地毯；公共休息室总是开着，总是在使用；图书馆保持最新，藏书齐全，这全靠邦尼·希尔兹（Bunny Shields）铁腕管理，她身材娇小，满头白发，可能生来就像 50 多岁的人，作风严厉，但总是乐于助人。

　　普林斯顿大学数学系对该研究院成员的热情持续了数年，我在那里的第一年也是他们的最后一年。认识每个人很容易。有一段时间，我感到尴尬和不知所措，但有些研究生，尤其是阿瑟·布朗（Arthur Brown）和约翰·奥姆斯特德（John Olmsted）把我照顾得很好，不久，我就觉得自己像个土生土长的成员，也会同样欢迎新来的人。

　　我简直就是住在公共休息室（common room）里。（要命，不是 "commons room"[2]！当这两个词从英国传入时，不知是谁在大西洋上粗心地误听了。你在 commons 吃饭，却在 common room 懒躺。）我在舒适的软皮沙发上悠闲地阅读科幻杂志；我努力成为围棋和西洋军象棋（Kriegspiel）高手，在棋盘上排兵布阵；每天下午茶点时，我都会狼吞虎咽地吃巧克力饼干。清晨或午夜，总会有人在那里聊天，谈论数学、战争、大人物的怪癖，或附近最好的炖牡蛎餐厅。

　　每个人——好吧，几乎每个人都来吃茶点。艾森哈特（Eisenhart，这是老艾森哈特，微分几何学家，而不是他身为统计学家的儿子）和韦德伯恩（Wedderburn）有时来，所罗门·莱夫谢茨（Solomon Lefschetz）和博嫩布卢斯特（Bohnenblust）常来，博赫纳、丘奇（Church）、福克斯（Fox）、汤普金斯（Tompkins）、塔克（Tucker）、威尔克斯——普林斯顿大学数学系的所有人都来。研究院的教授们就不那么常见了。维布伦来，但爱因斯坦不来，其他人偶尔也过来。年轻（但肯定有博士学位）的研究院访问学者，比如我，都会来，当然还有所有的研究生总在那里。茶和点心都是免费的。我们得知，这些是捐赠来的，同样来自捐赠的还有清洁工每天把茶点摆出来并在使用后清洗所得到的额外报酬。

　　大家都知道西洋军象棋吗？也许不都知道。它就是国际象棋，但需要三张棋盘。两名棋手背对背坐着，各自摆着自己的棋盘，裁判在他们之间，有自己的棋盘。游戏开始时，白棋在自己的棋盘上走一步，然后黑棋在自己的棋盘上走子。裁判在中间自己的棋盘上重复双方走子。然后又轮到白棋了（为了避免混淆，裁判会喊出回合），而后是黑棋，依此类推。两名棋手都不知道对方怎么走子，只有裁判才能记录双方的所有棋步。当一位棋手在本回合中试图走一着不可能走的棋（因为他并不知道要走的棋子路线是否被挡了）或犯规的棋（比如，把王走到了被将的位置），裁判会说"不行"。根据累积的"不行"，棋手们就能一步一步猜出对手的棋子在哪里。比赛的目的和国际象棋一样：将死对手的王。

超快棋（Blitz）也是一种经典的国际象棋玩法，走子时限几乎是短得不能再短了，两步棋之间大概只有两秒钟。一些有冒险精神的人甚至尝试过"超快军象棋"（Blitzkriegspiel）。

围棋（Go）是一种古老的棋盘游戏。《美国传统词典》给出了一个奇怪的错误定义："日本的一种两人游戏 [3]，用犹如小卵石的棋子在被分成 361 个方格的棋盘上玩。"其中一个问题就是棋盘格的数目。棋盘确实被划分为正方形格子，但棋子不是放在方格的内部（像国际象棋那样），而是放在它们的顶点上。顶点的数量是 $19 \times 19 = 361$，但这意味着，方格数为 $18 \times 18 = 324$，不是吗？围棋的所有棋子都有相同的形状和大小，一半是白棋，另一半是黑棋。粗略地说，围棋的下法是，白棋出子包围住连成一片的黑棋棋子，黑棋也试图包围白棋。规则并不太复杂，但宏大的战略和详细的战术复杂得可怕。我曾听一位懂围棋的国际象棋大师说，围棋是迄今为止比国际象棋更深奥、更困难的游戏。

国际象棋、桥牌、围棋、西洋军象棋，公共休息室里几乎总是有这样的活动。

法恩大楼的两大人物是莱夫谢茨（在大学）和维布伦（原在大学，后投靠研究院）。他们是多姿多彩的人物，魅力超凡的领袖。公共休息室里玩世不恭的年轻人给普林斯顿大学本科生歌颂教员的经典歌曲增添了几句歌词：

致敬维布伦，奥斯瓦尔德[4]，

英格兰和英式茶的爱好者；

他建立了数学乡村俱乐部，

你甚至可以在那里洗个澡。

的确，维布伦是一个热情的亲英派；的确，法恩大楼有淋浴设备。还有另一个版本的歌曲认为，是艾森哈特设计了法恩大楼。在那个版本中，写维布伦的最后两行换为：

他是著名数学家里的唯一，

要四颗纽扣才能扣好上衣。

维布伦穿的夹克确实与众不同，又长又直，几乎像军人穿的，有时让人想起所谓的尼赫鲁夹克[5]。

维布伦是一个高效的管理者。他熟知数学世界，因此，他成功地把许多比他资历浅的数学家安排到合适的工作岗位，从而发挥巨大的力量。他是一位几何学家，在将"位相分析"（analysis situs，等于拓扑学）引介来美国的过程中起了很大的作用。

莱夫谢茨是两人中更伟大的数学家，也是更富有戏剧性的人物。他年轻时是一名化学家，直到一次实验室事故炸掉了他的双手。实验室生涯结束后，莱夫谢茨决心做一名数学家。天生的双手换成了一双看起来整洁的木手，上面还戴着手套。作为假肢，它们很笨拙，但足够握住一支钢笔或一支粉笔，写出的字迹虽然粗略且歪歪扭扭，但是清晰可辨。

莱夫谢茨有着抑制不住的外向性格，健谈、有魅力。他法语、俄语和英语说得极佳。在生命的最后阶段，他学习了西班牙语，并在墨西哥开了很多讲座。他以铁腕手段主办《数学年刊》，如果他不喜欢作者的主题，就会拒稿，还会向那些公认的"热门"作者征集论文，他比其他任何人都更能使《数学

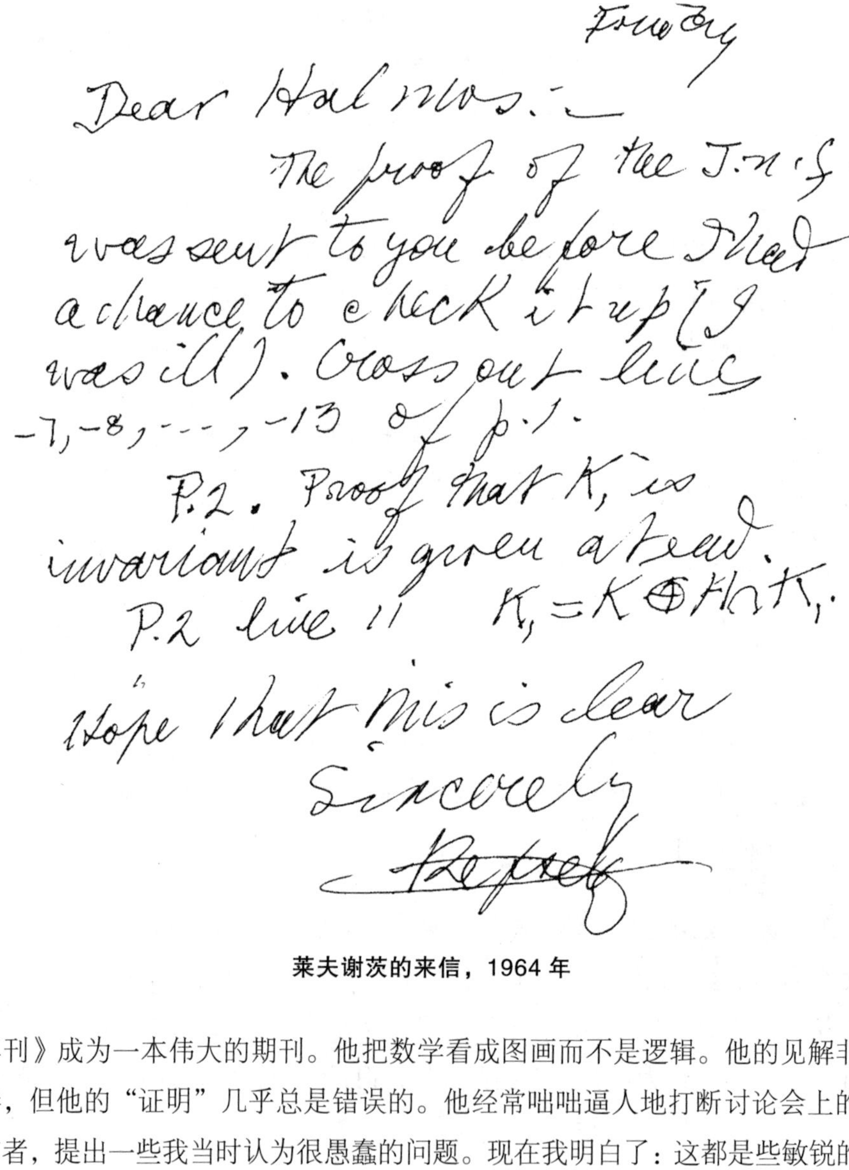

Foundry

Dear Halmos:—

The proof of the J. M. G. was sent to you before I had a chance to check it up (I was ill). Cross out line -7, -8, ···, -13 of p.1.

P.2. Proof that $K_1$ is invariant is given a tead.

P.2 line 11    $K_1 = K \oplus H \cap K_1$

Hope that this is clear

Sincerely

Refsetz

**莱夫谢茨的来信，1964 年**

年刊》成为一本伟大的期刊。他把数学看成图画而不是逻辑。他的见解非常棒，但他的"证明"几乎总是错误的。他经常咄咄逼人地打断讨论会上的发言者，提出一些我当时认为很愚蠢的问题。现在我明白了：这都是些敏锐的愚蠢问题，是为了帮助会上那些害怕问这些问题的害羞的大多数沉默者。称颂教师的歌曲是这样调侃他的：

> 致敬所罗门·莱夫谢茨，
>
> 如同地狱般不可预知；

当他躺埋于草皮之底，

他就会开始诘问上帝。

# 世界的中心

对大小，比如房屋、人物、房间、书籍或人群的大小的记忆，通常比其他可感知的方面，比如颜色、形状、气味或声音的记忆，在可信度上低得多。但是，不论真假，根据我的记忆，普林斯顿大学的数学系在20世纪40年代初期的规模很小。教员有十几位，研究生也不过几十名。至于研究院，我可以确定它的规模也很小，我存有当时油印的通信录：六位教授，一位"准教授"——沃尔特·迈耶（Walter Mayer），他的名字至今与同调论密不可分，被人们铭记。此外还有大约二十位访问学者（每学期略有不同），以及一位秘书布莱克（Blake）小姐。（我说的当然是那些搞数学的人，当中也有人文学者和经济学家，尽管我们大多数人都很在意，但他们可能根本就没被列在名单上。）

有五六位访问学者被称为助理，理论上每位教授配有一个助理，但是亚历山大太腼腆，太不愿意卷入其中，太注重隐私，所以他通常没有助理。他出身于一个古老的家族，亚历山大街（Alexander Street）就是以其一家族成员命名的，而且他很富有。据说，有一次他看到一座适合滑雪的小山，就买下了它。他爱好音乐，喜欢大声播放音乐。关于此还有另外一个故事：他设计了一个巨大的指数曲线形扬声器，喇叭口占据了起居室的大部分地板，其余部分一直延伸到地下室。他妻子对此相当反对。他和冯·诺伊曼是朋友，还经常去对方家中做客聚会，聚会并不忌酒。

有一年，亚历山大宣布了一系列关于同调的讲座，首场讲座就吸引了一大批听众。我也去了，既高兴又失望。引起这两种情绪的原因是相同的：这场讲座信守了最初的承诺，从头讲起，非常抽象，非常公理化，因此我可以听懂。

但是，出于同样的原因，他并没有讲得足够深入。在几天后的第二场讲座上，完美主义者亚历山大宣布，他对第一场讲座的公理基础并不满意，他现在要从头再来。在第三场讲座上发生了同样的事情。第四场讲座推迟了，跳过了一个星期。后来又有更多讲座延期或被跳过，实际上总共进行了六场讲座，但是全部都从第一页重新开始。第六场讲座之后，亚历山大放弃了这门课程，他就是无法把这门课提炼成他想要的完美形式。

研究院的教授们的行政职责并不繁重。他们需要开会，但次数很少，每年的主要问题是从申请者中遴选出下一年度的受资助者。亚历山大觉得，即使是这么一点行政工作也很繁重，于是他辞职了。虽然经历了一些犹豫和摇摆，但最终他的辞职申请"生效"，亚历山大成功地将自己从教授降级为"常任成员"。

爱因斯坦和冯·诺伊曼花在行政管理上的时间几乎和亚历山大一样少。就与有组织的大学数学界的联系而言，维布伦是执行官。然而，回到研究院在普林斯顿的老家，莫尔斯和外尔二人把工作演绎出了一种教育功能。每位初级访问学者均被邀请与他们中的至少一人单独会见，有时还会与两人一起见面。外尔面试了我，我觉得那段经历很可怕。他彬彬有礼，问我目前对什么数学领域感兴趣，询问我的长期研究计划，同时建议我准备在他的当前文献讨论班上做个报告。好的，先生！

虽然普林斯顿的整个数学群体只有五六十人，但从某种意义上说，它是无限大的。几乎每一位从国外来到美国的数学家，无论是来定居还是来访问（当时有很多人抵达），都理所当然地会在普林斯顿停留一天或一年。那些留在美国的数学家无论何时去的哈佛大学、耶鲁大学或其他地方，来时路上早已在普林斯顿落过脚。住在附近的数学家，在哥伦比亚大学、纽约大学或罗格斯大学的数学家，经常顺便来访，做报告或听报告，或者只是来喝杯茶、下一局围棋、聊一聊数学。研究生和刚毕业的博士们在学术研讨会和讨论班上发言，与世界上最著名的数学家竞争。普林斯顿是世界的中心，不仅仅是普林斯顿的数学家这么认为。

# 小人物

我们这些年轻人在研究院得到的最大激励，既不是来自那些教授，也不是来自那些已经出名的访问学者，而是来自我们彼此。富比尼（Fubini，一个身材矮小的人，操着一口断断续续的糟糕英语，这显然无法与他不朽的定理的荣耀相提并论）、克林（Kleene，一个身材魁梧的人，有一个双音节的名字，嗓音低沉而洪亮，使用一套超级仔细的符号记法，虽然还没有达到事业的巅峰，但已经颇具风范）、哥德尔（Gödel，一个瘦小、面色蜡黄、腼腆的人，远离人际交往，是一个传奇人物，还是一个魔术师），当我遇到这些人时，我对他们总是印象深刻。是的，印象深刻，但我并没有从他们身上学到多少东西。我学习的人，和我交流思想并使我从中受到启发的人，都是那些初学者、小人物，比如瓦利亚·巴格曼 [Valja Bargmann，Valja 全称 Valentine（瓦伦丁），读成 Val-ya]、马伦·戴 [6]、多萝西·马哈拉姆 [7] 和拉尔夫·菲利普斯 [8]。

还有一些在当时同样"无足轻重"的人，但他们的兴趣领域不同，因此对我的数学影响也不那么直接，他们是加勒特·伯克霍夫（Garrett Birkhoff）和克洛代·谢瓦莱（令人印象非常深刻，言语犀利，烟瘾很大，语速奇快，总是很兴奋）。有些人与大学有联系，和研究院不来往（但谁能说得准呢？），他们是埃德·贝格利（Ed Begley，后来因"中小学数学考察组"[9] 而知名）、伦纳德·艾森巴德 [Leonard Eisenbud，一位非常"数学"的物理学家，他现在很自豪地被人们介绍为戴维·艾森巴德（David Eisenbud）的父亲，戴维是位纯而又纯的纯代数学家 ]、拉尔夫·福克斯（Ralph Fox，一位音乐会水平的钢琴手，跻身前三四位的围棋手）、格哈德·霍赫希尔德（Gerhard Hochschild，操着口开普敦英语，并叠加在德国口音之上，是所有永恒的灾难预言家中最愉快、最亲切的）、阿瑟·斯通（Arthur Stone，是英国团队的一员，该团队发表了著名的"化方为方"问题的解法）、约翰·图基（John Tukey，忙着写莱夫谢茨的书）和亨利·沃尔曼 [Henry Wallman，以胡雷维奇（Hurewicz）与沃尔曼的合作 [10] 而出名，他沉迷于使用所有的电气设备来消磨时间，比如收音机；

他后来移居瑞典，从此以后一直住在那里]。在我来普林斯顿的第一年当中，学术研讨会的演讲者包括马克·卡茨（Mark Kac，从波兰来）、诺曼·莱文森（Norman Levinson）、巴克利·罗瑟（Barkley Rosser）、保罗·史密斯（Paul Smith）和奥斯卡·扎里斯基（Oscar Zariski）。我们怎么能不确信我们处于世界的中心呢？

保罗·埃尔德什 [11] 是我在普林斯顿最早遇见的一批人中的一位。当时他26 岁，已经获得博士学位好几年了，一直在一个又一个博士后研究基金资助中徘徊。那时，他的英语很好，现在依然如此，但口音很重。我的匈牙利语几乎没有口音，但是已日渐生疏。我们讲好彼此说英语，而且经常这样。虽然我年轻一点，但我认为自己在处世方面更聪明，我告诫埃尔德什：“博士后资助的营生固然很好，但是维持不了多久，工作很难找，你最好马上行动起来，开始找一份真正可靠的工作。”我怀疑他没听我的话。从那时起，他就以一种地理上完全出乎意料的方式，不停地旅行、讲演、讲学，甚至时不时地在很短的时间内进行教学。他拎着手提箱，四处漂泊，每时每刻都在谈论数学，以便找到一个愿意合作的人。他还撰写了数百篇（字面意思，确实数以百计）论文。在我告诫他四十年之后，埃尔德什仍没觉得有必要寻找一份“可靠”的工作。

我不喜欢埃尔德什喜欢的那种组合 – 几何 – 算术问题，但他非常擅长这些，没人能不对此印象深刻。有人会碰巧问到他一个他一无所知的领域的问题，此时，他就要求对方告知基本词汇的定义，如果结果表明他的集合论“计数”技巧是与之完全相关的，他就开始寻找答案。一个典型的例子是希尔伯特空间中有理点集的维数，这是胡雷维奇提出的一个问题。埃尔德什对希尔伯特空间是什么有点模糊，他也不知道“维数”是什么意思。亨利·沃尔曼给他下了定义，不久埃尔德什就提出了解决办法。（答案是 1。）这篇论文发表在 1940 年的《数学年刊》上。对于几个月前还完全不了解的主题，埃尔德什却做出了重要的学术贡献。

# 工作

在普林斯顿的"数学乡村俱乐部"，大家——包括我，是如何完成工作的呢？我在那里的生活充满了美好的回忆，比如，同施特罗特（Strodt）和安布罗斯散步三小时，每天下围棋、围棋、围棋，抽出时间制作一副旅行围棋棋盘（在 361 个点上钻孔，用图钉当棋子），在围棋上击败爱德华·拉斯克（Edward Lasker），欣赏富尔德大楼（Fuld Hall，即将落成的研究院大楼）的建设过程，在公共休息室里无所事事。晚上适合社交，在狐狸酒吧（Foxes）玩红心大战，凌晨三点去巴尔特（Balt）喝一杯热巧克力。巴尔特是一家巨大的快餐店，铺满白色的瓷砖，看起来更像是浴室而不是餐厅，但有一个好处是通宵营业。至于爱德华·拉斯克，他和伟大的国际象棋冠军伊曼纽尔·拉斯克（Emmanuel Lasker）不一样，但他也是一位国际象棋大师，专家级棋手，还是一位多产的著名作家，写过许多国际象棋和围棋等棋类书籍。

在其他活动的间隙，我还有空闲阅读罗曼·罗兰的《约翰·克利斯朵夫》（*Jean-Christophe*）和海因里希·曼（Heinrich Mann）的《亨利四世的青年时代》（*Young Henri of Navarre*），并在申请国籍证明时同官僚机构理论。我一直是美国公民，但我没有一份足够正式的文件来证明这一点，我想在战争时期，这样一份文件可能会有用。它到现在也没什么用，我根本不需要它。很久以后，当我住在安阿伯[12]并要经常穿越美加边界时，我向美国移民及归化局（Immigration and Naturalization Service）[13]申请标准的美国公民身份证。身份证上面有我的照片，到现在已经 20 年了。身份证上未指明我**是**公民，而声称我已经"宣誓成为美国公民"。这下棘手了：如果哪一天我在书面上留下了任何差错，我说不准将被控伪证罪。

尽管有社交活动和官僚体制的干扰，工作还是完成了，每个人都完成了，包括我在内。在埃尔德什从文献中找到一个反例之前，我浪费了数周时间试图证明测度的一个扩张定理。我坚持不懈地寻找好的新问题来研究，不断地研究。这个反例让我感到失望，但同时也让我感到宽慰。知识永远不会伤害人，受到伤害也是无奈，没有发现证明或反例就用头去撞砖墙，是完全徒劳的。我经常花费数周时间去证明一个错误的陈述，一旦我得知它是错误时，我就感到胜利了——进展已经取得，知识已经获得，我又朝向真理迈出一步。

通往真理的最妙一步是去听冯·诺伊曼的讲座。他报告的是算子环（现在被称为冯·诺伊曼代数），他从经典的有限维西几何开始，充分展现了典型的冯·诺伊曼风格。起初，我觉得他的讲座很有启发性，但很浅显；后来，我发现这些讲座渐入佳境，振聋发聩；随后不久，我的日记里写着，"冯·诺伊曼关于谱理论的高能讲解……冯·诺伊曼让人陷入深思，但谱和算子都有趣至极"。

**约翰·冯·诺伊曼，1948 年**

休·道克（Hugh Dowker）当年是冯·诺伊曼的助理，他想研究同调群，而不是算子。我则喜欢算子，听每一场讲座，认真做笔记。休没有自己的笔记，就把我的笔记拿给冯·诺伊曼看，光明正大，无意欺骗，结果大家都满意。休不需要抽出时间去做同调，约翰尼（人人都管冯·诺伊曼叫约翰尼）也认可这份笔记。而我——嗯，可能是因为这些笔记，我被维布伦请去，他告诉我，从第二学期开始，我终于可以获得研究基金职位资助了！

## 工作的间隙

下班后，我仍可能在工作，研究院的大多数成员都如此。传统上，"有绅士风度的业余爱好者"态度还是存在的——你不能显得太过努力，不能像个用功的学生。但如果我们必须在不工作和工作时被人撞见之间做出选择，我们选择后者。

我的工作习惯是随心所欲地写作，这让我特别容易被人撞见在工作。躺着的时候，散步的时候，泡在浴缸里的时候，我都**能够**思考，有些人就是更喜欢在这种非正式的条件下思考。史蒂夫·斯梅尔（Steve Smale）曾说（那时，我在普林斯顿的日子已经过去很多年了），他最出色的成果是在巴西科帕卡瓦纳（Copacabana）海滩晒太阳的时候完成的。然而对我来说，真正的工作是坐在一张大桌子前，把论文、书籍、笔记摊得满处都是，然后写作。这让斯利姆·舍曼（Slim Sherman）感到担心。他看见我坐在法恩大楼图书馆的一张桌子前，一小时接一小时地写着。"那篇论文到底有多长？"他问道，"你从哪儿弄来这么多东西要写？"

这才是真正的工作，但我想说的是介于真正的工作和娱乐之间的其他工作。我一直在读斯通的书（到现在我还没有全部读完），我试着学习冯·诺伊曼关于连续几何的笔记，还有最重要的是，我读了庞特里亚金（Pontrjagin）的《拓扑群》（*Topological Groups*）。莱默夫人（通常被称为埃玛·莱默）的英译本[14]刚刚出版就让人大开眼界，给人以启迪，犹如一部惊悚小说。是的，一部惊悚小说，我读它几乎就像读侦探小说一样，为的是找出谁是凶手。我认为这是一本写得优美、令人兴奋的书，而书中每次揭示一个大对偶定理的新方面，再加以例证和应用，都让我觉得充满惊喜和乐趣。

至于我发现属于自己的新数学，进展要慢得多。为了让自己相信自己还活着，我写下在伊利诺伊大学取得的成果——"六页肤浅的东西"，并在一年后投稿。《数学年刊》刊印了这篇论文，但它并没有取得压倒性的成功。费勒在《数学评论》[15]第一卷里的评论不算刻薄，但很严厉。他指出，我提出的强大数律的必要条件，即使对弱大数律也是必要的。他接着说，这是他自己以前研究过的条件的一个推论。他说的是对的，尽管当时我们未曾谋面，我还是写信承认了这点（"亲爱的费勒教授：你是正确的……"）。后来我们成了朋友，一起享用了很多龙虾和伏特加。

**威廉·费勒，1964 年**

费勒是个热情洋溢的人，他宁愿犯错也不愿犹豫不决，他更希望自己的观点得到认真倾听，而不是别人随声附和叫好。我们圈子里的人都相信香烟会导致肺癌，这足以使费勒表达对该结论的怀疑。我不知道全部事实，不能说他是错的，但我认为他的言论是不负责任的：作为一个处于他这种地位的人，轻微的怀疑可以被视为强有力的辩护。他说话声音很大，语速很快，带着浓重的南斯拉夫口音，充满智慧、魅力和领悟力。他很喜欢讲他和妻子克拉拉（Clara）把一张大圆桌挪到餐厅里的故事。他们又推又转又拽，但都不能让圆桌通过那扇屋门。费勒又烦又累，花时间画了一张情况简图。他找到了一个可行的数学模型，证明他们想做的事是不可能完成的。与此同时，当他在构造证明时，克拉拉在继续挪动桌子，这边斜一斜，那边转一转。当证明完成时，桌子已经在餐厅里了。

## 一篇单薄的论文和一本超棒的图书

我在研究院的第一次逗留有三个连续的学年（1939—1942），这三段时光交融在一起，成为一段难忘的记忆。（我的日记在 1939 年底停了下来。）我的谱论文是第一学年发表的，第二学年我教授"矩阵基本理论"，第三学年与科布尔协商我回归伊利诺伊大学事宜。但通常情况下，这些事情似乎不能从头到尾地排列。在那些年里，有一个夏天我在尚佩恩度过，部分时间与迪克·莱布勒合作；另一个夏天我在美国剑桥市度过，在哈佛大学教暑期课程。

"谱"论文可能是我写过的最"单薄"的论文了。这篇论文源于我当时突然意识到，实值有界可测函数集（譬如说，在单位区间上）的代数结构与希尔伯特空间上有界的埃尔米特算子集非常相似。（当然，像博赫纳和冯·诺伊曼这样的人一直都知道这一点。）由于我是一个概率主义者，我看到了把随机概念算子化的优点。随机变量的分布函数对应算子的谱测度，两个随机变量的独立性对应算子的什么概念呢？如果作为编辑，我收到一篇实质内容和这篇论文一样少的论文，我会立刻拒稿，但那时我觉得它还不错——不是很好，我有保留意见，但还说得过去吧。当我战胜保留意见，并决定扩大我的出版作品清单时，我把这篇论文提交给了"我们英勇的盟友"苏联发行的一份期刊，果然，它被《数学汇编》(*Mat. Sbornik*)[16]接受并（用英文）出版。

矩阵又是另一回事，从某种意义上说，它是我教过的最令人兴奋、最成功的课程。我觉得冯·诺伊曼在1939年的讲座很精彩，很有启发性，也很鼓舞人心，而1940年时，我灵感乍现，想要把讲座内容传播出去。该课的授课对象是普林斯顿大学的研究生。在没有正式的预先安排的情况下，我只是在法恩大楼的布告栏上钉了一张卡片，上面写着我将开设一门叫作"矩阵基本理论"的课程。我认真准备，很多学生（十几名）定期参加，其中有两名做了笔记。他们是埃德·巴兰金（Ed Barankin，他后来是加利福尼亚大学的一名统计学家）和拉里·布莱克斯（Larry Blakers，一名拓扑学家，后来回到了自己的祖国澳大利亚）。这些笔记以油印的形式在普林斯顿大学流传了一段时间。我发现两份笔记很有价值，我的第一本书《有限维向量空间》(*Finite-Dimensional Vector Spaces*)[17]就是以它们为基础的。

从钱的方面考虑，普林斯顿大学乐于接受我的免费授课。当学期结束时，我的课程得到了官方认可，这令我有点惊讶。我收到了一份正式的请求，要我给上这门课的学生打出成绩。就普林斯顿大学和学生们来说，这门课是算研究生学分的。在我看来，作为教师，这门课妙极了。只有真心喜欢的人才来上。这里没有预备知识和指定选修这样的废话；没有教学大纲，我讲了自己想讲的内容；没有家庭作业，也没有考试。当我不得不给成绩时，我是根据课堂上和课间讨论中获得的主观印象来给学生们打分的。这是一个理想的课程：信息和思想被移植到渴望接受它们并愿意为它们工作的头脑中。

根据一门课程的笔记来构思，是写书的好方法。一部好作品，乃至任何一种形式的沟通，其最重要的特征就是内容组织很合理。如果你知道叙述一系列事物的正确顺序，并且知道需要在多大程度上强调某些部分而淡化其他部分，那么你的沟通之战就赢得了一大半胜利。当然，我在讲矩阵课之前就组织好了课程内容，但是，当需要重新组织、改变重点、在适当的地方添加例子、润色措辞时，把准备好的材料呈现给班上优秀的学生，也很有帮助。

我喜欢写作。我喜欢组织我想说的话，一旦我做到了，我就喜欢推敲**字眼**，当我认为找到了完全正确的词时，我会感觉很好。尽管如此，我仍然觉得写一本书是一项艰难而缓慢的工作。我花了几个月的时间来准备矩阵课程（或者说是几年，算上我当学生时与博谢和迪克森的挣扎[18]，这有什么不对呢？），在那几个月里，我紧紧跟随，聆听了冯·诺伊曼的课程并做了笔记。在讲授矩阵课程的几个月里，我仍旧花费了更多的时间一遍又一遍地准备讲稿。课程结束后，我把巴兰金、布莱克斯的笔记放在我书桌上自己的笔记旁边，用了六个月的时间来写《有限维向量空间》这本书，每天早上都要花上两三小时，从未间断过。

当我将最终手稿提交给冯·诺伊曼，并请他考虑出版在新丛书"数学研究年鉴"（Annals of Mathematics Studies，即"橙色丛书"[19]，现在依然畅销）中，他赞成并接受了书稿。但几天后他告诉我，他遇到了一些阻力。这套丛书不是应该侧重研究层面而非说明性的作品吗？这就是问题所在。这一质疑非常合理，该丛书之前 [ 第 3 册是哥德尔的《选择公理……的相容性》（*Consistency of the Axiom of Choice ...*）[20]] 和之后 [ 第 15 册是莫尔斯的《……函数论中的拓扑方法》（*Topological Methods in the Theory of Functions ...*）[21]] 的出版记录表明答案是肯定的。然而没过多久，《有限维向量空间》就被接受并作为第 7 册发行了。这个结果让普林斯顿大学出版社很高兴，因为该丛书中的许多作品都是"叫好不叫座"，《有限维向量空间》没有声望，但它卖得很好，能帮助这套丛书维持下去。《有限维向量空间》在普林斯顿大学出版社的 16 年里，给我带来了 0 美元 0 美分的收入。丛书的作者没有版税。1958年，当范诺斯特兰（van Nostrand）出版社出该书第二版时，普林斯顿大学出版社态度很好，按惯例以 1 美元的价格转让了版权。

# 合作

1940 年夏天，我做了一件坏事，从那以后，我一直感到内疚。

我在尚佩恩度过了那个夏天，没有什么特别的原因，只为了追忆往昔。迪克·莱布勒也在那里，我们相见甚欢，重叙旧谊。我们过去有一段时间交往密切，经常一块打台球。我们曾合住一套公寓，甚至有一些共同的数学兴趣（迪克是特里津斯基的学生）。那年夏天，我们开始了一系列的数学对话，看起来像是合作的开始，话题是求出保测变换何时有平方根。在涉及平方根时，$-1$ 通常扮演着特殊的角色，在这里也是如此。$-1$ 是否为诱导酉算子的本征值有很大的不同。我们得到的结果并不深刻，大多只适用于纯点谱的特殊情况，但它们是新结果，我们认为还算有趣。

在谈话的过程中，我觉得迪克并没有像我那样急于完成工作，抱有急切的雄心，也没有像我那样强烈地坚持要"得分"。回想起来，有一次我们约好见面，他没来；还有几次他也没努力做好其分内的工作。夏天快结束的时候，我把我们完成的工作打出来，给了他一份副本，然后我说了类似这样的话："迪克，看看这个，告诉我你的感受。如果你认为这真是共同的工作成果，那我们就联合发表一篇论文，否则我就自己发表。"这样说很不明智，而后发生的事情让情况变得更糟。大约一天后，迪克说："是的，我认为这是共同的工作成果。"我说："我不这么认为。"我不记得双方原话是什么了。这篇论文终究只以我的名字发表。

我们没有打架，没有反目成仇，关系也没有中断，但我们之间的感情再也不像以前那样了。有一阵子，我一直和迪克交往，和他一起看电影，邀请他参加聚会，来我家共进晚餐。但在此后的 35 年当中，我怀疑我们也就见了十几次。当面对面相见的时候，我们并不冷淡，也不友善，而是相互保持礼貌。

我现在觉得——我现在认识到，我说的那些话不好。说它们不好，是因为它们是一种侮辱，给人带来伤害（我推想如此，不然还能怎样呢？）。这很愚蠢，因为你从合作论文中得到的"分数"和从独作论文中得到的"分数"是一样多的。而且几乎可以肯定，这是错的，实实在在是错的：我对迪克在这篇论文上所做贡献程度的评价，并不客观。

至于合作论文对学者声誉的影响，至少就数学而言，我说的未必百分之百正确，但已经接近了。有些数学家试图借别人的羽翼而扬名立万。如果你的大部分论文都是合作发表的，一些要求严格的院长和主席会质疑你到底贡献了多少。但如果你有 20 篇论文，其中 5 篇是合作发表的，那还是算作 20 篇论文的。其实，一些杰出的、富有创造力和原创性的数学家，其论文大部分是合作发表的。

然而，最重要的一点不是这个，而是合作的"联姻"原则，这一原则得到了著名的伟大合作伙伴哈代和李特尔伍德（Littlewood）的大力支持。该原则是，合作一旦缔结，就不能分开。一旦一场可能带来合作结果的交流开始了，那么它所产生的任何结果，无论是好是坏，都是合作的结果。合作者对最终结果的贡献在数量上可能是相等的，同样多的定义、同样多的定理、同样多的证明，或者可能并非如此。这些都无关紧要，不能去算计。也许一方贡献洞察力，另一方贡献技术；也许一方提出问题，另一方对文献了如指掌，可以避免重复发现已有结果而浪费时间；也可能一方很积极，另一方的角色是保持士气和灵感所需的陪衬。无论如何，合作一旦开始（这与正式宣布未必是一回事），由此产生的任何东西都必须被称为"合作作品"。

## 测度与哈佛大学

1940—1941 年，冯·诺伊曼讲授不变测度。他从一般测度论开始，进而讨论哈尔（Haar）测度及其一些推广。那一年，角谷静夫在研究院工作，他和冯·诺伊曼就这个问题进行了多次交谈。这些对话揭示了事实，给出了证明，占据了该课程的相当一部分内容，尤其在临近结课时候，展现在黑板上的内容是一两周或两三周前刚被发现的新成果。那一年（以及第二年），我是冯·诺伊曼的助理，所以为他的讲座做笔记不仅是我乐于做的事，也是我的工作。（这个星球上没有多少人能如此幸运地做自己喜欢的事情，同时还能得到报酬。）为冯·诺伊曼做笔记是一项有益的活动。他把手写的笔记交给打字员之前会自己先通读一遍，有时还会在空白处草草写些评语。我很自豪地记得他的一些赞美之词（但不是原话）。在我对单调类定理的证明旁边，他写下了诸如"好！新的吗？"之类。

笔记被制成打字稿，我现在仍保留着一份，另外两三份保存在研究院，其中冯·诺伊曼有一份，研究院图书馆有一份。有人告诉我，从那以后这些笔记又被复印了几份，但从未以任何恰当的名义公开发表过。我怀疑它们现在除了作为"古董"外，没有什么价值。大部分内容已经过时，并被取代了。

我自己的研究倾向于遍历理论（对象是测度空间的范畴的态射理论）。我证明了一个有关将保测变换分解为遍历部分的类富比尼定理，类似于将排列分解为循环的测度论版本。随后，安布罗斯、角谷和我将结果从单变换扩展到流（单参数变换群）。角谷的英语当时还不像现在这样近乎完美，但已经非常好了，他对语法规则的了解也比我和安布罗斯更广泛。到了书写我们成果的时候，安布罗斯成了首席撰稿人，而我成了首席审校员。角谷没有温顺地像橡皮图章一样批准我们写的东西，他还想改变我们的一些习惯用法，而且，尽管他总是说话温和有礼，但要想压倒他的声音并不容易。我和安布罗斯都很喜欢他，然而我还是有点儿恼火。"这人神经兮兮！"我喃喃自语。

第二年夏天，哈佛大学出现了一个小范围的紧急情况，我和其他几个年轻人一起被聘请去教暑期课程。我听说过哈佛大学有超级本科生——这是真的，从那以后我遇到了一些这样的人。然而，在暑期课程上，或者说在 1941 年的夏天，学微积分的学生并没有什么了不起，他们中的许多人是春季考试不及格的弱生，想利用暑假赶上来。这门课的教务工作组织得非常好，例如，我

第一天去上课的时候，讲台上有一摞班级学生登记表。

这是一个愉快的夏天。萨姆纳路（Sumner Road）17 号的几个房间总是一个接一个地更换住客，他们都是来访问的年轻数学家。卡普兰斯基（Kaplansky）就曾住在那里，我在那里还遇到过莱昂·阿拉奥格卢（Leon Alaoglu）和赫布·罗宾斯 [22]。莱昂的生活悲剧是，很久以后，他娶了一个不爱吃大蒜的女人。

## 经典力学

现代博弈论始于 1928 年，彼时冯·诺伊曼的极小极大定理发表在《数学年鉴》（*Mathematische Annalen*）[23] 上。1941 年，冯·诺伊曼开始和他的经济学家朋友奥斯卡·莫根施特恩（Oskar Morgenstern）合作，最终写出了他们的巨著。从那时起，这门学科成为数学的一个公认的组成部分。1941 年秋，当冯·诺伊曼开始在他的研究院讲授这一学科时，它仍处于摸索和形成阶段。我是冯·诺伊曼的助理，我的职责就是记录讲座笔记，但这次我并不是很乐意，也没做多久。这门学科很受欢迎，几乎立刻就流行起来了，有个人（可惜我不记得是谁）替我完成了休·道克让我扮演的角色。我对博弈论冷漠无视，但对遍历轨迹热情浓郁。我很高兴把我记笔记的特权留给那些爱好者。

至于遍历理论，我的兴趣促成了两项合作，我很高兴也很自豪自己都是其中的一员。有一项是同约翰尼·冯·诺伊曼合作。

与冯·诺伊曼合作的那篇论文的主要观点是证明"所有的测度空间都是相同的"（当然，对这一陈述要有保留地理解）。我以往学习的是抽象测度论。在我看来，欧几里得空间的经典理论只是一个特例，并不具备测度论特有的优点。约翰尼在数学方面比我年长一两代，他的学术成长环境更传统——当然，他非常聪明，能够理解抽象的说法。然而，其他许多分析学家，通常是比较年长的那些人，对这些抽象的东西感到不安。不知何故，他们不相信，或者，我不客气地认为，他们并没有真正理解。当他们需要在比欧几里得空间更为一般的情况下（例如，在概率方面）进行度量时，他们只在能将一般情形化为特殊情形时，才会感到心安。这种归约采用了当时受关注的概率空间（例如，布朗运动理论中产生的概率空间）与单位区间之间的对应形式。这种对应把勒贝格（Lebesgue）测度从区间传递到所研究的空间上。对这种归约的期待及其可能性导致的结果是，许多关于概率的论文都是以（完全不必要地）建立一个从某个集合到单位区间上的映射开始的。诺伯特·维纳（Norbert Wiener）是精于此道的最多产的"惯犯"之一。

我在这些归约中看到了一种模式，我希望（并猜想）可能存在一种"祖辈归约"，所有那些归约都可以从中推断出来。当然，我和冯·诺伊曼谈了我的问题和初步努力，他对我有很大帮助。一开始我说"谢谢"，然后我说"啊，非常感谢，那真是帮了大忙"。不久之后，他贡献了一半（至少一半）的结果和技术。我简直心花怒放：瞧瞧我！我在和冯·诺伊曼合作！

我并不为自己在合作论文中的角色感到羞愧，我想我尽力了。不过，至少有一个结果百分百出自冯·诺伊曼之手，这点我十分确定，因为我记得这个结果被发现的详细情况。我们需要知道是否可能存在某种"坏的"、病态的集合。在约翰尼的办公室里，我们俩在黑板前讨论。我完全被卡住了，而约翰尼正在从微妙的超穷二重归纳法中小心穿行，大量使用着连续统假设。在某一时刻，他停下来，问我是不是不愿意把我们眼前进展的内容记下来。我很心切，又急性子，还很自负，便说道："不是，不是，我理解这些，我会记住的。"好吧，你能猜得到后来发生了什么，集合结构很成功，但那天晚上回到家后，我惊恐地发现自己根本不理解，或者干脆就是忘了，反正无论如何我都写不下来。正巧那时，约翰尼出城了几天，他甫一归来，我就垂头丧气地回到他身边。那是我唯一一次看到他生气。他的愤怒只持续了几秒钟，却清楚可见。他跺着脚说："哦，真见鬼……"（他没有说完这句话，但我能听出话尾："……**我告诉过**你要记笔记！"）更主要的麻烦是，他也忘记了集合结构，不得不从头再来，碰到同样的障碍，重新发现绕过障碍的道路。这一次我记了笔记。

这项工作完成之后，我的活儿就是把它写出来发表。约翰尼做了很多改动，我们不断地传递手稿。我赢了很多次，但我记得有一次我输了。我厌倦了重复地将问题归约到区间上，想以对维纳的讽刺开始这篇论文。我在初稿中写下的第一句话是这样的：“本文的目的是一劳永逸地把所有可能的测度空间映射到单位区间上。”约翰尼把“一劳永逸”删掉了。

论文的标题是我的主意。我曾读过约翰尼 1932 年发表的一篇论文，标题是《经典力学中的算子方法》（“Zur Operatorenmethode in der Klassischen Mechanik”），深感钦佩。我们的合作论文在一个更抽象的背景下，继续了那篇论文的一部分工作。对我来说，能够与这位令人难忘的前辈联系在一起，实现了我的一个梦想。我踌躇地建议合作论文的标题为《经典力学中的算子方法Ⅱ》（“Operator Methods in Classical Mechanics, Ⅱ”），约翰尼温厚地接受了。

# 生日

1941—1942 年，研究院有许多富有魅力的到访者，而且远不止于此，天体物理学家钱德拉塞卡（Chandrasekhar）就是其中之一，还有伟大的解析数论专家卡尔·路德维希·西格尔（Carl Ludwig Siegel）和逻辑学哲学家塔尔斯基。然而，在我脑海中脱颖而出的那位访问者一点儿也不迷人，至少在那时他还没有被这样认为。他就是汉斯·扎梅尔松（Hans Samelson），他很快就成了我的一位至交，也是我成绩卓著的岁月里的另一位合作伙伴。

我第一次听说扎梅尔松是在一天早上，冯·诺伊曼来到我那间紧挨着他豪华办公室的小屋子，请我当扎梅尔松到来第一天的迎宾人。为什么不呢？这是我职责的一部分，但我对这项任务并不感到兴奋。我迎接了汉斯和他那美丽又紧张不安的妻子雷娜特（Renate），我带他们去研究院的自助餐厅吃午饭。雷娜特的英语非常不熟练，她又太过紧张，连德语中表示"胡萝卜"的单词是 Karotten 都想不起来。我带他们参观了研究院，这里是图书馆，那里是公共休息室，之后开车送他们去住宿的公寓。公务完成了。

汉斯的论文是关于拓扑群的拓扑性质的，而我与冯·诺伊曼的合作则涉及拓扑群的测度论性质，我们显然有一些共同之处。最初，我们聊起单一生成群（可以由单元素集拓扑生成的群），我们很快发现这个主题下还有一些有趣的问题未解决。我们在午餐和下午茶点时交换意见，而且，我们还会非常频繁地在晚上打电话给对方汇报进展。在这些对话过程中，我们发现了一种用于解答有关拓扑群问题的强大技术。通常你要做的就是拿起安德烈·韦伊[24]关于该主题的著作，翻查书页，直至找到你所需的内容。有时这种办法并不奏效，而我两在发现我们的主要结果（紧单一生成群的代数特征）时，会得到一些乐趣。

汉斯·扎梅尔松，1977 年

人类的记忆是一种奇特的工具。在我和汉斯合作论文 40 年后，有一次，汉斯讲述了这个故事。按照他的说法，他当时甚至没意识到我们正在写论文，直到我给他看了我准备的署着我们两人名字的手稿。不对，汉斯，不对！你完全搞错了。我记得很清楚，当我们决定该写论文的时候，我们掷了硬币，结果我输了，论文要由汉斯负责撰写。我只是羞愧不已，做了些修改，但在论文里，汉斯的手笔从头到尾都看得见。例如，第一句是这样开头的："一个拓扑群 $G$ 被称为**单一生成的** [ 追随范丹齐格（van Dantzig）]……"先不论对错，我认为"追随范丹齐格"是一种德语习语，我永远不会使用。就是这样！

我和汉斯一直保持联系，我们经常互访，每年都要互寄生日贺卡。这些卡片是有意义的。你还记得"生日问题"吗？使得至少两人生日相同的概率是 $\frac{1}{2}$ 以上的最少人数是多少？找到答案很有趣，事实证明是 23。这意味着，任何时候你在一个 40 人的群体中时，你应该很高兴地同意打赌，这些人中至少有两人的生日相同，对你有利的概率其实会达到约 90%。另一方面，如果你只和 15 人在一起，就算有巧合，你接受打赌都是不明智的。在生活中，有几次我和汉斯一起参加小型聚会时，我们会小心翼翼地把聊天的话题引上道，然后接受众人的赌注，赚一笔"不诚实"的钱。我俩当然知道——我们在相识之初就发现，我们不仅是同一年出生的，而且就是在 3 月 3 日这一天相隔几小时出生的。应该问问占星学家：我们同格奥尔格·康托尔（Georg Cantor，1845 年生）和埃米尔·阿廷（Emil Artin，1898 年生）一起过生日，这有什么意义吗？

计算机和手持计算器可能是好东西，也可能有坏影响。"生日问题"可以作为例证来说明不良影响。解决这个问题的一个好办法是反过来问：使得每个人的生日都不一样的概率小于 $\frac{1}{2}$ 的最少人数是多少？稍加思考便知，你要做的就是用 $\frac{364}{365}$ 乘以 $\frac{363}{365}$，然后乘以 $\frac{362}{365}$，再继续乘以 $\frac{361}{365}$、$\frac{360}{365}$，等等，直到答案小于 $\frac{1}{2}$。换句话说，问题在于：找到最小的 $n$，使得

$$\prod_{k=0}^{n-1}\left(1-\frac{k}{365}\right)<\frac{1}{2}$$

所得的积由下式控制：

$$\left(\frac{1}{n}\sum_{k=0}^{n-1}\left(1-\frac{k}{365}\right)\right)^n=\left(1-\frac{n-1}{730}\right)^n<e^{-n(n-1)/730}$$

所谓"控制"是依据几何平均和算术平均之间的著名关系。最后一个不等式由 $1-x<e^{-x}$ 推出。结果很明显。当且仅当 $n>22.499\cdots$ 时，最后一项小于 $\frac{1}{2}$。

推理要基于一些重要工具，所有学数学的学生都应该能随时使用这些工具。"生日问题"曾经是一个极好的例证，说明了纯思想胜过机械操作的优点。不等式可以在一两分钟内得到结果，而做乘法，不管利用的工具是一支铅笔还是老式的台式计算机，则要花更长的时间，而且还容易出错。但现在不再是这样了：如今便宜又方便的计算器，尤其是可编程的计算器，可以在几秒钟内给出所有概率（不限于 $\frac{1}{2}$）和任意天数（不限于 365）的答案。它们无法提供的是理解力，数学能力或更先进、广义上的理论的坚实基础。真遗憾。

无论好坏，一切都有结束的时候。这是伟大的一年，我遇到了很多后来变得伟大的名人，我也很喜欢他们，比如杰克·卡尔金（Jack Calkin）、乔治·麦基（George Mackey）、迪恩·蒙哥马利（Deane Montgomery）和吉米·萨维奇。我确实与科布尔商谈过，就在年初，从他那儿得到了一个伊利诺伊大学的工作机会。当时，工作机会并不容易获得。我没有冒险去争取更好的职位或更好的去处，而是立即接受了科布尔的录用。我为能够锁定这份工作而感到高兴，甚至自鸣得意。"我拿捏住了科布尔。"我说。"他对你也一样吧。"安布罗斯说。

# 译者注

[1] 本章乃至全书所称"研究院"或"高等研究院"一般都特指美国普林斯顿高等研究院（Institute for Advanced Study）。

[2] 用于就餐的建筑物或大厅称为"commons"，尤指大学或学院的。在高校中，"common room"一般仅指供教师使用的休息活动场所，但并不用作餐厅，也不会举办活动，类似国内的"教师休息室"。

[3] 这一认知显然是错误的，该词典现在版本的相关词条已进行了更正。围棋起源于中国，春秋战国时期已在社会上广泛流传。之后，围棋传播到日本等东亚国家。大约 17 世纪中叶，围棋传到欧洲，不少欧洲人在相当长的一段时期里错以为围棋是日本人发明的。

[4] 维布伦的全名是奥斯瓦尔德·维布伦（Oswald Veblen）。

[5] 尼赫鲁夹克（Nehru jacket）是一种量身定制的长至臀部的外套，没有领子或有小立领，是模仿 1947 年至 1964 年间担任印度总理的贾瓦哈拉尔·尼赫鲁（Jawaharlal Nehru）所穿的服装设计而来。

[6] 马伦·马什·戴（Mahlon Marsh Day，1913—1992），美国数学家，主要研究领域为泛函分析、线性空间几何、顺从半群。本书作者曾主动与之约稿，成就其名作《赋范线性空间》（*Normed Linear Spaces*）。详见本书第 11 章"如何成为编辑"一节。

[7] 多萝西·马哈拉姆（Dorothy Maharam，1917—2014），美国数学家，对测度论做出了重要贡献。本书多次提及她。

[8] 拉尔夫·菲利普斯（Ralph Phillips，1913—1998），美国数学家、学者，因对泛函分析、散射理论和伺服系统的贡献而闻名。

[9] 中小学数学考察组（School Mathematics Study Group，SMSG），是 20 世纪 60 年代早期美国官方委托办理国家改革中小学数学课程的单位，以埃德·贝格利为首。它是由数学家与中小学教师组成的团队，获得了美国国家科学基金会的资助。但这一新数学派改革的实际效果为人所诟病。

[10] 胡雷维奇和沃尔曼是同事，1941 年合著出版的《维数论》（*Dimension Theory*）是一般拓扑学领域的重要著作。

[11] 保罗·埃尔德什（Paul Erdös，1913—1996），匈牙利"自由职业"数学家，以其在数论和组合学方面的工作而闻名。

[12] 安阿伯（Ann Arbor），也译作安娜堡，美国密歇根州东南部城市，是沃什特诺县

（Washtenaw County）的县治所在地，位于底特律以西。作者工作过的密歇根大学在1837 年由底特律搬迁至此，密歇根大学也成了安阿伯的一张名片。安阿伯在本书中经常出现，往往指代密歇根大学。

[13] 原美国司法部部门，主管移民及归化事务。现其职能已并入美国国土安全部，分拆至下属单位。

[14] 《拓扑群》源自庞特里亚金的授课笔记，第一版于 1938 年面世，第二年就有了英译本，由数学家埃玛·莱默（Emma Lehmer，1906—2007）翻译。莱默以研究代数数论中的互反律而闻名。她出生在俄国，1910 年随全家搬到中国哈尔滨，直至 14 岁时才进入当地一家学校读书，她对数学的热爱也形成于此。1924 年，莱默离开中国前往美国求学。

[15] *Mathematical Reviews*，简称 MR，由美国数学学会于 1940 年创办，为数学科学领域的研究人员和学者提供同行评审的文章和书籍等信息，评论通常会对作品的内容进行详细的总结，有时还会有评论员的批评意见和相关工作的参考文献。本书多次谈到该刊，并常常简称 MR，译文统一作《数学评论》。

[16] 指的是著名的俄语数学期刊 *Математический сборник*，创刊于 1866 年。

[17] 这是作者出版的第一本教材，1942 年首次出版。本书多次提及该书，多用缩写 *FDVS*，译文统一用全名。

[18] 参见第 3 章 "矩阵" 一节。

[19] 自 1940 年至今，由普林斯顿大学出版社出版的一套数学丛书，因其封面均为橙色，故名。

[20] 完整书名是《选择公理和广义连续统假设与集合论公理的相容性》（*The Consistency of the Axiom of Choice and of the Generalized Continuum-Hypothesis with the Axioms of Set Theory*）。

[21] 完整书名是《复变函数论中的拓扑方法》（*Topological Methods in the Theory of Functions of a Complex Variable*）。

[22] 赫布（Herb）是男子教名赫伯特（Herbert）的昵称，正名为赫伯特·罗宾斯（Herbert Robbins，1915—2001），美国数学家、统计学家。

[23] 著名的德国数学学术期刊，创办于 1868 年。

[24] 安德烈·韦伊（André Weil，1906—1998），法国数学家，20 世纪数学界最具影响力的人物之一，尤其在数论和代数几何方面。他是布尔巴基的创始成员之一。

# 第 7 章

# 赢得战争

## 回归伊利诺伊

珍珠港事件发生在 1941 年 12 月 7 日。在接下来的三年半中，美国处于战争状态。战争影响了每一件事、每一个人，有时影响很小，有时影响很大。比如征兵，在我这个年龄段的男人大都受到了影响。在活跃的科研型数学家中只有很少人被征召入伍，但已经足够让我们都意识到这种可能性了。在整个战争期间，我们大多数人延缓了服役。我们是急需的老师。我心里有数，我以为一切尽在掌握，就算被征召，我也无法通过体检，因为我的脚受过伤。对我来说，征兵只是天边隐约浮现的威胁。

我是幸运的。战争带来了诸多不便（物资短缺、定量配给、旅行困难、住房问题），但并非个人悲剧。它令人兴奋，它结束了大萧条，并承诺终结法西斯主义。在战争的头六个月，我度过了最后的普林斯顿岁月，然后搬到了伊利诺伊大学做准教授[1]，年薪 2200 美元。"准教授"是伊利诺伊大学一种奇特的半格职级，介于讲师和助理教授之间。它的存在延长了在学术阶梯上攀登的时间，而且，我怀疑它有时被当作一个架子，被放在上面的人最后就被忘掉了。我很确定，伊利诺伊大学有些人退休后会成为荣誉助理教授。

对我来说，去伊利诺伊大学既有"衣锦还乡"的一切优势，也有一切劣势。我不是凯旋的"英雄"，只是稍微有点儿像。沃尔斯（Walls）夫人，那位我曾经害怕的强硬的老部门秘书，欢迎我回来（"学校真的让**你**回来啦——你已经做了很多研究")。我熟悉这里的建筑、校园、街道、商区,尤其是这里的人。我又可以和乔·杜布在一起了。但同时,回到与原来相同的地方,意味着失去了魅力,没有了新鲜感,不再让人兴奋,当然,也见不到新人。普林斯顿把我宠坏了,伊利诺伊令人失望。

对伊利诺伊大学而言,我现在已经是个"成年人"了。我已经在广大的世界上闯荡过,了解那些"家里人"所不知道的人和地。克拉索恩老头还在,他负责研讨会。他请我做一个报告,讲讲在研究院的活动。我热情地加入了系里的活动。例如,当我注意到《美国国家科学院院刊》(*Proceedings of the National Academy*)[2]没有发到数学系图书馆时,我开始了一场持续了好几个月的斗争,写了很多备忘录,开了很多会议。在那个年代,院刊对数学而言比现在更重要。我再次离开伊利诺伊大学不久,也就是我这次回来一年多后,我们就赢了。

关于那一年,我没有太多可说的。我遇到了一位热情洋溢的语音专业年轻理学硕士生,她想让我成为她的"学位论文"——她要消除我的外国口音。她教我发 r 音时如何不卷舌。然而,在大多数其他方面,她都失败了,但这并不是因为她没有努力。她确实获得了硕士学位。我也继续在做研究,而努力的结果只是一篇小小的论文。我并不为这一点感到羞愧。论文是关于被视作保测变换的紧群的自同构的。它既回答了一些问题,又提出了一些问题,这些问题至今还没有得到完全的解答。当然,我还教了课。

我教的大部分课程是常规课,但有一门课仍然留在我的脑海里,那就是线性代数(我又一次成了向"异教徒"说教的传教士),原因很简单,课上只有两名学生,我深情地记得他们——洪德特马克(Hundertmark)和朗格巴特尔(Langebartel)。我给他俩灌输内容,好像班上有 20 人一样。我现在更明白了,"满堂灌"始终是一种笨拙的教学方式,而在那种规模的班里,这种方式格外尴尬。我可以——我本该试着引导他们,就像苏格拉底教授刚入门的学生那样,而且几乎可以肯定的是,这样我会在植入思想方面更成功、更有效、更持久。活到老，学到老。

# 会议

一步一步，我渐渐成为美国乃至全世界数学大家庭的一员。美国数学学会经常在哥伦比亚大学开会，我也养成了参加会议的习惯。我遇到过利昂·科恩（Leon Cohen，他后来成为"美国国家科学基金会先生"，就是那个给钱的人）、拉尔夫·帕尔默·阿格纽（Ralph Palmer Agnew，康奈尔大学的系主任）、诺伯特·维纳和其他许多人。我开始觉得自己像个圈内人了。起初，我和安布罗斯都很害怕维纳——一个留着山羊胡、戴着厚眼镜、名声大噪的矮胖男人，我们迟疑地接近他。然而，他尽管表面上口出狂言，心中却极度不安，没过多久，我就觉得没必要去找他了——是他追着我们跑。他想交流。他想告诉我们他一直在思考的数学（他出了名地不善讲解，他认为要把他美丽而深刻的思想讲得清晰而严谨，其方法就是添加过多的积分符号），他想告诉我们他懂的语言（德语、俄语、西班牙语，他天真地相信自己还会汉语，但当他想在中餐馆里炫耀一番时，服务员根本不知道他说的是汉语），他想问我们他有多棒（"你们觉得怎么样？我出错了吗？我只是证明了……，对一个老人来说还不错吧，是不是？"）。

美国数学学会每年有两个主要的会议，过去被称为"圣诞会议"和"夏季会议"。在过去 40 年里举行的 80 次会议中，我至少参加了 60 次——不，很可能是 70 次。为什么去这么多次呢？部分原因是冲着报告，但那只是一部分理由。不错，你在会议上学习了数学，但更主要的是，你有机会在用餐时非正式地与人结交，交换模糊但有前途的思想（而不是听那些精雕细琢却难以理解的东西），还能跟上专业动态信息（你感兴趣的会议也许要安排在下一年的夏天）。你可能会学到一些定理和证明，但更重要的是，你会听到一些有趣的猜想，你会得到其他人对自己的试探性想法的反应，你会得到有用的参考资料。另外，建立个人联系也至关重要。你**可以**写信给一个陌生人，询问一个思想的来龙去脉，或者寻求建议，或者询问一个查找资料的好地方（你也应该这样做），但是，写信给你已经结交的人要容易得多、愉快得多、有效得多。

夏季会议通常在一所大学校园里举行。你可以在宿舍睡觉，在学生自助餐厅吃饭，在教室参加会议。冬季会议过去是在圣诞节和新年之间的那个星期举行的，如今是在 1 月份，这样人们就不用抱怨家庭假期被破坏，而是抱怨他们不得不取消课程或找代课老师。冬季会议更昂贵（大型酒店），更容易抵达（大城市），更缺少便利（会议在承办方摆满椅子的临时会议室举行，演讲者必须使用一块摇摇晃晃的便携式黑板，要不然就用被称为透镜式投影仪的伟大现代发明——那设备也许有一天会变得完美）。

除了演讲和啤酒以外，会议上还有什么呢？美国数学学会（还有美国数学协会，以及其他几个附属组织）的车轮依照惯例在烟雾缭绕的内室（现在不那么烟雾缭绕了）中保持运转。安排会议本身就是一项漫长、复杂和昂贵的行政工作。交通、会议室、酒店房间、电话、简讯、待售书籍，一切都必须提前考虑并准备好。会议和出版物，这是任何学术团体的两大主要产品。而维持期刊和书籍的出版比安排会议更困难、更费时、更昂贵。很有可能，许多你本想要见的人却找不到，他们的确参会了，但就是寻不见。他们在拥挤的房间里，试图算出明年能负担得起多少页《汇刊》（*Transactions*）[3] 的出版，需要一个多大的编委会，谁应该在其中，到哪里可以找到一个印刷商，在有限的价格下完成高质量的工作。

## 在锡拉丘兹大学教书

1943 年，特德·马丁成为锡拉丘兹大学数学系的系主任，他给了我一个助理教授的职位（在我看来，这是一次很好的晋升，就像从一名军校学员晋升成一名正式的军官），还给我慷慨加薪（一年 3000 美元）。我应该接受吗？可能不该，但我接受了。我们就细节进行了短暂的协商。然而，我甚至没有告诉科布尔这个录用提议，因为那样他就会想办法说服我留下。我给马丁的最后一封电报说："阿基米德万岁。"

我一直不安分，在我眼里，新的总显得比熟悉的更可取，但从合乎情理的角度来看，此次换单位是不明智的。伊利诺伊大学是一所相当优秀的大学，锡拉丘兹大学是一所相当糟糕的大学。在锡拉丘兹大学，哲学和拉丁语教授们都不是专心钻研的学者，而天文学系的师资薄弱得令人沮丧，诸如此类的劣势影响着整个校园。有些人可能会说，只要数学系还好，就算天文学教员不好，谁在乎呢？但事实并非如此。这就像是在说"船漏水是在你的那头，不是我的这头"。这所大学的团队精神很差，（或许因此）数学系的团队精神也很差。

马丁最初任命的四个人是李普曼·贝尔斯（Lipman Bers）、阿贝·格尔巴特（Abe Gelbart）、汉斯·扎梅尔松和我。我们都很年轻，充满热情，而我们大部分时间都在向上攀登。部分困难在于新旧观念的冲突。汉斯过去是，现在也是，性情文静、轻声细语、彬彬有礼，利帕（也就是贝尔斯）和我却急躁、吵闹、精力充沛而不善交际。那些守旧派已经在那里待了很多年，他们不欣赏因我们的存在而出现的生活变化。规则在中途改变了。他们没有受到不公平的对待，但我认为，他们觉得自己被视为"二等公民"，这种情绪不利于提高士气或加深同事情谊。

马丁努力工作，来建立一个良好的部门，他成功地使锡拉丘兹大学在数学界占有一席之地。人们仍然会回顾那些初绽花蕾的岁月，记得在锡拉丘兹有许多优秀的数学家，但他们忘记了只有其中少数人长期坚持在那里。那是流动性较高的几年，优秀人物，比如勒夫纳（Löwner）、保罗·罗森布卢姆（Paul Rosenbloom）、沙菲（Scheffé）和福克斯，来来往往。马丁通常总能找到合适的人来接替那些离开的人，这是他管理才能的一部分。

我不喜欢这里的气候（恶劣、昏暗、寒冷、多雪，还有漫长的冬季，似乎要填满 12 个月里的 8 个月），我也不喜欢这里的商区（太小了，容不下像芝加

威廉·特德·马丁，1960 年

哥这样的大都市所拥有的便利设施、商店、餐馆和电影院；又太大了，缺少像尚佩恩－厄巴纳这样的大学城所具备的吸引力和学术氛围）。在这所大学教书很令人沮丧。我没有统计数据来证明这一点，但我主观地记得，这里的学生比伊利诺伊大学的学生差得多。学校流传着这样的故事，父母们愤怒地要求给他们的孩子及格分数：“记住，你们的收入取决于我们。”有许多学生无法被说服放弃 $\frac{1}{2} + \frac{1}{3} = \frac{2}{5}$ 这种答案。我不时会遇到一个好学生，而我很难“记起”是谁给我发工资，我的良心促使我建议这个好学生去宾夕法尼亚大学或密歇根大学。

　　并不是每个人都这么愤世嫉俗。一个很好的例子是一位上了年纪的女教师，她是马丁在某个地方发现的，和其他像她一样的人一起暂时加入了教师队伍。马丁迫切需要一些亲切、和蔼的人进入课堂。在她任职的第一个学期结束时，马丁检查了她的成绩单（他对每个班都这样例行公事），他惊讶又担心地注意到，她的 34 名学生中有 16 人得了 A，13 人得了 B，剩下的 5 人得了 C，没有 D 和 F。他怀疑出了错，于是看了看在期末统一考试中她给出的成绩，果然，那些成绩与课程成绩一致。她是不是太温和、太好心了？马丁去找她谈话，她给他看了记分册：家庭作业成绩和课堂考试成绩都很高。他要求看一下期末试卷，发现评分是正确的——高分是学生们应得的。

　　怎么会这样？这个班的学生并不是经过特别挑选的，天才全被偶然聚在一起组成一个班的可能性也可以排除。这激发了马丁的好奇心，也触发了他的行政责任心，于是他详细地询问了这位老太太。她一点一滴地、无奈地、谦虚地讲述了自己的故事。她是个寡妇，没有别的事可做；她热爱教书，爱她的学生。她给他们提供了多次额外的辅导课程，敦促他们在她全天的办公时间来请教她，还邀请他们分小批在晚上到她的公寓喝一杯热巧克力。她仔仔细细地批改了所有的作业卷子，讲解他们哪里做错了，他们应该怎么做，以及为什么必须评这个分数。当他们逃课时，她尽力在课外和他们取得联系："你还好吧？你没生病吧？你需要什么吗？"他们爱她，为她努力学习。学期结束时，全班学生一起送给她 24 朵玫瑰。没有一个人得 D 或 F。

　　当时战争正在进行。肉、黄油、糖、衣服和汽油都很难弄到。即使不是配给的，你也必须排队购买东西。人们私下议论着黑市交易。尽管如此，不知为什么，我认识的人当中没有一个人出现物资短缺的情况。货物虽有，但分配制度却出了故障。例如，有些商店每天只出售一小时的香烟，时候一到，队伍一字排开，你还没跑到队尾，队就站好了。我没法一次买一条香烟了，我不得不每天排队，有时一天排两次。尽管我抽烟抽得很凶，至少和战前一样凶，但我从不缺少供货来源，香烟就在那里，只是买到比较辛苦而已。

　　诚然，因为我在教 ASTP 课程班，我的香烟难题大大缓解了。ASTP 就是所谓的陆军专业训练计划（Army Specialized Training Program），有人多余地称之为"ASTP 计划"。我教过几个 ASTP 班，其中大多数与平民班没什么不同。小伙子们当然都身着军装，一边唱着《滚啤酒桶》（Roll out the Barrel，即《啤酒桶波尔卡》），一边列队行进去上课。他们奉命在我进入教室时站起来，但我制止了这个行为。我告诉他们，只要我们在一起上课，就可以采取两种态度中的一种：要么我是一名名誉军官，要么你们各位是名誉平民，你们选择哪一种？这让他们开始相信我不是魔鬼的化身，反过来，这也解决了我的香烟难题。士兵们可以在随军商店买到他们想要的所有香烟，而且很便宜，而我班上不吸烟的人也很愿意时不时地买一条，再转卖给我。

在我的教学生涯中，最具挑战性的课程就是分配给我的一门 ASTP 课程。这是一次教育方面，而不是智力方面的挑战。这是一门超级课程，一位有灵感的军事管理者的创意。

难题是，许多应征入伍的人——聪明的小伙子，受过良好的教育，有大学文凭，等等，他们基本满足各类专业人士的条件，但还没完全达到。可能一位机械工程师缺少一门在陆军课程中被认为不可或缺的语言课程，也可能一位化学工程师没有足够的数学知识。解决方案：送他们去大学上一两个学期的ASTP 课程，让他们弥补自己的不足。然而，教机械工程师俄语，教化学工程师微积分，就太复杂了。简单的解决办法就是把所有东西教给每个人。

这些聪明、受过良好教育的士兵被分成班级大小的排（我要教大约 30人），然后接受几个科目的速成课程。我可以介绍一下数学课。我的一些学生曾做过数学助教，他们教过的内容正是他们不得不忍受从我这里听的内容；另一些学生则是学语言的，他们对三角学的唯一认知就是"三角学"（trigonometry）这个词来自希腊语。我必须给这个基础参差不齐的班上课，每周 5 天，每天 2 小时。教学大纲要求在一个学期内涵盖代数、三角、解析几何、微分和积分。（学生和老师双方）最常抱怨的是课程的进度。学生们抱怨，如果有人把铅笔掉在地上，等他弯腰捡起来，他就错过了解析几何。

## 在锡拉丘兹大学做研究

在马丁到任之前，锡拉丘兹大学数学系没有开设太多的研究生课程，只够授予一些宽松的硕士学位。我们对设立博士点抱有希望和雄心，当然，我们因此开始教授一些稍微高深一点儿的东西。我教过一门实函数理论的课，班上有两个学生：汤米·奥尔巴赫（Tommy Aulbach，英年早逝）和查克·泰特斯（Chuck Titus，后来成为我在密歇根大学的同事）。他们都是好学生，我们的一些硕士生则没有那么好。我记得在给一个硕士生考口试时，我们一开始问的是雅可比行列式。事实证明那太困难了，其中包含偏导数，于是我们退到了一元函数。不，这也不行。所以我们又回到了两个变量，但函数是线性的。换句话说，我们问的问题是关于 2×2 矩阵的。不，还是太难了。出道二次方程题目，配方法又是一个无法逾越的障碍。在我们放弃之前，最后一个问题是关于指数为 2 的二项式定理的。这个学生最后获得了他的学位，但不是当时，而是一个学期过后。

我们试着组织一两个讨论班和通常的那种研讨会，但我们真的没有足够的人力。马丁任命的四个人至少有三种不同的数学背景和兴趣，要找到对我们所有人都有吸引力的讨论班主题并不容易。马丁也亲自上手，尽管行政工作正在迅速使他沦落为一名"前数学家"。我们尽可能多地从学生和旧系部年轻教师中招募成员。

我们忙得不可开交，也喜欢这样。在战争时期的几个学期里，我每周教书 18 小时，教"超级"ASTP 课程的时候是 21 小时。即便如此，虽然我与锡拉丘兹大学的正式雇佣关系只持续了 3 年，但是，我发表的 8 篇论文都把锡拉丘兹大学作为署名地址。那时候我每周工作肯定有 36 小时。

我的研究几乎都是遍历理论，我在锡拉丘兹大学期间发表的几篇遍历性方面的论文并不让我觉得羞愧。在其中一篇文章中，我引入并研究了所有保测变换（作用于一个固定测度空间）集合中的拓扑，并使用这些概念证明了伯克霍夫猜想的一种形式。该猜想是这样的，在某种意义上，遍历情况是一般情况。奥克斯托比（Oxtoby）和乌拉姆就保测同胚研究了该问题，从贝尔范畴的意义上解释了"一般情况"，并证明了伯克霍夫猜想是正确的。我研究了更多的变换，因此，我必须研究一种新的、更普遍的拓扑，并证明伯克霍夫猜想在这个意义上也是正确的。

故事还没完。在锡拉丘兹大学时期的另一篇论文中，我研究了混合变换的集合——一个比遍历变换的集合小得多的集合，并且很高兴能够证明即使较小的集合也很大，伯克霍夫所提出的猜想的正确性超过他自己的认知。我的论文标题是《一般而言，保测变换是混合变换》（"In General a Measure Preserving Transformation Is Mixing"），它发表在 1944 年的《数学年刊》上。1948 年，罗林（Rohlin）在《科学院报告》（*Doklady*[4]）上发表了一篇题为《"一般的"保测变换不是混合变换》（"A 'General' Measure Preserving Transformation Is not Mixing"）的论文，他是对的。我也对，他只是开了个无伤大雅的玩笑。"混合"的概念可以分为两种：弱混合和强混合。我证明了弱混合构成一个大的集合，但罗林证明了强混合构成一个小的集合。

我要提到的最后一篇在锡拉丘兹大学发表的论文不是一篇研究论文，而是一篇说明性论文。20 世纪 40 年代初，《月刊》（*Monthly*）[5] 的编辑是莱斯特·福特（Lester Ford，这是老福特，而不是小福特）。他有一个颇具创意的编辑思想，刊发了一系列题为《……是什么?》的论文，如《解析函数是什么?》《随机过程是什么?》[6] 等。我急切想传播概率论就是测度论这一新见解，而且当然也愿意与撰写"是什么"系列的大人物联系在一起，于是我写了一篇题为《概率是什么?》的论文提交给福特。他答复迅速，却是否定的：抱歉，"是什么"系列只限于受邀稿。然而，若坚持的话，我可以换另一个标题重新提交相同的论文，碰碰运气。我照做了，新的标题是《概率的基础》（"The Foundations of Probability"）。

投稿之前，我请了几个人阅读这篇论文。即使在静电复印出现以前的复写纸时代，这种流程也很常见。赫布·罗宾斯读后，反对我使用口语缩写。他说，我不能写成"it isn't stretching a point too far..."[7]，我必须写成"it is not stretching..."。这让我心烦意乱，几乎令我愤怒。我不会（wouldn't）做这样的改变。

为什么不改呢? 我很高兴地承认，我愿意成为第一批坚持者——说明文不应该偏离目前公认的标准英语，在这样的写作中，即使是双关语和其他幽默的尝试，当然还有赤裸裸的粗俗，都很不合适。为什么？因为这些语言毫不切题，还分散了读者的注意力，干扰了他们清晰地接收信息。说明文无论在内容上还是形式上都不能马虎，当然也不能有误导性，它必须严肃、正确、清楚。然而，在这些指导方针之下，说明文应该用生动的、口语化的风格来写，它应当像诗歌一样能引起共鸣，不该沉闷，而是亲切、不拘谨。写作的目的是交流，而文本风格是交流的工具。风格的选择应该使读者感到轻松，使主题内容对读者来说就如同对作者自己来说一样简单自如。

既然这里说的是交流，我想强调一下刚才用过的一个措辞。误导性陈述和虚假陈述是有区别的。为争取达成"清晰地接收信息"，你有时可以撒一点儿谎，但绝不能误导别人。

我最喜欢的一个例子是，当你向一个来自另一个星球的聪明但无知的访问者解释英国的政治体制时，你必须说些什么？如果你说"英国实行君主制"，你说的是实话，然而你指出了错误的方向，你在误导。如果你说"英国实行民主制"，你在撒谎，但是，这同样是对事实开宗明义的概括，比实话要好。

下面是另一个例子。1979 年复活节前的那个星期一，在印第安纳大学工会的一次午餐聊天中，大家说到了邮件递送的问题。我们的爱尔兰访客理查德·蒂莫尼（Richard Timoney）问耶稣受难日（那年的 4 月 13 日）是否是法定假日。有人说这取决于你在哪个州，还有人则对是否应该放假发表了看法，大家轻松、愉快地漫谈着。一会儿，一个新来的人加入，问我们在谈些什么。理查德说："我们正想弄清楚 4 月 13 日是不是假期。"那天在喝茶的时候，我把这次谈话和理查德的回答告诉了马克斯·佐恩。马克斯充满厌恶和诧异。"那可是谎话！"他说。你明白马克斯的意思吗？明白我想说什么吗？没错，从技术上讲，我们确实在试图查明 4 月 13 日是否是假日，但那**不是**我们谈论的主题。出于过失，或者只是开玩笑，理查德提供了误导性的信息。

在交流中，比如在讲演中，重要的不是讲话者发送的信息，而是听众接收到的信息。讲演艺术的一部分就是知道什么时候说谎以及如何说谎。不要坚持用懦弱和墨守成规来保护自己，要把听众引向真相。

所有这些话都始于我叙述罗宾斯提出的对《概率的基础》的修正建议。未更改的论文被接受发表，几年后，又获得了数学说明文的肖夫内奖（Chauvenet Prize）[8]。我忍不住（只对自己）说："呸，去你的，赫布·罗宾斯。"

## 辐射实验室

科学家们的战争也在许多条战线上打响。最著名的是洛斯阿拉莫斯 [Los Alamos，也被称为"香格里拉"（Shangri La），一则是作为代号，二则是因为有趣 ]，但也有橡树岭（Oak Ridge，意为"贫瘠之地"）、芝加哥"冶金实验室"，以及其他许多地方。理论上，它们的存在是秘密的，但事实上，"每个人"（实际上是指物理学家和数学家圈子里的那几百人）都知道它们。从某种意义上说，埃尔德什是一名敌国侨民。有一天，他和一群物理学家坐在一起吃午饭时变得忧心忡忡，因为他想知道："你们正在制造的基于原子裂变的炸弹，准备好了吗?"

数学家们的秘密武器是那几个应用数学组 [9]。像马克·莱恩 [10] 和卡普兰斯基他们在 AMG-C 工作，其中 C 表示哥伦比亚（Columbia）大学；斯特凡·伯格曼（Stefan Bergman）和威尔·费勒（即威廉·费勒）他们在 AMG-B 工作，其中 B 表示布朗（Brown）大学。后者是由"院长"R. G. D. 理查森（R. G. D. Richardson）以雷霆万钧的铁腕手段管理的。院长颁发了小小的暑期研究基金资助，旨在把我们纯粹数学家中的一些人翻新改造成应用数学家。我得到的 300 美元足以让我在普罗维登斯（Providence）度过一个愉快的夏天（1944 年），去听费勒讲逼近论。

我与"战争数学"的接触始于 1944 年末鲍勃·思罗尔打来的一个电话：你能去辐射实验室加入我的小组吗？**什么**实验室？位于马萨诸塞州剑桥的辐射实验室。什么时候？现在，尽快。

我听说过辐射实验室，其目的是开发雷达。思罗尔负责的小组研究雷达机载的可能性。他没有告诉我我能做什么、要做什么，但他用尽他全部的说服力劝我接受这任务：工作很重要，问题很有趣，剑桥到处都是活跃的数学家，薪水也不错——总之，就是必须来。他的一些理由打动了我，但在这个时机我没法接受。我想至少等这个学期结束，而不是放弃我教的各班。此外，我还得向特德请长假，我需要时间来处理通常的个人离职安排。最终，我们达成一致。但不管是不是假期，有没有遗留事务，我都要在 1945 年 1 月 1 日早上到岗，至少花一两小时办理注册，从而确保我的名字出现在辐射实验室 1 月份的月工资表上。

91.5 小组在我加入的时候还很小。这个团队包括鲍勃·思罗尔、汤姆·劳伦斯（Tom Lawrence，思罗尔的副手）、一名秘书和三四名做实际工作（胶片测量和计算）的年轻女性。它从来没有大规模扩张，但在我离开之前，"研究"人员增加至 6 人，办事人员 8 到 10 人不等。

我接到的第一项任务是从走廊那头的某个邻组提出的问题开始的。问题和飞机投放炸弹有关。已知关于时间和高度的特定数据，如何确定炸弹击中地面的位置？稍加思考便可看出，解决方案可以在勾股定理中找到。我把公式写下来，然后（用还不常用的语言）编好程序。我在一张草稿纸上写下 $a = \sqrt{c^2 - b^2}$，然后在一张更正式的纸上写下"第 1 列平方，第 2 列平方，相减，取平方根"。秘书打出我的指令，转给其中一个女孩开始工作：她在第 1 列和第 2 列填入了十几条数据，按照指令告诉她的方式敲击计算器，然后把答案写在第 3 列上。再由秘书打出报告（半页），盖上"**机密**"章。

那份工作很特别，我主要负责计算机。我们的原始数据在胶片上。这些照片是在一架装备有雷达的飞机上拍摄的，它紧跟在一架目标飞机后面。一项常规的工作是校准雷达设备。工作人员会测量目标飞机在屏幕上显示的翼展，然后使用一个基于比勾股定理更深奥的三角学的程序，计算目标飞机与雷达飞机的实际距离。实际距离可以与雷达设备给出的距离进行比较，这就是校准。

我们所做的大部分工作都是为了不让员工空闲而安排的细小又无聊的活儿。我们有一些投影仪和计算器，工作人员用起来很熟练。我们设法在其他小组中发挥专业知识，来提升自己在辐射实验室内部的重要性。我们自己也有研究人员，我们会寻找需要"数学治疗"的小组。（辐射实验室还有其他数学家小组，尤其是研究伺服系统的杰出数学家，但他们真的有很多工作要做。）

一些业务确实来了，结果，我作为一个应用数学家，获得了少量、很少量的咨询经验。这段经历给了我两个教训：第一，咨询顾问的大部分工作是实施精神疗法；第二，无论你做什么，都不要**解决**被问到的难题。

关于第一点，有好几次我被问到的问题，我不仅不可能找到答案，甚至不明白问题里的词语。我耐心地坐着，听委托人（顾客？患者？）讲话，当我真的听晕了的时候，我就请求他再解释一下。我什么也没**说**，但我一直在**问**：这个和那个有关系吗？这个组件是大是小？大约一小时过去了，委托人起身离开，对我的帮助表示衷心的感谢。他不只是出于礼貌。后来，我从第三方那里听说，我的"帮助"被描述得热情洋溢。我的帮助是精神疗法：我愿意倾听，表示感同身受，耐心等待提问者整理他的想法，向我解释他的难题。

至于被问到的难题，在百分之九十九的情况下，想去"解决"肯定是错误的决定。我的一位委托人为面谈准备了一个非常明确的数学问题，他把所有的困难归结为一个关于矩阵的定理。**这**倒是我可以对付的事情。我花了10到15分钟来消化这个问题，又花了半小时进行摸索尝试，在我的学术功力内找到了合适的方法，就这样解决了问题。答案是否定的，我给了委托人一个涉及 $3 \times 3$ 矩阵的反例。他看起来神情沮丧，说了声谢谢就走了。

直到几周后，我才知道自己有多愚蠢。我在自助餐厅撞见了我的"受害者"，他高兴地笑着说，他的问题的答案最终是肯定的。不是那个矩阵的问题——不，那是一个完全错误的问题！他真正想做的事只使用基本的微积分就可以了。教训：不要回答委托人的问题，相反，要帮助他构想问题。我猜测，在真正通过应用数学解决的大多数难题中，具有挑战性的智力困难不是找到提供答案的技术，而是找到适合这个难题的提问。

在作为一名应用数学家的短暂经历中，我从不需要高深的数学：一点儿微积分，很少量的线性代数，以及大量的三角学，就让我走了很长的路。

辐射实验室的一些朋友在机密材料上遇到了麻烦。这是我第一次得知这样的事，从那时起类似的事多次传到我耳中，只是名字和地点各不相同。根据这些传言，辐射实验室的一些数学家在数学上碰了壁。数学家们根本不能解决丢给他们的难题，但他们恰恰不得不找出答案。是的，波士顿有一位专家，但他没有获准从事秘密工作。他似乎是唯一能帮助他们的人，然而不能向他咨询。除非——等一下！我们可否……？对，就这么办！已经投入的工作不会被白费。他们意识到，要做的就是花上几个月的时间，拐弯抹角地转化出一种新形式，然后向专家咨询**那件事**。转化形式中是看不出机密信息的，甚至连最初的数学问题也看不见了，必须花费大量的脑力、大量的时间、大量的工作来转换新的形式，**没有人**能够从中得知他们原来关注的是什么。（敌人有时不仅渴望知道你知道什么，而且渴望知道你想知道什么。）

他们做出了安排，预约了时间，向专家提出了重新制定的难题。他饶有兴趣、充满智慧地听着，记着笔记，表示他需要思考一下。这道题很棘手，他一天都没有得出答案，一个星期也没有得出来。十天后他得出来了，打电话给我，兴奋地说："我找到答案了。"我的朋友们挤进一辆车，开车到他的办公室，他就滔滔不绝地解释：你们看，你们要这么做——他做到了。他巧妙地改变了变量，变换了难题，并做了简化，他最终展示了他提出的解决方案。这"解决方案"就是我的朋友们最初遇到的难题。专家比他们更快地解决了这两个问题的等价性，而且，从他的专业视角来看，这一等价是个美丽的事实，向前迈进了一大步——问题解决！

刚在剑桥待了四个多月，到了 1945 年春季，一天，我正在哈佛广场附近的一家小餐馆吃午饭。收音机里传来嘈杂的声音，但几乎没有人在听，直到突然间，寂静的力量以一种奇妙的方式扫过了人群，每个人都安静了下来。电台播音员的声音悲伤而刺耳：总统刚刚过世了。不到一个月后，德国投降了，人们在欢乐、喧闹和豪饮中庆祝欧洲胜利日——波士顿市中心成了一个巨大的欢庆盛会。

我对 91.5 小组十分厌倦，而且根本不相信我在帮着赢得对日战争。特德·马丁说，倘若我能在秋天回到锡拉丘兹，他会很高兴。初夏，我开启了从辐射实验室离职的缓慢过程。8 月初的一天，我拿着最终的放行单，从一个办公室转到另一个办公室。那天正是 8 月 6 日，星期一，广岛被投放原子弹的日子。新闻迅速传开。那些在我文件上盖章的办事员用惊奇和假装怀疑的眼神看着我——我事先掌握了什么秘密信息，才能做到如此完美的时间安排？

## 评审与评论

我不需要在辐射实验室打卡考勤，但大家都知道，我们所有人，包括科研人员和文书人员，都有一份真正的全职工作——每周 48 小时。我只需做少量的家务劳动，大部分时间都在外面吃饭，但除了工作、吃饭和睡觉外，确实没有太多的时间去做其他事情了。即使有时间，我也不会有精力与合适的心情。为了能有机会在星期三做研究，我必须有一个波澜不惊的星期二，但是，星期二的宁静并不存在。

但不知怎的，我能在晚上和周末零星地做一些研究，写了几篇小论文，其中一篇是关于统计学的。这是我一生当中在《数理统计年报》（*Annals of Mathematical Statistics*）上发表的三篇论文之一。它是我自觉地有意写的，我认为从某种意义上说，思考"真实世界"是我（在辐射实验室）的职责，而统计学（即使对我来说，这只意味着测度论的一个分支）比函数空间上的拓扑更像真实世界。也许正是出于这个原因，在辐射实验室构思的这篇统计学论文是三篇论文中最不成功的。顺便说一下，这是一篇没有定理的论文，或者说，其中无论如何也找不出任何正式展示的定理。该论文题为《随机的施舍》（"Random Alms"），讨论在一个可数的无穷乞丐集合中随机分发一磅[1]金粉的问题——真实世界。

当这些定理尚处在难以把握的阶段的时候，我还可以做其他的专业活动，作为我良心上的慰藉：越来越多的评审和评论工作开始出现在我的面前。

这不是很奇怪的语言吗？为什么"评审"（to referee）指的是（保密地、匿名地）评判是否出版一篇论文或一本图书，而"评论"（to review）指的是（公开地、署名地）评判最近发表的一篇论文或一本图书？更令人好奇的是，后面这个词在学术上的用法不同于商业上的用法，这是怎么回事儿呢？当一位出版商（保密地）请你对他打算出版的手稿进行评估时，他说他想让你审阅（to review）一下。不管怎样，我开始了论文评审和图书评论，成为《数学评论》的数百位合作者之一。

评审的目的是什么？尽量确保让好的东西发表，不让坏的东西发表。《数学评论》中的评论目的是什么？增加每一位学者所能接触到的文献的比例。这两件事都是困难和需要担责任的工作，而且都需要很多时间。但当我开始做这两项工作时，我一点儿也不害怕，我很荣幸被邀请，并满怀热情地投入到工作中。到目前为止，我已经接触了与数学出版物有关的各个方面。我写过论文，做过评审，做过评论，还做过编辑决策（请谁做评审？对评审人信任和依靠多少？接受、退修或者拒稿？）。我写过书，"评论"过书，为《通报》和《数学评论》（情况非常不同）写过书评，我也做过图书出版决策（这个领域重要吗？处理是否适当？会有销量吗？）。如今，我不再渴望别人的咨询，当我接受邀请做咨询的时候，我会比 40 年前更加谨慎（以至诚惶诚恐）地处理这项重任。我不相信自己会因此做得比当年更好。青年时代的热情和精力可能比暮年时节的经验和智慧（如果有的话）更有价值。

当我第一次被邀请做评审人的时候，我本能地意识到，评审人不需要保证论文是正确的，即便他认为有必要保证正确，也不必去重写论文。哈代说，对于一项要发表的数学研究，你必须问三个问题：它是真的吗？它是新的吗？它有趣吗？的确，理所当然。如果我是评审人，发现眼前提出的东西是五年前已经发表过的内容的一个特例，那么我就会通知相关的编辑和作者。但倘若结果只是似曾相识，我不能用一条文献来终止它呢？如果我发现定理 2 是错的，并且我可以举出一个反例，那么我就直接讲出来，肯定这么办。但如果我不太相信定理 2，也不理解所谓的证明呢？我会说，没关系。评审人既不必保证论文是正确的，也不必证明它是错误的。一位专家，当他被请去发表意见时，他应该"闻闻"文稿的味道，根据气味的好坏来建议接受或拒绝发表。

我不太喜欢这样说。我并不是说评审人应该迅速做出判断，也不是说他们不必读他们评审的论文。我的意思是，作者不应该把评审人的工作视为一种挑错、找碴的服务。无论评审人或编辑怎么说，作者都要对论文的内容负责。如果一篇论文没有足够的吸引力和说服力，让该领域的专家"闻"起来很好，那么它就失败了，至少在一定程度上没有实现它的初衷。论文发表了，其大多数读者都不是专家。若评审人有困难，读者就会有更多的困难。

当然，评审人和编辑也会犯错误，的确也会让个人感情和其他非专业因素影响自己的判断。对此我没有解药，谁都没有。但细心的编辑可以发现抱有偏见的评审人，然后转而向其他人寻求帮助，而且在最坏的情况下，一篇被拒稿的论文可以被提交给另一家期刊。总的来说，我相信评审人制度运作良好。

《数学评论》的评论制度的工作原理大致如此。至少对我来说，《数学评论》的主要目的是给我讲我不知道的事情，避免我浪费时间去尝试学习我不想知道的事情。第一个目的是显而易见的：除了从《数学评论》那里，我怎样才能了解到《林琴国家科学院院刊》（*Atti Lincei*[12]）上刊登的一篇关于巴拿赫空间中单位球的有趣论文呢？个人不可能浏览《数学评论》涵盖的所有期刊，就算他的藏书室把它们都收藏了也不行。《数学评论》的反向目的几乎同样有用：如果评论告诉我，《数学科学进展》（*Uspehi*[13]）中那篇长而有趣的论文侧重冯·诺伊曼代数，而不适用于我正寻求帮助的更通用的 *C\** 代数，那么我马上就可以跳过它。

当我为《数学评论》写稿时，我试图记住这些目的。我不需要保证这篇论文是正确的，也不需要指出它的每一处瑕疵，我真正需要做的是告诉我的读者这篇论文阐述什么内容。如果我为写"作者证明了……"感到不安，那么我可以写"作者提出了一个证明……"或"作者陈述……"，或者干脆说成"定理：……"。如果我确定作者的陈述是错误的，或者我碰巧知道作者忽略了一处文献引用，那么我可能（事实上，我必须）要讲明白。但我的任务不是自讨苦吃，而是报告事实。

试图让一篇事实性的报告变得有意思并没有什么坏处。记得有一次，我尝试在一篇评论中添加一些"调味料"，但并未得到许可。这篇论文由多萝西·马哈拉姆撰写，为抽象测度论做出了完美的贡献。其底测度的定义域并非集合，而是更一般的布尔代数的元素，它们的值域也不是由正数组成，而是由某些抽象等价类组成。我原本开头拟就的句子是："作者在无点的[14]空间中讨论了无值的测度。"《数学评论》的编辑拉尔夫·博厄斯[15]阻止了我使用这句话。他反对的理由之一是，那些不熟悉惯用法的人，或是那些必须借助字典来阅读英语的人，可能无法理解我在试图让文章变得有趣。这令我倍感失望，因为我自认为这很有趣。

有一篇特别的评论，我第一次读到它的时候就很喜欢，并一直津津乐道。该评论是克利福德·特鲁斯德尔（Clifford Truesdell）写的，开头是这样："这篇论文对微不足道的问题给出了错误的解决方案。然而，这个基本的差错并不是新的。"（《数学评论》第 12 卷，第 561 页）

我想通过陈述我的职业信仰中的两条原则，来结束这些关于报告和评论的回忆。当我开始做评审和写评论的时候，我学到了这两条原则；当我担任编辑的时候，我对这两条原则深信不疑。一条是，要布尔式的；另一条是，要及时。

评审人并不是处置论文的最终负责人，但是，负有实际责任的编辑在灰暗孤立中也无法发挥效力。是啊，是啊，可以肯定，这篇论文有它的缺点，也有它的优点，而你作为接受咨询的专家，可以看到全部优缺点。你会说，没有什么非黑即白，存在许多灰色地带。谬误，我说，绝对的谬误。不管存不存在灰色地带，有没有建议修改，考虑这篇论文的期刊最终只会决定接受或者不接受。决定会归结为是或否、正或负、黑或白，评审人的主要工作是用坚定的布尔方式进行投票——是 0 还是 1，在两者之间闪烁其词是没有意义的。

至于"及时"，我在这里引用李特尔伍德的零 – 无穷定律。李特尔伍德说，当他收到一封信、一个审稿请求，或碰到其他需要采取行动的任何事情时，他就会利用他的自知之明对其加以归类：这是不是我最终会做的那种事？如果是，那么**现在**就做；如果不是，那么**现在**就写张明信片或打电话回绝人家。待评审的论文被压在你办公桌上那一大堆文件最底下几个月，也不会有改善，并且，推迟明确拒绝的那一刻，也不会节省时间和精力。你不仅是在惹恼编辑，伤害已经流血的作者，而且也是在浪费你自己的时间。摆脱悬在你头上的剑吧。零或无穷——要么现在就做，要么永远不做，无论哪种情况，**现在**就定下来。

# 从锡拉丘兹大学到芝加哥大学

1945—1946 学年的大部分时间，我都在锡拉丘兹大学教书，并考虑接下来一年的事。教学和研究都进行得很顺利，特别是，我写出并发表了一篇统计学论文（关于无偏估计），后来经常被这一领域的其他人所引用。然而，在那学年年初，特德·马丁告诉我们，他将要离开锡拉丘兹大学到麻省理工学院去做系主任（他担任这个职位对麻省理工学院数学系的发展产生了巨大的影响，并且持续了很多年），对我来说，这就意味着我也不想留下去了。

在战后一段时期，数学家面对的是卖方市场。全国经济状况良好，大学在扩张，大批学生前来叩响大学校门，他们中的许多人得到了美国《退伍军人权利法案》的支持。至于我，我不再是一个新手了，已经有一些教学经验，出版过一本书，发表过几篇论文，不再需要寄送上百封求职信了。我作为一个会议积极分子，对 J. R. 克兰略知一二（他是美国数学学会的秘书）；我还在研究院待过三年，认识那里的大人物，以及几位有决策地位的重要人物，比如哈佛大学的马歇尔·斯通和桑德斯·马克·莱恩。我决定，我要做的只是写几封非正式的信，说自己想换个地方，并继续参加各种会议，以便与人会面而不被人遗忘。

现在，我对那段岁月的认知要多一些，我当时身在其中，看得还没那么清楚，但即便如此，我也有可能了解到足够多的信息，从而做出一些正确的预测。我预测自己会收到"几份"邀请，结果收到了十份。我很希望能记起邀请都来自何方，但我能确定的只有一份来自斯沃斯莫尔学院，两份来自芝加哥大学。

我一直仰慕斯沃斯莫尔学院。我认识并且喜欢那里的系主任 [ 阿诺尔德·德雷斯登（Arnold Dresden），一位开朗快乐的荷兰"圣诞老人"]，我还知道这所学院的声誉，这是美国国内最好的大学本科院校之一。去那里就是选择了执教人生，而不是科研人生（一种不限于研究，但更强调研究的生活），这将意味着一种与芝加哥大学提供的截然不同的生活，我被诱惑了。我觉得做出选择并不容易，直到今天我还在纳闷：我应该去斯沃斯莫尔学院吗？

有两份邀请来自芝加哥大学，究其原因，这是他们内部左右手之间不沟通的一个奇妙例证。芝加哥大学从成立的第一天起就一直是一所伟大的大学，1931 年，校长罗伯特·梅纳德·哈钦斯（Robert Maynard Hutchins）在保持高质量的同时，开启了一条平行而新颖的教育道路。他创立了其内部称作本科学院（The College，大写字母总能听得见[16]）的机构，以研读亚里士多德、圣托马斯·阿奎那的著作以及其余的伟大著作（The Great Books）作为课程教学基础。本科学院（the College，我不认为用"the"来代替"The"会使意思变得不那么清楚）及其与本校其他部门的关系错综复杂。粗略地说，本科学院负责本科生的教育，而学部（Divisions）由各研究生系部组成，又分为社会科学学部、人文学科学部等[17]。

数学系（和大多数其他科系）有两个部门：一个在相应的学部主任管理之下，另一个在本科学院里。吉恩·诺思罗普[18]（温文尔雅，戴蝶形领结，烟瘾很大，霍奇基斯中学[19]的前任校长）是本科学院数学系（大约由六人组成）的系主任，他和一名副系主任来锡拉丘兹大学面试我。当然，我渴望给他们留下个好印象，请他们吃茶点，也尽量表现得讨人喜欢。后来我得知，本科学院里那些讨人喜欢的家伙更偏爱各式干马提尼酒[20]，而不是格雷伯爵茶[21]中的上品。这没关系，不久我就收到了一封邀请我加入本科学院教师队伍的电报。

与此同时，数学系，或按更正式的叫法，自然科学学部的数学系，正在进行重组。在 E. H. 穆尔（E. H. Moore）的主持下，它有过伟大的一般分析学（General Analysis）时代；后来又在 G. A. 布利斯（G. A. Bliss）的主持下，有过变分法的时代；但在布利斯任内的末期，变得过于专门化和"近亲繁殖"，声誉受损。1945 年，上任的是代理系主任 E. P. 莱恩（E. P. Lane），一位上了年纪的微分几何学家。莱恩先生是一位南方的老派绅士，他的数学时代已经过去了，而且他非常保守。一些少壮派建议他聘用萨米·艾伦贝格（Sammy Eilenberg）[22]，那时他才三十出头，已经确立地位声名鹊起了。莱恩先生的回应是一个问题："艾伦贝格是谁？"（顺便说一下，萨米后来去了印第安纳大学，但他只待了一年，然后就转到了哥伦比亚大学，在那里干了大约 35 年。）

大学里各系部教职员要求，至少是希望他们的系部有自决权。**他们**应该能决定和谁一起工作，在谁的领导下工作，而不是由那帮无知的院长决定。是的，听起来不错，大多数时候都是对的。对于高质量的系部来说，这当然是正确的。但当一个系部出现问题时，你该怎么办？安德烈·韦伊认为一个对数定律在起作用：一流的人吸引其他一流的人，但二流的人往往聘用三流者，而三流的人聘用五流者。[23] 如果院长或校长真的对建设和维持一所高质量大学感兴趣（他们中的一些人确实如此），那么他一定不能授予一个二流系部完全的自决权。相反，他必须使用他的行政权力来干预并纠正错误。这是院长和校长应有的职责之一。遗憾的是，那种劣质的大学，很大一部分的系部教师和管理人员都是二流的。这类大学注定要发散到负无穷。

芝加哥大学是幸运的。沃尔特·巴特基 [24] 是一位相当出色的学部主任 [25]，而哈钦斯是一位非常出色的校长。当然，哈钦斯也有缺点。许多人认为本科学院是他心不在焉、不切实际、浪漫空想的概念，甚至更多的人认为他不能知人善任。但他富有想象力，精力充沛，经常听取并采纳好的建议。他和巴特基干涉数学系的事务，安排莱恩先生"下马"，并邀请马歇尔·斯通接替他的位置。

作为斯通的提名人选，我收到了学部主任的录用通知，与此同时，本科学院也发来通知。我花了好长时间才弄明白从芝加哥大学发出的不同电报的含义。巴特基和诺思罗普都不知道对方发的电报，当他们（从我这里）知道发生了什么事时，他们感到有点儿尴尬。一切相安无事，我们最后都成了朋友，而我接受了芝加哥大学的工作，进了学部，而不是本科学院。

# 译者注

[1] 原文为 associate，比较特殊的职位。一般美国大学教师职位的设定，级别由低到高是：instructor（讲师）、assistant professor（助理教授）、associate professor（副教授）和 professor（教授）。

[2] 全称是 *Proceedings of the National Academy of Sciences of the United States of America*，1914 年美国国家科学院成立 50 周年之际创立，是世界上被引用最多的综合性多学科科学期刊之一，现每年发表 3500 多篇研究论文。

[3] 此处指《美国数学学会汇刊》（*Transactions of the American Mathematical Society*），本书中多次出现，常简称为《汇刊》（*Transactions*）。该刊自 1900 年以来由美国数学学会出版，致力于在纯粹数学和应用数学的所有领域发表长篇研究论文。

[4] 此处是俄语的拉丁字母拼写，全称应为 *Doklady Akademii Nauk SSSR*，即《苏联科学院报告》，俄语期刊，有英译本。

[5] 此处为简称，后文多处使用，全称《美国数学月刊》（*American Mathematical Monthly*），1942—1946 年，莱斯特·福特曾任该刊编辑。1964 年设立有莱斯特·R. 福特奖，以表彰该刊杰出的说明性论文作者；2012 年，为表彰哈尔莫斯家族对该奖的支持并为表彰哈尔莫斯本人，该奖更名为"保罗·R. 哈尔莫斯 – 莱斯特·R. 福特奖"。

[6] 此处前者题为"What Is an Analytic Function?"的论文，译者在几十篇该系列论文中并未发现，可能是作者一时杜撰的；而后者"What Is a Stochastic Process?"则真实存在，作者是杜布，见该刊 1942 年第 10 期。

[7] 本书此处引用得不全，原文这句话却写得很生动：可以毫不夸张地（说，用测度空间来表示概率代数类似于将坐标引入几何），其中括号内是略去的文字。这篇文章十分有趣，1944 年发表在《美国数学月刊》，曾获得过肖夫内奖（见后文）。当时该奖每三年颁发一次，而且 1947 年颁奖时仅此一篇获奖，读者不妨找来一读。

[8] 1925 年美国数学协会设立的奖项，用以表彰杰出的说明性数学文章的作者。

[9] 1942 年底，美国科学研究与开发办公室（Office of Scientific Research and Development，OSRD）下的国防研究委员会（National Defense Research Committee，NDRC）成立了应用数学专家组（Applied Mathematics Panel，AMP），目的是解决与军事行动有关的数学问题。AMP 将研究项目外包给不同的研究组，尤其是普林斯顿大学和哥伦比亚大学的研究组，此处所述的应用数学组（Applied Mathematics Group，AMG）就是其中之一。除了与战争直接相关的任务之外，参与其中的数学家们也在不与外部组织签订

合同的情况下研究他们感兴趣的问题。AMP 于 1946 年正式解散。后文中的 AMG-C 和 AMG-B 或许是作者自己设定的缩写。

[10] 桑德斯·马克·莱恩（Saunders Mac Lane，1909—2005），美国数学家，主要从事上同调、范畴论的研究。本书多次提到他，第 11 章"辞别"一节有他与范畴论的共同创建者塞缪尔·艾伦贝格（即萨米·艾伦贝格，见本章后文尾注）的合影。

[11] 英美制质量或重量单位，1 磅合 0.4536 千克。

[12] 意大利语，全称是 *Atti della Accademia Nazionale dei Lincei*。《林琴国家科学院院刊》是意大利林琴科学院（Accademia dei Lincei）创立于 1603 年的刊物。lince 意为猞猁，lincei 是 linceo（形容词）的阳性复数形式，即猞猁的（眼），引申为（目光）敏锐的。科学院以猞猁命名，是想用这种动物敏锐的视觉象征科学所需要的洞察力。

[13] 全称为 *Uspekhi Matematicheskikh Nauk*，是俄语期刊 *Успехи математических наук* 的拉丁字母写法，创刊于 1936 年。

[14] "无点的"（pointless）是借助构词法理解的意思，一般并不作这样的理解，而是表示"无意义的，无效的，无用的"；后面"无值的"（valueless）也类似，一般意思是"没有价值的，一文不值的"。很明显，作者借用英文构词法达到了一语双关的幽默效果，译者限于水平，只能附注说明一下，望读者见谅。

[15] 拉尔夫·博厄斯（Ralph Boas，1912—1992），美国数学家和期刊编辑，主要从事实分析和复分析的研究。本书多次提及他。

[16] 按照原文（The College，以及下文使用的 the College）直译即"学院"，但文字形式上，无法和一般意义的学院（the college）相区别（英文字母的大小写即表明了二者的不同），为此采用"本科学院"这种译法。

[17] 共有四个学部，另外两个是生物科学学部、自然科学学部。换言之，全校本科生和研究生教育就由这五大部门统领。

[18] Gene Northrop，Gene 是男子教名 Eugene 的简称，正名是 Eugene P. Northrop，即尤金·P. 诺思罗普（1908—1969），美国数学家、科普作家。

[19] 霍奇基斯中学（Hotchkiss）创建于 1891 年，最初是耶鲁大学培养生源的预备学校。

[20] 干马提尼酒（dry Martini）是鸡尾酒中的一类，有数百种调制方法。

[21] 格雷伯爵茶（Earl Grey）是一类混合茶，通常以红茶作为茶基，其名称源自 19 世纪 30 年代的英国首相查尔斯·格雷。

[22] 萨米（Sammy）是塞缪尔（Samuel）的昵称之一，是对他的习惯称呼。这位数学家本书多次提及，其正名是塞缪尔·艾伦贝格（Samuel Eilenberg，1913—1998），波兰裔美

国数学家，研究代数拓扑和同调代数。

[23] 本书第 15 章 "民主到荒谬的地步" 一节再次讲到这个对数定律。

[24] 沃尔特·巴特基（Walter Bartky，1901—1958），美国天文学家、应用数学家和教育家，因其在曼哈顿计划中的作用而闻名。1945 年至 1955 年担任芝加哥大学自然科学学部主任。

[25] 此处的 "学部主任" 原文是 dean，其意义接续上一段所述的 "院长"（dean），而下一段的 "学部主任" 原文是 "the dean of the Division"。

第二部

# 学者生涯

第 8 章

# 一所伟大的大学

## 埃克哈特大楼

从读研的时候起，我就一直想写本书来"终结"所有关于测度论的书。萨克斯的书非常棒，但它涵盖的范围还不够，而且其中一些内容还需要更新。勒贝格和博雷尔的书都很好，但太过时了。哈恩和卡拉泰奥多里关于实变函数的书是最好的资料来源之一，但书中测度和积分法的理论对于实分析来讲，犹如一两小杯水之于一大桶水。衣钵传承与我，我深信，这个世界正屏息等待着现代版本的"真经"出世。

不是每个人都赞同。"别浪费时间了，"有人告诉我，"乌拉姆正在写一本关于测度论的书——哦，是的，罗宾斯也在写。"有人则对我鼓励有加。早在 1946 年春（在我收到芝加哥大学的邀请之前），马歇尔·斯通给我写了一封支持信，建议我把书稿投给他即将编辑的一套新丛书。当时，这本书在我眼里只是一道微光，一沓薄薄的纸片，上面潦草地记录着一些想法："包括概率吗？""必须探讨哈尔测度！"这种鼓励，以及后来芝加哥大学那份十拿九稳的职位，都是我著书开局所需要的。（乌拉姆和罗宾斯的书从未流行于世。）

1946 年，锡拉丘兹大学的春季学期较早就结束了，我在 5 月 1 日领到了最后一张薪水支票。在芝加哥大学，10 月 1 日前后开始秋季学季，因此，我在那里的第一张支票要到 11 月份才会发。对一个年轻的助理教授来说，度过6 个月没有收入的夏季是很困难的。但我想，我应该好好利用这段时光。我请求普林斯顿高等研究院允许我在那里待一段时间，结果很顺利。他们给了我一间办公室，还租给我一间小房子，就在研究院场地旁边，于是《测度论》开始成型。这并不是事情的结局，还有两年书稿才完成，而出版日期又在这一年半之后，我稍后会告诉你们一切如何进展。

9 月份，我搬到了芝加哥大学，我生命中在智力上和数学上最激动人心、最富成果的时期开始了。

学部的数学教师有十几位，和本科学院的数学教师一起被安置在埃克哈特大楼（Eckhart Hall），那是一座迷人的新哥特式数学大楼。大楼齐整干净，有宽阔而深沉的走廊和狭窄而幽暗的办公室，前面是网球场，后面是一个小巧、舒适、绿草如茵的庭院。据当地的笑谈，这是牛津大学玛格达伦学院 [1] 建筑设计中所仿照的建筑群之一。如果你打开窗户，几小时后，窗台上就会布满黏黏的颗粒状煤灰，这全拜位于密歇根湖岸边哈蒙德（Hammond）和加里（Gary）的钢铁厂所赐。

校园与海德公园区 [2] 浑然一体，后者是一片景色宜人、古色古香的居住区，但也是一个被脏乱的贫民区包围的长方形"隔离岛"。校园被"隔离"得如此极端，就算不说可悲，也够荒谬的。卡蒂奇格罗夫大道（Cottage Grove Avenue）在过去和现在都是海德公园区的西部边界，即使是一个偶然来到这个社区的游客，也会立刻注意到近街（东）边的行人是白人，而另一边的行人是黑人。除了习俗之外，没什么能阻止人们越界，但通常没有人跨过去。这就是20 世纪 40 年代的情况，今天，卡蒂奇格罗夫大道以西、大道乐园（Midway）以南或第 55 大街以北的地区都是贫穷的社区，主要居民是黑人，但荒谬的极端"隔离"已经消失了。大道乐园是一条笔直的大马路，宽度犹如一个大手笔的芝加哥城市街区的长度，有六条车道、四条人行道、大片平坦的绿色草坪，甚至还有一条骑马专用道。海德公园区现在和其他许多中产阶级、中等富裕的社区一样：只要你买得起房子，你就可以住在那里。但许多年轻的教师，无论是黑人还是白人，是负担不起的。

在我那个年代，芝加哥大学的大部分教师都住在海德公园区，社区生活在文化和交际方面都很活跃。那里有"卖书"的书店（不是仅有三环扣活页夹和基础会计教科书），那里还有音乐会和戏剧，从家中步行 10 分钟就到剧场了，演出场次比你有空儿的时候多。如果你想找个同伴，不论白天还是晚上的任何时间，去斯坦韦药店[3]、第 57 大街上的"热带小屋"（Tropical Hut）或是第 53 大街上的"霍比之家"（Hobby House）餐厅，你一定能找得到。

海德公园区的东部边界是"外车道"——靠近密歇根湖的湖岸车道（Lake Shore Drive）。"岬点"[4] 是位于第 55 大街尽头的一座小半岛，现在仍然是一处受欢迎的游泳场地和日光浴沙滩。事实上，密歇根湖、大道乐园还有卡蒂奇格罗夫大道都是固有的自然边界，但都在比林斯医院（Billings Hospital，芝加哥大学的一部分）新侧翼不断扩张的压力下紧绷着。海德公园区的边界最不固定的部分在北面。我年轻的时候，它似乎在第 47 大街或第 49 大街，第 51 大街上的高雅商店和华丽电影院都囊括在里面。现在边界可能在第 55 大街[5]，离主校区不到两个街区。

这块海德公园区的内飞地作为大城市的一小部分，既有它的优点，也有它的缺点。校区距离拥有数百万人口的大都市中心卢普区 [6] 只有 10 分钟的路程（乘坐高效的 IC 电动火车）。不惜代价，坚持不懈，它成功地远离了本世纪所有的城市病，并对其免疫。上一次我到访那里时，幽静的街道两旁是迷人的旧砖房，建成了一座座的独家住宅，警车严密巡逻（10 分钟内有 4 辆警车从我身边平稳驶过），与大学保安部门直接相连的急救电话遍布校园附近。（它们是如何工作的？如果你认为会被抢劫，就跑到角落，拿起电话，然后……然后呢？）

战后初期，这里的治安还不错，但情况不断恶化，直至变得糟糕。我从未遭受袭击或盗窃，但我认识的人中有十来个碰到过。在"美好的过去"，有两三次，我坐在办公室里，走廊的门开着，有个乞丐从街上溜进来靠近我，想通过吓唬人要点钱。公共休息室不得不上锁，我们还被嘱咐去洗手间时不要开着办公室的门，因为有人发现打字机不见了，而且不止一台。

这像不像我在描述一种城市被围困，好人住在城垛后面，穿着防弹背心冒险的状态？其实不是那样的。城市就在那里，但我们并没有一直生活在风声鹤唳之中。我们所要记住的就是明智行事。午夜时分独自在黑暗的街道上散步，或者不锁好汽车，都是不明智的，是愚蠢的行为。

## 光荣岁月

虽然我以前曾在芝加哥住过，但我从来没有真正了解过芝加哥大学。我住在所谓的近北区 [7]，卢普区往北 3 英里；而大学在南边，卢普区以南 7 英里。我在高中的时候来过几次，后来在厄巴纳读研究生的时候，偶尔会参加美国数学学会的春季会议。这个校园及其周边我都很熟悉，但又很新鲜。因为我经常来这里，所以熟悉周围的路；但现在我已经是其中的一员，我确信自己正站在世界之巅。

系秘书给了我一把钥匙，一把万能钥匙！它能打开埃克哈特大楼数学系所有的办公室。这是一个有绅士风度的古老传统，大大增进了系里同事间平等的氛围。我们都是学者，是一家人。我们尊重彼此的隐私，但就像在一个家庭里那样，没有人希望把别人拒之门外。每个人的图书都对别人开放。如果我从图书馆借了一册期刊，那你可以随时核对其中的参考文献，而不必大惊小怪。一位来自另一所大学的来访同人总是可以隐藏在别人的办公室里几小时。万能钥匙经常被使用，但从未被滥用。这是一个伟大的机制。

我在芝加哥大学的头一两年中，还有一项迷人的古老传统在延续：每周二的系会议在四角形俱乐部 [8] 的午餐时间举行。必须处理的事务就像三明治一样穿插在汤和沙拉之间，既令人愉快，又感觉友好，而且效率很高。随着我们队伍的发展壮大，四角形俱乐部的桌子变得太小了，而各种必须听到的声音太多了，但我们管理自己的方式仍尽善尽美，就像任何人类政府那样有效运转。当然，我们都是人，有时会有分歧，会有一些琐碎的争论（有人在邮费上花了部门太多的钱，有人想要别人的办公室），但总的来说，我们真诚地尊重彼此。我们在讨论未来可能的任命时意见最不一致。有一次，我想要沃尔特·鲁丁（Walter Rudin），但安德烈·韦伊想要格罗滕迪克（Grothendieck），我们的情绪和声音逐渐高涨起来。最终我们没有得到任何一个人，气氛恢复到了更接近正常、更接近平静的状态。

数学系第 $n+1$ 年的教学任务刚好是在第 $n$ 年的圣诞节前决定的。全系的人集中在一个小讨论班房间开会。安德烈·韦伊通常会带一摞抽印本和手稿来帮助自己度过会议中的无聊时段，齐格蒙德则看《纽约时报》（*New York Times*）。系主任在黑板上写下**必须**开设的课程的代码，然后号召我们从这些课程中选择，再添加上我们想要开设的任何更花哨的课程。学校的行政部门没有给我们设置任何障碍，新的课程名称和代码是即兴编出来的。按照传统，"在场的初级军官"先开口。一些相互矛盾的愿望必然会暴露出来，但经过一番小小的讨价还价，问题就友好地解决了。甚至在我到会之前，有人就照顾了我的利益。开始工作的第一学期，我选择的课程安排是：微积分入门课程和遍历理论研究生课程。这是正常的部门教学工作量：6 小时，通常包括一门初级课程和一门高级课程。

雷·巴纳德（Ray Barnard）是本系年龄第二大的人 [ 仅次于欧内斯特·莱恩（Ernest Lane）]，他是 E. H. 穆尔的一般分析学的弟子，但他不是科研型数学家。另一位过气者是 W. T. 里德（W. T. Reid，甚至他的妻子都叫他 W. T.），他是布利斯变分法学派的一员，我来了一年后他就离职了。我所有其他同事，不管是年轻的还是不那么年轻的，都很有名，而且他们正在成为美国数学界更知名的人物。代数学权威阿德里安·艾伯特（Adrian Albert）和实变函数分析学者劳伦斯·格雷夫斯（Lawrence Graves）是资深人士，他们两位都是战前的近卫军。在我去的第一年中，年轻人包括欧文·卡普兰斯基（Irving Kaplansky，他比我早一年到芝加哥大学，并且他留了 38 年）、凯利（Kelley，就是 J. L. 凯利，《一般拓扑学》[9] 的作者，但除了他母亲之外，人人都叫他凯利）和 O. F. G. 席林 [O. F. G. Schilling，一位身材不瘦、非常聪明，但早年就已疲惫不堪的代数学者，名字中有太多的大写字母缩写，还操着浓重的德国口音，大家都叫他奥托（Otto）]。

凯利只待了一年，但有其他年轻人到来 [ 欧文·西格尔 [10] 和埃德·斯帕尼尔（Ed Spanier）]，不久以后 [11]，四位已经享誉世界的数学家——陈省身、马克·莱恩、韦伊和齐格蒙德也来了。有了他们，芝加哥大学进入了它的光荣岁月。

# 是什么炼就了一所伟大的大学？

一所伟大的大学意味着拥有伟大的教师，这就是它的全部意义。这个条件是充分必要的。微积分预科教学，清洁和文书服务，还有函授学院，这些外围的东西肯定与一所大学的伟大毫无关系吧？没错，就是这样，它们没关系。但不知何故，一所伟大的大学，一位富有魅力和知识渊博的校长，甚至可能把这些事情都做得很彻底。我是一个绝对责任制的忠实信徒，如果船上的服务员打碎了杯子，那么船长应负责任。在芝加哥大学，打碎的杯子很少。

本科学院数学系的基本课程有点像“新数学”[12]。它专注于数学基础，不断修订和润色，由热衷的信徒讲授。诺思罗普是先知，迈耶、普特南（Putnam）和沃瑟普（Wirszup）是门徒，还有其他许多人，他们不断地加入和离开这个系，但上述三个人在这个系待了几十年。集合论、布尔代数、公理系统、实数的定义，诸如此类的素材资料构成了数学 1 课程。原则上，本科学院的成员偶尔讲讲学部的课程是受欢迎的，反之亦然。这样的交流确实发生了，但并不频繁。通常的分工是，由本科学院的人负责微积分预科，而其余的课程则由学部负责。这是粗略的安排，具体细节是复杂的，而且只具有历史考证价值。重要的是，新生不会被扔给一群幼稚的研究生或守旧无为的雇员——这是很好的。他们的老师都是训练有素的数学家，秉承着一种理念。有时，他们中的一些人对这一理念持怀疑态度，拿它开玩笑，但他们对待学生和教学都很认真。我知道几个上过数学 1 课程的学生，后来都成了职业数学家。但更重要的是，和如今那些被迫把微积分 111 作为"分布必修课"的商学院学生相比，那些最终成为语言学家、图书馆员或律师的人对于什么是数学和数学家，要了解得多。

我想描述一下造就芝加哥大学伟大氛围的另外两个小案例，这些例子与数学或学术没有直接关系。

有一次我去上一堂课，发现学生们在教室前面转来转去，原来，教室被保洁工人的水桶和湿拖把占据了。我前去讲理，但当然毫无效果：和拖把争论是很难赢的。课被取消了，我火冒三丈，给负责人写了一封措辞严厉的信。令我吃惊的是，他立即给以答复，并再三道歉，保证以后会更仔细地监督卫生清洁时间表，以确保课堂不受干扰。我在其他地方从未听说过这种态度。

还有一次，Sz. – 纳吉 [13] 访问了芝加哥大学，在他离开几天后，我给他寄了酬金支票。事情出了差错，他正在美国进行巡回讲座，从一个地方旅行到另一个地方，因此他一直没有收到邮件。他在计划返回欧洲的前两天给我打电话，问我为什么他还没拿到支票。我火速响应，给审计办公室那位称职的、完全配合的人员打了一个电话，以便能让纳吉满意。的确，我被告知：可以这样，我们再另外开一张支票，半小时内把它寄出去，用特快专递寄到纳吉在纽约的地址，这样他就能在离开美国前兑现；当然，不用担心第一张支票，他取回后，用校园邮件寄给我们就行。

如何解释这种极少见的态度？是因为私立大学，而不是公立大学？是因为把学术工作作为大学宗旨的这一悠久传统？是因为校长办公室下达的清晰可见的指令？不管是什么，芝加哥大学做到了。

科研型数学家和教师，会计师和保洁员，所有人都对芝加哥大学的伟大做出了贡献，令人惊讶的是，继续教育学院、函授课程也做出了同样的贡献。数学系负责这项工作的人是哈里·沙伊迪·埃弗里特（Harry Scheidy Everett，我们很多人都叫他沙伊迪）。相对于我的年纪，他可以说是个"老家伙"，他负责绩点计分，是一位函授教师。他身上有很多东西是我这个叛逆的反传统主义者内心想要强烈反对的，但他对芝加哥大学及其传统非常忠诚，而且做得很出色。

沙伊迪对我很友好。他似乎很喜欢教我埃克哈特大楼的历史背景和当前运行方式。通常，当我们这些年轻有为的人开设一门新课程时，他就会过来——计划，发布，然后教授函授学院的版本，让学生们受益匪浅。他勤恳地为函授数学课程评分。当他喜欢上一份书面作业的时候，他会在上面写几句赞美的话，画一个笑脸；当一份书面作业没有达到他的标准时，他宁愿表达悲伤，也不愿表现得急躁，当然，他会画一个难过的圆脸，而不是高兴的那种。伊萨·辛格[14]告诉我，在他当兵的时候，他上了沙伊迪的一门课，沙伊迪的亲切、鼓励和帮助是他后来到芝加哥大学继续深造的首要原因。

哈里·沙伊迪·埃弗里特，1952 年

# 教书

任何真正懂一件事的人，都可以教导别人吗？这个问题的正反两面都有着根深蒂固的传统观念，我也如此。

一部分困难在于，逆命题是完全正确的（要教别人，必须自己先懂），但人们会忍不住反过来想想（只要懂，就应该会教人）。然而这里面还有更多问题：如果有人像鲍勃·马丁那样懂位势论，或者举一个更著名的例子，如果有人像诺伯特·维纳那样懂傅里叶分析，那么他为什么没有把懂的告诉我们、教给我们？他怎么可能做不到呢？残酷的事实是，有些人就是不善于解释事物，即使显而易见，他们比其他人更懂这个主题，也无济于事。

我认识鲍勃·马丁，也认识诺伯特·维纳，我还认识许多像他们这样的人，所以我无法消除这个悖论。然而，我更难支持这一说法：一个真正懂的人是可以教书的。我宁愿怀疑，在某种意义上，维纳并没有"真正"理解他在做什么，至少不如二十年后几乎任何一位调和分析教科书的作者那样懂。维纳发自内心地理解"理想"这一代数学概念的重要性，但（就我的记忆而言）他从未使用过这个词。他从未试图在强大的分析技术与广阔的代数概念之间建立起联系，即使他用这些分析技术得出了许多令人兴奋的结论，而这些代数概念的技术也可以运用在简单易懂的背景中。他想要被理解，他努力了，但他对"努力尝试"有着错误的认识——他认为这意味着更加细节化，他不厌其烦地写下二重积分的等式变形，一小步一小步地从一个二重积分到另一个二重积分。当然，他有时还错误地判断了他的"一小步"对别人的意义，但这不是主要问题。让他变得难以理解的是，他并没有描述"真正"发生了什么。他"真的"懂吗？我说他没有。我要说他是一位天才，有深刻的洞察力，能"看到"真理，但他没有能引导自己去"理解"和"懂得"真理的宏大视野。

无疑，维纳"理解"三角学、解析几何和初等微积分，但这是否意味着他是教授这些课程的好老师呢？可惜不是。凭借自己的业余心理学水平，如果我判断正确，那么他和像他这样的人对这些浅近知识之间的连接细节、它们对大多数普通人的重要性，甚至它们的美丽，都视而不见，这就像一个赛跑运动员对他膝盖中神经和肌肉的细节懵懂无知一样。从某种意义上讲，赛跑运动员对此懂一点儿，但径赛教练要更懂，并"真正"理解这些原理，而且，与赛跑运动员不同，教练可以教授这些知识。

当我开始回忆自己在芝加哥大学任教的第一年时，我就开始思考这些问题。那时我 30 岁，而且已经在伊利诺伊大学和锡拉丘兹大学（也顺便在普林斯顿大学和哈佛大学）教过书，但我的教学观念和教学技巧还没有最终形成。芝加哥大学的学生求知欲强，兴趣浓厚，富有才华，尽管不是所有的学生都这样，但足以使在那里教书成为一种智力上的挑战、一种令人兴奋和有益的经历、一种快乐。我以为我已经是一名很好的老师了，但是在芝加哥大学，我努力工作，想成为一名更好的老师。

每上一个班，我尝试做的第一件事就是尽快了解学生。我让他们坐在自己想坐的位置，但要求他们以后保持相同的座位，这样我就可以利用我做的座位表把名字和面孔一一对应起来。虽然我是个拙劣的艺术家，但有时还是会在座位表上画些漫画——长头发、圆脸、角质架眼镜。后来，宝丽来（Polaroid）相机出现了，我就拍照片。如果班级不是很大，那我会让每个学生在学期初的前两周到我的办公室找我聊 10 分钟。我们在那 10 分钟里说了什么并不重要，重要的是见面结束的时候，我知道了关于学生的**一些情况**（来自纽约，在高中学会了微积分，想学习物理，英语不太好），而学生们感到一位真切的活生生的教授正在关注着他们。

要理解一门学科，你必须懂得比该学科的内容更多；要教授一门课程，你必须懂得比用于课程教学的内容多得多。我第一次在芝加哥大学教初等微积分的时候，我懂得的微积分知识比我预计教的要多，但即便如此，我还是认为每一堂课的备课是很重要的，现在我仍然这么认为。一个原因在于，学生是善于接受的，不管怎么抗拒，他们都不能不被讲课者的权威所影响。如果你说错了什么，他们会记住，将来这会对他们造成损失。我尽心竭力地避免说错话（更重要的是，永远不把错误写在黑板上）。克拉索恩（我在伊利诺伊大学的统计学老师）曾经告诉我，为强调"$0^0 = 1$"是一个合理的定义，而不是一条定理，他告诉一个班的学生，他也可以定义 $0^0$ 为 7，还在黑板上写了等式"$0^0 = 7$"。几年后，他收到了这个班的一个学生的来信："我在笔记上记着 $0^0 = 7$，但我忘了您是怎么证明的，请提醒我一下好吗？"

错误是另外一回事儿。当然，我在课堂上也会犯错，同样，我也常会在班上遇到一个自己不知道如何回答的难题。我很快就发现，企图用虚张声势来找出路是很糟糕的做法，你可能会陷入更大的麻烦，而且，即使你不这样做，几乎可以肯定，学生们也能觉察到你的尴尬。对于错误，我学会了说："哦，对不起，那是个错误。我刚才那里说得不对，下面才是我应该说的。"对于我回答不了的问题，我会说："让我想想，试着查一下资料，我下次再告诉你们。"

虽然我们尽量避免错误和令人困惑的问题，但众所周知，它们可以具有巨大的教育价值。一个无所不知的老师会延续这样一个神话：数学是大量事实和完美技术的精确结合体。学生们往往很容易相信这一神话，但很难一直信下去。看到一位专家犯了错误或者承认不懂，然后奋力争取真相，却会让人大开眼界。吉米·萨维奇告诉我，一次密歇根大学的课堂经历给他留下了深刻的印象。他问了本·杜什尼克（Ben Dushnik）一个问题，得到的回答是："萨维奇，我不知道。我从没想过这个。但让我们看看能否找到答案。"说完，杜什尼克开始对着黑板自言自语，大声说出自己的想法，然后，花了几分钟工夫就用他本学期教过的方法得出了结论。吉米从那次经历中得到了教益：数学思维可以用来学习你以前不知道的东西。

在承认讲错了和被难住的时刻，以及在尝试解决问题的大部分时间里，我希望，我认为，正确很重要——我要确保我是对的，并向学生传达我有把握，我必须有坚定信念的勇气。甚至像"这些东西重要吗？考试要考这个吗？你为什么不直接把 $h = 0$ 代入？"这样的问题，也值得干脆地回答，我不能顾左右而言他，或者犹豫不决。有时犯错总比含糊其词、心神不定要好。

关于教学还有很多要说的，非常多（虽然远没有教育学院说得那么多），但是，我想再说说我对评分的看法，然后就此打住。给班上的学生评定成绩是我工作的一部分，这是无可避免的不幸。分数的负面影响在于，学生往往会过分重视分数，高估分数评价的准确性，而且，分数往往使学生感到不安。然而这是必要的，因为在当下的教育系统和社会组织中，后一门课的老师必须知道学生在前一门课上学得怎么样，而未来的雇主也想知道学生在相应工作中可能表现得有多好。我无法想象，如何能设计出一种学习和工作模式，不再需要分数信息。

然而，我并不认为评出提供有用信息的分数有那么难。在课程结束时，我通常有一个非常清楚的认识，即某些学生懂了相应的内容（A），而某些学生还完全不懂（F）。介于这两者之间，有些人懂得一些知识，却存在或者很有可能存在空白（B）；有些人可以应用一些内容，但并没有真正理解（C）；当然，也有一些人可以证实他们曾经接触过这门课，但肯定没掌握足够的知识去学习更高一级的课程（D）。（按照刚刚叙述的标准，根据我的语言知识水平给自己打分很有趣。以下是我认为自己可能得到的分数：如果英语得 A 而汉语得 F，那么匈牙利语 B，西班牙语 C，俄语 D。既然谈到这个话题，我不妨继续讲下去：德语是 C⁻，法语是 D⁺。）当然，我所说的"非常清楚的认识"是主观的，但值得注意的是，这种"主观"的成绩等级评定标准，得到的结果在各个科目中几乎一致：学生们在不同的课程上、从不同的老师那里，一次又一次地得到相同的成绩。我不同意一些同事所主张的采用更"客观"的数字评分系统：第 4 题占 15 分，答案正确得 3 分，在解题过程中，6 个步骤中每一步最明显的错误都扣 2 分。在我看来，当我上完一门课后，我有责任对于自己学生的学习成果做出最准确的判断，其他任何做法都是逃避责任。

## 学生和访客

在芝加哥大学，学生们在公共休息室、咖啡厅和校园各处的交流都很活跃，他们谈论的不是篮球和自行车比赛，而是圣托马斯、伽利略和达尔文。真诚、高雅的学术氛围吸引了潜在的天才，也吸引了滥竽充数的人和古怪的访客。但天才和我们这些辛苦劳作的人都学会了与后者共处，甚至享受他们为生活增添的情趣。

1946 年秋季学季的生活特别令人兴奋，那是战后真正第一年的开始。一年级研究生的标准课程复变函数论有 95 名学生，而我第一次开设的研究生课程遍历理论有 38 名学生。这些学生中有埃里特·毕晓普（Errett Bishop）、亨利·戴伊（Henry Dye）、哈利·弗兰德斯（Harley Flanders）和赫尔曼·鲁宾（Herman Rubin），以及另外至少 6 位，日后都成为受人尊敬的同行。我在那门课上评出了 27 个 B 和 3 个 A，A 应当给了毕晓普、戴伊、弗兰德斯和鲁宾中的三人。

这样的学生使教学成为一种乐趣。因为教过他们就妄自尊大，是不公平的。在芝加哥大学的教育制度下，这类学生在本质上是不会变化的，什么都无法阻挠他们学习。有一个例子，未必很典型，但能说明问题。有一次我布置了一道难题：在一个给定的特殊类型的无穷级数的集合中找出两个例子，一个是收敛的，一个是发散的。毕晓普的书面作业中出现了一条我以前从未见过的定理：所讨论类型的级数收敛的一个充要条件是其第 $n$ 项趋于 0。这个断言不难证明，但把它想出来需要真正的数学理解力和勇气。（这成了我的《测度论》一书中第 19 页的练习题 13。）我在毕晓普的书面作业上写了一个大大的 A，为了祝贺他，更好地了解他，我还在成绩下面写了"来找我"。毕晓普下课后留了下来，显得很害羞，因此看上去有点儿乖戾："你说要我找你？"我花了一段时间才消除他的隔阂。最终他成了我的博士生，我们成为好朋友。按时间顺序，他是我的第四位博士生；以才能为序，他不是第一就是第二。历史会告诉我们最终排序。

在教授毕晓普那个班的遍历课程时，我开始使用一套评分办法，从那以后，我发现这法子非常有用。官方分数还是用 A 到 F，但在我的个人成绩册里，我会在每个学生的名字后面写上两三句短语来给他"打分"，这些短语有助于我回忆起这个学生和他的学习质量。例如在毕晓普的名字后面，我写了"杂乱，聪明，独创，挑战难题"。同一个班上的其他一些人（名字省略）后面则是"认真，勤奋，没有天赋，扎实""有点糊涂，太油嘴滑舌""不聪明，偷懒""说话直来直去，什么都懂"。这些备注对我有大用处。比如，很久之前教过的一个学生要我写一封关于他的推荐信，评价短语就派上了用场，有时我会在信中写上文字版的"分数"。

除了优秀学生之外，在芝加哥大学，另一项有助于营造激励氛围的制度是永久访客制度，更确切地说，邀请短期访问学者的永久制度。学校里总是有新面孔出现，既有年少初学者，也有建功长者，新的精神、新的思想被激发。在来访者中，有几位我记忆犹新：本格·耶森、马塞尔·里斯 [15] 和皮埃尔·萨米埃尔（Pierre Samuel），还有让·迪厄多内 [16]、小平邦彦 [17] 和李特尔伍德。除了那些有前途的年轻人，这些人仅限于作为短期教官来到这里，期限从来没有超过两年，还有许多人只停留了一个星期或一天。

所有来芝加哥大学的访客都比我有名望，而其中有些更接近我的同代人，他们特意用友好的玩笑来减小我们之间专业差距造成的影响。耶森就是一个很好的例子，他讲课非常清晰，内容组织极有条理。我自己讲一小时后下课，在同一间教室里，继续听他关于殆周期函数讲座的课程。有一天，一个学生在我下课后问我一个问题，让我没有时间去擦黑板。铃声响了，耶森进来，我坐下，他擦了擦黑板。他注意到，在第二块黑板靠下大约三分之二处，我写了"殆周期函数"（我记得，我把它们当作一个大希尔伯特空间的例子）。他擦掉了除此之外的所有内容，开始讲课，从黑板左上角写起。大约 35 分钟后，他写到了我未擦去的地方，在那里，不出所料，恰巧用上了"殆周期函数"这个词。

马塞尔·里斯身材不高，体态厚重，食量很大，热衷聚会，擅长饮酒。戈尔丁（Gårding）说，他在瑞典担任里斯的助理时，当时那里的烈性酒是定量供应的，他的一项职责就是把自己的酒精类饮品限额转到里斯名下。酒足饭饱，欢宴淋漓，这时马塞尔·里斯喜欢唱歌（用匈牙利语唱的吉卜赛民歌）并谈论他的孙辈们。每次提起孙辈们，他都要让你知道他从来没有结过婚。他也喜欢谈论他的哥哥弗雷德里克·里斯[18]。在我的印象里，这兄弟二人互相尊重，相处得也不错，但手足之争并不是完全没有。弗雷德里克显然得到了更多世人的认可，马塞尔无法掩饰他的嫉妒。竞争仍在继续：泛函分析学家和"硬"分析学家还在争论兄弟二人中哪一位对数学贡献更大。

我本以为自己在这个世界上正逐步出人头地，但像里斯这样的访客很快就让我醒悟过来。他第一次出现在埃克哈特大楼的那天，我上前表达敬意。我用匈牙利语做自我介绍，并欢迎他来到芝加哥大学。"Glad to see you, sonny."（"很高兴见到你，小家伙"），他说——无论如何，这是用美国口语能做出的最贴切的翻译了，他用了匈牙利语传统中一位老年男子可以使用的对晚辈讲话的口气，友好而又居高临下。"还有，既然你在这儿，你能帮我写下来吗？……"他接着口述了一封信。我从助理教授升为秘书。还能怎么办？我把信记了下来。

## 译者注

[1]　牛津大学玛格达伦学院（Magdalen College）创立于 1458 年，在牛津大学所有学院中拥有最高的总资产。该学院以各种建筑风格为特色，被描述为"以中世纪为核心，附带两个不完整的补充，来自 18 世纪和 19 世纪"。

[2]　海德公园区（Hyde Park）是芝加哥划分的 77 个区域中的一个。它位于中心商务区卢普区（the Loop）以南 11 千米的密歇根湖岸边，是芝加哥大学主校区的所在地。

[3]　斯坦韦药店（Steinway's Drugs），提供咖啡，也出售糖果等零食。

[4]　"岬点"的原文是"the Point"（当地人的俗称），译名来自其正式名称"Promontory Point"，这是一个伸入密歇根湖的人造半岛，1937 年对公众开放。

[5] 根据现在的官方说法，海德公园区的北面边界是第51大街及其沿线的海德公园大道（Hyde Park Boulevard），但民间有一种认识是边界在更北的第47大街。

[6] 芝加哥划分的77个区域中的一个，是城市的中心商务区，也是芝加哥市中心的主要区域。

[7] 原文是"the near north side"，当作"the Near North Side"，是芝加哥划分的77个区域中的一个，也是组成芝加哥市中心的三个区域中最北边的一个，向南依次是卢普区和近南区。卢普区处在市中心的位置，因此下文以它为参照进行叙述。

[8] 四角形俱乐部（Quadrangle Club）也译作方庭俱乐部，成立于1893年，位于芝加哥大学校园内，提供精致的餐饮服务、过夜的客房和一流的网球设施。

[9] 此书英文名 General Topology，也有版本译作《普通拓扑学》，初版于1955年，其作者在前言中特别指出使用了哈尔莫斯的两个符号：一个是表示"if and only if"（当且仅当）的"iff"，另一个是表示证明完毕的"∎"。

[10] 欧文·西格尔（Irving Segal，1918—1998），美国数学家，以理论量子力学的研究而闻名。书中多次谈及他。

[11] 此处的时间，是以作者来到芝加哥大学为参照点叙述的。凯利在1947年离开芝加哥大学，而同年马克·莱恩、韦伊、齐格蒙德到来，第二年西格尔、斯帕尼尔到来。陈省身是1948年在韦伊的安排下做了教授，但实际到来是在1949年。

[12] 参考第6章"小人物"一节中关于中小学数学考察组（SMSG）的注释。

[13] 原文是 Sz.-Nagy，指匈牙利数学家贝洛·瑟凯福尔维－纳吉（Béla Szőkefalvi-Nagy，1913—1998）。

[14] 伊萨·辛格（Iz Singer）即伊萨多·曼纽尔·辛格（Isadore Manuel Singer，1924—2021），美国数学家，与英国数学家迈克尔·弗朗西斯·阿蒂亚爵士（Sir Michael Francis Atiyah）一起获得了2004年挪威科学与文学院的阿贝尔（Abel）奖，以表彰他们"发现和证明了指标定理（index theorem），将拓扑、几何和分析结合在一起，以及他们在数学和理论物理之间搭建新桥梁所做的杰出贡献"。当然，辛格也获得过其他奖项，但阿贝尔奖对于他而言是最重要的。他的第一个学术职位就是在麻省理工学院担任 C. L. E. 穆尔讲师。本书多处讲到辛格及他的上述贡献，而人名书写上略有差异，作 Iz Singer 或 I. M. Singer。他的博士导师是欧文·西格尔。

[15] 马塞尔·里斯（Marcel Riesz，1886—1969），匈牙利数学家，他以研究求和方法、位势论以及数论、偏微分方程等方面的工作而闻名。

[16] 让·迪厄多内（Jean Dieudonné，1906—1992），法国数学家、教育家，以他在抽象代

数、泛函分析、拓扑方面的著作和李群理论而闻名。他是 20 世纪 30 年代中期布尔巴基的创始成员之一。他于 1952 年来到美国，在密歇根大学和美国西北大学教授数学。1959 年回到法国，1964 年成为法国尼斯大学数学教授，1965 年担任理学院院长，1970 年退休后成为该校名誉教授。1968 年，他当选为法国科学院院士。

[17] 小平邦彦（Kunihiko Kodaira，1915—1997），日本数学家，因其在代数几何和复分析方面的工作于 1954 年获得菲尔兹奖。

[18] 弗雷德里克·里斯 [Frederic Riesz，Frederic 也作 Frigyes（弗里杰什），1880—1956]，匈牙利数学家，泛函分析的先驱，其在数学物理中有着重要应用。他在许多其他方向也做出了显著的贡献，包括遍历理论、正交级数、偏序向量空间理论和拓扑学。

第 9 章

# 初创年代

## 古根海姆奖

我在芝加哥大学的第二年并不是在芝加哥度过的。马歇尔·斯通建议我申请当年的古根海姆奖，结果我拿到了，是的，我拿到了！在伊利诺伊大学若干次申请研究生奖学金，我都没有拿到，更不用提那些备受推崇的美国国家研究委员会研究基金和冠名讲师职位了 [1]。至于在普林斯顿高等研究院，我不经意收获的一学期研究基金职位，那些不能作数。在所有这些过后，我终于拿到了重要的荣誉，我把它看作我迄今为止获得的第一次正式认可。

1946—1947 年，我在芝加哥大学的工资是 5000 美元，而 1947—1948 年的计划也是如此。当年，每年为每个人加薪的惯例还不存在，甚至在芝加哥大学这样好的地方也不存在。人们并没有年年加薪的预期，通货膨胀也没有使之必要。然而，古根海姆奖金仅有 3000 美元。（顺便说一句，这些数字都是 12 个月的收入，而美国国家科学基金会的夏季工资仍是遥远的未来。）此时，芝加哥大学一流的做事方式再次帮了大忙。行政手段虽然是降低我的工资至每年 2000 美元，然后派我到普林斯顿高等研究院工作。我自豪地告诉所有的朋友，我将成为当年美国国内薪水最低的助理教授。

我在古根海姆奖申请书中提出的申请目的是写一本关于测度论的书，事实也是如此。1946 年，我在研究院度过了一个漫长的夏天，这让这本书有了一个良好的开端。很自然地，我希望在没有其他事情的一整年时间里，在研究院能提供的最理想的条件下，能完成这个项目。写作过程不是一个冒险故事，不是一部跌宕起伏、扣人心弦的悬疑小说，除了平日生活中正常的起起落落，当时的细节很快就被遗忘，一切都很顺利，我写出了这本书。

重回研究院，生活和我记忆中的一样，但也添加了一点儿东西。我被分配到一间很小的（但私人的）办公室，非常接近天穹：可以称之为阁楼或顶层，它有一个倾斜的屋顶和一扇小小的天窗。一张书桌、一台打字机和一把访客椅，就占满了整个房间。

在我的办公室之外，一切都在发展变化。20 世纪 40 年代早期，研究院的数学所大约有 25 名"成员"，1947—1948 年，这一数字远远超过了 50。（"成员"是一个中性词，指的是既不属于教授和秘书这类固定工作人员，也不属于助理等临时工作人员的人。）可以肯定的是，虽然数学所吸纳了如保罗·狄拉克（Paul Dirac）和阿尔弗雷德·席尔德（Alfred Schild）等物理学家，但数学家人数远远超过了他们。爱因斯坦仍然被列为工作人员，但他是荣誉退休教授。工作人员中的其他物理学家有奥本海默（Oppenheimer，教授）和布拉姆·派斯（Bram Pais，常任成员）。布拉姆没有在这里待太久。

关于我和爱因斯坦，有一段逗乐的故事，我很喜欢，因为它表明了我有多出名。我曾在两三次公开的正式场合被介绍给爱因斯坦，然而不能说他认识我。那一年，恩斯特·施特劳斯（Ernst Straus）是爱因斯坦的助理。恩斯特不是物理学家，但他是一个聪明的年轻人，研究院曾一度非常愿意资助他，而且他的母语是德语。爱因斯坦助理的一项主要职责就是每天陪他老人家走路回家，同时用德语聊天。一天，他们刚准备回家，我太太正要走进富尔德大楼，她同恩斯特互相打了招呼。"那是谁？"爱因斯坦问恩斯特（恩斯特后来告诉我们的）。"哈尔莫斯的妻子。"恩斯特答道。"哦。"爱因斯坦一边仔细考虑着这条信息，一边说，"哈尔莫斯是谁？"这就是我的名气。

说到爱因斯坦，让我想起了哥德尔。他们是朋友，哥德尔经常取代恩斯特的位置，送爱因斯坦回家。围绕大多数伟人，往往会积累起一些传奇故事，这些故事无论是真实的，还是在必要的情况下虚构的，都被传诵和润色，直到故事符合讲述者对主人公性格的看法为止。哥德尔几乎是个例外，关于他的故事很少，其中有几则是关于他**没有**做过的事情的。例如，他似乎几乎没有社交生活。在少数出于职责而不得不参加的下午茶活动等场合里，他几乎不和任何人说话，而且竭尽全力避免触碰别人或被人触碰——他缩紧肩膀，就像橄榄球场上一个突破对方防守区的持球队员那样，超级谨慎，还会迅速改变方向以避开对手拦截，把人当成障碍物躲来躲去。据说，他是一个永远忧心忡忡的疑病患者，总有一些怪异的想法，比如，他说暖气片上涂的油漆有毒，所以打开这该死的装置就会招致灾难。在别人告诉我的故事中，我记得的只剩另一件，哥德尔一直坚持在平时的日常事务中使用他的超精确主义的逻辑习惯。第二次世界大战爆发之初，他不得不回答一份调查问卷，这份问卷在官僚主义作风影响下设计得很不明智。他感到困惑，这种困惑像发芽的种子一样越变越大。他不会像我们大多数人那样，不耐烦地用"是"或"不是"来回答这类无法答复的问题，他会写下冗长而复杂的文章，解释说：如果该问题意味着 $A$，那么答案就是 $X$；但如果该问题意味着 $B$，那么……

　　研究院的数学生活充满活力。至少有一半的到访者已经或很快就会闻名于世。我最好的朋友中有两位来自印度的年轻人（当时他们还年轻）：米纳克希孙达拉姆（Minakshisundaram）和钱德拉塞卡兰 [Chandrasekharan，与天体物理学家钱德拉塞卡（Chandrasekhar）无关 ]。米纳克希在回印度几年后英年早逝；钱德拉回到印度，然后离开了在孟买的塔塔研究院 [2]，搬到了瑞士的苏黎世联邦理工大学（ETH[3]）。为了让大家对成员资格、素质和国际性有个概念，我再举出三位来，这可不是我随便选的：华罗庚、丹·莫斯托（Dan Mostow）和保罗·图兰（Paul Turán）。

　　普林斯顿大学在研究院的数学家的生活中仍然扮演着重要角色。在普林斯顿大学的学生中，我有两个好朋友，诺曼·汉密尔顿（Norman Hamilton，当时 18 岁或 19 岁，还是一名本科生。因为旷课，他的拉丁语课程不及格，但在数学研究生课程上表现出色)和奥斯卡·戈德曼(Oscar Goldman,后来成为宾夕法尼亚大学的系主任,当时他年龄比较大,21 岁或 22 岁)。他们俩经常去煤矿工人家做客,就在我住的研究院的院子里。至少我听说是这样:当时研究院的廉租房项目所包括的那些破败不堪的木屋,是为一个破产的矿业小镇建造的,镇上的人分流漂泊,被疏导到了普林斯顿。他们挤在一起住,墙挨墙,大部分楼都是两层,一楼有个大腹黑煤炉取暖。给这种炉子生火可得有一点技艺,这需要几期皱巴巴的《纽约时报》,充当大量的引火物,还要有经验和耐心。建筑师把供暖设施设计在天花板上的更现代化的房子,直到十年后才出现。

那一年过得紧凑而丰富:讨论班,偶尔开车去纽约(在新泽西气味难闻的工业区穿行大约一小时),社交生活,还有测度论。这本《测度论》差不多是在学年结束时完成的。春天晚些时候的一个下午,我们准备在我家里为某位访问学者举行一个聚会,但(根据事先的安排)我自己作为主人,不得不最后一批到达。回到家时,我既高兴又兴奋。"我刚刚写下了关于测度论的最后一个字。"我自豪地宣布。"关于测度论的最后一个字是什么?"有人问,我被难住了,竟然不记得了。我什么都不顾,冲回办公室去查看,然后再冲回来告诉大家:《测度论》的最后一个字是"$X$"。

# 《测度论》

在至少六个不同的时刻,一位作者可以说"我完成了我的书"。第一次是他写好初稿的时候。第二次是他完成终稿的时候,那是经过修订和润色可以送去请人审读的版本。第三次是他做出打字稿并邮寄给出版商的时候。下一步,作者不得不做最令人沮丧和恼火的工作——阅读长条校样。文字编辑怎么能给排字工人如此愚蠢的指示?排字工人怎么能如此前后矛盾?第五次会带来一种乐趣:排版校样很干净,这书稿开始看起来像一本书了,而一旦这一阶段结束,作者就没什么事可做了。然而,一本书真正完成的唯一时刻,是最后一次，当第一本封面齐全、装订成册的书通过快递从出版商那里寄来的时候，你手里有了坚实的东西，让你去掂量、欣赏、依偎。

当我在 1948 年离开普林斯顿回到芝加哥时，《测度论》在"第一次"的意义下完成了。初稿都是我自己打出来的，我在研究院那间接近天穹的小办公室里，使劲敲击着一台沉重的手工史密斯－科罗纳（Smith-Corona）牌打字机。（1948 年有电动打字机吗？在我的预算之内是没有的。[4]）敲击是必须的，因为我想要五份复写件。我打出并填写[5] 了原件和五份半透明薄纸复写件，然后整理并装订好（为了便于阅读），分发给四个人。（原件是为印刷保留的，剩余的复写件留给了我自己。）

对于大人物来说，出书的过程有所不同，但仍然是原始的。我在普林斯顿的时候，赫尔曼·外尔写了一本关于代数数论的言简意赅的书，收在"研究"丛书里。[6] 为他工作的秘书告诉了我写作的实际技巧。外尔会通过粗略的笔记向她口述，比如："The numbers (8.3)，跳过一行，constitute an integral basis of，跳过九个空格。By adjunction of，跳过一个空格，the field $k$，跳过一个空格，changes into a field $\bar{k}$ of degree $f$ over $k$，跳过一个空格……"她要用速记把这一切都写下来，再打出来，之后，外尔不得不亲自检查打字稿并填写公式。

当我的书达到校样阶段时，我已回到了芝加哥。有几个学生在上我的一门文献研读课，我就给他们读这本书，当然，用的是校样。他们都是聪明的学生，也很认真。他们发现了印刷错误和颠倒方向的不等号，错误数量符合通常水平。这样的事情很烦人，但不是灾难性的，都在意料之中。然而，他们发现了一个严重的错误：一道练习题枯燥乏味地陈述了一个错误的命题，命题几乎毫无意义，还要求读者加以证明。我解释道，按照手稿的早期版本上的定义，这道练习题是有意义的，也是对的。但是，在我改变了处理方法，变更了原有定义后，我却忘了修订这道练习题。这个借口无法改变事实：练习题的陈述是错误的。那时候，书已经正式排好版了，如果你在这一阶段加减一行字，印刷工人就会大发脾气。但如果我仅仅删去一道练习题，习题的编号就会乱套。解决方案：数一下符号、空格、逗号、括号的数目（总共有 535 个），然后编一道替代的练习题，既要符合前几页涉及的测度论内容，还要大约占 535 个符号。在写数学作品的经历中，那是我曾经必须面对的最奇怪的边界条件了。（顺便说一下，这其实就是《测度论》第 142 页的练习题 3[7]，我在资料中没找到原稿，也不记得这道题所代替的那个谬误了。）

每一本书的出版过程都比你想象的要长。作为编辑，我经常问作者：书什么时候能完成？如果他说 1995 年 1 月，我就在日历上记下 1995 年 7 月，甚至可能记下 1996 年 1 月。就算最后的实际交稿时间是 1999 年 8 月，我也不会太惊讶。出版商也是如此。作为一名作者，我经常问：我什么时候能拿到校样？如果有人告诉我是 2 月，我就会在 4 月的日历上记下来，但若是到了 6 月才收到校样，我也不会太惊讶。《测度论》这本书也不例外。我曾答应在 1949 年 1 月交付手稿，但实际交稿日期是 6 个月之后。反过来，我收到承诺在"初秋"见到校样，但它实际上是在 11 月份才送来的。在圣诞节前，我得到保证："圣诞节前你就能拿到封面齐全装订成册的书了。"而我收到第一本书是在次年 1 月 23 日，印刷出版年份为 1950 年。

# 硕士考试

当马歇尔·斯通成为芝加哥大学数学系的系主任时，他给自己拟定的首要任务是设计一套高质量的研究生课程体系，他挑选我们几个人来帮助制定细节。这一成果被称为本系的"硕士培养方案"（Master's program），而在其他许多大学，这可能是博士候选人培养方案。这是一个令人印象深刻的体系，包含 12 门课程，每门课程都要上一个学季，因为标准学年由 3 个学季构成，所以这相当于 4 门贯穿一学年的课程。大多数学生花了 3 年时间来完成这些课程，但这不是研究生阶段的 3 年。在芝加哥大学，"研究生"的定义是模糊的，人们广泛认可的定义是，这 3 年包括本科的最后两年和研究生的第一年。

马歇尔·哈维·斯通，1973 年

　　这些课程包含 3 门几何学课程（其中包括射影几何学和微分几何学），有 4 门可以笼统地称为分析学（集合论、一般拓扑学、实变函数论和复变函数论），还有代数学中的 5 门（从整除性的基本性质开始，按照伯克霍夫和马克·莱恩的式样 [8]，贯穿线性代数、群和环，终以伽罗瓦理论的光芒收场）。它们都是非同一般的课程，营养丰富的课程。任何真正理解这些课程内容的人都能进入博士学业，而且不会因为缺乏准备而遇到任何麻烦。

　　比起我到过的其他任何地方，芝加哥大学没有那么多的"地盘"之争。没有人认为一个分析学家想教代数课程属于"偷猎"。反倒有很多调换。卡普兰斯基 [9] 很自豪他教授了所有的硕士课程。我也尝试过，但没有全部完成，我总抽不出时间去教微分几何。可以肯定的是，在卡普教测度论的那个学季，他顺便来看过我好几次；而我在教伽罗瓦理论时卡住了，差不多需要一周向他请教一次，但我们连同各自的学生们克服了这些障碍，最终我们做到了问心无愧。

一个学生修完所有必修课程后，就可以去参加硕士考试。考试包括笔试（代数、分析与几何）和口试。口试安排做了精心的设计，考场是这些倒霉考生的临时指挥部，而我们这些教职员可以在几个考场转来转去，花上半小时左右的时间盘问每一个人。我们每年只花几个下午的时间就能完成这件事。学生们当然害怕考试，但总的来说他们的士气良好。"审慎地重视"可能比恐惧更能描述他们的态度，而且他们知道考试是公正的。当然，学生在圣诞节的滑稽短剧里偶然间会冒出一句哀怨的台词："赐予我们有能力通过的硕士考试吧。要不，赐予我们通过硕士考试的能力吧。"

以下是一些硕士考试的典型问题。

代数学：阶为 49 的非阿贝尔群存在吗？

我承认这题是我编的。最初的版本是这样的：证明阶为 $p^2$（$p$ 是质数）的群必是阿贝尔群。我坚信，一个以问号结尾的开放式的具体问题，比表述一般的、生硬的命令式的问题更有挑战性，更有趣，也是针对以后出现的"现实世界"更好的训练，并能给考官提供更多信息。同样，我们必须承认，考试的命题人可能会犯错误，"证明……"也可能是错误的，"存在……吗？"更安全。但没有什么是完全安全的。在一次课程中，我的一道考试题目是这样的：求与某某曲面相切于某某点处的平面方程。麻烦在于，我以数值方式明确地描述了所给出的曲面和点，但我忘记了点要求是在曲面上的。这些健忘行为，导致有一年圣诞小品中描绘我的角色被述说成一本新书《用于考试的错误定理》的作者。

代数学的题目还有：在整数 mod 3 的域上有多少个元素数少于 100 的半单代数？求 $x^3 - 3x + 5$ 在有理数域上的伽罗瓦群。

几何学：求空间曲线 $x(t) = (t, t^2, t^3)$ 的曲率和挠率。判断正误：如果一曲面的所有点都是脐点，那么该曲面是平面或者球面。（这题最初也写成"证明……"的形式。）

分析学：如果 $f$ 是一整函数，满足 $\lim_{z \to \infty} f(z) = \infty$，那么方程 $f(z) = 5$ 是否一定有解？在实直线上是否存在实值严格递增函数，其不连续点集恰好由所有无理数构成？构造一个在开单位圆盘内收敛的幂级数，其和以单位圆周上的每一点为奇点。在单位区间内是否存在具有正测度的疏完满集，其特征函数是黎曼可积的？

## 识别力

并不是每个通过硕士考试的人都能成为职业数学家。我想到了两种不同寻常的情况。

有一种情况并不太非同寻常：有些人只是改变了主意。阿尔·范斯坦（Al Feinstein）是一个聪明的数学系学生，但他不确定自己受到了感召，不确定自己想把毕生精力都花在数学上。我们是朋友——唉，一个年轻的助理教授在研究生中交朋友，要比一个老年正教授容易得多——当他准备考试时，他总是"靠在我的肩膀上哭"（这只是打个比方）：我该怎么办？我该走哪条路？他最后决定去读医学院，从那以后，我一直为他感到骄傲：他已经成为医学界的一个重要人物，撰写了许多诸如《布尔代数和临床分类学》（"Boolean Algebra and Clinical Taxonomy"）这类题目的论文和书。

另一个故事中的主人公也同样成功，但我要说的部分内容可能会让他尴尬，所以我给他起个化名，我们就叫他沃尔特（Walter）吧。他也是我的朋友，我们一起打扑克、喝啤酒，他是我晚餐的常客。他同样是我班里的学生。有一次，我在课上离题了，花了五分钟，讲的不是证明定理，而是如何评判学生。这很容易，我骄傲、自满地坚持这么认为。考试和分数对大多数人来说都是官僚主义的鬼话，我说。判定一个学生是否具备成为数学家的条件是很容易的：让我和他在轻松的气氛中单独待上一小时，仅仅从他谈论数学的方式，从他提问的方式，从他对语言的态度，我就能知道他是否具备数学家的天分。(有一次,一位担任驾驶证考试考官的警察告诉我,他可以从一个人上车和关门的方式来判断他是否能通过考试,这给我留下了深刻的印象。)

我轻率的吹嘘很快遭到了挑战。下课后,沃尔特找到我,问我是不是认真的,我是否能用这种方式来评判他。其实,我从来没有真正做到过我吹嘘自己能做到的事,而且,我在理论上比在实践中更有把握。但是,管他呢。我说,当然了,沃尔特,我们花一小时看看会发生什么。我们就这么干了:我们一起坐在埃克哈特大楼后面的四方园里聊天。我问了一些问题,沃尔特也问了一些问题,我很紧张,他很焦虑,但我敢打赌,在外人眼里,我们看上去很放松。一小时到了,我说:沃尔特,选别的专业吧。你是很聪明,而且思维敏捷,能做推理,还有很好的直觉,但你不适合做数学家,也永远不会成为数学家。当然,我可能是错的,不要把我的话当作神谕,但你既然问了,我的回答就是这个。

沃尔特相信了我,把我的话当成神谕,离开了数学。他去了威斯康星大学,成了某某学的研究生。三年后,他获得了博士学位,从那以后就再也没有回过头。他写了一大堆文章,带出了许多博士生,成为一所一流大学受人尊敬的正教授,并且被誉为美国最出色的数学某某学家之一。我们仍然是交换圣诞贺卡的朋友,难得能在一起的时候,我们会愉快地回忆过去。

那事已经过去了三十多年,至今我仍然认为可以早早地挑出佼佼者,即数学家们一直遵循着"三岁看大,七岁看老"的规律。这种传统智慧经常重现在电影情节当中,钢琴老师听了初学者演奏贝多芬的奏鸣曲之后,立即可以预测未来:这个人永远不会超越业余爱好者水平,但那个人会前程远大。我不是音乐家,不知道这是不是真的。然而我要说的是,在数学上,这种规律肯定是正确的。

在音乐创作和其他非转瞬即逝的创作领域,如绘画、雕塑、文学和数学,人们认为这种预判不像对表演者那么必要。反正作品就在那里,它可以且应该为自身证明，它的生死取决于历史对其价值的评判。但没有把握的初学者不想等那么久，他可能会在"时间"还没来得及判断之前，就去寻求专家的意见。我坚信，任何一位数学家只要具有一般的洞察力和经验，当然还得具有坚定的信念和勇气，就能像钢琴老师一样做出传奇般的预测。此外，我相信，做出这样的预测是数学家的专业职责，即使他未受请托。让一个年轻人在挣扎多年之后永久沉没，是不仁慈的，逆耳忠言反而更仁慈。

除了少数例外，我会遵循一条规则：当一个学生来问"我应该成为数学家吗"时，回答应该是"不"。你必须想要成为数学家，才会成为数学家。如果你一定要问，那你也就用不着问了。

我有勇气如此预言，另一个原因是我见过很多研究生浪费了他们生命中的四年时光。信不信由你，在一些大学里，畏手畏脚的考试政策（"我们必须公平，我们必须给他们一个展示自己能力的机会"）在数学401考试的第一个月后才能告知学生一个显而易见的事实，这已经浪费很长时间了。

电影里的钢琴老师会出错吗？我们在评价一个学生的数学才能时，也会犯错，不是吗？回答当然是肯定的：钢琴老师有时注定是错的，我们也一样。但注意两点：一是误差概率很小，大多数老师会做出同样的预测，大多数预测结果是正确的；二是错误并不是灾难。某个领域失去一个好学生，这个错误的代价是伤害他的感情，让他愤怒、沮丧，但仅此而已，他可以而且必将在某个地方、某个时候，以某种方式继续前行，他的生活不会被毁掉。我坚信，任何事都不可能压制一个优秀的人。

我们一直都在被评判。在数学家的职业生涯中，有两次最重要的判断：一次是在研究生阶段的早期；如果获得了博士学位，然后找到一份工作，那么另一次是在职业生涯的早期。我足以胜任这份工作吗？我会晋升吗？我会得到终身职位吗？我们再一次看到，不恰当的善意经常影响各部门委员会的决策方式。在许多大学，助理教授职位的任命实际上是一份为期六年的合同——

要过去这么久，系主任才敢告诉那些不再年轻的助理教授一个在他们到校后一个月就已经很明显的事实。我赞同一年任期，是的，一年。的确，我知道，第二年的续聘程序必须在第一年的第一个或第二个月开始，但我认为，这段时间已经足够评估一个年轻同事对系里可能做出的贡献了。如果我们解雇了一个优秀人才，那损失只是我们的。这种情况在十次或二十次决策里才会发生一次，为了维持大学的高学术水平，这样的冒险是值得的。再说，请记住，我们没有犯下谋杀罪，一个优秀的人不可能就此被压制，至少不会持续太久。

很多人在这些事情上不同意我的观点，但我敢肯定，他们只是没有正视事实。我说的一无是处吗？我的立场极端吗？时间会告诉我们真相——或者，已经告诉我们了？

# 吉米·萨维奇

在我结识吉米·萨维奇的几年前，我就听说过他。当他在密歇根大学读研究生的时候，他的天赋已经惹了"讨人嫌"的名声，他总是坐在前排，问一些令人烦恼的问题。但他根本不像传言描述的那样。

他身材高大，虽然不胖，但体重超过普通人，体格结实，常常头发蓬乱、衣冠不整。他戴着一副非常厚的眼镜，这并没有给他的形象加什么分。他患有眼球震颤（眼球几乎永无休止、不受控制地摆动），而且他的近视程度可以说已是法定意义上的失明。他在阅读时会把一本书放在离左眼不到 2 英寸 [10] 的地方，然后斜着眼睛费力地看，可是他读了很多书。他在人文、艺术和科学方面都有着广博的修养。他理解人们，而且大多数人他都喜欢。他已经很能适应视力不全的生活，因此在日常生活中经常会很大意。1941 年，当我在研究院结识他时（那时他 24 岁），他的朋友们还没能劝阻他不要骑自行车在城里转悠。至于抢占前排座位，他只能坐在那里，他坐在别的地方看不见黑板。他手边总备有一个功能强大的单目放大镜和一个微型望远镜，但即使这样，他也不得不经常离开座位，走到离黑板两三英尺 [11] 的地方去凝视。他的问题——哦，他所有的问题都问对了——可能会惹恼一些讲课者，但这些问题总是深刻尖锐，直击主题的核心。

当你和吉米交谈时，他会倾听，他真的很注意你说的话和你想说的话。我们在芝加哥大学共事了 14 年，经常交谈。吉米比我稍微年轻一点儿，但当我需要一位明智的指路人时，我往往会选择他。

他并不喜欢每一个人，对不喜欢的人，他也会相当冷淡，但他的交友和兴趣爱好都很广泛。他有一个朋友是米尔顿·弗里德曼（Milton Friedman），以右翼经济学观点而闻名，但另一些朋友则是激进的左翼分子。在数学上，他不仅在纯粹微分几何（他学位论文的领域）方面，而且在应用于具体、特殊的医学问题上的统计方法方面，都保持着自己的优势。跟他在一起很有趣，但当他开始探讨自己的专业信仰——贝叶斯统计方法时，他就会变得严肃、正统，甚至显得古板。

在芝加哥大学的 14 年里，我们真正相处的时间要短得多，因为吉米有好几年都请假去了别处，我也是，我们的时间经常不合拍。第一次不合拍是我在研究院做古根海姆项目的那一年，当时吉米留在芝加哥大学。我们通信频繁，在我设法保存的信件中，有一封是正式的商务信函，主要内容是我的书《有限维向量空间》的销售情况。热爱线性代数是我和吉米的共同之处，但他对此有些矛盾。晚年，在一次自传体的报告中，他提到了他在密歇根大学大三和大四时的态度："回想起来，阻碍我成为一名数学家的绊脚石似乎是数学中一个不大但很重要的主题，通常被称为线性代数。那时候，关于它的任何论述对我来说都无济于事，今天我也仅能理解很少。我已经重读了当时让我迷惑不解的书，我不明白怎么会有人读得懂。"

1948 年春天，当我还在研究院时，《有限维向量空间》的首印版已经售罄，普林斯顿大学出版社印刷了第二次。然而，发行过程情况不妙，书店没有收到出版社答应安排发货的书。我知道，在芝加哥大学至少有两门课程想要使用这本书，所以我趁在普林斯顿之便，溜达到出版社去询问可以做些什么。社里每个人都很乐于帮忙——他们不能立即解决这一发货错误，但如果还有用的话，他们可以给我 100 册。是的，这样做很有用。我把这些书运到芝加哥大学，并建议通过数学系让有需要的学生买到这本书。一周后，我收到了吉米的商务信函。

亲爱的保罗：

马歇尔 [ 当然是斯通，即系主任 ][12] 严禁通过数学系出售你的书，这是非常明智的举动，后续的情况发展很快就会揭晓原因。

因为我的统计学课程亟需此书，所以我就 [ 在没有人允许的情况下 ] 自己出售了一些书。席林（Schilling）帮了我一把，他至今卖了 19 本。

星期一上午开始销售，目前 [ 星期四 ] 这 100 册的账目是这样的：

$$
\begin{array}{rl}
1 & 送给席林 \\
19 & 席林售出 \\
6 & 席林存余 \\
67 & 我售出 \\
7 & 我存余 \\
\hline
100 &
\end{array}
$$

昨天芝加哥大学书店打来电话，威胁说要把我扔进监狱，因为我违反了学校禁止与该书店竞争的规定。为了逃避牢狱之苦，我以每本 2.5 美元的价格从书店买了 20 本，他们的零售价是 3 美元。这一举动并不完全是出于我个人的考虑，因为上席林的课程的退伍军人宁愿让"山姆大叔"[13] 花 3 美元给他们买一本书，也不愿自己掏 2.5 美元。我已经承担了一些责任，很想知道事情的处理方式是否如你所愿。[ 是的。]

附言：这本书很快就会上市吗？

说到线性代数，这里有吉米在他的一封信中写下的一道题。他写道："你是否知道，如果 $S = A + B$ 是可逆的，那么 $AS^{-1}B = BS^{-1}A$ ？"

我很享受解决这个问题的过程，尽管它不涉及线性代数，而纯粹是环论问题。仅用一句话即可进行证明：用 $S - B$ 替换 $AS^{-1}B$ 中的 $A$，同时用 $S - A$ 替换其中的 $B$。

吉米患有他所谓的"对波利亚 – 塞格的长期神经紧张症"（关于那本极其著名、经久不衰的分析学问题集 [14]）。甚至，当他在巴黎写他的第一本（也是最重要的）书的时候，他在晚上还要花时间应对这种神经紧张症。"波利亚 – 塞格让我蒙羞，"他写道，"我从未真正懂得其中的来龙去脉，但我现在可以求解相当多的难题，似乎从中学到了某些一般意义的东西。"

那是他的一种消遣，另一种消遣是神奇的食物——北美印第安土著的肉糕（pemmican）。相传这种肉糕是将一只野牛捣碎制成的，要把牛角和牛蹄、瘦肉和肥肉、尾巴和牛肚都磨碎，然后压成蛋糕块的样子。这并不是所有人都认可的烹饪法。据说，印第安人还会掺入某种叶子和草药。有一段时间，一家主要的肉类加工厂将其制成商品上市。无论如何，这东西被吹捧为完全的方便食品，携带方便，当你穿越死谷（Death Valley）或绕过合恩角（Cape Horn）时，它能提供生存所需的一切养料。半是觉得好玩，半是为了科学实验，吉米靠这肉糕和饮用水生活了 3 个月。结果，他连续 3 个月处于饥饿状态，体重减轻了 17 磅。在停止实验时，他狼吞虎咽地恶补冰激凌。

我与吉米合作完成过一篇论文，该文在统计学界非常有名。这次合作始于吉米随便问的一个关于条件概率的问题。那时候，我的心思专注于测度论（以及《测度论》这本书），而测度论是让条件概率的微妙之处变得清晰而严谨的唯一途径。吉米教我充分统计量的知识，我教他拉东 – 尼科迪姆（Radon-Nikodým）定理。阐明这两个主题之间的关系，就是我们写论文的最终目的。

吉米不会因为对纯粹数学的贡献而被人铭记，但在我心中，他无疑是一位数学家。其他人告诉我，他是一个伟大的统计学家。我可以证实，在我所认识的众多数理统计学家中，他是最具数学洞察力的。他懂得数学，理解数学，对数学有感觉，他像专业人士一样看到了数学各部分之间的联系。

他是一个人，因此并不完美，但我所知道的他的缺点不过都是小癖好。他烟抽得很凶，尽管他一直不想这样。他不喜欢音乐，他说自己是音盲。虽然他很风趣，但在某些方面一点也不幽默。有一次我很惊讶，他无意中听到我约人去打扑克，责备我说："你是说，你约人去浪费时间？"随着他的地位和重要性的提高，他也变得越来越自负了。1940 年的吉米可能会认为 1970 年的伟大的萨维奇有点过分重视自己了。

吉米在 53 岁时去世。耶鲁大学为他举行了追悼会，艾伦·沃利斯（Allen Wallis，吉米在芝加哥大学的长期同事，统计学合作者，也是私人朋友）的话深深地打动了我。

当时沃利斯说："去描绘他的魅力、他的敏锐、他的热忱、他的好奇心、他的智慧、他的口才、他的慷慨、他的强烈、他的精明、他的复杂、他的单纯、他的忠诚或他的丰富多彩，这都超出了我的能力范围。他的生活充满了乐趣，他给许多人带来了极大的快乐。他是一位亲密的朋友，一位真诚的朋友，一位坚强的朋友。他是一个真正的天才，也是一个杰出的人物。"

## 学生和课程

毕晓普和他的同班同学并不是我周围仅有的优等生，浏览一下我的成绩记录（是的，我还保留着这些记录），我在芝加哥大学的这些年里，每年都会遇到四五个杰出的学生。我所说的"杰出学生"是指那些后来成为著名数学家的学生，他们中许多人的名字在整个数学界都得到了公认和尊重。以下选出他们中的 6 位作为例子：海·巴斯 [15]、保罗·科恩 [16]、莫·赫希 [17]、迪克·卡迪森 [18]、伊萨·辛格和伊莱·斯坦 [19]。毫无疑问，他们中的每一位都是美国培养出来的一流的数学家。

并不是所有的芝加哥大学学生都好，其中也有古怪的学生，也有只是贴了块芝加哥大学铭牌的学生。还有一个被大家称作"自然之子"的学生，他也许有一些天赋，但完全没有条理，还带着一些奇怪的个人习惯（因此他有了这个绰号，并不仅因为他光着脚）。

还有一人，我将称她威廉明娜（Wilhelmina），这是一个富有的辍过学的中年学生，她要从我这里学习向量。为了强调这一点，在一次课上，我列出了 6 种不是向量的事物。我说，向量不是一个 $n$ 元数组，向量不是平面上的一个箭头，向量不是……（我描述过的其他几种可能的事物）。我继续说，任何向量都是向量空间的一个元素（当然，向量空间我刚刚已定义了）。威廉明娜不喜欢那样的讲解。她在《不列颠百科全书》上查阅了向量的定义，然后去找学部相关的副主任，抱怨我狭隘，有偏见，利用课堂权威来教授个人观点。那位副主任太有经验了，因此不为所动，但他不得不请我过去告诉他具体实际情况。他对我的解释很满意，而我则继续教授我那反常的个人观点。期末考试的一个问题是我之前提到过的老一套：复数集合是实数域上的一个向量空间吗？威廉明娜的解答（全文）是："这是一个骗人的问题，如果说我在这门课中学到了什么的话，那就是不回答骗人的问题。"

从我刚刚点名的一流学生到威廉明娜之间，还有很多其他一流的学生，以及一些只是"很好"的学生（在其他大多数大学，他们会被称为"出色"），另外，有许多从语言学、物理学、工程学、哲学等其他领域来到数学领域的富有才智的访客。也有不好的学生和缺乏才智的人，但很少。

芝加哥大学没有工程学院，但早年在那里学我的微积分课程的一个学生后来成了一名工程师，他在美国西部电气（Western Electric）工作了很长一段时间，我们在牌桌上一直是朋友。这位鲍勃·马圭尔（Bob Maguire）到底经历了什么？他是如何将芝加哥大学的教育转变成工程学实践的？

在头一两年，我的正式班级名单上的大多数名字都有星号。这意味着他们是退伍军人，按照退伍军人安置法案，上面告诉我不要给他们打 R。"R"是芝加哥大学的一个奇怪等级，代表"已注册"（registered），我一直不知道它有什么用。这其实与住宿要求以及学生和大学之间的财务安排有关。如果你在某门课上得了 R，就可以认为你有了学分，该成绩等级 R 就是你的凭据。这是一个没有偏见的等级，尤其是它对学生没有伤害，但是"山姆大叔"不要它，要求退伍军人必须有**真正的**成绩等级。

尽管一些内容可能会成为有趣的阅读材料，但在这里抄写我的记分册是没有意义的，不过，也有一些我实在不应独享的片段。从那时起，记分册涉及的人就开始在数学领域扮演重要的角色。例如，在一门课上，我粗略地把学生分为"还好""较差"和"懒惰"。毕晓普上了这门课，他是"还好 +"。只有一个学生的表现不能被标注，默里·格斯滕哈贝（Murray Gerstenhaber）的分类是"＋＋＋"。他后来成为一名具有广泛兴趣的代数学家。在他中年的时候，作为一位有名望的学者，他抽出时间获得了一个法律学位，并取得了律师资格。我知道另外三四位也这样做的数学家，我完全赞同他们，但我有点惊讶于我自己从来没有这样做。

雷·孔泽（Ray Kunze），后来成为一名杰出的调和分析学家，修过我开的数学 251（代数学的第一门课，伯克霍夫和马克·莱恩教材的水平）。在下一门课数学 252 上，班上有一位叫玛丽·毕晓普（Mary Bishop）的学生，她是埃里特的妹妹，凭借自己的能力成为一名公认的分析学家（齐格蒙德的学生），并且在数学 252 课上遇到了她未来的丈夫吉多·韦斯（Guido Weiss）。很不幸，她英年早逝。

1950 年春季的数学 253 课程非常精彩。注册量从数学 251 课程的 50 人降至 40 人，但这 40 人并不是那 50 人的子集。课程表和分班经常在学季之间改变，每次你必定会失去一些学生，还会收获一些新的学生。这 40 人包括迪克·布洛克 [20]、阿尼尔·乔杜里（Anil Chowdhury）、伯特·科斯坦特 [21]、保罗·莫斯泰特（Paul Mostert）、埃德·纳尔逊 [22] 和薇拉·施特彭 [23]。这些名字你都认识吗？就算你觉得不都认识，也可能是知道一些的。

迪克·布洛克是一位著名的代数学家（我居然有勇气教他向量空间），而伯特·科斯坦特是一位杰出的几何学家——仅就他所做的艰深的"李数学"而言。保罗·莫斯泰特是一位半群学者，多年后，他在我的生活中扮演了一个短暂但重要的角色。就在马萨诸塞大学有意给我一份安逸的职位时，保罗有意向担任那儿的院长一职。在工作协商期间，我们一直保持着密切的联系，但最后我们都没有去。我们都没说过如果对方不接受，那自己就不会接受职位这种话，但我们都有这个念头。

埃德·纳尔逊是一位倾向于物理学的分析学家，最近他转向了非标准分析 [24]，他在国外（我相信是意大利）获得了优秀的高中教育，直接进了芝加哥大学，并充分利用了芝加哥大学的分级考试制度。根据深深刻在我记忆中的传言，他没有上过课就完成了本科学院阶段的学习。他在头两周参加了所有的考试，并被该学部正式录取为三年级本科生。至于乔杜里和施特彭，这两人之后改了名字。前者现在是递归逻辑学家阿尼尔·尼罗德 [25]，后者是数学计算机科学家薇拉·普勒斯。她也是在我班上遇见自己未来的丈夫的。她的丈夫欧文·普勒斯（Irwin Pless）是在数学 253 课程上得到 A 的六人之一，科斯坦特和纳尔逊也在这六人中。

当时，厄尼·迈克尔（Ernie Michael）也是芝加哥大学的学生。他后来成为一般拓扑学家，专门研究选择定理（什么条件下可以在集合映射中选择连续点映射？），但在读研究生时，他对其他许多事物感兴趣。他甚至还参加了我的几门课程，我们在课外成了朋友。对于厄尼的朋友们来说，我们必须在星期六给他买午餐。他是个恪守教规的犹太人，因此不能在安息日带钱。他会提前把钱存到我们这里，或者在下一周诚心诚意地把钱还给我们，而当我们一起在自助餐厅取餐时，他就不用付钱了。他恪守圣日规矩的另一个特点是，当他在星期六下午来拜访时，他不能按公寓一楼的蜂鸣器按钮，按了就是在安息日"工作"了。天气好的时候，这倒是没什么问题，他只要站在我窗下的院子里大声呼叫，我会向他招手，然后按开门按钮，这样他就可以上去了。到了冬天，窗户都关着，他喊也没用。另一种常用的办法很奏效，厄尼做一个雪球，小心地瞄准我三楼的窗户扔过去。这也不属于工作的定义范围。

1951 年，我在高等微积分课上有个学生叫拉里·沃斯（Larry Wos），他让我精神紧张，必须随时待命。从那时起，拉里就对自动机理论做出了基础性的贡献，并因此获奖，尽管他从小就失明。给一个有盲人学生的班级上课要格外小心。你不能一边说着"……现在用**这个**，把它代入**那个**……"，一边用粉笔和板擦在黑板上挥来挥去。你必须说："现在用我们刚刚得到的 $y$ 的表达式，把它代入之前联系 $y$ 和 $z$ 的公式……"我试着去适应，拉里让我很容易适应。他总是精神集中，认真听讲，做盲文笔记，经常主动回答我的问题，也提一些他自己的好问题。他不时地在办公时间来找我答疑。我教他也很愉快。我发现，观察他如何"领会"数学概念令人着迷。例如，有一次他说："……但如果这函数是单调的，那就没问题了……"与此同时，他用右手向右上方画了一个向下凹的曲线。那个班有 40 名学生，我给了 6 个 A，拉里拿了一个，吉多·韦斯也拿了一个。

回头看看这些初学者，他们最终都取得了很高的成就，这是一件有趣的事，我可以一直说下去。但现在我要打住，只谈一下在我去乌拉圭的前一年最后一次上的测度论课程。就像当时芝加哥大学的其他许多班一样，这个班的规模很大（超过 40 人），有几位学生后来成为著名的数学家，其中四位是沃尔特·费特（Walter Feit，因有限单群分类中的费特 – 汤普森定理而出名）、约翰·伊斯贝尔（John Isbell，上帝宽恕他，他竟成了一位范畴学家）、卡雷尔·德莱乌（Karel de Leeuw，一位出色的调和分析学家，中年时被一个患精神病的学生残忍杀害）和斯特林·贝尔贝里安（Sterling Berberian）。贝尔贝里安当时被朋友们叫作萨姆（Sam），直到今天，他给我写信时还记得用这个名字署名。萨姆的兴趣和我的不完全相同，但有不少相同之处。跟我一样，他也写了一本关于测度论的书和一本关于希尔伯特空间的书，他还继续写了一本关于泛函分析的书，这我从没抽出时间来做。

在埃克哈特大楼有"夜班"和"周末班"，这座建筑总是充满活力。是我怀旧吗？也许是吧，但有着数量如此惊人的高水平学生，有些事情是值得怀旧的。撇开个人态度不谈，在 20 世纪 40 年代末和 50 年代，芝加哥大学的数学系即便不是世界上最好的，也很接近，以至于我这么看也是情有可原的。

## 初耕希尔伯特空间

20 世纪 40 年代末，我开始践行自己的一项信念：要想保持活力，你就必须每五年更换一次领域。回首往事，我现在可以看到这条自然而然的戒律有两个层面，它们并不总是那么明显。第一，我并不是先发现了它，然后付诸行动，而是注意到我其实似乎时常改变方向，于是从一个事实中总结了它的优点，并把它表述为一句至理名言。第二，它的工作原理是，一个富有创造力的思想家只有不断发展才能保持活力。你必须不断学习新事物以揭示旧事物。你不必真的改变领域，但必须给熔炉添煤，拓展范围，竭尽全力，避免故步自封。

当我自己对测度论的关注开始动摇时，我发表了几篇对其他人测度论研究的评论，其中一篇是关于李雅普诺夫定理的（大意是说，良态向量值测度的值域是闭凸集）。凯·兰德·布克（Kai Rander Buch）发表了一篇关于闭性的论文，那篇论文让我很生气，它给我的印象是絮叨冗长、自命不凡和故弄玄虚。我坚信，有人可以做得更好。我思考了这个问题，找到了一个好得多的方法，匆匆写了一篇评注[26] 给《美国数学学会通报》。我的证明比凯·兰德·布克的要巧妙得多，也短得多，但他的证明是正确的，而令我难堪的是，我的证明却是错误的。耶森和迪厄多内两人都写信告诉我，我的引理 5，关键性的引理，是错误的。太遗憾了，那原本是多么好的一条引理啊！它断言，两个紧拓扑的生成是紧的（生成、上确界、生成拓扑）。对于这一命题，不仅容易找到反例，而且很难找到使它成立的任何非平凡实例。这次在公众面前摔了一跤，激发出我足够的动力，让我坐下来更深入、更有效地思考问题。我的第二篇评注 [27] 发表在第一篇面世后的下一年（1948 年），篇幅有第一篇的两倍长（6 页），然而它既优雅又正确，从那以后被频繁引用。现在这一切都被取代了，1966 年林登施特劳斯（Lindenstrauss）发表了最巧妙的证明，终结了其他所有证明 [《数学与力学学报》（*Journal of Mathematics and Mechanics*）]。

1949 年，我发表了另一篇情绪化的小评注。惹起这事的是泉信一（Shin-Ichi Izumi）的一篇论文，它证明的定理并不能称为定理。论文主题是遍历理论，其陈述称，在保测变换 $T$ 的某些相当严格的限制性条件下，可以得出结论，诸如 $\sum_{n=1}^{\infty} \frac{1}{n} f(T^n x)$ 这样的级数几乎处处收敛。泉信一的证明相当复杂，而且就我所知，绝对正确，但存在问题——所述条件是如此苛刻，以至于唯一满足它们的变换是作用于只包含一个点的空间上的恒等变换。

就这样，我研究测度论和遍历理论的生涯告一段落。1948 年，我给美国数学学会做了一次特邀报告；后来在 1960 年，我又做了另一次报告。这些报告的书面版本，以及随后的几本出版物，本质上都是说明性的，但它们有助于使"我是一个测度论专家"的神话永久化。那些在四分之一世纪前从《测度论》一书中学习测度论的人仍然不时地给我写信，他们的学生会继续写信，询问这一领域目前的研究状况。我真希望知道。

1950 年，我对希尔伯特空间的研究开始有了回报。在我的研究日记中，我问了自己一个问题（我记不得为什么提出来了），这个问题变成了一座金矿。问题是："哪些矩阵可以出现在正规矩阵的西北角？"现在来看答案很简单（所有的矩阵），有一种叫作膨胀理论（dilation theory）的方法用几句话就能处理这个问题。瞧！从膨胀到扩张（只是更自然的概念）仅一步之遥。我发现了次正规算子。在接下来的两年里，我为建立相关理论迈出了最初的几步。如果在一百年后，人们仍然记得我做过的一些事，那么次正规算子很可能就在列表上。

我的朋友莱奥波尔多·纳什宾（Leopoldo Nachbin）是一本叫《巴西数学汇编》（*Summa Brasiliensis Mathematicae*）的默默无闻的期刊的编辑——这本期刊至今还是默默无闻，事实上，我甚至不知道它是否还在发行。那时，我正准备发表我的第一篇关于次正规算子的论文，他让我把稿子投给他。我照办了，就是这样。

在《巴西数学汇编》上发表论文的同年，通过开设一门关于谱理论的课程，我又向希尔伯特空间迈进了一大步。课程主要聚焦在重数理论上，研究是从希尔伯特的学生黑林格（Hellinger）开始的。和他那一代的许多德国人一样，黑林格在希特勒时代成了难民。他是伊利诺伊理工大学（Illinois Institute of Technology，IIT）的教授，该校被一些数学家称为"负 T"（"IIT"，明白了吗？[28]）。我对他略知一二。他将埃尔米特矩阵或正规矩阵的特征值的重数概念推广到无穷维空间。这种推广并非微不足道。由于无穷维空间上的正规算子可能根本没有任何特征值，主要的困难在于如何将重数附加到不存在的事物上。

该解决方案是归于测度论的。测度论是一种广义的计数。你可以对不包含任何元素的"集合"中的元素个数进行"计数"（因为每个元素作为零测度的单元素集，都会被识别为空集）。这种广义计数正是无穷维重数理论所需要的。斯通的书（1932 年）中包含了对黑林格的工作的系统阐述，但很复杂，而纳吉的专著（1942 年）[29] 也触及了这个主题。20 世纪 40 年代中期，在苏联的另一位德国难民普勒斯纳（Plessner）与一个名叫弗拉基米尔·罗林（Vladimir Rohlin）的年轻俄罗斯人（他后来放弃了遍历理论和希尔伯特空间，成为一位著名的拓扑学家）合作，并提出了一种改进的方法。这些概念当时非常流行，我急切地想了解普勒斯纳和罗林所做的工作。学习的最好方法是教别人，我冒着风险宣布，我要教一门课，目的是在希尔伯特空间公理和重数理论之间建立起联系。

我想把自己之后采取的方法强烈推荐给那些想在一小段时间里教授一大块内容，并且不惜像奴隶一样吃苦干活的人。我坐下来，写下了整个课程：序言评注、预备知识列表和讨论、定义、定理、证明，所有的一切。这最终并没有形成一本书，我本来也不打算写成书，这就是一套课堂讲稿。我毫不留情地努力保持简短：我只处理了中心地位的特例（有界的埃尔米特算子），以电报的风格写作，省略了所有的结缔组织——那些起合过渡的文字，这种说明性的闲聊能把一份冷血的 Satz–Beweis[30] 类报告变成一份可读性强、令人愉快的教学讲稿。讲稿油印好后，在上课的第一天就交到学生手中。然而，那时我所服的奴役还没到全部的一半。

我告诉班上学生，我希望他们在本学季的 10 或 11 周内，以每周 6 或 7 页的平稳速度阅读讲稿（共 70 页），讲稿中的定义、定理和证明完全不会在课堂上讨论。当我们见面时，我只会讲一些附带问题：这个课题的历史，它与数学其他部分的联系和类比，它的应用，预计可以努力提高学生技能的练习题，以及在可能的情况下，这个领域尚未解决的研究问题。

这样教很有效率。我热情投入，学生们也很合作，我们迈着大步向前推进。讲稿里和讲课过程中都有错误，学生们乐于发现错误，士气高昂。

当课程正式结束时，我计划中最重要的一项任务仍摆在我面前：写一本包含所有这些内容的书。有了讲稿、讲课和讨论内容支持，劳作也成了一种乐趣，倘若没有这些材料，写作就要困难得多，即使是像《希尔伯特空间引论》（*Introduction to Hilbert Space*）这样一本仅有 114 页的小书……

我当时的出版商是范诺斯特兰出版社，我一直与他们合作，直到 20 年后他们退出大学数学业务。但这本希尔伯特空间的书出版期间，他们做了件让我心烦的事。当手稿快要完成时，我写信给出版社，问他们是否愿意考虑出版。我没料到他们竟未见真货，就盲目答应了。我又问了个具体问题：撇开质量评估不谈，这本书是否会因为篇幅太短而不能独立出版？回信给出了断然的答复：不会，绝对不会，请务必让我们拿到版权，简洁不是障碍。真是好极了。几周后，我提交了手稿，静候回音。答复很快就来了（也许比送书出去进行详细评估的时间还短）：不行，抱歉，我们确信你写的东西很好，但它太短了，不适合我们的出版规划。难道我不该生气吗？

阿龙·加鲁滕（Aaron Galuten）是战争年代哥伦比亚大学的研究生。在读研的过程中，他和他的一些朋友发现他们需要一本书，一本刚刚在德国出版但在美国很难买到的书。无论什么书，想搞到几本，总是能办到的——从《数学评论》那儿要一本，通过中立国进口一两本，托旅行者带几本……但广泛发行就困难了，甚至是不可能的。加鲁滕的解决办法是成立一家临时公司，并经由美国战时外侨财产监管官（Alien Property Custodian）的常规安排，筹划重新出版他想要的那本书。这一招奏效了，而且事情一发不可收拾，切尔西出版公司 [31] 成为永久公司。我把自己的小书寄给加鲁滕，他出版了，从那时起，我们一直愉快地合作。他的公司（从一个亲戚的皮草店后屋起家）发展壮大，40 年后的今天，它已有了一份包含 200 多种图书的出版目录，其中很多作品原先都是国外出版的，在切尔西出版公司把它们从遗忘中拯救出来之前，已经绝版了。我的希尔伯特空间的书也在出版目录上，后来又添加了另外两本，《遍历理论》（*Ergodic Theory*）和《代数逻辑》（*Algebraic Logic*）。30 多年过去了，此书现在每年只卖出一两百本，但仍在印刷，顾客很满意，我也一样。如果我还是个烟民，我从切尔西出版公司获得的版税收入还不够我买烟的。

# 博士生

我在芝加哥大学教过很多研究生课程，通过这些课程我认识了相当多的研究生。他们中一些人找我做他们的博士生导师，是很自然的事。我的第一批博士生包括达恩·奥尔洛夫（Dan Orloff）、阿伦·布朗（Arlen Brown）、乔·布拉姆（Joe Bram）和埃里特·毕晓普。

达恩·奥尔洛夫是我在芝加哥大学教的第一门课的学生，课是有关遍历理论的。他是个好学生，一名退伍军人，成熟友善，我们经常一起喝咖啡、共进午餐。一年后，当我在研究院的时候，他给我写了一封信，问我是否能接受他做博士生。我感到荣幸，答应了。达恩从未获知，我的回答逐字引用了乔·杜布曾对我说的话："我想，我们能帮你找些值得的事做做。"我们做到了，而且效果很好。达恩成了我的第一个博士生。他没有留在学术界，而是去了一家飞机制造公司工作。大约在他拿到学位 3 年后，我偶然碰到了他。我们开始谈论工资，当得知我的薪水是 7500 美元时，他吓了一跳。他的收入是我的两倍。

工资使我想起了职级。1949 年春天一个宜人的下午，马歇尔·斯通敲响了我办公室的门。我穿着长袜，平躺在长沙发（办公室设备的标配）上。不过我已经结束午休了，我和善地喊了一声"进来"。马歇尔走进屋，对我不拘礼节的着装发表了一番评论，并告诉了我一个好消息：我将在秋季被提升为副教授。这是我在芝加哥大学任教的第 3 年，是博士毕业后的第 11 年。我的工资将从 5500 美元涨到 6000 美元。新的职级自动获得终身任期，教员称其为"永久职位"，但行政部门坚持使用"无定期职位"这个词。又过了 7 年，我才成为正教授。那次晋升比一般情况要晚一些（马克·莱恩当时是系主任，面对我的优秀品质，他倒是能够控制住他的热情），但也没晚多少。当时我正值 40 岁，拿到博士学位 18 年了。

阿伦·布朗实际上是我亲眼看着成长的。他是少数几个真正通过本科学院阶段学习数学的人之一，学习数学的顺序是按照培养方案进行的。从他的情况判断，这套培养方案很好。我是在教一门比较初等的微积分课上认识他的，然后在一门复杂的特设课程上见到了他，课程是关于无穷级数的。虽然我们现在是同事，地位完全平等，年龄差距看起来已经趋近于零，但他不久前告诉

我，那些早期的课程仍然不时浮现在他的脑海中，影响着他对我的看法。有一次，我强烈反对 $\delta$ 待定的证明。我说，叙述成"选取 $x$ 使得 $|x - x_0| < \delta$，其中 $\delta$ 稍后再确定"是偷懒的想法，可能导致循环推理和其他错误。我认为，证明者有责任在必须选择 $\delta$ 时选择 $\delta$，从而向听者保证，参数选择的顺序是理所当然的。在这个问题上，我现在不再那么情绪化了，但阿伦说，即使是现今，在极少数情况下，当他确实提出 $\delta$ 待定的证明时，他的内心也会受到一点儿触动——不，不，我不能那样做，老师说那是不对的。

在 1949 年或 1950 年，阿伦开始认真地跟随我攻读博士学位，但当我在 1951 年休一年的假期时，他转到卡普兰斯基那里去完成学位。不久以后，巴兹·加勒（Buzz Galler）师从斯通开始攻读博士学位，但出于类似的原因，最后跟随我完成学位。在他们二人中间，我希望自己至少能享受培养出一位"全程"博士生的功劳。在很长一段时间里，我和阿伦一直保持着密切的个人和专业联系。他去了得克萨斯州的莱斯学院（当时的称呼）[32]，但两年后，当我在密歇根大学时，我在那里为他谋了一份差事，于是我们又在一起了。直到后来他去了印第安纳大学，而我则在夏威夷大学，他为我在印第安纳大学谋到了一个职位。风水轮流转，我们扯平了。

然而，我和巴兹·加勒没能保持联系。他在计算机方面有很多工作，在行政管理方面也是如此，这意味着我们进入了截然不同的圈子。我对加勒印象深刻，至少有一个原因在于，他是我带的为数不多的攻读逻辑的学生（如果按人计，有 3 人；如果按过程计，则有 1 个全程加 2 个半程）。他走上那条道路的一个机缘，让我很高兴：在我对逻辑漏洞着迷的那些年里，有一位数学家至少暂时受到了我的思想的影响，他是我尊敬的前辈马歇尔·斯通。马歇尔在一门课（或两门课）上讨论了我的成果，并开始对此进行思考和写作。当加勒来和他工作时，马歇尔建议把工作放在代数逻辑上。因此，从某种意义上说，犹如我父亲的斯通也是我在专业方面的"儿子"，而我的（半个）学生加勒也受了无法估量的影响，在某种程度上既是我的"儿子"，也是我的"孙辈"。

　　乔·布拉姆在课上是最安静的学生，他简直是隐形的，就像别人听不见他一样。他坐在教室的后面，只有你直接向他发问时，他才会（正确地）回答，但从不自愿发言。他的考试成绩近乎完美。他的学位论文是我带过的博士生中最好的。我当时对次正规算子感兴趣，而乔给予这一主题有力的推动。他关于该主题（或任何主题）仅有的一篇论文仍然非常有用，并被广泛援引。

　　埃里特·毕晓普是我最引以为傲的芝加哥大学学生。他一直是一个意志坚强的人，我不敢说自己对他有很大的影响或教了他，其实是他造就了他自己。他自己选择题目，写出一篇很好的学位论文，然后发现其中的大部分内容已被他人开了先河——奈马克（Naimark）得到了不相上下的成果，主要成果是正算子值测度的扩张定理，所以毕晓普废弃了那篇论文，又写了一篇更好的学位论文。当我们发现奈马克的先发成果时，我告诉他，无论如何我已经准备好接受他的学位论文了。我知道，那是他的原创作品，因此，它达成了一

埃里特·毕晓普，1980 年

篇学位论文应该达成的使命——让他拥有了进行研究水平数学的思考和写作的经验。毕晓普并没有接受我的意见，他要做一件无人能先于他做的事。他做到了，并且在这之后，他继续前进，成了一位更强大的数学家。他发现了关于函数代数的许多基本概念以及这些概念之间的关系。然后，几乎是一次突然跳转，他"皈依了"建构性数学的研究，还写了一本书 [33]，使"建构性数学"这一短语闻名于世，并创立了他所领导的学派。但直到他去世的那天，他都不太情愿成为该学派的精神领袖。泛函分析想念他，建构性数学也想念他，最重要的是，我们——他的朋友们都想念他。

## 剑桥大会

国际数学家大会 [34] 过去常常在闰年举行。"二战"前最后一次大会是在 1936 年，原定于 1940 年在美国召开的那次大会被取消了，实际上推迟到了 1950 年。从那时起，大会就被安排在两个闰年的中间召开。

在 20 世纪 40 年代后期，我开始越来越多地与美国数学学会打交道。我参加了它们组织的很多会议，在偶尔分配给我的低级别委员会事务中，我尽职尽责地工作。1949 年，我发现自己是其中一个规模虽小但颇有影响力的反对派的一员，而这只能让我与学会的关系比以往任何时候都更牢固。争论的中心议题是即将召开的大会。

当讨论大会的安排时，我和朋友们讨论得非常激烈，以至于引起了当权者的注意。他们对我们发出了不和谐音表示担忧。在博尔德（Boulder）举行的夏季会议上，莱夫谢茨找到了我，用一种异乎惯例的老练手段，告诉我冷静下来。他说，我们这么做，并不是在帮助我们为之奋斗的事业。也许他是对的，也许不是。我倒认为，我们发出的声音使当权者意识到我们的观点，考虑我们的观点，并采取措施。如果没有这些措施，大会可能会变得大相径庭。

麻烦的根源是政治问题，不满者的口号是："不是自由的大会，就别开!"

当时的美国正沉浸在战后爱国主义（我们赢了！）和歇斯底里的麦卡锡主义（他们正在赢！）之中。我敢肯定，像莱夫谢茨这样的数学权威想开一个自由的大会，但美国国务院可能因为害怕众议院，或者公众舆论，或者"红色威胁"（Red Menace），正在制造让美国数学学会难以克服的困难。洛朗·施瓦兹（Laurent Schwartz）将受邀做大会报告，而雅克·阿达马（Jacques Hadamard）将受邀担任大会名誉主席。施瓦兹是著名的托洛茨基主义活动家，而阿达马（年届85岁）是反纳粹的自由主义犹太人。问题是，他们和其他几个同样"危险"的人物面临着可能无法获得参加剑桥大会所需的美国签证的威胁。

最后，无论是否与年轻的反抗权威者的活动有关，一切都很顺利。施瓦兹和阿达马被允许入境，据我所知，没有人被拒于美国国门之外。

后来，施瓦兹经常来访美国，在很长一段时间里，他每次申请签证都遇到同样的困难和延误。美国各大学非常乐于聘请他为客座教授，但需要高层行政的影响力和压力，他才有可能接受邀请。我最后一次见到施瓦兹是在20世纪70年代的伯克利，他告诉我，到那时，他之前极不受欢迎的经历，反而使他来到美国变得容易。其中的缘由是：因为他曾经是如此"危险"，所以曾被彻底地调查，他的所有活动和各种关联都被详细地记录在其档案中，美国驻巴黎领事馆的官员非常熟悉这些文件。对于一个新人，一个年轻的左翼分子，一个未知的危险人物，必须非常仔细地调查；但是对于施瓦兹，这个熟悉的、年长的、和蔼可亲的、知名的申请人，何必要调查？我们知道关于他的一切，给他签证吧，我们只是在遵循已有的先例。

参加1950年大会的人数在2000到3000人之间，从那以后，与会人数不断增长，像6000人的规模已经出现过，而8000人这样的数字也在预期之中。[35]剑桥大会几乎是规模过大了，后来的那些大会则不再是"几乎"，而是确实太大了。在剑桥大会期间，如果你看到某位想与之交流的人，那最好当时就抓住他，因为你再次遇到他的机会微乎其微。我很高兴能见到施瓦兹和阿达马等人，他们之前对我而言只是令人仰慕的名字。但我开始怀疑大会的数学价值。

我自己在剑桥大会上的角色虽小，但很积极。大会组织委员会组建了一个测度论专家小组，包括迪厄多内、马哈拉姆、奥克斯托比、乌拉姆和我，我担任发言人。担任发言人意味着我要负责准备书面报告并发表口头报告。我忙于这项任务，但这是一次令人沮丧的经历，最终并没有取得轰轰烈烈的成果。我同马哈拉姆、奥克斯托比合作得很好。二位深思熟虑，精心准备，都向我提供了需要的材料，我所要做的就是统一术语和符号。迪厄多内虽然很有礼貌，但显得有些不耐烦。就我的推测，他有其他更多的事情要做，他寄来的东西还需要做大量工作才能发表。乌拉姆没有答复我的前 $n$ 封信（我忘记了 $n$ 的值，但它是非平凡的），而用一张明信片答复了我第 $n+1$ 封信：他没有任何材料需要寄给我，但他会在下星期四路过芝加哥，届时，他愿意向我提供任何建议，兴许我们可以共进午餐。对此我感到难过，这意味着，我们其他人的努力终将是不完整的，因此是在浪费时间。我尽己所能地完成了报告，外加一页含糊其词的摘要 [36]。那份不完整的手稿还在我的文档中，它是一份最新的关于测度论现状的不完整报告，已经过时了三十年。

## 沐浴阳光之旅

我在许多大学教过书，从这个意义上说，我可能比大多数同事具有更丰富的教学经验。多年来，我在很多地方结识了很多学生，这导致了一个令人不安的问题，时间、城镇名称和故事往往会融合在一起。我不太可能忘记学生 $S$，但他是 $Y$ 年在 $U$ 大学，还是 $Y'$ 年在 $U'$ 大学？他是否和 $S'$ 在同一个班里？这类问题并不是很重要，但如果你问 $S$ 是否还和以前的好朋友 $S'$ 保持联系，却得知他们从未听说过对方，这可能会很尴尬（这种情况已经发生过好几次了）。

为什么我的教学经历在地理位置上如此分散？其中一个原因是，我明显有一种永不安分的秉性；另一个原因是，我是一名（并非狂热的）太阳崇拜者，而芝加哥大学对请长假的灵活态度，使我很容易享受沐浴阳光之旅；第三个原因是学季制度。

芝加哥大学一年确实有四个学季。秋季、冬季和春季学季是一学年的主要部分，但夏季学季不仅仅有一个附带的暑期课程，而且在教学运行中充分发挥着作用。除了那些不断回来攻读硕士学位的认真的中学老师外，许多研究生在这里度过整个夏天。他们为什么这么做？一方面是因为有人建议他们这么做，另一方面是因为他们想更快地拿到学位。我是劝告他们留下来的人之一。我坚信，如果一个数学家在一段长为 $t$ 的时间区间内停止做数学，那么他就得花费长为 $t$ 的时间再次走入正轨。根据这种观点，放一个完整的暑假意味着在数学上不是三个月的退步，而是六个月的退步。（学季制内置了一个较短的假期，9 月份并不存在于教学中。）

由于夏季教学运行的严肃性，相当一部分教师必须出勤，那时，我"膜拜"太阳的地方就派上了用场。除了夏季外，那些家里有孩子上学的人不能在其他一整个学季离校。我没有小孩，可以（而且也很渴望）在难熬的冬季，或在那个沉闷、阴暗、多雨、泥泞的时期——芝加哥称之为春季——离开我的住所。这让我在时间安排上受到同事们的欢迎，也让我可以接受短期的邀请去访问气候较好的大学，比如杜兰大学和华盛顿大学。这样的访问可以在接待大学的常规学年进行，于是各方都很满意。

有时，我可以安排一整年的休假：我在芝加哥大学时，有一年在蒙得维的亚大学度过；后来在密歇根大学时，又有一年在迈阿密大学度过。这让我畅享丽日和煦，还接触到许多不同水平的学生。从学生素质的角度来看，我把聘任过我的大学排序如下：芝加哥大学、密歇根大学、伊利诺伊大学、杜兰大学、印第安纳大学、加利福尼亚大学圣巴巴拉分校、锡拉丘兹大学、迈阿密大学、夏威夷大学。在蒙得维的亚大学和西雅图大学，我的联系太有限，只接触过三四个研究生和教员，所以无法做出合理的推断。

每当我移居到亚热带环境，只消几个月（或更短的时间），我就会又一次发现，生活中除了艳阳之外肯定还有别的东西，于是每一次我又都返回美国中西部。所谓"移居"到一个温暖的环境，可不是转租了自己的房子，再另租一处这么简单。当我从密歇根去夏威夷时，以及后来当我从印第安纳去圣巴巴拉时，我的目的是"留下来"。于是，我卖掉房子，把冬天的衣服送人，把**所有的**书打包装箱，把家具和钢琴装入搬家汽车，又买了一幢新房，而后安顿下来。不过，在夏威夷仅维持了一年，在圣巴巴拉仅维持了两年，之后，我卖掉房子，把书装箱，装上货车，购买新房。

阳光明媚的地方有什么不好？照理说，没什么不好。但实际上，对我来说，除了阳光，那里一无是处。我不认为数学系的质量下降是天气变好的必然结果，但似乎就是这样。伯克利 [37] 是一个反例，拉霍亚 [38] 可能是另一个反例（我只从两次一天的访问中了解到该校）。在温暖的地方，我想念的不仅是生动的数学氛围，还有其他一些重要的文化特征。明显的例子是音乐。在芝加哥和安阿伯，尤其是在布卢明顿（Bloomington），音乐生活丰富多彩，几乎每天都有许多优质音乐会。（更正一下：在布卢明顿每天都是如此。）在我去过的阳光明媚的地方，这很少见，很昂贵，而且离得很远。

让这一切浮现在我脑海里的是蒙得维的亚大学之行。让我现在就讲给你听。这不是一次冒险，而是一次经历。它让我密切接触到一种不同于芝加哥的文化，如同芝加哥文化不同于布达佩斯文化一样。我学会了一门新的语言，遇到了新的各色人等，而且，不知何故，我觉得我的心灵世界变得更丰富了。这种财富的增长在日常生活的账簿上很难记录，它们所能展示的是：偶尔的小见解或惊人的大观点，与经常发生的小烦恼相平衡；令人着迷的新态度、行为和习惯，与意想不到的尴尬、拖延和不适相对抗。一切是这么开始的……

## 译者注

[1]　参见第 5 章"一个时代的终结"一节。

[2]　塔塔研究院全称是塔塔基础研究院（Tata Institute of Fundamental Research，TIFR），是一所本部设于印度孟买的公立研究型大学，受到印度政府原子能部的保护，致力于物理、化学、生物、数学、计算机科学和科学教育的基础研究。

[3] ETH 是德语缩写，全称是 Eidgenössische Technische Hochschule，即联邦理工大学。坐落于瑞士苏黎世的苏黎世联邦理工大学始建于 1855 年，它还有一家姊妹院校坐落于洛桑，即洛桑联邦理工大学（Ecole polytechnique fédérale de Lausanne，EPFL），始建于 1853 年，1969 年归于联邦并改为现名。它们同属瑞士联邦理工大学总部（ETH Domain）。

[4] 第一台电动打字机发明于 1872 年，目前所知的第一台批量生产的电动打字机始于 1900 年，而后继续不断更新设计，在作者撰写《测度论》的年代已经基本成型。或许那时依然并不普及，因此价格高昂，抑或作者预算实在有限。

[5] "填写" 参见第 5 章 "过山车" 一节。

[6] "研究" 丛书指的就是第 6 章 "一篇单薄的论文和一本超棒的图书" 一节中所述的 "橙色丛书"，即 "数学研究年鉴"。外尔为普林斯顿大学出版社的这套丛书写过不止一本，此处是指初版于 1940 年的《代数数论》（*Algebraic Theory of Numbers*），在该套丛书中编号是 1。后面外尔的口述是该书第 109 页大致中间位置的内容，限于当时的印刷技术水平，写公式的地方需要预先留出空白来后期手工填写。此处由于汉语语序和英语有差异，译出后有的就与需要空白的地方不相符了，因此与其生硬地译出这些只言片语，不如将写入正文的文字保留不译，仅译出给秘书的指示。

[7] 此处是《测度论》英文版的页码。中译本可见 3.4 节（人民邮电出版社，2022 年）。

[8] 此处当指伯克霍夫和马克·莱恩合著的《近世代数概论》（*A Survey of Modern Algebra*），自该书 1941 年第 1 版起，作者不断改进，生前出到 1977 年的第 4 版，目前最新的 2008 年第 5 版是订正重印本。该书被认为是经典的本科生教材，依然在使用。

[9] 卡普兰斯基的朋友和同事会称他卡普（Kap，见本段），作者在本书中多次提及这一称呼。卡普兰斯基的全名是欧文·卡普兰斯基（Irving Kaplansky，1917—2006），美国数学家，他在环论、群论和域论方面做出了重大贡献，还是位业余音乐家。

[10] 英美制长度单位，1 英寸等于 2.54 厘米。

[11] 英美制长度单位，1 英尺等于 12 英寸，30.48 厘米。

[12] 在这封吉米的信函中，四处方括号中的随文注释显然是作者自己加的。

[13] "山姆大叔"（Uncle Sam）是美国国家的象征。

[14] 这里指的是波利亚（Pólya）与塞格（Szegő）1925 年合著的《数学分析中的问题和定理》（共 2 卷，初版是德语 *Aufgaben und Lehrsätze aus der Analysis*，1972 年出版英译本 *Problems and Theorems in Analysis*）。

[15] 海（Hy）是海曼（Hyman）的昵称，正名为海曼·巴斯（Hyman Bass，1932—    ），美

国数学家，以在代数和数学教育方面的工作而闻名。

[16] 保罗·科恩（Paul Cohen，1934—2007），美国数学家，以证明连续统假设和选择公理独立于策梅洛 – 弗伦克尔集合论而闻名，并因此获得了菲尔兹奖。

[17] 莫（Moe）是莫里斯（Morris）的昵称，正名为莫里斯·赫希（Morris Hirsch，1933—　　），美国数学家。

[18] 迪克（Dick）是理查德（Richard）的昵称，作者在本书中多次这么称呼他，其正名是理查德·卡迪森（Richard Kadison，1925—2018），美国数学家，以对算子代数的研究贡献而闻名。

[19] 伊莱（Eli）是伊莱亚斯（Elias）的昵称，正名为伊莱亚斯·斯坦（Elias Stein，1931—2018），比利时裔美国数学家，从事调和分析领域的研究。

[20] 正名是理查德·厄尔·布洛克（Richard Earl Block，1931—　　），美国数学家，主要从事质数特征域上的李代数研究。

[21] 伯特（Bert）是伯特伦（Bertram）的昵称，正名为伯特伦·科斯坦特（Bertram Kostant，1928—2017），美国数学家，从事表示论、微分几何和数学物理领域的研究。

[22] 全名应为爱德华·纳尔逊（Edward Nelson，1932—2014），美国数学家，以数学物理和数理逻辑领域的工作而闻名。

[23] 即后文所说的薇拉·普勒斯（Vera Pless），施特彭（Stepen）是她的本姓，做学生时她应该未婚，婚后改了姓。

[24] 原文是 non-standard number systems（非标准数系，或非标准数制），译者没见过这种说法，至少不流行，可能有误。但纳尔逊对于概率论在非标准分析（non-standard analysis）方面的重新表述具有贡献。

[25] 阿尼尔·尼罗德（Anil Nerode，1932—　　），美国数学家，以其在数理逻辑方面的工作而闻名。

[26] 这篇评注（note）指的是论文《关于有限测度值集的研究》（"On the Set of Values of a Finite Measure"）。

[27] 这篇评注指的是论文《向量测度的值域》（"The Range of a Vector Measure"）。

[28] IIT → iiT → i²T → –T。这个解释是一位比利时工程师埃姆雷·塞温奇（Emre Sevinç，他也是 TM Data ICT Solutions 的联合创始人兼首席技术官）告诉译者的，简单明了。

[29] 指的是德语版《希尔伯特空间线性变换的谱表示》（*Spektraldarstellung Linearer Transformationen des Hilbertschen Raumes*）。

[30] 德语，Satz 意为命题、定理，Beweis 意为证明。

[31]　切尔西出版公司（Chelsea Publishing Company）在其创始人加鲁滕过世后，在 1997 年被美国数学学会收购，依然延续着原有传统，将曾经绝版的最重要的经典著作提供给新一代的读者。

[32]　莱斯学院（Rice Institute）开办（开课）于 1912 年，在 1960 年更名为莱斯大学。

[33]　该书指的是《建构性分析基础》（*Foundations of Constructive Analysis*，1967 年）。

[34]　国际数学家大会（International Congresses of Mathematicians，ICM）是世界上最大的数学会议之一，涵盖了数学的所有领域，通常每四年举行一次。第一届大会于 1897 年在瑞士苏黎世举行。国际数学联盟（International Mathematical Union，IMU）认为组织国际数学家大会是其最重要的活动之一。1950 年大会在美国剑桥召开，因此本节将其称为"剑桥大会"。

[35]　参加 1950 年大会的代表人数是 1700，截至本书英文版出版，历届国际数学家大会的与会人数最多的一次是 1966 年莫斯科大会，共 4280 人，这也是 1983 年以前大会记录中唯一超过 4000 人的一次。[ 以上数据来自 Curbera, G. P., Mathematicians of the World, Unite! The International Congress of Mathematicians – A Human Endeavor, A. K. Peters, Wellesley (Mass.), 2009.] 译者并没有找到资料显示有如作者所述的 6000 人、8000 人的规模，有可能那是加上了会务人员或随行人员之后的数据，但译者也未发现相关证据。

[36]　依据 1950 年的国际数学家大会会议录，作者此处题为《测度论》的报告被安排在 9 月 4 日下午分组报告中的第三场，也是最后一场进行。从会议录中能找到该报告的文字材料不足一页，或许就是作者说的摘要。该短文开篇明确本报告的合作者是迪厄多内、马哈拉姆和奥克斯托比，文末表示，发言人的口头报告实质上是合作编写的书面报告的一个子集（由发言人选择），而书面报告不久将在其他地方发表。很显然，书面报告并未付梓。

[37]　伯克利（Berkeley）指的是加利福尼亚大学伯克利分校。

[38]　拉霍亚（La Jolla）指的是加利福尼亚大学圣迭戈分校，该校位于美国加利福尼亚州圣迭戈城的海滨街区拉霍亚。其实，该校原名就是拉霍亚分校，1960 年 11 月才更为现名。顺便一提，我国教育部留学服务中心认证院校的译名是"圣地亚哥分校"，但是作为地名，San Diego 译作圣迭戈，Santiago 才译作圣地亚哥。书中还有个别此类情况，译文分别保留常见校名译名和规范地名译名，不再注释说明。

# 第 10 章

# 蒙得维的亚大学

## 游学何处？

一切是这么开始的，我的乌拉圭朋友拉斐尔·拉瓜迪亚（Rafael Laguardia）在剑桥大会上找到我——几年前在布朗大学和普林斯顿大学时，我们就已经相当熟了。他问我会推荐谁在蒙得维的亚大学做一年的客座教授，具体而言，会推荐哪位统计学家。我毫不犹豫地说了"我"。他把我的回答当作半开玩笑，善意地笑了笑，并问我是否认为自己是统计学家。我承认，我不完全是，但我发表过两三篇关于统计学的论文，确实对概率论有一些见解，而且，我真的很想去乌拉圭。这最后一项优势条件，似乎在美国我是独一份，给他留下了深刻的印象。他很喜欢我，想让我去访问，麻烦的是，他只能打着做实事的幌子，说服他的院长们为客座教授拨款。我给了他几个年轻统计学家的名字作为备选。我们分手时想，或许能行吧，谁知道呢……

一般来说，学术界人士，尤其是数学家，都是一群四处游历的人。只要有了一半的机会，就没有什么比打包行李去拜访在巴基斯坦或澳大利亚塔斯马尼亚（Tasmania）的朋友和同行更好的事儿了。第二次世界大战结束后不久，他们得到了远远超过一半的机会。富布赖特资助[1]和古根海姆奖几乎是唾手可得的，还有其他许多的高薪兼职等着你去做。这种情况像流行病一样蔓延：我的朋友们一个接一个地奔赴欧洲、南美洲、印度和其他充满异国情调的地方，一个接一个地回来讲述着激动人心的奇妙故事。我觉得自己必须参与进来。游学何处？根据富布赖特项目，我可以尝试申请去法国、英国、印度、缅甸或埃及，文化、浪漫和异国冒险在召唤着我。如何选择？

在推荐的目的地中，我首先剔除掉只有异国情调而没有其他长处的地方。我要继续做数学，我只是想在一个不同的地方和不同的人一起工作一段时间。我在意的其他因素包括气候、语言、政治和新奇感。

基于严格的科学理由，我的选择应该是英国或法国，很显然，在这两处的任何一地，我都能找到志同道合的同行去讨教，教导那些同声相应的学生，我还会发现已确立的良好的学术传统等其他优势。总的来说，在那里，我早已习惯的在科学上处于近乎理想状态的各种条件会叠加在一起，唾手可得。正是因此，我决定不去欧洲。我认为，能在一年时间里摆脱科学刺激，发展自己的想法，才是有益的。芝加哥大学和牛津大学等学校之间的差异，在数量级上同美国中西部一所州立大学和另一所大学之间的差异不相上下。

气候因素也促成了这一决定：法国的气候没什么特别值得推荐的，而英国气候的恶劣则是众所周知的。语言因素指向的状况相同：我从来没有学过法语，我所知道的一丁点儿法语让我觉得它非常难；而另一方面，英语又太容易了，我想要掌握一门新的语言，并把自己置于一种被迫去掌握它的境地。至于政治方面，我并不反对英国或法国的政治制度，但也不特别相信它们的稳定性。有些人认为，战争随时可能爆发，而我不想被困在欧洲。更糟糕的是，欧洲并没有给我带来多少新奇的东西，毕竟我出生在欧洲，尽管我从来没有在英国或法国生活过，但我曾在那里短暂旅行，我认为自己非常了解那里的氛围和文化。很可能，所有这些论证只是为了让选择合理化罢了，出于各种各样的原因，我甚至不承认自己有先入之见，做出了不利于欧洲的决定，然后再为这个决定寻找依据。尽管如此，我还是成功地欺骗了自己，决定集中精力设法去南美洲。

基于数学方面的考虑，我立即排除了阿根廷、巴西和乌拉圭之外的国家，除却这三国，南美洲几乎找不到数学家。当然，墨西哥和古巴不算在内，因为它们不属于南美洲。再说了，选择去那里简直是自欺欺人——它们离美国如此之近，气候如此相像，到那里去旅行根本算不上什么。那么，是阿根廷、巴西还是乌拉圭呢？

从数学角度看，就我从远处的判断而言，在 A（Argentina，阿根廷）、B（Brazil，巴西）或 U（Uruguay，乌拉圭）中没有多少可选的余地。这些国家都比美国落后了大约 50 年，都在努力建立数学传统，而且都已经取得了一些进展。去阿根廷意味着去布宜诺斯艾利斯，去巴西意味着去里约[2]或圣保罗，去乌拉圭意味着去蒙得维的亚，这些城市都属于亚热带地区，气候都很吸引人。我不会说一句西班牙语或葡萄牙语，但它们以简单好学著称，我想我能学会一个，至少足够日常交流。无论 A、B、U 中的哪个都会给我带来很多新奇的东西：我对西班牙文化一无所知，我从未去过南美洲，我渴望探求。因此，这一决定必须基于政治，最重要的是基于实际的可行性。比如说，就我个人意愿，巴西是最佳选择，但是我怎么去呢？政治情况和实际的可行性如何？该怎么落实？

从政治角度看，A、B、U 按字母顺序恰好与我的喜爱程度的递增顺序相符，我最不喜欢阿根廷，最喜欢乌拉圭，对于巴西，我持中立态度。我对庇隆（Perón）政权的厌恶之情非常强烈，以至即使有机会，我也可能决定不去阿根廷。但我决定从一开始就让所有大门都敞开着。

第一步是在剑桥大会上迈出的：我与两位阿根廷数学家冈萨雷斯·多明格斯（González Domínguez）和雷伊·帕斯托尔（Rey Pastor）、两位巴西数学家坎迪多·利马·达席尔瓦·迪亚斯（Cândido Lima da Silva Dias）和莱奥波尔多·纳什宾以及我的乌拉圭朋友拉斐尔·拉瓜迪亚聊天。冈萨雷斯和雷伊我以前都不认识。尽管我提到斯通的名字作为引荐，但交谈都太正式了，没有什么帮助——是的，是的，我们很希望你能来，但我们现在实在是没钱了。（他们的确是这样。）更糟糕的是，这些对话都是用磕磕巴巴的英语（与冈萨雷斯）和断断续续的德语（与雷伊）进行的。当我接近雷伊时，他说："Español？Italiano？Deutsch？Français？[3]英语不会！"当我同意用我那点儿可怜的德语交流后，未承想，他从来没有听说过我这个人，我面临着使用这种语言进行自吹自擂的困难。他又问了一遍：在哪儿工作？叫什么名字？研究什么领域？刚才说的写过的书涉及什么内容？什么？哦。

跟坎迪多和莱奥波尔多的沟通比较顺畅，但也没有更有效。坎迪多答应了——当然，他得看看他能做些什么。莱奥波尔多悲伤地摇了摇头，说他什么也做不了，因为当时他本人处在一个糟糕的政治局势中，每个人都破产了，他感到极端迷茫。

这一切，当然还有拉瓜迪亚，都指向了乌拉圭，不仅如此，还有一些事情也指向了乌拉圭。在 1950 年秋天之前的一年里，我一直在谈论我的希望和计划（所有这些谈话都是在那时发生的）。我的许多朋友都对乌拉圭表示了极大的兴趣，并主动提供了有关这个国家的信息。他们了解这些情况，有一种半当真（更确切地说，有百分之一当真）的恐惧，担心迟早会有那么一天，能有一个随时可用的避难所是明智的。当时，美国的外交政策不能被认为是理想的，看起来，我们正以最快的速度走向一场愚蠢和毁灭性的战争。言论自由和思想自由虽然存在，但正在逐渐受限，政治迫害还在继续，原子弹在要扔下来的路上，那些已经被迫从某个地方移民过来的外国人和土生土长的美国人都在环顾四周。我和其他人一样，不喜欢原子弹落在自己身上，于是，我对调查乌拉圭这个可能的避风港产生了兴趣。我从一次肤浅的调研——和朋友们在鸡尾酒会上的交谈中收集到的一切，看起来都不错。那是边境以南最理智的国家，也许是世界上最理智的国家。民主政府，50 年来没有流血革命，低犯罪率，没有失业，没有压迫的富人阶层和受压迫的穷人，自由的移民政策，稳健的货币……难道是天堂般的避难所？

## 饱和法学习西班牙语

当我和拉瓜迪亚谈论我访问蒙得维的亚大学的可能性时，我们也讨论了语言问题。他说，如果我学会西班牙语就更好了，那样和学生交流就容易多了。我觉得这话很奇怪，我本以为掌握西班牙语是必不可少的——后来证明的确如此。那里几乎没有什么大学生可以讲出或懂得英语，对他们中的大多数人来说，英语讲座就像加利福尼亚大学圣迭戈分校的西班牙语讲座在美国学生眼中一样神秘。拉瓜迪亚这么说，可能只是出于委婉和礼貌。

因此在 1 月初，实际上是收到正式要约之前，我就开始学习西班牙语。我有 9 个月的时间做准备，用一种我当时完全不懂的语言来生活和讲课。

饱和法学习付诸实施。我从一册平装本的《看图学西班牙语》(*Spanish Through Pictures*) 慢慢开始，我发现该书既有趣味又有帮助。还没有完成它之前，我就开始学习雨果 [4] 的自学教程，此外，我还上了贝尔利茨学校 (Berlitz school) [5]，总共学习了 20 小时。这要经历一个恐怖的过程。贝尔利茨学校的理念是永远不要翻译，马上就从说话开始。在说了几小时"这是一支铅笔"之类的话后，我开始同老师交流个人信息。不久，我得知他刚从秘鲁来，不会说英语。然而，一旦克服了恐惧，我便感到一阵自豪。

学完雨果的教程，我买了一本后来被证实确实优秀的老式语法书 (作者拉姆齐 [6]) 以及几本小说。这些小说大多是翻译作品，如马克·吐温的《王子与贫儿》(*The Prince and the Pauper*) 和儒勒·凡尔纳的《神秘岛》(*The Mysterious Island*)。1951 年初春，我买了灵格风 [7] 出的录音资料，系统地学习了一下。在春天的后半段和整个夏天，我都在和私人家庭教师学习。

我的一位家庭教师是卢乔·基亚拉维利奥 (Lucio Chiaraviglio)，一个年轻的意大利数学学生，他几乎一直生活在阿根廷。我和他达成了一项协议：我教他一些他想弄懂的数学，条件是他得让我用西班牙语讲课，并且，在我们的授课过程中，他能纠正我的西班牙语错误。效果很好，我们双方都在合作中获益。

我的另一位家庭教师是奥梅罗·卡斯蒂略 (Homero Castillo，似乎来自哥伦比亚），他是芝加哥大学西班牙文学专业的研究生。和他一起做事很愉快，而我们的师生关系之后发生了奇妙的转变。在他成为我的老师几年后，我已经从乌拉圭回到了芝加哥大学，西班牙语系的一位教授打电话请我帮忙，他的学生奥梅罗·卡斯蒂略基本满足获得博士学位的所有条件，就差最终的考试[8]。当时是夏季学季，他所在系的大多数人都不在，他无法召集够法定人数。考试委员会的成员必须属于学校的研究生院系——我就是，具体在哪个系并不重要。既然我认识奥梅罗，也懂西班牙语，那我是否可以、是否愿意帮忙凑够法定人数，主持考试，让奥梅罗能够获得他之后的工作所必需的学位？当然，有何不可？——听起来像是开玩笑。我去参加了考试，成为法定一员，在考试委员会的真正成员（用西班牙语）质询文学专业细节问题时，我尽力表现得挺懂行，甚至还问了一两个问题。我从奥梅罗那里学会西班牙语，现在我充当了他的老师，考一考他，只为证明他具备担任西班牙语教师的资格。

用饱和法学习西班牙语的每一步，我都做得很彻底，而且极具强迫性。我以每天 5 页的速度，缓慢而稳定地研读那本看图书，把上面每一个词都抄了下来，然后在同一列，写上相应的翻译。我从英语到西班牙语来回转换，测试自己，直到掌握了全部。在读雨果的书和拉姆齐的书时，每一道练习题我都做了，总共 5 遍，直到我能把它们做得完美。我遵循了灵格风教程的所有指导。

随着官方正式协商的推进，我去乌拉圭的可能性越来越大，我增加了学习西班牙语的时间。每天不少于 2 小时，每周 7 天从未间断。在 9 个月的时间里，平均下来大概每天学习 3 小时。到最后，我每天要练 4 小时的西班牙语。

结果令人满意——不完美，但足够了。我的西班牙语水平充其量和芝加哥大学的欧洲客座教授的英语一般水平差不多——我说的是一般水平，离最好还差得远：我不如耶森或戈尔丁，但要比可怜的老斯特凡·伯格曼好多了。我的西班牙语水平或许可以和拉瓜迪亚或马塞尔·里斯的英语水平相提并论，我可能稍微好一点儿，但也不是很多。

我可以把数学课讲得相当好，在我认真准备后更是如此。我的语法和发音都不是很完美，但不会出现完全荒谬的错误。即兴讲授稍差一些，但也没那么糟糕，不需要保证每一堂课的演讲都像正式会议上的特邀报告那样小心翼翼地准备。

抵达蒙得维的亚一小时后，我靠自己踏入一家酒店的房间，随后电话响了。这是最难对付的语言难题，我几乎惊慌失措，但饱和学习法让我做好了准备。在接下来的几个月里，在社交谈话中，我还能跟得上，大概能听懂85%的词和几乎全部的意思，也能做出应答。我的西班牙语不能讲得像英语那么好，笑话往往显得很生硬，但我设法不让自己成为社交聚会上的累赘。

购物、到餐馆点菜和问路都不是太难，麻烦的是要听懂店员、服务员和好心指路的路人在说些什么。这有极大不同：在某些情况下，根本没有任何困难，但有些人就像嘴里含着饺子说着中文一样。在乌拉圭待了6个月后，我仍然不知道酒店的一位女服务员在说什么：她是在评论天气，还是请求准许打扫房间，或是告诉我热水器又坏了？在海外生活、讲外语的人都会发现一条规则，我也有体会：最容易听懂的话是其他外国人说的，其次是受过教育的本地人说的。我从来没有达到感觉说西班牙语很有趣的境界，我总是紧张不安，过几小时就要重新讲英语了。

这都是很久以前的事了，得有30多年了，当然，现在我的西班牙语水平甚至不如当年那么好，但有相当一部分西班牙语留在了我的记忆中。我把大部分功劳归于饱和学习法：做足每一步，马上就做，抽出空闲每时每刻都做，这是学习语言的最好途径。

## 住宿和餐饮

犹如通常的旅行，前往蒙得维的亚的旅途有好也有坏。我乘坐乌拉圭号轮船的头等舱在南大西洋上度过了 18 天美妙的假期：华丽的游泳池，豪华的公共房间，狭小但布局合理的特等客舱，阳光下的甲板躺椅，几乎随时供应的零食，以及酒吧里每一杯饮料都提供的美味的开胃菜。并不是所有像这样的邮轮公司都是我的首选。邮轮娱乐部总监试图通过直呼乘客大名来拉近关系的努力在 30 秒内就会令人厌烦，随着时间的推移还会变得更糟。大多数工作人员明目张胆地赚小费，没有小费，你得到的就是不屑一顾的服务。整个旅程有好也有坏。行程表显示要在里约热内卢停留一天，通过预先安排，我在那里做了一个学术研讨会报告，开始了解南美洲组织数学的方式。

在蒙得维的亚码头迎接我们的有来自 Instituto[9] 的三人——拉瓜迪亚、马塞拉（Massera）、福特萨（Forteza，他年纪轻，日后将会成为数学家），我的三位亲戚（家母的表亲移居在此），以及美国大使馆的两名代表——公共事务官员弗朗西斯·赫伦（Francis Herron）和他的助理布兰斯福德（Bransford）小姐。我从赫伦那里得到指示，从深呼吸到兑现支票，所有的事情都要征求他的同意。握手寒暄一番，我们在蒙得维的亚的生活开始了。

一开始并不顺利。当时是 9 月下旬，也就是冬天的尾声，天气恶劣，阴暗、多雨、寒冷（大约 4 摄氏度 [10]）。拉瓜迪亚太太带我们找房子，更确切地说，正如大家建议的那样，寻找 pensión[11]。我们研究了报纸上的广告，在接下来的两天里，我们看了大约六处地方。它们中有些真吓人。在第一处看房时，我们走进昏暗和肮脏的楼梯间，一股发霉的油脂味扑鼻而来，木制品不仅积满灰尘，而且油腻不堪，房间里没有窗户，房东太太和吮吸着奶嘴跟着她到处转的一个 4 岁 nena[12] 这个月还没洗过澡。我们看到的 pensiones 都是这样，只有一个例外。我们当场就选了那个，第二天就搬了进来。

从外面看，这座房子又凉爽又干净，而里面也凉爽干净。当我们第一次到来时，阳光明媚，在按下门铃等待的时候，我们可以瞥见前厅：房间宽敞，通风良好；家具很少，两把安乐椅，一张茶几，上面放着一瓶鲜花，墙上挂着几幅小风景画。与其说是家居场所，不如说是一个陈列室。房东太太迈尔

（Mayer）夫人——更确切地说是 Señora[13]，或者最佳称呼是 Frau[14]——是一位
40 岁的矮个子女人，丰满而快乐。在我们没受过训练的耳朵听起来，她的西
班牙语很完美，不过直到后来我们才发现，她的发音、措辞和语法完完全全
来自维也纳。她是一个轻松愉快的人，也总是乐于令对方满意。

我们的房间很小（12 × 12，看起来不算小，是因为第三维度的贡献，房高
也是 12 英尺）。家具陈设稀稀落落，包括一件大衣柜（壁橱是美国人发明的）
和一把看起来很舒服（但具有欺骗性）的安乐椅，椅子有一条腿比另外三条腿
短。所有的家具都是高度抛光的枫黄色。有一间小凹室与房间邻接，这也是
我们私人领域的一部分，它和房间一样宽，但只有 4 英尺深。天花板高的法
式双开门把它与房间分隔开，除了在最冷的天气，我们自然都开着这扇门。
凹室（成了我的书房）完全被一小张分格书桌、一个狭窄的两层书架和一张桥
牌桌大小的桌子占据，桌子两侧放着两把直靠背椅。几扇窗户和整个凹室等
宽，从离地面大约 3 英尺的地方开始一直延伸到高高的天花板，透过窗户可
以看到外面的街道。

我们付给迈尔 Frau 的房租包括 pensión completa[15]，也就是饮食。具体
来说，是指早餐（大约在早 7:30 或 8:00）、正餐（中午 12:30 前后）和晚餐（晚
8:00 前或晚 8:00 后半小时）。房东太太不是乌拉圭人，大多数房客也不是，从
而有了这样折中的进餐安排。在乌拉圭，更常见的用餐时间是：丰盛的中午正
餐在大约下午 1:30 或 2:00，同样丰盛，甚至有时更丰盛的晚餐在大约晚 9:00
或晚 10:00。这两餐之间，在下午 6:00 左右，土生土长的乌拉圭人会喝点儿
茶，或者享用一些类似的东西。

我们中午在迈尔 Frau 帝国的公共餐厅进正餐。每个独立 pensionista[16] 都
有自己的小桌子，我们是唯一的一对夫妇，另有一张家庭餐桌供一位老太太
和她的两个中年儿子使用。在合理的时间范围内，按照我们的意愿，我们随
时都可以来吃午饭。一名女佣随时伺候我们。有人进来时会以一种尴尬的方
式发出含糊不清、喃喃自语般的问候（"buenas..."[17] "guten Tag"[18]），人们在

离开时同样会含糊地告别（"buen provecho"[19]"Mahlzeit"[20]），除此之外，几乎没有对话。当一个 pensionista 在餐厅里和另一个人说话时——很难得有这样的时候——其他所有人都惊讶地瞪着他，叫他后悔不该这样做。当然，也不存在相互介绍，只是出于偶然，我们得知了一些同宿用膳者的名字。

这家 pensión 的后面是一座小花园，里面摆了一张桌子，几把折叠椅，其中包括一种折叠躺椅，花园里似乎还有几十只猫，大小年龄不一。有一回，我数到一条患疥癣的老狗、五只大猫和七只幼猫。天气好的时候——我们经常遇到好天气——人们可以坐在花园里读书，和猫玩耍，和邻居聊天，编织衣物，打字，或者做任何想做的事情。如果有人长时间待在这儿，就会引起迈尔 Frau 的注意，她很可能给他端上一杯咖啡，有时甚至还会端上一杯啤酒。

这或多或少描述了 pensión 的氛围，但我要离开这个主题，就语言聊上几句。促使我们住在 pensión 的一个原因是，这儿有机会与人结交，来练习西班牙语。事实证明，西班牙语确实是所有 pensionistas 的共同语言，而且在紧急情况下，他们的确用西班牙语交流，但大多数时候，他们更喜欢说德语（压倒性的是维也纳方言）、捷克语、匈牙利语、法语或英语。只有女佣，我们一定得跟她们说西班牙语。

提到住宿和餐饮时，至少应该提提饮食的质量和数量。在乌拉圭，食品质量说得过去，而数量足够惊人。

早餐非常清淡，通常包括面包卷和咖啡，更准确地说叫 café con leche[21]。通常情况下，咖啡是一小杯非常黑、非常烫、非常浓、非常苦的物质；而早餐 café con leche 则是装在普通大小的杯子里，由同样的物质与热牛奶对半调制而成。你也可以在下午茶时间点 café con leche。倘若有人在用餐后点这个，那他必定是美国人。

大约在下午 1 点或 2 点，乌拉圭人坐下来享受中午正餐，才是真正开始摄入热量的时候。典型的正餐包括汤、fiambre[22]、鱼、主菜、甜点和咖啡。汤有满满的一大碗，外加一两个法式面包卷。fiambre 这个词的意思类似于冷切肉，但不能按字面理解：它可以是一厚片舌肉，也可以是塞满硬心煮蛋的西红柿，甚至可以是一盘加奶酪的热意大利面。鱼不是必须上的，但是按惯例都会有；当我在外面就餐而无须自己点餐时（在宴会上或在私人家里），任何时候，鱼这道菜从未缺席。之后，你就安下心来享受主菜，通常是牛肉或羊肉。你的盘子里放的最可能是牛排，再配上炸薯条、一两种蔬菜和一份沙拉。肉至少会有一英寸厚，比你的手掌还大，如果你不能用双手遮住它，也不必大惊小怪。如果你还能撑过这道主菜，那么你就要面对甜点了：很可能是一大块蛋糕，约有四包香烟那么大，上面结着厚厚的橙色糖霜，另外还有大块大块的蜜饯菠萝，淹没在加糖的发泡鲜奶油里。在这段时间里，你一直在尽情地享用合适的饮品：工作日喝矿泉水或啤酒，正式场合喝葡萄酒。甜点后，啜饮咖啡，点燃香烟，这顿大餐算是告一段落。

下一次吃东西在下午 6 点左右。无论你是一个多么"宅"的人，进食茶点仍很可能在公共场所——confitería[23]。在 confitería 中，最方便的是点 té complete[24]，当时端上什么东西来，则取决于你所在的店家。在你选择的特定confitería 中，你要么知道那个神奇短语意味着什么，要么就冒险一试，看会上些什么。很可能你会得到一壶茶，配上几片烤面包以及黄油、果酱、几块甜饼干，或者，如果你幸运的话，还会得到两块正餐时才有的蛋糕，以及两三份小三明治。三明治是两片非常薄的白面包夹着一片薄薄的奶酪或一片薄薄的火腿（没有其他类型的三明治，奶酪或火腿是标配）。

如果你点的不是茶而是一杯酒，比如说马提尼酒，那么你一定会感到意外。第一，你能喝到的液体体积大约是我常喝的马提尼酒的一半或最多三分之二；第二，不管你怎么坚持要的是干马提尼[25]，苦艾酒都会占 90%；第三，你会得到一顿赠送的额外便餐。服务员会从托盘中往你的餐桌上卸下一系列的小碟子（尺寸犹如几块黄油）。每个小碟子里都有一些开胃小菜：奶酪块、土豆沙拉、花生、小饼干、油炸薯片等。以上三点，就是所谓的马提尼酒，这些食物加起来分量相当大。如果你点了第二杯马提尼，你会得到第二份免费便餐；如果你点了第三杯，你还会得到第三份。

到这个时候，你吸收的热量大约是每天维持身体健康所需热量的两倍，但这还远没有结束。晚上 9 点或 10 点你必须坐下来再吃。我就不告诉你晚餐吃什么了，除了一些小变化，晚餐的花样和分量都会重现你在中午的体验。在两餐的间隙，你还供养着一大群冰淇淋和热狗（franfrute[26]）摊贩，他们在街上游荡。按人均算，你比美国人喝了更多的可口可乐，这真让人大吃一惊！不出意料，你的肝脏会出问题。这个国家的每个人都在抱怨肝脏有毛病。

食物的种类不多，质量也非上乘。牛排和蛋糕无聊地来回轮换，令人惊讶的是，对于一个肉类出口国来说，这里的牛排质量并不是最好的。我在乌拉圭吃到过一些非常可口的牛排，但没有哪种是我在任何一家像样的美国餐厅吃不到的，而且我常常碰到嚼劲很大的牛排。我在这里吃过的所有烤牛肉都有筋，嚼不烂。确实也有鸡肉和猪肉，但它们都属于美味珍馐，既昂贵又稀有，足以留作星期天的正餐享用。我几乎没见过其他家禽（鸭、鹅、火鸡、乳鸽）。吃不到牡蛎，龙虾和虾类都非常昂贵，吃上它们是件稀罕事。

我可以认真地建议：如果你想要吃得好，就别去乌拉圭。我已经很客观地描述了中产阶级的普遍水平，恐怕很难找到高于普遍水平的。我没有进行太多探访，寻找那些受宠的意大利小众餐馆，在那里，他们不消多久就能做出世界上最棒的意大利小方饺。但是，就我在当地的所见所闻（如果你想要吃得好，去布宜诺斯艾利斯），我认为我能够断言，这种意大利餐馆并不存在。

## 天气和气候

乌拉圭的冬季通常从 5 月中旬开始，一直持续到 9 月中旬。据报道，1951 年的冬天异常地温暖，气温徘徊在 21 度左右。我们于 9 月 24 日到达，随后的三个星期，我们见到的天气比此前整个冬季都要糟得多。几乎天天下雨，即使天晴也依然寒气逼人。温度计示数在 7 度上下，经常降到 4 度，很少达到 13 度。蒙得维的亚的街道温度是 7 度，住宅里也是 7 度，我们过得很悲惨。

在我们的房间里有一组暖气片，只有三片，这个尺寸仅够一间小盥洗室的供暖。这个房间的面积是小盥洗室的两三倍，高度是小盥洗室的一倍半，更何况暖气实际上没有运转，所以情况相当不妙。当然，暖气未运转的理由是供暖季节已经结束了。人们在 9 月 15 日关闭了暖气，而寒冷的天气并不是重新打开暖气的充足理由。

从各个角度来说，我在 Instituto 的办公室都比我们住的房间大，具体地讲，比房间加凹室还大。办公室的窗户面朝着大海，外面是迷人的海景，冷风从那里吹来。这座大楼是新建的（实际上还未完工），但建造得很差劲，当海风开始刮的时候，风真的就会刮进来，闭上窗都不能防止我办公桌上的文件被吹散落。没有集中供暖系统。他们本打算安装集中供暖系统，但在大楼建成之前，钱就用完了。资金问题甚至是通过取消安装用于集中供暖的管道来解决的。要想装管道，在大楼最终完成时，相当一部分墙壁将不得不被拆开，否则就得把管道固定在外面。（据我所知，那里至今还没有集中供暖。）人们认为情况非常糟糕，于是每个办公室都配备了电加热器。如果我小心翼翼地把脚靠近加热器（但不能太近），我的脚就暖和了，但并不会太热。无论我做什么，我的手指都是冷的，我身体的其他部位也一样。教室里没有电加热器，甚至没有可用的插座，就是借来加热器也无济于事。在最初的几个星期里，不仅我在教室里穿大衣，所有的当地人也都穿着大衣。

到处都一样。我们在家里感到冷，在电影院里感到冷，在餐馆里感到冷，在我们拜访的私人住宅里也感到冷。我们唯一不觉得冷的地方就是大街上，如果穿着合适，走路轻快，室外 7 度的温度是相当舒适的。

寒冷、昏暗、潮湿和烦人的天气持续了三个多星期。到了 10 月中旬，情况开始好转。接下来的六个星期左右，我们仍然感觉凉飕飕的，但不再令人难受了。喝下午茶的时候，要是能晒到太阳，人们就会坐在人行道上的桌子旁。在家里，我渐渐感到，不必把厚重的衣服裹在身上，也不必把羊毛巾围在脖子上，就可以干活了。这段时间白天的最高温度在 13 度到 16 度之间。

夏季来临之时，它好似轰隆隆地降临，并且停留下来。12 月 1 日前后，艳阳高照，城市发生了变化。海滩上搭建起冲凉浴室和卖 franfrute 的摊子。我们撤走了房间里那台小巧的电加热器，它曾在暖气失灵时勇敢地扛起重任，但显然力不从心。天气简直好极了。降雨很少，而且再也不冷了。这里的温度差不多都在 21 度到 27 度之间，海风常常会让你感觉很舒服，尽管带着点湿热。那时在芝加哥，我的朋友们正在铲堆得 6 英尺高的雪堆。

## 如何当上讲座教授

我之前提到过，我在里约逗留过一天，借此认识到了南美洲组织数学研究的困难所在。主要的难处不是数学家的人数低于有效地相互激励所需的临界量——这已经够糟糕了，但除此之外，数学研究获得的财政、智力和政府的支持、尊重和认可太少了。工作岗位的数量甚至比已经过低的数学家人数还要少。

在里约，莱奥波尔多·纳什宾正在为谋生而苦苦挣扎，尽管他是方圆千里 [27] 内最优秀的数学家。当他没在证明定理的时候，他就在大学里教授几门课程，并在巴西物理研究中心（Brazilian Center for Physical Research）做兼职。这时出现了一线希望：大学官方宣布数学讲座教授空缺，呼吁所有应聘者踊跃报名自荐。其实，该职位已经有一段时间没人担任了，相应职责以一种非正式的方式临时由一个人承担，这人按资历长于莱奥波尔多，但从数学水平上讲，还不及莱奥波尔多的一半。

两名讲座教授的应聘者提出了申请，也只有这两个可能的人选，即莱奥波尔多和那位临时代理。因为每个人，包括那位 T [28]，都清楚地知道，T 的任职资格与莱奥波尔多相比是微不足道的，所以，幕后的议会式策划开始了。

莱奥波尔多当时正在申请教授职位。除非一个人从该校哲学学院获得哲学博士学位，否则他就不具备资格，也就不能申请这个职位。然而，除非他也从该校哲学学院获得了在巴西相当于硕士的学位，否则就无法，或者按照 T 的说法，无论如何也不应该获得该博士学位。莱奥波尔多是从该校工程学院获得硕士学位的。结论：莱奥波尔多的博士学位应该不算，因此，他申请并获得教授职位的权利应该被剥夺。这些话都是 T 正式和公开说的。

面对这些指控，有必要任命一个事实调查委员会，就莱奥波尔多的候选人资格做出裁决。一个蹊跷之处是，甚至连 T 自己也不寄希望于该委员会能做出不利于莱奥波尔多的裁定。无论如何，关键在于莱奥波尔多目前风头正劲，声名鹊起，实力与日俱增，如果由最终委员会马上任命两位候选人中的一人的话，那么莱奥波尔多获胜的可能性会非常大，这让 T 感到非常不安。T 这一招的目的就是玩一次拖延战术，希望尽可能地推迟最后的决定。在此期间，T 可以继续暂时担任讲座教授，并竭力争取支持。如果事实调查委员会碰巧否决了莱奥波尔多，那么 T 就会在竞争中胜出。如果他们裁定莱奥波尔多具备候选资格，那么 T 仍然有争取最终委员会支持的机会。当然，在这种情况下，认定指控无效将对莱奥波尔多更有利。

这种官方的愚蠢行为浪费了时间，需要花费几个月、几年，甚至是几十年才能得到结果。最后，德行战胜了一切。事实调查委员会一致同意支持莱奥波尔多。随后，选举委员会也把讲座教授的职位授予了他。其实，在此 30 年之后，我回到了里约，参加了莱奥波尔多盛大的退休仪式。

## 人文学科和自然科学

当我在乌拉圭的时候，那里根本不可能发生莱奥波尔多·纳什宾竞争教授职位这种骇人听闻的故事，因为整个国家还没有数学讲座教授那样的职位。

蒙得维的亚大学与美国的任何大学都大不相同，其体系更像我所听说的欧洲体系。这所大学由 9 到 10 所学院组成，在这种意义下，"学院"（faculty）大体等同于芝加哥大学的"学部"（division）。例如，它包含医学院、工程学院、人文学科和自然科学学院、建筑学院、化学院和法学院。各学院之间完全独立，仅在预算上依赖政府，它们以自己为独立自主的小实体而自豪。它们的独立确实很彻底：连做梦都不会有联合任命这种事发生，而且（各学院的）大楼彼此相隔数英里。一个经济学专业的学生做梦也不会去听拉瓜迪亚的数学课，就像一个美国西北大学的普通经济学专业学生做梦也不会在周一、周三和周五上午 9:30 到芝加哥南部上数学 101 课程一样 [29]。**规定上**不存在联合任命的一个好处是，**事实上**它会偶尔存在：一个人完全有可能获得两个不同的任命。

各学院的教学质量差别很大。有人告诉我，医学院和工程学院是最好的，而人们似乎一致认为人文学科和自然科学学院是最差的。H. 和 S.[30] 学院的理想在某种程度上类似于芝加哥大学的"本科学院"：学院须做到，对诸如学位和职业培训这类天然的物质主义追求不感兴趣，在学院里，无论教授教书、学生上课还是探索奥秘，纯粹都是出于热爱。这一理想看样子并没有实现。就数学而言，假如学院改变了态度，设立了一个你可以为之工作的学位，该学位（licenciatura[31]）与美国中西部州立大学的硕士学位大致相同。这个学位有什么好处？这本身就有点儿神秘。它并不能帮助一个人在高级中学和大专院校获得教师职位，因为取得教职必须接受另一种培训；它同样与成为工程师毫不相干。这个学位简直就是一个空白。

H. 和 S. 学院是围绕着一大堆小"讲座教授"（几乎可以称为"讲凳教授"）组织起来的。每一个岗位实际上都对应着一门课程。如果你有幸赢得了竞争，最终获得该岗位，那么从讲授相应的课程中，你将终身得到中产阶级收入的 20% 或 25%。（当然，最初你只被任命一年；第二次任命，如果你能证明自己可以胜任的话，是五年；以后所有的任命都以五年为期。几乎从未听说过获得了第一个五年任期却没有获得之后任期的情况，换言之，连任**实际上**是自动的。）收入不是很多，但有帮助。

心理学家里莫尔迪（Rimoldi）得知我们来自芝加哥大学后，就来拜访，并与我们成了朋友。他师从瑟斯通[32]，获得了博士学位，他很喜欢谈论曼德尔音乐厅[33]和斯坦韦药店的美好时光，而不只是有点儿想家。他就在 H. 和 S. 学院，事实上，他是那所学院唯一的全职教员。在乌拉圭，这种拥有全职教授岗位的机构几乎是不为人知的，就是听说了人家也不相信。当然，这种状况有历史原因。高等院校创建比较晚，它们开始于一些相对实用的学科，如医学和法律。一所新创建的大学怎么找人来任教呢？以医学为例，当初创建者们想出的办法是让一位成功的执业医生（如拥有意大利的学位）每周抽出两三小时来教授一门解剖学课程。大学开支拮据，付不出多少钱。这位医生讲课挣来的钱可能只是他收入的极小一部分。但被邀请为大学教授是一种莫大的荣誉，而且，如果把这个头衔印在名片上，对病人也有吸引力。

这一制度的所有弊端都被固化了。比如，在我去的那个年代，你在乌拉圭几乎不可能找到一名大学教授。你通常会发现一位工程师在工程学院任教，一位记者在教授西班牙文学课程，一位建筑师在教授画法几何学。

里莫尔迪告诉我，他的工作条件令人无法忍受。他需要学生和助手，需要实验场所和设备，需要办公场地和设施。在人力资源方面，他毫无怨言：他能找到许多富有才干而热情的人。其余的一切则都是无望的。学院不给他实验室和实验用的老鼠这类所有实验室科学家都自然而然会争取的资源，问题在于，他甚至在领取铅笔、纸张时都出现困难，而要获取秘书办公室里的电加热器这类东西（在那个冻脚趾的地方，这是必需品），似乎需要国会通过一项法案。

里莫尔迪还告诉我一件关于 H. 和 S. 学院的趣事。学院登广告说，比较解剖学有一个空缺的岗位，应聘者都应该来校申请。有几个人申请了。他们的文凭经过审查，所有常规的手续都办妥了（相当多的手续），胜出的应聘者最终被选定。一封信函和一份正式的任命书送达至他，还告诉他，可以把自己当作学院的一员了。不久之后，当课程即将开始，而这位特殊的学院新成员仍未被告知其具体职责时，他四处找行政部门，询问他应当做什么，什么时候去做，以及在何时、怎么去领取薪水。哦！哎呀，你看，这里有个不幸的误会。我们想不出这事怎么会发生。但事实是，你被任命的这个岗位……唉，你看，我们刚发现根本没有这样的岗位。它没有列在编制册中，预算中也没有资金支持该岗位，这一切都搞错了。我们真希望你别介意。

## 工程学院

每个学院的组织结构几乎一样。我来描述一下我从工程学院了解到的情况。

学院的行政管理权力掌握在由 11 名委员组成的执行委员会手中。其中 4 名委员由学院选举产生，4 名由这个国家的专业工程师选举产生（想必其中每个人都是该学院的毕业生），还有 2 名由学生选举产生（但他们自己不是学生，通常也是工程师）。10 名当选的委员再选出一名院长，如果他们碰巧选出了他们这 10 人中的一位，那么再进行补充选举，填补由此产生的执行委员会的空缺。院长一职是很大的荣誉，通常由事业上成功的工程师担任。院长主持的执委会管理着学院：所有重要事项（尤其是所有任命）都由执委会决定。例如，我在那里的时候，有一门数学课程的助理职位空缺。拉瓜迪亚不在执委会，所以他对应该选哪位候选人完全没有发言权。两名竞争者，比列加斯（Villegas），Instituto de Matemática[34] 的兼职成员，是一个认真的学生；彼得拉卡（Petracca）是一个没有什么科学贡献的高中教师。基于资历，这个职位给了彼得拉卡。

由于教授们（尤其是代表学院执委会的那些人）几乎都是在职工程师，而且他们的大部分收入都是在校外挣的（在学院任职是一笔巨大的商业资本），因此几乎不存在学术团队精神。例如，执委会里没人对给教授加薪有丝毫的兴趣，即使教授们每月应该能多赚 5% 或 10%，这对执委会来说也无关紧要。

执委会（学院历史上所有的执委会）中的工程师在学术决策上受到工程师市场波动的影响很大。如果工程师短缺，他们就会施加压力，减轻课程负担，加速文凭的"制造"；如果工程师在市场上过剩，他们就会提高毕业要求。院长不是学术人士，因此对大学的持续发展没有感觉，既对前任的所作所为不了解，也不受其影响，这一事实导致了一种有趣的周期性现象。院长的任期有 4 年，因此，每隔 4 年，新官上任就会重新安排课程。到 1951 年，据拉瓜迪亚在 20 年里的观察，相继上任的院长们已经来回折腾了 4 次。

学生们强硬地干预着一些日常事务，比如考试。考前，所有的考题连同答案都必须准备好，由教授递交到院长办公室。如果学生后来认为这次考试太难了，"书上没有"，或者因为其他任何理由感到不公平，他们有权向执委会投诉，执委会随后就把出问题的教授叫来训斥一番。此类情况经常发生。

教授之间几乎不会互换课程。当我告诉拉瓜迪亚芝加哥大学的授课安排时，他既惊讶又羡慕。举例来说，几何学是由一名工程师讲授给工程师们听的，他在学生时代学过这门课，而对其他数学一无所知。尽管拉瓜迪亚很想改变一下，教授这门课程，但他办不到，长期被分配上几何学课的老师既不愿也不会讲授分析课程。（顺便说一下，分析课程就是高等微积分。）

繁文缛节可怕极了。如果你想休一个短暂的假期（小于或等于 3 天），你的部门负责人（就我而言是拉瓜迪亚）必须事先批准，但还得报告管理中心，他们记录下来，并从你的假期天数中扣除。如果你想离开 4 天到 30 天，就必须向院长提出正式申请，即使你的申请被批准了，很有可能，你的工资也会跟着一块"休假"。如果你希望休假 31 天或以上，执行委员会就必须开会研究这件事，而不发工资则是板上钉钉的。你有权享受的带薪假期每年是 20 天

（不是 20 个工作日，而是总共 20 天），只能在院长批准的时间休假。

我还有一点尚未讲清楚。在我那个年代，几乎没有全职教授，所以"休假"这件事听起来可能有些矛盾。然而，问题的关键在于，在工程学院内部还有一定数量的研究所，它们跟学院系部颇为接近。这些研究所的工作与学院的教育计划无关，它们更像是同属一个研究计划。例如在数学方面，有一个研究所，拉瓜迪亚是其中一员。拉瓜迪亚还教授工程数学。这两项工作是分开的，他必须安排在不同的时间去做，如果他下午在研究所上班，那么他的工程课就必须排在上午，反之亦然。我说的假期是指研究所的假期，不是学院的假期。

# Instituto de Matemática

**Instituto de Matemática y Estadística**[35]，这一冠冕堂皇的名称指的是工程学院的数学研究分支部门。它的存在本身就是其创始人拉瓜迪亚的一大成就。工程学院最初没有数学系，只有三位数学教授，他们讲授工程师所必需的标准课程。拉瓜迪亚构想了该研究所，经批准后建立起来，至少在纸面上如此。它在纸面上停留了近 10 年。在官方看来，它并不存在，学院的预算也没有为之拨款。它的全部意义在于，拉瓜迪亚和马塞拉力图向几个前途无量的年轻人灌输一些数学知识，并开始积攒几本书。无论拉瓜迪亚还是马塞拉都没有因为在这方面花费的心血而得到一分钱。他们以工程学院教授的身份挣得一半的薪水，并以人文学科学院教授的身份勉强增补，他们还为研究所提供无偿服务。最终，在 20 世纪 40 年代后期，拉瓜迪亚说服了工程学院执委会，承认了该研究所的存在，并把它列在预算里。

该研究所实际上由大约 6 个房间组成。其中一间是主任办公室，拉瓜迪亚就是在这里没完没了地写报告（旧时欠下的），做预算规划（提前两个月开始下一年度的规划）。另一个房间是马塞拉从事数学研究的地方，他严格按照规定的时间表作息，而且比其他任何人都更少谈论政治，即使是在喝咖啡的休息时间。

　　第三个房间是秘书小姐 [36] 的（在那里的 9 个月中，我从未听到有人叫出秘书的名字）。第四个房间是给计算员用的，就是那两位留着八字胡的年轻人，他们负责两台台式计算器（desk calculator）。我到校后不久，其中一位计算员找到一份更好的工作离开了。出于节省开支的考虑，公职在空缺 6 个月后才能被填补，所以在我逗留的大部分时间里，只有一位计算员。鲁伊瓦尔（Ruibal）是一个可爱的年轻人，长着一张娃娃脸，当然是学工科的，对数学有一点儿小小的好奇心。当他需要一份兼职的工作时，他自然而然地就来到 Instituto 找活儿干。对于一个崭露头角的工程师兼数学家来说，计算员是恰如其分的岗位选择，但不幸的是，他几乎没有计算的工作可做。拉瓜迪亚经常讲道（但即使是他，也总是提到这同一个、唯一的场景），那时计算员们为另一家研究所，一家具备实际应用功能的研究所做一些计算工作。遗憾的是，这次计算结果也被那家研究所通过一个简单的实验得到了。也就是说，除了这次短暂的光荣时刻，计算员们再没有做过任何计算。鲁伊瓦尔只能整理借书证，为阅览室的书编写书号，还有，当秘书小姐忙不过来时，他就去帮忙打字。他不是来做这些事的，但这些成了他的活儿。

　　有一个房间是我的办公室，隔壁是研究所的图书室，也兼作一些年轻（学生）成员的办公室。鉴于研究所刚成立不久，加之经费匮乏，图书室办得不怎么样也是不足为奇的。但令人惊讶的是，它竟如此之好。甚至在研究所成立之前，一些经典的数学著作和几种颇有声望的老期刊，诸如 *Crelle*[37]、*Liouville*[38] 和 *American Journal*[39] 就已经在工程学院的图书馆里了。较新的书籍和订阅的现代期刊都直接送到了研究所。研究所图书室的书架遮盖了一整堵大墙，书架上大约一半都放着书。布尔巴基的著作、美国数学学会出的"学术研讨会"丛书、普林斯顿大学出版社的丛书，以及通常在数学家的私人藏书室中看到的书籍，都在那里。显而易见，美国的期刊都定期寄来，但存在严重的缺口。几乎没有后起的期刊，在我宣传之前，他们从未听说过《太平洋数学学报》（*Pacific Journal*[40]，当时非常新）和《数学和物理学报》（*Journal of Math. and Physics*[41]，早就创刊了）。在这里，进行严肃认真的文献研究是不可能的。

## 研究所人员

在我旅居期间，我在研究所见到不止一次的人总共有11位，其中包括教授和学生，但不包括偶尔到访一天的杰出访问学者、将图书室作为学习场所的工程系学生、秘书、在我们喝咖啡休息时每天肩上挎着篮子来卖椒盐卷饼和面包卷的 panadero[42]，以及给地板打蜡的 peón[43]（并非侮辱性的字眼）。这11人中有3人是拉瓜迪亚在矮子里面拔出的"将军"，因为一旦他成功地从预算中争取到一小笔奖学金，他就必须把这笔钱分发出去，不管他是否找到了合适的人选。这11人中还包括福特萨和因凡托齐（Infantozzi），他们和蔼可亲，富于智慧与修养，但他们不是（也从来没有打算成为）科研型数学家。在美国，他们可以被评为初级学院[44]级别的杰出教师。另一个不寻常的地方是，他们没有完全放弃研读数学，有时甚至会尝试一些小的研究，比如满足一个古怪恒等式的环，或者有一个单元素集合稠密的拓扑空间。福特萨始终是个充满希望的业余爱好者。他会在某天读哈塞（Hasse）关于数论的书的前三页，第二天读希尔伯特关于几何的书的前三页，而第三天读霍布森关于实变函数的书的前三页。

前面介绍了11人中的5人。还有两人是阿尔弗雷多·若内斯（Alfredo Jones，Jones 发音为 Choness）和塞萨雷奥·比列加斯（Cesáreo Villegas），我与他们保持友好关系，但很少谈及专业。当然，还有拉瓜迪亚，我绝对把他当朋友，但在业务上，我与他的联系几乎只局限于行政方面。

最后要提的同样重要的人，有马塞拉、卢默（Lumer）和舍费尔（Schäffer）。马塞拉和我同龄（1951年时35岁），他已经是一位颇有建树、受人尊敬的数学家了。卢默和舍费尔都大约比他年轻15岁，是雄心勃勃、才华横溢的学生。

何塞·马塞拉，1960 年

　　马塞拉是一个矮壮的家伙，低于中等身高，留着平头，深色头发泛着灰白，举止沉稳，近乎平静。他对我很热情。尽管他毫不掩饰自己是当地共产党的活跃分子，但他总能审慎地将自己的政治活动与专业工作区分开来。我每天都能在研究所的办公时间里见到他（冬季是下午 1 点半到 6 点半）。他待在办公室里的时间比其他大多数人都长（所有的办公室都可以被其他人观察到，这归功于专门为此而设计的巧妙的窗户系统），而且他看起来忙着做数学家们都在做的事情。我们一块儿喝茶时谈论天气，他告诉我他去年开的希尔伯特空间课程的内容，并试图让我对他目前研究的微分方程问题感兴趣。他经常对我们其他人互相求教的问题感兴趣，这时，他会躲到自己的办公室去思考那些问题，一小时左右就会突然冒出来给出答案。他的论文很长，而且他都亲自打字；他阅读新近的期刊；他负责一个讨论班；他还指导了几名学生进行与讨论班内容相关的研究。

　　不过，他的意识形态对研究所的日常运转至少还是产生了间接影响。他曾请一个月的假去参加苏联的一个政治会议。这个申请不是时候，正好在学期中间。拉瓜迪亚必须找个人来顶替马塞拉上课，而且，他必须在失去马塞拉协助的情况下处理日常行政事务。最糟糕的是，这种休假申请公开强调了该 Instituto 中存在着一个彻头彻尾的共产主义者。虽然当年共产主义者在乌拉圭不像在美国那样令人恐惧和憎恨，但他们终究不受欢迎，尤其在高层政府官员（比如掌管全部资源的教育部官员）眼中。当然，共产主义者在美国大使馆、洛克菲勒基金会（Rockefeller Foundation）和北美地区的其他资助机构中也不受欢迎。拉瓜迪亚感到不快。

冈特·卢默（Gunter Lumer）生于德国，在法国接受过一些早期教育，在法国时，他叫居伊·卢默（Guy Lumer）；然后，他来到乌拉圭读大学——乌拉圭是他父母发现的远离希特勒的永久避难所。他的德语和法语说得像本国人一样好，西班牙语也差不多。他个子不高，长着鹰钩鼻，笑容满面，活泼好动，闲不住。他的体形经常从正常到接近肥胖间改变，以至于他需要两整套服装，一套胖，一套瘦。

即使在他还是一个年轻学生的时候，他的积极个性在他对数学的态度中也可见一斑。他当时感兴趣的是世界上最重要的问题，而且他刚刚解决了它——好吧，差不多解决了，还有一个小问题，你看，剩下的就是平面上是否有一条曲线，使得……还有，大大地推广一下，在空间中是否有这样的曲面，使得……当我遇见他时，他（自己并没有意识到）是 R. L. 穆尔 [45] 的精神后裔。我向他展示一扇通向数学世界其他地方的窗户，并把这当成自己分内的工作。我开启这扇窗，指点江山，同他争论；他闭上眼睛，抗拒着，争辩着，最后总是以皆大欢喜结束。他精力充沛，才华横溢，我是否真的为他做了什么好事，我并不完全清楚。我相信，无论我做了什么，他都会成为一名数学家。

胡安·舍费尔（Juan Schäffer）的来历也很类似：他出生于奥地利，曾在法国居住过一段时间，会说德语、法语、西班牙语、意大利语和英语，语速都很快，书写和口语皆精通。还是学生的时候，他就头脑聪明、思维敏捷。在我问他一个问题时，刚讲到一半，他就明白了我的意思，答案便会以不连贯的西班牙语脱口而出。

卢默犯了很多小错误，并通过不断地纠正它们，逐步逼近、归结到真理；

舍费尔要是说错了，讲到一半，很快就能逮住自己的错误，并在我还处于困惑之际便改正过来。卢默写的东西在整体结构上井井有条，但在细节上乱成一团；舍费尔写的则像雪一样，每一片雪花都晶莹剔透、无可挑剔，但从其壮观的整体来看，这一大堆东西可能令人无法理解。

遥想 1951 年，这就是当时那 11 个人给我的印象。拉瓜迪亚后来去世了。马塞拉成为国会的一名共产党议员，当政府从瑞士式的委员会－总统制变成极右主义专制政权时，他被捕入狱，遭受折磨，在监狱中度过了 8 年。若内斯现在是巴西一位受人尊敬的代数学家，比列加斯在加拿大是一位受人尊敬的统计学家。卢默正在比利时研究哈代空间，舍费尔（仍是得力于马塞拉的推动）在美国匹兹堡大学做了很多关于微分方程的工作。现在，乌拉圭的数学已经消亡，犹如伴随着拉瓜迪亚一起逝去，但也许有一天，它会重新活过来。

## 在蒙得维的亚教书

研究所的作息时间表随着季节而变化。我们每天要在那里工作 5 小时——冬季是下午 1:30 到 6:30，而夏季是早上 7:30 到中午 12:30。夏季作息时间表的理论根据是，由于夏季下午的天气像热带地区一样炎热，人们必须在上午做完一天的工作。这个前提和结论都不对。

这里的天气暖和，并不像热带地区那样炎热，甚至从来没有像芝加哥或纽约那样热过。至于在早上开工，我在那里时，这个国家的经济组织没能办到这件事（从那以后，情况变得更糟，而不是更好）。为了维持近乎体面的生活，几乎每个人都必须打两份工。我已经提到过，工程学教授是一名工程师，他的教授职位相当于兼职，医学、建筑学和农学教授也是如此。除了极少数例外，这一制度还延伸到数学、哲学、天文学、拉丁语和经济学的教授，在办公时间之外，他们很可能担任新闻记者或保险代理人。在社会上也是一样，上午的公交车司机就是下午的服务员，反之亦然。两个人通过交换一半的工作，可能会提高效率、减轻疲劳，当然，这一观点还有待考证。但在大学里，学生人数太多了，不可能只花半天时间把他们都教一遍，因此，无论是夏季还是冬季，上午和下午都有课。

为了应对这种混乱局面，许多重要机构（如银行和政府公共服务部门）只开放半天。一家银行在冬季营业时间为下午 2 点至 6 点，夏季营业时间就会更改为上午 8 点至 12 点。公交车司机在下午开车、上午传菜之间转换；大学里，上午的课被调整到下午讲，下午的课被调整到上午讲。

我每天必须在研究所待 5 小时，但做什么几乎完全取决于自己。我会准备讲课（用西班牙语讲）的教案（用西班牙语写），喝咖啡，同卢默和舍费尔交流问题，在图书室随意翻阅，喝咖啡，打开我的信箱，阅读《纽约客》(The New Yorker)[46]，尝试证一条定理，看一本统计学书，喝咖啡。重要的是，人要在那里。有一天早上，在 panadero 还没来的时候，我大胆地建议大家到街上去享用咖啡和甜甜圈，但是，我的建议被当成了一个低级趣味的玩笑——不能那么做，连想都别想。几年后，一位乌拉圭朋友来到芝加哥，在星期二上午 10:30 来我的办公室，没找到我，那时我在家里思考代数逻辑。对此他深感震惊：怎么能够擅离职守呢？在下个星期日下午 2:00，他打电话给我，从我太太那里得知我不在家，正在办公室做一些出版编辑工作。他完全糊涂了，为什么我在不必在办公室的时间，还在办公室里呢？

学生罢课影响了我在研究所的任务，好在仅仅是间接影响。"huelga"意思为"罢工"[47]，这是我抵达乌拉圭后添加到西班牙语词汇表中的第一个单词。罢工几乎和圣徒纪念日一样受欢迎，而且在取消工作日方面更有贡献：虽然罢工次数较少，但不太容易被忽视，而且持续时间更长。我抵达后不久，公交车罢工就结束了，然而在一星期后又重新开始。煤气系统罢工使我在头三个星期里只能用冷水刮胡子、洗澡。学生罢课使我的冬季学期中断了五周。

当然，这一切都与政治有关。议会正在就一项宪法改革提议进行辩论，一些人担心，与维持现状相比，新提议更可能引起政府干预。反制措施是：全国范围内的整个学生群体（大约 5 万人之巨）发动罢课，导致实验室和图书馆关闭，课程和考试取消。拉瓜迪亚的研究所是叠加在大学结构之上的，并不属于其一部分，因此，我们在罢课的那几个星期比往常干得更起劲儿——大家有更多的时间来研究所。

罢课产生了一些效果，这所大学的一些建议被纳入了新宪法。然而，大学迫切需要的财政自主条款却没有实现。财政自主意味着议会将不再僵化地决定大学预算如何在工资、建筑、书籍和需要花钱的其他事项之间进行分配。这将使大学当局在决策上更加灵活。例如，他们可以直接邀请像我这样的客座教授，而不再需要耗费通过一项国会法案一般的功夫。为了对议会拒绝其建议表示不满，学校委员会投票决定，这次教授们将举行罢工。

我的大部分"教学"工作都是针对研究所的研究人员的，也就是针对卢默和舍费尔，拉瓜迪亚和马塞拉礼貌地加入听众中，而其他一些人，比如福特萨和比列加斯，有时也会参与进来。听课人的理解力都很强，但他们不熟悉现代数学的语言和思路。最初，我还没意识到这一点，随着学期的推进，我不得不一直降低讲课难度。我试着从算子环（那是当时冯·诺伊曼代数的叫法）开始，接着讲次正规算子，最后以拓扑代数（泛函分析的另一个名称）的入门课程收尾。这些总共花了 29 讲。第二学期，我用了 16 讲来揭示布尔代数的一些奥秘。

我来乌拉圭的一个目的是向这个国家介绍概率论和统计学，所以拉瓜迪亚发了一封通知书，邀请他认为可能感兴趣的大约 40 名学生前来与我会面，并讨论可行的方法。最终来了 6 个人，我们进行了讨论。拉瓜迪亚大部分时间都在讲话，他竭尽全力掩饰他们的冷漠。在这方面，我是一名专家。难道他们不想趁我在场，利用这次机会，在他们严格规定的工程课程之外再挤进另一门课程吗？答案似乎是一个无精打采的"不"。因为他们仍在上原来的课，又由于罢课，课程日历被推迟了两个月，很快考试就要开始了，他们会更忙碌——也许，以后再说吧。拉瓜迪亚最后说，好吧，我们将在 2 月份开始这门课程。他们似乎松了一口气，那真好，还早着呢。其中有两个学生随后与我私下交谈，并为他们缺乏兴趣半心半意地道了歉。他们说，自己只是没有足够的时间。他们问我建议读些什么，在弄清楚他们准备读些什么之后，我提出了几条建议。我们友好地分手。

概率论课程最终实现了，它成了一门简短（16 讲）但标准的初等课程，有 5 名固定的学生。我在乌拉圭一个学年的授课总时长达到 70 小时，与我在芝加哥大学一个学季的正常教学时长相当。

## 在乌拉圭做研究

我自己的研究一直进展顺利。我考虑了某些次正规算子，并设法取得了一些进展。谱包含定理属于这一时期，我的第一篇关于换位子的论文也属于这一时期。

谱包含定理是长期困扰我的一个问题。它说的是，如果从一个次正规算子过渡到它的自然扩展，即最小正规扩张，那么谱将朝着“错误”的方向发展，它不但没有增长，反而在缩小。令我困扰的是，在另一种情况下也存在类似的定理（如果从特普利茨算子过渡到它的自然扩展，即相应的洛朗算子，那么谱也会缩小），我不相信这两种说法之间的相似是偶然的。有一次，我建议一位博士生尝试发现包括两个谱包含定理的一般背景，但在思考了几个星期之后，他提出了一份神学式证明，说这样的一般背景并不存在，然后就去研究别的东西了。从那以后，我还听到过一两句关于这个问题的含糊说法（是的，这两个结果之间可能有关系，并且它与 C* 代数的表示论有关；不，这两个结果之间没有关系），但我仍然不满意。我持续注意到次正规理论和特普利茨理论有相似之处，我想知道为什么会这样。我印象中是 E. H. 穆尔说的，如果两个主题展示了如此强的类似性，那么它们**必然**有一个解释这种相似性的一般化推广，而且我认为，只有理解了这个推广，我们才能真正理解其中任何一个主题。

算子的换位子本身在代数上就很有趣，量子力学使它们更加有趣。海森伯（Heisenberg）不确定性原理可以表达成如下陈述，即两个特定（无界）算子的换位子是恒等算子（$PQ-QP=1$）。在 20 世纪 40 年代后期，出现了两个不同的有趣的证明 [ 一个是温特纳的，一个是维兰特（Wielandt）的 ]，表明有界算子不能满足海森伯方程。那么好吧，我对自己说，如果 $PQ-QP$ 不等于 1，那它会是什么呢？我不断地回到这个问题上，并获得了令人惊讶的结果，但是还不能下定论。（例如，每个算子都是两个换位子的和。）阿伦·布朗和卡尔·皮尔西（Carl Pearcy）于 1965 年找到了漂亮的结论性的答案，他们深刻的分析是相当复杂的，还没有人能加以简化。他们的结果是，本质上讲，只有恒等算子的标量倍数不是换位子——此处"本质"这个词表达的是专业意义，即"模掉紧算子"。

我在乌拉圭做的最后一项研究与平方根有关。每个复数都有平方根，而数字 0 有点儿麻烦，诚然，必须小心不要从黎曼曲面的一叶滑到另一叶，但存在性总是有保证的。对于最自然的"超复数"——元素为复数的方阵——情况有所不同，但并不可怕。如果一个矩阵不是完全的零矩阵，也就是说，它至少有一些非零元素，而且是非奇异的，那么它是可以开平方的。自然猜想：对于希尔伯特空间上的有界算子也是如此。令人惊讶的发现（与卢默和舍费尔合作）：该猜想是错误的，可逆算子可能没有平方根。问题在于，即使 0 不属于一个算子的谱，它也可能被该谱围绕（就像圆"围绕"它的圆心一样），这足以抵消掉平方根。（记住，在 $\sqrt{z}$ 的黎曼曲面上围绕 0 是很危险的。）

然而，我在乌拉圭的那一年，这个国家朝着成为数学研究界一员所迈出的最大一步，并不归功于蒙得维的亚大学的几篇论文，而是我和拉瓜迪亚安排的会议。我们以 10 月份访问驻当地的联合国教科文组织办事处为开端，该办事处由埃斯塔夫列尔（Establier）先生负责。他是西班牙人，曾在法国生活了许多年，衣冠楚楚，圆脸上留着细细的小胡子。他是一位国际事务专家，曾为国际联盟（League of Nations）工作过，他的一口马德里西班牙语听起来更像书本上教的那样，而不是你通常能在蒙得维的亚听到的。我们来的时机再好不过了。年底临近，埃斯塔夫列尔还有些经费，他完全采纳了举办会议的建议。是的，我们一定要开一次会议；是的，联合国教科文组织将为此提供资金；现在，这就是我们要做的。经过几个星期，在对乌拉圭的管理人员有所了解后，我发现埃斯塔夫列尔的行事风格令人愉快。他开始讨论出席人员、会议日期和地点，边谈边记下要点。他了解所有的困难，知道如何克服困难，懂得如何把事情办好。

第一，会议必须在年底前举行，比如 12 月中旬。第二，会议的主题必须尽可能具有普遍性，这样既可以吸引最多的人，又不得罪任何人。第三，由我们开列出邀请人员名单；埃斯塔夫列尔保留增加其他人的权利，但不删减任何人。第四，为了最大限度地提高会议的成效，会议不应该在蒙得维的亚城，而应该在其 50 英里以外的地方召开，这样与会者就不会分心，把时间花在拜访久别多年的朋友和观看演出上。第五，埃斯塔夫列尔将支付所有的路费，但是我们要寻找其他的资金来源用以提供食宿。不过，他通过联系地方政府和中央政府给我们帮了大忙，而且事实上，他几乎担保弄到我们需要的全部资金。

埃斯塔夫列尔甚至还为这次研讨会建议了一个主题："数学，经典和现代"。我和拉瓜迪亚都不由得皱起眉头，这听起来近乎荒诞，而埃斯塔夫列尔立刻就表现出了乐于调解的外交姿态。他说，他提出这个主题，只是为了向我们展示会议主题最好能达到的亲民程度。我建议："数学的未解问题"怎么样？这是一个尽可能亲民的主题，能使与会者用较少的时间来准备，而且，它看起来是一个能帮助我们某些南美洲同行了解当前数学研究范围的好途径。拉瓜迪亚和埃斯塔夫列尔表示同意，暂时采用这一主题。

最重要的决定当然是确定参会者名单：我们应该邀请谁？从哪里邀请？

埃斯塔夫列尔的回答干脆而明确：邀请任何目前住在拉丁美洲、确实可以称之为数学家的人。他想邀请来自阿根廷和巴西的代表，但也要邀请来自智利、秘鲁、玻利维亚和巴拉圭的代表，以及古巴和墨西哥的代表。我们很快就确定了十几个名字，比如桑塔洛（Santaló）、贝波·莱维（Beppo Levi）、蒙泰罗（Monteiro）、里卡巴拉（Ricabarra）、卡通达（Catunda）和默纳汉（Murnaghan）。然后，埃斯塔夫列尔和拉瓜迪亚就另外 30 个名字展开了一场友好而嘈杂的争论，其中大部分人我以前从未听说过。据我的印象，埃斯塔夫列尔更倾向于著名的大人物，而不是活跃的数学家，但这是意料之中的事。

随着时间一星期一星期地快速流逝，名单在不断加长，计划也变得更完善。科特勒（Cotlar）和卡尔德龙（Calderón），还有图伦（Thullen，他关于多复变量的工作在数学家中很有名，当年他是巴拉圭的一名保险精算师）和戈多弗雷多·加西亚（Godofredo García）都可能出席。好，人越多越好。冈萨雷斯·多明格斯建议每年在南美洲举行一次类似的会议，而本次会议议程中的一项内容应该是讨论下次会议的计划。好，联合国教科文组织似乎愿意定期为此买单。

埃斯塔夫列尔的办事处负责所有繁重的行政工作，安排交通、住宿、用餐、报告厅、粉笔、扩音器，而且一切做得很好。所选会址对我们很有利，是埃斯特角城（Punta del Este），一处豪华的海滨度假胜地，我们住在舒适的半私用平房里（有独立的卧室，两个人共用一间浴室和一间起居室），除了享受海滩和讨论数学外，没有其他事情可做。

我们计划在下午 4:00 **准时**乘公共汽车离开蒙得维的亚前往埃斯特角城，埃斯塔夫列尔在他的官方信函中强调了这个字眼。公共汽车在 5:40 离开。我坐上了拉瓜迪亚的私人轿车，享受着王室般的舒适。教育部长 [48] 被邀请参加会议，这是此类事务的惯例。他必须受到邀请，他也必须接受，但他几乎从未来过。这次他也并未出席。因为这意味着少听一场正式的演讲，所以没有人介意。

埃斯塔夫列尔的办事处确实全体出动，包括他自己、两名下属和三名秘书，而且他们出席了每场会议的每一分钟。我们其余的人，这些数学家，都以为这很可笑、可悲、可怜。那些委屈的行政人员！毫无疑问，他们是奉埃斯塔夫列尔的命令而来的，可是他自己为什么要来呢？我们能想到的唯一理由是他不信任我们——如果他不在那里看着，我们很可能会溜到海滩上去。因为这个"罪过"，他的罪过，他坐在那里，看着有点儿令人扫兴，真是自己找罪受。我们没有一个人真的怨恨什么，但有些人用舌头发出轻微的喷喷声。

有几位预定的演讲者没有来。默纳汉寄来一篇论文 [ 用英语撰写，而弗鲁赫特（Frucht）做了一项非常值得称赞的工作，他花了五分钟的时间把论文看了一遍，然后用西班牙语做了一场概述 ]。科特勒的论文（用西班牙语撰写）是由皮·卡列哈（Pi Calleja）逐字逐句、一个符号一个符号地宣读的，他显然甚至连五分钟的准备都没有，而且对这个题目也不熟悉，效果令人不快。此外，这篇论文对于半小时的报告而言篇幅太长了，以致只宣读了前半部分引导性的内容，但科特勒放在高潮部分的坚实结果，还是得到了鼓掌认可。蒙泰罗既没有来，也没寄送任何东西，马塞拉还在莫斯科，而里卡巴拉在阿根廷护照上遇到了麻烦。被邀请的六名巴西人中，只有纳什宾来了，其他人似乎都是行政管理失误的受害者。小道传闻满天飞：巴西人的邀请没有寄到？邀请函寄到了，但是太晚了？邀请函准时寄到了，但措辞拙劣，以致收件人没有将其视为邀请？每当安排会议时，你总能预料到这样的事情，埃斯特角城会议的混乱和别处一样，但是更厉害些。

阿根廷代表团人数众多，他们诉说了他们图书馆的问题。在此之前的三年里，他们没有钱买国外期刊，与当前研究情况的唯一接触是《数学评论》。他们在去埃斯特角城的路上，在蒙得维的亚逗留的短短几小时里，突袭了我们Instituto 的期刊，花时间记笔记和抄参考文献。他们中的某些德国人仍在"战场"上斗争，当时大战结束 6 年了——他们的战场是美国数学学会的《数学评论》对阵德语期刊《数学文摘》（被他们称为 Zbl）。德国派的话术如下：Zbl是真正国际性的，因为它以四种语言出版，而不仅仅是一种；在 Zbl 上可以找到所有俄语资料，它的许多评论员（reviewers）可以阅读俄语，这一点《数学评论》是做不到的；Zbl 是不断更新的；美方拒绝了 Zbl 于 1939 年提出的合作出版一份评论性期刊的建议，这既缺乏学者风度，还怀有敌意。（别忘了，第二次世界大战爆发于 1939 年。）

会议记录这项任务为整个过程增添了些许有趣的调味。我们的三位年轻人员——福特萨、卢默和舍费尔负责记录，埃斯塔夫列尔的三位秘书也是如此。此外，钢丝录音机（磁带出现之前使用的）一直在运行。面对收集来的这么多资料，谁也不知道该如何处理。不管怎样，钢丝录音机回放的声音是听不清的：在坐满 25 人的房间里只有一个低功率扩音器，他们咕咕哝哝，互相打断，椅子在地板上拖来拉去。职业秘书没有科学经验，外来词、专业术语、专有名称和数学符号在空中飞扬，把他们彻底搞糊涂了。他们努力而且做事周全，熬夜打草稿，然后请报告人改正，但这些草稿令人绝望，根本无法修改。

他们在转录我的一条评论时犯了一个很容易纠正但有趣的错误。我提到一个向量 $x$ 和它在算子 $A$ 迭代下的像序列，当然我说成 "$x$，$Ax$，$A^{2x}$，等等"。在西班牙语口语中，数学语言 $A^2$ 的发音不是 "$A$ cuadrado"（即 "$A$ 平方"），而是 "$A$ dos"（即 "$A$ 二"）。所以我说的是 "equis[49]，$A$ equis，$A$ dos equis，etcétera[50]"。每个数学家都在正确的地方"听到"了逗号，它们会在预料的地方出现。然而，可怜的秘书们并没有听出来，他们重新联结了我的音节，输入成 "$xa$，$xa2$，$x$，等等"。

我们的小伙子们和联合国教科文组织的大部队在最终裁决权上起了争执，小伙子们的笔记虽然不是逐字逐句转录的，但在精神上是真实的、讲得通的。但联合国教科文组织不仅拒绝在出版的会议论文集中使用小伙子们的版本，甚至拒绝拿它和自己的记录做比较，来采取折中的办法。

很多地方出了岔子，其中有些内容荒唐可笑、令人恼火，但总的来说是成功的。会议确实举行了，人们见面、交谈、学习，这是一件好事。

## 间谍，初级的

由于我的半官方身份，我与驻蒙得维的亚的美国大使馆官员有更多的来往，不过仅仅比普通的美国游客多那么一点儿。除了少数例外，我发现这些官员既高效又友好。财务办公室为我填写所有必要的表格，我全部要做的就是告诉柜台那位好心的女士我花了多少钱，然后，她在第二天就为我准备好了报销的钱。有一两次，我向文化专员提出疑问，但必须转述给华盛顿，他迅速上报，很快就得到了答案。

第一次向大使馆报到时，我被带进了一个握手环节，其中一只手属于罗伯特·加赫根（Robert Gahagan），他看上去是一个身材高大、面无表情的农场男孩。后来，我们在一场鸡尾酒会上再次相遇，还聊了几分钟。他问我能尽快找个时间去大使馆见个面吗，我说，当然可以。但我有些困惑。他似乎在营造一种神秘莫测的间谍气氛。我去见他的时候，他有一阵子一直神秘兮兮的。"你知道在这儿即将召开的数学会议吗？""我知道这个会议吗？！呦，见鬼了，会议几乎是我发起的。""啊哈！好吧，好吧。那么谁会来？他们都从哪里来？""哦，来自很多地方，整个南美洲，大部分是阿根廷和巴西，当然还有乌拉圭，但也有一些来自遥远的墨西哥和古巴。""嗯哼，那秘鲁呢？""对，当然也有秘鲁。""谁从秘鲁来？""据说只有一个人，看来是秘鲁唯一的数学家，一个叫戈多弗雷多·加西亚的人。"

现在，谈话似乎已经出现加赫根想要的东西了。这就是营造间谍气氛的目的。根据加赫根的说法，老戈多弗雷多先生似乎是个"危险的共产主义者"。他会带其他人随他一起来吗？他到达的**确切**时间和地点是什么？他具体要待多久？他能利用研讨会作为政治宣传的传声筒吗？邀请他是谁的主意？谁开列的邀请名单？谁能参会？对于他的所有问题，我都给出简短而真实的回答，随后就走了，跟来时一样困惑不解。

当我把这一切告诉拉瓜迪亚时，他不单单感到困惑，还大吃一惊——我居然把这些立即就告诉了他。我看不出有什么理由把这些事当作机密，当然没有人要求我这样做。他相当了解戈多弗雷多先生，从来没有怀疑过他是共产主义者。此外，戈多弗雷多年纪大了，颇为富有，曾在法西斯统治下当过大人物（大学校长、四届院长，等等），他真的不可能是克里姆林宫的代理人。

我也向马歇尔·斯通报告了我与加赫根的谈话，以下是他的答复。

如果连戈多弗雷多先生都是共产主义者，我们还不如立刻投降！我最后一次见到他是在 1948 年，当时他对让奥德里亚掌权的保守派革命[51] 欣喜若狂，他一半的时间都在总统府围着这位将军转……当然，如果有人怀疑谁是法西斯分子，那倒可能会把目光投向戈多弗雷多先生……如果你有机会向刺探者实话实说，我希望你能这么说。

另外还发生过两次类似的事情。例如，有一次，我在大使馆与文化专员艾伦（Allen）聊天。他问了我几个关于学术机构的问题，令我惊讶的是，他所知甚少。他还让我做点间谍工作，初级的。看来有一个学生组织，乌拉圭大学生联合会（Federación de Estudiantes Universitarios del Uruguay，FEUU）在政治上遭到怀疑。在艾伦的描述之前，我从未听说过它。用艾伦的话讲，这是一个"持第三种立场的组织"，这种措辞旨在表明，他们既是反美的，同时也是反共的。为了给我说明这个短语的内涵，艾伦把庇隆主义也描述为"持第三种立场"的思想。那么好吧，最近有一个美洲国家之间的会议，该联合会的一些人去了里约参加。联合会似乎大多由无政府主义者组成。艾伦一定很想知道这个组织的章程，以及去里约的那些人的名字。但我能做什么呢？我目瞪口呆，简直无言以对。我礼貌地喃喃说，如果在交谈中有人自然而然引出了这个话题，我会设法找出一些东西，但我拒绝做任何承诺。

离开艾伦的办公室后，我很生气。我不认为间谍工作是我的任务。如果这是美国国务院想让我做的，那他们应该在给我拨款之前就告诉我。我来乌拉圭是为了远离政治迫害的歇斯底里，而不是使之更甚。

还有一次，艾伦声称自己获知拉瓜迪亚是共产主义者，问我对此怎么看。我说，我认为这是我听过的最荒唐的胡言乱语。

## 记忆拾零

"我们受邀 6:00 到，开车去至少要半小时。"拉瓜迪亚说，"我会在 5:30 来接你们。"他却在 6:30 接我们。在另一个场合，他教我们理解什么是 "hora Uruguaya"——乌拉圭时间，与 "hora Americana"[52] 对应——意思是，预约总迟到，时钟老走慢，拖延积习难改。"但我不是那种人。"他向我们保证，"在北美生活过之后，我学到了准时的好处。当我约定时间后，我总是尽量守时，只有在最后一刻发生了重大事情才会让我迟到。"和世界上大多数人一样，拉瓜迪亚看待自己同别人看待他完全两样。我和他有很多约会，每次约会之前，他都在最后一刻发生了重大事情。经过几番忍耐，我设计了一套换算法则："我会在 5:30 来接你们"意味着"5:30 开始淋浴、刮胡子和穿衣服，于是，我会在 6:00 到 6:30 的某个时间来接你们"。

对于乌拉圭的工程师们来说，在哥伦布日（Columbus Day）那天有个习俗，他们聚在一起参加宴会，餐后聆听若干演讲，欢迎最近取得许可证的人加入他们的行列，然后回家睡大觉。拉瓜迪亚帮我弄到了一张请帖，但他不能来接我，所以他给了我指示。正餐安排在下午 1:00，但开场的苦艾酒会更早些上，他还想把我介绍给一些人，并要留出时间至少能简短地聊一聊。"就坐出租车去吧，"他说，"算好时间，以便在 12:30 到那里。这是惯常的安排。"我精心把控，将到达时间定在 12:40，那时可还不晚。结果我发现，这么早的时候，只有大约 20 个人站在那儿消磨时间，一边抽烟，一边聊天。活动安排了 60 个座位，受邀的客人最终都到了。拉瓜迪亚是 1 点钟到的（他告诉我他会在 12:30 与我见面），随着人们不断入场，我们一直抽烟、聊天。2:00，我们坐下来，开始正餐，直到 4:00 才从餐桌上起来。一切都令人愉快，这些美食称得上是盛宴，服务快捷而彬彬有礼，玻璃酒杯总是适时地被斟满，演讲也不冗长。当一切都结束后，我回家倒头大睡，打破了自己几乎一成不变的下午茶的习惯。我醒来时已经错过了晚餐。

乌拉圭的大部分社交活动都以家庭为中心。家庭星期日聚餐和圣诞聚餐，婚礼和洗礼，以及到森林或河边远足，都是家常便饭。晚上为纯粹的朋友或来访的外国人举行的聚会或聚餐是罕见的例外。大多数时候，我受到"款待"的机会是星期日下午开车兜风，或者去餐厅喝茶，或者晚上看电影，然后到餐厅喝一杯或吃点小吃。

出生和死亡，在任何地方都是一样的，但人类在处理日常生活中更小的方面时，如交通、金钱、艺术和劳作，却因时间和地点的不同而大相径庭。

乌拉圭有一项国家法令，规定司机每次经过路口前都要按喇叭。"不然别人怎么知道你要过来了？"那里没有交通信号灯，在市中心只有三四个主要十字路口派出交警站岗。令我特别不安的是，汽车可以从任何一边超过有轨电车，而且有轨电车和公共汽车只在女性乘客登车时才会停下来，对于男性，他们只会放慢速度，慢到足以让他们跑着登上车。然而，值得注意的是，凌晨 3 点，走在城里是相当安全的，小偷、劫匪要么不存在，要么可以忽略不计。

支票账户确实存在，但很少见。工资以现金支付，你每个月去发工资的窗口，就会领到一大沓皱巴巴的比索。信贷，以及更普遍的对人类同胞的信任，都是缺乏的。

我去看了由劳伦斯·奥立弗主演的电影《王子复仇记》（*Hamlet*）[53]。影片配有西班牙语字幕，为了避免不相干的噪声分散观众的注意力，声音几乎被调至最低，奥立弗的台词根本听不见。

到处都是破败不堪的东西，这个国家给人一种穷困潦倒、捉襟见肘的印象。这里没有肮脏或危险的贫民窟，但也没有值得称道的一流街区。建筑物有着大理石砌就的墙壁，却也有着油漆剥落的天花板。在供应橘子黄油煎薄

饼 [54] 的餐厅，服务员还需要再刮刮胡子，他的白色外套上有污渍。卫生间里通常弥漫着一股淡淡的污水味。豪华的海滩有上帝赐予的阳光，但杂草在沙地上疯长。做工精细的皮制公文包配的是有缺陷的扣环（上面自豪地标着"Industria Uruguaya" [55]），已经无法使用。饰品上那做工粗糙的本地产的搭扣，不是打不开，就是当你在草地上散步时没动它就自己开了。

我抱着极大的期望去了乌拉圭，有些愿望实现了，有些没有。无论是在国内还是国外，日常琐碎的烦恼常常掩盖了生活中的冒险、新奇、美丽和值得回忆的点滴。因为我喜欢回忆过去，展望未来，抱怨它们之间的现在，所以我没有尽我所能地享受乌拉圭。至今，我仍深情地想念它，祝愿它一切顺利。它给了我一些东西，而我也在那里留下了自己的一部分。我很高兴我去过，我也很高兴我现在不在那里。

## 译者注

[1] 富布赖特资助（Fulbright grants）正式名称是富布赖特项目（Fulbright Program），一项由美国政府推动资助的美国与其他国家之间的教育、文化和研究交流项目，依时任参议员 J. 威廉·富布赖特（J. William Fulbright）的提案于 1946 年设立。该项目分为面向学生、学者、教师、专业人士等的几类资助。

[2] 里约（Rio）是简称，全称是里约热内卢（Rio de Janeiro），巴西里约热内卢州的首府，1763—1960 年是巴西的首都。

[3] 四个词分别是"西班牙语""意大利语""德语""法语"的意思，并且是分别用这四种语言来说的。

[4] 指名为"雨果语言学院"（Hugo's Language Institute）的一家英国出版商，大约于 1890 年由查尔斯·雨果（Charles Hugo）创立，目的是出版和销售一系列涵盖多种语言的自学语言教程。除了提供自主使用的资料外，其还鼓励顾客订阅函授服务，由合格的教员提供支持或课程。

[5] 这是一所从事语言培训的学校，由美国语言学家马克西米利安·贝尔利茨（Maximilian Berlitz，1852—1921）于 1878 创立，延续至今。

[6]　当指马拉森·蒙特罗斯·拉姆齐（Marathon Montrose Ramsey，1867—?），其著作至今仍在发行。

[7]　灵格风（Linguaphone）是一家总部位于英国伦敦的全球语言培训机构，自 1901 年起开始提供自学语言课程。它率先将录音技术与传统书面课程结合。

[8]　此处所说的考试应当指口头答辩（oral defense），通常要求外系的教授担任答辩组长（chair），主要负责监督程序，防止舞弊。下文即谈到作者受邀主持这次答辩。

[9]　西班牙语，意为学院、研究所，本章中指代的是蒙得维的亚大学的数学研究所（Instituto de Matemática），可参见本章"Instituto de Matemática"一节。本章讲述了作者在乌拉圭的生活经历，因此，作者大量使用了西班牙语和其他非英语词汇，为保留原文的叙事风格，译文中尽量保留了这些词，并加以注释。

[10]　原文为 40 华氏度，约为 4.4 摄氏度。如无特别说明，书中出现的华氏温度均转换并修约为摄氏温度，简称"度"，以方便阅读。

[11]　西班牙语，类似于"民宿"，由私人住宅改造成的专门用作住宿的场所，通常提供自制的食物，价格实惠。下文中出现了该词的复数形式 pensiones。

[12]　西班牙语，意为小女孩。

[13]　西班牙语，意为夫人、女士。

[14]　德语，此处意为夫人。

[15]　西班牙语，意为全膳。

[16]　西班牙语，这里指租住 pensión 的人，即房客。下文出现其复数形式 pensionistas。

[17]　西班牙语，意为你好、"嗨"。

[18]　德语，见面或结识某人时使用的问候语，意为你好、日安或午安。

[19]　西班牙语，意为祝你好胃口、请慢用。

[20]　德语，口语，意为请慢用、好好享受你的美餐。

[21]　西班牙语，意为加了牛奶的咖啡。

[22]　西班牙语，意为冷盘、凉菜。

[23]　西班牙语，指拉丁美洲专门销售茶、咖啡、巧克力饮品以及其他饮料的饮品店或餐馆，有时也销售其他小吃（如糕点和三明治）。

[24]　西班牙语，意为全套茶点、茶套餐。

[25]　马提尼是一种用金酒（即杜松子酒）和苦艾酒（即味美思酒）调制而成的鸡尾酒。苦艾酒分为甜的和干的两种。调制干马提尼（dry martini）用的是干白苦艾酒（这里的白指的是透明，还有其他颜色的苦艾酒）。20 世纪 20 年代，干马提尼成了一种常见的

饮品。随着时间的推移，其中的苦艾酒含量稳步下降，金酒与苦艾酒的比例由 20 年代的 3：1 降到 40 年代的 4：1，而后 6：1，8：1，12：1，15：1，甚至 50：1 或 100：1。湿马提尼（wet martini）则含有更多的苦艾酒，比如 50/50 马提尼中金酒和苦艾酒各占一半。作者碰到的情况，属于湿马提尼。而如果称作反转马提尼（reverse martini），那说明苦艾酒含量超过了金酒。

[26] 意思是热狗，这是乌拉圭特有的说法。

[27] 原文为 within a thousand miles，指的是 1000 英里（约 1609 千米），虽然仅是一种形容，但依地理位置而言，以里约热内卢为中心方圆 1000 英里可以达到乌拉圭、阿根廷等巴西邻国，若按照我国传统长度单位里，乃至按公里（千米）理解，陆地上都还在巴西境内。

[28] 这里的大写字母 T 指代的是 temporary holder，即临时代理。

[29] 美国西北大学是一所著名的私立研究型大学，创立于 1851 年，主校区位于伊利诺伊州埃文斯顿（Evanston）市郊的密歇根湖畔。其以南约 20 千米的芝加哥斯特里特维尔（Streeterville）另有一个小校区。再往南 10 余千米是芝加哥的南部，有许多高校，芝加哥大学也位于此。此处是指，西北大学芝加哥校区的学生到芝加哥大学上课不方便。

[30] H. 指人文学科（Humanities），S. 指自然科学（Sciences）。

[31] 西班牙语，大致相当于学士学位，但读完可直接攻读博士。2010 年西班牙高等教育改革后，不再有此学位，而改为通行的本、硕、博学位体系。

[32] 路易斯·利昂·瑟斯通（Louis Leon Thurstone，1887—1955），美国心理学家，对心理测量学的发展起了重要作用，开发了用于对心理测验表现进行多因素分析的统计技术。他 1917 年在芝加哥大学获得心理学博士学位，1924 年回到芝加哥大学任教，共 28 年。

[33] 曼德尔音乐厅（Mandel Hall）是芝加哥大学举办音乐会的场地，位于雷诺兹俱乐部（Reynolds Club）内。随后谈到的斯坦韦药店可参见第 8 章注释 [3]。

[34] 西班牙语，意为数学研究所。

[35] 西班牙语，意为数学和统计学研究所。

[36] 原文本作 señorita，即小姐，西班牙语，但已经成为英语中的外来词（又作 senorita）。在说西班牙语的地区，señorita 用在女孩或未婚妇女的姓或全名前作为礼貌的称谓，相当于英语中的 Miss。

[37] *Crelle* 指的是 *Journal für die Reine und Angewandte Mathematik*，德语，即《纯粹与应用数学学报》，由德国数学家、工程师奥古斯特·利奥波德·克雷尔（August Leopold

Crelle，1780—1855）于 1826 年创立，并由他编辑，该期刊很快以 "*Crelle's Journal*" 的名字而广为人知。它是现存最早的数学期刊，已发展成世界上发行量最大的数学期刊之一，属于顶尖水平。

[38] *Liouville* 指的是 *Journal de Mathématiques Pures et Appliquées*，法语，译名也是《纯粹与应用数学学报》，由法国数学家约瑟夫·刘维尔（Joseph Liouville，1809—1882）于 1836 年创办，是世界上第二古老的国际数学期刊。它也被称为 "*Journal de Liouville*"，在整个 19 世纪为法国的数学做出了巨大贡献，并由法国顶尖数学家延续至今。

[39] *American Journal* 应当指《美国数学学报》（*American Journal of Mathematics*），创刊于 1878 年，是西半球连续出版的最古老的数学期刊，内容涵盖数学主要领域，因发表开创性的论文而赢得了声誉。

[40] 全称是 *Pacific Journal of Mathematics*，1951 年创办。

[41] 全称是 *Journal of Mathematics and Physics*，1921 年创刊于麻省理工学院，1969 年起更名为《应用数学研究》（*Studies in Applied Mathematics*）出版至今。

[42] 西班牙语，意为面包师。

[43] 西班牙语，意为劳工、工人。在英语中与之对应的词 peon 可指社会地位低下、做苦工或重复工作的人。

[44] 初级学院（junior college），在 19 世纪末和 20 世纪初期美国高等教育改革实验中出现的一种高等学校形式，为二年制短期高等教育机构，主要设置本科一、二年级课程，授予副学士学位，多为私立。

[45] 罗伯特·李·穆尔（Robert Lee Moore，1882—1974），美国数学家，曾在得克萨斯大学任教多年。他在一般拓扑学方面做了许多工作，并在大学数学教学中创制 "穆尔教学法"（本书第 12 章专门开辟一节做了介绍）。不过，他对黑人学生持有种族主义态度。1973 年，得克萨斯大学为表彰他，将一座物理学、数学和天文学系的新建筑命名为穆尔大楼（Moore Hall），但当其种族主义事件不断发酵后，2020 年，学校将大楼更名为物理学、数学和天文学大楼（Physics, Mathematics, and Astronomy Building）。

[46] 又译作《纽约人》，创刊于 1925 年的美国周刊，以其丰富的文学内容和幽默而闻名，内容涵盖新闻报道、评论、散文、小说、漫画和诗歌。尽管《纽约客》通常关注的是纽约的文化生活，但它在纽约以外的地区乃至全球也有广泛的读者。

[47] huelga 是西班牙语，对应着原书中英语 strike，既可以表示罢工，也可以表示罢课。

[48] 原文 minister of public instruction，应是指当时的乌拉圭公共教育和社会保障部长，今

为教育和文化部长。

[49] 西班牙语，拉丁字母 X 的名称。

[50] 西班牙语，意为等等，表示列举未尽。

[51] 此处所谓"革命"，指秘鲁前总统奥德里亚于 1948 年领导发动的军事政变。奥德里亚推翻了前任政府，实行军事独裁统治，后于 1956 年下台。

[52] 美国时间。与前面的 hora Uruguaya 都是西班牙语。

[53] 一般译作《哈姆雷特》，《王子复仇记》是 1958 年我国引进该片时的意译。影片改编自莎士比亚的悲剧作品，由英国戏剧、电影演员兼导演劳伦斯·奥立弗（Laurence Olivier，1907—1989）自导自演，于 1948 年搬上银幕，该片赢得了多个电影奖项，如奥斯卡最佳影片、最佳男演员等。

[54] 原文是 crêpe suzettes，煎薄饼折叠或卷好后，淋上滚热的橘子或橙子、黄油等熬制的酱汁，上餐的时候洒上烈性酒（如白兰地）点燃，而后食用。它是一道颇为著名的法式甜点，一般认为有一百多年历史。其来源说法不一，但都与一位名叫叙泽特（Suzette）的法国女士有关。

[55] 西班牙语，意为乌拉圭工业。

# 第 11 章

# 美妙绝伦的五十年代

## 回家

20 世纪 50 年代是芝加哥历史上最激动人心、最富有魅力、成果频现的年代——这里的"芝加哥"当然是指芝加哥大学的数学系。这是我个人的观点，但很多人都认同，而且它还没有被推翻。埃克哈特大楼的研究氛围很好，拥有一流的师资队伍，如果说还有什么的话，那就是优于一流的学生团体，还有与蒙得维的亚大学的慵懒、平庸形成鲜明对比的勃勃生机。我满怀热情地投入其中。

我再次从讲授一门关于拓扑群的课程开始。上一次我讲这门课是在去乌拉圭之前的一年，那是 1950 年秋季学季。自从庞特里亚金的书 [1] 出版以来，我总是不断地触碰这个主题，我仍然对此保持着兴趣，我也真的很喜欢 1950 年开设的这门课程。班上的学生人数比较多，人员还稍有变动，最终有 34 人取得分数，其中 3 个是 R，还有一个只能评 F。这个班有许多优秀的学生，比如，来自巴西的毛里齐奥·佩肖托（Mauricio Peixoto）和来自英国苏格兰的安德鲁·华莱士（Andrew Wallace）。我主要以当时能买到的最佳论著之一，安德烈·韦伊的《拓扑群上的积分及其应用》[2] 为基础。而且，虽然我本人不该自夸，但我做了相当不错的工作——有谁不应该这么做呢？我特别努力地准备了期末考试试卷（带回家做的）。看看这些考题，或许比任何一串形容词更能传达出这门课的品味，所以我把题目列在下一页，大家看看吧。你能通过吗？我想我现在仍然可以，但我必须重新思考一些问题，然后才能有把握作答。

## 拓扑群考试

在下面的论断中，群指的是拓扑群。尽你所能，判断论断是否正确，并证明你的答案。第 $n$ 条论断的难度差不多是 $n$ 的增函数。完整解决 7 个问题可以通过考试，解决 10 个问题记良好，解决 13 个问题记优秀。我们期望有天才能解决所有 15 个问题。交卷截至 1950 年 12 月 2 日（星期六）上午 11:59，之后不再接受任何解答。

1. 到紧群上的一一连续同态是开的。

2. 在紧群中，两个（哈尔）测度为零的紧集的群积是测度为零的集合。

3. 如果一个群的每个元素（单位元除外）都至少对应一个在该元素处不取值为 1 的特征标，则该群是局部紧的。

4. 如果一个局部紧的阿贝尔群没有非平凡的闭子群，则该群是有限的。

5. 紧群是有限的或不可数的。

6. 每个连通的、局部紧的非平凡群都有一个非平凡的、闭的不变子群。

7. 如果一个紧阿贝尔群中的每个元素都是有限阶的，则这些元素的阶是有界的。

8. 局部紧群是正规的。

9. 如果一个紧群的每个元素（单位元除外）都是二阶的，则该群是二阶群的（拓扑）笛卡儿积。

10. 每个非平凡的阿贝尔群至少有一个非平凡特征标。

11. 如果一个非平凡群的每个元素（单位元除外）都是二阶的，则该群不是连通的。

12. 从一个局部紧群到另一个局部紧群内的可测同态是连续的。

13. 希尔伯特空间可以被重新拓扑化，使其成为紧群。

14. 每个紧群都有任意小的、闭的不变子群，使得相应的商群是可分的。

15. 每个全不连通的紧群都是有限群的逆极限。

1952 年的课程与 1950 年的比较，既相似又不同。这个班规模较小 [9 名学生，包括杰克·费尔德曼（Jack Feldman）和埃德·纳尔逊 ]，内容更侧重于研究层面（我没有给出评判性分数，每个人都得了 P），而且更少依赖经典教科书，而是依赖 20 世纪 40 年代发表的一些经典论文，诸如赖科夫的《具有哈尔测度的交换群上的调和分析和特征标理论》[3]、嘉当（Cartan）和戈德芒（Godement）的《局部紧的阿贝尔群上的对偶理论和调和分析》[4]，以及西格尔（Segal）的《局部紧群的群代数》[5]。

在从乌拉圭回来后的那些年里，我看到聚集在埃克哈特大楼的学生不仅在上我的拓扑群课，还在上其他课，其中一些是相当初等的课程，真让人高兴——我高兴看到他们充满热情，看到他们成长，并在不久的将来欢迎他们加入美国国内最好的活跃数学家行列。在那些日子里，我遇到了哈罗德·维德姆（Harold Widom）和雷·斯马利恩（Ray Smullyan）；几乎就在同时，我和莫·施赖伯[6]开始讨论他的学位论文。我给唐·奥恩斯坦（Don Ornstein）上过几门课，他开始跟我学习遍历理论（但他的学位论文是关于代数的，由卡普兰斯基指导）。他的一般拓扑学课学得相当好，代数课（伽罗瓦理论课程）学得非常好，复变函数论课就不那么好了。是他不在乎吗？

说到遍历理论，我在开设一门遍历的暑期课程（1955 年）时认识了拉里·沃伦[7]，还有，我可以自豪地说，我在常规课程中向阿鲁纳斯·柳莱维丘斯（Arunas Liulevicius），以及在特殊阅读课程中向约翰·汤普森（John Thompson）讲授了测度论。约翰已经用一条无法断开的连线把他自己和群论连在一起，他只是在必要的时候暂时地或草草地关注一下其他分支，作为暂时的放松——不经意间，他找到了单侧移位算子没有平方根的简单而优雅的证明。他的证明能让我们忘却我和胡安·舍费尔搞出来的那个棘手的证明。我把初级代数教给史蒂夫·温格（Steve Wainger[8]，后来成为一名敏锐的分析学家），把集合论教给吉米·米尔格拉姆（Jimmy Milgram，后来成为一位领头的拓扑学家），把拓扑学教给罗布·柯比（Rob Kirby）和鲍勃·索洛维（Bob Solovay，两人一个做得很好，另一个马马虎虎）。

回家的感觉真好。

# 形式逻辑是数学吗？

在 20 世纪 50 年代，我开始对逻辑学进行彻底改革。我没有成功（还没有！），但已经竭尽全力。

逻辑一直让我着迷。从常识意义上讲，逻辑很简单。我不太会犯明显的推理错误，而且一长串的演绎链条并不吓人。当我听别人讲了三段论时，我说："当然，很明显。"我并没有觉得学到了什么。第一次真正让我的内心受到来自逻辑的震撼的，是罗素的畅销书，在仅仅几个星期之后，是罗素和怀特海的专著 [9]——符号逻辑的操作绝对具有吸引力。我甚至喜欢这一命名。"符号逻辑"（symbolic logic）对我来说，听起来更像是我想要做的事情，而"形式逻辑"（formal logic）则相反。我纳闷，这些称谓的由来是什么？据猜测，老式的词汇想要唤起人们对代数符号使用的关注，取代中世纪学究气的冗长感；而那种更现代的术语被引入，是为了强调对形式的研究，而不是对内容的研究。我的情绪反应是，我喜欢符号。此外，我还赞成把它们作为探讨内容——"思维法则"——的工具，而"形式"则暗示一种步调一致、按部就班的方式，我不喜欢这种方式。还有一点："符号"暗示着其他东西，代表"更高级"的事物；但"形式"听起来像是"非形式"[10] 的反义词——僵硬且拘谨，而不是轻松和愉悦。所有这些或许都是后话，但这是我能够提供的用来说明我的偏好的最好的解释。

我喜欢符号逻辑，就像喜欢代数一样：简化一碗装满 "$p$""$q$""或""非"的符号汤，就像用完全平方来解二次方程，或者，使用克拉默（Cramer）法则来解线性方程组一样有趣，也同样大有收获。然而，随着我继续学习，学到越来越多的形式逻辑，我却越来越不喜欢它了。我的反应纯粹是主观的：这门学科并没有出什么毛病，我只是不喜欢它了。

有什么不喜欢的？怎么说呢，这与该学科的语言和信奉者的态度有关，我认为大多数数学家会有同样的不适应，这是一种未经检验权衡和未做系统阐述的感受。然而，每次我试图向逻辑学家解释这种感受时，他却力图向我表明，这些感受并不是基于事实的。他会说，逻辑学家的做法与其他数学家完全一样：他们提出精确的假设，进行严格的演绎，最后得出了定理。他会坚持认为，唯一的区别是学科：他们讨论的不是连续性、连通性、同胚和怪球面这样的拓扑概念，而是递归、相容性、可判定性和非标准模型这样的逻辑概念。

不是的。我的逻辑学家朋友没有抓住要点。比起有机化学或经济史这类学科，代数拓扑学在智力和精神上更接近逻辑学，这一点千真万确。把大学的逻辑学家安置在数学系是有道理的——当然如此。但是逻辑学与经典的代数、分析、几何那类"核心数学"之间的区别，至少同逻辑学家在其论证中所使用的类比事物间的区别一样大。（顺便说一句，"核心数学"是最近发明的一个狡猾的短语，采用这种说法的人认为，只要不赞成"纯粹数学"这个表达，就可以消除纯粹数学与应用数学间的鸿沟。）

那位逻辑学家很善于论证，所以在辩论上能占优势。确实，每个数学家都认为，与哥德尔和科恩在不可判定命题必然存在，以及在选择公理与连续统假设上同等的地位和成就，既令人着迷，又令人钦佩。逻辑学家们向我们揭示了一件没那么惊人的事，佩亚诺（Peano）公理和拉姆齐（Ramsey）定理之间存在着意想不到的关联，而且这两门学科无疑都是"核心数学"的一部分。最终，逻辑学家们自豪地指出了几个数学定理，它们的证明第一次使用了形式逻辑的方法，其中与我的工作关系最紧密的是涉及多项式紧算子的不变子空间的伯恩斯坦－鲁宾逊（Bernstein–Robinson）定理。

这都是真的，但还不足以减轻数学家的不适应感。为什么？部分原因是，无论逻辑学家的成就多么令人钦佩，数学家在日常工作中并不需要它们，也不会使用它们。据我所知，数学定理的全部逻辑学证明都是可有可无的：它们可以（而且已经）被采用普通数学语言和方法的证明所取代。伯恩斯坦、鲁宾逊的证明使用了高阶谓词语言的非标准模型，当阿比 [Abby，亚伯拉罕·鲁宾逊（Abraham Robinson）的昵称］给我寄来他的预印本时，我真的不得不费力地找出并解读其中的数学洞察力。是的，我简直汗流浃背，但是，没错，它蕴含着数学洞察力，而且可以被解读出来。这篇论文没有让我（或其他任何人）觉得应该立即将非标准模型放入每个数学家的工具箱中，这仅仅表明伯恩斯坦和鲁宾逊是聪明的数学家，他们用一种自己用得很流利的语言解决了一个难题。如果他们改用泰卢固语（Telegu），那他们的论文更难破译，但额外的困难将是程度上的，而不是类别上的。

既然说到这个问题，那就到了把我对非标准分析在数学中所起作用的怀疑说出来的时候了。这是一个敏感的议题：对于一些皈依者［比如皮特·洛布（Pete Loeb）和埃德·纳尔逊］来说，非标准分析犹如宗教，如果有人暗示它有缺陷，他们就会变得神经敏感。对于反对它的人（例如埃里特·毕晓普）来说，这也是一个情绪化的议题，他们认为这是对魔鬼的崇拜。对于大多数数学家来说，这是一个令人担忧的困惑：那里面真的有什么"货真价实"的东西吗？我们一定要掌握它吗？我的怀疑是，的确，里面有一些东西，那是一种语言，对于那些并非结结巴巴地使用它的人来说，它是一种研究紧性的便利工具。但是，如果我是对的，这就是全部了：一种语言，而不是一种思想，而且是一种用途相当集中、明确的语言，就这样。此处有一个略失公允的类比——戴德金分割。说这类比有失公允，是因为戴德金分割的关注点更窄，但这个类比也许能说明我的意思：不，我们不一定非要学习它（无论是戴德金分割还是非标准分析），它是一个特殊的工具，太特殊了，其他工具可以做它所能做的一切。这完全是品味的问题。

至于哥德尔和科恩的那些引人入胜的定理，我们钦佩它们，但它们并没有改变我们的工作、我们的理念与我们的生活。如果有人成功地证明了黎曼假设是不可判定的，我们会感到震惊，就像平行公设被证明是不可判定时一样，但我们会恢复过来的。我们没准会继续发现和研究非黎曼数论，并从此开开心心地做下去。此时，若有一场学术研讨会的主题被定为二阶谓词演算的应用，那我们会礼貌、恭敬，但不急切、不抱希望地去听一听。我们认为自己不太可能学到什么。往好了想，我们会受到款待；往坏了想，我们感到担忧。当逻辑学家说"这些都是一样的，这些都是数学"时，我们感到不太靠谱，也不大自信，不知道如何反驳，但同时，我们确信即将听到的内容不会，也不可能会像关于布饶尔（Brauer）群或贝尔函数的报告那样，令人感到确实可靠。

逻辑学家和——比如说，调和分析学家，都在寻找一种特定的结构，但他们的结构类型在心理上是不同的。数学家想知道，也必须知道，他的科目与数学的其他部分之间的联系。商群和商空间之间在直觉上的相似之处，至少是有价值的指示牌，是"数学成熟度"、智慧和经验的要素。微观考察这些相似之处，可能会引出范畴论——一些人对这一科目持有对逻辑学同样的怀疑态度，但在程度上不同。

啊，有一条线索：微观考察。逻辑学家对于数学的具体细节的关注，对于其符号和字词（"0""+""或""与"）的关注，对于它们的顺序（$\forall\exists$ 或 $\exists\forall$）的关注，以及对于它们的分组（圆括号）的关注，可能会让数学家有所触动，觉得吹毛求疵。这没有错，且足够精确，但是误导了人们，转移了重点。有这样一个类比或许比较恰当：逻辑学家的活动对于现代分析学家的触动，就像 $\varepsilon$ 和 $\delta$ 对傅里叶的触动一样。

有人说，在过去的 200 年中，逻辑学跨越的最大一步是对所证明的概念的精确阐释。我提出一个论点，大胆做个类比，即在过去的 200 年中，分析学跨越的最大一步是对连续性概念的精确阐释。但是，我们墨守成规的数学家说，哦，不，这两种情况完全不同。$\varepsilon$ 和 $\delta$ 是向前迈进了一步，它们能避免许多错误发生，开辟了新的前景，允许我们调用超越以前梦想的数量的连续函数。至于形式证明，就某些合式公式[1]构成的可容许的有限序列而言，除了证明理论本身的技术性细节之外，它们还为我们做了什么呢？一个聪明的研究生可以教给傅里叶一些新的东西，但肯定没有人敢说，他能教给阿基米德更好的推理。

这里还有一个类比。一位研究莎士比亚的学者（文学家）想研究莎士比亚的艺术特点、人物塑造、洞察的深度、对历史的理解和戏剧结构的技巧；另一位学者（语言学家）可能想研究莎士比亚所用的词汇、语法，以及对明喻和隐喻的运用。让我们假设，这两位学者都以正确的学术方式使用现有的文献进行研究，而不会妄下不正当的结论。但我怀疑，在私下里，他们对彼此的看法不会太宽容。其中一人认为，文学家含糊其词，缺乏学者风度；而另一人则认为，语言学家孤陋寡闻，小题大做。两人都错了吗？"文人"或许会勉强接受，他的同行关于一首有争议的十四行诗可能的作者和写作日期的考据是有意义的；当然，"文字统计员"明白，如果不是因为莎士比亚作品富有诗意，不会有人想要知道莎士比亚作品中词汇的计算机统计数据。他们都是对的吗？

我说这些，并不是为了说服谁相信什么。我是为了描述我所看到的，包括我自己在内的许多数学家对形式逻辑的反应。这不是对或错的问题，它关乎天生能力、专业素养和数学品味。事实上，不管出于什么原因，负面效应确实存在。

## 布尔逻辑

逻辑学家对所谓的命题演算的阐述，可能会使数学家感到烦恼和困惑。它关于圆括号的使用，似乎小题大做了；它特别强调字母表，并详细考虑"变元"（实则在任何意义上都没有变化）。尽管这些方法充满了学究气（或许这就是原因），但很难看出这门学科有什么实质的内容。就其讨论的命题之间所蕴含的关系而言，它所说的一切看起来都是显而易见的。它真的有数学价值吗？

是的，确有价值。如果你一直在图书馆里翻找资料，试图学习命题演算，你会发现越来越多的关于布尔代数的参考文献。这是一个很好的主题，包含深刻、困难和仍未解决的问题；但在与逻辑学相关的层面上，它很容易，几乎可以说是微不足道。我找到的最有帮助的书是希尔伯特与阿克曼（Ackermann）

的合著 [12]、保罗·罗森布卢姆的专著 [13] 以及克林所著的第一本关于元数学的书——一本巨著 [14]。渐渐地，曙光初现。问：命题演算是什么？答：具有可数无穷生成元集的自由布尔代数理论。

设想一下，你是一位数学家，只是碰巧不知道群是什么，因此，你找到一位专家，问他群的定义。再设想一下，这位专家没有给你讲通常的公理，而是开始谈论字母的有限序列，从旧序列中产生新序列的连接运算，以及将许多序列归为一类的等价关系。如果这位专家和你都有足够的耐心，你或许不久就可以学到自由群是什么了，然后通过生成元和关系，了解任一类型的群是什么。这就是命题演算对布尔代数所做的事情：它费力地构造自由布尔代数，然后间或通过所谓的非逻辑公理，展示出如何得到所有其他的布尔代数。

在群（的元素）之上强加一组关系，其实等同于指定一个正规子群并通过它来进行划分。同样的道理也适用于布尔理论：附加一组非逻辑公理在布尔代数之上，其实等同于指定一个布尔理想并通过它来进行划分。（代数学家习惯用理想，但逻辑学家更喜欢其对偶概念——滤子。在逻辑学中，可证明性的代数研究里出现的滤子确实比理想更自然，而理想与可辩驳性有关。）群论可以认为是研究序偶 $(F,N)$，其中 $F$ 是一个自由群，$N$ 是 $F$ 的正规子群；类似地，一般的（不一定是"纯"的）命题逻辑可以认为是序偶 $(B,I)$，其中 $B$ 是一个自由布尔代数，$I$ 是 $B$ 中的一个理想。

群和布尔代数之间的对应与类比，以及命题演算和自由布尔代数的惯用方法之间的对应与类比，比前面的评论要深远得多。例如，考虑"演绎定理"，该定理可叙述为：当且仅当结论 $q$ 可以由把 $p$ 加入公理后得到的扩充集推导出来，蕴涵 $p \Rightarrow q$ 能够由一组公理推导出来。其对偶化的代数平移可叙述成：当且仅当 $q$ 属于由 $p$ 连同给定理想生成的理想，一个不等式 $q \leqslant p$ 模布尔理想为真。另一个例子：对于逻辑 $(B,I)$，如果 $I$ 是"小"的（这里指 $I$ 是一个真理想，不像 $B$ 那么大，并非一切都是可驳的），那么 $(B,I)$ 是"相容的"；如果 $I$ 是"大"的（这里指 $I$ 是极大理想，一切不可驳的都是可以证明的），那么

$(B,I)$ 是 "完全的"。

这些例子中提到的说明性概念是根据底层代数系统的结构理论来表达的，逻辑学家称它们为 "语法"。还有与表示论有关的 "语义" 概念。例如，对于映射到二元布尔代数的同态，"真值表" 只不过是最笨拙的描述方式，而这也是表示论的一贯作风：从所研究的代数类中选择最简单的代数，然后考虑从任意代数到简单代数的同态。一个标准的、非平凡的例子是局部紧阿贝尔群的理论，其中 "最简单" 的角色只由一个群扮演，那就是圆。逻辑概念 "语义完备性"（一切不可驳的都是可满足的）在代数上的类比是半单性（每个不同于单位元的群元素都通过某个特征标映射到一个不等于 1 的数上）。

我如饥似渴地阅读，在书中找到了许多美丽的、令人兴奋的和富于启发性的类比，有些类比是含蓄的，我猜出了其中的一些，有些我不得不自己去发现，痛苦地从一条死胡同跌跌撞撞地走向另一条死胡同。我在找一本词典，我相信肯定存在那样的词典，一本可以把逻辑学家使用的模糊词汇翻译成精确的数学语言的词典——是的，是模糊的，或者，充其量是一种强迫的、特设方式的精确。当我问一位逻辑学家变元是什么时，他告诉我说，它只是一种 "字母" 或 "符号"。这些词不属于数学词汇；我发现使用它们的解释无济于事，因为它们是模糊的。当我问 "解释" 是什么意思时，我得到的回答是令人眼花缭乱的细节（集合、对应、代入、满足公式）。与我后来学到的真值（同态）相比，这样的回答对我似乎没有帮助，因为那是强迫的、特设的精确。开始探悉事实真相，意识到形式逻辑可能只是数学某些立体形象的平面照片，是一件激动人心的事情。这不仅是一件激动人心的事情，也是一种挑战。

# 通向多元代数之路

挑战在于发现立体的数学——谓词演算及其特殊的 "应用" 样式可看作它的照片，借此找出是什么在命题函数中扮演着如布尔代数在命题中所扮演的那种角色。

如果无论是什么命题，都可以通过布尔代数来进行最清晰的研究，或者更彻底地说，如果一个命题"真的"只是布尔代数的一个元素，那么，更神秘的命题函数大概就是取值于布尔代数的函数。如果"苏格拉底终有一死"是一个命题（更谨慎地说，是一个代表命题的句子，即一个命题实际上是该等价类的一个元素），那么一个命题函数（比如关于 $x$ 的）一定是类似于"$x$ 终有一死"的东西。但此例所表现的复杂程度还不太够，好吧，再看这个：如果"苏格拉底死于柏拉图之前"是一个命题，那么"$x_1$ 死于 $x_2$ 之前"作为两个变量（argument）的函数，也应该被视为命题函数。在数学语境下，三个变量、四个变量，或任何有限个变量的函数都是必要的，而可采用变量的数量必须是潜在无穷的。在此处，我必须避免使用"变元"（variable）这个词，否则会造成混淆。

很好，那么这种典型的命题函数是一个从定义域 $X$（如整数、古希腊哲学家）到布尔代数 $B$ 的函数。不，这不够一般化，它应该是从 $X^2$ 到 $B$（对于两个变量的函数），或是从 $X^3$ 到 $B$，或为了应对任何情形，是从 $X^I$ 到 $B$，其中 $I$ 是任意的一个指标集，最好是无穷的。

在这个模型中，什么是"变元"？它不是 $X$、$X^2$ 或 $X^I$ 的一个元素，而是一个常项（比如 7 或苏格拉底）。很长一段时间以来，逻辑学家一直在他们的教科书中告诉我们变元是什么，但他们没有罗素将数学外延的勇气，不会像罗素那样把 2 定义为全部配对的类。他们改用了一个语言学的类比：一个变元就像一个代词。在经典的谚语"对于所有的 $h$，如果 $h$ 当断不断，那么 $h$ 反受其乱"（更简洁的表达为"他当断不断，则反受其乱"[15]）中，登场的"变元"$h$ 是一个代词，在简洁表达中，它的作用是由"他"来发挥的。

例如，假设 $X$ 是古希腊哲学家构成的一个集合，而 $p$ 是从 $X^2$ 到合适的布尔代数 $B$ 的函数，$p(x_1, x_2)$ 具有"$x_1$ 死在 $x_2$ 之前"的值。此处使用诸如 $x_1$ 和 $x_2$

这样的符号是一种数学惯例，但是大多数数学家很难确切地说出$x_1$和$x_2$到底是什么。（他们可能会说成"变元"，但他们很快就会承认，不知道这个词是什么意思。）比如"在序偶(苏格拉底，柏拉图)处求$p$的值"这样的指令，意义明确，并且只使用了数学上已定义的或可定义的术语。这一指令可以这样表述："在第一个坐标是苏格拉底、第二个坐标是柏拉图的那个偶处求$p$的值。"可以等价地说成："令坐标1等于苏格拉底，坐标2等于柏拉图。"更进一步，既精练又清楚地说成："令1等于苏格拉底，2等于柏拉图。"这里的符号"1"和"2"有明确固定的含义，它们是正在使用的指标集$I$（ $=\{1,2\}$ ）的元素，是所涉变元的"名称"。那为什么不勇敢地说它们**是**变元呢？事实上，这就是逻辑学家们做出的决定。当他们说"考虑变元的一个集合$I$"时，他们的意思是："考虑一个集合$I$，其中的元素将被用作指标来区分笛卡儿积$X^I$中的不同坐标。"

即使我们同意，要研究命题函数，就要有一个变元集$I$，一个定义域$X$和一个值代数$B$，并且我们的研究对象是从$X^I$到$B$的函数，我们仍然必须决定在这样的函数上哪些运算值得进行公理抽象。经过反复查阅逻辑学文献，进行内省的数学上的空想，有了两种重要的运算：代入，它改变"$x_1 \leqslant x_2$"，比如改变成"$x_2 \leqslant x_1$"，甚至改变成"$x_1 \leqslant x_1$"；量化，它改变"$x_1 \leqslant x_2$"，比如改变成"对某$x_2$，$x_1 \leqslant x_2$"。它们同等重要，但难度并不相同。对大多数人来说，量化的代数性质和几何性质是不太熟悉的，因此更难。

设$I = \{1,2,3\}$，$X$是实数集，$B$是$X^3$的子集$E$的布尔代数（或者等价地，形式为"$(x_1, x_2, x_3) \in E$"的命题的布尔代数）。具体地说，假设$E$是闭单位球$\{(x_1, x_2, x_3): x_1^2 + x_2^2 + x_3^2 \leqslant 1\}$，而$p$是相应的命题函数（就是说，对于$X^3$中的每个$x$，$p(x)$是论断"$x \in E$"，它对于某些$x$为真，对于另一些$x$为假）。于是，"对某$x_3$，$p(x)$"（其可能的简写为$\exists_3 p$）是两个变量的命题函数$q$，使得$q(x_1, x_2)$对于$X^2$中的每个$(x_1, x_2)$是论断"对某$x_3$，$(x_1, x_2, x_3) \in E$"。几何上看，$p$是（对应于）单位球。$q$在几何上是什么？答案是无穷柱体，其中心轴为$x_3$轴，在$(x_1, x_2)$平面上的截面为单位圆盘。

　　受此类例子的启发，塔尔斯基和他的学派在 20 世纪 50 年代早期开始研究量化代数，并引入了他们称为柱形代数的结构。与此同时，波兰也有人在进行类似的工作，有些与塔尔斯基有联系，有些则是独立在做。当时，波兰学派的著名代表人物是拉西奥娃（Rasiowa）和西科尔斯基（Sikorski）。可能是出于推出一个完美的成果的心愿，塔尔斯基和他的合作者多年来几乎没有发表过任何关于柱形代数的文章。如果你想了解他们的成就，可以阅读 1952 年《通报》上的两篇一段式摘要，也可以去拜访加利福尼亚大学伯克利分校。这两件事，我终究都做到了。

　　前面一些段落（关于命题函数以及其上的重要性运算的那些段落）的启发式思考是一种典型的预研究思维。庞特里亚金（很可能）在研究有限阿贝尔群、圆群、线、环面、向量群、康托尔集，以及可由这些群通过构造直和、子群和商群而得到的群时，就采用了这种思维，这种思维引导他找到了"正确的"抽象概念，即局部紧阿贝尔群。啊哈！（他可能会感叹）就是这样，这必定是正确的一般背景，现在让我们看看是否真的可以在这种背景下阐述和证明对偶定理。

　　我渴望从逻辑学中得到可靠的代数，并从塔尔斯基的奥秘中悟出了什么，受此启发，我自 1953 年开始研究多元代数（polyadic algebras）[16]，并持续了六七年。（况且，是时候再换一个领域了，六七年是再次做出改变的时候。）这个名称是由于存在许多（词根 poly 表示"多"）量词运算符（如 $\exists_1$、$\exists_2$ 和 $\exists_3$）而被提出来的。一个重要的特殊情形是，只有一个这样的运算符，即一元代数（monadic algebras），这是亚里士多德三段论的代数方法；而一个重要的退化情形是，没有这样的运算符出现，那就是我们熟悉的形式命题演算的布尔方法。这是个雄心勃勃的计划。我想把**全部的**逻辑学都变成代数，我尤其想理解哥德尔的两个著名结果，即完全性定理和不完全性定理的代数意义。我成功了吗？

# 全部逻辑学和全部数学

没有，我没能成功地把所有的逻辑学都变成代数；但一定程度上也成功了，我的确成功地深入了解了如何做到这一点。今天，我仍然认为可以且应该这样做。我希望如此，但不是由我来做，不再是这样了。必须有一个新的思想。这是事业，很艰苦的事业。就研究而言，这几乎是我一生中 6 年的全职工作；就研究而言，这很可能是我毕生最出色的工作。

存在量化的代数公理很简单，但我花了好几个月的时间才把它们吸收到我的血液里，从直觉上、情感上以及纯技术上理解它们。我把它们写在一张小卡片上，然后放进钱包里，在每天浪费的那几分钟——我的午餐约会对象迟到的那五分钟，张着嘴等待牙医回来的时候——我经常掏出来看。是不是还有人不知道这些公理是什么？那好，存在量词是布尔代数到它自身的一个映射∃，无论何时 $p$ 和 $q$ 在所给代数中，满足

$$\exists 0 = 0$$
$$p \leqslant \exists p$$

和

$$\exists (p \wedge \exists q) = \exists p \wedge \exists q$$

在那些年里，在教职员会议上，在午餐后躺下休憩时，在音乐会上，当然还有我的工作时间里，我都生活在代数逻辑中，呼吸着代数逻辑的气息，坐在办公桌前，在一张黄色的纸上无助地胡写乱画。有一回，我又在这样胡写乱画时，再次被数学思想的统一性所打动。我需要理顺一个看似基本的布尔恒等式，但我未能做到，我被卡住了，我看不出其中的窍门。我当时只是想换一种不同的方式胡写乱画，没有明确的动机，至少我是这么认为的。我从

办公桌上的书中抽出一本，是我写的关于希尔伯特空间导引的小书，然后随意翻阅了几页，至少我认为很随意。棒极了！有了回报：在书的第 58 页，有一个我在代数逻辑中需要的布尔技巧，一个我原本会发誓从未见过的初等论证。（该论证证明了一个投影值测度是乘性的。）

给我带来最大麻烦的定理是《代数逻辑 II》（"Algebraic Logic II"）中的高潮。这条定理是该理论所需要的预备知识的顶峰，也就是公理的正当性。它断言，激发多元代数定义的模型确实足以表示与逻辑相关的多元代数。我还记得我跨越最后一道难关的那个晚上。当时是 9 点钟，芝加哥 10 月份的一个阴沉、黑暗、寒冷的夜晚。我已经在书桌前整整坐了两小时，全神贯注，在几十个概念和方法之间来回切换，战斗，书写，起身走到房间的另一边，然后又坐下来，感到沮丧，但停不下来，经受着一种无法抗拒的、想继续下去的压力。纸张和铅笔不再有用了，我需要改变一下，需要做点什么。我穿上风衣，拿起手杖，喃喃自语道"我会回来的"。我出去散步，沿着第 55 街朝密歇根湖边走，在第 56 街上往回折返，进到第 57 街又出来了。然后我醒悟了。一切都结束了。我明白了我必须做什么，战斗胜利了，论证很清楚，那条定理是正确的，我可以证明它。需要庆祝一下。差不多晚上 10 点了，我刚刚经过的那家杂货店正准备关门。天上下着毛毛雨，水坑里反射着灯光，看起来很美。那家杂货店的户外陈列中，有一些散乱的鲜花，即将被收进室内。我翻了翻口袋，只找到 98 美分。我问店员是否可以用这点儿钱买一些剩下的散花，他通融地咧嘴笑了笑，当然，它们值 1 美元，但你少花 2 美分就能拿走。我花了那 98 美分，把花带回家给我太太。我身上还是湿的，却很高兴，并提议喝杯啤酒庆祝一下。

表示定理是我在代数逻辑方面工作的高潮，但高潮并没有就此结束。表示定理使得将哥德尔完全性定理视作多元代数的半单性定理成为可能，但对哥德尔不完全性定理（那是关于"你永远无法证明一切"的著名定理）的代数处理仍有待完成。我在 20 世纪 50 年代中期所做的几乎所有事都是以此为主要目的：已经发表的论文，包括《代数逻辑 III》（"Algebraic Logic III"）和《代数逻辑 IV》（"Algebraic Logic IV"），大量从未准备发表的手稿——《代数逻辑 V》（"Algebraic Logic V"，共有 375 页，还存放在我的文件柜里），指导博士研究生 [ 加勒、勒布朗（Le Blanc）、戴尼奥（Daigneault）]，讲授课程和其他"副产品"，比如参与美国数学学会的逻辑学暑期学院，再比如撰写一本关于布尔代数的小书 [17]。这一切的目标都是试图捕捉哥德尔那典型的形式化灵感中的代数结构。

　　我知道它就在那里，正等着被人发现，而《代数逻辑 V》清除了林子里的灌木丛。形式主义（类似于自由群的方法）是可有可无的，这一问题是关于递归数论的。在我看来，这是数学中最辉煌的想法之一，也是最丑陋和最缺乏简练的想法之一。我在《代数逻辑 V》中通过"佩亚诺代数"的概念从头到尾阐述了一遍。佩亚诺代数是一类特殊的多元代数，它如同一面镜子，反映了哥德尔证明的数论技巧特征。这面"镜子"是完美的，证明的每一步都可以在每个佩亚诺代数中表达。结论是，在自由佩亚诺代数中，可驳命题的理想，或相当于可证命题的滤子，不是极大的。自然而然地，我们就可以构建模掉该理想的商模，并使用通用的代数语言来描述这个结果。由于习惯上把没有非平凡理想的代数称为"单的"，又由于实际上哥德尔定理陈述了刚才提到的商代数中确实存在非平凡理想，哥德尔登峰造极的成就的代数表述就是：数论不是单的。

　　多元代数可以做的比数论更多：它可以"做"，这意味着**所有**细节的复制、模仿、反映，每一个付诸应用的谓词演算，特别是集合论。有些数学家认为一切数学都是集合论的逻辑结果，或者无论如何，对现有的全部数学都是如此。我就是他们中的一员。反过来，集合论又是策梅洛 – 弗伦克尔（Zermelo-Fraenkel）公理的逻辑结果。因为原则上很容易用多元代数的语言来表述这些公理，所以可以由此断定，由这样的表述所指定的那种代数，让我现在称它们为 ZF 代数，将是全部现有数学（或许也是一切可以想象的数学）的完美写照。

　　这中间到底发生了什么？我定义了一种特殊的结构，即多元代数，只用了普通的数学语言和步骤，除了带算子的群之外，再没有用到别的。而作为这种结构的实例，我遇到了 ZF 代数。在 ZF 代数中，我所做的一切都可以被反映出来，完全地反映，没有任何遗漏。特别是，如果我需要，我可以在这样的代数中讨论带算子的群；如果我需要，我还可以在这样的代数中讨论 ZF 代数本身。后一种讨论与前一种讨论的关系，跟前一种讨论与最初建立 ZF 代数理论的关系完全相同。在 ZF 代数中讨论的 ZF 代数将是所有数学的完美镜像的完美镜像。你察觉到桂格燕麦片现象 [18] 了吗？这种为人熟知的麦片盒子上印有一幅贵格会教徒的画像，他拿着同样的麦片盒子，而那盒子上面又印有同一幅贵格会教徒的画像，以此类推。它确实存在，它可能会给你带来一种不舒服的感觉。我们是否处在被称为 "无穷倒退" [19] 的令人不快的弊病之下？我不知道。它不会让我担心，也不会让我害怕，但我承认，我看不出这幅画像蕴含着什么。这种无穷倒退有什么毛病吗？或者换一种问法，它有什么好处吗？它提供了一个我甚至都不知道我想要看到的视角吗？我不知道，但我确实认为思忖这种现象带来很多乐趣。

## 逻辑学学生和逻辑学家

在我的三位逻辑学博士生中，我已经提到了第一位加勒（1955 年），他是我从马歇尔·斯通那里接续过来的。他的学位论文研究了多元代数和柱形代数之间的关系，并揭示了这些系统以各自的方式完成了它们想要完成的任务，即分别表示 "纯" 一阶谓词演算和具有等式的谓词演算。最后一位是奥贝尔·戴尼奥（Aubert Daigneault，1960 年），他只在一种奇怪意义上算是我的学生，但我很高兴他是。

我是 1957—1958 年在高等研究院期间认识戴尼奥的，当时他在普林斯顿大学跟着丘奇读研究生。然而，他想做的事却与丘奇平时的兴趣相去甚远。就这方面而言，他是一位与众不同的博士生，他找到了自己的学位论文主题（与代数概念和代数构造有关，诸如自同构和张量积）。丘奇愿意支持这篇学位论文，但他感觉对该主题没那么得心应手，于是他让我做论文的非正式审阅人和事实上的裁判员。当然，我答应了，而且，最终我审阅戴尼奥的论文反而比我通常审阅那些学位论文要仔细得多，而那些论文的成长，我已经观察了多年。这是一篇好论文，比起我自己的论文，它更具有纯粹的代数精神，我从中学到很多东西。它并非全是代数，它与哲学逻辑学家的工作以及形式逻辑学家的工作都有联系。例如，它的一个成果是，把贝特（Beth）关于定义的理论中的一个结论表述得类似群论中一个已知事实：在一个带有共合的多元代数的自由积中，因子的交正是共合的部分。这给我留下了深刻印象。我写了一篇细致而翔实的评论供丘奇和戴尼奥参考，而且我可以在我的弟子名单上再加一个名字，虽然我没有像通常那样劳心劳力。

有时，学生会因一个"错误"的理由选择一位博士生导师，然后发现自己（也许会感到惊喜）正在做一些与预期完全不同的事情。这正是发生在利昂·勒布朗（Leon Le Blanc）身上的事，他是唯一一个实实在在完全由我自己指导的逻辑学学生。我曾在加拿大蒙特利尔大学做过一次演讲，有人把这个聪明的年轻人介绍给我。他是那年该校实变函数课程中最好的学生，他喜欢测度论，甚至对此做了一篇可以发表的观察小报告。我是知名的测度论学家，所以他想知道能否到芝加哥大学请我来指导。当然，我说，为什么不呢？

几个月后，利昂完成了他的本科学业，来到了芝加哥大学，但他确实没有准备好开始写学位论文——首先还要学习很多数学，要修很多课程，要满足很多要求。到他准备好的时候，我已经不想再研究测度论了，我已经深深地沉浸在多元代数之中。结果，利昂写了一篇关于多元代数的学位论文。这一转变并不像我叙述的那么突然，他是自愿的。他第一次知道我，是因为我是他在蒙特利尔大学期间学习的那本书的作者。当我们相遇并互生好感时，他开始认识我的不同能力，我对代数逻辑的兴趣和热情也影响了他。他不是在做出牺牲，而是在潮流中畅游。此外（就像我经常告诉弟子们的那样），你确定学位论文中所写的内容，并不意味着签订了一份终身合同。你花了几年时间写学位论文，在那些年里，你最好不要尝试做任何别的方向，但是一旦大功告成，你可以（而且应该！）去做别的方向。

利昂的学位论文是关于非齐次多元代数的。论文思想是，将该"变元"集划分为不同的"种类"，目的是在研究结构的不同之处有所变化。因此，例如在佩亚诺算术中，一些变元可能用于整数，而其他变元可能用于整数集，而在纯二阶逻辑中，可能存在"个体"变元（"individual" variables）和"函数"变元（"functional" variables）。利昂将多元理论的实质性部分扩展到非齐次代数，之后，他并没有再研究别的，而是继续研究代数逻辑长达数年。他一直在这一领域耕耘，并为此做出了永恒的贡献，直到他因脑瘤英年早逝。

我一直在努力宣扬自己的理念，不仅在我自己的博士生中，而且在我能触达的任何地方、任何机会下。1955 年春天，我在芝加哥大学开了一门代数逻辑课。考虑到该学科的情况，这个班的人数多得出奇，共有 17 名学生。莫·赫希就是其中之一（一位著名的拓扑学家），还有杰克·托伯（Jack Towber，一位代数数论专家）和迈克·莫利（Mike Morley，这个班中唯一从事本领域的人，一位真正的逻辑学家）。1955—1956 年，我在加利福尼亚大学伯克利分校度过了两个学季，并做了一系列关于多元代数的讲座。出于某种原因（好奇，抑或礼貌？），格哈德·霍赫希尔德是一位忠实的听众。在同一个学期，他讲授李群，当然，我也是他最忠实的听众之一。

在那个时候，没有太多的会议、聚会、学术研讨会和讲习班，仅有一些都被珍视。美国数学学会的暑期学院特别有意义，也特别有声望。我想，如果有一个逻辑学的暑期学院就好了，如果至少能涉及代数逻辑，就更好了。这是一个没有自知之明的决定。作为一名逻辑学家，我没有地位，没有影响力，还不是圈内成员。我有的只是脸皮厚（勇于去开拓）和干劲足（甘于做实事）。我给塔尔斯基、克林、罗瑟一一打了电话；我列出名单和主题清单，撰写通知书，尽力规划合理的预算，并且填写了申报表。这件事办成了，是仰赖塔尔斯基、克林和罗瑟的名望与高水准才办成的，但毕竟是我发起了这件事，我为此感到骄傲和高兴。那是 1957 年伊萨卡（Ithaca）的一个美好夏天，有 75

至 80 人参加了那里的暑期学院，迈克尔·拉宾（Michael Rabin）讲了有限自动机，哈斯克尔·柯里（Haskell Curry）讲了组合逻辑（还有别的什么），格奥尔格·克赖泽尔（Georg Kreisel）讲了哥德尔对海廷（Heyting）算术的解释，马丁·戴维斯（Martin Davis）和希拉里·普特南（Hilary Putnam）报告了他们共同研究的希尔伯特第十问题。我做了关于多元代数的报告（还有别的什么），该报告的简短概述被收录在此次暑期学院的会议论文集中。事实上，为实现自己关于佩亚诺代数的梦想而提供一些技术路线，我只写过这一篇文章。

会议论文集以如下的"退场赞美诗"结束。

> 如果你认为你的论文是空洞的，
> 那就使用一阶谓词演算。
> 然后它就成了逻辑学，
> 而且，仿佛变魔术一样，
> 显而易见的事情被誉为奇迹。

## 护照的"传奇"

20 世纪 50 年代中期是我生命中最美好的时期，也是最糟糕的时期。作为一名教师和研究论文的贡献者，我已经站稳了脚跟，我在代数逻辑方面的工作给了自己很大的满足感和成就感。1956 年，我跨过了 40 岁的神奇界线。我越来越多地参与到为数学界提供服务中，这种服务很快就成为我工作的主要部分，甚至几乎是我存在的理由。与此同时，我年轻时的罪过和愚蠢一直困扰着我，给了我一段非常艰难的时光。我的生命并未处于危险之中，身体的健康程度与舒适感也没有问题，但当时，我比此前及此后的任何时候都更加心烦意乱，更没有安全感。

我最显眼、法律证据最明确的罪过是，我曾在一些关于伊斯雷尔·霍尔珀林（Israel Halperin）的请愿书上签了名，质疑美国联邦调查局（FBI）对数学研究资助申请者进行安全审查的权力，此外，我曾拒绝在乌拉圭做间谍。在 20 岁出头的时候，我还犯了另一些更久远、更含糊的罪过：我加入了太多不适当的组织，认识了太多不受欢迎的人。

伊斯雷尔·霍尔珀林现在已经是位老年人了，甚至比我还老，他从加拿大多伦多大学退休，过着平静的生活。他先于我担任了冯·诺伊曼的助理，一生都是冯·诺伊曼的狂热崇拜者。他也是一位热烈、激进、活跃的左翼人士，因此，他同加拿大当局（他是加拿大本地人）和美国当局都产生了严重的麻烦。我与许多其他数学家一起签署了几份关于霍尔珀林的请愿书。那是在 20 世纪 40 年代，我已经记不清请愿书的具体诉求了，但大致与让他得到我们所说的公平待遇有关。这些请愿书可能是写给加拿大当局的，要求公正审判；也可能是写给美国当局的，要求公正地考虑他入境美国一年的申请，以便他能够享受已获得的研究资助。我几乎不认识他，在那之前，我们只碰过一次面（大约是在 1939 年，他正要离开普林斯顿，而我刚刚抵达）。我们第二次相遇是在美国数学学会于加拿大安大略省金斯顿（Kingston）召开的 1953 年夏季会议上。我们交谈了十分钟，聊到冯·诺伊曼和酷暑。

至于美国联邦调查局的安全审查，它们与美国原子能委员会（Atomic Energy Commission）颁发的纯科学研究基金有关。相关研究人员绝对不能接触到机密信息，而研究基金的规定明确指出，并不是要在结束时将他们培养成"原子科学家"。尽管如此，联邦调查局还是奉命对每一位潜在的研究人员进行了忠诚度审查。对我和我在芝加哥大学的一些同事来说，这个程序似乎是不合适的，我们认为它建立了危险的先例，企图颠覆传统的科学探究自由。为了表达我的感受，我打了一份简短的声明（不到 200 个单词），随后，在一位联邦调查局的探员向我询问一位研究基金的申请人的情况时，我给了他一份。在声明的高潮部分，为了表达对调查数学研究基金候选人的抗议，我声明拒绝在这种忠诚度审查中予以合作，"除非是显然涉及获取机密信息的情况"。

这一切都发生在 1951 年或更早以前，而且，除了在午餐和喝茶时的闲聊中提起过，我一生中为了这些事总共花了不足一小时。到了 1952 年，我已经把这些事全忘了，那时，我正忙着准备 1954 年在荷兰阿姆斯特丹举行的国际数学家大会。1954 年是我离开欧洲后的第 25 年，之前我从没回去过。我热切地想去看看，去参加大会，在英国待上几个月，很可能还会走访匈牙利。

H. R. 皮特（H. R. Pitt）是英国诺丁汉大学的一位遍历理论学家，我和他开始通信，商量在阿姆斯特丹大会后我去该校访问几个月的可能性。1952 年的晚秋，我开始全速落实此事：我抓住所有能找到的机会，申请访学诺丁汉大学，而且，还尽力申请能在剑桥大学至少待上一段短暂的时间；我申请了富布赖特资助和旅行资助（通过美国数学学会从美国国家科学基金会申请）；我在林达姆（Ryndam）号轮船上预订了一间特等客舱，申请了一本护照，并请皮特帮我找了一处大小、冷暖都适宜的居所，以便我能从 1954 年 9 月一直住到1955 年 3 月。

一切都办理妥当了——好吧，几乎一切。皮特找到了一所房子，他通过讲述一楼壁炉的数量来描述它，并补充说，楼上只有墨西哥湾暖流供暖。早在一年多前，我就收到了诺丁汉大学的正式要约（提供 500 英镑，被列为开销补贴）、剑桥大学官方态度明确却没有薪酬的访问邀请、来自美国国家科学基金会的旅行资助（500 美元），以及富布赖特委员会的一封信，信中告诉我，我唯一仍需跨越的障碍只是形式上的，我的名字列在了他们转发给美国国务院的名单上，等待最终批准。我支付了参加数学家大会的会费，为我和妻子买了宴会的入场券。林达姆号定于 8 月 21 日起航，我已经全部都安排好了，准备在 5 月 1 日出发。

第二个星期，我辛辛苦苦构建的世界坍塌了。美国国务院的信于 5 月6 日送达，上面说我的护照申请被拒绝了。理由是："据称你是个共产主义者。"这封信接着告诉了我我的权利：我可以要求举行听证会，我可以请个律师。

　　我现在该怎么办？我能怎么办？当然，我要求举行听证会。两周后的星期五下午，我接到通知，听证会将于下星期二在华盛顿举行。在年长的同事的建议下，我联系了华盛顿的一位律师（由芝加哥大学的法律顾问推荐），并在电话里尽可能多地告诉了他这个案子的情况。

　　当我在星期二早上到达律师事务所时，律师已经和护照办公室取得了联系。他们告诉他，他们针对我的主要原因是我没有与联邦调查局合作，在乌拉圭也没有与美国大使馆合作。我向律师讲述了我几乎整个生平，也就是我在本书里所说的一切，还有许多、更多、多得多的细节。我还告诉他，我愿意宣誓回答任何问题，无论是老问题还是新问题，只有一类问题除外——我说，如果有人要求我透露我知道或认为是共产主义者的人的姓名，我将拒绝回答。

　　律师要求听证会推迟 24 小时进行，得到了准予。赢得的时间都花在了协商咨询上。他多次打电话与护照办公室的官员们交谈。我打电话与我在芝加哥大学的同事们谈过，还当面与美国国务卿的代理科学顾问谈过。

　　根据我们的协商咨询，律师的结论清楚明白。他是这样说的：（1）在目前的形势下，就护照办公室目前的态度看，除非我一一点出姓名，否则我肯定得不到护照。（2）从法律上讲，联邦调查局提出的有关我档案的问题，纯属道听途说。我在听证会上的宣誓声明将成为政府的永久记录。它们的存在可能会迫使政府采取行动，反过来又会招致大量的关注报道，这在当时是很常见的，并且会花费我巨量的时间和金钱。（3）如果美国的形势和取得护照的法律要求在几年之内发生变化，那么到时候，我在不举行听证会的情况下，处境会比现在好得多。

　　律师从这番结论中提炼出了他的建议：取消听证会，撤回护照申请，回家，暂时忘掉去欧洲的事情。律师的论点（用我自己的话表述，而非他的原话）对我来说似乎很有说服力。我接受了他的建议。我撤回了护照申请，取消了阿姆斯特丹的酒店预订和原本打算在那里完成的汽车交易，退还了美国国家科学基金会的 500 美元。我甚至比以前更加专注于代数逻辑了。

我再也无法重现 30 年前的情绪了，而且，这些情绪是没有道理可言的。我感到被伤害和拒绝，我感到沮丧和愤怒，我感到愤慨和内疚。我不认为自己犯了什么罪。我知道自己没有伤害任何人，也没有违背任何忠诚。从几次与联邦调查局探员的面谈中，我清楚地知道，我被要求"透露"的那些人的名字他们早已掌握，我拒绝再次说出他们的名字是出于骄傲，一种为了保住自尊而孤注一掷的坚持，或者说，纯粹是固执和倔强。

我能采取的唯一对策、报复（"我要让他们走着瞧！"），我能走的唯一出路，我能采取的唯一行动，我能做的唯一一件事，就是离开、出走、再一次去扎根。我曾考虑过这种可能性，但在重读那段日子的通信后，现在，我发现我对第二次立足感到非常安心，而且，并不真的急于开拓第三处栖身之所。这是些往来加拿大的通信，我写了十几封，有些是给朋友和熟人的，有些是给不认识的系主任和院长的："我在你们大学有工作的机会吗？"他们的答复从礼貌地表示有兴趣，到友好地表达出热情，不一而足，结果总是带有几分意向，却没有任何录用的意思。尘埃落定，我又回到了起点：个人感到痛苦，专业上雄心勃勃，数学上仍旧发愤图强。

这故事有个结局，但没有高潮。岁月流逝，"麦卡锡主义歇斯底里症"逐渐平息，又到了安排参加数学家大会的时候了，这次是 1958 年在英国爱丁堡举办。1957 年，我根据法律意见行事，要求在护照办公室举行听证会，只为了清算、处理悬而未决的问题，好在一切都进行得很顺利。这场听证会几乎成了一场滑稽剧。房间里只有三个人，我的律师和我，还有一位办理护照的官员，他略有些胖，急着办完手续，好下楼去大厅参加该部门的社交聚会。他抱歉地咳嗽了一声，解释说他还没真正有机会查看相关档案。好啦，让我们进入正题吧。他扫了一眼我的宣誓书，问了一个技术性的问题，然后给了我一张普通的护照申请表：请先把这个填一下，然后我们从这张表往下继续办。现在，再见。

我问我的律师，我来华盛顿是不是浪费了时间。不，绝对不是，他说。那些办理护照的人喜欢我主动出现在他们面前，他们喜欢那种可以问任何他们想问的问题的感觉。

我没有遭遇进一步的麻烦，六个星期之后，我拿到了护照。我甚至再次获得了旅行资助！阵痛结束了，我重新回归人类世界。

## 公共服务

研究令人兴奋，护照事件令人沮丧，但正常的学术事业既不在高峰也没在深谷，而是在传统和惯例的坚定成规中蹒跚前行。数学不仅需要思考，而且需要管理；论文和书籍不仅需要写作，而且需要编辑；学生们不仅需要讲授，而且需要指导。我愿意，甚至渴望成为这一切的一部分。我从不拒绝日常琐事，并且我在打扫"学术马厩"方面非常靠得住，于是一点一点地，递给我的铁铲越来越多。

我为什么要接受这些事呢？为什么会有人这么做呢？含糊地把"良心"当理由，令人烦闷，而且可能不是对真实动机的准确描述，但这是有道理的，至少有这么一点儿道理：我们往往不认同这样一种超级天才——无论是真正的还是自封的超级天才，他们从来不在委员会任职，拒绝担任评审，对跟在他们身后的一代代学生几乎没有什么帮助。我们觉得这样是不对的，而一旦想到这种观点，我们就不太可能对日常琐事发牢骚了。如果——老天保佑！——你很擅长打理日常琐事，那么你就会陷入困境。我们都喜欢做自己擅长的事，都喜欢这种感觉：完成了某件事情，获得回报，而这种回报只需付出汗水就能保证得到。研究离不开汗水的浇灌，但更需要灵感，教学也是如此，尽管在程度上略小。院长或编辑完成大学或专业工作上的"公共服务"，不需要别的，只需要智慧、经验和耐心，这些品质比洞察力、原创能力和创新才能更有保障。此外，所有付出的那些"吃力不讨好"的时间通常都得到了很多的感谢：你会在不起眼的小圈子中很有名，你会觉得自己很重要。对于这一切，可以用一个不友善的词来概括：借口。做这些事是为了能够说，为了有一个自认为正当的理由说，我们没有时间做研究、搞学术和进行创新性工作。为什么我越来越多地接手需要打扫的马厩呢？因为我那时快40岁了，然后到了40岁，又过了40岁，而且，不管是有意还是无意，我根本不确定自己是否能够继续研究工作。这不是我当时对自己说的话，但这是25年后的今天，我所做的后验自我精神分析。

　　"公共服务"曾经是一个好词，但它已成为大学管理者的陈词滥调。过去，人们理所当然地认为，如果你偶尔使用图书馆，或者不时发表一篇论文，那么你就是图书馆用户或论文出版圈子中的一员。随后，顺理成章地，你会帮助图书馆（例如，关注新书的出版，并建议图书馆购买哪些新书），你也会帮助期刊出版商（例如，成为一名体贴而尽责的评审）。你不应当指望这样的活动会带来更多回报，就像你不应当因为不时洗个澡或在学期末上交学生成绩而获得回报一样。这样的活动本身挺费事，但它们是必不可少的；不这样做，可能会带来灾难性的影响。

　　"研究、教学和公共服务"这种口号纯属废话，这只是失败学者为敷衍塞责找的借口。大学的存在是为了创造和传播知识，而不是为了设计和管理分级考试，不是为了安排上课时间和地点，不是为了保存学生成绩记录，甚至不是为了筹集和分配经费。但所有这些事情在某种程度上都是必要的，我们都必须做一点儿。它们是社会服务行为。如果不能履行这些职责，其他人就会承担更多的责任，因此逃避责任是反社会的。然而它们并不是值得奖励的正面贡献。一位糟糕的教师可能在大学里有一席之地（如果他是一名伟大的创造者），一位二流的研究人员也有他的位置（如果他是一名伟大的教师）。但是，一个二流的研究人员兼二流的教师，就像看门人、秘书、预算系统分析师、拉丁美洲事务院长或行政副校长一样，没有更多资格成为系里的成员。这些人的工作是必要的——好吧，无论如何，其中某些工作是必要的，但不应该因此被视为一种晋升、被抬高或致敬以及加薪的依据。

时间是有限的，更糟的是，我们必须选择：我们凭借自身的才能和训练能提供什么样的公共服务？我的选择一直在系部里和专业层面上，我决心避开院、校这两个层面。我从来没有在学院晋升到委员会这样的机构，但我想，我曾是系里各种能想到的委员会委员：图书室、学术研讨会、研究生政策、课程设置和奖学金评审，这些只是一部分而已。就专业而言，我不可能记得我所服务过的美国数学学会和美国数学协会的所有委员会，即便记得，也没有人想知道。以下是一小部分服务内容：一本帮助阅读俄语数学文章的小册子的编写委员会、为学会的西部会议选择一小时报告人的评选委员会、文学博士学位的评审委员会、评奖委员会、出版事务委员会和推荐委员会。

幸运的是，"公共服务"不是"委员会工作"的同义词。我发现，回报最高的服务工作是导师和编辑。我说的"导师"指的是博士生导师，也许那并非公共服务而是教学；我说的"编辑"不仅指编辑，而且指评审人和评论员，即除了数学写作以外的一切与数学写作有关的职务。

至于博士生，我已经提到过我在芝加哥大学招收的学生了，但有两名例外。按时间倒序排列，他们是卡尔·林德霍姆（Carl Linderholm）和莫·施赖伯。我按这个顺序列出他们，因为尽管卡尔是我在芝加哥大学带完的最后一个学生（1963 年），但当时正处于我研究遍历理论期间，而且是在我开展算子研究之前很久。卡尔将关于保测变换的定理推广为关于可以改变测度的正值，但不改变其在正反两个方向上的零值的变换的定理。他是芝加哥大学的学生，但当我转到密歇根大学时，他随我去了那里，并完成了他最后一年的工作。这类事情有时需要协商：当一个教授改变工作单位时，他新去的大学必须为他带过来的学生们提供落脚的地方，至少是暂时的，以防他们在旧地独自挣扎甚至于被遗弃。这件事办得很好。卡尔撰写他的学位论文时，我们能一起待在安阿伯；在论文写完之后不久，他离开了安阿伯，而芝加哥大学邀请我回去一个下午，让我担任他的博士论文答辩委员会主席。此后没多久，卡尔和他的家人移居国外，这些年来他一直在英国雷丁（Reading）工作和生活。他因为写了一本名为《数学让事情变得困难》（*Mathematics Made Difficult*）的书而闻名于世，这本书尽显才华，风趣诙谐，发挥了数学圈内人士的幽默。例如，这本书从范畴论的角度论述了高中三角学，我强烈推荐这本书。[20]

莫·施赖伯在芝加哥大学撰写学位论文期间（1955 年获得博士学位）成为我的好朋友，现在仍然是。他给了我一个论文导师所能得到的少有的深深的惊喜。我建议他研究严格压缩的酉幂膨胀（unitary power dilations），并将其视为谱不变量：关于压缩，我们能从其酉幂膨胀的知识中推断出什么信息？当莫第一次犹豫地告诉我答案时，我并不相信。没有什么新信息，他说。所有这些酉幂膨胀都是一样的，也就是说，它们都酉等价于无穷重数的单侧移位。这里有一个类比，虽然有点牵强，但具有一定提示作用。如果我知道一个人的一年中有一段时间白天只有五六小时，而在另一段时间白天有十五六小时，那么我能了解得并不多。但我能知道，他住在远离赤道、接近（但未达到）南北两极之一的某个地方。然而，如果我只知道他所在地的一年有 365 天（好吧，好吧，闰年除外），那我就什么都了解不了了——他可能住在安克雷奇（Anchorage），也能可能住在加拉加斯（Caracas）。根据施赖伯定理（该命题很快就被这样称呼），由酉幂膨胀传达的谱信息就像 365 天这样的信息——它说明了每个人都有的一些情况，但它没有说明随便哪个人的随便什么情况。

## 编辑工作

至于编辑工作，我是一步一个脚印地悄悄干出来的。一开始我几乎没花什么时间。偶尔一两小时的有效工作就足以搞定《汇刊》的评审报告、《通报》的图书评论，或者为 "Ergebnisse"[21] 丛书写一封正式的邀稿函。一开始几乎花不了多少时间，而现在却占用了我大部分的工作时间。

这些小小的步伐越来越多，我被要求评审论文和评论图书。在 20 世纪 50 年代，我的 14 篇书评发表在《通报》上，其中只有三篇与泛函分析有关 [ 扎嫩（Zaanen）、阿希耶泽尔（Akhieser）与格拉斯曼（Glasmann）、邓福德与施

瓦茨 ]。其余的书评几乎涵盖了所有的纯粹数学，包括集合论和逻辑学（弗伦克尔、塔尔斯基）、积分法 [ 布尔巴基、皮科内（Picone）与维奥拉（Viola）]、代数学 [ 莱维（Levi）为大学一年级学生写的焕然一新的教科书，还有赫尔梅斯（Hermes）关于格的著作 ]、拓扑学 [ 或者倒不如说戈特沙尔克与赫德伦（Hedlund）合著的《拓扑动力学》（*Topological Dynamics*）]，还有一些稀奇的旁支，例如蒂策（Tietze）的《古今时代已解决和未解决的数学问题》[22] 和波利亚的《数学与猜想》（*Mathematics and Plausible Reasoning*）。同时，我还经常为《数学评论》撰稿（为了降低订阅价格，我必须这样做），偶尔还给统计学和逻辑学期刊写评论。结果，我收到了一些崇拜者的来信，以及与之相反的一类来信，叫它们什么都行（叫"攻击性信件"就太过分了）。当我责备弗伦克尔那冗长和过时的记号时，他写信抱怨并为自己辩护。结果我们通了几封信后，分手时成了朋友。"我真的希望能在阿姆斯特丹见到你"是弗伦克尔给我的最后一封信的结尾。阿比·鲁宾逊认为，在我给《符号逻辑学报》（*Journal of Symbolic Logic*）写的评论中，他受到了轻视，并告诉了我这种想法，但后来他写了一封友好的信："我相信，在罗切斯特（Rochester）我表达了一些不满，因为你在《符号逻辑学报》所写的评论中没有考虑到我的书《理想的元数学理论》（*Théorie Metamathématique des Idéaux*）的后面部分。我现在应该感谢你在《数学评论》上为我的《完全性理论》（*Complete Theories*）写的完整报告。这样才公平。"

真正的编辑工作始于 1958 年，当时我接替角谷静夫，成为《会报》[23] 的编辑之一。其他三位编辑分别是拉尔夫·博厄斯、欧文·卡普兰斯基和汉斯·扎梅尔松。我们按领域划分工作，我负责实分析和泛函分析（后者得到了卡普兰斯基的大力协助），还有"其他领域"，主要是概率论、逻辑学以及一些数论方面的古怪论文。

我已经习惯于打字，包括论文、书籍、信件、教学大纲，除了偶尔做些零活儿（照抄试卷或录入课堂讲义，需要油印，然后大量分发），我几乎从不用秘书。当我成为编辑后，那些自由自在的日子就一去不复返了。从那时起（在过去的约 25 年里），我需要帮助才能完成工作任务，我既赞美又诅咒这一切开始的那一天。一名好的秘书可以带来很大的帮助，但是与一名好秘书一起工作既耗费时间又节省时间。你必须提前规划好任务，并交代应该怎么做；你必须调整好事情处理优先顺序和时间安排，不仅要顾及你自己的怪念头、偏好、病痛、假期和其他冲突，也要考虑别人的情况。无论工作是重是轻，你总是在操心。贝弗利能在周五之前完成吗？我是不是给了杰内尔过多的事情做？我应该为她找个勤工俭学的人来帮工吗？我交办给卡伦的工作足够多吗？无所事事会令人灰心丧气，而且让秘书兼职给同事打工也会树立一个危险的、可能无法挽回的先例。开始的时候，我只需要十分之一个秘书（每个工作周分成十个半天，秘书完成其中半天的工作就足够了），但现在已经达到了顶点，通常需要十分之十一个秘书。即便遇到出乎意料的平静时光——没有任何东西送来，没有提交来的手稿，没有要答复的信件，无奈之下，我们还得重新整理文件。

在我担任《会报》编辑的那些年里（1958—1963 年，按照惯例，每个人都要做两届，每届任期三年），我记得每年似乎要处理大约 120 篇论文，并录用其中大约 50 篇。这份工作被相当平均地分配给了四位编辑。我们中的一位是执行主编（该职务是轮换制），但是，他除了与美国数学学会的普罗维登斯办公室进行少量的官方通信之外，并不需要比别人做更多的事情。我们独立地运转，各自决定录用和拒绝的稿件，对彼此的决定不存在上诉。

有一年，我碰巧是执行主编，我的日常工作之一就是汇总年度统计数据：每个月平均收到的论文数量，平均录用的论文数量，估计页数，这些就是所需的数据。我尽职尽责地发出信件，请每一位编辑同事把有关信息答复给我。埃尔登·戴尔（Eldon Dyer）是那年的一位编辑，他认真地回信了。他寄给我一张分成 12 行的表格，从 1 到 12 指明月份，并为论文数量、录用数量、页数等设置了适当的列。在每一列的底部，他写下了该列数据之和及其平均值，其中包括非常"有用"的第一列，我从中知道一年的月份的总和（$1+\cdots+12$）是 78，平均值是 6.5。

在那些年里,《会报》每年大约出版 1000 页,所以平均来说,四位编辑每人负责 250 页。我最近浏览了一些 20 世纪 80 年代出版的《会报》,每年的页数增加了一倍还多,1981 年为 2160 页,而编辑人数也增加到 18 人。也就是说,每位编辑平均每年负责 120 页内容。这说明世界正在走向衰落,一代不如一代。

## 如何成为大人物

怎样才能成为一个大人物,成为美国数学学会或美国数学协会的核心团队中的一员?答案:懂得规矩,并且**有所作为**。

我所说的"懂得规矩",并不是指"做一个刻意的马屁精,紧跟因循守旧的体制"。我指的是弄清楚行事规则。了解会议的时间和地点、主办方宣布的会议目的,以及会议的实际情况,看懂组织机构表——谁负责?如何做出决策?如果你清楚规则是什么,那么改变或打破那些规矩,做一些变通,就更容易了。以我为例,我猜测(这仅仅是猜测),我第一次被提名为理事会成员(1950 年)是因为我很难对付——我试图改变或打破组织剑桥大会的规则。

我所说的"有所作为"是指做一些事情——任何事情,只要由衷地、真诚地、诚恳地、专业地去做。写论文,写专著,参加会议,同兴趣相投的人交流;讲授课程,拟定教学大纲,写讲义,参加会议,同兴趣相投的人交流;提出并解决基本问题,为学生和教师组织问题讨论班,参加会议,同兴趣相投的人交流。始终与专业人士保持联系。

在我获得博士学位后的最初 10 年里,当我开始做这些事情的时候,我甚至没有意识到自己正在做这类事。我每年都去参加两场大型会议(自费),因为我想同兴趣相投的人交流。在两次会议之间,我给任何一位愿意收信并回信的人写关于数学的长信。我被这个专业迷住了,我渴望了解它是如何运作的。当我第一次被任命为一个美国数学学会委员会(为了编写一本帮助阅读俄语的小册子）的成员时，我 32 岁。现在的人认为，这已经不算年轻了，精于世故的未来院长们在二十五六岁的时候就开始争取这样的机会，并有所收获。我被任命的原因是，在前一年，我花了很多很多时间学习数学俄语，而且在会议上，我不断同兴趣相投的人讨论我遇到的问题。消息一旦传出去——"哈尔莫斯上星期就问过我类似的事情"，官方几乎就会自动推动进程："哈尔莫斯怎么样？为什么不让他上？"

年轻人很少意识到（我当时自然也一样）老一辈人是多么关注他们，是多么希望他们来帮助推动、拉强和运转现有的机构。这里没有排外的阴谋（"我们在这儿，得让他们耗在外面别进来"），而是一个设计好的"阳谋"（"逮到他们，让他们工作"）。当我年轻的时候，我对"被逮到"颇感惊讶；现在我位于另一端，"逮到人"是我最艰巨的任务。作为一套丛书的编辑，我的工作不是拒绝投稿，而是邀请并鼓励投稿，投稿越多，我的成绩就越大（我的收入也就越多，这一点我不讳言）。作为一名期刊的编辑，我最艰巨的工作是寻找未来的编辑，他们有能力也有意愿成为评论员和评审人，并且在当下已受到肯定。

我认识几个人，他们处于圈外，一直在问怎么进来。他们非常想加入，但做得非常糟糕。他们不费心去学习这些规矩，他们做的唯一的"事情"就是"想要"进来。

当我成为美国数学学会理事时，我出席了学会的会议，认真对待，并参与其中。这其实挺有趣的，但绝不是单纯的乐趣，会议可能开得很长（午夜后才休会的情况也是有的），而且可能非常无聊。我早期参加的会议都只有 12 到 15 人参加，从那以后，人数不断增加，现在已达到五六十人甚至更多。会场内有一些人是支持人员，比如美国数学学会的执行主任、《数学评论》的执行编辑、秘书以及各种财务和出版专家，但他们中的大多数人只是在那里聊天。理事会宣称的会议目的是制定科学政策（由董事会掌握资金），但在过去的 20 年里，与狂热的特殊利益集团在社会和政治层面上的猛烈抨击相比，相关会议、学术研讨会、丛书和期刊等组织的决定屈居次要地位。美国数学学会在大部分时间里一直更像一家出版公司和会议机构，也越来越像一家职业介绍所。现代趋势正在推动它走向工会、金融游说团体（尽其所能从美国国家科学基金会中挤出一切经费）、关注反对种族歧视和性别歧视的民权组织，甚至一个向南非种族隔离和苏联反犹太主义开战的政治行动委员会。

经验表明（而且看来也是有道理的），美国数学学会无法做到这一切。可以肯定的是，一个人可以既支持高质量的出版物，又渴望获得夏季资助，同时还反对反犹太主义。然而，一个人不太可能既具备成为一名优秀编辑的科学判断力，又具备成为一名成功说客的政治知识与睿智，同时还具备成为一名卓有成效的活动家的精力、热情和魅力。

当美国数学学会还在创建初期，对数学充满热情和理想主义的时候，补充官员几乎没有什么问题。学会关心的只是科学问题，人们加入学会并为学会工作的唯一原因是希望对数学做出奉献。提名委员会竭力把脱颖而出的人吸引到学会活动中来，他们在数学判断力上展现出远大前途，同时表现出巨大的工作意愿。为了避免出现明显的不平衡，比如有太多的代数学家或加利福尼亚州人，学会做了一些温和的干预，但并没有注意到性别、种族、年龄、宗教、职级、收入或政治等因素。随着侧重点的改变，程序也发生了变化。如今，候选人将自己"奉献"给选民，提出各种奇怪的竞选纲领，比如取消任期或消灭失业。

新程序是否更加民主？从表面上看，答案似乎是肯定的，但实践中存在一些漏洞。问题是，在该学会大约 2 万名会员中，通常只有不到 15% 的人会投票，这意味着，一个能坚定地通过写信动员 100 张选票的人，可能在存在争议时，让选举结果发生倾斜。那些新的关注点是否更合适、更可取呢？答案取决于你问谁。

不过，哲学思考至此已经足够了，我还想说一些关于理事会程序的事情。我在 20 世纪 50 年代初是理事会成员，几年后，也就是在 1957 年，我又被提名并再次当选。1958 年，我成为《会报》的编辑，这份工作让我自动拥有了理事会理事资格，因此有一段时间，我以两种身份在理事会工作。这种双重理事资格并不罕见，但它会导致复杂情况。埃弗里特·皮彻 [24] 在 1967 年成为美国数学学会的秘书长，第二年他发现了最有趣的（也是最数学化的）复杂情况。他给理事会发了一份备忘录，部分内容如下。

也许只有一群数学家才会制定出一套内置数学陷阱的章程。奈何，我认为在第 IV 条第 4 款 [25] 中，我们就是这样做的。先引述如下。

"第 4 款　理事会的所有成员均有表决权。在任何会议上，理事会事务应以出席成员投票表决并以多数票通过的方式解决。如果有人质疑投票结果，主持会议的官员有责任通过唱名表决的方式确定真实的投票结果。在唱名表决时，每位理事会成员只能投票一次（虽然他可以以多重身份担任理事会成员），并应在表决前说明他以何种身份投票。由四名副秘书长组成的小组有一票表决权，并在作为副秘书长投票的人中平均分配。八个出版委员会各有一票表决权，并在作为各自出版委员会成员投票的人中平均分配。理事会所有其他成员各有一票表决权。分数值票数应予计算在内。"

以下是这一规则的两个奇特之处，在这一规则的规定之下，我们通过组成假想理事会加以说明。针对每一情形，理事会进行候选人 $\alpha$ 和 $\beta$ 之间的遴选。

情形 1　为了达到自己的意愿，该理事不一定以其享有最大表决权的委员会成员名义投票。

理事会组成如下。

| 委员会 A | 委员会 B | 委员会 C |
|---|---|---|
| $x$ | $x$ | $c_1$ |
| $a_2$ | $b_2$ | $c_2$ |
| $a_3$ | $b_3$ | $c_3$ |
|  | $b_4$ | $c_4$ |
|  |  | $c_5$ |

理事 $x$ 希望看到 $\alpha$ 当选，他知道 $a_2$、$a_3$、$c_1$、$c_2$ 会将投票给 $\alpha$，而 $b_2$、$b_3$、$b_4$、$c_3$、$c_4$、$c_5$ 会将投票给 $\beta$。此时，$x$ 宣布他作为委员会 B 的成员投票给 $\alpha$ 来实现个人意愿，因此投了 1/4 票。如果他作为委员会 A 的成员投票，他投的是 1/3 票，但 $\beta$ 会当选。

情形 2　若干投票人宣布其投票身份的先后次序具有重要意义。

理事会组成如下。

| 委员会 A | 委员会 B | 委员会 C | 理事 |
|---|---|---|---|
| $x$ | $x$ | $c_1$ | $d$ |
| $y$ | $y$ | $c_2$ | |
| $a$ | $b$ | $c_3$ | |
| | | $c_4$ | |
| | | $c_5$ | |

此时，$a$、$b$、$c_1$、$c_2$ 投票给 $\alpha$，而 $c_3$、$c_4$、$c_5$、$d$ 投票给 $\beta$。假设 $x$ 希望 $\alpha$ 当选，$y$ 希望 $\beta$ 当选。如果 $x$ 和 $y$ 宣布属于同一委员会，则 $\alpha$ 当选；而如果 $x$ 和 $y$ 宣布属于不同委员会，则 $\beta$ 当选。也就是说，无论 $x$ 和 $y$ 中的谁第二个宣布自己的投票身份，都可以使自己中意的人当选。

情形 2 表明，投票规则可能不稳定。在唱名表决时，当总票数记录下来之前，每个人可以更改其投票。投票人 $x$ 和 $y$ 可以交替地改变他们的投票，简直荒谬可笑。我怀疑罗伯特没有考虑过这种情况。


# 如何成为编辑

随着时间的推移，我被卷入越来越多的编辑工作。我开始是马歇尔·斯通主编、范诺斯特兰出版社出版的"高等数学大学丛书"的一名作者，此后又成为由 J. L. 凯利与我共同主编、由范诺斯特兰出版社出版的"本科生数学大学丛书"（University Series in Undergraduate Mathematics）的编辑之一。再后来，我和弗雷德·格林（Fred Gehring）合作编辑了范诺斯特兰出版社的平装本丛书，还与施普林格出版社建立了联系，成为其享有盛誉的"Ergebnisse"丛书的编辑之一。

一名丛书的编辑是如何谋生的？拿着红铅笔审读手稿，寻找放错的逗号和分裂不定式吗？不，先生，一百万年内都不会这样！出版商看重的是，他能来做宣传、担当顾问，赚的是这份钱。

对于宣传，几本相当成功的书（关于测度、向量和算子的），再加上总量满满、已成中等规模的研究论文，早已让我闻名于世，而这对于范诺斯特兰和后来的施普林格两家出版社来说已经足够了。我时而会想，这有什么意义呢？如果你是一位作者，正在找出版商，你是否认为编辑自身的成功和声望会在某种程度上影响你的书，帮自己卖得更好呢？无论如何，出版商相信某种机制会发挥作用。至于担当出版商的顾问，一名丛书编辑主要做的并不是直接给出版商提供建议，也就是说，不像一个评审人那样给期刊编辑提建议（虽然也有一些这样的成分），而是花时间寻找、请求、接收、采纳或拒绝图书的手稿。

多年来，我一直在努力帮助范诺斯特兰出版社策划平装本丛书。我希望美国也有类似于德古意特出版社（De Gruyter）在德国出版的"格申"丛书（Sammlung Göschen）[26] 的作品。克诺普关于复变函数的小书就收在那套丛书中，还有哈塞关于"高等"代数的书，以及许多其他作品。那些了不起的小书的开本比杂货店货架上最小的平装书略小（比大的平装书要小得多），厚度也不超过半英寸。它们很容易被装进衣服口袋里，印刷精美，装订精良，其中许多书的阐释质量非常高。我发现，把这种小书拿在手里是一种乐趣，看起来很有吸引力，而且，所有这些因素综合在一起，感觉学习起来很容易。顺便说一句，它们是旅行打包时的理想选择。当你乘公交车，一边站着拉住吊环，一边又想读些什么的时候，小书很方便。

没有出版商听得进我对"格申"丛书的宣传，但最终，范诺斯特兰出版社听从了我对油印笔记的"反宣传"：流行，但不尽如人意。他们分发了我写的一份广告单，标题是《关于笔记的笔记……》（*A Note about Notes...*）。直到 20 世纪 60 年代初，"范诺斯特兰数学研究"丛书（Van Nostrand Mathematical Studies）平装本终于开始发行了。以下是我的广告文案的前两段内容。

在过去的 10 到 15 年里，相当一部分的数学交流是通过"笔记"进行的。这个词虽然没有完美地描述实际情况，但已经有相当具体的含义：它通常指一摞油印的纸张，大约在 75 到 300 张之间，印制粗糙，装订松散，口头宣传，廉价出售，很快就会脱销。从每个人的角度来看，这种笔记到头来都不令人满意。数学系抱怨自己被牵扯到出版事务之中；系部秘书抱怨工作超负荷；作者发现自己完成了一本书的一半工作，却只有小部分得到承认，且没有任何经济回报；读者则会抱怨书容易破损、读着费劲。非正式发行的一个不良后果是，所有能够接触到与某个主题相关的笔记的人组成了一个小集团，而非核心机构的"孤狼"学者和他们的学生，通常没有机会了解这些笔记的内容（甚至不知道其存在）。

笔记尽管有诸多缺点，但仍有理由得以延续。第一个原因是笔记提供了一种方便的出版媒介，介于研究期刊和图书印刷品之间。在笔记中，我们可以找到以现代观点阐述的经典素材，对最近飞速发展的数学领域的重要审视，以及对"众所周知"但实际上难以理解的民间材料的证明。第二个原因是，笔记的作者们可能不愿意承担撰写一本成熟作品的工作和责任，致使印刷出来的文字令人难以忍受，但他们就是更愿意匆忙抛出一些显然是非正式且短暂的东西，作为实验气球。这种方式还有一个优点是迅速，一套笔记可以被快速复制，从而趁内容仍然及时，被人们读到。

"范诺斯特兰数学研究"丛书试图保留笔记的优点，同时消除它的缺点，这一尝试非常成功。其中最受欢迎的书有林登（Lyndon）的《逻辑学笔记》（*Notes on Logic*）、麦基（Mackey）的复变量讲义 [27] 和陈省身的《复流形》[28]。这套丛书出版一直持续到范诺斯特兰出版社被收购，并入集团，再被收购，然后，就像范诺斯特兰出版社出的所有优秀数学作品那样，它平静地消亡了。

当我和格林开始为施普林格策划一套更初级的丛书时，我们写信给一些我们认为能成为优秀作者的人（数量相当多，我记得一次寄出了大约100封）。以下是我与格林的联合信函的开头："亲爱的某某：你最近写了什么好书吗？"或者是："你知道有谁在写书吗？我们是一套新丛书，即施普林格出版社出版的'本科数学教材'丛书（Undergraduate Texts in Mathematics）的编辑，我们很想出版高质量，但近年来又被大多数出版商所回避的好书。"

"Ergebnisse der Mathematik und ihrer Grenzgebiete"[29] 是施普林格长期出版的黄皮丛书之一。"Grundlehren der Mathematischen Wissenschaften in Einzeldarstellungen"[30] 是大黄皮丛书，而 "Ergebnisse" 是小黄皮丛书。"Grundlehren" 丛书可以是长篇巨制的、辉煌不朽的、学术精深的、包罗万象的、百科全书式的、惊世骇俗的参考文献，"Ergebnisse" 丛书旨在成为短小、精巧、专注、专门和最新的研究工具。我对 "Grundlehren" 丛书作者的意向是，职业生涯即将结束，总结过去四十年所学所感所悟的长者；而 "Ergebnisse" 丛书的作者应该还年轻，可以肯定的是，他不再身处"圈外"，而是刚刚"踏进来"，现在是一名"传教士"，渴望信徒皈依，渴望开宗立派。我的名字最初出现在 "Ergebnisse" 丛书扉页的底部时，是作为十几名顾问之一，后来作为三人决策编辑委员会的成员，我被指派负责的领域是"实变函数"（Reelle Funktionen[31]），它可以随心所欲地解释。

美国的商业出版社总是在寻找、培养和培育新手稿，尽管如此，他们出版的大部分作品都是满怀希望的作者主动提供的。"Ergebnisse" 丛书过去只通过邀请获得书稿——几乎是这样。受邀为这套丛书做贡献，被视作一种荣誉，简直就像一种奖励，因此邀稿通常会被接受。在我入伙之前，情况已经开始发生改变，但许多老传统仍然保留着。我可以，也确实直接拒绝了那些不请自来的投稿，理由是我们不以这种方式运作，同时我写了许多邀稿信。

　　我给"Ergebnisse"丛书提供的一个成功创意是马伦·戴的作品。在 20
世纪 50 年代中期之前，我找到他，邀请他写一本书。他的回答直接、友好、
热情、响亮：不行。不，他太忙了，没空写那样的书。此外，他一直在计划
写另一种类型的书，一本更大规模的书，一方面要把巴拿赫的专著当代化（那
时已过时 20 年了），另一方面要做类似邓福德与施瓦茨那样的百科全书[32]
（当时还不存在）。我与他争论了一番。有一次，我找到了正确的论据。"无
论如何，"我说，"无论如何，马伦，写那样的大部头，也许最好的方法是首
先以浓缩、精简的形式写下来，作为一份大纲，一份概览，或者，作为一份
'Ergebnisse'丛书形式的报告。然后，你手上拿着这种成形的稿子，一些实
实在在的东西，就能再由此开始推进，让这本小书成长为一本大书。"马伦并
没有被说服，但他当时是——他一生都是一位努力工作、雄心勃勃的数学家。
他开始撰写，笔耕不辍，很快——大约在三年之后，他完稿了。我翻着《赋范
线性空间》的手稿，它终成"Ergebnisse"丛书的第 21 号。后来的事就众人
皆知了，该书共出了三版，在跨过四分之一个世纪之后，《赋范线性空间》仍
是这一领域最受尊崇的经典参考文献之一。

马伦·马什·戴，1971 年

我希望，我在一定程度上讲明白了丛书编辑负责"宣传"是什么含义。关于丛书编辑如何担任顾问，我也想说上几句。是不是用"裁判员"或"评估员"这样的词来叙述更恰当？比如说，在"研究生数学教材"丛书（Graduate Texts in Mathematics，这是我做过的最成功的丛书）中，最常见的情况是，作者提交了一份手稿，由我们 [ 目前由弗雷德·格林、卡尔·穆尔（Cal Moore）和我自己组成的小型编辑委员会 ] 决定是否出版。

一个鼓鼓的、带有衬垫夹层的棕色大信封出现在我的办公桌上，里面结结实实装着大约 500 页的打印文稿。我叹了口气，伸手去拿我的红笔。哦，是的，我很会使用红笔——不是为了纠正和改进，而是为了标记优点和缺点，以便记住它们，收集它们，斟酌它们，并根据它们做出评判。我查看的第一样东西是扉页（你会惊讶地发现，它经常不存在）：该主题是否适合"研究生数学教材"丛书？作品的定位是否客观公允？不适宜的主题可能过于初级（也可能过于高级，但不大发生），可能过于特殊，可能在文献中已经有了很好的代表作品。至于作者群体，我了解很多数学家，无论是通过个人交往还是通过其贡献，所以，如果作者是我了解的人，我就能很好地预见这本书的好坏。例如，如果这是作者的第二本书，而第一本书是成功的（或者砸了锅），那么我的预测的"一级近似"就有了。

接下来要查看的是目录。素材内容是如何分章析目的？各部分是如何组织的？除了书名以外，这本书还涉及哪些主题？而后我就去找序言，如果没有序言，我就会暗暗不满——该作者在这门考试中失败了，这会严重影响他的平均绩点。

当你在大学书店里拿起一本数学新著的时候，你难道不会像我刚才描述的那样去做吗？这是关于什么的书？是要学的东西吗？作者是谁？你听说过他吗——不管是正面的，还是负面的信息？书里面写了什么？最后，也一定是相当重要的，这本书是否适合你？它是否处于恰当的水准？对于预示要讲解的内容，你是否认可，并能从中有所收获？读者对象、难度水准和讲解方式，这些问题的描述都是序言应该包含的内容。如果对一位潜在的读者来说，了解一本书的这些方面很重要，那么对编辑、评估员和裁判员来说，就更加重要了。

现在是时候开始阅读手稿本身了，但还不是它的内容——我仍在尝试评估它的形式。手稿是否准备得足够清楚，让不是数学家的排字工人也能应付？拼写、标点、习惯用法、措辞和句法是否正确？讲述是否足够通俗、易于理解，同时又足够严肃，不会引起太多的争议？

如果答案都是肯定的，那么我就可以开始关注这 500 页里到底写了些什么了。例如，其中是否留有问题？最好是高质量的问题，即有趣的、有挑战性的，还能解得出来的问题。没有吗？那就不太好了。还有，结构体例是类似兰道那样的（定义、引理、证明、定理、证明），还是对话式的、解释性的、启发性的、流畅的？我们希望是后者。手稿素材都是理论，还是理论与例子、应用交织在一起？我们希望是后者。阐述是清晰的，还是模糊的？前者，我们希望如此，非常希望如此。如果我了解本书主题，那么我可以判断手稿的阐述对于初学者来说是否清晰；如果我不了解主题，那么我就是一个初学者，对其论述质量至少可以投出判断成败的一票。

你有没有注意到，在我为手稿设置的诸多障碍中，遗漏了什么？你有没有注意到，我还没有对手稿的数学质量提过一个字呢？我把它留到最后，因为虽然这可能是最重要的标准，但可能也是任何一位特约编辑最缺乏裁定能力的地方。尽管如此，它又是最容易做出决定的地方。就陈述的正确性、证明的有效性而言，手稿在数学上是正确的吗？讲解内容是老套陈腐的，还是新颖机智的？如果我碰巧是一名几何学家，但手稿主题是 $\varepsilon$ 分析，我怎么判断这些问题呢？我做不到，这正是我需要帮助的地方。作为一个整体，编辑委员会的数学专业知识比任何单个编辑都丰富，但即便如此，也不足以覆盖所有的数学领域。没关系，把手稿拿到我们办公大楼里去，或者邮寄到美国各地去，然后征求你信任的专家的意见：手稿是否正确？是否新颖？（无论如何，是否新颖到值得呈现给"研究生数学教材"丛书的潜在读者?)"评论员"(记得吗?商业往来中就是这么称呼评审人的)因撰写报告得到一笔适当的酬金,而编辑委员会此刻已经准备好得出结论了。

庞大的民主委员会依赖忙碌、拖延的评审人,期刊是否录用一篇作品的决定有时需要数月或数年才能做出。书稿的录用决定要快得多。我经常在一小时内完成我那份活儿,有时连同评估数学上的正确性,有时不管,这取决于我是否了解该书稿的主题。的确,就花一小时,也许再加上十分钟,好将我的报告口述输入到机器上。在没有外部专家参与的情况下,一个月,或许两个月,足够编辑们之间相互通信,做出结论。如果需要外部专家,时间可能会翻倍,甚至更糟。

除了丛书编辑应承担的那部分工作之外,出版图书还有更多的工作,而且,丛书编辑涉及的工作要比我刚才描述的还多。这中间有一些程序性的问题:我们是不是该安排一次面对面的会议了?我们应该咨询两位被提名的专家评论员中的哪一位?如果这本手稿不适合"研究生数学教材"丛书,我们是在其他地方采用它,还是干脆彻底拒绝它?此外,也有钱的问题:这是一本好书,但有风险,我们要不要赌一把?这本书肯定会亏本,但损失不会太大,看看我们与作者的关系,值得冒险吗?还有编辑方面的问题:这本书很好,但作者的英语不太行,我们去哪儿找一位可以逐行审校的好编辑?稿子主题和内容讲解都好,但作者懒散马虎,我们能不能找位文字编辑把错误的单词和标点改正过来?

关于丛书编辑所做工作的报告,我将就此打住。我说一点儿总体印象作为收尾:总的来说,图书出版业务比文章发表业务要好些。书籍的出版不仅比文章的发表快得多,通常也便宜得多(是的,我就是这么说的,便宜得多),并且质量更高。

至于费用,期刊出版通常是有补贴的(比如,由出版期刊的大学或支付版面费的基金会提供补贴），若非如此，许多期刊由于经营效率低下，很快就会倒闭。书籍出版更多是商业投资，目的是盈利，尽管数学家们有时会大声抱怨书贵，但价格并不离谱。各家出版商的定价策略各不相同，有些出版商的书价高得简直像在抢劫，但大多数还是合理的。提个建议：下次你在抱怨一本书贵之前，不要根据你必须从口袋里掏多少钱来判断它的价值，而是通过比较某些客观的标准来衡量。一个很好的粗略近似是算出每页要花几美分。

至于质量，以下只是我的一种感觉：除了极少数的例外，即使是质量相当低的书，在大多数情况下依然可能保持正确性，并且条理清楚、阐述充分，学习它将增加你的数学财富。一篇文章经常会出错，而且通常写得很糟糕，以致读这种文章是得不偿失的。但不要误解我的意思，论文必须存在，我并不主张停止发表当前的研究论文，退回到"发表"等同于"出版一本书"的时代。不能那样，论文绝对必须存在，但书籍质量更高。

你最近写了什么好书吗？寄给我，我会出版的。

## 遍历理论的最新进展

随着我的工作中编辑事务的比重越来越大，数学世界开始由其他人继续推动，有些进步令人惊讶，甚至对我来说也是如此。

例如，尽管我专注于代数逻辑，但我一直对遍历理论感兴趣，并讲授这门课。在 1955 年的夏天，我花了很大力气来设计我所讲授的课程，结果很幸运。不久之后，日本数学会（Mathematical Society of Japan）开始发行一套小书，看起来我的遍历笔记正好适合。经过简短的通信往来，事情就安排好了，我要做的就是把手稿递送过去。这意味着对方需要加以修订（容易）和重新打字（不那么容易）。当我意识到我要和那些英语不是很熟练的排字工人打交道时，我就竭尽全力避免出现错误——既包括我的错，也包括他们的错。比如，日本排字工人对英文音节划分法的规则知道多少？当一行的最后一个单词必须被截断时，他会怎么做？我的经验告诉我，答案会是"非常少"和"可能糟透了"。在我随同手稿一起寄出的投稿信中，我尽量减少了单词的分行。后来，当校样寄回时，我在每一页上都多花了一分钟的时间，由上到下看了看右边的页边空白处。顺便说一句，作为特别的保险措施，我打字完成的整本书中都没有在行尾出现一个分离的单词。

遍历理论融入我的血液，我沉浸其中，很难放手。1948 年，我在芝加哥召开的美国数学学会 11 月会议上做了关于遍历理论的特邀报告。1960 年，当我再次受邀参加东兰辛（East Lansing）的夏季会议时，我选择的主题为"遍历理论的最新进展"。最近，数学界确实取得了一些引人注目的进展，即一个长期悬而未决的共轭问题的科尔莫戈罗夫 – 西奈解，以及同样古老且至少同样困难的不变测度问题的奥恩斯坦解。

科尔莫戈罗夫和西奈（Sinai）的第一篇论文出现在 1958 年底，但我是在几个月前，也就是 3 月份，通过科尔莫戈罗夫的一封信听说的。他从巴黎写信来，当时他正在那里访问，恰好看到了我写的遍历理论的书。他写信告诉我，他在遍历理论中引入了一个称为"熵"的新的不变量（灵感来自热力学中同名的已知概念），而这个新概念可以用来解决我一直在传播的一个问题。用模糊的非技术性语言，这个问题可以表述为：是否有一种测度论的方法来区分两个实验中时间的流逝？两个实验指，分别无穷重复地独立抛掷一枚作弊的硬币与一枚诚实的硬币。用专业术语，该问题表述为：假设 $T_1$ 是由两个质量不同的点组成的概率空间的副本的双向无穷序列的笛卡儿积上的移位变换，如果除了两个点的质量相等之外，$T_2$ 与 $T_1$ 是一样的，那么 $T_1$ 和 $T_2$ 共轭吗？即是否存在一个保测变换 $S$ 使得 $S^{-1}T_1S = T_2$？

有足够的动机启发我们预见截然相反的两个结果，不过专家却被难住了，实际上，他们无法就猜测达成一致。两个随机（stochastic）过程 $T_1$ 和 $T_2$（"stochastic"是一种在学术上优雅表示"random"的方式 [33]）诱导等价的酉算子（这意味着它们是西算子群的共轭元），这就是猜测"是"的依据。已知一些变换的例子，是西等价的但不是测度论意义上共轭的（我和冯·诺伊曼已经构造了一些），它们似乎反驳了肯定性依据。如果 $T_3$ 是基于由三个质量相等的点组成的概率空间的移位，又会怎样？$T_2$ 和 $T_3$ 是共轭的吗？在这种情况下，要比较的变换不但是同胚的而且是保测的，而尽管底拓扑空间是同胚的，映射 $T_2$ 和 $T_3$ 也不是共轭同胚，这就是猜测"否"的依据。我记得，冯·诺伊曼猜测"否"，而熵的答案证明了他是对的。

粗略地说，熵是信息的一种测度，实验的熵是我们从一次实验中获得的平均信息量。从两个独立进行的实验中可以获得的总信息量，是从两个实验中分别获得的信息量的总和。换句话说，熵把乘性的输入（独立性）变成了加性的输出，因此它表现出对数性质，就不足为奇了。可以肯定的是，$T_2$ 和 $T_3$ 的熵，即 2– 移位和 3– 移位的熵，分别是 $\log_2 2$ 和 $\log_2 3$。因为熵是共轭不变量，所以 $T_2$ 和 $T_3$ 不可能是共轭的。

我既高兴又兴奋，请科尔莫戈罗夫尽快寄给我抽印本或预印本，或者他能寄来的任何东西。他照做了，他给我寄来了他自己以附注形式第一次发表在《科学院报告》上的文章，以及随后的几篇文章。其中，西奈改进并扩展了科尔莫戈罗夫的定义，罗林又将其应用到紧阿贝尔群中。我非常努力地学习这些材料，开始很好地理解它。我在芝加哥大学做过相关讲座，还写过一套题为《遍历理论中的熵》（"Entropy in Ergodic Theory"）的笔记，这些笔记以油印的形式流传了好几年。它们直到 20 多年后才真正"发表"，印刷版收录在1982 年我的《选集》[34] 的第二卷。

在科尔莫戈罗夫 – 西奈解决方案出台之前，共轭问题一直萦绕在我心头，困扰了我好几年，但我从未真正研究过该问题，而不变测度问题是我非常努力研究的一个问题。埃伯哈德·霍普夫给出了一个很好的条件，即在给定变换下有限测度不变量存在的充要条件，它与给定的非不变测度令人愉快地联系在一起。然而，所有人都知道，一个不变无穷测度总是存在的——不变测度问题就是要找出它是否存在。我成功地将霍普夫条件扩展到无穷情况，这种扩展和霍普夫的一样漂亮，但用起来并不太有效——所有人都知道这一点，然而它常常还是令人满意的。

答案出现在 1960 年，唐·奥恩斯坦举了一个极具独创性的变换例子，该变换无论在有限还是无穷的意义上都不可能是保测的。其独创性体现在底测度空间的构建上。这些点可以被看作"无穷大的整数"，其展开式类似于十进制小数，但不是基于一个底数，而是无穷多个底数，增长非常迅速。实际上，该空间是一台无穷的加法机。这个变换本身很容易描述（得到 $x$ 的象，即产生 $x+1$）。给定输入（点 $x$）和指令（加 1），机器的组合结构以这样一种错综复杂的方式工作，以至于没有任何测度在其下有保持不变的可能。

遍历理论的最新进展确实是最新的，也确实是进步的。


# 著书谋生

你喜欢《科学美国人》（*Scientific American*）杂志吗？我一直认为我应该喜欢，但我好像做不到。它光鲜亮丽、五彩缤纷、引人注目，但大多数文章对我来说太难了。这些文章详细讨论了生物学问题，并设定我应该对化学和地震学有很高的认知与关注度，但这完全超出了我的吸收消化能力。作者和编辑之间合作不融洽，产生了意想不到的结果，就是那些既难读又无聊的文章。产生如此效果，是由于专家们把自己钟爱的主题解释给门外汉听时，完全不懂如何以正确的顺序用正确的词语讲述，也是由于受雇于人、受到坚决指示的编辑们刻板地用暗淡、缓和、温顺和绝对统一的文字风格取代了一切具有个性化和挑战性的东西。结果，关于天文学、古生物学和经济学的文章读起来都差不多，它们告诉我的比我想知道的要多，却不是我真正想知道的。

我时不时地订阅这份杂志，然后幻想破灭，任由订阅失效。偶尔，当杂志上出现一篇真正激动人心的文章时，我就奔去报摊翻找、抢购那一期。我喜欢马丁·加德纳（Martin Gardner）的专栏，菲利普·莫里森（Philip Morrison）博学的书评令我印象深刻、教益颇多，但其余大部分文章都让我感觉冷淡，为此我有点内疚。

我为《科学美国人》写过两次文章。第一次是讲述布尔巴基幕后的故事（1957 年 5 月），虽然我被死板的出版社规章所困扰，但这个主题足够有趣，我做得足够好，结果令人满意。第二次被邀请的时候，整期的主题是创新，这方面的创新、那方面的创新，我可否写写关于数学的创新？我做了尝试，但结果是一场灾难（1958 年 9 月）。我的原稿（我要是保留一份副本就好了）被一位初级编辑无情地删改，发布的版本淡而无味、条理混乱、阐述拙劣。文章看起来似乎在试图通过解释三角学的要素促使希尔伯特第五问题（关于局部欧几里得群是李群的那个问题）的陈述和解决方法通俗化，但做得不得要领、不起作用、不够诚实。其实该文本来并非如此，那只是一个类比，但现在的情况如此差劲，甚至更糟糕。例如，这篇文章通过参考"复变函数理论（变量包含虚数 $i$，即 $-1$ 的平方根）"来"解释"麦克斯韦的贡献。那不是我写的，我发誓！但是惊恐和疲惫的我听任它继续存在，我简直应该被枪毙。

这篇文章的大部分内容不是我的措辞，不是我的编排，不是我的风格。它一发表，就让我心烦意乱，让我感到羞愧。我写信给丹尼斯·弗拉纳根（Dennis Flanagan），那个独断的负责政策的总编辑，表示"再也不写稿了"——事情就是这样，我再也没有给他写过稿，他也没再向我约过稿。而他仍在掌权，《科学美国人》依然光鲜亮丽、五彩缤纷、引人注目，我又如何能确定我的批评态度是正确的呢？这本杂志看来很成功，在持续发行，人们不断购买。我无法与成功争辩，但是我不喜欢读它。

同弗拉纳根闹得关系紧张并没有占据我全部的时间。大约在我写布尔巴基的那篇文章的同时，我开始考虑出《有限维向量空间》的第二版。范诺斯特兰公司对推出一个大众版本很感兴趣，尽管那是 20 世纪 50 年代的黑暗时代，人们仍然不清楚线性代数是否适合强加给基础薄弱的大学生。当我着手做第二版的时候，我下了几个月的苦功夫，在开始时，我并不知道所付出的努力在智力上是否值得，经济上是否受益。最后的"记分"现在出来了，答案是：智力上不值得，经济上受益了一点儿。但值得花这么多时间吗？

我重写了《有限维向量空间》来改订它，重新抄改，上面的每个单词都是手写的。这是我唯一能把注意力集中在细节上的方法。就我所记得的，普林斯顿初版的每一个字都在第二版中，两版之间的区别在于新素材。我在新版开头加了一点域论，我不得不学习多重线性代数（交替形式之类的），老老实实地对待行列式，但我的大部分努力都花在了练习题上（超过300道）。我创制练习题，偷用练习题，为练习题向朋友乞求帮助，我认为它们很重要。该书新版印行于1958年（四分之一世纪前才刚刚动笔 [35]），我很高兴这本书能够流传至今。这本书一直在售，每年大约卖出800册，虽然不是非常畅销的书，但绝对是有生命力的。

有时人们会问（有时不敢问），一个数学作家和编辑能赚多少钱？现在是时候揭开谜底了，至少是部分情况。我的800册《有限维向量空间》带来了大约2000美元的版税。作者的版税通常在5%到15%之间，通常在卖出几千本后（"收支平衡"），版税会从较低的比例上升到较高的比例，10%是最常见的。丛书主编的版税从小于1%到大约4%不等，随着销量的增长而增长，最常见的是2%。如果一本书有不止一位作者（许多书是这样，但大多数书不是），或者如果图书作为一套丛书中的一本出版，而其编辑委员会有不止一人（大多数编辑委员会都是这样），版税是分成的。举一个典型的例子：你花了2年的时间写一本书，并在一个由三个人组成的丛书编辑委员会的指导下出版，在5年的时间里，该书以每本20美元的价格卖出了4000册，然后，销量下降到几乎为零，它的绝版让你失望透顶。在这本书活跃于市场的5年中，你每年的总收入是1600美元，而每位编辑委员将在那些年里每年从你的作品中获得100美元。

说到第二版，我有一条忠告给任何想改写第二版的作者：不要写。如果你的书是微积分这种水平的，而你又很贪心，那么我可能刚刚给了你一条糟糕的忠告。但通常来说，写第二版就像写一本新书一样，花的时间一样长，花的精力也一样多，却远没有那么值得。这里的"值得"指的是，能获得创造东西所带来的智力上的刺激和情感上的成就感。第二版的写作远远不够有创意。我知道，我实践过，还干了两回。

## 重返研究院

在 20 世纪 50 年代后期，当我还是一个快乐的芝加哥人、一个爱国者的时候，在一些力量的作用下，最终我离开了芝加哥。我热爱那里的很多人，反之亦然；但我并不是热爱所有人，反之亦然。我一直在远离住所的地方，如英格兰、苏格兰、西雅图和意大利度过我的学季，我也收到过来自美国国内许多地方，如伊利诺伊州厄巴纳、佛罗里达州盖恩斯维尔（Gainesville）、华盛顿州普尔曼（Pullman）、艾奥瓦州艾奥瓦城（Iowa City）、纽约州罗切斯特的职位（通常是系主任）意向（有时是录用书）。我在此所说的时期大约是 1957 年到 1961 年之间的那四年。

那几年是美好的岁月，而且开端很好：1957 年 8 月，我开始休假一年，大部分时间是在普林斯顿高等研究院度过的。研究院场地旁边的住宅区在当时是全新的，事实上，无论是实际建设上还是管理上，它都还没有竣工。电力供暖系统有时运转，却在恶劣的暴风雪期间掉了链子，一些闲置的公寓里冷得连抽水马桶里的水都结冰了。弗雷德（Fred）给每户有人住的公寓送去一大捆一大捆的木柴。如果你身上裹着毯子，蜷缩在起居室的壁炉旁，你可能无法完成一些工作，但可以保持足够的温暖。弗雷德太棒了，他是一个黑色巨人，友善而高效，负责所有维修问题。研究院正在摸索出租业务，但并不是所有的访问学者都认为最初的尝试是成功的。有些公寓被重复地分配给了两户人家，让他们忙乱不安地待了几小时。有些访问学者的预约单肯定掉在了秘书办公室的办公桌底下，他们不得不被安排在临时应急住所，挨过几天不舒坦的日子。我很幸运，爱因斯坦路79号没有什么大问题，我喜欢这里。

奥本海默在那一年是研究院的院长，他的工作之一就是邀请每一位临时成员到他的办公室进行十分钟的欢迎会见。我认为他并不喜欢这项工作。在我被召见的那十分钟里，我们握了握手，然后他以"代数逻辑有什么新进展？"作为开场白。对我来说，这听起来像是一种虚伪的礼数，他不懂得代数逻辑是什么，也不想知道其中的新内容。为了缓和气氛，我笑着说："你已经得到过非常好的简报了。"他没有笑，气氛仍然沉闷难耐，我们正式走完了手续。很久以后，得有二三十年了，我把这个故事讲给乔·杜布听，他说："哎呀，那可真是个相当刻薄的嘲讽，不是吗？"我很惊讶。我明白了乔的意思，但对这件事，我以前从来没有这样想过。我并不认为自己很刻薄，但也许我是那样的。我是那样的吗？

1957年，在普林斯顿，我变得健康了。我那时已经40多岁，并开始感觉到这一点。除了在十几岁时偶尔参加激烈的网球比赛（我打得不好），我从不锻炼。在30多岁的时候，我能够开车就绝不走路，能够歇着就绝不开车。我是一个适度的社交饮酒者，这意味着我每天喝一到三杯酒，平均每周有一次微醺。我是个烟瘾很大的人，这意味着一天要抽20到40支烟，在晚上的聚会上抽得更多。在过去的几年里，我一直在努力控制体重，但仍然喜欢吃甜食，讨厌有益健康的蔬菜。在我看来，完美的一餐包括大份的水煮龙虾浸着融化的黄油，几块香蕉奶油派，顶着糖渍掼奶油的高糖咖啡。这样的饮食起居，加上职业生活的压力，以及一种明显的先天性慢性疑病症，结果可想而知。我有许多症状。我感冒了，头疼了，喉咙又痛又痒，胃部神经紧张，心跳过快。我确信我什么都有：肺结核、脑瘤、肺癌、溃疡，心脏功能也退化到了晚期。

这一切症状都不是突如其来的新鲜事，但情况正在变得更糟。我习惯了向医学专业人士咨询每一种痛感，也习惯了他们告诉我没什么大问题："只需吃几周这些药片，如果没有好转就告诉我。"我在普林斯顿的不同之处在于，此时累积的心理效应比以前更大。我很幸运地找到了一位明智的医生，迪恩·蒙哥马利向我推荐了他（我甚至都不记得他的名字了！）。他知道我只是普林斯顿的一个访问学者，满不在乎地对我叫嚷，也不介意表现得坦率和生硬。他给我照了 X 光片，取了我的血样，仔细检查我的眼睛、耳朵和鼻子，敲击、挤压我的身体，还让我摆出不舒服和不体面的姿势。当一切都结束时，他说："你一点儿毛病都没有，哈尔莫斯。你为什么不出去散个步什么的？"

我准备好接受这个建议了。我已经是一个关注体重的人（不是健身行家，但至少有自觉性），而且已经努力戒烟好几年了；我也开始锻炼，变得健康了。第一天，我以中等的速度走了 5 分钟（沿着研究院前面的环形车道走一圈），然后每隔一天增加 1 分钟左右。从那以后，我一直坚持将步行作为一种系统性的、强制性的锻炼。现在我每天至少走 1 小时，至少走 4 英里。在周末，我可以从其他事情中挤出更多的时间，或许一天步行 8 到 10 英里，有时甚至 15 到 20 英里。我尽量保证合理的饮食。我已经超过 25 年没有吸烟了，我感觉很好。谢谢你，不管你叫什么名字的医生。

1957 年的研究院规模比 10 年前要大，新的建筑和新的教授开始涌现，人员数量似乎也增加了一倍。研究院的数学所已有 12 位教授，而创办时只有 6 位，还得加上荣誉退休的维布伦。还有 3 位常任成员：吉米·亚历山大（Jimmie Alexander），他早就把自己降到这个级别了，以及朱利安·比奇洛（Julian Bigelow）和赫尔曼·戈德斯坦（Herman Goldstine）。后两位能来，是冯·诺伊曼的功劳，两人以前同他一起工作过，任务是帮助他设计和制造他的电子计算机。现在冯·诺伊曼已经去世很久了，而赫尔曼已为 IBM 工作多年，不过，他并没有放弃自己的常任成员身份。我最后听到的消息是，赫尔曼回到了普林斯顿，他和朱利安两人在研究院都仍保有办公室。

在出身地域上和专业上，研究院的成员群体与我早些时候在那里逗留时的情况一样，丰富多彩、充满活力，有来自东欧的西贝·马尔德西奇（Sibe

高等研究院富尔德大楼的公共休息室，1947 年。席地而坐者，从左至右为 S. 米纳克希孙达拉姆、I. E. 西格尔、E. H. 斯帕尼尔、F. I. 毛特纳（F. I. Mautner）、S. 卡普兰（S. Kaplan）；后坐者，从左至右为 R. A. 莱布勒（R. A. Leibler）、P. R. 哈尔莫斯、W. F. 埃伯莱因（W. F. Eberlein）、H. 鲁宾

Mardešić）和 C. D. 帕帕基里亚科普洛斯（C. D. Papakyriakopoulos），有来自西欧的德拉姆（de Rham）、勒雷（Leray）、洛伦岑（Lorenzen）和塞尔（Serre），有来自以色列的阿里耶·德沃列茨基（Aryeh Dvoretzky），有左翼的钱·戴维斯（Chan Davis），有来自格鲁吉亚的汤姆·布拉哈纳（Tom Brahana，我以前的代数学导师罗伊·布拉哈纳的当拓扑学家的儿子），还有来自物理学领域的杰里米·伯恩斯坦（Jeremy Bernstein）。那一年，数学所大约有 85 名临时成员（这个数包括物理学家），这地方气氛很活跃。

杰里米·伯恩斯坦的论著那时还不出名，但仅在午餐和喝茶时与他聊天，我就能看出他不仅富有魅力，而且文化修养很高。后来他为《纽约客》写了许多书评，主要评论以科学为导向的书籍，后来他又写了传略、文章和图书。他小号吹得非常出色。保罗·洛伦岑（Paul Lorenzen）既是数学家，也是至少同等水平的哲学家；他可以同我讨论一些逻辑问题。在某些方面，他看起来就像好莱坞选角导演心目中的德皇威廉 [36] 时期的普鲁士军官一样，一切都是德国风格：高大、挺拔、英俊、拘谨、僵硬。他戴上单片眼镜，看起来会非常自然。有一天晚上，他邀请我们到他的公寓去喝喝酒，聊聊天，他也住在爱因斯坦路上，跟我们家相隔两户。8:00，他说。到了 8:00，我们还在家里，打算等个 10 到 15 分钟再溜达过去，以免早到显得有些无礼。8:03，我们的电话铃响了。"我是洛伦岑。你们忘记了吗？你们不过来吗？"

研究院对我很好。我的办公室比以前大了一些，但是由我和德沃列茨基共享。这没有给我造成任何困扰，但可能给他带来了一些麻烦：我刚开始担任《会报》的编辑，研究院安排了秘书协助我做事，当我口述处置事情时，可怜的德沃列茨基就不能很好地集中注意力工作了。我们友好地商定把时间错开，我尽力在他不在时口述，他尽量在我不在时思考。

那年，我多次同维布伦共进午餐。那时维布伦 77 岁。他仍然有自己的办公室，几乎每天都来，但没有太多事情可做。他几乎失明了，也不再具有行政职责和权力。他看上去仍然神采奕奕，身材高大，满头银发，腰板挺直，穿着四扣外套。他的记忆力很好，喜欢回忆往事，特别喜欢回忆他在芝加哥大学的日子。1903 年，他在那里获得了博士学位。我来自芝加哥大学，因此很感兴趣，而且，我喜欢这位老绅士。他绝不是一个无聊的独白者，他渴望听到芝加哥大学的现况，就像他渴望讲述芝加哥大学的旧时故事一样。然而，他也很寂寞，需要打发时间。午饭后，我们经常走进他那间豪华的办公室，懒洋洋地靠在柔软的皮面扶手椅上，交换芝加哥大学的故事。

## 布尔代数和集合

在研究院那一年结束时，我去了英格兰，但重点是去苏格兰，参加 1958 年在爱丁堡举行的国际数学家大会。我在英国有几个朋友，他们要么是我在会议上认识的，要么访问过芝加哥大学。老朋友在场，加上我天生对英国的喜爱之情，让我立刻有了宾至如归的感觉。我热烈地喜欢上了苏格兰。我特别喜欢爱丁堡，也喜欢苏格兰南部。从那以后，我经常去英国，并且仍然对苏格兰和苏格兰人保有特殊的爱。

　　整个旅行是愉快的，但不太可能提供有趣的谈资。我属于访友式旅行者：我因人而往（闲聊和数学），而不是为了欣赏自然（山脉和平原）或文化（大教堂和博物馆）。我们一落地就租了一辆车，花了五分钟便习惯了在道路的另一边驾驶。之后就是一次又一次的深情重逢，在南安普敦（Southampton）到苏格兰之间来来往往。比尔·科克罗夫特（Bill Cockcroft）在南安普顿大学，戴维·肯德尔（David Kendall）在牛津大学（他后来才去剑桥大学，成为"英国统计学先生"），彼得·斯温纳顿－戴尔（Peter Swinnerton-Dyer）在剑桥大学，H. R. 皮特在诺丁汉大学，就是这样。

　　爱丁堡涌出一股巨大的力量：我与许多老友重逢，也结识了许多富有魅力的新朋友。说到老朋友，芝加哥大学数学系有 9 人出席了大会，比往常任何时候在芝加哥大学的住校人数都要多，哪怕是艾伯特声称要召开一次教职工会议，都不会来这么多人。至于新朋友，最令人感兴趣的是来自"铁幕"后面的友人。亚历山德罗夫出席了（其实有两位亚历山德罗夫，分别是 P. S. 和 A. D.[37]），还有索伯列夫（Sobolev）、库罗什（Kurosh）、沙法列维奇（Shafarevich），以及来自匈牙利 [ 卡尔马尔（Kalmár）、图兰 ] 和波兰 [ 马尔切夫斯基（Marczewski）、谢尔平斯基（Sierpinski）] 的人，同他们会面是国际大会的主要好处。P. S. 亚历山德罗夫说一口流利的德语，A. D. 亚历山德罗夫则用英语；同索伯列夫用法语交流，同库罗什则用磕磕巴巴的德语对话。宝丽来相机当时还没有广为人知，当有人用宝丽来相机给库罗什拍了张照片，并把照片作为礼物送给他时，他很惊讶，感触很深，口中连连道谢："spasibo, danke, danke, spasibo."[38]。匈牙利人坚持要跟我说匈牙利语，而波兰人则操着各种语言。

　　纳吉未出席，1956 年的动乱还没有过去足够长的时间，他尚未得到匈牙利当权者足够多的青睐，不被允许出国。他把他的手稿寄给了史密西斯

（Smithies）——一位负责这项工作的最努力的职员，并请我呈交。当然，我向会议做了报告，我自己报告的是多元代数，替他报告的是算子膨胀（operator dilations）。

这是一次出席人数众多的大会，办得很成功。对我来说，这是 28 年来第一次回到欧洲，也是我有生以来第一次来到英国。如同往常一样，离家一年之后，我感觉很好，而且准备回家埋头苦干：研究院很了不起，数学家大会也令人振奋，鼓舞人心，但家是我的心之所在。坐在自己的书桌前，我可以更好地思考数学和其他所有事情，我熟悉的图书及再版书触手可及，我的肌肉记忆让我甚至不用看就能取到所需。

就数学而言，虽然我仍然做了遍历理论的报告，虽然我越来越倾向于算子理论，但是我的一部分心思依然在代数逻辑上。我花了相当多的时间和精力在逻辑学及其副产品上。早期的一个副产品是我主持的一个关于数学机器的研讨班，那事甚至早于我去研究院。逻辑学家们做了很多不同种类的研究，例如，他们做集合论、形式语法、模型论（形式语法的解释和语义），并且，自从哥德尔以来，他们已经做了越来越多的可计算性方面的研究。你如何定义可计算性？答案是：通过递归数论，或者所谓的 $\lambda$ 演算，或者图灵机，它们几乎都通向了这同一件事。我想了解其中的奥秘所在，我说服了一些学生，他们也想了解更多。这些学生包括迈克·莫利和阿尼尔·尼罗德，他们如今都已经是这方面的专家了。该研讨班进行了一段时间，开展得相当顺利，甚至催生了一些笔记，连带着一些研究思路——我一直念叨，总有一天我会回来继续这些研究思路，倘若我能活到 99 岁，并做完了我一直念叨的所有其他事情的话。

另外两个逻辑学副产品是布尔代数和集合论。布尔代数是 1958 年我从数学家大会回到芝加哥大学时开设的一门课程，几年后，我的笔记出版，成了范诺斯特兰小丛书中的一本。我一直很喜欢这个主题，对我来说它似乎洁净无瑕。它看起来像所有的数学一样干净、优雅、迷人，但同时又是一幅理想化、精简化、简约化、纯粹化的数学图景。可以肯定的是，它存在肮脏的部分，就像所有事情一样，包括数学，它**可以**变得复杂和丑陋，充满了"大"基数。当然，即使是它那些简单、迷人的部分也不平凡，这一主题包含着深刻的定理和具有挑战性的未解决的问题。

布尔理论吸引我的主要原因是，在某种意义上，它是把望远镜倒过来看全部数学所呈现出的离散化的照片。数学中的几乎一切在布尔理论中都有 0-1 版本。（我本想说"数学中的一切"，但怯懦让我把"几乎"添了进去。）其中分析处理函数，布尔代数处理集合（特征函数）；代数中的多项式方程、矩阵和理想都有它们的小规模布尔版本；而一般拓扑的布尔表现形式是有限与连续之间的一种奇特的折中，称为全不连通的。我举一个例子：对于交换 $C^*$ 代数的盖尔范德表示论的布尔版本就是斯通表示定理。确实，斯通定理是盖尔范德表示论的一个简单的推论，盖尔范德证明的主要步骤的结构框架在斯通证明中可见。更进一步，可以整合盖尔范德证明以使斯通证明是它的第一步，即影响其主体结构的第一步。

我坚信（出于信念）如果我对布尔代数了如指掌，那么我对分析也会基本了如指掌。对于这个含糊不清的信念，或许我应该更谨慎地说：我与一个对可测集了如指掌的人近乎相同，对可测函数也了如指掌——近乎，是的，但还没达到。阿基米德使用穷竭法求抛物线下图形的面积，是否"近乎"用勒贝格积分理论来求 $\int_0^1 x^2 \mathrm{d}x$？是的，近乎，但人们用了 2000 多年才弥补了中间的差距。

1959 年春天，我应邀到美国西雅图的华盛顿大学接受一个吸引人的客座教授职位。我教代数逻辑（当然了），并且认识了许多在别处不常碰到的美国远西地区一带的会员。埃德·休伊特（Ed Hewitt）那个学期不在，所以有一个季度，我成了埃德·休伊特：我住在他的房子里，吃他的早餐麦片粥，开他的保时捷小汽车，在他的办公室里工作，还对他的秘书发号施令。

当时，华盛顿大学有一个奇特的传统：在很多方面，客座教授都被当作常任教授对待，这可不是惯例。例如，在评审求职申请时，我也被邀请参加系里的会议，会上宣读了申请人的求职信，让我也表决投票。有一次，系里的图书室出乎意料地盈余几百美元，我们在公开会议上讨论了如何处理这些盈余的问题。我提出购买 100 本《有限维向量空间》的动议没有获得通过。

多年来，我习惯了早上在家里（这让家中有学龄前儿童的同事们羡慕不已）进行我的"私人"工作（思考和写作），而下午在大学从事我的"正式"工作（教学、备课、咨询、通信）。我逗留西雅图的几个月里（虽然这段时间被称为春天，但天气暖和而多雨——那是我平生度过的最潮湿的夏天），早晨坐在埃德·休伊特的床沿上，撰写《朴素集合论》(*Naive Set Theory*)[39]。我当时刚学了一点儿公理化集合论，对传播这门学科充满了热情。我希望能够触及那些不了解或不喜欢频繁介入形式逻辑操作的学生和读者。因此，这本书从非逻辑、非形式、朴素的角度出发，探讨了公理化集合论。

我曾因使用"朴素"(naive)一词而遭受取笑，这本书的译者们（他们将其翻译成荷兰语、法语、匈牙利语、意大利语和葡萄牙语）曾用他们的语言以不同的方式误译了该词。荷兰人称之为"intuïtieve"[40]；意大利人译为"elementare"[41]；匈牙利人用的字眼是"elemi"，这个词可以表示"基本的"，但也可以表示"简单的，不成熟的"，甚至有点儿"愚蠢的"；葡萄牙人采用"ingênua"[42]；而法国人则通过不使用任何形容词来规避这个问题，只是称其为"入门"。唯一有勇气的译者是德国人：他将这本书称为 *Naive Mengenlehre*[43]。我用这个词并非有意为之。我并没有打算取一个具有煽动性的标题，虽然我在开讲座时几乎总是这样，我只是出于误解，错误地认为"朴素"在集合论中是一个真正的专业术语，其含义就是"公理化"的反义词[44]，仅此而已。我不记得我是从哪里获得这种观念的，但我想它来自集合论的奠基人之一——要么是康托尔本人，要么是罗素，或是一位后来写了历史性短评的作者，短评对比了康托尔、罗素一方与策梅洛、弗伦克尔一方的观点。

写作《朴素集合论》既有趣又简单。似乎很清楚，我必须从起点开始，又必须在一个独特的、确定的方向上迈出下一步；在向前两步之后，第三步就水到渠成了。我觉得别无选择，对于本书结构，我无可发挥，主题本身已自带固有结构。第一天，当我坐在埃德·休伊特的床沿上的时候，整本书的结构就成形了，从那时起，这本书就开始了"自我创作"。我总共花了六个月的时间，包括在西雅图的三个月，之后又花了三个月打磨。这对我来说堪称一项纪录：其他的书我都没这么快写完。我在想，如果休伊特的房子里有一间像样的书房，我就不用非得在卧室里工作了，那又会发生什么呢？

一段时间之后，"副产品"就停止了运转。我离开了逻辑学，就像我离开遍历理论一样，然后永久地转向了其他学科和其他地方。转向算子理论很容易，也很自然。这并不是一场有计划的改弦更张，而是一场缓慢的、循序渐进的演化——小论文一篇接着一篇。从芝加哥大学离职又是另外一回事了，那可是离别之痛。

## 辞别

当我还在读高中的时候，我就爱上了芝加哥，我爱在城里到处搭乘有轨电车，我爱密歇根湖，我爱芝加哥长长的笔直的街道，它们犹如笛卡儿坐标系，优美得井井有条，还有市中心富丽堂皇、令人兴奋、琳琅满目的商店。多年以后，我衣锦还乡，享受着荣归故里的"胜利"，我仍然爱着芝加哥。我尤其钦佩和热爱芝加哥大学，现在依然如此。但那时，在那里生活了 15 年之后，我渐渐地失去了对这座城市的爱。它变得嘈杂、肮脏和危险，而且随着时间的流逝，情况越来越糟。

那些事情无论如何都会让我担心，但还不足以让我离开。我离开的主要原因是桑德斯·马克·莱恩。1952 年至 1958 年，他在担任系主任的 6 年间，并不怎么看好我。我们相处得很融洽，相互没有敌意，没有争执，他经常到我的办公室来与我谈论他工作上的问题。他喜欢这种运作方式，通过问问题

保罗·理查德·哈尔莫斯，1949 年

来思考。我很享受我们的会晤，并为之感到受宠若惊。后来，当我决定离开并向他道别时，不再担任系主任的桑德斯告诉我，他也很享受那段时光，并向我表示感谢。他说我富有同情心的倾听、我的见解和建议对他是有帮助的。也许他只是出于礼貌才这么说，但我并不这么认为。我说他不怎么看好我，指的是在数学上。

马克·莱恩担当系主任的雄心是建立"世界上最牛的（the best goddam）数学系"（他的原话），每一个被他淘汰的二流数学家都可以用一个一流数学家取代，这是朝着正确方向迈出的一步。他认为我是二流的。他理解卡普兰斯基的代数学，这给他留下了深刻的印象；他认为他理解了我的逻辑学，但这并没有给他留下深刻的印象。他不理解我的遍历内容和算子内容，也没有理由想要理解。他没有直接的办法摆脱我，但他努力使用间接的手段：尽可能长时间地压低我的职位，最低限度地提高我的薪水，每次一有机会，他就推荐我

桑德斯·马克·莱恩（左）和塞缪尔·艾伦贝格，1967 年

去别处工作（通常是去当系主任）。当然，我明白了这一点，我感到很不舒服。我不可能也没有被芝加哥大学"解雇"，其实，直到马克·莱恩卸任系主任的 3 年后我才离开，但我总觉得，实际上是他解雇了我。

在马克·莱恩的时代，芝加哥大学的数学系发生着改变。前斯通时代的人已经不在系里了，他们太老了，或者因为其他原因走了下坡路。斯通本人也越来越遭人嫉恨："他得到的报酬远远超过了他的价值；他总是出差，从来没在系里过；他对数学系不再有任何用处。"我与他一直相处得很好，仍然很感激他为我所做的一切，但校级管理部门和数学系的权力架构都开始对他不利。系里的权力架构是由其他（也就是说，斯通除外）四十五六岁或以上的人组成的，5 到 10 年以后，我们这拨人中哪些将进入权力架构，也愈发清晰起来。1959—1960 年的工资（单位统一为 K，K 代表千美元）预示着个中状况：斯通 20；席林 9.5，格雷夫斯 12；艾伯特、陈省身、马克·莱恩和齐格蒙德全都是 16；卡普兰斯基和我都是 13。斯通工资的**一阶**导数几乎为零，而我的**二阶**导数也是如此。

接二连三的系主任职位邀请并没有吸引我。我擅长写论文，但不擅长人际交往方面的工作，而作为系主任，工作内容很大程度上是后者。因此，即使我成功了，也会感到不安。我天生就不是当系主任的料。我收到的非系主任职位的工作邀请也面临着其他问题，直到我同丹·休斯（Dan Hughes）交上朋友。

丹·休斯曾在芝加哥大学做了几年临时讲师，离开后，他去了密歇根大学。我认为，密歇根大学是中西部最好的州立大学，现在仍然如此。在那些年里，它还相对富裕。该校数学系在壮大规模，丹·休斯建议他们聘用我。令我和他都有些惊喜的是，"他们"听了进去。乔治·海（George Hay）那时是密歇根大学的数学系主任，大约在 1960 年 8 月中旬，他写信问我是否愿意考虑担任教授一职。"为什么不呢?"我说。

密歇根大学很好，非常好，只是同芝加哥大学不在一个级别上。该校数学系比芝加哥大学的大得多（差），其中很多是冗余人员（差），学生群体，包括本科生和研究生的素质，远低于芝加哥大学的（差）。但密歇根大学是值得尊敬且确实受人尊敬的大学，正如我所说，它是其所在级别上最好的大学——这很好。我以前经常去那里访学，有朋友和熟人（很好），它坐落于一个舒适、洁净的小镇，可以畅快地散步，犯罪率相对芝加哥而言微不足道（相当好）。

这回聘任协商没有花很长时间。当年 9 月份，即在收到第一次意向的一个月后，我拿到了正式要约。他们非常想要我。1960 年，我在芝加哥大学的预定工资是 14K；乔治·海主动提出 1961 年给我 20K，加上一开始具有丰厚酬金的为期三个月的夏季研究职位，加上第一年教学工作量减半（每周 3 小时），加上搬家费用，加上我的学生卡尔·林德霍姆的教学助理金，加上舒适宽敞的办公室，再加上一名半职秘书。与此同时，群论学家铃木通夫（Michio Suzuki）也受到了邀请。我对他略知一二，还很喜欢他，与他成为同事无疑具有一种吸引力。当这事落空时，人们征求我的意见，提出其他可能的人选。我开列的名单是海·巴斯、约安·詹姆斯（Ioan James）、维克托·克莱（Victor Klee）、莱奥波尔多·纳什宾和埃德·斯帕尼尔。他们一个也没来，但这是一份不错的名单。

换句话说，我得到了一个机会，从一方最好的池塘里的小青蛙一跃成为一片不错的池塘里的巨大青蛙。那一年，阿德里安·艾伯特担任芝加哥大学的数学系系主任，他想让我留下来。当我告诉他密歇根大学开出的条件时，他做的第一件事就是当天求见学部主任。下午晚些时候，学部主任出现了，艾伯特一离开学部主任办公室就给我打电话到家里。我的工资将从预算安排的14K提高到17K，立即生效。（也就是说，我开始在密歇根大学工作前的一年即生效。）阿德里安后来告诉我，马克·莱恩对此感到不快，认为付我这么多工资"会扰乱系里的工资平衡"，当然，其他的条件就想也别想了。

1960年11月23日，感恩节的前一天，我给乔治·海写了封信："亲爱的乔治：同意。这是正式答复。换句话说，非常感谢你所做的一切努力，我接受贵校邀请。"

当我告诉艾伯特我的决定时，我也向他诉说，我离开不是因为**他**担任系主任，而是因为上一任的马克·莱恩。他说，他知道这情况。他作为马克·莱恩的继任者，不止一次因为那些他自己没有做过，也永远不会去做的行政决策而受到惩罚。在我离开后的许多年里，芝加哥大学聘用了不少新人，有些人比我强得多，有些人不如我。我的舍弃并没有对芝加哥大学造成丝毫的伤害，但同样地，我也没有谦卑到相信我的离开提高了芝加哥大学数学系的质量。

我为什么要舍弃？这是逃避责任吗？我是在大舞台的挑战中溜号了吗？我不这么认为，但很明显，我不太可能客观地回答这个问题。我认为，舍弃的理由远比留下的理由多得多，选择权是我的，当我下定决心时，我就会满腔热情做出改变。但从那以后，在一些偶然的时刻，我总会想我做得是否正确。

## 译者注

[1] 在第6章"工作的间隙"一节，作者提到读了庞特里亚金的《拓扑群》，此处应指该书。

[2]　法语全名是 *L'Intégration dans les Groupes Topologiques et ses Applications*。

[3]　全名是"Harmonic Analysis on Commutative Groups with the Haar Measure and the Theory of Characters"。

[4]　法语全名是"Théorie de la Dualité et Analyse Harmonique dans les Hroupes Abéliens Localement Compacts"。

[5]　全名是"The Group Algebra of a Locally Compact Group"。

[6]　莫（Moe）是莫里斯（Morris）的昵称，正名是莫里斯·施赖伯（Morris Schreiber，1926—1988），美国数学家，他是作者在芝加哥大学时指导的博士（1955 年），并且两人成为好友，本书多次提及。他的研究主要集中在代数、算子理论等领域。

[7]　拉里（Larry）是劳伦斯（Lawrence）的昵称，正名是劳伦斯·朱利安·沃伦（Lawrence Julian Wallen，1933—2019），数学教授，在第 14 章"火奴鲁鲁，我来了!"一节有其照片。

[8]　应为斯蒂芬·温格（Stephen Wainger），可能是作者混淆，或是其习惯称呼方式。

[9]　此处当指怀特海和罗素师生合著的三卷本经典名著《数学原理》（*Principia Mathematica*，常常缩写为 *PM*），初版于 1910—1913 年。本书第 2 章"数学白日梦和芭芭拉"一节曾谈及该书。

[10]　"formal"在本节中是指术语"形式逻辑"中的"形式"，加上表达否定或相反含义的前缀 in 后成为"informal"，此处按照字面意思译成了"非形式"，但没有这种说法。formal 通常表示正式、规矩、严肃，而其反义词 informal 则表示非正式、随意、轻松。

[11]　合式公式，又称谓词公式，一种逻辑体系中的一个表达式或一串符号，与这一体系的构成规则相符合，类似于自然语言中一个合乎语法的句子。

[12]　应当是指德语著作《数理逻辑基础》（*Grundzüge der Theoretischen Logik*），初版于 1928 年。

[13]　应当是指《数理逻辑原理》（*The Elements of Mathematical Logic*），初版于 1950 年。

[14]　应当是指《元数学导论》（*Introduction to Metamathematics*），初版于 1952 年，总篇幅达 560 页。

[15]　此处原文为"he who hesitates is lost"，英语成语。

[16]　多元代数，也被称为哈尔莫斯代数，是哈尔莫斯于 20 世纪中期提出的一种代数结构，可看作一种对布尔代数的推广，参见其著作《代数逻辑》。

[17]　此处指的是作者出版于 1963 年的《布尔代数讲义》（*Lectures on Boolean Algebras*），

篇幅不大，原书 147 页。

[18] 原文是 "Quaker Oats phenomenon"。桂格（Quaker）是美国知名食品制造商，燕麦片是其代表产品。此处指的是该公司曾经使用过的一个标志，取其无限循环嵌套的特点。

[19] 无穷倒退（infinite regress），逻辑学或哲学术语。它表现为在试图解释一个事物或概念与另一个事物或概念之间的关系时，每次尝试都会引入一个新的事物或概念，然后又需要解释这个新的事物或概念与之前的事物或概念的关系，如此循环无穷，永远无法找到一个最终的解释或终点。这可以形成一种无限的链条，其中每个环节都需要引入一个新的环节，从而导致无尽的回溯。一个典型的例子就是柏拉图在《巴门尼德篇》中提出的 "第三者（third man）悖论"。

[20] 此句原文是："The book treats high school trigonometry, for instance, from the point of view of category theory, for instance—I recommend it highly."。就句子结构而言，第二处的 for instance（例如）之后还应该有内容，但缺如。当然，也可能是衍文，译文即据此处理。哈尔莫斯力荐的这本书篇幅不大，约 200 页，以更高阶的观点讨论初等（小学、中学）数学，包括算术、因数与分数、代数、几何等。但该书的书名很不讨喜，原书作者也意识到了这点，并认为完全可以换一个题目《数学让一切变得简单》（*Mathematics Made Simple*）。

[21] 德语，意为成果。该丛书全称是 Ergebnisse der Mathematik und ihrer Grenzgebiete，即 "数学及其相关领域的成果"，其英文名称是 A Series of Modern Surveys in Mathematics。该丛书自 1932 年创立，目前共发展出 3 个系列，本书作者是该丛书第 2 系列负责分析领域的编辑。本书多处用的都是丛书的简称 "Ergebnisse"。

[22] 德语全称是 *Gelöste und Ungelöste Mathematische Probleme aus Alter und Neuer Zeit*。

[23] 此处指的是《美国数学学会会报》（*Proceedings of the American Mathematical Society*），该刊自 1950 年以来由美国数学学会出版，致力于在纯粹数学和应用数学的所有领域发表较短的研究性文章。本书中多次出现，都简称作《会报》（*Proceedings*）。

[24] 阿瑟·埃弗里特·皮彻（Arthur Everett Pitcher，1912—2006），美国数学家，以对正合序列的早期开创性工作和将莫尔斯理论应用于同伦论而闻名。他 1959 年至 1966 年担任美国数学学会的副秘书长，1966 年至 1988 年担任秘书长（原文表述为 1967 年任秘书长）。

[25] 对照现行的章程（2023 年 11 月修订），本款增加了一句 "每名成员均有一票表决权"，自然也排除了产生分数票的两种情况，这里讨论的在原规则下可能造成的有趣现象就

不存在了。

[26] 格申是指德国歌德时代的出版商格奥尔格·约阿希姆·格申（Georg Joachim Göschen，1752—1828）。

[27] 全名是《复变函数理论讲义》（*Lectures on the Theory of Functions of a Complex Variable*）。

[28] 英语原书名是 *Complex Manifolds without Potential Theory*。

[29] 即"数学及其相关领域的成果"丛书，见本章注释 [21]。

[30] 此处是德语，该丛书名为"数学科学基础教学专著"，后简称"Grundlehren"。

[31] 此处是德语。

[32] 邓福德与施瓦茨全书共出现三次，另外两处是在第 1 章"写作"一节和第 11 章"编辑工作"一节。邓福德、施瓦茨师生二人合著名作《线性算子》（*Linear Operators*）共三卷，各卷依次出版于 1958、1963、1971 年，1981 年该书获美国数学学会颁发的勒罗伊·P. 斯蒂尔（Leroy P. Steele）奖。纳尔逊·詹姆斯·邓福德（Nelson James Dunford，1906—1986），美国数学家，以其在泛函分析，包括向量值函数的积分、遍历理论和线性算子方面的工作而闻名。雅各布·T. 施瓦茨（Jacob T. Schwartz，1930—2009），美国数学家和计算机科学家，他在纯粹数学和计算机科学方面都有研究。

[33] "random""stochastic"都译作"随机（的）"，英语使用"random"更普遍。

[34] 作者的《选集》共有两卷：《选集 I——研究性贡献》（*Selecta I - Research Contributions*），包括研究论文和关于希尔伯特空间的两篇说明性论文；《选集 II——说明性作品》（*Selecta II - Expository Writings*），包括其他的说明文和通俗文章。

[35] 此处有点夸张，作者 1940 年开始着手撰写该书初版（见第 6 章"一篇单薄的论文和一本超棒的图书"一节）。

[36] 原文是"Kaiser Wilhelm"，两位德国皇帝威廉一世和威廉二世都可用此称呼。19 世纪中期，在前者和其首相俾斯麦的领导下，普鲁士实现了对德国的统一，建立了德意志帝国。后者是前者之孙，在其统治期间，实施领土扩张政策，例如以武力强迫清政府签订了关于租借胶州湾的不平等条约。在第一次世界大战中德国惨败，1918 年威廉二世被迫退位。Kaiser 是德语，意为皇帝。

[37] 应当是指苏联数学家保罗·谢尔盖维奇·亚历山德罗夫（Pavel Sergeevich Aleksandrov）和亚历山大·丹尼洛维奇·亚历山德罗夫（Aleksandr Danilovic Aleksandrov）。

[38] "spasibo"是俄语"спасибо"转换成拉丁字母的写法，"danke"是德语，它们的意思都是"谢谢"。

[39] 该书 1960 年初版，在作者的十余本图书作品中，收获了最多的公开发表的书评，也

许是他最著名的书。

[40] 该词意思是"直觉的"。

[41] 该词意思是"初级的，基本的"。

[42] 该词意思是"天真的，幼稚的"。

[43] 德语，可视作对英语书名的直译。

[44] 朴素集合论（naive set theory）是集合论的一种。与使用形式逻辑定义的公理化集合论（axiomatic set theory）不同，朴素集合论用自然语言进行通俗的定义。集合论的第一个发展就是朴素集合论，在 19 世纪末由康托尔创造。

第三部

# 成为长者

第 12 章

# 教学的故事

## 换挡

当我刚到芝加哥大学的时候，即使是最低等级的秘书也把我镇住了，他们代表着官员阶层。如果我让一位秘书复印一份五分钟就能印完的文件，而她说后天可以给我，我就只能答应：当然，可以。我真的不知道这件事需要多长时间，我从小就被教育不要和官方部门争论。当我离开芝加哥大学的时候，我已经懂得秘书们也是人，他们并非"理所当然"是对的。

我在芝加哥大学的最后一个暑期以及此前不久，我比以往任何时候都做了更多需要秘书帮助的行政工作——都是因为一场小型会议。这是一场相当有助益的会议，一群优秀的算子理论学家聚在一起，互相传授最新的成果。这不是在浪费金钱。不过，举办这场会议仅仅是出于"那个"目的——好吧，直说吧，不是在**浪费**钱，而是为了花掉钱。我有一笔美国国家科学基金会的资助，有效时间还有一年，无论如何，想把它转到密歇根大学要么是不可能的，要么是不合常规的，所以会很麻烦。艾伯特说什么都不会考虑把钱退还给华盛顿——他说，**那**才是在浪费金钱。快花了，他建议，安排个会议，干点儿什么。

即使是一场小型会议也需要大量的筹备工作，而一场临时召开的会议则需要更多的安排。秘书们写信，打电话，查询公共汽车、火车和飞机的时刻表与票价，预订酒店和宿舍，而我发现自己处于主导地位，必须做出决策，扮演老板的角色。我从未真正摒弃东欧人的观念：对待官员必须小心翼翼，既像对待一名军士，又像面对一个疯子，保持一种谨慎的尊重。然而那年夏天，我意识到一个公务员（比如会议策划者或其秘书）不见得跟奥匈帝国君主制下的耀武扬威的军官一样。

"会议"这个词用在此处可能不太恰当，因为这次活动持续了不止几天。事实上，它从 6 月中旬持续到 8 月中旬。参加人数不多，大约 20 人，但气氛很热烈。我们每周聚在一起开两次正式的讨论班，每天至少两次非正式的聚会，一块吃午餐、喝咖啡、分比萨饼、饮啤酒。那是我第一次见到乔·斯坦普夫利（Joe Stampfli），以及我那个前途无量的"徒孙"查利·伯杰[1]（他是莫·施赖伯的学生）。斯韦托扎尔·库雷帕（Svetozar Kurepa）在那里，正值他事业的起步期，纳吉也是。詹科·罗塔（Gianco Rota）还没成为"组合学之王"，钱·戴维斯、迪克·卡迪森、卡尔·穆尔和约翰·韦尔默（John Wermer）也还没成为响当当的人物。我们讨论了单算子和由它们构成的代数，讨论了移位、状态、膨胀和换位子。这是一个令人满意的和成功的夏天。

当这一切结束，我搬到了安阿伯，我那对权力一贯逆来顺受却不乏偶尔小小反抗一下的敬畏心减弱了，但并没有消失。我那时抱有（现在依然有）这样的态度：有时或许可以违反规则，但首先必须知道规则是什么。我的新上司乔治·海本以为我是一个难相处的、自以为是的人，所以他对我在第一学期去见他的次数感到惊讶。我找他不是为了要求特权，而是为了学习办事规程。美国国家科学基金会的差旅经费可以用来请一位学术研讨会的报告人吗？因参加美国数学学会会议而错过的课程，可以安排在晚上补吗？按照惯例，阅卷评分会算工时吗？

当我开始在芝加哥大学工作的时候，我感到自己除了年轻和热情之外，没什么底气；当我离开时，我已步入中年，事业稳固。我没有觉得倦怠而准备放慢速度。恰恰相反，我准备借助早年的一些试探性举动把自己的学术生涯引向对我来说仍然陌生的方面。我在数学上还没有精疲力尽，但我越来越多地卷入专业服务当中（委员会和编辑工作），还有就是教学工作。我指导了博士生，并开始实施穆尔教学法。

在数学上，在我离开芝加哥大学后的 20 年里（1961—1980 年），我发表了 20 多篇论文，其中最好的，即前六篇或前八篇，在质量上绝对可以与我 20 世纪四五十年代的论文相媲美。这"第二拨"论文中的第一篇是关于移位的。该问题的基础性工作是由博灵（Beurling）完成的，即所谓重数为 1 的单侧移位，对于有限重数移位的扩展不同程度地归功于赫尔森（Helson）、波塔波娃（Potapova）和拉克斯（Lax）。我的贡献是阐明了关于无限重数移位的表述，并且为一般情况（所有重数）提供了一个简化的证明。

至于教学方面，当然，我一直在教课，无论是初级课程还是高级课程，但我越来越老练纯熟，这方面的工作很少再让我感到惊讶了。我沉浸在课堂教学的乐趣中，认为自己做得很好，但新奇感已经消退了。这可能是我被穆尔教学法的挑战所吸引的一个重要原因。

## 穆尔教学法

我不记得从什么时候起开始热衷于穆尔教学法。当我还在读研究生时我就听说过 R. L. 穆尔，费利克斯·韦尔奇在得克萨斯大学认识了他，并给我讲了很多关于他的故事。许多传说流传开来，我一直在看穆尔的蓝皮"学术研讨会"专著 [2]，希望从中能有所收获。但我始终没能成功。我一直对集合论拓扑学很着迷，而那本书似乎就是讲这个的，但语言晦涩难懂，定理似乎也很特别。这里举一个例子（选自第一版第 33 页）。

如果 $M$ 是一个闭点集，$G$ 是一个互斥的闭点集所构成的上半连续族，使得族 $G$ 中的每个点集都包含 $M$ 中的一点，且 $M$ 中的每一点都属于族 $G$ 中的某点集，$K$ 是 $M$ 的一个子集，$W$ 是 $G$ 中所有包含 $K$ 的一个或多个点的点集所构成的族，$W$ 的连续统中不包含 $M-K$ 中的点，那么当且仅当 $K$ 是关于 $M$ 的一个区域（domain）时，$W$ 是关于 $G$ 的一个区域。[3]

穆尔感受到了数学探索中动人心魄的地方，明白了这与数学表达的精确度之间的关系。他能把这份感受和理解传达给他的学生，但似乎不了解也不关心数学和数学写作中架构的美丽和简练。他的大多数学生继承了他的缺点，同时也继承了他的优点（被冲淡了，这是当然的）。只有像怀尔德（Wilder）和 R. H. 宾（R. H. Bing）这样最棒的人才能克服作为穆尔学生的不利因素，成为真正的数学家。

穆尔坚持使用他自己的术语，而不是拓扑学界通行的术语，而且他对自己的数学态度也很固执。他不会说"考虑两点 $p$ 和 $q$……"，因为他担心在退化情况下，$p$ 可能与 $q$ 重合，那么点的数量实际上就不是两个了。他从不同意两个集合的交总是一个集合，因为对他来说，不存在空集这种东西。这些都是可以原谅的语言怪癖。然而，比这些更糟糕的是，除了他自己的数学之外，他通常对数学的每一部分都不宽容：代数和分析都是其他学科，都是竞争对手，都是敌人。这很糟糕：这让他没能成为一名与其天赋相称的更好的数学家，也让他那些天赋不甚高的学生的教育水平和才智发挥都没达到应有的水准。

罗伯特·李·穆尔，1966 年

他是得克萨斯州人，如同小说人物的原型。他说话带得克萨斯州口音，他在政治上很僵化，有着强烈的偏见。当一位女士走进房间时，他会站起来，但是（据说）他拒绝接收黑人、女性、外国人或犹太人做学生。[至少有一部分传言是假的：他有女博士生，如玛丽·埃伦·埃斯蒂尔·鲁丁（Mary Ellen Estill Rudin）。但据我所知，他确实没有黑人学生。]

当我第一次听说他的时候，我对这个传奇人物很感兴趣，但在情感上不冷不热。我对南方（包括得克萨斯州）一直有种爱恨交织的态度。如果它代表着老式的教养和彬彬有礼，代表着温和的谈吐，代表着温暖的天气，代表着赛马场上的薄荷酒，我就欣赏它，并愿意身居其中。但当它代表着偏见、顽固、仇恨和暴力时，我就拒之门外。这就好比温婉娴静的南方美女，操着她那悠扬的口音，散发着青春的优雅，我当然觉得很迷人；但美人迟暮，乃至老掉牙了，还自私、苛求、贪婪、霸道，我会转身就跑，能多快就多快。穆尔，这位受过良好教育、谈吐文雅的得克萨斯州杰出数学家，是我心目中的英雄；穆尔，这位在数学上过时、在种族上有偏见的反动人物，又是我心中的恶棍。

每个人都必须承认，他既是一位卓有建树的英雄，也是一个能量巨大的恶棍。他培养数学博士的数量创造了纪录，他们爱戴他，尽其所能地效仿他，而他靠的就是后来被称为"穆尔教学法"的教学方式。该方法也被称为得克萨斯教学法、苏格拉底教学法、发现教学法或自己动手教学法。我希望自己能亲眼看到它的实际运用，之后再改良实验，而不仅仅是听到和读到有关信息。我稍微了解了穆尔教学法，确实看到了这种方法的实际运用，就一次，共一小时。有一回我路过奥斯汀（Austin），鼓起勇气敲开了穆尔办公室的门。他彬彬有礼地接待了我，并乐于谈论他的方法。我很喜欢这位老人，他也许在某些方面是坏的和错的，但他很有人情味，很坚强，和他聊天很愉快，也很有趣。总之，我喜欢并钦佩他。我记得，当我给他拍照时，他坚持要先梳理一下头发，他的口袋里总装着一把梳子。他还提醒我他不会笑，他解释道，强颜微笑会让他看起来很傻。他似乎愿意容忍我，邀请我再来访问，我接受了。

就这样，我大概在奥斯汀见过他四五面。其中一回，他邀请我去参加他教的微积分班的第一堂课，那是我唯一一次看到穆尔实际运用他的教学法。我看过关于他的电影《课堂上的挑战：R. L. 穆尔纪录片》(*Challenge in the Classroom*) [4]，事实上我看了四遍，但那是在远观他的表演，并不是身临其境。即便如此，感觉依然非常不错，我热情地推荐这部片子。他真的很棒。他可以引导学生，可以让思路继续推进，不会让任何人感到厌烦，他的魅力主宰着整个教室。

那么，到底什么是穆尔教学法呢？它从初步的面试开始：每一名准学生首先必须去见见穆尔，并回答有关自己数学背景的问询。如果一名学生已经学过一门与申请的课程相近的课程，或者，如果他已经知道得太多了，那么答复无疑是否定的，他会被拒之门外。游戏的第一条基本规则就是，所有参与者必须从同一条起跑线开始，并且特别要指出，学生们必须未受到过其他人的术语、符号、方法、结果和观点的影响。第二条规则是，学生一旦被录取，就必须积极思考，而不是被动阅读。据说，穆尔会让学生以荣誉为担保，保证在跟他学习的时候**不要**阅读有关这门学科的书籍，而且，为了避免让他们受到诱惑，他会从图书馆里拿走所有相关的书籍和期刊。现在可以开始上课了。

在第一堂课上，穆尔会给基本术语下定义，而后要求全班学生去发现它们之间的关系，或者根据主题、难度和学生自身情况，明确地陈述一个、两个或三个定理。这就可以下课了。下次上课："史密斯先生，请证明定理 1。哦，你不会吗？那好吧，琼斯先生，你呢？不会？鲁宾逊先生呢？不会？嗯，让我们跳过定理 1，待会儿再讲。定理 2 怎么样，史密斯先生？"总有人能做点儿什么。如果没有，就下课。没过多久，全班学生就会发现穆尔确实是认真的，随即，学生们就开始试着证明定理，并火眼金睛一般地观察其他人的证明。规则之一是，你不能让任何错误从你身边溜走，如果某人提出的证明犯了错误，你有责任（这或许也是令人愉快的特权）提醒大家注意，如果可能的话，给出修正，或者至少要求对方纠正。

　　这个过程很快可以把学生按能力排序。一旦确定了能力高低，穆尔就会先提问能力最弱的学生。这有两个作用：一是防止这门课成为由最优秀的学生连续讲授的系列讲座；二是形成班上激烈的竞争态势，谁都不想留在排名末位。穆尔鼓励竞争：不要阅读，不要合作，独立思考，独立工作，打败别人。通常，一名尚未给出定理11的证明的学生会在其他人给出证明时离开教室。每名学生都希望能够向穆尔展现自己的解决方案，而该解决方案是在没有任何帮助的情况下建立的。据说有一次，一名学生正路过一间空教室，透过敞开的门，碰巧看见画在黑板上的一个图形。这图形促使他产生了一个证明思路，而在那之前他都没有找到如何证明。这学生非但不高兴，反而变得沮丧和恼火，并取消了自己提出证明的资格。如果有外界的帮助，那就是作弊！

　　正如我说过的，由于我并没有在严肃的数学课上真正看到穆尔实际教学，因此我不能保证我刚才对该教学法的描述在细节上是准确的，但有人告诉我，这至少在精神上是正确的。我尝试了这种教学法，进行了测试，接连不断地遇到战术上的问题，并根据我所面对的学生和课程做出了看起来适合的修改。我变成了一名该教学法的积极实践者。

　　有人说，穆尔教学法唯一可能的作用是培养出科研型数学家，但我不同意。我相信，穆尔教学法是教授一切事物的正确方法，它能培养出能够理解和运用自己所学知识的学生。可以肯定的是，它确实向学生逐渐灌输了研究态度，即质疑一切、积极寻求答案的态度，这不仅在数学研究中，而且在人类的每一次努力中都是一件好事。我从穆尔身上学到了一句古老的中国谚语：

　　*仅仅听过会忘，看过也许会记住，但若参与其中，就能真正理解了。*[5]

　　在密歇根大学，我有一次用类似穆尔教学法的方法教授微积分入门课。那是一个小班（十五六名学生），被称为重点班（honors class）。这个称号并不意味着这些学生都是天才，甚至不意味着他们是数学专业的学生，而仅仅意味着他们比平均水平更聪明，而且事实证明，他们很配合，工作起来也很愉快。

这个班的规模是合适的，至少对我来说是这样，如果有两倍大的话，我想我就不可能像穆尔那样处理了。我用穆尔教学法教过 3 到 4 个学生的班，也有 18 到 20 个学生的班，在我看来，后者是这种教学法适用的最大限度。在最近一个 40 多人的班里，学生的配合参与也相当多，从而让我避免了直接说教的方式。但只有大约一半的学生参与进来，另一半学生不管我怎么做都呆若木鸡。在学期结束前，我甚至连这类人中大多数人的名字都不知道——或许他们也不知道我的名字？顺便说一句，学生太少也是个不利因素，2 人太少了，3 或 4 人通常也是如此。需要足够的人数才能产生让该教学法奏效的那种合作竞争状态，理想的班级规模介于 5 到 15 人之间。

关于这个微积分重点班，我没有什么了不起的成功故事可以报告。教学进展得很顺利，我确信没有耽误学生们，在学期末，他们至少已经为下一门课程做好了准备，就像我用其他任何教学法所能做的那样。可以肯定的是，这是我第一次（很遗憾，也是唯一一次）在入门层次的课堂上尝试穆尔教学法。我有信心，更有经验，可以让该教学法应用于常规的课堂。

还有一次，我在一个有 15 名学生参加的线性代数重点班上使用了穆尔教学法。上课的第一天，我给每名学生发了一套装订好的 19 页材料。我告诉他们，现在本课程就在他们手中。那 19 页里只有 50 条定理的陈述，别的什么也没有。没有定义，没有起因，也没有解释，只有 50 条定理，陈述正确但生硬，没有说明性的细节。我告诉他们，这就是课程。如果你能理解、陈述、证明、举例和应用这 50 条定理，你就学懂了这门课程，你就学懂了这门课程要教给你的关于线性代数的一切。

我告诉他们，我不会给你们灌输东西，也不会为你们证明这些定理。在课程中，我会一点一滴地告诉你们这些词的意思，可能会时不时地指出这门科目和数学的其他部分有什么关系，但是，课堂上的大多数工作都要由你们来完成。我要求你们自己去发现这些证明，我要你们以自己的荣誉为担保，不去查书或者以其他任何方式寻求外界帮助，然后，我会要求你们在课堂上展示自己发掘的证明。你们其余人，那些没在做展示的人，应该反应敏锐且毫不手软，确保发言者给出了正确和完整的证明，并要求他提供任何有利于理解的东西（比如范例和反例）。

他们盯着我，困惑不安，也许甚至怀有敌意。他们从未听说过这样的事。他们来这里是想学点东西，但现在，他们开始怀疑自己能不能学到了。他们怀疑我是在试图侥幸过关，逃避我受雇做的工作。我给他们讲了 R. L. 穆尔的事，他们很喜欢，这很有趣。接下来，我给出了他们理解前两三个定理的陈述所需的基本定义，然后说"下课"。

这办法很奏效。在第二次上课时，我说："好吧，琼斯，让我们来看看你证明定理 1。"在他们离开地面之前，我不得不推着他们，拖着他们。几个星期之后，他们飞了起来。他们喜欢这种教学法，从中受益，内化了研究精神——竞争、挫折、荣誉以及一切。

如果你是一名教师，并且打算采用穆尔教学法，不要重蹈我在线性代数班的覆辙：不要认为那种方式会减少工作量。我花了几个月的努力为穆尔式教学备课，准备好需要的 50 条定理，或者任何取而代之的内容。我必须把材料细分成小块，必须把课程安排得便于理解，还要将整个课程视作一个整体——当课程结束时，我希望他们学到什么？随着该课程的进行，我一定要持续做好每次课的准备工作：为了完全掌控课堂，我自己一定要能够证明一切。在课堂上，我一定要每时每刻都保持敏锐的洞察力。我不仅一定要当好这场很容易演变至失控的辩论的仲裁人，而且一定要理解正在呈现的内容，当出现可疑之处时，我一定要用坚定而温和的语气打断："请你解释一下好吗？我不太理解。"

我相信穆尔教学法是最好的教学方法。然而，假使你尝试它，而它让你精疲力竭，也不要感到惊讶。

# 穆尔教学法和涵盖内容

对穆尔教学法来说——其实对任何类型的教学法都一样，取得成功的两个最大障碍是那些"不想在那里"的学生和那些"想去其他地方"的学生。这两者并不是一回事儿，让我来解释一下。

有些学生"不想在那里"，但这是他们的必修课。如果一个学生来找我，让我辅导他学习一些我比较在行的东西，那么我会喜出望外。我相信我能教他，不管是什么，同时我希望这个过程对我们双方都是愉快的。然而，如果他来找我说，"我真不想弄懂这些东西，但我必须得个 C 才能出去挣大钱"，那么我就不高兴了。

一些大学曾经要求所有医学预科学生都上一门数学课程（有时还不止一门），但除了把这门课作为筛子用来选拔，没有其他原因。想进入医学院的人数超过了可以录取的人数，减少竞争者的一条途径是让一些人在数学课程上不及格。需要上数学课的另一类代表是药剂师、化学家。他们不得不了解一些物理知识，而为了学习物理，他们不得不学习一些数学，于是，数学成了一门必修课，个中缘由他们不能完全理解，所以容易产生反感。同样，商学院要求学生学习一些微积分，对他们当中大多数而言，这也是无缘无故的。有一些人只是出于心理上的考虑：他们希望在今后的人生中，当在一篇关于经济学的文章里遇到积分符号时，不至于被吓得魂不附体。学生基于这样的要求被强制来上数学课，这种班级是令人悲哀和沮丧的。具有积极进取心的学生将会学业顺利，因为他们中的大多数人不太可能去当傻瓜，他们愿意学到一些东西。但是，使学习过程既愉快又有效的先决条件是求知欲，倘若缺乏，就会毁掉一切——毁掉教学，毁掉学习，毁掉乐趣。

我梦想中的大学，到处是充满求知欲的学生。他们中有一部分人上数学课是因为想了解数学。他们可能是未来的医生、化学家或衬衫工厂的高管，但是，不管出于什么原因，他们**渴望**搞清楚数学是怎么回事，然后他们自愿来找我，让我教他们。哦，快事！如果这种情况真的发生了，我会抓住这个机会，并且，对我得到的每一次机会，我都会使用穆尔教学法。就目前的情况来看，在**这个**世界上，我们教师只能用现有的条件尽己所能做到最好。我们中的一些人采用温厚的方式教书，而另一些人则不然，但我们都把教授数学作为一种职业。在某些情况下，你移除括号，并说明是怎么做的；在另外的场合，你用$\tan\theta$代替$x$；在其他时候，通常很少见，你令$\delta$为$\varepsilon/(3\sqrt{m})$。遵循这些规则，你就不会出错。这就是命运，对于我们这些喜欢数学的教师来说，留出时间研究课题，在课间、晚上和周末思考数学——这一生过得不赖。

无论如何，穆尔教学法并不一定适用于那些"不想在那里"的学生。它的第二个主要障碍，即那些"想去其他地方"的学生，比第一个要小，但还是让一些老师感到害怕：你如何用穆尔教学法来教数学 307 课程，并确保你的学生为明年的数学 407 课程做好准备？这样一来，是不是你"涵盖"的内容就没那么多了？

是，也不是。如果课程简介坚决要求，你要把数学 307 的 31 条定理清单中的每一条都教给学生——所谓教，就是陈述、证明并在考试中询问这些定理——这样他们就能准备好在接下来的数学 407 中学习后面的 31 条定理，那你就赶快开始教吧，总比被解雇强。然而，如果数学 307 是高等微积分，而数学 407 是"初级实变函数"（任何其他两门依次进行的课程，情况都是相同的），那么你就要问问自己（也让你所在的数学系问问它自己），这么安排的目的到底是什么？无疑，课程简介本身并不是目标。教数学 307 中的 31 条定理，是为了让学生能够理解数学 407 中的定理，而数学 407 中的定理则是为了理解其他一些定理（对于数学家而言），或者理解并应用它们（对于化学家和经济学家而言）。能够理解和能够应用，这就是我们真正想要教授的，也是穆尔教学法比其他任何教学法做得更好的地方。

根据我的经验以及与其他使用穆尔教学法的教师的交谈，无论我们采用的方式是正统的还是改良的，我得出结论，纠结于课程"涵盖内容"是在转移注意力。有人说，其他教学法在更短的时间内涵盖了更多内容，而穆尔教学法是我们负担不起的奢侈品。我肯定，这是错的。我对此深有感触，深到我宁愿暂停讨论穆尔教学法，暂且说几句"涵盖内容"的问题。

对那些没有学过微积分 1 的人来说，试图教给他们微积分 2 是徒劳的，这似乎千真万确。然而，不管是否采用穆尔教学法，微积分 1 按道理总是涵盖课程简介所要求的 6 章内容，因此，通过微积分 1 考试的学生就可以开始学习第 7 章了——真的吗？考察一下，几乎任何一所大学里的几乎所有教授微积分 2 的教师都在抱怨前任，也就是前一年教微积分 1 的那位教师："怎么，他连部分分式都没提过？我不知道他认为自己教了学生什么三角换元，但他们肯定不懂。我不得不花三个星期的时间补一年级的内容，难怪我落课了。"不管按不按课程简介讲，不管用没用穆尔教学法，课程 $N$ 所涵盖的内容永远不会是——几乎从来不是——课程 $N+1$ 所需要的。

对于不会使用指数函数的人来说，要教授他们一门正规的概率课程是很困难的。我教过一次，先修课程规定得很清楚（微积分 2，或者其他叫法），而且该课程应该已经处理过 $e^x$。在我的 25 名学生中，只有 5 人知道 $e^x$ 是它自身的导数，其中还有两人听说，它实际上是唯一具有这种性质的函数。然而，由于他们中没有人能处理无穷级数（甚至当我"提醒"他们几何级数的求和公式时，他们也会感到不安），概率课程的头两三个星期实际上是在教微积分 2 本该在最后两三个星期讲的内容。（无穷级数出现在微积分教材的第 11 章，可是"没人能讲到那一步"。）

这与穆尔教学法毫无关系，它看起来只是一个无法更改的事实。我们能做些什么呢？为每门课程设置一个智能的教学大纲似乎能奏效。智能教学大纲会告诉你，你**必须**掌握哪些工具才能修读、应对这门课，以及当你修完这门课后，应该带走哪些工具，以便应对下一门课。开课和结课都应该给出明确的描述。仅仅参考一本书，即主教材，并说"本课程由前 6 章组成"是不够的。更好的说法是："必不可少的预备知识是下列 10 个定理、技巧或公式。

（1）分部积分法，如教材 A 第 81～93 页，教材 B 第 7～11 页，或者教材 C 第 207～234 页……""本课程**至少**要涵盖以下 31 条定理。（1）逐项积分，如……"

教学大纲应该表述明确，但不能僵化死板。首先，它不应该试图填满学期的每一分钟，应该给教师留一些时间自由支配，比如总量的三分之一。这才是现实的，而且以基于高等教育精神的东西取代了填鸭式的学习氛围。每一位教师对课程中哪部分最漂亮、哪部分最有用或者哪部分最重要，都有自己的偏好，应该鼓励这种偏好，并且应该让他们有机会在适当的时候加入那些个人观点。教师不是，也不应该成为一部机器中可替换的零部件，学生也应该有机会了解不同的观点。教学大纲僵化死板的另一种表现形式是，人们认为大纲永远固定不变。这种认识显然是不对的。数学在改变，风气在改变，应用在改变，书籍也在改变，教学大纲应该根据需要经常性地改变。每一年改一次可能太频繁了，而每十年改一次可能又不太够，课程委员会可以灵活把握这些问题。

教学大纲对我的概率课有帮助吗？从两个方面来说，很有可能。如果一名学生在微积分课程所应涵盖的最小内容列表中看到了指数函数和无穷级数，他就应该产生像老师一样的自觉："我们什么时候讲无穷级数？那真的很重要吗？我在明年上统计学 3 课程的时候会需要它吗？"如果微积分教师不教级数，他可以先查阅一番，然后自己学习——这在我们当代大学的氛围中未必会发生，但也不是完全没可能。这就是产生助益的一方面：给学生一个机会，让他们对微积分教学大纲采取负责任的行动。强调一下，教学大纲不应该只是教师掌握的秘密记分卡，也必须交到学生手中。教学大纲对我那概率课程在另一方面的助益，或许是对即将选修的学生提出警告：如果你没听说过指数和级数，那可能会遇到麻烦。先学会它们，否则就不要修概率论。

教学大纲是一张纸，它本身并不能创造奇迹。然而，它能起到作用的一个原因是分解责任，帮助学生和教师共同分担责任。如果大纲并没有把一切重要的内容都涵盖上，那也不是悲剧，只要所有人都知道应该涵盖什么内容就行了。只要我们知道缺口在哪里，它们是可以填补的。

我的许多同事对学生查阅书本资料并展开自学的可能性持悲观态度（他们只是比较现实，还是在冷嘲热讽？）。我们中的许多人似乎都认为，学生很笨，没有受过良好的训练，他们必须被灌输，接受填鸭式教育。有时候这也许是对的，然而，如果相信这总是正确的，我们就永远不会对此做出任何改变。倘若商学院的学生笨到只能靠填鸭式的方法来学习微积分，倘若我们仅能教给他们一堆机械式运算规则，那么给他们教这门课真的明智吗？教科书写得不好，很难读，有些学生很笨，或者没有受过良好的训练，但是，如果我们总是"现实地"敷衍了事，拒绝尝试改善现状，几乎可以肯定会每况愈下。

精心设计的教学大纲对高级课程、研究生课程和基础课程都有极大帮助。研究生确实是"自愿"来找我们的，比大多数本科生要多得多，而且他们也不那么害怕自学。教学大纲将有助于保证课程的顺利进行——在报名参加复变函数课程之前，你最好知道集合的闭包是什么，而且对于跨多门课程的考试系统来说，教学大纲将有极大的好处。大多数博士培养计划都将资格考试作为主要内容之一，学生们经常抱怨，去年他们从琼斯那里学了代数，但今年教授这门课程的鲁宾逊所强调的却是完全不同的主题，而鲁宾逊又是那个出考题的人。如果琼斯和鲁宾逊都受到一个好的教学大纲的约束（至少有三分之二的约束），那么有些抱怨可能就会消失。

教学大纲对教师也有帮助，即使是那些拖拖拉拉，在离学期结束两星期时才发现还有六星期教学大纲中的内容没讲的教师。你**可以**不用六星期而只在两星期内完成最后 12 条定理，这甚至可能比你花六星期的时间费劲讲解所有计算，效果来得更好。我来解释一下。对于每个定理，我们要描述它所属的背景、产生的历史，以及使它引人兴趣的内在逻辑和心理动机；接着是陈述定理，也许先粗略地、直观地陈述，然后再精确地陈述；最后应用定理，展示它与其他结果的联系，以及由它得到的结果。拿出你最喜欢的定理，想象一下你要按照上面的步骤讲给学生，任何定理都可以，比如射影几何的基本定理、伽罗瓦理论的基本定理，甚至是微积分基本定理，如果你宁愿用一些不那么广泛的结果，比如交错群的单性，或者康托尔函数的构造，也可以。这么讲下去，你的学生或许将无缘见到你在黑板上写下精心准备的复杂证明，并且不得不如此学习。但他们真的会在意那些证明吗？证明可以查到，而背景、历史、动机和应用更难自查自学，这才是教师真正要教的。

如果你按照我刚才描述的方式那样做，那么在某种程度上，你已经在运用一种修正过的穆尔教学法了。为什么跟不上教学大纲的进度，这并不重要——不管是因为你在课堂上讲了太多的笑话，在一开始证明时陷入混乱，还是因为你按照穆尔教学法诱导学生得出初步的证明。以上就是我的观点，本人讲辩完毕。只要稍加变通，你实际上可以调整穆尔教学法来"涵盖"原本规定的内容。你将比授同一门课的同事更好地涵盖其中的很多内容（因为你是在引导学生自己去发现和证明那些内容）。除了最后证明的细节之外，你基本上能涵盖教学大纲，这已经足够好了。通过穆尔教学法训练出的学生不会忘记，你为了训练他们为自己而努力所付出的一切。

## 如何变得专业

安娜是芝加哥大学数学系的一名秘书，我们在一场聚会上相遇。灌下几杯金汤尼鸡尾酒后，她向我诉苦。她是一位优秀的打字员，没费什么劲儿就学会了专门的数学打字技术，然而，她讨厌工作中的每一分钟。你必须分开来看每个符号；频繁地更换"字符"（typits）[6]或电动打字机的球形字头（Selectric balls）[7]；遇到指数和下标时，你必须向上或向下移动半行。你根本不懂你正在打的是什么。她说："我可不想一辈子上下敲打那副该死的键盘。"

还有一次，著名数学家布鲁诺问我："你在美国数学科学联合理事会[8]会议上，是怎么做到十场报告的时间都能一样长的？有些内容需要更长的时间，不是吗？我做报告的时候，有些要讲 45 分钟，有些就要讲 75 分钟。"

最近，我问同事卡尔文："你可否开车载一名研究生去参加这个月在沃巴什（Wabash）举办的泛函分析讨论班？""不行，"他说，"你最好找别人。我这个月出去了两次，做了两次研讨会报告，旅途劳顿够受的了。"

这些都不是我瞎编的故事（除了名字）。你看得出这三个故事有什么共同点吗？对我来说显而易见，我的眼里容不下沙子，这个共同点让我生厌。安娜、布鲁诺和卡尔文倾诉和表现出来的态度很普遍，也很糟糕，那就是"自我"的态度。这种态度表明："我只做对我重要的事，在我眼里，我个人比专业性更重要。"

我觉得，一位汽车变速器机修工应该尽己所能成为最好的汽车变速器机修工，无论是管家、大学校长、鞋店销售员还是建筑工地搬运工，都应该在他们的职业中追求完美，努力向上，尽可能改善条件，必要时也可以改行。但是，只要你还是一名建筑工地搬运工，就要继续搬砖运瓦。如果你打算成为一名数学家，就必须学懂这门专业，不放过每一处细节，钻研它，信奉它，享受它，竭尽全力。如果你一直在问"这对我有什么好处？"，那你就进错行了。如果你追求舒适、金钱、名誉和荣耀，你最终可能得不到；但如果你执着于成为一名数学家，你反而可能会成功。

一名艺术家必须了解他的表达媒介，并尽可能地利用它。如果你着手描绘一幅小幅作品，就不要抱怨没有足够的空间。大小是媒介的一种内禀性质，你要适应它，就像适应在山峰上呼吸一样，你别无选择。这就是为什么布鲁诺的问题在我听来就像在问：为什么米开朗琪罗的雕像不是 C 调的？或者，为什么萨克雷没有用钻蓝色写作？每种创造性艺术的定义的一个重要部分就是它的表达媒介。一小时的报告，按照它最通常的定义就是一场 50 分钟左右的展现，不是**你**专著中的一章或**你**在调和分析方面的近期工作的完整阐述。当你同意做一小时的报告后，你就要尽最大努力做好一小时的报告，考虑到听众的水平，估计被问题打断的可能性，实时组织适应媒介的材料。

我没有对卡尔文说教，但如果要说教，我会告诫他：你连想都不用想就该支持沃巴什研讨班这类活动（稍后我会详细介绍那个研讨班），它是你职业生涯中不可缺少的一部分。你去参加这样的研讨班，就像你在早上穿好衣服，在街上向熟人亲切点头，或者在晚上睡觉前刷牙一样。这些事你有时想做，有时不想做，但你总得做，这是生活的一部分，你别无选择。如果你做了，你不应期望得到奖赏；如果你不做，你也不会受到惩罚——你压根不会去想，只是去做而已。

一名专业人员必须了解其专业的每一部分，并且喜欢这个专业（我们都希望如此）。就像大多数其他行业一样，数学专业中也有许多领域需要了解。想成为一名数学家，你必须知道如何做一名看门人、一名秘书、一名商人、一名会议代表、一名教育顾问、一名访问讲师，最后，最重要的是，如何做一名学者。

作为一名数学家，你一定得用到黑板，你应该知道哪些黑板好用，知道什么是擦黑板的最好方法和最佳时机。粉笔和板擦多种多样，你能不能尽快应对最糟糕的工具？在一些大讲堂里，你别无选择——必须使用投影仪，如果你没有准备好幻灯片，听众就会陷入麻烦。文字处理机、打字机、软盘和改错带（lift-off ribbons），遇到这些东西可不能"难得糊涂"。你是该重抄你的预印本，还是使用油印机、胶印机或静电复印机？谁来应对这些琐事，做出决定？你，还是那些根本不关心你在做什么的人？

不时会有人向你寻求建议。制造商会向你咨询啤酒瓶的最佳外形，院长会向你咨询他在数学系的地位，出版商会向你咨询一本计划中的关于模糊上同调的教科书的销售前景。也许他们会彬彬有礼，却闭口不提支付你服务费；而有时候，他们会小心翼翼地提及将支付一笔无法提供明细的酬金。他们会如此对待外科医生、律师或建筑师吗？你会吗？你能吗？

　　我有时很想告诉人们，我是一名**真正的**博士，不是医生 [9]；我受教育的时间比律师长得多，学费至少也一样多；我的时间和专长至少和建筑师一样有价值。其实，虽然我不会使用强硬的措辞，但我很久以前就决定不再接受无法提供明细的"酬金"，而一定要明码收费，仔细说明收费标准并事先达成协议。几年前，当我被要求评论教科书，且超出我的合理时间范围时，我设定了自己的价码。我会告诉前来询问的出版商，我的收费标准是每页 1 美元，或是每小时 50 美元，以较低者为准。有时答复是："哦，对不起，我们真的不想花那么多钱。"而有时实际上则是："好吧，把你的账单连同报告一起寄给我们。"结果是，我要做的这类工作少了，而如果仍然要做，我得到了更体面的报酬。当医生、律师和建筑师的朋友们告诉我，自我设定了价码以来，行情已经发生了变化。他们说，现在是时候加倍收费了。他们预测，市场的答复将保持不变：一半说"不"，一半说"当然可以"。

　　一位职业数学家会在进午餐和喝茶时谈论数学，话题未必是热门的新定理和证明（这可能会让人罹患溃疡或心生欣喜，视情况而定），它可以是一项教学创新，可以是对学生恶作剧的抱怨，也可以是关于四色定理证明错误的传闻。在许多优秀的大学里，无论自带午餐还是在教师俱乐部用餐，数学系老师一块儿享用午餐时光是长期传统，是打造高质量环境的要素。这种传统让部门成员之间保持接触，使每个人都能更容易地"使用"所有人的大脑和记忆力。在几所大学里，我参与建立了午餐传统，在我离开很长一段时间后，这一传统扎根、发芽、蓬勃发展。

　　众多专业人士参加研讨会、讨论班、座谈会、学术会议和国际大会，他们知道该怎么正确称呼这些活动。专业人士互相邀请，在各自大学里的研讨会上做报告，而来访者知道，也应该知道，自己此次的职责不是在星期四下午 4 点 10 分到 5 点之间做一次讲座就结束了。午餐，是东道主与客人见面并轻松交谈的好机会；下午 2 点，可能举办小范围的专家讨论班；3 点是讲座前的咖啡时间，大家可以自由聚谈；讲座后的晚餐和晚上聚会，是活动简介中必不可少的部分。一整天下来，疲惫不堪，但事情就是如此，这就是来研讨会担当报告人的意义所在。

有时，你不仅仅是研讨会的报告人，还是"1909届杰出访问学者"，你会被邀请在校园里度过整整一个星期，做两三次数学报告和一个"普及性"讲座，在访问期间，和大家混在一起，咨询问题，交流互动。有些人会在星期一下午准时到达，做完报告，在星期二挤出时间去110英里外的一所姊妹大学参加研讨会，在星期三重新露面做报告，而星期四的半天大部分时间里跟安排这次访问的专家密友一起度过，然后赶下午6点5分的航班回家。这表现太过糟糕了，既有履行义务不当的情况，又有未完全履行义务的行为，这根本不是访学的初衷。邦别里（Bombieri）来访印第安纳大学布卢明顿分校那次，我听懂了他第一场讲座的大部分内容，几乎听不懂第二场讲座，于是放弃了第三场讲座（那个时间，我用来回信），但是他的到访让我受益匪浅。星期一午餐时，我听他滔滔不绝地讲亚纯函数；星期三下午，他边喝咖啡边解释莫德尔猜想；星期五晚餐时，他猜测一百年后欧拉和高斯的地位。我们还谈到了钟表、孩子、运动和葡萄酒。我学到了一些数学，还对是什么造就了我们这个时代一位优秀数学家有了些许认识。他赢得了杰出访问学者的地位，并不是因为他是一位伟大的数学家（这当然有帮助！），而是因为他认真对待分内的任务。做到这一点并不需要他那种天赋，我们这些小人物也能做到。

数学天赋可能是天生的，但除此之外，一名真正的职业数学家最重要的是学术水平。学者总是在学习，总是时刻准备着并渴望着学习。学者熟悉他的专业与整个学科领域的联系；他不仅熟悉自己专业的技术细节，而且熟悉该专业的历史和现状；他熟悉正在研究这一分支的其他人，以及他们所取得的成就。他熟悉文献，也不相信任何人：他要自己检查原始论文。他会获取第一手的知识，不仅是学术内容，还有学术成果的日期、作者名字的拼写方式以及论文标题中的标点符号，坚持把每一篇参考文献的每一个细节都弄得清清楚楚。学者要尽可能地扩大知识面。没有人能懂得全部的数学，但学者能成功地了解数学的整个轮廓：数学的各个部分是什么？它们在整体中的地位是什么？

这些就是造就一位行家里手的要素，或者说，部分要素。

## 关于教学的思考

我职业的很大一部分是教学——当教授、做老师，我已经做了相当多的教学工作，无论是在课堂上还是在课堂外。这一行有什么诀窍吗？我找到窍门了吗？

好像并没有。有些事情是显而易见的：要教一门课程，你必须熟知它，必须热爱这门课；你还应该了解你的学生，认真对待他们，尽可能地预见并避免他们的困难和误解。作为一名教师，你就**如同父母**一样，比起就复变函数进行备课，你更应当花心思随时准备好在课堂上提出现实的建议。"我能先上线性代数再上高等微积分吗？"（为什么不呢？）"我学计算机科学专业，需要把所有这些数学科目当主修课吗？"（如果你问这样的问题，你就不应该学计算机科学。）"如果我休学一年去欧洲，会不会影响我的机会？"（当然，休学者永远不会完成学业——好吧，几乎不会。）

对于教学中机械运行的日常，我已经说过、写过许多有关行政管理的废话了。人们经常争论学期制和学季制的优劣：双方的拥护者都相信另一个是魔鬼的发明。一方说，学季制充分利用了 12 个月，而没有浪费其中的 3 个月；另一方说，学季制在 9 个月内有 3 次注册和 3 次考试，而不是 2 次，这既麻烦又低效。一些人说，一个学期的时间足够涵盖相当多的内容；但另一些人说，学季制可以提供更多样化的内容。在我看来，这些争论都是胡说八道。我已经在这两种学制下工作了很多年，我确信从教育、智力方面来看，使用哪一种学制并没有什么不同。只要告诉我这门课是什么科目，学期什么时候开始和结束，每隔多久上一次课，每次课上多长时间，我就可以根据这些条件安排一门课程。当然，我不会在 10 周内"完成"解析几何——你曾在 15 周内完成某门课程吗？顺便说一句，这场争执似乎注定要在不久之后变得毫无意义——学季制即将过时，而在劳动节和圣诞节之间的精短学期几乎在所有地方都取得了胜利。

　　倘若有人告诉行政办公大楼里的校历设计师，大学将从学期制改成学季制，那他得按分钟数来编制校历。以前，微积分 1 在 15 周的时间里学完，每周 3 节课，每节课 50 分钟，除去感恩节，也就是 2200 分钟，即 $(3 \times 14 + 2) \times 50$。要在 11 周内开设同样的课程，就必须规定每周上 4 学时，就这么简单。当我们想在 12 周的暑期课程中开设一门"涵盖"微积分 1 和微积分 2 的集中课程时，也会出现类似的问题。计算表明，我们必须每周上 366.67（$4400 \div 12$）分钟。一个可行的近似方案是安排每周 5 天、每天 75 分钟的课程，从 5 月底上到 8 月中旬，除了 7 月 4 日美国国庆日。

　　我并不是在拿一个想象中的捣蛋鬼计划来开玩笑——人们经常要这样计算，并基于结果做出决策。如果校园变得太大，以致成千上万的学生无法在 10 分钟内改换教室，我们能做的就是改变学时的定义。这也不是我的发明。在有些地方，一天的第一节课从上午 8:00 到 8:50，第二节课从 9:05 到 9:55，第三节课从 10:10 到 11:00，以此类推。结果，课堂时间仍旧是 50 分钟，课间休息变为 15 分钟，每门课程的总分钟数（想必是一个世纪以前，根据"神的旨意"确定的）一直维持不动，简直混乱不堪。

　　简直是废话连篇。学生是否掌握了一门有难度和挑战性的课程（比如微积分），需要根据其熟练程度来衡量，而不是上课的分钟数。新想法成为你的一部分，融入你的潜意识，让你能够毫不费力地记住并使用它们，这需要时间。对大多数人来说，学习微积分要花几个月的时间，甚至需要一年左右，在这个宽泛的时间限度内，每节课花费多少分钟数无关紧要。

　　我们把一年分成数量合理的教学周，再把教学周分成合适的分钟数，由此组成学时，但主要的问题仍然存在：我们如何教数学？我们如何教抽象概念和它们之间的关系？我们如何教直觉感知、认识识别和洞察理解？我们如何教这些内容，使我们曾经教过的学生不仅可以通过陈述概念、列出关系顺利通过考试，还可以从自己的见解中获得乐趣，与他人分享，将其应用于"现实世界"——而且，如果他有天赋，且足够幸运的话，还有机会取得新的发现？

答案是：我们做不到。据我所知，一个人分享人类经过漫长岁月积累的知识的唯一方式，就是回溯、重走这些步骤。当然，有些旧观念是错误的，有些可能与今天的世界不相干，因此也不再流行，但总的来说，每个学生必须重复所有步骤——"个体发生"每次都必须再现"系统发生"。

为了谋生，我们这些老师能做些什么呢？今天的数学家对明日崭露头角的数学家有用吗？有用。我们可以为学生指出正确的方向，把具有挑战性的问题摆在他们面前，使他们有可能"记住"解答。一旦这些解答开始产生，我们就可以对它们品头论足。我们可以将它们与别的解答联系起来，鼓励学生进行推广。我们所能做的最糟糕的事情，就是在精心打磨的讲座中塞满从厚重而昂贵的学术期刊和书籍中得来的最新结论——我确信，这是在白费时间。

你肯定猜到了，我要又一次倡导穆尔教学法之类的东西了。无论是算术还是泛函分析，无论是高中代数还是研究生拓扑，挑战都是最好的教学工具。当我教大一新生代数时，我向我的学生发起挑战，让他们求解二次方程 $cx^2 + bx + a = 0$。他们中的一些人变得心烦和愤怒（"不公平，肮脏的把戏"），但他们（除了最好的两三个人）都从这一波折中学到了一些东西。还有一次，我让他们画出 $y = x^5 - 5x^3 + 5x$ 的图像，也得到了类似的反响。（当 $x$ 取值 $-2$、$-1$、$0$、$1$、$2$ 时，$y$ 也取相同的值；那次测验中，有一半人画的图像是直线。）

以下这个问题有一点纯粹的乐趣，不太具有挑战性，但大多数上微积分课的学生似乎很喜欢它。一方面作为积分计算的训练，一方面为了说明"虚拟变量"的使用，我叫来几个学生，一个接一个地问他们 $\int \dfrac{\mathrm{d}x}{x}$、$\int \dfrac{\mathrm{d}u}{u}$、$\int \dfrac{\mathrm{d}z}{z}$、$\int \dfrac{\mathrm{d}a}{a}$ 得什么，要他们把结果告诉我，然后为了巩固该知识点，我追问

$\int \dfrac{\text{d(cabin)}}{\text{cabin}}$。一些人会友好地咧嘴一笑，大声喊出"log cabin"，而当我告诉他们我不赞同时，他们很惊讶。正确答案（正如我自己在学习微积分时学到的）是"houseboat"——"log cabin plus sea"[10]。

顺便说一下，我会利用这个机会告诉学生，不是$10^2$而是$e^2$取对数所得的指数是 2，这就是数学家们使用语言的方式。使用 ln 这一符号是教材的通俗化处理[11]。你难道听过数学家讲 $\ln z$ 的黎曼曲面？说到通俗化，你难道听过数学家把"$-3$"念成"减三"[12]的？

这让我想起了一些不同水平考试中的试题，这些题都堪称传奇。据说，在一次博士资格口试中，轮到东屋五郎[13]提问。"伽罗瓦？"他说，这就是他问的全部问题，而那个报考人下台就走了。一个类似的故事发生在佐恩上的一门高等微积分课的笔试中。他把题目写在黑板上，整道题如下：

$$e^x$$

佐恩否认有这回事儿，但我仍然喜欢这个故事。它难道没让你想起什么吗？依据佐恩的说法，那是一门研究生课程，考试题是这样的：

$$\sin z$$

还有一个故事，这次是关于塔马尔金[14]的。在一次博士口试中，他问答辩人关于某种超几何级数的收敛性质的问题。"我不记得了，"那个学生说，"但是如果我需要的话，我随时可以查到。"塔马尔金不高兴了。"那可不见得，"他说，"因为你现在就肯定需要它。"

还有一则蒂奇马什的故事，不是关于考试的，但有着异曲同工之妙。有一年秋天，蒂奇马什宣布他将举办一个系列讲座，也可以说是两门课程，因为要持续两学年而不是一学年。该系列讲座的前半部分已于 4 月份结束，后半部分按进度于 10 月份开始。听众齐聚一堂，蒂奇马什大步走了进来，拿起一支粉笔，而后说道："所以，……"

让我们回到通过挑战来进行教学的话题上来。无论在初等还是高等水平上，该教学法有一个内在要求，即集中注意力于确定之事、具体之物、特定之情。一旦学生理解了——真正准确地理解了，为什么 3×5 和 5×3 是一样的，那么他很快就会兴奋、坚定不移地得到推广结论：对所有其他数，"规则都是一样的"。这一过程水到渠成。我们都有一种与生俱来的概括能力，教师的作用正是让学生注意到一个具体的特例，其中隐藏着（我们希望能最终揭示）概念难点的症结。

从佩亚诺公理开始讲授"实变函数"，将有理数作为有序整数对的等价类进行处理，然后通过戴德金分割（经典方法）过渡到实数，这种教法简直是在犯罪。要从有趣的事实开始，而不是从明显的公理和人为的定义开始。从奇怪的数（刘维尔超越数在课程的第一天就可以理解）、奇怪的闭集（当属康托尔集，其他无所能及）和奇怪的函数（正是无理数的特征函数的用途所在）的例子开始。着眼于例子和反例，着眼于连续函数和不连续函数，着眼于一致收敛和非一致收敛。让这些概念变得亲切和熟悉，就像我们在小学时都与 3、5、15 成为朋友一样。**于是**有了这样一个问题：哪里是一个好的起点？从负无穷到正无穷永远也走不完，最好是从中间朝两边努力。

通过挑战来进行教学，对教师来说，最困难的部分是闭上你的嘴，保持克制。不要**说**，而是去问！不要用正确的 B 代替错误的 A，而是问 "A 从何而来？"，继续追问 "这是对的吗？你确定吗？"，不要说 "不对"，而是问 "为什么？"。

# 如何指导博士生

有这样一个传闻，希尔伯特曾经说过，指导一篇博士学位论文就像在极其艰难的情况下撰写论文。当然，他说得对——起码一半以上是对的。指导博士生是一项教学工作，也许是最具挑战性和最有趣的一项。这是数学家工作的一部分，而其中好像包含着许多工作的许多部分，很难不对它发牢骚。不过，一名学生接近并请求一位教授来担任他的学位论文导师，这也颇有几分光荣；然而反过来，让教授去接近学生，则是一种不良形式，非常不好。当然，这种情况时有发生，而且经常奏效（哪个研究生敢说不呢？），但如果你这样做了，你就等着看人皱眉，被人议论吧。（我就一准儿会眉头紧锁，背地里说闲话。）

讲课是教学方式之一，也许是最简单的方式，但肯定不是最好的方式。我敢肯定，我们都认识一些糟糕透顶的讲课者，而我认识的最糟糕的一位，却是我所认识的最好的教师之一。他和我做了好几年的同事，然而他，这位非常糟糕的讲课者，却常常吸引最有才华的学生，培养出最好的博士。他鼓舞他们，鞭策他们，激励他们去取得更高的成就，他和他们一同战斗，并为他们而战斗，就像牡蛎身体里令人恼火的沙粒一样，他产出了珍珠。

博士生和他的导师之间的关系很奇妙。比方说，你可能认为一名学生喜欢有限群，所以他会找一位有限群方面的专家当导师。这种情况偶有发生，但生活并不那么简单。首先，一名学生选择他要去的研究生院，部分取决于他父母住在哪里，部分取决于他本科老师的建议，部分取决于他在哪里能够获得奖学金或助学金，而且很大程度上这些因素是偶然的。一旦他进入研究生院，他**可以**转学，到别的地方去寻找理想的导师，但他不太可能这么做。否则，他将不得不面对新的官僚机构、入学要求、对外州人的障碍和不同的考试制度。惯性的力量是巨大的，最好待在原地不动。因此，他必须从自己碰巧所在的地方的活跃数学人物中选择他的导师——如果没有人钻研他所喜欢的有限群，或者相关人士太忙了，没有时间带他，他就必须转而研究微分拓扑。

中青年教授渴望受到器重，渴望带博士生。如果后者成功了，这对前者是有利的，将成为教授档案履历中的一部分。如果你没有任何博士生与你一起工作，那么你的上司考虑给你加薪、终身教职和晋升时，也会注意到这一点。

学位论文导师最艰难的工作是给学生开题——提出一个问题供学生解决。有些导师会给每名学生一个定理并说"去证明它"，另一些人则走向相反的极端。例如，一名哥伦比亚大学的学生去萨米·艾伦贝格的办公室说："先生，我想写博士学位论文。"萨米说："这还用问吗?"公平起见，我要补一句，按照这个故事的另一种说法，这曾经是哥伦比亚大学的态度，后来被安到了萨米的头上。据说，马歇尔·斯通还引用了另一句可能是杜撰的话："如果我有什么好问题，我会自己解决它们。"

发现、发掘、发明好的新问题并不容易。我认识的一些人，一旦幸运地偶然发现了一个有望带来丰硕成果的问题，就会像守财奴一样，把它私藏起来，秘而不宣，他们非常害怕有人会偷走它。我认为，这在道德和战略上都是不对的。根据我的经验，最好还是遵从《圣经》："当将你的粮食撒在水面，因为日久必能得着。"（传道书 11/1）[15] 即使在向学生解释一个含糊不清的问题的可能性时，我也会一次又一次地产生新的想法，而在喝咖啡时间向同事提及这些可能性，大概会更多收获"礼物"，而不是遭遇偷窃。他人对你的问题的不经意反应，可能会给你带来一个全新方向的思考——瞧! 也许几个月后，你模糊的想法引出了一个定理，而后在脚注中，你会感谢一起喝咖啡的伙伴的洞察力。

诺曼·斯廷罗德 [16] 用了一个迷人的短语来描述他是如何引导准备学位论文的学生进行初步讨论的。他说，这不是一件馈赠，只是指出了一个有趣的"未知领域"。

一旦学生开始着手解决一个问题，导师必须谨慎行事，在好管闲事的"瓶中精灵"和令人沮丧的"暗黑力量"之间走一条棘手的路线。这两个极端我都经历过。

替学生写学位论文，对学生来说很糟糕，这几乎与同他争夺一样糟糕。

正如我之前提到的，特里津斯基走了一个极端 [17]，而纳特·科伯恩 [Nate Coburn，一位密歇根大学的同事，也是我的学生卢·科伯恩（Lew Coburn）的父亲] 不得不克制自己，以免走得太远。纳特患有多发性硬化症，在轮椅上教了很多年书。在数学上，他是一名应用分析学家。有一次，他告诉我，他从不向学生提出任何问题，直到他确信自己能解决它——而且，当然，他能确定这一点的唯一方式是已经解决了它。

我不敢说出我知道的那些"争夺者"的名字。其中一位会很慷慨地向学生提出一个研究问题，极大可能是他自己研究过的问题，也可能是他搁置了一段时间的问题。但一旦学生开始攻关该问题，他自己的兴趣就重新燃起，甚至还会通宵达旦，以确保在学生之前到达终点线。他没有培养多少博士出来。另一位导师则更加隐蔽、微妙地把人搞得气馁。有一次，他把自己的一篇论文交给学生阅读（这篇论文是与一位年轻合作者合著的），并让这名学生试着对其进行推广。几个星期后，这名学生成功了。这个新结果虽然不算惊天动地，但确实朝着正确的方向迈出了一步，学生对此感觉很好——直到第二天下午，在他告诉他的导师自己做了什么之前，他都感觉很好。7 秒钟后，这位导师才做出反应。"当然，"他说着，用手掌根部拍打着自己的前额，"我们怎么这么愚蠢，竟把这一点漏掉了！"不久后，这名学生更换了导师。

这类坊间传闻说的就是这种教授，当有学生告诉他一个结果时，他会快速而反复地换挡。第一反应是"这太微不足道了！"，紧跟着是"不，等一下——哦，不，这是错的——我有一个反例"……"等等——哦，当然——没错，我知道——三年前我和乔在去圣安东尼奥（San Antonio）会议的飞机上证明了这一点。"

导师不是唯一会制造麻烦的人，学生也贡献了自己的一份力量。我有两个学生两次想更换问题，每人两次。一个人是"证明"了特普利茨谱包含定理与次正规谱包含定理不相关的那位。"给我点儿别的事做吧。"他要求道。另一个人决定换题目只是因为不喜欢他的问题。他抱怨道："我研究算子已经有

两年了，不只是为了花时间去寻找 3×3 矩阵。"（他的问题涉及矩阵的谱与其
膨胀的谱之间的关系，先从低维情况下试着去感受这个问题，是很自然的。）

依我的经验来看，学位论文极少（甚至可能从来没有）以解决最初的问题
而结束——它们有一种趋势，几个月后，会向左和向上急转弯，并向一个完
全意想不到的方向曲折离去。尤里·赖尼奇（Yuri Rainich），一位在密歇根大
学的同事，讲了一名学生类似的情况，这名学生一开始在微分几何中做一些
复杂而枯燥的计算。他坚持不懈，但他并不喜欢这样。每当他觉得自己能离
开那玩意儿几小时，他就又会回到自己的一个"平凡"的谜题中去，那是关
于布尔代数的东西。一年之后，尤里越来越担心他的学生在几何上进展缓慢，
于是上述隐情就显现出来。尤里很感兴趣，他鼓励学生，向学生保证布尔问
题并不是那么"平凡"。结局很圆满：一篇关于布尔代数新特征的博士论文诞
生了，一位新晋博士的数学观不再是郁郁寡欢。

# 更多的博士生

唐·萨拉森 [18] 是我在密歇根大学的第一位博士生。在他迎来曙光之前，
他本想成为物理学家。我发现和他一起工作是一件令人愉快的事情。缘于唐，
我最终确定了与博士生开讨论会的方法，并从那时起一直运用得当。"到我办
公室来见我。"我会说，"每个星期一下午，让我们都把从两点到三点的这一
小时留给彼此吧，即使事实证明我们没有什么可说的。最糟糕的情况无非是，
我们只是坐在那里，闷闷地、静静地盯着张白纸过上一小时，争取琢磨出什
么来。"

最糟糕的情况从来没有发生过。我不打算多讲最初的几次讨论会，在那些
会谈期间，我们允诺努力合作，并选择出"未知领域"进行研究。我要说的
是在那之后，平常的会谈上会发生什么。实际情况因学生的不同而有所差异，
但对于所有学生来说，这一小时大部分都是用来提问的，而且，其中大多数

问题都是由我来问。很少会发生这种情况：学生星期一下午到达，一开始就问"……是正确的吗？"或者"你如何证明……？"。如果他被卡住了，那么他很可能甚至连正确的问题都想不出来；如果他没有被卡住，他会急于报告进展情况。

我的提问是令人措手不及的头脑风暴。"如果我们执意要求该差分不仅范数很小，而且还是紧的，会怎么样呢？这只对投影成立吗，还是对所有的部分等距同构都成立？这两个条件能同时满足吗？"这些问题并不总是明智的，但我希望，对学生正在努力解决的主问题而言，它们是切题的子问题。

唐·萨拉森是一个沉默寡言的人，要是七个字就够，他绝不会说出八个字。他是我认识的最流畅、最清晰的讲课者之一，而且他对时间有着非凡的感觉。他几乎从一开始就知道需要多长时间才能解释一些事情。在一小时的讲课中，他只需瞥一眼街对面塔上的大钟来微调自己的进程。在他已约莫讲了四分之三的内容时，如果还剩 12 分钟，他会在 11 分钟半内结束。他清晰

唐纳德·埃里克·萨拉森，1962 年

的表达和对时间的把握力一定是与生俱来的，在学生时代就展现了出来，自此之后就没有进步——因为没有进步的余地。当我后来见到他的时候，他蓄着浓密的大胡子，留着长长的黑发，脑后用一根橡皮筋扎着马尾，穿着蓝色牛仔裤和凉鞋。在那之后，我们又见了两次，他变得不那么时尚了，剃掉胡子，剪了长发，这两次他都回归到了保守的嬉皮士风格，并始终保持着这种风格。他不仅有才华，而且认真、勤奋、守信。如果他说在三个星期内完成文献目录，就一定能兑现，他会全心投入到这件事上，而且他会把参考文献列得全面而恰当——出版商、页码、日期等。

当我向他提出头脑风暴式的问题时，他会机智地默默点头，表示他明白了。如果我在接下来的一周不记得再次提出这些问题，唐也不会提起它们。如果我真的问："那些幂亚正规算子呢？"他会说："哦，对了，那是平凡的。"然后给我看他巧妙的非平凡答案。但我还没确定我最好的学生是唐还是埃里特·毕晓普，万幸的是，我不必做出结论。

唐聪明而敏捷，虽然他从不浪费口舌，但总是把该说的话说出来。他有些固执己见（比如对政治的看法），但他不会强加给你。

在一次写作中，他记下了我第一次邀请他来家里吃饭的事，但故事只写出一部分，他并没有全都讲出来，遗漏了后续。那次家宴的第二天，他来到我家，带着一盒精美的糖果作为送给我太太的礼物。她当时出门了，所以我说，她回来时我会给她的。几天后，我太太问我，是否告诉过唐，她有多喜欢那些糖果。我没说过，但这档子事我记了下来，再次见到唐时，我告诉他："我太太说我是个呆瓜——我应该感谢你送的糖果。""没关系，"他说，"我妈妈让我这么做的。"

如果我能读懂一篇学位论文，这情况可能不是太好；我无法理解萨拉森关于圆环上的自守函数的复杂技巧，这反倒不错。在某些情况下，我让学生们体验的精心设计的"断奶"过程都是假装的，但对于萨拉森来说，这经历轻而易举、水到渠成。"断奶"意味着在接近尾声时，当我意识到一名学生已经完成或即将完成其学位论文之时，我开始给予他作为一名数学家的自尊。我对他提出问题，真诚的问题，我真心渴望知道答案的问题。我尊重他的判断。我说："你认为这个问题应该如何攻克呢？你的技术方法可产生什么效果？还有其他重要的尚未解决的问题吗？"虽然需要一段时间，但这确实有效——渐渐地，学生们开始意识到自己不再是学生，他们是数学家了，而认识到这一点是他们训练的一个重要部分。他们必须明白，他们所做的就是他们的工作，而如果他们打算研究别的特殊问题——他们应该这样做，也可以这样做，此时，他们必须独立地面对。

我以前不止一次地说过，写完学位论文之后，你可以也**应该**研究别的特殊问题。你为什么应该这样做呢？因为那才是你真正开始腾空飞翔的时候，那才是你独立面对的时候，那才是你凭借自身的实力成为数学家的时候。如果一个学生在 25 岁时写了篇关于变分法的学位论文，并在 65 岁之前一直发表关于变分法的论文，那他可能是一位优秀的数学家，但几乎可以肯定他不是一流数学家。原创、探索、不断学习和拓展新知，所有这些都是成为数学家的必要条件。乔·杜布几乎也把这四点看作成为数学家的充分条件。我看过他写的几封推荐信（其中一封是推荐我的），他的最高评价不是"优秀""精通""深刻"，而是"第二篇论文与学位论文的主题不同"。

唐是我在密歇根大学的第一个学生，彼得·罗森塔尔是最后一个。看着彼得从一名笨手笨脚的初学者成长为一位自信的专业人士是件很有趣的事。当他在撰写学位论文，证明着一些零碎的东西时，他就一直想知道：什么时候是个头啊？什么时候这些结果能攒成一篇学位论文呢？我告诉他，那可是我分内的事，我必须试着判断何时这些结果能够构成一个各部分密切协调的整体，形成一篇值得接受和发表的可衡量的稿件。他同意由我来拍板定案，但他则先我一步。后来——我现在记得大约是 6 个月之后，有一天他来找我说："我觉得就这样了，我觉得这个问题已经解决了，我现在完成了一篇学位论文。"他判断得对。

我珍藏着彼得寄给我的一封信函。当我们完成了师生间的培养任务之后，我告诉他不必再用"哈尔莫斯教授"之类的称呼了，但他发现很难把我们的关系提升到直呼其名的亲密程度。他在信里都没有办法那样——是称呼名字，还是不称呼呢？所以他用这种方式开头："亲爱的保保保保保罗：好了！我已经说过了！"

这个故事无足轻重，但它与让我感动的另一个故事非常相似。在一次聚会上，当时萨米·艾伦贝格是主宾，而事业刚刚起步的戴夫·哈里森（Dave Harrison）是嘉宾之一。萨米的大名仿佛就是萨米，从来没有人用其他的方式来称呼他，把他叫成塞缪尔就像把吉米·卡特总统叫成詹姆斯[19]一样。在聚会上，几杯酒下肚，戴夫笑容满面地走到我们这群人跟前，他高兴地宣布："我做到了，我做到了：我管萨米叫萨米了。"

在萨拉森和罗森塔尔之间出现了史蒂夫·帕罗特（Steve Parrott），一个独来独往的人。我起初认识史蒂夫，但只局限于我的视野，他"不过是个研究生"。我们的第一次私人接触源于一场小麻烦。我们当中有几个人习惯把自己的咖啡杯挂在公共休息室的钩子上，某天帕罗特打碎了我的杯子。当然，我很生气，但同时，我也不想让这位看着害羞、文静、明显有些尴尬的年轻人感觉更糟。因此，我用一种显然夸张的语气对他咆哮起来，希望这比一句礼貌的套话更能让他放松下来："好吧，史蒂夫，你的博士生涯就这么完了！"我说话的语气一定是实现了我的初衷：他笑了。随后没过多久，在同一学年，他问我是否可以跟我做博士论文。我答应了。

卢·科伯恩、埃里克·诺格伦（Eric Nordgren）和鲍勃·凯利（Bob Kelley）是在萨拉森之后开始跟随我的，但他们都在唐完成学位论文之前就进入了论文阶段。结果，我们五个人（我和唐，还有这三位更年轻的博士生）安排了一个私人讨论班。在我的回忆里，那些情景很是愉快，令人欣慰，而且对我们所有人来说似乎都非常值得。我们聚集在黑板前，各学位论文的作者会互相解释他们一直在努力做什么，被困在了什么地方。（这些研讨是在我与他们每一个人的私人研讨之外进行的。）当然，他们在研究不同的问题，但所有的问题都与算子理论有关，从而他们都能理解其他人在谈论什么。多年以后，当我把这种情况告诉一位非数学专业的同事——语言学家安娜·哈彻（Anna Hatcher）时，她深感震惊。她要求弄清谁在写谁的学位论文。她似乎无法想象，可以在不导致剽窃的情况下，自由交流不成熟的想法。说到这一点，R. L. 穆尔也无法做到。

## 译者注

[1] 查利（Charlie）是查尔斯（Charles）的昵称，正名是查尔斯·伯杰（Charles Berger，1937—2014）。

[2] 这里指的是《点集理论基础》（*Foundations of Point Set Theory*），出版于 1932 年，在美国数学学会的"学术研讨会出版物"丛书中编为第 13 卷。

[3] 原文这一整段文字没有加任何标点，导致其句式复杂，晦涩难读。

[4] 全名 *Challange in the Classroom: A Documentary on R. L. Moore*，是美国数学协会在1966 年出版的系列录像带"美国数学协会经典影像"（MAA Video Classics）中的第三部。该系列的拍摄对象还包括乔治·波利亚·约翰·冯·诺伊曼·里夏德·柯朗。

[5] 这句话的英语原文是："I hear, I forget; I see, I remember; I do, I understand."。这句话常常被西方作品引用，并称是来自中国的谚语，或称出自孔子。若按谚语的句式，可译作："耳听为虚，眼见为实，实践出真知。"或用刘向《说苑·政理》中的"夫耳闻之不如目见之，目见之不如足践之，足践之不如手辩之"，但这并非原文本意。译者查阅《论语》，并未发现有类似含义的句子。而在《荀子·儒效》中有："不闻不若闻之，闻之不若见之，见之不若知之，知之不若行之。学至于行之而止矣。"此句与原文意义接近，但亦不同。因为没有找到确切的古文出处，故此处并没有用古文来翻译。

[6] 普通打字机只能打印常用字符，而数学等领域出现的一些特殊符号就无法打印了。"typit"解决了这一问题，它由美国国家航空航天局（NASA）工程师罗伯特·特怀福德（Robert Twyford）发明，可以通过更换字符配件的方式输入多达 1500 个符号。

[7] Selectric 是 IBM 在 1961 年推出的一款非常成功的电动打字机。它有一个被称为"球形字头"（typeball）的配件，代替了普通打字机的铅字连动杆（typebar），球形字头很容易更换，从而能在同一台打字机上打印同一份文件时使用不同的字体或者输入更多

样的符号。

[8] 原文是缩写 CBMS，全称为 Conference Board of the Mathematical Sciences，是一家美国伞形组织（umbrella organization），其起源可以追溯到 1942 年由美国数学学会和美国数学协会组成的战争政策委员会（War Policy Committee）。它于 1960 年正式组建，最初仅包含 6 家数学组织，目前已囊括 19 家成员。

[9] 博士和医生在英语中都是 doctor，且都可以用于对人的称呼。

[10] 这是一个有趣的文字游戏，而且还纠正了初学者在学习不定积分时容易犯的一个错误，即遗漏常数 $C$。$\int \dfrac{\mathrm{d}(cabin)}{cabin} = \log(cabin) + C$ [国内习惯写作 $\ln(cabin) + C$]，其结果读作 "log cabin plus sea"，而对数符号 log 在英语中还有 "原木、圆材" 的意思，结合特定形式的积分变量 "cabin"（小木屋、船舱），"log cabin plus sea" 的意思是 "海上木制小屋"，即 "游艇"（houseboat）。

[11] 中美数学教材都把自然对数函数表示为 $\ln x$，这符合国际标准 ISO 80000-2:2019（我国与之对应的 GB/T 3102.11-1993《物理科学和技术中使用的数学符号》属于采标），该标准还注明：当底数不必指出时，可以表示成 $\log x$，且 $\log x$ 不能用来代替自然对数 $\ln x$、常用对数 $\lg x = \log_{10} x$ 等。作者显然是按数学专业使用习惯进行授课的，即用 $\log x$ 表示 $\ln x$，顺便解释了教科书为何记成 $\ln x$。这一点与我国情况稍有不同，在 2017 年 3 月 23 日前，GB/T 3102.11 作为强制性国家标准实施，尽管适用范围是物理科学和工程技术领域，但国内数学领域也普遍采用了该标准所述记法，不过，若是在国外发表论文，往往还要采用 $\log x$ 表示自然对数。对于其他专业或行业，比如计算机领域，常常把 $\log x$ 当成以 2 为底的对数 $\mathrm{lb}\, x$，而在 C 语言中 $\log x$ 又用来表示自然对数。

[12] 此处原文是 "negative three"（负三），这里是按中文的习惯翻译的。我国数学领域通常把 "$-3$" 读成 "负三"，而不是 "减三"（minus three）。然而，美国的情况似乎恰恰相反。这看似无关痛痒的习惯却引起了讨论。斯坦福大学数学家基思·德夫林（Keith Devlin）在 2012 年发布的一篇博客（标题：How do you read "$-3$"？）里写道："我感觉（仅此而已），几乎所有的职业数学家都可能会赞成 'minus three'。原因是我们这些从事数学工作的人总是把减号放在数字前面，而这些数字本身可能是正的或负的。例如，我们经常发现自己引用 '$-N$' 这样的数字，而 $N$ 可能是 $-3$。"

[13] 东屋五郎（Gorō Azumaya，1920—2010），日本数学家，去世时，他是印第安纳大学的荣誉退休教授。

[14] 雅各布·达维德·塔马尔金（Jacob David Tamarkin，1888—1945），俄裔美国数学家，

以其在数学分析方面的工作而闻名。

[15] 作者引用了《旧约圣经·传道书》（英王詹姆斯钦定本）第 11 章第 1 节："Cast thy bread upon the waters: for thou shalt find it after many days."。此处译文采用的是中文和合本。字面上的意思是"把面包屑撒在水面，很多天以后你还能找到"。其实这里并非指面包仍在，而是吃了面包的小鱼儿心甘情愿地让你将之一网打尽。旨在教诲人们相信善有善报。

[16] 诺曼·厄尔·斯廷罗德（Norman Earl Steenrod，1910—1971），美国数学家，因其在代数拓扑领域的贡献而广为人知，同调代数的创始人之一。第 15 章"如何写数学"一节有其照片。

[17] 参见第 4 章"其他的力量，其他的语言"一节。

[18] 唐（Don）是唐纳德（Donald）的昵称，正名是唐纳德·埃里克·萨拉森（Donald Erik Sarason，1933—2017），美国数学家，其研究主要集中在算子理论、复函数理论，尤其是这两者之间的交互影响。2012 年，他从加利福尼亚大学伯克利分校退休后成为名誉教授。

[19] 吉米·卡特是美国第 39 任总统（1977—1981），其全名是小詹姆斯·厄尔·卡特（James Earl Carter Jr.）。吉米·卡特是他更普遍使用的名字，其中吉米（Jimmy）是詹姆斯的昵称。

# 第 13 章

# 出访悉尼，出访莫斯科，
# 然后回家

## 悉尼，1964 年

作为一名数学家，我常常在远行之中——在这里召开一场会议，在那里受邀做一次学术报告，在其他地方参加美国数学学会的集会，但大多数只逗留一两个晚上，却需要持续两到四小时的空中飞行。大约在 20 世纪 60 年代中期，一些更大的机会不期而至，我可以更多地去见识世界。1964 年 1 月的悉尼之旅，是这段经历的开场。

职业旅行需要提前安排，有时要早 6 个月，有时要早个几年。悉尼之行缘于 T. G. 鲁姆[1] 的一封信，邀请我在 1964 年澳大利亚数学学会（Australian Mathematical Society）办的暑期研究学院（Summer Research Institute）担任主报告人。他的信写于 1963 年 6 月，而其暑期研究学院计划于 1964 年 1 月 7 日开始，持续 5 周。我随即答复，由衷地表示遗憾，无法接受。毕竟，我是一个有在职工作的人，虽然 1 月 7 日介于密歇根大学的两个学期之间，但那 5 周的时间跨度将使第二学期的 15 周砍掉几乎 4 周，这是一个巨大的缺口。我原计划是给重点班上微积分，给研究生上实变函数课程。如果是两三次课——一周左右，总是可以商定一位友好的代课老师，但对于大多数人来说，4 周的时间已经超出了友谊限度。此外，如此多次的代课会让课程看起来像是拼凑的，这可不是大家希望看到的效果。

托马斯·杰拉尔德·鲁姆，1964 年

我受到邀请，除了因为鲁姆认为我讲课具备这样那样的优点之外，还有一个原因就是，1957 年，我们正好都在普林斯顿，那时我结识了鲁姆和他的家人。他是一个矜持、端正、拘谨的英国人。他在澳大利亚生活了 20 年（也许更久），并为他对自己的第二故乡熟稔于心而感到自豪，但对澳大利亚人而言，他始终是一个来自英国的"pommy"[2]。（我不知道 pommy 这个词在澳大利亚为什么指"英国人"，但重要的是，它的内涵是贬义的：一个外国人，一个帝国主义的投机分子，绝不是自己人。）他的妻子和女儿都很有魅力，友好外向。我特别喜欢杰拉尔丁（Geraldine），那时她才 7 岁。我真希望还能记得她教给我的《丛林流浪》[3] 这首歌的全部歌词。

鲁姆没有接受拒绝的答复，他赢了一半。富布赖特项目的人同意将资助分成两半，而不是按原计划全部资助给一位国外主讲人（尽管机票是双份的），我热切地允诺去两个半星期，而不是 5 个星期。资助的另一半给了我认识的拉尔夫·戈莫里（Ralph Gomory），但当时我俩并没有见上面。他是在我离开后一两天到达悉尼的。该项目最终被安排为三门"讲座课程"：我有 12 场算子理论讲座，戈莫里有 10 场组合问题讲座，当时住在澳大利亚的库尔特·马勒（Kurt Mahler）有 4 场代数数域讲座，他的出席不需要额外的机票费用。杰克·麦克劳克林[4] 和阿伦·布朗答应代我在安阿伯的课，并一直上到我回来。当然，还有一套烦琐事务：富布赖特申请、体检、财务安排、飞机和酒店预订，但这些都很常规。诸如此类之事总是会在中间出现一些纰漏，而最后的结果基本上都会一切正常的。

1964 年的元旦星期三上午 10 点左右，我离开了安阿伯，星期五凌晨 4 点抵达楠迪（Nandi）的斐济机场，那一周我没有经历星期四。途中最壮观的中转站是火奴鲁鲁（Honolulu），降落时正值当地午夜时分。我以前来过这儿，是在拜访我哥哥和夏威夷大学数学系的时候，但这次我来自那个寒冷、黑暗、令人讨厌的冬天，与火奴鲁鲁带来的感受之间形成引人惊叹的绝妙反差。此处天气温和宜人，春暖花开，大约 21 度，女孩们身着穆穆袍[5]，光着脚走来走去，棕榈树轻轻摇曳，空气中弥漫着鲜花的香气。我觉得，这些都是为我准备的，这里正是我想要居住的地方。

在斐济度过周末之后，我于当地时间星期一早上 7 点到达悉尼，满心希望生活比乘飞机旅行更有意义。鲁姆和杰拉尔丁来接的我，吃过早饭，睡了几小时的午觉后，我又重新回归人类。暑期研究学院于第二天早晨正式开始，而首场讲座（由我主讲）是在下午 4 点。

有 50 到 60 人前来参加，其中大多数当然来自澳大利亚。伯恩哈德·诺伊曼和汉娜·诺伊曼伉俪[6] 来了，蒂姆·沃尔（Tim Wall）也来了。扬科（Janko）同样参加了，他专攻单群，但他只听了我的第一场讲座，他说，他不认为学习希尔伯特空间能帮助他确定所有的有限单群。乔治·塞凯赖什（George Szekeres）是出席的资深人士之一，另外有许多年轻人，我很乐意与他们面对面交流讨论：达维德·阿舍（David Asche）、唐·巴恩斯（Don Barnes）、迈克尔·巴特勒（Michael Butler）及他的妻子希拉·布伦纳（Sheila Brenner）、萨姆·康伦（Sam Conlon）和杰弗里·伊格尔森（Geoffrey Eagleson）。

讲座，午餐，讨论班——从某种意义上讲，所有的学术会议都是同构的，其中一个会议所能描述的，对于其他会议而言也没有太多不同之处。我在一个会议上学到的数学与我已经掌握的知识相融合，提升了我的经验，并促使我（希望如此）成为一名更好的数学家。我如今或许记不得具体的场合、日期、地点和信息来源了，但有时记得哪里出了差错，比如在 1964 年，我在悉尼暑期研究学院的讲座就有两件事出了点儿问题：讲座难度和备课笔记。

在初期通信中，我就向鲁姆询问了讲座应具有的难度。"我认为，"我在信中写道，"难度水平应该是面向那些恰好在另一领域从事研究、具备较强理解力、受过良好教育的数学家的。换句话说，我假定听众不会是希尔伯特空间方面的专家，但也不是数学初学者。这个设定合理吗？"鲁姆回答说："你对听众的水平把握得非常到位。"谢谢你，鲁姆教授，但你太客气了。事实上，我没有猜中目标受众。每一种文化都有自己的数学传统，而当时的澳大利亚数学家的传统与美国的不同。澳大利亚人对于代数方面的知识比大多数美国人懂得更多，而在拓扑学和泛函分析方面则较少。具体地讲，两个大陆上的泛函分析领域专家知识水平相同，但麻烦在于，相比美国的同行，对分析较为生疏的澳大利亚"隔行"数学家以及他们的学生相对不太可能听说过一致有界性原理。而我，当然已经习惯了美国的传统水平。

在我的第一场讲座进行到一半时，我清楚地意识到应该调到较低的挡位，我赶紧做了调整。鲁姆出了个好主意：你是否愿意在讲座之余增加一些"辅导"课，以便那些有需要却不太敢在讲座中表现出来的人能有机会提出更基本的背景问题？这不正合我意吗？太棒了！这办法很管用。我们安排了两次辅导，大约有 15 人参加（我总共有 40 名听众），在那之后，听众似乎对讲座更感兴趣了。

备课笔记的故事，要从我从安阿伯寄给自己的一份厚重包裹讲起，包裹里是资料的抽印本和笔记。这些笔记后来成为我的《希尔伯特空间问题集》[7]一书的雏形，我在悉尼的讲座本应以该笔记为基础。鉴于包裹的尺寸和重量，我不可能在旅途中随身携带，航空快递承诺，他们会在足够的时间前将其交付。保险起见，我还在旅行手提箱里带上了大约 20 页的粗略大纲。我心中自忖，最坏的情况下，我还可以用大纲来支撑我的记忆，不用详细的笔记也能凑合过去。

最坏的情况发生了。我的第一场讲座是在 1 月 7 日，没收到备课笔记。8 天以后，也就是讲座进行到一半的时候，还是没有备课笔记。在某种程度上，没有备课笔记也挺好的，这使我的表现更加即兴，而且，这也成为一种借口。我告诉听众们，我的备课笔记没跟我一块儿寄来。每一处印刷错误、每一次言语混淆、每一回讲解卡壳，我都能够归咎于此，我可是被迫在没有备课笔记支撑的情况下授课的。最终，鲁姆再次出手相救。他给邮局打了电话——不，您应该去咨询航空快递。他打电话给国际航空快递——不，您应该去咨询美国铁路快递公司 [8] 的航空快递部。他给澳大利亚航空打了电话——不，您应该去咨询泛美航空。1 月 16 日下午晚些时候，他终于找到了包裹。哦，是的，先生，它在 1 月 11 日到达悉尼——不，它在 1 月 11 日准时离开美国——哦，好吧，如果您坚持要送的话，我们会发给您！第二天早上，我向听众挥舞着这个包裹，人们报以热烈的掌声。

在我听过的讨论班报告中，有的枯燥乏味，有的则不错。有一回是位中年乌克兰难民讲的，他从来没有离开过他的母亲。他做报告的时候，那个戴着一顶大帽子、牙齿掉光了的小老太太就坐在第一排。那报告糟透了。开讲之前，他就已经在黑板上写满了符号。然后，他读给我们听，竟然混淆了 g 和 j。听众中有位小伙子后来告诉我，他把自己的助听器关掉了。他还告诉我，他的一个朋友劝他少喝酒："酒精会使听力更糟糕。"这位戴着助听器的小伙子花了几秒钟组织语言，想办法回应。"总的来说，"他最后说，"我想我更喜欢我喝到的东西，而不是我听到的东西。"

作为一名数学家，我喜欢悉尼，至少和旅行者一样享受。我在一家"私人旅馆"租住了间舒适的小套房，"私人旅馆"似乎是指那种没有公共酒吧的旅馆[9]。这家旅馆是按照英国常见的布局建造的：要到我的房间，你得先上楼向左拐，再下两个台阶往右走，然后回到上面重新走一遍（只是貌似如此）。房间里有空调，这是必需的：有一天室外温度达到了 45 度。电话簿的黄页是粉红色的。电视接收画面格外地清晰，每平方英寸比我们有更多的像素点。一天晚上，我观看了《四季之人》[10]的精彩表演：1 小时 20 分钟，没插播任何广告。

如果说我对匈牙利动了任何思乡之情，那到了悉尼就会让这情愫变本加厉。我住的旅馆差不多就处在国王十字[11]，国王十字犹如澳大利亚式的格林威治村[12]，我在那儿听到的匈牙利语比我离开布达佩斯以后在任何地方听到的都多。当我在洗衣店拼写我的名字时，店主会开始用匈牙利语跟我交谈。那家门口挂着几根牛肋条的店铺标着 MÉSZÁROS，而不是 BUTCHER[13]。讲匈牙利语的人各年龄层都有：年长的是 1938 年希特勒扩张侵略时期的难民，年轻的是 1956 年赫鲁晓夫出兵时期的难民。我买了张《悉尼的匈牙利人生活》（"SYDNEY-I MAGYAR ÉLET"）——一份可怜、悲伤和愤懑的小报。它对赫鲁晓夫感到愤懑，这是理所当然的；它对美国感到愤懑，因为我们与赫鲁晓夫对话；它对悉尼也有一点点的愤懑；它对匈牙利则是怀念和愤懑。

# 布达佩斯，1964 年

我在第二次世界大战前（1937 年）和第二次世界大战后（1957 年）都曾想过回匈牙利。这本来是有可能的，但我感到害怕。我并不是很害怕被征召入伍（1937 年我 21 岁，匈牙利才不会把我已经入籍美国的文件当回事儿），也不会害怕"秘密警察"（毕竟，1957 年，作为一个美国人，我站在了"铁幕"的"错误"一边）——我仅仅是害怕。回顾我的童年，跟长期疏远的堂、表兄弟姐妹和姑母、舅母们重新建立联系，面对我以前没有时间真正学会的文化和语言，再适应这一切，这些都令我惴惴不安。我的担忧（"恐惧"这个词太强烈了）表现为一种厌恶，比我内心的真实感触要强烈：我总是讲，我不喜欢匈牙利，我不喜欢匈牙利人，我不喜欢他们那种语言。1964 年，当我受约在布达佩斯的波尔约·亚诺什[14]数学学会发表特邀报告时，我内心感到纠结：毫无疑问，这将是令人激动和有趣的旅程；但反过来，这也会使人不安和不自在。在摇摆不定中，我做出决定：我接受了。于是，我启程了。

这趟远行花了 8 天时间，从出门到回家，正值春假的"停课"周，包括两头的星期天，这样我就不会缺课了。我带着抵触的情绪出发，我想，回来的时候也一样，不过我错了。起初，有些烦恼似乎证明我的态度是合理的，但和所有这些烦恼相比，有些事情给我留下了更深刻的印象。我曾一遍又一遍地发誓，我再也不回去了，可是一年后，我又回去了，之后还有好几次，情况也不算太糟。但我首先要说的是，到底有多糟糕。

从我最后一次见到匈牙利平民百姓算起，将近 32 年过去了，当我在荷兰阿姆斯特丹机场看到他们准备登上匈牙利航空公司的航班前往布达佩斯时，我非常震惊。我看到了一种原始的攻击性，与有名的英国上流社会的礼仪截然相反。他们在候机室里大声地叫嚷，有些身材矮小的老太太推推搡搡地插队。在登机时，这种混乱让登机的机舱后门塞满了人。在这儿，在这儿——不，最好是靠窗！——莫莉在哪儿？——让我们坐一起——那里有一个空的！可怜的空姐们一直试图让大家安静下来——都请坐下来，有的是空位子可以挑，都请坐下来——但没有人听。他们的想法是，任何东西都不会充足，世界上的混蛋都想欺压你，你得靠大呼小叫、抓挠推挤，才能得到任何东西。我很理解，我的头 13 年人生就在这种饥饿文化中度过，因此骨子里也带了一些，当我看到它的时候，我就能辨认出来。

着陆后，我与布达佩斯的第一次接触发生在一间洞穴般的、冷森森的、光线昏暗的海关棚屋里，负责人似乎是三名高级军官，两男一女，锃亮的高筒靴，卡其色制服，武装带，大檐帽，肩章佩星。他们是行李安检员，所有入境旅客的眼下一步都取决于他们的一时之念。一群乌合之众漫无目的地转悠，没有秩序，没有引导，没有先后。我后边那个人的手提箱还没有到，听见我用英语告诉他需要等一等后，他似乎松了一口气。一名不知所措的荷兰人试图解释说，他在给一位医生运送一些精密的 X 射线仪器，但这个问题超出了检查员的语言能力。一小时以后，我鼓起勇气问什么时候该轮到我。"哦，你还没检查过？好吧，让我看看。"一分钟之后，我被挥手允许通过了。我的东道主，以拉斯洛·富克斯（László Fuchs）和保罗·雷韦斯（Paul Révész）为代表，就一直在这么等着。我曾在美国召开的会议上遇到过他们两人，我很高兴再次见到他们。他们当时都是小伙子，显然是才华横溢、雄心勃勃的数学家。富克斯后来移居美国，写出关于阿贝尔群的"圣经"，并在杜兰大学定居。雷韦斯成了匈牙利数学的领军人物之一，是硬解析概率论的专家，也是一位不知疲倦的世界旅行家。

他们把我安置在盖莱尔特酒店（Gellért Hotel）——我从小就知道这个了不起的名字和它一流的声望。我们共进晚餐。那里有个奇怪的规矩：领班负责接受你的点餐，另一位服务员给你送餐，第三位服务员——级别大概在那两人之间——过来收钱。当你准备离开的时候，你招呼他，告诉他你吃过什么，他会在一张纸条上潦草地写下数字，然后告诉你该付多少钱。这个价格已经包括服务费，但除此之外，你还要给小费。

在浴室里，我发现了一小块肥皂，如同美国汽车旅馆里的肥皂那么小的尺寸，但结果证明，这是供我用一个星期的量。洗手池的排水管堵塞了，总要等老半天水才能渗走。灯罩是破的。床上有一张薄被而不是毯子，尺寸比我的身体还略小，夜间从它下面露出的任何身体部位都会很快被冻得冰冷。

楼下舞厅里正在举行舞会，大部分歌曲我都听得出来，其中一首是《我的全部，为何不带走我的全部》(*All of Me, Why Not Take All of Me*)[15]，另一首是《是的，先生，那是我的孩子》(*Yes, Sir, That's My Baby*)，还有第三首——千真万确！是《摇滚时代》(*Rock of Ages*)。头一个晚上，无论是舞会，还是就在我窗外的有轨电车车流，都不能把我吵醒。

慢慢地，慢慢地，记忆开始浮现。当我在曾经熟悉的城镇中漫步时，当我跟亲戚们攀谈时，那些称不上记忆的朦朦胧胧、如梦幻缭绕般的印象，变得更加实在了。它们不再是一缕一缕的，而变成一个一个互不相连的漩涡，但仍然形状模糊，就像泥浆一样。假如我有意滋养、丰富这些回忆，它们可能会变得真实而生动，但现在它们大多都如尘埃般支离破碎。这是一位阿姨曾给我买烤栗子[16]的地方，如果我在那里左转，就会来到一座公园；还有，在我叔叔家，我是不是曾遇到过一位会说世界语的中国客人？我注视着我曾经居住过的公寓大楼。前门入口处住户名单上的人数是从前的两倍，每套公寓都被分拆成几家。电梯出了故障，楼梯受了潮，墙皮大块大块地脱落了，一个旧浴缸被丢弃在院子里。楼外面，林荫大道一片漆黑，空无一人。富克斯说："这和你记忆中的不一样了，不是吗？现在一切都单薄多了。"我不忍心去接他的话。一切都是破破烂烂的，寒酸、昏暗、贫穷。我得到的总体印象令人不快，整个城市（抑或整个国家）似乎都很落后、肮脏。

堂哥[17]弗兰克（Frank）是我最熟悉的亲戚，他告诉了我现实的状况。他是一家大型企业（年度预算超过 1 亿美元）的首席行政工程师（用德语讲叫"执行长阁下"，Herr Generaldirektor，听起来令人印象深刻），他拥有一辆小轿车，一辆小型的德国欧宝汽车；他还享用公司给他配备的一辆俄制小轿车，看起来像一辆开了五年的中等价位的雪佛兰，司机是一个穿着套头衫的年轻农民小伙子。他的生活水平低于比他年轻 20 岁的美国威斯康星大学的助理教授。他能买得起欧宝汽车的唯一原因是，他在埃及开罗工作了 6 年，那几年挣的是英镑。车辆的保养维修是一项负担，他当然也买不起车库。他和妻子以及两个上大学的孩子住在一套四室公寓里，共有四个小房间：一间起居室兼书房，一间主卧，男孩和女孩各一间卧室。他承认，他说自己负担不起给鞋子打前掌是在夸大其词，但他坚持说，他确实买不起他所需的那件新越冬大衣。他的妻子是一名学校教师，一个星期上午工作，一个星期下午工作，每小时 8 福林（合不上 50 美分）。一个清洁女工早上会来帮她，每个月来五六次，一小时工钱有 10 福林。

学校里的孩子们必须学习俄语，但他们普遍不喜欢这条规定，对此怨声载道。卡尔马尔，一位逻辑学家，告诉我有一次他受邀去华沙做报告，出现了语言交流的问题。许多波兰人既懂俄语又懂德语，但是，作为老一辈人的卡尔马尔从未学过俄语，而他会说的德语在战后的波兰极不受欢迎。他解决了这个问题，用德语开始了他的报告，大致是这样的："很遗憾我不会讲波兰语，但如果我用我们东德同志的语言报告，我希望你们能接受。"

大多数受过教育的匈牙利人都能读和说英语，战前，当我在匈牙利生活以及后来作客寓居时，所有的报摊和书店里都可以很容易地买到英语报纸和书籍。可在 1964 年，虽然他们告诉我还能找到英语读物，但我努力地搜寻，也没有成功。我在阿姆斯特丹买的《纽约时报》让我坚持了几天，看完后，就没有可看的了。第一次拜访数学研究所（Mathematical Research Institute）的那天，我碰巧把它塞进公文包。我被领着四处转转看看，尤其是一个宽敞、舒适、通风的房间，里面有一张桌子，上面摆放着几份来自世界各地的报纸。唯一的英国报纸是伦敦《每日工人报》（*Daily Worker*）[18]。啊，我天真地说，我可以为这个房间做点儿贡献，于是，我把我的报纸放在桌子上。此时的东道主，也就是当天早上负责接待我的那个人，感到很难堪。我反应迟钝，不知道出了什么问题，花了好几分钟才醒过味儿来。他先是开了个玩笑，但随后又说得很清楚：他不想因为一份《纽约时报》被留在这里而承担责任。我猜测，在现场的人会认为我开了一个不礼貌的玩笑，如同在马鹿俱乐部[19]或者浸礼会（Baptist church）的晚餐上抛出一份《每日工人报》一样。

一开始，在大部分时间，我都得讲匈牙利语，这让我很烦恼。我觉得这种语言缺乏美感，表达也不严密。我在英语中学到许多词汇来表达细微的区别，比如 therefore、hence、because、so 和 consequently，当我试图用匈牙利语来表达时，就全都成了一个词。日子一天天地过去，情况有所改善。有时，我会突然记起一个我已经 35 年没用过的字眼，但很有可能我用错了。当然，还有我很多不认识的词，因为在我是个孩子的时候，它们并不存在。一次，我去确认机票预订情况时，碰到了一个例子。碰巧，那位年轻的管事女士不懂英语，我给她看了我的票，让她检查一下是否一切正常，业务进行得亲切而高效。手续办完后，我想应该利用这个机会，学习如何用匈牙利语说"再确认"。我问道："请告诉我，我刚才办的手续，就是你帮我处理的这些预订的事，该怎么说，那个词是什么来着？""哦，那个啊，"她说，"那叫 rekonfirmálni。"

我在匈牙利的主要任务并不是作为侨民进行归国探访，而是以一位远道而来的数学家身份去建立和巩固科学关系。我为此而努力。我重逢和结识了很多人物，比如像雷尼（Rényi）、温策（Vincze）和亚历克西茨（Alexits）这样的大人物，还有在莫斯科跟随盖尔范德[20]学习的马尤斯（Májusz）和来自塞格德大学的纳吉的弟子杜尔斯特（Durszt）这样的年轻初学者。确实有一些艰难的工作，最困难的是我意外地陷入了"多角色对话"。据我所知，某天下午，我本该只需在研究所喝杯咖啡，然后和别人握握手。但东道主有其他安排。他们的确给了我一小杯黑色液体，味道像氢氟酸，但一拿到手里，我们就成群结队地聚集到一个大房间，那里有大约 30 把椅子，像圆形剧场座位一样摆放着，另有 3 把椅子正对着它们。他们让我坐在这 3 把椅子里中间的那一把上，温策和亚历克西茨分坐两边，其余的人坐满了 30 个座位，或者站在座位后靠墙的地方。

一场"拷问"开始了。密歇根大学怎样进行博士培养？你如何看待应用数学的作用？美国数学家挣多少钱？我们能得到俄语书籍和期刊吗？我尽最大努力来回答，大约 80% 的内容用匈牙利语，但当需要描述比通常更复杂、更精确的情况的时候，我的英语就会脱口而出。

当时，这里的研究所与大学之间的任务关系一直困扰着我，我始终没有完全弄清楚。粗略地说，研究是在研究所里完成的，教学是在大学里完成的，两者在行政和财政（以及地理）上是分离的。但我又被告知，实际上这只是相当粗略的划分。两者的合作，既并非一以贯之，也不是全心全意。研究所的一些成员有时在大学讲课，大学的一些教授也在研究所兼职，但两家之间肯定存在竞争。他们的关系往往很礼貌，但并不亲切。

　　数学访问的主要仪式总是包括做报告。我的报告被安排在匈牙利之行的最后一整天。那天正是耶稣受难日，"铁幕"之下，这个节日在官方看来并没什么意义。我预先解释说，我不可能用匈牙利语做报告。我的匈牙利语水平足以让我谈论电影、旅行、学校、食物、家庭和闲话；当主题是政治、学术组织和哲学时，我勉勉强强能听懂，甚至偶尔插句嘴；但当讨论 $\sqrt{2}$、$\int_a^b f(y)\mathrm{d}y$、控制收敛定理和一致有界性原理时，我就完全无能为力了。我从来没有学过匈牙利语的专业术语，因此，恰恰在我最需要的时候，我的词典和语法都抛弃了我。我说，我办不到，我是一名美国数学家，我用英语做报告。

　　只是为了好玩，我写了一段引言，表达我对被邀请的感激之情，并为不能用我的母语做报告而道歉。我请雷尼把它翻译成地道的匈牙利语，并熟记于心。当我站起来演讲时，我从这段引言开始，一切都很顺利，除了一件事。碰巧就在同一天，一个由六名埃塞俄比亚数学家组成的代表团正在访问布达佩斯，当然，出于礼貌，他们也被邀请出席波尔约·亚诺什数学学会的会议。他们的英语还不错，但当听到我的开场白时，他们理所当然地表现出担心——脸色煞白，如果用这个词合适的话。

　　报告进行得如火如荼，持续了好一会儿。当我大约讲到一半时，后门开了，四名侍者端着咖啡托盘进来，他们开始分发咖啡，弄得碟子和勺子叮当作响。哦，是的，他们把我的咖啡直接送上了讲台给我。我通过大声嚷嚷来盖过这一切，但我真希望自己没这么做。

　　结局好就一切都好，我的访问结束了。波尔约·亚诺什数学学会将给我500福林（合二三十美元）的酬金，这是一个小小的但令人愉快的意外，我原本以为没有酬金。第二天早上，我在机场买的报纸头版印着"全世界无产者，联合起来！"的标题。那个看起来像准将的人检查了我的护照，他以为是我把登机牌落在了他的服务台上，于是在我身后喊道："哈尔莫斯同志！"当我登上比利时航空的班机（下一站是布鲁塞尔）时，我感觉轻松多了——我重新穿越"铁幕"，回到了家里。

那是 20 年前的事了，很多事情现在都不一样了。盖莱尔特酒店配备了更多的肥皂，街道上竖立了更多的路灯，墙皮贴得更牢固，报亭里也有了更多的英语书籍和报纸，包括《纽约时报》。海关和入境检查员还是和以前一样趾高气扬。

## 苏格兰，1965 年

英国数学研讨会（British Mathematical Colloquium）定于 1965 年 4 月初在邓迪（Dundee）召开。W. N. 埃弗里特（W. N. Everitt）教授 [ 在我见到他后不久，他就用了诺里·埃弗里特（Norrie Everitt）这个名字 ] 负责，他邀请了三位"综述"报告人，在三天的会议中，每天由一位报告人担纲，即克洛代·谢瓦莱、阿瑟·埃尔代伊（Arthur Erdélyi）和我。1964 年 5 月，我收到了埃弗里特教授的信，当时，我从匈牙利回来正好六个星期，已经休息好了，渴望重新加入"数学飞人"[21] 的行列。好的，非常感谢，我答道。于是，我开始了长达 11 个月的繁复协商。

英国数学研讨会并没有发生什么特别复杂的情况。他们有一些资金，虽然不多，但足够支付国内旅行和生活费用。跨大西洋的旅行仰仗美国国家科学基金会的资助，当然，这意味着要申请表、复写本、摘要和其他类似的东西，但是我精力太充沛了，不会满足于这么点儿活动。我对自己讲，既然要去欧洲，何不做得尽善尽美？杜布当时是美国数学学会主席，艾伯特是已当选的下届主席，他们告诉我，美国和苏联最近达成了一项科学院之间的交流协议。协议规定，在 1964—1965 年的某个时段，两国都要向对方派遣 20 位杰出的科学家，"其中半数以上是各自科学院的院士，每位派遣期至多一个月，就各种科学问题提供讲座、开设讨论班，并进行科学研究"。那年我 48 岁，正如我努力达成的目标，我被认为是"杰出"人物。于是，我申请了该项目，成为 20 人当中的一个。我对自己讲，既然我在苏格兰和苏联，不妨也去趟匈牙利。随即我主动与朋友们通信，并跟匈牙利科学院（Hungarian Academy of Sciences）进行官方联系，看看能做些什么。

　　与科学院层面或接近科学院层面进行通信可能会变得很复杂，而且我同时和四个国家进行联络，这就变得相当复杂。更麻烦的是：在国内，我要同时与美国国家科学基金会和美国国家科学院打交道；在英国，不仅有英国数学研讨会，紧接着还有爱丁堡数学学会（Edinburgh Mathematical Society）和伦敦数学学会（London Mathematical Society）举办的联合会议；在苏联，我应该既访问莫斯科，又访问列宁格勒，此外，我正在就我的书被翻译成俄语后的版税支付进行谈判；在匈牙利，讲座被安排在布达佩斯和塞格德两地。我只有11个月的时间，勉强够我规划这两个月的行程。手续有一部分很顺利，有时候也遇到了一些官僚主义造成的挫折，但最终所有的文件、照片、签字和印章（更不用说美元、英镑、卢布和福林，以及飞机、汽车和火车了）都办理停当，我已经准备好迎接一个漫长的春季，去旅行和做数学 [22]。

　　这次英国之行为期三周，但其中只有第一周在苏格兰是做数学。余下的两周，我和太太一起前往英格兰度假。为了避开希思罗（Heathrow）机场的喧嚣和混乱，我直接飞往普雷斯特威克（Prestwick）这个文明、小型、高效的机场，花了一个晚上试图找回我飞越大西洋中部光阴暂时流失的那5小时，然后悠闲地开着租来的一辆福特“西风”奔向邓迪。很简单，你要做的就是沿着路标前往格拉斯哥（Glasgow），然后在狭窄弯曲的街道上无望地转来转去，想办法找到城市的另一头；再沿着路标前往斯特灵（Stirling），又迷失在城中；如此下来，最终，沿着路标前往邓迪，问一下交通管理员安格斯酒店（Angus Hotel）在哪里。一路走来，你可以在第三套节目 [23] 中聆听着莫扎特，现在这套节目变成了盖尔语新闻。

　　埃弗里特和他的同事 R. P. 皮尔斯（R. P. Pearce）来欢迎我，我们在安格斯酒店共进晚餐。埃弗里特把费用挂账到我的房间，然后赶紧安慰我。“不要担心，”他说，“我们已经安排好把账单送交给研讨会。我们说到就做到，名副其实。”

　　研讨会非常受欢迎：超过200人在那里待了整整三天，我和其中一半的人握了手，并试图记住他们的名字，但到目前为止，在将近20年后，我的记忆能联想起的面孔只有官方名单上的 20 到 25 个。

我第一次见到弗兰克·邦索尔（Frank Bonsall），那时他还在纽卡斯尔大学，后来他转到了爱丁堡大学，在那里我才同他混熟了。他是个十足的英格兰人，与苏格兰人形成鲜明对比，但他并没有因此被冷落。他了解苏格兰的一切，了解苏格兰的生活方式。当我在布达佩斯或印第安纳州的克劳福兹维尔（Crawfordsville）见到他时，他证明了自己在当地也同样适应。当我这次做报告的时候，邦索尔担纲我的介绍嘉宾，我忍不住要引用他的一句话。他说："哈尔莫斯教授可能看起来像一名数学家，但实际上他是一个等价类，在几个领域都有建树，包括代数逻辑和遍历理论。今天下午，他为我们所做的报告将以希尔伯特空间为主题。"

爱德华·科林伍德[24]爵士也前来参会，我听说过很多关于他的佳话。我们有共同的朋友，于是，我大胆地自我介绍，并问他能否请他喝一杯。他说，可以。他的头发全白了，而且没有剩下多少，他属于中等身材中偏矮的。他举止优雅，倾听着别人与他讲的话。他是一位享有盛名的复变函数论专家，但很富有，并不需要大学里的工作来维持生活。他因对英国医院系统的贡献而被封为爵士。

爱德华·科林伍德，1965 年

　　兰金也到场了，罗伯特·亚历山大·兰金 [25]，他的盖尔语名字是麦克特兰克（MacFhraing 发音类似 Mackt Rhankh！）。他是一位著名的解析数论专家，曾经只是出于逗趣，用盖尔语写了一篇论文。《数学评论》的编辑博厄斯在接到论文后，并不了解这两个名字的关联，又没有人能读懂盖尔语，于是就把这篇论文寄给了兰金进行评论。兰金的评论写得不错，但他的良心不允许他对博厄斯隐瞒自己的真实身份。不管怎样，这篇评论还是发表了。

　　约翰·厄尔多斯（John Erdos）参加了会议，一位年轻的泛函分析学家，他不可避免地被称为"弄差了的埃尔德什（Erdős）"，不过也只是暂时的。他出生在匈牙利，但 8 岁时离开了家乡，在澳大利亚和英国长大。他的匈牙利语和英语都比我说得好，而且他坚持要求人们按英语发音念他的名字。他不希望念成"Air-daish"，而要求念成"Er-doss"。只要埃尔德什和他一样出名、一样无处不在，厄尔多斯的这一语言改革注定要经历一段艰难的时期。读者都知道吗？我拒绝把自己的名字读作"Hal-mush"（豪尔莫什或哈尔莫什），也就是某些人认为的那种"正确"发音方式，请大家务必读作"Hal-moss"（哈尔莫斯）。

　　数学世界中的瑰宝和准数学世界中的轶事总被传来传去，其中有一件轶事与数学家彻韦尔（Cherwell）勋爵 [ 原名弗雷德里克·亚历山大·林德曼（Frederick Alexander Lindemann）] 的授课风格有关。据说，他讲课大部分时间让人听不清；当听众听得清的时候，他的话则让人听不懂；少数几次，听众既能听清也能听懂的时候，那就是他讲错了。顺便说一下，李特尔伍德讲的那个弗洛伊德式的故事，说的就是这个人。李特尔伍德不喜欢这个人，厌恶情绪非常之强烈，以至于他把那个名字——那个被封为勋爵之前的名字忘得一干二净。林德曼和李特尔伍德曾是剑桥大学的同事。李特尔伍德在教职员会议上发言，反对一个刚提出的建议：简直糟透了，它的提出者……那个教授……嗯……讲不出名字着实令李特尔伍德感到尴尬。李特尔伍德认为他可以通过一种记忆技巧来解决这个问题：每当他需要记起这位同事的名字时，他就去想 π，然后想到费迪南德·林德曼（Ferdinand Lindemann），因为他证明

了 π 的超越性，这样一来，"林德曼"这个名字就会出现在记忆中。就像李特尔伍德后来说的那样，这行得通。而往后，当李特尔伍德在讲述 π 及其超越性，并想要对那个证明大加赞誉时，他却只能讲出，这个深刻的事实首先是由……嗯……坏了！

温迪·罗伯逊（Wendy Robertson）从格拉斯哥开车过来参加了部分研讨会，她还带着 4.8 个孩子（其中 4 个乖巧懂事，而 0.8 那个则引人注目）。她和她的丈夫亚历克斯（故意被叫成"亚历克"）[26] 都是数学家，甚至在拓扑向量空间方面有过合作。参会人群中有一位热情洋溢的成员——劲头十足的红头发爱尔兰人特雷弗·韦斯特（Trevor West），他经常说"令 haitch[27] 是一个希尔伯特空间"。他几乎是一名彻头彻尾的禁酒主义者，可说起话来却像个酒鬼，他还是一名忠实的英式橄榄球运动员和裁判，后来又成为参议员，在爱尔兰议会中代表都柏林圣三一大学。

研讨会期间，我并非每一分钟都是在研讨会上度过的。我好好逛了逛邓迪，还买了些东西。最佳的步行路线之一是爬邓迪山，这是一处大约 500 英尺高的小山丘，从那里可以鸟瞰城市的大部分地区。另一次愉快的散步和购物之旅是和谢瓦莱一起。那天他和我碰巧挨着坐，在喝咖啡的间隙，我们毫无隔阂地达成共识，听两个报告就足够了。上午第三个报告开始时，我们悄悄地溜出去，给谢瓦莱太太和谢瓦莱小姐买毛衣去了。我们（我和谢瓦莱）在普林斯顿相识，经常对弈围棋（他一度成瘾）。我们在远离家乡的邓迪偶然间凑在一块儿，发现彼此很容易相处。那天晚些时候，谢瓦莱做了一个关于代数群的讲座。我坐在前排，努力装出理解的样子。他的报告非常受欢迎。我当时很想知道，听众不仅用掌声，而且还要用强烈的跺脚声来表示赞同，这是英国的习俗，还是欧洲学术界的普遍习惯？

埃尔代伊的报告安排在第二天。埃尔代伊原本是匈牙利人，但他的大部分大学教育和全部职业生涯都远离匈牙利，却在捷克斯洛伐克、苏格兰和美国。他离开爱丁堡前往帕萨迪纳（Pasadena），在加州理工学院工作了 15 年。他在那里担负的最大一项任务，也是他被邀请的最初原因，即"贝特曼项目"。这个项目的目的是整理哈里·贝特曼（Harry Bateman）的遗稿，实际上是进行返修和改写，然后出版。经过大家的共同努力，遗稿最终形成了五卷巨著。埃尔代伊的主要兴趣是硬分析，包括被称作"特殊函数"的分支。最终他又回到了他深爱的爱丁堡大学。我在邓迪见到他时，他就在那里工作。他的报告是一部阐释性的艺术作品：精细、清晰、翔实、有趣，总之很美，而且相当易懂。他谈到了非标准分析，这完全不是他一贯所关注的领域，而他讲解得很亲切。他的报告结束时，谢瓦莱哼了一声，讥讽道：平凡的结果，糟糕的报告，废话，这个人真是胆大妄为，竟然说这些东西可以得出广义函数推出的结果！

那天晚上，我们中的一些人受邀参加院长（Master）的欢迎会，我几乎可以说是被命令去的。在美国，院长被称为 college president。欢迎会定于 7:45 到 8:30 举行。来宾主要是组织者和报告人，以及一些来自国外的重要人物——都是精心选中的。我们全都身着最为得体的衣服，集中在一起，7:45 准时由埃弗里特引导我们来到院长的接待房间，介绍我们认识，敬上雪利酒，还招呼我们在来宾簿上签名。我们从未听说过院长的名字。我同他聊了几分钟，得知他的专业是苏格兰法律。到 8:30，我们和院长握手道别就准点离去了。

我的报告在会议程序上排在最后一个。埃弗里特后来承认那是他干的，他称之为"一点点有意识的邪恶"。我稍微明白了那块奇怪的橡胶黑板的工作原理：一条传送带延展成框架，从而能反反复复地移动。差不多 20 分钟，你刚写好一块黑板后，把它往上推，你要开始写的那块黑板就会从它底下冒出来。我的主题是"希尔伯特空间的一些最新进展"（难道还能是别的题目吗？），报告看起来一切都很顺利。伴随着礼节性的掌声，第十七届英国数学研讨会宣布结束。

我在正式会议前总是神经紧张，直到我的报告结束，只有这时我才能放松。第二天在附近的爱丁堡举行的爱丁堡数学学会和伦敦数学学会联合会议很短，我记得那次会议程序上只包括一场兰金的讲座。我的假期是从那以后开始的，从**那**以后我就得为苏联之行费心了。

假期中夹杂着一些业务活动，因为我们拜访了朋友，而他们大多是数学家。但这是个不错的假期，一路经过赫尔（Hull）、伦敦、南安普敦，以及其间的几站。在赫尔的经历是最新奇的。赫尔大学正在发展和建设，与此同时，它也在受苦。在这片泥海之中栖息着几只"仙鹤"，比尔·科克罗夫特是其中一个，当时他担任理学院院长（Dean of Sciences），窝在一个狭小昏暗的隔间里，办公桌紧挨着暴露在外的水管。

他带我去见图书馆馆长，就是著名诗人菲利普·拉金（Philip Larkin）。我事先就很担心。我对诗歌毫无兴致，很少读，也欣赏不来，然而，我听说过著名的菲利普·拉金，我又能跟他谈些什么呢？我本无须多虑的。拉金是一位诗人，也是一位泰然而有教养的绅士。他怀着浓厚的专业兴趣告诉我，他的图书馆去年花了多少钱在数学上，包括期刊一共是 1606 英镑 3 先令 7 便士。午餐时，我们谈到了双光眼镜（我们俩都是刚戴上），还谈到版权法。我想我们都很享受这次对话。

假期结束了，职责还在召唤。星期五（4 月 23 日）晚上，我送妻子上了南安普敦的船。星期六上午，我驱车前往伦敦，把租来的车还回去，并处理其他一些这样的琐事。星期天我休息，但闷闷不乐，继续努力学习更多的俄语。星期一清晨，我在西伦敦机场的航站楼办理了登机手续，把自己交给了俄罗斯航空公司。

## 莫斯科和列宁格勒的旅者

我可不想因为口袋里的微型相机被贴上间谍的标签，所以我把它拿出来，在海关人员面前挥舞着，并用我最流利的俄语解释道："fotograf apparat[28]。"他咧嘴一笑，挥手让我过去："Da，da[29]，米诺克斯 [30] 产的。"尼基·卡扎里

列瓦兹·瓦列里安诺维奇·加姆克    叶夫根尼·弗罗洛维奇·米先科，1962 年
列利泽，1962 年

诺夫（Nicky Kazarinoff）是我在密歇根大学的同事，那年在莫斯科度过，他来机场接我；一同前来的还有 S. V. 福明[31]，盖尔范德和科尔莫戈洛夫的追随者[32]，以及 R. V. 加姆克列利泽和 E. F. 米先科[33]，这二位都是庞特里亚金型控制论专家，我在他们访问安阿伯时就认识了。我带他们去密歇根州马歇尔（Marshall）的温·舒勒（Win Schuler）餐厅吃饭，那里距离安阿伯约 42 英里。美国国务院发布了严格的命令，作为对苏联下达的一些类似命令的报复：加姆克列利泽和米先科必须待在以安阿伯为中心的 40 英里半径范围内。海，我们的系主任，希望避免任何可能的指控，我不得不向华盛顿请示并获得许可，以便让我们的客人见识到真正的美式沙拉吧是如何操作的。

尼基把他那辆火红色的宽敞旅行车运回去了，我们就开着它进城。在莫斯科拥有一辆汽车未必总带来愉快。尼基说，他们到那里的第一个晚上，汽车上的无线电天线就被折断并拆走了。我们看到一辆停在一家餐馆前的车，两个前轮胎都被放了气。陪同我的当地人提出了两种可能的解释：纯粹是为了好玩，或者，是对大型汽车所代表的炫富行为表达不满。还有一次，大约一星期后，为了开车送我去城外几英里的一家博物馆，我的东道主从发动机盖下取出三个基本部件，装进口袋，然后才敢进去参观。

　　布达佩斯酒店（Hotel Budapest）[34]与我最后两晚住的肯辛顿宫酒店（Kensington Palace Hotel）不同。在伦敦，一名门卫打开出租车的门，把我的行李搬进来，一位穿着小礼服的年轻的助理经理带我去房间，床榻豪华，浴室里有加热的毛巾架，上面放着大量毛茸茸的毛巾。在莫斯科，门卫留着两天没刮的胡子，嘴里叼着一支抽了一半的香烟，根本不理我们。他正在与邮递员饶有兴致地交谈。酒店的收银员打着算盘（优雅而高效），算盘在俄罗斯很常见。这里的电梯名声不好，有人告诉我，在通常情况下，电梯必须等 10 分钟才能乘上。房间很小，寒冷而阴暗，一个 40 瓦的灯泡挂在天花板上，另外有一台落地灯。床是一张折叠床，从狭窄的窗口望出去，能看到后庭院。收音机永远只能调到一个电台，我可以选择保持安静或收听俄语新闻，穿插着（很少）像《巴黎桥下》（Sous les Ponts de Paris）这样的流行抒情歌曲。5 月 1 日，节目有所不同，在军乐队的伴奏下，一个意气风发的声音在发表演讲，我能在二十个单词里听懂一个，诸如美帝国主义、越南、和平、侵略者、团结、光荣、苏联共产党。我没有理由认为这个房间被窃听了——我可没有重要到能获得这项"殊荣"，但这个想法会在我的脑海中闪现，是因为收音机的操作方式。它没有开关，静音的方法是把音量控制钮一直调到左端。收音机总是开着的，当我把耳朵贴在它上面时，能听到它的嗡嗡声，能感觉到它暖暖的。

　　布达佩斯酒店唯一像布达佩斯的地方是，它提供的菜单上印的四种语言中有匈牙利语。其他三种语言是俄语、德语和英语。我的早餐花了 1.22 卢布（略高于 1.22 美元，为了便于计算，不妨把卢布与美元看成等值的）。我掏出一张 10 卢布的钞票，这引起女服务员一阵慌乱——不行，不行，她从来没找过**那么**多钱！我无奈地耸了耸肩，于是她拿上了钱。从她找零钱的时间来看，估计她穿上了便服，乘公交车去银行，填写了兑换 10 卢布的申请表，然后才回来。我留下了 20 戈比（0.20 卢布）的小费，但她反对说，不，不，那太多了，应该少留一点儿！另一次，在另一家酒店，我也遇到了类似（如母亲般的？）热情好客的态度，当时，与我一同吃饭的朋友将我要点的菜翻译给女服务员。她答应给我上一杯牛奶，但始终没有送来。其他的菜都上齐后，她向我的朋友解释，吃鲱鱼后喝牛奶对我身体有害。

很少有服务人员（如餐厅服务生、店主或出租车司机）会说俄语以外的语言。布达佩斯酒店的一名女服务员能讲英语，但她明确表示，她更愿意我用俄语点餐。我第一次见到她时（我一定是到得太早了），她来到我的餐桌前，指着我，想必是想让我知道她在招呼我，她说，"You most vet ten minoot pliss."[35]。

我在布达佩斯酒店的餐厅里等了不止十分钟。服务总是很慢。我几次记下时间，发现我通常每天要在餐厅里花 $3\frac{1}{2}$ 小时，大部分时间都是坐着等待。服务不是偶然地很差，而是系统性地差。倘若你忘了点黄油，在下次你跟服务员目光相遇的时候，不要就这么随便地跟他提一下，而且，就算你这么做了，他也不会直接去为你取一些，因为这是一个重要环节。你点的菜必须写下来，服务员必须回去为你的主菜排队。同样的尴尬也可能发生在你的支付环节。没有收银中心，每个服务员都有自己的收银包，如果他不能从中找零，交易就会失败。

就客人的数量来看，似乎有足够多的服务员，但也许他们的心思不在工作上。一位可怜的黑人客人（我后来才知道他来自尼日利亚）就遇到了麻烦。他和我互相微笑点头过，但还未说过话。有一天吃午饭时，他过来请我帮忙办件事。他用法语请求，花了好一会儿才把话说明白。然后，他用略带犹豫但控制自如、显然受过良好教育的英语继续往下说，可否请我向服务员说明一下，他总是希望在用餐时喝点儿水？这不单单是现在的问题，而是永久的要求，午餐如此，晚餐也如此。他意识到准备工作（他用的就是这个词）可能会很麻烦，所以如果我能提前跟他们说明一下可能会方便些。他说，他想要的只是白水，天然的水，而不是矿泉水。可怜的人。我尽了最大的努力，说了一口蹩脚的俄语。果然，有人给他端来了一杯水。但那天晚餐的时候，我看见他在房间的另一头，一杯水都没有。

对于两眼一抹黑的外国人来说，莫斯科的生活在其他方面也并不总是令人愉快的。首先，当时没有可用的地图。美国国务院给了我一张美国绘制的莫斯科地图，上面的地名都是用我们的字母音译过来的，但这没有完全解决问题。这张地图已经过时了，也不准确，自它印出来以后，许多街道的名称都已经变更了，布达佩斯酒店所在的街道就不在上面。尽管如此，这总比什么都没有强，我在城里散步的时候还是经常用到它。

有人告诉我，严格的控制的好处之一是，即便很小的法规也可以强制执行，举个例子说，莫斯科没有乱丢的垃圾。实际并非如此。不仅有垃圾，还有很多。虽然不像芝加哥市中心那么糟糕，但垃圾就扔在那里。我看到过一个出租车司机把几张报纸揉成一团擦挡风玻璃内侧，随后，在他开走的时候，把纸团扔出车窗。

莫斯科河穿过莫斯科，我可以沿着河岸散步，也可以在桥上来回走动。这座城市本身，即我所看到的一切，在我看来很寒酸。从远处望去，建筑群在阳光（罕见的阳光）下闪闪发光，引人注目；但当我走到它们跟前时，我可以看到窗户上面的条状痕迹，尘污结成了块，油漆剥落，人行道龟裂。城市里飘散着一种持久的、令人不快的、奇特的霉味。一位莫斯科居民说，这是使用了低质量的低辛烷值汽油造成的。在俄罗斯逗留期间，我看到的狗很少，猫连一只都没有。

列宁格勒被吹捧为比莫斯科美丽得多，即使是俄罗斯旅游业的诋毁者也必须承认它自有其独到之处。它位于涅瓦河（Neva）上，涅瓦河不断分出支流，与几条运河一起将城市分割成"岛屿"。我沿着涅夫斯基大街（Nevsky Prospekt）走了很长一段路，这是一条宽阔的林荫大道，几名骑在马背上、雕刻精美的大理石将军守卫着它，我感到非常满意。

这里缺少一些在其他许多国家被视为理所当然的小自由。我能记得的最微不足道的例子是，旅馆、酒店只有一扇通向外部世界的门。布达佩斯酒店和我在莫斯科见到过的其他几家酒店都是如此，列宁格勒优雅的阿斯托里亚酒店（Hotel Astoria）也是如此。阿斯托里亚酒店面对着三条街道，但如果你不在那扇没有锁的门所在的街道上，就得绕过一两个拐角才能进到酒店里去。另一个不太明显的例子是很难（乃至不可能）找到英语书籍、杂志和报纸。或许最为隐蔽的例子是当地人使用的护照。它们不像完整的国际护照，但比身份证更详尽、复杂，信息量更大。护照上面配有照片和印章，一个土生土长的当地人想获准在当地的酒店登记入住，必须先出示它。

在莫斯科和列宁格勒，我参观了一些著名的旅游景点，多少抵消了我上面说的这些不良印象。例如在莫斯科，我去了 GUM、马戏团和克里姆林宫大剧院。

GUM 是一家巨大的百货商店，或者更确切地说，是一座购物中心。它位于红场附近的一栋六层建筑内，但大部分都在头两层。当你走进去的时候，你会身处一个不透明的玻璃屋顶之下，你可以经过数百个小商店。每个商店都是一个小房间、一个货摊、一个铺位，向宽阔的过道敞开着。每家专门经营一类特别的商品，比如女式帽、肥皂或文具。人流挤在一起，有时候，手中的购物袋里露出了鱼尾巴。一个女人的声音在公共广播系统中持续不断地呜里哇啦讲着什么。

至于马戏团，就跟在任何地方的马戏团一样，不过我非常喜欢。这是一家高质量的马戏团，演出非常精彩。我喜欢它只有一个圆形表演场，而且杂耍演员、杂技演员和小丑都很棒。表演单人喜剧的滑稽演员想必挺逗乐（他用俄语表演），而一些动物表演，比如命令熊打拳击、骑摩托车，看得我难过。但总的来说，我还是十分感谢西奈（稍后再谈他）带我去那里。

大剧院位于克里姆林宫的围墙内，与其余部分古老的巴洛克风格完全不协调。剧院现代而宏伟，全部是玻璃、间接照明、宽敞的走廊、大理石圆柱和无限反射镜。观众席宽阔美观、布局整齐，每个座位都配有一个自己的小扩音器和耳机插座（以便在国际会议上获得即时翻译）。我去大剧院的那天晚上，并没有使用这些设备。当晚演出的是威尔第的歌剧《唐·卡洛斯》（*Don Carlos*）。根据当地的习惯，我的东道主加姆克列利泽和米先科先带我去了快餐部。这是一个非常大的房间，有几十个柜台出售食物，还有几十张桌子（没有椅子）供你站着吃买的东西。我们吃完饭后，离预定的演出开始时间还有十分钟，米先科说，我们现在可以回家了——这是聚会最精彩的部分。他是在开玩笑，但他希望自己不是在开玩笑。听歌剧是他为了招待我而不得不做出的牺牲。在第二幕之后，他好像是在赐福似的跟我讲，我们不必再待下去了。我正陶醉在演出之中，除了音乐和歌声，布景、服装和舞台表演都十分精彩。但是，第二幕之后我们就回家了。

在列宁格勒，我去了艾尔米塔什博物馆[36]，一座艺术馆，我被打动了。这里曾是沙皇的冬宫，恢宏庞大，宽阔的大理石楼梯，错综复杂的精美镶嵌拼花地板，壮观的孔雀石桌子，以及名副其实的数百个房间。墙壁有两英尺厚，天花板也有与此相称的高度，各房间相通的门大得足以让大象出入。住在这里感觉如何呢？

我尽力在短暂的参观中看到更多的东西，有海量的展品值得一看。我见识了伦勃朗、鲁本斯、达·芬奇的两幅小型圣母像、提香、高更、马蒂斯、毕加索在"蓝色时期"的一些人物，以及许许多多其他人的作品。（额外一点儿乐趣，就是破译这些名字的西里尔字母版本。）对于这么好的收藏品来说，陈列方式糟糕得令人难以置信。房间光线太暗，大多数时候电灯不开，即使开了灯，也相当微弱，很难起作用。光线充足的地方，阳光直接从窗户射进来，人们所能看到的只有玻璃上的眩光和映象。

我们一小群人被带着参观了黄金藏宝室（Golden Treasure Room）。一位训练有素的导游用非常流利的英语给我们讲解（主要是对我讲），其中充满了半专业性的词，比如冠冕、垂饰、风格化牡鹿、鞘和鼻烟盒。她按照历史的顺序讲解，我们见识了从公元前 700 年至公元 700 年间由古希腊人和蛮族制造的珠宝，以及 17 世纪至 19 世纪制造出的近代产品，还看到了 2500 年前制作的纯金牡鹿（约有台式电话机大小），以及纯金头盔（实际大小）和月桂花环，真是太棒了。更有意思的是镶有钻石的鼻烟盒、手表和微型肖像，我惊叹于它们所制造的时代、它们所代表的奢华、它们所象征的生活方式。导游引导我们观赏的最后一件展品是丹麦的最高勋章——白象，我想她不知道我为什么咧着嘴笑了 [37]。

叶卡捷琳娜二世的夏宫在普希金市（Pushkin），就在列宁格勒附近。这座宫殿没有那么令人惊叹，但有奢华的外观。所有的房间，从大的王座厅到很小的值班军官警卫室，都是俗丽的：黄金、雕像、浅浮雕、木雕，夸张的装饰手法几乎都是东方风格。一长串房间绵延 300 米（相当于一个半芝加哥街区），这样布置使得所有的门都在一条直线上。当它们全部打开时，就呈现出一个美丽的、似乎是无限的、闪闪发光的金色和白色的远景。

圣以撒大教堂（St. Isaac's Cathedral）就在列宁格勒阿斯托里亚酒店的街对面，它是这座城市最高的建筑。从外面看，这就是一座教堂，并没什么特别之处。教堂里铺满了大理石和孔雀石，呈现出粉色、金色和绿色。现在，这里成为一家博物馆，但除了极少个例外，博物馆展出的就是大教堂自身。除了一些建筑师的雕像、一些大教堂本身的模型、一处出售纪念品和明信片的服务台，还有一个傅科摆——从穹顶的最顶端一直悬挂到教堂内的最底部。其余的一切便是圣以撒大教堂。

有告示牌要求：说话须轻声，男士须脱帽。在当地的现代生活中，帽子礼仪大多数人闻所未闻。这种脱帽的行为常被认为是一种表达尊重的礼貌举动。加姆克列利泽博览群书，还在西方游历过，他不得不向他的妻子解释说，男士见到女士要脱帽。

你在大教堂里看到的，除了大理石和孔雀石的圆柱外，还有绘画，大多是闪亮的镶嵌图案。圣徒、各种境遇下的耶稣基督，还有近代大牧首，他们被画在门上、墙上、天花板上。这些画像是凭借虔诚和艺术被创作出来的，一定是这样。的确有参观者在观察着细节。圣以撒大教堂是我在这个国家见到的最美的建筑。

## 与阿诺索夫在一起的日常

德米特里·阿诺索夫 [38] 被指派为我在苏联逗留期间的东道主、导游、翻译和同伴。自那时起，他已在遍历理论方面声名鹊起，但在我结识他时，他

德米特里·维克托罗维奇·阿诺索夫，1965 年。照片中门牌上的俄语文字是：苏联科学院斯捷克洛夫数学研究所

才刚刚开始他的事业（我猜他还不到 30 岁）。我想，他喜欢接待我这项任务。他拥有同等于博士的俄罗斯学位，是一位非常聪明的年轻人。他的英语很好，他的性格和我的性格也没有太大的不协调，我们相处起来没有任何困难。我们一起吃过很多次饭，一起参加过很多场讲座（经常同台"献艺"：我报告，他翻译），一起散步、交谈、旅行，当我带的一双鞋坏了的时候，他帮我买了一双新的。（那是一次痛苦而难忘的经历，只能凑合一下。我一回到美国，就把我的苏联鞋送给了救世军。）

我最感激阿诺索夫在场的三个场合是，在苏联逗留之初我与维诺格拉多夫的正式会面，即将结束访问时的列宁格勒之旅，以及在中间阶段出版社举办的仪式。

我同伊万·马特维耶维奇·维诺格拉多夫（Ivan Matveevich Vinogradov）会面时，这位强大的解析数论专家已经七十四五了。他是一个矮矮胖胖、完全秃发的男人，面相还不算太老，但也有衰老的迹象。他从 1932 年开始担任斯捷克洛夫数学研究所（Steklov Mathematical Institute）所长，他在数学政策方面的影响力不亚于他曾经在数学领域的影响力。他们为我安排了一场拜会，以便我表达我的敬意。拜会原定于 2:30 开始，2:45 结束。实际上，我在 3:15 才被引进来，也没有给我多少说话的机会。维诺格拉多夫夸夸其谈，诸如怎样建立一个研究所，年轻人是骨干力量，国际合作十分重要，等等，他倾向于漫无目的地重复自己的话。他讲着含糊不清的俄语，可怜的阿诺索夫时不时地想翻译，但维诺格拉多夫会大声喝住他。当时钟转到 4:45 时，我再也无法抑制对 5 点钟的约会的担忧，于是做了符合这一场合的礼貌性发言，然后告辞。从外交角度看，这的确值得担忧：是否应该由我，这个来访者，来终止这段谈话？如果是的话，我不是早就应该这么做了吗？

列宁格勒之旅中最困难的部分是火车（著名的"红箭号"[39]）和罗林。我已经习惯了乘火车。过去，我经常乘火车从芝加哥到东海岸和西海岸，我知道如何坐着睡觉，或者蜷曲在上铺，把我的身体缩到最小。在这个国家，基本问题是一样的，但应对的细节大相径庭，甚至令人困惑，尤其是在语言不通、没法解决这些问题的情况下。阿诺索夫当时在另一节车厢，与我隔了两节车厢。我的包间里有四个人，一位老人、一对年轻夫妇和我。包间有四个铺位，两个上铺，两个下铺，就寝的步骤很复杂。我们开门，关灯，关门，腾换空间，总的来说，在几乎不可能的条件下，我们尽最大努力做得彬彬有礼。我把行李箱放在哪里？（下铺下面。）上层床单在哪里？（叠在枕头下。）洗手间的水龙头怎么操作？（把隐藏的残端向上推。）

火车准时到达，分毫不爽，罗林在那里迎接我们。他的德语很差，英语更差，他根本不打算用英语。结果并不十分令人满意，我们大部分情况下讲德语，除了我认为有必要把自己的意思表达得清晰的时候，我才会陷入英语。他完全理解内容。就数学而言，我和罗林都在从遍历理论向其他方向转，他转到拓扑，我转到算子。我们的共鸣之处是对十年前或更久之前工作的回忆。这次访问对我们双方而言都没什么收获，也没什么乐趣。

我有三本书已被翻译成俄语，我曾多次听到这样的传言：翻译完后，作者可以得到俄语版的版税。这笔钱不可也无法汇到国外，而是存入一个版税账户，作者在苏联的任何时候都可以支取。根据我所经历的，这说法在精神上是对的，但在细节上并非如此。我没有"版税账户"，我与米先科最早的通信似乎只完成了一件事：提前向有关当局发出我要来了的提醒。我一到，版税就会追溯计算。这个账户在法律上是虚构的，但钱是实实在在的现金，我所要做的就是把它拿回来。

苏联外国文学出版社坐落在一栋破旧的大楼里，走廊阴暗，地板咯吱作响。我和阿诺索夫走到顶头的房间，里面既干净又舒适，铺着地毯，中间摆放着一张大会议桌。在那里，我们同三个人会面：该社老总、他的一位下属和一名数学家——鲍里斯·弗拉基米罗维奇·沙巴特（Boris Vladimirovich Shabat）。我不知道另外两人的名字。我们五个人坐在桌边，礼貌而冠冕地谈论着天气，谈论着美国和苏联的图书出版在多大程度上具有相似性和差异性。

过了十分钟，一个职员进来（被电话叫来的），把一张我必须签字的收据放在我面前。因为这是正式文件，我不能使用圆珠笔！我不仅要签上姓名，还要写上我所确认的金额，要用文字写，而不能用数字，还好，用英文写就可以了。我尽职尽责地写下了玖佰伍拾肆卢布陆拾肆戈比，合起来大约是 1000 美元，于是属于我的一大摞钞票和几枚硬币被交到我手中。而且，人家提醒我要清点一下。我照做了，核对无误。事情就这样办完了，但仪式还没有完全结束。每一笔重大交易都要喝一杯庆祝。当时正值一个工作日上午的中间，我们还都必须在当天余下的时间里继续工作，所以端上的是矿泉水。大功告成，我们又礼貌地聊了五分钟，就是这样。再见，握手，非常感谢。

我现在必须面对的生活问题之一（如果所有问题都像这件事就好了）是如何处理我的卢布财富。我不能合法地把它兑换成美元，不能把它带出这个国家。我日常生活的花销——食宿和交通——由苏联科学院支付。我所需求的鱼子酱和皮帽也就这么多，更何况，我并不想带着额外的行李走几千英里。解决方案：我和卡扎里诺夫经过一番讨价还价，最终达成了协议。我把所有的卢布都给他，他答应一回到美国就给我开张支票。（他做到了。）我们商定的汇率是 3 卢布兑换 2 美元，对我来说这纯粹是笔意外的进项，我就不抱怨了。

## 福明和盖尔范德

谁是更优秀的数学家，高斯还是欧拉？哪所州立大学的数学系更好，伊利诺伊大学还是密歇根大学？哪个名字会在数学中流传更久，韦伊还是冯·诺伊曼？数学家们喜欢在各个层面上提出这样的问题，他们喜欢亮出观点并为之辩护。建立一个评级系统，然后将一些名字填入其中（或经缩减、扩增），是一件很有趣的事。当然，了解自己在评级中的高低对我们每个人来说也是一件令人享受（或沮丧）的事。

我在很久以前了解到这样一个评级系统：一流的数学家是显而易见的不

朽者、无可争辩的伟人，像阿基米德和高斯这样的人物；排名第二的是对他们所处时代的数学产生巨大影响的人物，像费利克斯·克莱因和桑德斯·马克·莱恩这样的重要首领，但他们的永久价值很难预测；第三等级的数学家是能稳定、持续地对数学文献做出值得尊敬的扩充的贡献者，可能是一个"学派"的公认领导者，但其发现还不够深刻或独创到能让他的名字在死后一百年还会被铭记。举例子很容易得罪人，却比用形容词更能阐明这一概念：诸如乔治·麦基、艾尔弗雷德·塔尔斯基和安东尼·齐格蒙德这样的名字，能证明我所说的这一等级仍然绝非凡人。我倾向于把加勒特·伯克霍夫和查克·里卡特（Chuck Rickart）放在第四等级，这一等级还包括迪厄多内和库拉托夫斯基（Kuratowski）。至于我自己，我当然不能确定自己属于哪一级，但若是进行投票的话，我愿意成为第四等级的一个候选人。也许，这些等级之间的差距模模糊糊地给出了继续分级的标准；当然，精确定义各等级是不可能的。

这是一场精彩的比拼吗？也许还不错，但它很快就会变得令人困惑。我们应该把黎曼、庞加莱和希尔伯特列于何处？很明显，他们应该属于第一等级，但在某种意义下，他们真的等同于阿基米德和高斯吗？还有保罗·科恩、查利·费弗曼（Charlie Fefferman）和库尔特·哥德尔又当如何？他们的贡献是否小于希尔伯特，而大于克莱因呢？如果是这样，我们应该引入类似 1.5 等这样的级别吗？

当我准备记述我在莫斯科结交的一位朋友时，我想到了这些事。福明只比我小一岁，是个温和、聪明、善良的人。作为一名数学家，他大概排在第五等级。他是盖尔范德的知己与合作者，也和科尔莫戈罗夫一同工作。他为《测度论》的俄语译本写了序言，后来又亲自翻译了我的《遍历理论讲义》（*Lectures on Ergodic Theory*）。我用字典缓慢地、艰难地读了他写的序言，发现自己写了一本相当不错的书，但也有一些相当严重的失误。这本书必定很好，否则苏联为什么会允许花时间和精力来翻译它呢？其中一个明显的缺点是令人懊悔的美国风气，即没有对于本书所依据的苏联数学家的成果给以足够的敬意。

谢尔盖·瓦西利耶维奇·福明（左）和伊斯拉埃尔·莫伊谢耶维奇·盖尔范德，1965 年

例如，对于叶戈罗夫（Egorov）定理和卢津（Luzin）定理，书中没有引用叶戈罗夫和卢津的论文，而是引用了一本早期的教材（萨克斯），其中可以找到俄语文献的题录详情。（羞愧啊。）

福明的英语不太强，但还过得去。我们见面相对频繁，在一起度过了一段美好的时光。（几年后，我安排了他去夏威夷看我的行程，他在那里过得更开心。）他邀请我去他家参加晚宴。这是不同寻常的。在家里，我只会见过两三位俄罗斯老相识，我们大多在公共场所见面，比如教室和餐馆。

福明的家在二层，整栋楼从外面看就像简陋的棚屋。这是一座 200 年前建造的木屋。有人告诉我它是什么时候建成的，却没有人记得上一次粉刷是什么时候。墙壁似乎向这边倾斜，又向那边倾斜。福明的寓所包括两间房（外加厨房和浴室）：一个小房间，兼作起居室、卧室和书房，另一个是更小一些的餐厅。他那已到上大学年纪的女儿不住在那里。福明的太太几乎和她丈夫一样高，体重是她丈夫的两倍——高大、活泼、温厚、聪明。她告诉我，她从未学过英语，但她说得很好，比他强多了。她在一家出版公司工作，是这家公司的生物学专家。她为我做了我在当地吃过的最棒的饭菜，从罗宋汤到薄煎饼。

盖尔范德和他的妻子迟到了一小时。这是意料之中的事：盖尔范德总是迟到。他半羞愧半骄傲地告诉我，尽管《唐·乔瓦尼》(*Don Giovanni*，即《唐璜》)是他极为钟爱的歌剧，但他听到序曲的唯一途径是唱片，因为他从来没有准时到达过歌剧院。

我在福明的聚会之前便认识了盖尔范德，第一面就对他有了好感。他身材不高，很有精气神，头脑机智，思维敏锐，甚至还有点儿调皮。一开始我以为他比我年龄大很多，简直是一个犹太小老头，但他只比我大 3 岁，1965 年时他才 52 岁。他担心我的感冒，想借给我一件毛衣，并坚持说，如果我的病情未见好转，要我在"五一"的那个周末给他打电话。他带我游览了克里姆林宫，除了讲解其他藏品之外，还向我介绍了历史悠久的沙皇大炮 [40]，这是拿破仑战争期间为击退侵略者而制造的一门巨大且看起来极具杀伤力的大炮。它造得并不好，设计上是有缺陷的，也从来没有发射过一枚炮弹。大炮的外观令人钦佩，我想拍下来，但盖尔范德不让。不行，不行，我们是在克里姆林宫——毕竟，这是一台军事装备，是不能拍照的。他询问了一个卫兵，卫兵笑着说："当然，可以把你想要的照片都拍下来。"

理论上说，盖尔范德会说英语，他读过很多英语书。但在福明家的那个漫长的下午，他好像在重新学习这门语言。2 点钟时，他讲英语又慢又犹豫，但是在一分钟一分钟地进步；到了 6 点钟，他说起话来语速很快，几乎和他那不连贯的俄语一样可信。他问我对什么感兴趣，随后就谈起了数学。他对我的研究方向滔滔不绝地谈起了他的想法，解释了它与其他方向的种种联系，并告诉我其中哪些内容是重要的。

6 点钟，晚宴客人们分乘出租车直奔大学。著名的盖尔范德讨论班原定于 6 点半开始，而且前所未有的是，盖尔范德准时到达了！这个好办：我们磨蹭了半小时，我被介绍给十几个人，然后我们再闲扯上几句。显然，这就达到了预期的效果：讨论班可以像往常一样晚半小时开始了。

　　那天晚上，我被安排在讨论班上发言，而且我事先得到了警告。我被告知要准备两小时的报告，但如果报告延长到三小时，也不要感到惊讶。翻译需要时间，观众会提出问题，而盖尔范德还会持续地发表评论。我没有料到的是，最后一分钟发生了变动。在起先那慢慢悠悠的半小时里，一位不期而遇的访问者出现了：来自罗马尼亚的奇普里安·福亚什（Ciprian Foiaş）。我以前就知道福亚什，我们有过一些编辑事务上的通信，我也读过他和纳吉合作的论文。我很高兴能把一张脸和一个人与这个名字联系起来。他只是碰巧在莫斯科，顺便来参加盖尔范德的讨论班。盖尔范德很高兴地欢迎了他，并一时冲动地邀请他来做一个报告——就在那时，就在那天晚上，他和我平分了时间。

　　这让我很不爽。我有五分钟的时间重新规划整个报告的展示。我不得不放弃精心设计好的时间安排，并必须立即做出艰难的决定：我必须保留什么？去掉这个我还能做什么？不管怎么说，我改好了，但我不想再这么干了。萨沙·基里洛夫[41]是翻译，那时他28岁，面色红润，长着一张娃娃脸。他帮了

亚历山大·亚历山德罗维奇·基里洛夫，1965 年

我大忙：几分钟后，我们俩都领会了如何在我们之间把"球"传来递去。每讲完一两段，盖尔范德就会插话，活像希腊合唱队 [42]，向其他观众解释"剧情"。我被耗到所能承受的极限强度，在 90 分钟结束时，已经做好崩溃的准备。

我结束了报告，福亚什便开始了，突然间一切乱了套。福亚什的英语水平远不及现在，不夸张地说，他当时讲得支离破碎。基里洛夫每次开始翻译时，福亚什都会打断他，把他喊下去，接着，盖尔范德就会用**他**那蹩脚的英语盖过福亚什，差不多同时，再用俄语告诉基里洛夫和其他人正在发生什么。简直是马戏表演，至少有三套马戏。

## 莫斯科的数学家

我在俄罗斯遇到的一些年轻数学家告诉我，每个人都觉得和科尔莫戈罗夫相处不自在，而当我被引荐给他时，我明白了他们的意思。他生硬、正统，深知自己的重要价值。他对我彬彬有礼，无可挑剔，但我不能放松下来，我觉得很尴尬。第一次见面时，我们同意都讲德语。他的德语并不比我的好。我们约好几天后见面，科尔莫戈罗夫到布达佩斯酒店来接我。他说好的抵达时刻一到，我房间里的电话正好响起："Hier spricht Kolmogorov—ich bin hinunten." [43]。然后我们就出发了。

真希望知道为什么我同他在一起时那么不自在。当然，在一定程度上，我被其伟大的存在所震撼。我知道大家都喜欢友善随和的农夫，即使他很粗俗，也好过令人尴尬的、不自在的绅士，但我还是忍不住觉得尴尬。我感到我必须采取点儿行动，但我又不知道该说些什么。我不得不照德语语法讲话（滑稽可笑），我不记得科尔莫戈罗夫曾经研究过数理逻辑（有些失礼），我不得不透过蹩脚的德语来理解他对熵的新观点（几乎如此），我必须以某种方式与他的灵魂产生共鸣（无法实现）。

安德烈·尼古拉耶维奇·科尔莫戈罗夫，1965 年

　　我们乘坐的是一辆科学院专车（似乎是一辆政府配发、有五年车龄的雪佛兰），司机身上裹着一件破旧的大衣，头戴一顶软帽，嘴上叼着支香烟。行程结束时，科尔莫戈罗夫在司机交还的便笺簿的一张便条上签了字。我们进入的那所大学的翼楼有许多公寓。科尔莫戈罗夫的套房黑暗、寒冷、相对较大。我看到了五个房间，它们都不算小，但没有一间能有我在安阿伯老家的卧室那么大。而且，所有房间全满满当当的——一个角落里有成堆的抽印本，有个地方收藏了一组戏剧面具，另一处地方有几块滑雪板。"这是你工作的地方吗？"我问。"不，不，"他说，"我在乡间别墅工作，我一星期只有三天来这里。"

　　这次聚会还有福明、科尔莫戈罗夫的妻子，以及帕维尔·谢尔盖耶维奇·亚历山德罗夫 [44]（以亚历山德罗夫、霍普夫合作的专著 [45] 而知名的拓扑学家）。科尔莫戈罗夫找话题，他向我们展示了一位立陶宛艺术家作品的彩色复制品，而我则赞不绝口：sehr interessant, sehr hübsch, das hab' ich gern[46]。

不一会儿，我们入座享用了一顿丰盛而雅致的晚餐，从鱼子酱到咖啡，都是由一名女仆服务。亚历山德罗夫是一位老派绅士，用餐时，他对战前德国的回忆使我们感到愉快。他几乎把德语当作母语来讲，而科尔莫戈罗夫太太和福明几乎完全不会说德语，但亚历山德罗夫的魅力和个性让他大受欢迎。这与其说是一次家庭聚会，不如说是"四海一家"的聚会，这对我来说是一个值得纪念的时刻。同时，对我和科尔莫戈罗夫而言，"聚会"是一项该认真履行的职责。我们并不讨厌这样做，但当它结束时，我们很高兴。

奈马克[47]，大家都叫他"马克·阿罗诺维奇大叔"，是一位著名的数学家，非常优秀。他没有科尔莫戈罗夫那么伟大，但似乎每个人都爱戴他，我也很高兴地加入了他们的行列。他曾经病得很厉害(有人告诉我是中风)。他一度瘫痪的右侧身体后来几乎完全恢复了，但恢复花了五个月的时间，先是在医院，随后在疗养院，然后在家里。他的样子和行动仍然很虚弱。他费了相当大的气力热情接待我，我发现与他交流愉快得很。他为我争取到了参加谢尔盖·米哈伊洛维奇·尼科利斯基[48]生日宴会的邀请，这样，我们有机会坐在一起聊了几小时。

马克·阿罗诺维奇·奈马克，1965 年

这种宴会在俄罗斯显然并不少见，但对我来说很新鲜。尼科利斯基在三天前刚满 60 岁，他既是主宾又是东道主。他在格兰德酒店（Grand Hotel，官方已更名为莫斯科酒店，但老人们坚持使用旧名字）租了一间饭厅，并邀请了大约 100 位来宾一同庆祝（传言花了 2000 卢布）。当我和奈马克到达时，大约有一半的宾客已经到场，大家站在一起聊天，餐桌布置好了，摆满了食物和饮料。每个座位上都可以随手取到两三瓶饮品，供应着干邑白兰地、柠檬水、葡萄酒、矿泉水、伏特加等，还有与之匹配的同样丰盛的冷餐，诸如鱼子酱、肉酱、口条、番茄、鱼和其他美食。我们坐下来，食指大动，他们的规矩似乎是边聊边吃边喝，始终如此，只有两种情况会被打断。

最频繁的打断是祝酒。无论何时，某人兴致勃发，他就会敲击自己的酒杯，引起大家的注意，称赞尼科利斯基、尼科利斯基的工作、尼科利斯基的滑雪、尼科利斯基的导师（科尔莫戈罗夫）、尼科利斯基工作的研究所 [49]，于是，每个人都碰杯、喝酒、鼓掌。有时候，你只会和你身旁一两个临近的碰碰杯；但有时候，在一番特别激动人心的祝酒演讲之后，你会和周遭的八到十人逐一碰杯。在这种真正精彩的祝酒词结束时，一半的人会站起来，围在主桌四周，彼此之间以及与尼科利斯基激烈地碰杯。尼科利斯基自己也不时地站起来，走到这里或那里举杯相庆。

除了祝酒就是上菜。我以为晚餐就是为我们备好的那些自助餐，但实际上那只是些开胃小菜。不一会儿，服务员给我们每人端来了一份热蟹肉开胃菜，接着又端来一大盘鸡肉和其他配菜，然后是几道甜点。

人们在大吃大喝之际，以一种非正式的方式随意走动相识。一些人提前离开了聚会，少数迟到的人来代替他们，许多人周旋于餐桌之间。我被带着去和一些人握手，其中一位是安德烈·尼古拉耶维奇·吉洪诺夫（Andrei Nikolaevich Tihonov，他提出紧空间的积是紧的），一个矮矮胖胖的圣诞老人，圆圆的身体，圆圆的脑袋，白白的头发，白白的山羊胡子。另一位是尤里·瓦西列维奇·普罗霍罗夫 [50]，一位优秀、年轻的概率论专家（时年似乎是 35 岁)，看起来就像满头铁锈色头发的斯潘塞·屈赛[51]。普罗霍罗夫见到我似乎和我见到他一样吃惊。他不知道我在莫斯科，没有人告诉过他我会来。他抱怨居然会发生这种事情，完全是缺乏高效组织的结果。列夫·谢苗诺维奇·庞特里亚金[52]（就是**那个**庞特里亚金）坐在主桌，我过去跟他打招呼，他访问安阿伯时我们见过面。我打算再次自我介绍一下："庞特里亚金教授，我是保罗·哈尔莫斯。我们在密歇根大学见过的。"他是盲人，我估计他需要一些额外的听觉识别线索，但他没有让我讲完话。他立刻记了起来，并向我的方向伸出手，欢迎我到莫斯科来。不同寻常的是，他对英语的掌控力会给人造成假象，他几乎可以完美地说出他知道的为数不多的那些词，以至于你会认为他的英语说得比实际水平好得多。

我差点儿错过普罗霍罗夫，这让我想起了其他一些人，我希望能见到他们，却没能见面。一个名叫 F. V. 希罗科夫（F. V. Shirokov）的人解决了我提出的一个问题。他寄给我一份预印本，我们还互通过几封信，我与他非常谈得来。我很期待见到他，但未能实现，我很失望。另一位是现代调和分析的奠基人之一格奥尔基·叶夫根尼耶维奇·希洛夫（Georgii Evgenevich Shilov），我怎么没同他会面？这真让人难过。有一天，我被邀请到莫斯科数学学会（Moscow Mathematical Society）做报告。当我们列队进入大讲堂并坐下后，我从未见过的会议主席宣布会议正式开始，并介绍了报告人（就是我）。因为他讲的是俄语，我只能猜测他在说什么，于是小声问坐在我旁边的阿诺索夫："他正讲些什么？他是谁？"阿诺索夫感到惊讶："你还没见过他吗？那是希洛夫，他正在介绍你。"好吧，我想，我猜测，我们可以在报告完会面，但并没有。报告结束后，我按惯例回答了一两个礼貌性的问题，大家都起身离开了，希洛夫也不见了。真是怪了。

还有很多其他的苏联数学家，我本可以认识但没有认识；也有很多我认识了但没在这里提到的。在这份遴选名单的最后，我将介绍另外两位我确实见过的重要而著名的数学家——西奈和克赖因。

当熵成为遍历理论的一个概念时，雅科夫·格里戈里耶维奇·西奈[53]从这个基础性阶段进入了这一领域。我了解并引用过他的工作成果，并且对其进行了研究。我见到他时，他还很年轻（30 岁），令人钦佩。我们一见如故，有很多话可谈，当然包括数学、美国和苏联培养数学家的方式，还有很多其他的内容，既有专业的，也有世俗的。（就是他带我去看的马戏。）一天晚上，他邀请我参加他的讨论班（只是听，不做报告），这个讨论班和参加讨论班的学生几乎和他一样给我留下了深刻的印象。事情是这样的。西奈和我一起入场，我坐了下来，西奈用俄语讲了大约三分钟。我能听懂他大概的意思：他指着我，介绍了我的名字，并建议剩下的时段都用英语。确实如此，一切都很顺利，我犹如置身自己老家的讨论班。几名学生报告了他们一直在学习和思考的定理和证明 [ 其中一名是后来享有盛誉的卡托克（Katok）]，全部用英语，而听众们提问和回答探讨也都用英语。

我与马克·格里戈里耶维奇·克赖因[54]（Krein 发音如"Crane"）的会面更加紧张，他是两兄弟中更著名的那一位。奈马克把我带到斯捷克洛夫数学研究所后就离开了。接下来的会面有两个主要的参加者，克赖因和福亚什，

马克·格里戈里耶维奇·克赖因，1965 年

还有两个次要角色，克赖因的女儿和我。我是这次会谈的最初动因，但我没有十足的魅力将这种重要性保持到最后。他的女儿在那里充当翻译：她讲英语虽然有瑕疵，但还算管用。据我所知，她的法语也是同样的情况。而且她的性格很好，不会打断别人说话，也不会压过别人的声音。

我在莫斯科同克赖因见面的事有点怪怪的。克赖因的大本营在敖德萨（Odessa），也正是因为这个缘由，我最初把敖德萨列为我想去的地方之一。通过米先科，我从克赖因那里得到了消息：他将到莫斯科、列宁格勒或其他任何地方来见我，但他不会在敖德萨见我。我一直没想明白。

克赖因年近六十，健壮结实，圆脸，头发几乎掉光了，还留着黑色的小胡子。他有不幸的抽搐症状，右眼总是不受控制地眨来眨去。他有个神经紧张的习惯，每句话都要说好几遍 "tak"[55] 和 "da"（"如此"和"对的"）。"一个充分且必要的 tak 条件，tak 是 da 即 tak……"他女儿常随声附和，有时是为了把克赖因不正确（但可以理解）的英语改得合乎语法，然而改得并不地道，有时甚至在他讲得还可以的时候也是如此。克赖因会说"这个 estimate"（完全正确的数学英语），然后她就会说："estimation[56]，爸爸。"当克赖因说"这个术语，布罗德斯基 proposed tak...suggested..."，他女儿就会说："introduced[57]，爸爸。"当他读错重音音节时，比如在"arTICle"[58] 中，她会在话没讲完时就纠正。当他说"这一点是我想 stress 的"时，她会说："emphasize，爸爸，emphasize[59]。"

我们在一起的三小时里，大部分时间是克赖因和福亚什之间进行音量的角逐。他们有时候态度温和，有时候却不是这样，他们一直都在试图超越对方。克赖因在黑板上解释一些东西，公式讲到中途，福亚什就会说"我有一个问题"，而克赖因则继续解释他自己那一套。克赖因说道："我在 1940 年就做出来了。"福亚什随即反驳道："啊，但结论并没有这么一般，让我来告诉你正确方法……"两个人你来我往：我先做出来的。不，我做得更好。不，我的学生做得更具一般性。

大多数时间我只是坐在那里，既开心又沮丧。我也感到内疚，但不知道为什么。是因为我不那么热爱数学，还是因为我不那么喜欢接触人？我做梦也不会硬生生拉住一个陌生人，哪怕是我读过他的书的人，跟他讲"上星期我证明了一个重要的结论"。第一，我认为我上星期证明的东西并不重要（从来都不重要）；第二，我会觉得自己很愚蠢；第三，我认为他不会当回事儿。

那天下午快结束的时候，克赖因骄傲地告诉我，他回复信件实在太过懒惰和低效，而现在他有了这个私人接触的绝好机会，会充分利用起来。他递给了我一大摞抽印本（大约 7 英寸厚），指示我把它们交给他指定的各位美国数学家。我太懦弱，无法拒绝。第二天，我把整摞东西送到邮局，在那里包裹好（这项服务在美国是不提供的），然后寄给预定的收件人。对克赖因来说，向负责包裹的年轻女士交代他的要求，比交代给我要容易得多，但花掉的卢布是同样多的。

我在莫斯科遇到过几个跟我自己状况相似的来访者。在等待上晚餐的工夫，我们聊起天。我尤其记得其中两位：一位是意大利历史学家，另一位是加拿大地质学家。这位意大利人性格和善，但他强调一点：这是他的"首次"苏联之旅，他会确保这也是"终极"之旅。那位加拿大人则用更强硬的语言表达自己的意思。他说，他甚至不确定自己是否能够待满一个月。真的，他没有什么事可做，整个出访一点儿都不好。

他们在抱怨什么呢？文化冲击，沟通困难，冷遇，缺乏组织和组织混乱，对访问的兴趣不足，甚至常常对访问内容缺乏了解——这些是一部分答案。他们没有在熟悉的友好的家里，而是处于一个陌生、寒冷、黑暗的城市中，独自一人，浪费时间。

令我有些惊讶的是，我发现自己在试图为他们打气，而站在了另一边。我说，也许与我们的苏联同行面对面会有用处，也许建立直接联系是件好事，也许在他们公布成果之前了解他们的所作所为是件好事，这些都是个人之间沟通的典型、明显的理由。但是，我的内心并不太在乎我说的这些理由。实际上，我同意他们的观点，也同情他们的情绪。像我们正在参与的这种交流项目能够也应该成为一种有效的国际合作工具，但出于人为因素、官僚体制的不完善等许多琐碎原因，我们发现事实并非如此。悲哀啊。总的说来，我在这里不太愉快。我认为我在知识的传播或接受方面都没取得多大成就。我能说的是，这次旅行是一次经历，我从中学到了一些东西，但我不能清楚、有说服力地详细说出那些东西是什么。

## 作为旁观者来看待我们这群人

1964 年，我直接从家里去了布达佩斯，我的评价是寒酸、昏暗、悲惨、令人沮丧。1965 年，我从莫斯科去了布达佩斯，相比之下，我发现布达佩斯是一座优雅的城市，充满了阳光、色彩和愉悦。第二次，我在匈牙利待了 10 天，包括在塞格德的几天，但更多是出于个人和旅游的兴趣，而不是为了职业和数学。

诚然，我也做过几场报告，见过一些数学家。一个令人愉快的巧合是，我遇到了耶日·沃希 [60]（Łoś 发音为 Wash），他正在度假，驾车环游欧洲，而当我在塞格德时，他刚好路过那里。他是超积理论的主要发现者和发展者之一，一位博学的数学家和逻辑学家，一个极具吸引力的人物。我们共同度过了一个晚上，吃饭聊天。我还钦佩他在语言方面的勇气。他不懂一句罗马尼亚语或匈牙利语，但仅凭着自己的个性，就能在布加勒斯特和布达佩斯的书店、加油站和餐馆里，始终保持镇静和礼貌，赢得别人的喜欢和理解。他很快就让大家知道他来自波兰，波兰人在包括匈牙利在内的东欧国家普遍受到欢迎，这一点能起到帮助。

我在赛格德遇到的另一位数学家是奥蒂洛·马泰（Attila Máté）。当时他还非常年轻（或许 16 岁），他那时的兴趣是集合论，尤其是令人恐惧的大基数

耶日·沃希，1965 年

理论。他极其聪明，当局允许他提前两年完成高中学业，并允许他进入大学，这几乎是前所未有的。从那时起，他就表现出才能，可以学习数学中几个完全不同的分支。例如，当卡勒松（Carleson）解决了卢津猜想（在 $L^2$ 中关于函数的逐点收敛问题）时，马泰写了一篇诠释，帮助我们这些人理解卡勒松证明的全部内容。几年后，他移居国外，现在似乎定居在布鲁克林（Brooklyn），就像他曾经定居在塞格德一样。

在我第二次访问期间，我了解到的不是数学，而是关于匈牙利以及这个国家对美国态度的一系列奇闻怪论。

例如民主的"草根"含义。一位大学职员驾驶一辆车，载着我们几个人，包括我和纳吉，从塞格德返回布达佩斯。他也参与进我们的交谈，虽然我觉得他有些屈尊俯就。当我们到达布达佩斯，并送纳吉下车，纳吉还和司机握了手。然而，在到布达佩斯之前，我们停下来喝了杯咖啡，遇到了另一所大学的司机。他把双手放在裤子边上，摆出一副军人立正的姿势，向纳吉鞠躬行礼。我们的司机主动提出拿走我们的咖啡券（在喝咖啡前先付款，凭券取咖啡），帮我们去排队。我们理所当然地接受这项提议。我们，"高人一等"，端着咖啡到 "Presso"[61] 场所的一处区域享用，而司机们则带上咖啡去另一块区域喝。因为已经咨询了本地的规矩，我在和司机道别时给了他一笔小费。起初他说不用，但不久他就接受了。社会化的君主制形成了一种奇怪的民主。

在匈牙利，一种社会政治类的黑色幽默（通常略微夹杂着残存的种族歧视笑话）一直很流行。例如，有人告诉我，在俄罗斯，如果你能读会写，你就被称为有智力的；但如果你只会读或只会写，你就被称为专家。在匈牙利，识字的笑话还在继续，警察们成双成对地巡逻，因为他们一个只会读，一个只会写。然而在罗马尼亚，警察们要三个一组：一个只会读，一个只会写，还有一个盯着那些不值得信任的知识分子。

君主制文化的一些"好处"在匈牙利仍然起作用。例如，餐馆和酒店的服务非常出色，这与苏联的情况完全不同。布达佩斯的早餐服务员接受点餐，甚至能用法语、德语和匈牙利语跟顾客开玩笑。她在 5 分钟之内就能给我送上早餐，而不是用 35 分钟。门卫是一个上了年纪的男人，穿着整洁的制服，用蹩脚的英语向我道歉，因为他不太会讲英语。他说，除了匈牙利语，他只会讲法语、德语、意大利语和俄语。

在匈牙利，次要的服务（如小商店和有轨电车）很好，主要的服务（如邮局和航空公司）却很糟糕。雷韦斯告诉我，有一次他从匈牙利的德布勒森（Debrecen）往布达佩斯打电话（距离大约相当于从伊利诺伊州的尚佩恩到芝加哥的距离[62]），这个电话花了两个半小时才接通，对此他一点也不感到惊讶。还有一次，他从美国密歇根州的东兰辛往布达佩斯打电话。长途话务员在开始接线之前道了歉。她解释说，匈牙利人有时应答得有点慢，或许他挂断电话会更好，她答应一接通就打电话给他。她 15 分钟内打来电话，并再次为迟缓而道歉。

我在塞格德看了田纳西·威廉斯的《夏日烟云》[63]（当然是匈牙利语的），在布达佩斯看了《奥本海默案件》（*The Oppenheimer Affair*）[64]。后者紧贴事实，而带有一些稀奇古怪的细节。例如在假想的美国法庭上，茶点桌上放着一台苏打水自动售货机；"Evans"被念成"Eevans"；J. 罗伯特·奥本海默的大写首字母被读作 gee；美国国旗上有 50 颗星（与时代不符）。扮演奥本海默的演员一点也不像其本人，但他演得很好，他一定研究过关于奥比[65]的纪实镜头，他的言谈举止都很逼真。后来我写信给奥比，告诉他，听他说一口流利的匈牙利语感觉怪怪的。

尽管有像田纳西·威廉斯和 J. 罗伯特·奥本海默这样的文化输出，但关于美国生活的很多信息都是错误的，每个人却都相信这些。例如，在美国，鞋子是从来不修补的，这是众所周知的，当它们磨损了，它们就会被扔掉。此外，我很惊讶地得知匈牙利有修补脱线的店；当女士的长袜——丝袜？——发生抽丝脱线时，就可以拿到店里修补。我还听到两种权威的说法：(a) 在美国，每个人都总是上气不接下气地奔波，因此，小巧、简约、朴素的匈牙利平静生活要好得多；(b) 在匈牙利，每个人总是上气不接下气地奔波谋生，抵挡饥饿，所以"新世界"中更悠闲的步伐令人羡慕。

除了语言差异之外，文化差异也使交流更加困难。说一种你觉得不是自己的语言时，你必须集中精力在自己表达的方式上——用陌生的习语和陌生的思维。即使要你解释一些完全熟知的事物，即使你有表达它的词汇，文化也会成为障碍。若要教给霍屯督人[66]微积分，你必须知道的不仅仅是微积分和霍屯督人，你还必须了解霍屯督人的文化，必须知道直线这个概念在听众的经验中出现在哪里，他们的经验中有什么是移动的，测量物体的单位是什么。为了向我的堂嫂解释美国的大学，我必须了解匈牙利的学校、匈牙利的牙科、匈牙利铁路的俚语，一言以蔽之，就是匈牙利文化。但我不懂，所以我不能。回到家里，我甚至不用刻意思考就能思考，这真是太好了。

## 译者注

[1] 托马斯·杰拉尔德·鲁姆（Thomas Gerald Room，1902—1986），英裔澳大利亚数学家，他因发明了所谓"鲁姆方"（Room square）而闻名。

[2] pommy 通常作 Pommy 或 Pommie，澳大利亚和新西兰的俚语，一般带有贬义，意为来自英国的移民。

[3] 这是一首在澳大利亚广为流传的著名民谣，即 *Waltzing Matilda*，被当作澳大利亚的非官方国歌，中文名也直译作《跳华尔兹舞的马蒂尔达》。其实，Matilda 在澳大利亚俚语中指的是流浪汉的行囊，歌名犹言：跳起华尔兹，背起行囊来流浪。

[4] 杰克·恩洛·麦克劳克林（Jack Enloe McLaughlin，1923—2001），美国数学家，从事代数研究。他是作者在密歇根大学的同事，在本书被多次提及，第 14 章"朋辈相助"一节有其照片。密歇根大学现有以他命名的教授职位。

[5] 原文是 muu-muus，单数一般写作 muumuu。穆穆袍是一种宽松的长衣（裙），有鲜艳的颜色和图案，是从最初由传教士分发给夏威夷土著妇女的连衣裙改造而来。现在，穆穆袍已经成为流行时尚元素。

[6] 伯恩哈德·赫尔曼·诺伊曼（Bernhard Hermann Neumann，1909—2002），生于德国的英国和澳大利亚籍数学家，群论的领军人物之一。1932 年，他在柏林大学获得博士学位，同年在此结识本科生汉娜·冯·克默雷尔（Hanna von Caemmerer，1914—1971），两年后两人订婚，直到 1938 年末才喜结连理。汉娜也是一位生于德国的英国和澳大利亚籍数学家，研究群论，其专著《群的多样性》（*Varieties of Groups*，1967）已成这一方向的经典。二人参加会议时，值其定居澳大利亚不久。此处原文为"Bernard and Hannah Neumann"，译者并未找到该时代此名的知名数学家夫妇，当是拼写错误。

[7] 《希尔伯特空间问题集》（*A Hilbert Space Problem Book*），1967 年范诺斯特兰出版社初版，收入"高等数学大学丛书"（The University Series in Higher Mathematics，陈省身是该丛书三位编委之一）。1974 年由施普林格重印，作为"研究生数学教材"丛书的第 19 卷；1982 年该社推出第二版。

[8] 铁路快递公司（Railway Express Agency，REA）是 1918 年至 1975 年在美国运营的全国性包裹递送服务公司，通过铁路设施安排包裹的运输和交付。作者的包裹并不是随飞机的托运行李，而采用被称作 air express 的服务，这是航空公司的包裹运输服务，但作者在办理手续时，仅凭对话误认为是 Air Express（航空快递公司，其实并不存在）。鲁姆根据从邮局（post office）得到的信息产生了同样的误会，还去找了名字雷同

的公司。作者乘飞机的行程是安阿伯—火奴鲁鲁—楠迪—悉尼，而他的包裹在美国本土是通过铁路运输的，后才经空运抵达悉尼（中转站不得而知），当然慢很多。

[9] 在澳大利亚和新西兰，私人旅馆（private hotel）指一类不具备酒精饮品销售许可证的酒店。

[10] 《四季之人》（*A Man for All Seasons*），话剧，《乌托邦》作者托马斯·莫尔（Thomas More）爵士辅佐朝政的故事。该剧 1960 年于英国伦敦首演，第二年登上美国百老汇，1966 年还被搬上银幕，赢得六项奥斯卡奖。

[11] 国王十字（Kings Cross）原文作 "King's Cross"，悉尼市中心的一个地方，位于中央商务区以东约 2 千米处，是市政府所在地。从 20 世纪 60 年代开始，国王十字成为悉尼主要的旅游住宿和娱乐区域。

[12] 格林威治村（Greenwich Village），以此为名的地方有多处，这里是指属于美国纽约市曼哈顿第二社区的那个格林威治村。

[13] MÉSZÁROS 是匈牙利语，与英语 BUTCHER 同义，此处指肉店。

[14] 波尔约·亚诺什（Bolyai János，1802—1860），通常也作亚诺什·波尔约，匈牙利数学家，非欧几何的创始人之一。

[15] 这首歌名为《我的全部》（*All of Me*），此处所说歌名实为歌曲中一句歌词。

[16] 原文是 hot chestnuts。在匈牙利，一些信仰、民间节日和习俗都与栗子有关，当然，栗子也存在于食品当中。在布达佩斯街头，会看到平地支起的铁桶，烧着火烤栗子，不同于我们常见的用大锅炒，直接放在带漏眼的铁算子上炙烤，这样水分蒸发更快。

[17] 原文是 cousin，因为知道是位男士，可以指堂哥、堂弟、表哥、表弟之一，译者此处臆断为"堂哥"，乃一厢情愿认定这是第 1 章"数字"一节出现的那位堂哥，以便建构故事，望读者谅解。

[18] 1930 年由英国共产党创立，1966 年更名并重整为《晨星报》（*Morning Star*）。

[19] Elks Club，应指 Benevolent and Protective Order of Elks（缩写为 BPOE，也常被简称为 Elks Lodge 或 The Elks），是一个美国兄弟会组织，要求会员承认对上帝的信仰，致力于促进会员福利。北美文化十分崇敬加拿大马鹿（elk），将其作为心灵力量的象征，该组织的徽标即以加拿大马鹿头为主体图案。

[20] 伊斯拉埃尔·莫伊谢耶维奇·盖尔范德（Israel Moiseevich Gelfand，1913—2009），苏联裔美国数学家，生于现在乌克兰的敖德萨（当时属于俄罗斯帝国）一个犹太家庭，在 76 岁生日前不久移民美国。他对数学的许多分支，包括群论、表示论和泛函分析做出了重大贡献。

[21] mathematical jet set，指经常进行国内外会议交流，而有机会各地旅行的数学家。jet set 本指经常乘坐飞机（很可能是私人飞机）旅行，辗转于各种时尚之地的一群人，他们参加聚会、活动，往往非富即贵。

[22] “做数学”原文是 mathematicking，该词并未收录于传统的词典，译者看到过多种解释，比如做数学（doing mathematics），数学思考和表达（mathematical thinking and talking），在大小、顺序、位置和数量方面实现高效和智能行为的过程，对体验的定量方面做出反应，等等。

[23] 指的是英国国家广播电台的第三套节目（BBC Third Programme，1946—1967），曾是英国文化和知识传播的重要节目之一，在传播艺术方面也发挥了关键作用。它后来被第三广播电台（BBC Radio 3）代替，以播放古典音乐和歌剧见长。但后面作者自述的“盖尔语新闻”，或许有误。

[24] 爱德华·科林伍德（Edward Collingwood，1900—1970），英国数学家，主要从事复分析的研究。第二次世界大战期间，他在英国海军服役，并被聘为首席科学家。

[25] 罗伯特·亚历山大·兰金（Robert Alexander Rankin，1915—2001），英国数学家，从事解析数论和函数论的研究。

[26] 亚历克斯（Alex）、亚历克（Alec）都是男子教名亚历山大（Alexander）的昵称或简称。

[27] 原文如此，表示字母 H，此处是记录其读音。通常 H 的标准音是 aitch，而 haitch 主要来自爱尔兰、澳大利亚等地口音。

[28] 作者想说的应该是“摄影师的器材”。此处作者将俄语的西里尔字母转写成了拉丁字母，相应的俄语是 фотограф аппарат，但这是两个名词生硬拼凑，不合语法，犹如“摄影师 + 器材”，恰当的写法是 фотографический аппарат（摄影的器材）或фотоаппарат（照相机）。其实，фотограф 与同义的英语单词 photographer 发音很像，但俄语发音比较硬，大体可以用 fotograf 当作拼音。

[29] 即 Да，да，意为是的，是的。

[30] Minox，又译作美乐时，是一家德国相机制造商，尤其以制造超小型相机而闻名。

[31] 谢尔盖·瓦西利耶维奇·福明（Sergei Vasilyevich Fomin，1917—1975），苏联数学家，在一般拓扑学、泛函分析和动力系统理论领域有深入的研究。他晚年非常重视数学方法在生物学中的应用。

[32] “追随者”原文是 disciple。科尔莫戈罗夫是盖尔范德（1935 年毕业）和福明（1942 毕业）的博士导师，而福明分别与二人合著有颇为知名的两部教材。

[33] 列瓦兹·瓦列里安诺维奇·加姆克列利泽（Revaz Valerianovich Gamkrelidze，

1927— ），以其在最优控制理论和相关领域的工作而闻名。叶夫根尼·弗罗洛维奇·米先科（Evgeniĭ Frolovich Mishchenko，1922—2010），主要从事微分方程、动力系统和最优控制的研究。他们都是庞特里亚金的学生。1961 年，庞特里亚金同他的学生博尔强斯基（V. G. Boltyanskiĭ，1925—2019）、加姆克列利泽、米先科出版了著名的 *The Mathematical Theory of Optimal Processes*（《最优过程的数学理论》，英译本 1962 年），第二年他们因此获得苏联列宁奖（Lenin Prize）。

[34] 位于莫斯科的一家酒店，历史悠久，至今仍在运营。

[35] 此处记录了一句带有俄语口音的英语，她似乎在说：You must wait ten minutes please.（请你等十分钟）。也可能在说：You most wait ten minutes please.（请你最多等十分钟）。英语不这么说，但跟相同意思的俄语语序接近。

[36] 艾尔米塔什国家博物馆（State Hermitage Museum），俄罗斯最大的艺术与文化历史综合性博物馆。"艾尔米塔什"一词源自法语，意为隐宫。博物馆于 1764 年在俄国女皇叶卡捷琳娜二世宫廷收藏品的基础上建立，1852 年起对外开放。1922 年，国立冬宫博物馆与艾尔米塔什博物馆合为一体，称现名。

[37] 白象是一类罕见的白色或浅灰色等浅肤色的亚洲象，在南亚和东南亚的部分地区被认为是神圣的，比如泰国就有白象勋章（Order of the White Elephant）。另有一则故事，相传暹罗（古泰国）的国王想要惩治一个犯颜的朝臣，于是赐给他一只白象，朝臣不得不花费大量的金钱来喂养。由此，英语中白象（white elephant）还指那种需要很多照料和花费，获得利润却很少的财产。既然如此，很难想象丹麦会使用"白象"来命名自己的勋章。其实，此处导游讲解有误，正确的说法是"大象勋章"（Order of the Elephant），它是丹麦的骑士勋章，也是丹麦的最高荣誉。不过，该勋章的主要标志也的确是白象。作者咧嘴笑或许出于白象的引申意思，或许在笑话导游说错了。

[38] 德米特里·维克托罗维奇·阿诺索夫（Dmitrii Viktorovich Anosov，1936—2014），活跃于苏联时期的数学家，以其对动力系统理论的贡献而闻名。他是庞特里亚金的学生。

[39] "红箭号"（Red Arrow）列车是俄罗斯铁路的一列特快旅客列车，来往莫斯科和圣彼得堡（即苏联时期的列宁格勒）之间，1931 年 6 月 9 日开始运营，是苏联时期乃至现在俄罗斯最著名、历史最悠久的客运列车，以舒适的列车环境、高档的旅客服务著称，全列均为卧铺车厢。

[40] 沙皇大炮（Tsar Pushka）是世界上炮口直径最大的火炮，重约 40 吨，青铜制，被誉为"炮王"，炮架、炮筒上有精美的浮雕。据俄罗斯莫斯科克里姆林宫博物馆官网介绍，

火炮本身建造于 1586 年，装饰用炮弹、炮架则制作于 1835 年，因此这里介绍火炮建造于拿破仑战争时期，或有误。

[41] 萨沙（Sasha）是亚历山大（Alexandre）的小名，全名是亚历山大·亚历山德罗维奇·基里洛夫（Alexandre Aleksandrovich Kirillov, 1936—　），苏联、俄罗斯数学家，以其在表示论、拓扑群和李群领域的工作而闻名。他的博士导师是盖尔范德。

[42] 希腊合唱队（Greek chorus）是古典希腊戏剧中的一群演员，穿插在剧情之中，采用齐声说或唱的方式对情节给以评论或说明。

[43] 德语，意思是："我是科尔莫戈罗夫，我到楼下了。"

[44] 帕维尔（Pavel）是男子教名保罗（Paul）的俄语变体。本书第 11 章"布尔代数和集合"一节中出现的保罗·谢尔盖维奇·亚历山德罗夫（P. S. Alexandrov）即此人。

[45] 二人在普林斯顿大学共同度过了 1927—1928 学年，并打算合作多卷本的专著《拓扑学》（*Topologie*，德文版），第一卷直至 1935 年才出版。此处的霍普夫是海因茨·霍普夫（Heinz Hopf），德国数学家，与第 4 章"抽印本：杜布的和其他人的"一节、第 11 章"遍历理论的最新进展"一节中出现的霍普夫不是同一个人。

[46] 德语，意思是"非常有趣，非常漂亮，我喜欢"。

[47] 马克·阿罗诺维奇·奈马克（Mark Aronovich Naimark, 1909—1978），苏联数学家，对泛函分析和数学物理有重要贡献。他的博士导师是本书中出现的克赖因。

[48] 谢尔盖·米哈伊洛维奇·尼科利斯基（原书作 Sergei Mihailovich Nikolskii，通常也写作 Sergey Mikhailovich Nikolsky, 1905—2012），苏联、俄罗斯数学家，主要贡献在泛函分析和偏微分方程方面。

[49] 即斯捷克洛夫数学研究所。

[50] 尤里·瓦西列维奇·普罗霍罗夫（Yuri Vasilevich Prohorov, 1929—2013），苏联、俄罗斯数学家，主要贡献在概率论方面。

[51] 斯潘塞·屈赛（Spencer Tracy, 1900—1967），美国电影演员，以饰演性格粗犷的硬汉形象著称，被誉为"演员中的演员"。

[52] 列夫·谢苗诺维奇·庞特里亚金（Lev Semenovich Pontrjagin, 1908—1988），苏联数学家，20 世纪顶尖数学家之一。由于火炉爆炸事故，他从 14 岁起就完全失明，但他在数学的许多领域都有重大发现，包括代数拓扑、微分拓扑和最优控制。不仅如此，他还培养出许多优秀的数学家，他们在本书中多次被提及。

[53] 雅科夫·格里戈里耶维奇·西奈（Yakov Grigorevich Sinai, 1935—　），苏联、俄裔美国数学家，以其对动力系统的研究而闻名。他的博士导师是科尔莫戈罗夫。

[54] 马克·格里戈里耶维奇·克赖因（Mark Grigorievich Krein，1907—1989，Krein 也译为克列因），苏联泛函分析学派的主要人物之一。他出生在基辅，17 岁时离开家去了敖德萨。他以算子理论（与来自数学物理的具体问题密切相关）、矩问题、经典分析和表示论方面的工作而闻名。书中出现的奈马克是他的学生。后文提到他还有一个弟弟，即塞利姆·格里戈里耶维奇·克赖因（Selim Grigorievich Krein，1917—1999），也是数学家。

[55] "tak"俄语字母写作"так"，犹如英语中的"so"，作者也是这样解释的。

[56] estimate 为数学专有名词，意为估计、估计量；estimation 与此同义，只是用在不同的专有名词词组。在日常语言中，estimate 可以用作动词，而 estimation 是名词。

[57] 此处 proposed 意为提出、提议，suggested 意为建议，introduced 意为引进、介绍。

[58] "arTICle"意为论文，原文用大写字母表示实际读出的重音音节。这个词的重音应该在前，而非中间。

[59] 此处，stress、emphasize 都是强调的意思。

[60] 耶日·沃希（Jerzy Łoś，1920—1998），波兰数学家、逻辑学家、经济学家和哲学家，在模型论方面的工作尤其出名。

[61] 意大利语，意为附近。

[62] 直线距离约 200 千米。

[63] 田纳西·威廉斯（Tennessee Williams，1911—1983），美国剧作家、诗人、小说家，原名托马斯·拉尼尔·威廉斯三世（Thomas Lanier Williams III）。代表作有《欲望号街车》（*A Streetcar Named Desire*）、《热铁皮屋顶上的猫》（*Cat on a Hot Tin Roof*）。《夏日烟云》（*Summer and Smoke*）是由其编剧的爱情电影，1961 年上映。

[64] 指的是德国剧作家海因纳尔·基普哈特（Heinar Kipphardt，1922—1982）的文献剧 *In der Sache J. Robert Oppenheimer*（1964 年），该剧是作者最为知名的作品，名噪一时。剧作以美国原子弹之父奥本海默因拒绝接受氢弹制造的领导职务而遭受迫害为素材，揭露了 20 世纪 50 年代美国麦卡锡主义的政治偏见。在美国，该剧于 1968 年 6 月在纽约首演。2022 年，美国能源部撤销了 1954 年美国原子能委员会关于奥本海默案件的决定，而当事人已经故去半个多世纪了。

[65] 奥比（Oppy，通常拼写为 Oppie）是奥本海默的昵称。

[66] 霍屯督人（Hottentot），南部非洲的种族集团。自称科伊科伊人，意即"人中之人"或"真正的人"。主要分布在纳米比亚、博茨瓦纳和南非。

# 第 14 章

# 如何做好几乎所有事

## 拒绝录用

20 世纪 60 年代，我的学术实力处于巅峰时期。这就是说，在达到并通过了我能力所及的最大限度后，我越过了山顶。实力顶峰是在一瞬间达到的，从那时起，剩下的路就是沿着它走到尽头。我的一生都在一个价值体系中度过——研究就是一切，因此，顶峰指的是定理，更准确地说，是洞察力。

在 20 世纪 60 年代，我的数学视野中最显著的三个概念可以用特普利茨、切萨罗和拟三角这三个词来标定。

在我去密歇根大学之前，特普利茨算子在芝加哥大学的告别会上发挥了重要作用。我不知道为什么特普利茨矩阵会如此有吸引力，但事实是，每一位接触过特普利茨矩阵的数学家都觉得它合理而畅快。（它们是各条对角线元素都为常数的矩阵：$a_{i,j} = a_{i+k,j+k}$。）我和阿伦·布朗都被它迷住了，我们阅读相关文献 [ 主要是菲利普·哈特曼（Philip Hartman）和奥雷尔·温特纳（Aurel Wintner）的论文 ]，并开始提出有关问题。我们得到了一些令人满意的见解，认为真正理解了是什么使哈特曼 – 温特纳定理成立，于是给出了特普利茨算子的一个表征，并为其相关代数研究奠定了基础。我们的论文现在已经不足为奇了（发表于 1963 年），因为自此之后，该理论取得了长足的进展，但我对自己能参与其中而感到自豪。

在切萨罗算子方向上的工作是另一项合作的成果。论文是在阿伦·布朗加入我与艾伦·希尔兹的二人讨论班而变成三人讨论班的那一年写成的。那时，我们都在密歇根大学，星期二下午，我们聚上几小时，一边喝咖啡，一边研讨切萨罗。（想必每个人都知道切萨罗矩阵吧？它是一个能将序列转换为平均序列的矩阵，它的第 $n$ 行前 $n$ 个元素等于 $\frac{1}{n}$，其余的元素都等于 $0$。）我们研究了该矩阵及其类似"连续"状态（包括有限和无限）的有界性问题和谱问题。我们解决了其中的许多问题，但被一个问题难倒了：我们无法证明经典的切萨罗算子是次正规的。6 年后，汤姆·克里特（Tom Kriete）和戴维·特拉特（David Trutt）发现了证明，这是一项艰难而深刻的成就。

关于多项式紧（polynomially compact）的研究是 20 世纪 60 年代最激动人心的数学事件之一。1954 年，纳赫曼·阿龙扎扬（Nachman Aronszajn）和凯南·史密斯（Kennan Smith）首次发表了紧算子总是具有非平凡不变子空间的证明。史密斯指出，证明是"严密的"，我几乎可以说，这是在抱怨。它没有留下任何改进和推广的余地，它精确地证明了它被设计用来证明的东西，仅此而已。例如，它不能帮助我们证明一个紧算子的平方根也必定有非平凡不变子空间。

论文发表前的几个月，阿龙扎扬在一家餐馆的餐巾纸上教了我这个证明。我努力体会，参透其详，同其他很多人一样，我不断尝试"放松"它，以便能够更广泛地应用它，但都无济于事。时值 1966 年初，阿比·鲁宾逊给我寄了一份预印本，是他和他年轻的追随者艾伦·伯恩斯坦（Allen Bernstein）合作写的：没错，紧算子的平方根确实有不变子空间。这是一个惊喜，令人震撼。伯恩斯坦和鲁宾逊找到了正确的代数情境来设定结果。他们用 $p(x)$ 替换了 $x^2$，其中 $p$ 可以是任意的非零多项式，证明了如果一个算子 $A$ 使 $p(A)$ 是紧的，那么 $A$ 具有不变子空间。（我想，我发明了"多项式紧"这个短语来描述这种算子。）他们的主要成就就是我一直寻求的"放松"，他们表明，阿龙扎扬 – 史密斯方法并不像我们担心的那样狭隘。

伯恩斯坦和鲁宾逊的结果激励我重新研究这一方法，我认为自己看到了它的成功所在。我提取出起作用的主要性质，称之为拟三角性（quasitriangularity）。在我写的关于这个主题的论文中，我迈出了拟三角算子理论的最初几步，并猜想它们确实是我们的"朋友"，也就是说，它们都具有不变子空间。这个概念流行起来了，现在有很多论文都在讨论它，它已经成为算子理论中一个被广泛认可的组成部分。罗马尼亚学派在这方面特别努力，他们中的一些人——阿波斯托尔（Apostol）、福亚什、沃伊库列斯库（Voiculescu）证明了最深刻、最引人注目的定理：他们证明了**非**拟三角算子肯定是我们的"朋友"，即非拟三角性蕴含着不变子空间。如果我的猜想被证明是正确的，那么不变子空间问题就得到了肯定的解决。我承认这让我很震惊。由于我相信不变子空间问题的答案是否定的，所以我放弃了我的猜想，转而寻找一个拟三角算子的反例。

我既喜欢特普利茨算子的那篇论文，也喜欢拟三角算子的那篇论文，而且令我非常欣慰的是，算子理论领域的一些学者开始分享我的观点。这两篇论文都被称为"经典"（不是我自封的），并且都已被列作各自主题的参考书目中的必备文献。我之所以毫不客气地提到这些事实，是为了给读到这一段并在爱挑剔的评审人和编辑面前遇到麻烦的那些年轻人鼓点儿勇气。别忘了，这两篇论文在我第一次投稿的时候都被拒绝了，特普利茨算子的论文被《数学学报》（*Acta Mathematica*）[1]拒绝，拟三角算子的论文被《美国数学学报》拒绝。对于后一篇，在写给安布罗斯的信中，我说："……上星期刚有一篇论文被拒……真让我愤恨……它伤害了我的自尊心……但实际上我只是把手稿放进另一个信封里，寄给另一家期刊……这实际上是一篇相当不错的小论文，有一个小但绝对崭新的观点，我认为它应该且将会被发表。"振作起来，评审人和编辑的判断并不总是正确的。

## 如何做研究

谁能告诉大家，如何做研究，如何发挥创造力，如何发现新东西？几乎可以肯定，没人能。很长一段时间以来，我一直努力学习数学，理解数学，寻找真理，证明定理，解决问题。而现在，我将试着描述我是如何做到的。这个过程中最重要的部分是精神上的，这是无法形容的，但我至少可以尝试描述一下物质上的部分。

数学不是一门演绎科学，这是老生常谈。当你试图证明一个定理时，你并非只是列出假设，而后开始推理。你要做的是试错、实验、猜测。你想查明事实是什么，在这方面，你所做的与实验室技术员的工作类似，但在精确度和信息量上是不同的。如果哲学家们有胆量的话，他们可能会像我们看待技术人员一样看待我们数学家。

我热爱从事研究，我渴望从事研究，我必须从事研究，而我讨厌贸然开始做研究——我总是尽可能地延缓开始时间。

对我来说，重要的是那些外在的大事，那些我可以奉献一生的东西，而不是那点儿内在的自我满足。高斯、戈雅[2]、莎士比亚和帕格尼尼[3]都非常卓越，他们的优秀带给我快乐，我钦佩和羡慕他们。他们也是有奉献精神的人。卓越只有少数人才能达到，但奉献精神是每个人都可以拥有的，并且应该拥有；而没有奉献精神，生命就不值得延续。

尽管我在工作中投入了巨大的感情，我还是讨厌"开始做"，每次都是一场战斗和痛苦。难道没有什么事情可以（或必须）先做吗？我不该去削削铅笔吗？事实上，我从来不用铅笔，但"削铅笔"已经成为一种暗号，代表着任何事，只要这件事有助于推迟集中创造性注意力所带来的痛苦。在图书馆查找参考资料、整理旧笔记、准备明天上课的教案，都可以当作借口：一旦没有这些事挡路，我就真的可以不受干扰地集中注意力了。

卡迈克尔抱怨说，作为院长，他每星期用于研究的时间没法超过 20 小时。我听了很惊讶，现在我仍然感到惊讶。在我多产的那些年里，我大概平均每星期花 20 小时集中进行数学思考，但超过这个时间长度的情况非常罕见。在我有生之年，有过两三次罕见的例外，那是在漫长的思想阶梯接近高潮迸发的时候。尽管我从未担任过研究生院院长，但我似乎每天只拥有三四小时做研究的精神能量，我是说"实实在在的做研究"，其余的时间，我写作、教学、评论、商议、评审、讲座、编辑、旅行，以及用我能想到的一切方式"削铅笔"。每个做研究的人都会遇到"休耕期"，在我的"休耕期"里，其他的职业活动——甚至"堕落"到讲授三角学，都成了我谋生的一种借口：是的，是的，我今天可能没有证明任何新定理，但至少我很好地解释了正弦定理，我挣得了我的生活费。

数学家为什么要做研究？存在几种回答。我最喜欢的说法是，我们很好奇——我们"需要"知道。这跟"因为我们想要知道"的含义相差无几，我同样接受这种说法，它也是一种很好的回答。然而，还有其他的说法，更实际的说法。

我们给未来的工程师、物理学家、生物学家、心理学家、经济学家，当然还有数学家讲授数学。如果我们只是教他们去解决书中的问题，他们所接受的教育在毕业前就会过时。即使从粗略的、世俗的、工业的、商业的角度来看，我们的学生也必须准备好回答未来的问题，而这些问题在他们上课时甚至都没有被问过。仅仅教会他们已知的一切是不够的，他们还必须知道如何发现尚未被发现的东西。换句话说，他们必须进行解决问题的训练，也就是做研究。一个并不总是在思考如何解决问题——那些他不知道答案的问题——的老师，他在心理上根本就没有准备好教他的学生去解决问题。

在做研究时，我不擅长的一个方面是竞争，因此我从来都不喜欢竞争。我没有足够快的速度去抢别人的风头。我争取领先的办法是朝着与主流正交的方向走，希望能找到一片属于我自己的小而深的静水。我不愿浪费时间去证明那些著名的猜想，而后以失败告终；相反，我试着将缺失的概念分离出来，提出富有成效的问题。你不可能在一生中经常做到这一点，如果这些概念和问题确实是"正确的"，它们就会被广泛采用，而你很可能会发现，自己在自己的学科发展中被那些拥有强大方法和深刻见解的人超越。很公平，我可以接受。这是一种合理的劳动分工。我当然希望是自己证明了次正规不变子空间定理，但好在我至少做了一些事情：我引进了这一概念并指明了方向。

置身于竞争之外的另一表现是，我从不强调快节奏。我扪心自问，比最新成果晚上一两年再去耕耘，有什么不对吗？我告诉自己，这没什么错。但即使是对我来说，这样回答有时也行不通，而对一些心思不同的人来讲，这个回答则总是错误的。当罗蒙诺索夫（Lomonosov）的成果（关于交换紧算子的联立不变子空间）和斯科特·布朗（Scott Brown）的成果（关于次正规算子）爆发时，我像周围的算子理论家一样兴奋，我渴望迅速了解细节。但是，这样的突破非常罕见，因此，我仍然可以快乐地落后于时代而生活。

很好，脱离竞争，与主流正交，落后于时代——我到底在做什么呢？答案是，我在写。我坐在书桌前，拿起一支黑色圆珠笔，开始在一张 $8\frac{1}{2} \times 11$ 的横格纸上写字。我把"1"标在右上角，然后落笔："这些笔记的目的是研究秩 1 扰动对格结构的影响……"这一段写完后，我会在页边空白处标上大大的黑色粗体字"A"，然后继续往下写 B 段。页码和分段字母构成了参考体系，通常有几百页，例如，87C 的意思是第 87 页上的 C 段。我把这些页放入三环活页夹里，在书脊处标上"逼近""格""积分算子"等。如果一个专题大功告成，笔记就转变成论文，但是不管成功与否，笔记本是很难丢弃的。我书桌旁边的书架上总是放着几十本笔记。我一直希望那些未完成的笔记能够继续增厚，而那些得以出版的笔记最终将包含被忽视的宝贵见解，这些见解正是处理悬而未决的重要问题所必需的。

我会尽量长时间地坐在书桌前，只要我有精力或时间，我就会一直坐在那里。在工作进展到上升期的时候，比如当一个引理得到解决，或在最不济的情况下，一个未经检验但并非明显无望的问题被提出来时，我会试着将任务停下来。这样，我的潜意识就可以继续工作，在最好的情况下，当我步行去办公室、去上课，甚至在晚上睡觉的时候，我都能在工作上取得进展。有时，一个难以捕捉的问题会让我睡不着觉，而我似乎开发出一种糊弄自己的方法。

翻来覆去一会儿之后——时间不长，通常只有几分钟——我就"解决"了这个问题。证明或反例在灵光一闪中出现，我心满意足地翻个身，便睡着了。几乎所有的闪念都是虚假的，不是证明有一个巨大的漏洞，就是反例不能推翻任何东西。不要紧，我相信解决方案足够长，能让人迷迷糊糊入睡。奇怪的是，在夜里，在床上，在黑暗中，我从不记得要怀疑当时的"灵感"，它是如此受欢迎，让我毫无疑问地接受了它。在某些情况下，它甚至被证明是正确的。

我不介意按钟点工作。到了要去上课或该出去吃晚饭，必须停止思考的时候，我会高高兴兴地把笔记放在一边。我可能会在下楼去教室的时候，或在发动汽车并关上车库门的时候，一直在思考问题，但我并不讨厌被打断（我的一些朋友说他们讨厌被打断）。这全是生活模式的一部分，我很欣慰地知道，在几小时之后，我们——我的工作和我——将重新聚拢到一块儿。

好的问题、研究的对象，从何而来呢？它们可能来自一个隐秘的洞穴，作家们在那里寻找情节，作曲家们在那里寻找旋律。没有人知道这个洞穴在哪里，甚至在幸运地偶然进入一两次之后，也没有人能记得它在哪里。有一件事可以肯定：它们并非来自一个意在推广的模糊愿望。恰恰相反，几乎所有伟大数学思想的源泉都是特殊的情形，都是具体的例子。在数学中经常出现这样的情况：一个看似极具普遍性的概念，它的每一个实例在本质上都与一个小而具体的特殊情况相同。通常情况下，推广或一般化首先是由特殊情况引起的。表达"在本质上相同"的一种精确方法是表示定理。关于线性泛函的里斯定理就是典型例子。在内积中固定一个向量来定义有界线性泛函，而有界线性泛函的抽象概念似乎是一个很好的推广，这个定理是说，实际上，抽象概念的每一个实例都以具体的特定方式产生。

这似乎是迪厄多内和我有意见分歧的众多主题之一。我曾经在美国马里兰大学做过一次研讨会报告，当时迪厄多内正在那里访问。报告的主题是正逼近（positive approximation）。我给自己设置的问题是，在希尔伯特空间上给定任意算子 $A$，求一个正（非负半定的）算子 $P$，使得 $\|A - P\|$ 极小。我很幸运，

事实证明，有一个很小的具体特例，它本身包含了所有的概念、所有的难点，以及理解和克服它们所需的全部步骤。我的报告集中在这个特例上，即 $\mathbb{C}^2$ 上由矩阵 $\begin{pmatrix} 0 & 1 \\ 0 & 0 \end{pmatrix}$ 定义的算子。我感到自豪：我认为，我成功地传达了一个漂亮的问题及其令人满意的解决方案，而没有陷入分析上无关紧要的技术性细节的泥沼当中。迪厄多内彬彬有礼，态度友善，事后却明显表现得居高临下。我记不清他讲的原话了，但实际上，他祝贺我做了一场滑稽表演。这似乎给他留下了"休闲数学"的印象。在他的词汇中，这是一种嘲讽，休闲足够令人愉快，但做作而肤浅。我认为（至今也认为），事情远不止如此，我们在价值观上的差异是由我们在观念上的差异造成的。我想，在迪厄多内看来，重要的结果是强有力的一般性定理，从中能够很容易推断出你想要的所有特例；而对我来说，向前迈出的最伟大的一步是具有启发性的核心例子，从中很容易全面洞察出其周围的笼统的一般性。

作为一名数学家，我最大的优势就是能够看出两件事物什么时候"相同"。例如，我一直在苦苦思考戴维·伯格（David Berg）的定理（正规算子等于对角算子加上紧算子），当我注意到他的一堆证明与"每个紧统都是康托尔集的连续像"的证明类似时，我就顿悟了。由此开始，我运用那些经典的陈述，而不必绞尽脑汁地去看伯格的证明，最终就伯格的结论得到了一种清晰易懂的新方法。

我可以举出许多类似的例子，最突出的案例出现在对偶理论中，比如，紧阿贝尔群的研究与傅里叶级数的研究相同，布尔代数的研究与全不连通紧豪斯多夫空间的研究相同。还有一些不是对偶理论的例子，比如，经典的逐次逼近法与巴拿赫不动点定理相同，概率论与测度论相同。

这种洞察力让数学变得干净利落，它去除赘肉，显示出真实面貌。这促进了数学的发展吗？伟大的新思想真的只是识别两种原理的相同之处吗？我经常这么认为，但我并不总是确定。

如上，我回答好"如何做研究"这个问题了吗？

# 不变子空间问题

要成为一名科研型数学家，你要做的不仅仅是提出并解决研究问题，你必须同日益增加的文献保持接触，它们的总页数在持续、稳步、不可阻挡地增长。你必须觉察到偶尔浮现的消息，可能是一个失败的猜想，也可能是一次光荣的胜利。20 世纪 60 年代最引人注目的数学新闻之一是德布朗热[4] 和罗夫尼亚克（Rovnyak）宣布他们解决了不变子空间问题。

我和路易·德布朗热从 1962 年开始通信，并交换抽印本。一年以后（那时他已经在普渡大学了），他让我把他的一份研究公告（Research Announcement）传达给《通报》，我很乐意。我们的关系友善，但很正式。我称呼他为"亲爱的德布朗热教授"，他给我的信中包含如下的句子："非常感谢你对我的工作所表示出的兴趣。不是每个人都能理解它。"

**路易·德布朗热，1965 年**

1964 年 4 月的一个下午，当我来到美国拉斐特（Lafayette）参加一次研讨会时，我遇到了他以及他那群崇拜他的学生。我按我们约定的时间到访他的办公室，可是他不在。戴维·特拉特（他们团队中的一员）见到我，神秘兮兮地说德布朗热被耽搁了。耽搁的时间并不长，德布朗热很快就来了，带着他的妻子、吉姆·罗夫尼亚克（Jim Rovnyak），还有另外两三名他当时的学生。他跟我寒暄致意，递给我一份稿子，向我解释耽搁的原因：我们整晚都没睡，完成最后的润色，并把它全部打印出来，准备好给你看。"这稿子"只有几页纸，是一篇公告，不是一份完整的论文。公告宣称：在维数大于 1 的复希尔伯特空间上的每个有界线性算子都具有一个非平凡的闭不变子空间！

当然，我大吃一惊，颇受震撼，此外再没有多少时间去谈别的了。在研讨会前品尝的咖啡不久就送上桌。一周后，我回到安阿伯，便写信给埃德·斯帕尼尔，他是《通报》负责处理这类稿件的编辑，内容如下。

兹随信附上德布朗热和罗夫尼亚克的题为《不变子空间的存在性》（"The Existence of Invariant Subspaces"）的论文作为《通报》的研究公告发表。我阅读过两遍，感觉它令人振奋。对我来说，该文过于浓缩，缺乏证明，无法保证它是正确的，但我心里不持异议地认为它值得发表，而且应该迅速发表。该问题十分重要，长期以来一直未得解决。德布朗热的名声很好，即使到头来发现文中有错误（当然我们都希望它不发生），这个错误也肯定是一个至关重要的错误。这类论文正是研究公告设立的初衷。

在我寄出这封信的一个星期后，我收到了一份厚重的手稿，包括所承诺提供的全部证明的所有细节，而这些内容在公告中没有足够的篇幅刊出。这份稿件已被提交到《汇刊》待发表，德布朗热和罗夫尼亚克向几个人寄送了这份预印本，而我是其中之一。随之而来的是一轮通信，其频率和数量都迅速增长，直到 6 个月后达到顶点。一位谨慎且不过于精力充沛的评审人可能需要 6 个月以上的时间才能得出结论。然而这一次，"每个人"都很感兴趣，许多数学家都在审阅预印本，并抱怨连连——阅读起来过于艰难，有些部分的阐述太扼要简略，而另一些地方又太冗长啰唆，从头到尾都说不清楚。几个审阅小组相互联系，告诉对方各自发现的漏洞和弥补漏洞的方法。

当时，罗恩·道格拉斯（Ron Douglas）是密歇根大学一位资历尚浅的教员，他是一个相当有数学天赋的年轻人，有着无限的雄心壮志和充沛的精力。他思维敏捷，并总是设法迅速地表达出来，结果，他说的话有一半是废话，而另一半则具有深刻的见解。他通常在别人察觉和做出反应之前，自己就捕捉到了那些胡言乱语，同时更加急速地用内行话将其掩饰起来。他表示"哎呀，那不是我该说的话"的方式是"换句话说"（"in other words"，他发音成"'n'zer w'rs"，有时在同一个句子中出现不止一次）。听他讲数学是一种有启发性的、令人敬畏但又令人很疲倦的经历。

我和罗恩开始阅读德布朗热和罗夫尼亚克的这部作品，并聚在一块儿讨论。与此同时，当时《汇刊》的编辑之一彼得·拉克斯（Peter Lax）写信问我，是否愿意成为三人评审委员会的一员。这真是一次不同寻常的评审经历。我可以列出几十名正在阅读论文的数学家的名字，不管他们是不是评审委员，都常常逐行逐字地研究。这是一个庞大的读者群体，尤其是对于一篇尚处于胚胎阶段的论文而言。其中包括阿伦·布朗、彼得·菲尔莫尔（Peter Fillmore），还包括亨利·赫尔森（Henry Helson）、角谷静夫、艾伦·希尔兹和乔·斯坦普夫利——每个人都想参与进来。

7 月初，我给编辑和其他相关评审人写了一封通函："两个月来，我为此一直在努力工作，我深感疲倦。我想回去做自己的一些定理。然而，道格拉斯还没出现倦态。我建议的解决方案是：我特此辞去评审委员会的职务，并郑重地建议彼得任命道格拉斯接替我的位置。"彼得的答复通函很快就来了："领队致团队：R. G. 道格拉斯在左路换下保罗·哈尔莫斯。他将在下一场中考察定理 5。"

定理 5 只是第一个麻烦点：罗恩在证明中发现了一处疏漏，并找到了该陈述的一个反例。德布朗热英勇地战斗了一段时间，但不久就撤退了，然后指出如何绕过这个困难。引理 12 是下一个困扰罗恩的难题，可以说是回溯性的，是定理 3 引起的漏洞。德布朗热力挽狂澜，从而阻止了定理 14 的崩溃。凡此种种，一直这样继续。道格拉斯和德布朗热以惊人的速度通信，我有其中大部分通信的副本，读起来引人入胜。

那年秋天早些时候，也许是 9 月份，德布朗热和罗夫尼亚克准备了一份修订后的预印本。准备这份材料花费了他们大量的时间、巨大的精力，还有大笔的金钱。这笔财务支出过于庞大，他们采取了一项不同寻常的举措，但并非没有先例。他们要求那些想要得到一份修订本的人支付 3 美元的费用，以降低开销。我们中的许多人，包括我自己，都非常愿意这样做。

9 月下旬，普渡大学发布了一篇新闻稿：**两位普渡大学科学家公布了一个著名数学问题的解决方案**。这篇稿子丝毫没有降低这一成就的重要性。这并没有烦扰到我。（杰克·麦克劳克林后来看到这篇新闻稿时评论道："里面的话可真够多的。"）真正令我烦扰的是其中的一段话，我很确定，这段话代表了新闻稿作者的态度：

（他们的）证明还有待证实。这项工作是如此复杂——包括 70 多页紧密联系在一起的数学推理，其他数学家要检验该证明可能需要长达一年的时间。《美国数学学会汇刊》的编辑们目前正在承担这项任务，德布朗热和罗夫尼亚克的论文已于当年 5 月提交到该刊。

我的"眼中钉"登场啦：作者们假他人之手，把编辑和评审人作为助手、"验证者"、证明检查者加以利用。

直到 12 月份，终于尘埃落定。彼得·菲尔莫尔发现了一处无法修补的缺陷，德布朗热给我写了一封让我感到难过的信。他在来信中说："我很抱歉让你支持了一个错误的结果，但在我看来没有任何方法可以降低这种风险。在宣布重大发现之前，似乎不可能进行可靠的确认。"

我要求他准备一份简短的声明发表在《通报》上（研究公告已经发表在该刊了），以澄清事实。他照做了。声明只包括几句话，其中第二句是："我们现在撤回该公告，对不变子空间的存在性不做任何支持或反对的陈述。"那时候，发表的研究公告会标明接受该稿件的理事会成员名单。例如，在德布朗热和罗夫尼亚克的原始公告中，作者的名字下面印有短语"由 P. R. 哈尔莫斯递交"。发表撤稿那段话时，我轻率地向《通报》的编辑（不是作者！）建议，在其开头注上"由 P. R. 哈尔莫斯撤销"，然而，甚至没有一个人对此咧嘴发笑[5]，因为情况太严重了，不适合开玩笑。

这个故事就讲完了。但我还想补充两则附言。

附言：该撤稿声明是在 1965 年 3 月那期的《通报》上发表的。几个月后（8 月）有一篇德布朗热和罗夫尼亚克的摘要发表在《通告》（*Notices*）[6]上，如下所述："我们之前宣布，希尔伯特空间中的有界线性变换总存在不变子空间。当 P. A. 菲尔莫尔博士发现论证中的漏洞时，这一主张被撤回。我们利用特征算子函数的因子分解得到不变子空间的新方法弥补了这一漏洞。我们最初宣布的结果是真实的。"这最后的喘息为时很短。在《通告》1965 年 11 月那期上有一则勘误："该声明被撤回。R. G. 道格拉斯在定理的证明中发现了一处漏洞。"

再附言：在某个夏日，一个信封出现在我的邮箱里，里面是吉姆·罗夫尼亚克寄来的一纸短笺，表露出友好和悔恨。我现在已经找不到那封短笺了，但它的大意是这样的："我们寄给你的商品是有缺陷的，我们至少可以做到退款。"随短笺附有一张 3 美元的支票。

故事没有结束——只要再次思忖一番，关于数学的故事就永远不会结束，定理永远在继续，会无穷无尽地发展。有时，一名数学家似乎永远在继续，尝试，失败，尝试，失败——我们希望最终尝试会带来辉煌的成功。路易·德布朗热的失手并不是他的故事的终结。在 1984 年，他的名字终于可以长久被人们铭记，这次不是因为他没做成的事，而是因为他做成的事。他证明了比伯巴赫关于单叶解析函数泰勒系数的猜想（于 1916 年首次提出），此前，有数十（也许数百）位数学家尝试之后都失败了。

## 朋辈相助

在大萧条及二战过后的 20 世纪 40 年代，美国这个国家缺乏数学家；而 50 年代末，有一些委员会开始研究如何遏制博士的"过度生产"。到了 60 年代，我们又一次意气风发——我们的数学家不够大家用啦！任何数学博士都可以找到一份工作，一份好工作，如果他不喜欢，他可以再找一份。我们试图通过置换这个法子来解决数学家人数太少的问题。另一个解决方案是将师范学校（最初是为培养教师而建立的）和地方院校（有时被称为农业和机械学院或研究所）转变为培养博士的大学。结果是，质量下降了，工资上涨了，对新设立的博士项目学员的疯狂争夺，创造了更多的高层工作岗位，而没有培养出填补低层工作岗位所需的人才。在 70 年代，博士数量的上升趋势再度变为下降。起初，经济衰退对刚获得博士学位的人打击最大，据说，有些人不得不离开学术界，到爸爸的五金店工作。一段时间后，情况有所缓和，接下来有理由抱怨的是那些"6 年博士"——这群人在 6 年前获得了博士学位，但由于"不升则退"的规则，他们要么被授予终身教职，要么被解雇——往往是被解雇了。在略显低迷的开局之后，80 年代似乎有望再度好转。用人单位在门口吆喝着，就连碌碌无为的等闲之辈都跑来，还嫌不够。这中间有什么规律吗？

在 20 世纪 60 年代，除了提高工资和减轻教学负担外，令工作职位具有吸引力的一个标准做法是让休假和请假变得容易。你总是在跟你的朋友道别，要么是因为他们刚刚接受了西雅图大学或石溪大学 [7] 的工作，要么是因为他们要在伯克利或波恩待上一年。没有人确切地知道别人在哪里，说某人"在芝加哥大学"的全部意思是，当他没有休假一年、未离开住所、不去以色列特拉维夫参加为期两周的会议时，他可能会在埃克哈特大楼度过一段时光。

詹姆斯·道森·麦克奈，1965 年

在 20 世纪 60 年代，我经常旅行，但只有一个学年在休假。在 1965—1966 学年，我受到当地气候的吸引，去了迈阿密大学（被戏称为"太阳浴大学"）授课。我在那里交了几位朋友，尤其是吉米·麦克奈特 [8] 和鲍勃·巴格利 [9]。我还很喜欢 1 月份刚采摘下来的草莓。但在理智上，我很高兴回到雪地泥泞的安阿伯。吉米和鲍勃彼此也是好友，他们允许我加入他们的俱乐部。他俩都是敬业的数学家，尽其所能地培养那些在智力素质、大学预科训练和学术态度上都糟糕到令人绝望的学生。鲍勃如今仍在那里，还在教书，但吉米已经离开了。

我和吉米以前经常通信。他喜欢文字，喜欢舞文弄墨，他写的信是你能想象到的最复杂的文章，詹姆斯·乔伊斯 [10] 必定跟他学过。拖延了 6 个月后，我给他写了最后一封冗长的回信。在信中，除了一些其他内容，我分析了我自己和他，并把我们进行了比较。我写道："**你的**生活中最令人难忘、最突出的部分，是对真理和诚实的完全奉献。你向你的学生揭示真理，尽最大努力对他们，以及你的同事、朋友、系主任和院长保持诚实，而你做到这一切是代价巨大的、无私的。更重要的是，你**似乎**能够理所当然、毫无压力地做到这一点。而我呢，我发怒，我咆哮，我掀翻了房子，弄出很大的噪声，然后发现自己妥协了——我不得不妥协吗？但终究如此了。我羡慕你。"

吉米胖乎乎、懒洋洋的。他喜欢喝啤酒，是我认识的最热情、最风趣的人之一，但吸烟让他早逝了。

尽管密歇根的气候不尽如人意，尤其是同迈阿密比起来，但我依然喜欢在安阿伯的生活。沃什特诺县的地势不平坦，但也非重峦叠嶂，路面只有轻微的颠簸，树木繁茂，域内覆盖着令人惊叹的县公路网。县公路为乡村居民服务，车流量很小，车道绝大部分都是直线，南北走向或东西走向，每英里有一处交叉路口。我的脚不好，所以我更喜欢光滑的地面，而不是用砾石、青草或任何其他不规整材料铺砌的地面，而安阿伯附近的县公路是我最好的步行道。我每隔 15 分钟就会经过一个路口，若中途不停歇，最多可以步行 12 或 14 英里。我的纪录是一气儿走了 26 英里，不过那次中间歇了几回。我太太沿着选定的路线开车，一路下来，我们碰面三四次，我则会休息几分钟，抿口番茄汁。那次散步总共花了 7 小时。

安阿伯另一件让人愉快的事情是，在这里庞大的数学系里，我能够找到几名同事，他们在为人方面正是我喜欢的，在专业方面也是我需要的。我需要一位逻辑学家、一位分析学家和一位代数学家；此外，在我遇到一般（点集）拓扑、同调代数和范畴论基本原理的问题时，我希望能向周围的人咨询，所以我认为我所处的环境很好。在逻辑、分析和代数方面，我希望有人愿意包容我所能研究的部分，可以教我其他部分。我的期盼在芝加哥大学和密歇根大学都实现了。在芝加哥大学，我的指导者是弗兰克·鲍施（Frank Bausch）、欧文·西格尔和欧文·卡普兰斯基，另有诺曼·汉密尔顿和桑德斯·马克·莱恩负责外围补充；在密歇根大学，这队伍由罗杰·林登（Roger Lyndon）、艾伦·希尔兹和杰克·麦克劳克林组成，他们是我的内野手和外野手 [11]。

弗兰克·鲍施是本科学院教员之一。他在丘奇指导下开始写的博士学位论文一直没有完成，但他很聪明，酷爱读书，记忆力还很好，我从他身上学到了很多。在我向欧文·西格尔反复求教调和分析和重数理论时，他还不是一位物理学家。我发现向他学习并不容易，他常常不明白为什么如此简单的问题会让我感到棘手。他的回答往往言简意赅，但他几乎总能洞悉我真正想要知道的东西，最终，他的回答都切中要害。至于卡普兰斯基，他超级厉害——我没有别的可说的了。无论是过去还是现在，对于代数，他所掌握的十倍于我所要使用的，而且，他清楚如何让这些知识变得易于理解。

我与诺曼·汉密尔顿相识在普林斯顿，他后来成为芝加哥大学的研究生，也是安德烈·韦伊为数不多的博士生之一。作为一名学习和真正理解数学的人，他属于天才那一类，但他从未发表过任何论文。为什么不发表呢？我一直在纳闷。他缺少什么品质？雄心吗？耐心吗？坚韧吗？不管是什么，都是创造力不可或缺的次要特征。一个赛跑运动员必须有腿——没错，但是光有腿而没有视力，并不能使他成为冠军。数学家必须有天赋——没错，但只有天赋而没有意愿和本领去组织这份天赋，每次除了空集以外什么都造就不了。话虽如此，汉密尔顿仍是我在芝加哥大学的一根拐杖，我很珍视身边有他作为依靠。有一次，我在教一般拓扑学的时候，他是我的助理，我相信，我通过他从课程中学到的东西比学生从我那里学到的要多。

关于芝加哥大学的回忆到此为止。在密歇根大学，罗杰·林登既是逻辑学家又是群论学家，他总是乐于助人。我之前介绍过艾伦·希尔兹和我们的两人讨论班。在我搬到密歇根大学之前，我就认识他们，把他们当作朋友。我不怎么认识杰克·麦克劳克林。在我去密歇根大学之前，我们见过两回面，一次是在美国数学学会会议上，一次是在格论的学术大会上，但那时我们还未曾真正相识。我想，当我们成为同事后，杰克一开始对我很反感。我来的时候是个"大人物"，我的任命引起了一阵喧嚣，他对所有的喧闹和吵嚷都持怀疑态度。最终，他成了我在密歇根大学最要好的朋友，当我离开时，他也是我最想念的人。

**杰克·恩洛·麦克劳克林，1963 年**

　　杰克是一位工作勤奋、博学多才的代数学家，但他在论文里写的那种代数我并不喜欢，例如臭名昭著的零散单群，他发现了其中一种。我是一个工作勤奋、有相当学识的算子理论家，而对于我感兴趣的那类算子性质，杰克完全漠然视之。然而事实证明，数学中有一部分我们都熟悉，也都喜好——那仅是一个小分支，不曾被视为多么深刻。据说，该分支没有内在的重要性，仅仅是一个有用的工具，在其他分支中偶尔充当例子的来源。杰克和我都羞于承认那是我们的共同爱好，这有点儿像你不肯承认读过西部小说 [12]。我说的这个分支就是线性代数。我和杰克都喜欢发掘和分享关于矩阵的有趣难题。我们发现了这一共同点，之后便豁然开朗，我们又在饮食、散步、音乐和文学等其他方面发现了共同的兴趣与品味，我们喜欢彼此相伴。杰克已经原谅了我最初来密歇根大学时引发的喧嚣，任何理解并喜欢若尔当典范形的人都不可能一无是处。

# 如何写推荐信

我在密歇根大学的生活就是普通的学术生活——研究，教学，服务，加上所有与之相关的额外杂务。

学术生活的一项主要杂务是通信：我们总是收到来自学生、求职者、怪人[13]、同行以及他们背后的系主任和院长、作者以及他们背后的编辑和出版商，当然还有来自政府机构的咨询信件。书信的分布函数存在一些奇怪的地方：我们不可能回复这类信件比写自己分内的专业信件还多，但我们似乎都感觉如此。在经年累月抱怨自己回信过多的过程中，我制定了一些基本规则，并在许多文件柜中塞满了舍不得扔掉的回信副本。解释我如何通信的最好方式，就是摆出这些规则，并展示几封信件。

规则有三条：（1）及时答复所有真诚的信件，要迅速；（2）不要使用华丽的修辞，要直叙；（3）如果已经讲完该说的话，就此打住，要简短。

我依次稍作解释。

我不会去给"真诚的信件"下定义，我想列举一些典型的不真诚的例子。在我的清单上，有四类不真诚的情况高居前列，它们是最差劲的：（1）彻头彻尾的怪人，请求官方承认自己的"研究成果"；（2）高中生要求私人辅导；（3）被拒绝的奖学金申请者，并没有什么学历，通常来自国外，要求提供专业指导或经济资助；（4）来自教育学院的博士生，他们的信件附在长达 24 页的调查问卷中，只为收集统计数据。对于上述以及类似的情况，我不仅不会立即答复，而且会完全拒绝答复。

自数学诞生以来，"数学怪人"就一直是娱乐和烦恼的来源。尤金·维格纳提出了一个应对他们的绝妙主意。出于礼貌，他建议不要留下未回复的信件，可以将他们的信件相互穿插寄出去。"亲爱的 A 先生：您可能对我最近收到的 B 先生的信中所表达的观点感兴趣，他的信随函寄去……"我听说，这种方法虽然很巧妙，但不管用，A 先生和 B 先生会立马把球踢回来，希望与你继续通信。

我有一个厚厚的文件夹，里面是过去几十年里收到的古怪信件，其中大多数主题都是老生常谈（例如三等分角和费马大定理）。我最喜欢的一个化圆为方爱好者在一页半的纸上就完成了他的任务。他评论说，他的技术"将解决许多数学难题"，我觉得还不错。他的主要定理是这个命题：

$$2\sqrt{\pi} = \frac{\pi}{2} + 2$$

我也很欢喜。我整理了这个方程，发现它正好有一个（二重）根，即 4。这结果比大多数的化圆为方爱好者的要好得多，通常他们会把 π 弄得很难看，比如 3.14。

在要求严格的高中，班主任会给学生布置课题。比如为冯·诺伊曼写一篇传记，拓扑学是什么，解释希尔伯特空间的含义和用途——都是典型的例子。这类课题的要求之一是采访专家，最好是当面采访，要不就通过电话，至少通过书信采访。我对此的反应是：我若去干掉留这项作业的老师，是否可以被视为正当防卫？

奖学金申请者，无论是读博士之前还是取得博士学位以后，都是最可怜的一群人。他们有时会用华丽的英语写信，却充满了错误，声称只给**你**寄了信，并对你赞不绝口，这种方式明显表明，他们已经把同一封信的副本发给了几十人。在另一些时候，他们的要求更高，很像在做买卖。如下是我不久前收到的一个例子。

许多数学家建议我去咨询并请求任何与美国数学协会有关的教授担任我的理学博士论文的导师。我的理学博士论文选题定为"对核型局部凸空间理论的一些贡献"。

请用英语明示你愿意担任我的理学博士论文导师，并请提供一份上述选题的概要，由你正式签署同意担任理学博士论文的导师，以便我可以作为博士生在其上签名。如果你不接受，请提供接受人的姓名和地址，并寄送一份经他正式签署和批准的概要副本，对此我将不胜感激。

不予回信——很正当吧？

我拿不出一份 24 页的调查问卷，上面的问题往往并未经过认真的考虑，这令我很气恼，甚至没有把它们归档，但我觉得大家都见过这样的例子。这种调查问卷肆无忌惮地消耗我们的时间和耐心，就算填写问卷有些用处，结果也是如此，更何况这事儿通常毫无意义。

什么是迅速回信？我建议在 0 天到 7 天之间寄出回信。很多信我都是在收到的当天回复，大多数是在第二天回。无一例外，所有的信都是在一星期之内回的。"无一例外"的例外只发生在我出差的时候，在这种情况下，"迅速"的意思是在我回家后实际收到这封信的 7 天之内。

一封真诚的信和一封不真诚的信之间的界限，有时非常细微。那些需要支持的麻烦的申请者往往固执己见，粗鲁无礼，但也有其他时候，他们是理智的，也是敏感的人。如果我有丝毫理由认为他们属于后者，我当然会给他们回信，即便我只能说我对此无能为力。

以下节选一封恳求信中的几段，内容感人至深，让我不能不予理会。

请原谅我在没有事先被人引荐的情况下就冒昧地给您写信……[ 这一致歉不同寻常。大多数类似信件的作者似乎确信这个世界欠他们的，或者至少觉得我欠他们的。]

1963 年，我被授予数学专业博士学位……[ 大量其他求助者在他们达到这一阶段很早前就写信过来，甚至欣然承认，他们没有资格获得博士学位[14]。]

随函附上我发表的论文清单……[ 极少有人会这样，这是可以审查和评估的干货。]

请允许我知悉，您是否有可能为我提供宝贵的指导，以及我是否能够借此获得一些奖学金或教学任务……我将尽最大努力证明自己受之无愧。

这人的论文主题不是我很看重的，而且，无论如何，在经济上我也无法为他做什么。他可能给别人写了同样的信，但就内部证据看来，我猜测他只寄发给了我们当中的两三人。我对自己说，这是一个认真想要成为数学家的人。我无法确定他有多大的天赋，但我确信，从数学角度来说，他是一个品味很差的人。我的时间对我来说很宝贵，我不想浪费任何时间，但同时我又想让他免受虚假希望带来的长期痛苦。以下全部的内容就是我的回信（在收到他信的同一天回复的）。

N博士大鉴：对不起，不行。P. R.哈尔莫斯谨启。

顺便说一句，这还不是我写过的最短的信。多年以后，作为编辑，我请埃德·休伊特为一本书写篇评论。他的回信里面有这样几句："按双倍行距打字，你想要多少页？我可以给你发电报，也可以写封遭人烦的长信。"我立马回信，全部的内容见下。

埃德大鉴：8。保罗谨上。

附注：他从未写过这篇评论。

推荐信可能是我们所有人都必须写的最常见的书信类型。我写推荐信有两条原则：（1）总是说真话，但有时并非全部真话；（2）不管你想说多少优点，一定要说缺点。

如果一名申请人要我给他同时推荐两份工作，一份在芝加哥大学，另一份在迈阿密大学，我不一定会给这两个地方寄送同样的推荐信。这就是我不讲全部真话的意思，关键在于强调哪一方面。即使是在芝加哥大学，如果一封推荐信用过多的篇幅讲"他是一个糟糕的老师"，并绘声绘色地详细描述商学院学生成群结队地离开他的微积分课堂，那么一位尽职尽责的院长乃至系主任，可能也会决定转向其他求职者，以便能维护本系的教学研究水平。而且，如果告诉迈阿密大学的一位院长，该申请人的研究质量还不够高，不足以让他获得芝加哥大学的终身教职，这几乎肯定会产生"黑球"[15]效果。应该这样告诉芝加哥大学："在研究方面，X 和 Y 一样好，不仅如此，他还一直在努力改进他的教学方式，但他还有一段路要走。"或者这样告诉迈阿密大学："Z 是一名鼓舞人心、受人欢迎的老师，而且几乎可以肯定，他将继续在研究著述上做出稳健的贡献。"

优点摆在前面，缺点点缀其后，这样做是为了让阅读推荐信的管理者把握你的标准。为了传达信息，一些对比是必要的。进行对比是最有帮助的信息（"X 比 Z 有优势，但不如 Y 那么好"）。如果没有他人能用于比较，那么"自我比较"也可以 ["他对龙达（Ronda）问题的解决方案是深刻的数学，但他关于立方根的论文给我的印象是粗劣的"]。人无完人，每个人都知道这一点，不遗余力地褒扬（或贬斥）更有可能引起怀疑，而不是使人信服。

以下是由我保存的三件样本。

第一封信是寄给普林斯顿高等研究院的。

X 让我为他写一封推荐信给你们。他说，他计划在明年休假期间去研究院。

我能说些什么呢？[对于他的研究方向]他是一位坚实、不太引人注目、不算高产的贡献者。他不会造成任何不利影响，他可能会学到很多东西，而且几乎可以肯定，他会做出一些成绩。

下一封信是要求我填写的美国国家科学基金会表格的文字陈述部分。

Y 是一位优秀的人才，他有想法，肯付出，他理当受到鼓励，因此强烈建议他获得该基金的资助。

这就是我的结论。我承认，用这种标准来支撑申请材料并不令人信服。他没有真正发表过什么文章，而且，其伴随本提议的研究叙述写得非常糟糕，几乎完全是异想天开。我听过几次他的报告，也和他进行过几次私人谈话，他说的甚至比写的还差劲。

在一团乱麻之下，他依然存有一些想法。在不同情态下，这一点他已经向我证明过三次了。他解答了若干问题，艰深的难题，那些我们许多人都在积极努力和坚持不懈的问题。他的解决方案令人嫌弃，它们总可以按照10∶1的比例简化和缩短，但是，当其他人优雅地掉入陷阱时，他拿出了丑巴巴的解答。

像这样的家伙，你们能对他做什么呢？给他所需的支持，给他一道难题，然后旁观他去破解谜题。

最后一个样本摘自我写过的一封措辞最强烈的信。时间是 1949 年。这是对一封来自麻省理工学院的格式信函的答复，要求我针对能力、热情和个性等各种品质进行评价。评价对象是 I. M. 辛格（伊萨多·曼纽尔·辛格）。

**辛格**非常优秀。

**能力**。就他在我们这里的整个履历看，他是我们最好的学生之一。而到现在，还不止于此，他已经成为一名数学家了。在过去的一年里，我观察到他的见识发生了转变，从一个在课程上可以取得好成绩的学生转变为一个成年人，他能够理解概念，将数学内化于心，并具有创造性的观点。

**热情和勤奋**。我每次来到埃克哈特大楼，都能发现辛格在场，同他的朋友们谈公事，工作，阅读，参加讨论班，做讨论班报告，从总体表现看来，他全心投入到所做的事情之中。

**教学能力**。作为一名主讲人，辛格讲课清晰、有条理、富于耐心，我从未见过他慌乱。他当教学助理已经有两年了。我的一些资深同事（如莱恩）负责辛格讲授的课程，他们对他的工作评价很高。因为系里对用柯朗的教材[16]讲授微积分而从格兰维尔的教材中选用习题的权宜之计不满意，所以最近决定找出一位我们最能干的教学助理，委任他用一个学季的时间为我们的微积分系列课程前两个学季准备一套适合的习题，被选中承担任务的就是辛格。

**个性**。辛格是我认识的最好的人之一。他热情、和善、有魅力，是一名优秀的篮球运动员，但扑克玩得很糟糕。

当然，我可能会被证明是错的。要想辨别一个人到底是什么样的数学家，至少要看他六篇论文，但我把赌注押在辛格身上。如果有十个像他这样的人可以下注，我确信我会在九局中获胜。

下一回，当特德·马丁见到我时，他拿这封信跟我开玩笑。"说实话，"他说，"你是不是做得太过火了？没有人能**那么**好！"之后的事实证明，特德想错了，辛格就是那么棒。

## 如何提建议

许多专业信函都包括提供建议、忠告，有些是征集请求，有些则不是，有些被采纳，有些则没有。让我举几个例子。

凯利的《一般拓扑学》出版于 1955 年。凯利和我是多年的朋友，他让我看了这本书不同版本的手稿。有两回他的精神感动了我，我写信给他，并主动给他提了一些建议。这两次的话题都是关于名词术语的，是我热衷的话题。

下面是我在 1953 年 3 月写的建议。

"半度量"（semi-metric）和"伪度量"（pseudo-metric）相比，我更赞同使用后者。我反对用符号和术语来指代不存在的结构。例如，我反对一些古典分析学家采用"$(x, y, z)$ 空间"的说法。他们的意思是，有一个空间，通常用 $(x, y, z)$ 来表示这个空间中的一个点。他们给这个空间取了一个复杂而丑陋的名字，还捎带固化了三个完美的字母，至少可以说固化了它们的一个完美组合。"半度量"并没有那么糟糕，它之所以不妙，是因为"半"的意思是"二分之一",暗示了数字 2。我想说,只有在看到某种二元性的迹象时,"半"才是合理的,例如,对于半连续函数来说。

当凯利在写他的拓扑学时,我正在研究代数逻辑。这两个分支并非毫无关联。拓扑可以用闭包算子的术语来定义,闭包算子作为一个概念,其特征代数性质已经被一些逻辑学家抽象和研究。我的一元代数,由量词算子∃和∀驱动,包含了由拓扑驱动的闭包代数,作为具有某些极端性质的特殊情况。这两种结构之间的关系促使我在第一封信寄出 9 个月之后给凯利写了第二封关于术语的信函。

给这本拓扑学书的作者一条术语上的意见。一个集合具有两种极端的拓扑。人们都同意最大的拓扑应该被称为"离散的",但最小的拓扑没有统一的名称(有些轻率的人会用**非离散的**)[17]……与每个拓扑空间相关联的是一个闭包代数,即该空间的所有子集的类,其上赋予了布尔运算和闭包算子。闭包算子是体面的代数对象,具有一种明显的理想理论。在与一个固定集合的拓扑有关的各闭包代数中,只有一个闭包代数在传统的代数意义上是**单的**,即它没有非平凡理想。这种拓扑是无名的小拓扑,只有两个开集的拓扑。由此被迫得出的结论是:那种小拓扑应该被称为它所在集合的单拓扑。

凯利采用了"伪度量"(他只在索引中提到"半度量"),但他坚持使用"非离散的"(和"平凡的"),而不是我有力地论证的"单的"。有得必有失。

大约 20 年后,当海达尔·拉贾维(Heydar Radjavi)和彼得·罗森塔尔正在写他们关于不变子空间的书时,我发函给彼得。

这封信是作为编辑的我写给作为作者的你的。

你现在已经是一位成熟的数学家了,远非处在我影响力下的一名学生,如果我跑来反对你在某个术语方面的决定,那对我来说太糟糕了。于是,当你提到所谓"埃尔米特"代数之类的东西,而后还写了一些相关的论文时,我保持了沉默。然而,现在,你们要把它写进你们的书里了(我没想到你们会这么做），我就必须发言了。

这个词简直太让人讨厌了，彼得。如果仅限于出现在论文当中，我相信它很快就会悄无声息地消失。然而，你们的书将是未来许多年的标准参考文献，因此，撰写应该尽可能地接近完美。

你对埃尔米特代数和自伴代数加以区分。这里存在两个概念，但谁能记住从另外的同义术语中武断选出的那个词呢？除了埃尔米特算子[18]恰好具有的一个微不足道的性质（就许多其他性质而言），埃尔米特代数的"埃尔米特"是什么呢？

请换掉这个词，从头到尾地换掉，并在此一隅建立起一套理智的专业术语。我有一条建议。当代数（或者就此而言，单独的算子）具有每个不变子空间都是可约的（reducing）这种性质，它会怎么样呢？答案：它倾向于使事物可约化（reduce）。构成这种倾向的英语词语后缀是什么？答案："-ive"。解决方案：**约化**（reductive）代数（或算子）是这样的，其每个不变子空间都是可约的。

这一次我赢了。海达尔和彼得接受了建议。"约化算子"和"约化代数"现在成为算子理论的标准术语。纯代数学家使用"reduce"和"reductive"时含义有区别，但那是他们的问题。

还有一些不同类型的建议，比如商业征询。下面是我曾经寄给出版商的一份报告的节录，该出版商要求我评估一部手稿。

这部作品在数学上是优雅的，风格清晰、明快。作者精通英语说明文，表现得异常出色（尽管并非完美无瑕）。该书条理组织仍遵从颇为严格的"定理—证明—定理—证明"的那种结构，没有任何喘息的机会。

这本书显然不是为本科生写的。作者假定读者已经掌握了康托尔集和完全度量空间之类的东西，并且他设想读者能够很快地接受如集合的 $\sigma$ 代数这样的抽象概念。无论是概念还是结果，在引入之前都没有讲述提出的动机。

书中鲜少举例，这很是令人遗憾。各章末尾的练习题不错，但它们大多数是那种能敦促学生思考（当然是件好事）的难题，而解释说明性的题目很少。

此外，这些练习题时常已经被解答出来，或差不多给出了解答，因此实际上，它们只是扩充了正文，内容显得甚至比通常更轻松。

该书的思想和方法都不是新的，框架结构和内容编排也是如此。这完全没有问题，作者也没有在这些方面声称自己做出了创新。

总之，本书对常规内容进行了很好的精简整理。它的主要优点（和主要缺点）是简洁。几乎可以肯定，它不会有广阔的市场，但仍很可能会找到读者群。作为一种猜测，我预计在 3 或 4 年内销售 5000 册。

值得探索且饶有趣味的一点是：不妨进一步提炼这本书，剔除重复内容，也许可以剔除掉第七章，以小为美。营销宣传的一个思路是，其他数学分支的专家可以买这本书，把书放进口袋里，乘坐地铁的时候，能从该书中学到他所需的关于测度和积分法的全部内容。

我在此举出的最后一份建议的例子是我给某研究生院院长的答复，他寄给了我一份长长的、详细的提案，要我评估。他的计划是在大学里开设一个数学博士项目。这份提案附带有许多文件，如目录、课程清单和简历。该校数学系没有任何研究声誉或传统作为其雄心勃勃的计划的基础。那是在 1969 年，贫瘠的 70 年代即将来临。

整个提案写得非同寻常地好。它摆脱了许多惯用的行政辞令，清楚而简短地表达了其必须表达的内容。大部分细节都经过了深思熟虑。

有些表述我不赞同，头一句话就是如此：我对提案项目"毫无疑问"将为国家服务，并且它将"毫无问题地安置其毕业生"表示怀疑。我不会自诩对说这句话的人所不了解的任何事情很了解，也许，只是我对事实的解释不同。一个站得住脚的论点是，这个国家培养数学博士的比例已经达到了饱和。无论是国家，还是该提案项目培养的人才个体，恐怕都不会从这一项目中受益。

提案清醒预见到的困难（优秀教师的激烈竞争和优秀生源的缺乏）是真实存在的。它们可能是难以克服的，这也是一个站得住脚的论点。

以上两段表明了设立数学博士项目可能不是一个好主意的原因。接下来，让我假设这个项目无论如何都会建立起来，然后简要地评论一些细节。

我强烈支持这样一种说法，即在"传统"数学中进行坚实的基础训练是正确的开始方式。该提案中表达的对当前院系状况的关注与此相关，而且令人担忧。即使算上过去相当长的一段时间（至少20年）内的过往期刊，一个拥有182种期刊的图书馆已经很不错了。200到300种期刊，是供研究用的领先图书馆所认可的最低限度。专著的数量（5000册）少得可怜，要想有效地进行研究生教学和研究，需要这个数字的4到5倍。

提案建议的博士学位课程列表比芝加哥大学对硕士学位的要求更全面，但也不是很丰富。现在缺少的是一套针对二年级和三年级研究生的研究水平课程。

提案建议的教学环节（课程、考试、论文指导）就常规任务做出不足为奇的调整。也许某些细节会令人不满意或者不可行，但这是委员会花费几百个工时总能解决的问题。（其中一个括号中的短语所提出的想法对我来说很新鲜，我要赶紧称赞一下：让研究生担任研究生课程的"客座讲师"是个绝妙的主意。）

根据提案给出的统计数据，很难得出师资方面的结论，但我必须得出一个结论。名单上列有20个名字，我推测，其中最多5个人（主要是年轻人）值得名副其实的博士培养。

那该怎么办呢？我倾向于说：放弃吧。让数学系（如果它不满足于自己目前的地位的话）做它一直在做的事情，努力做得比任何人都好，而不是试图去做别的事情。我**并不认为**该博士项目会顺利、容易地建立起来，并取得快速而惊人的增长，乃至达成长期的成功运作。就像小企业一样，更多的博士项目注定要失败而不是成功。这就是我的观点，基于我所掌握的事实而提出。如果这使你们那些热切而有抱负的年轻数学家感到失望，我真的很抱歉。我祝他们好运。如果事实证明我错了，我会很高兴。

该博士项目没能设立。

我可以迅速浏览文件，并很快找到其中的要点，但即便如此，我还是花了大约 4 小时来阅读这位院长发给我的材料，外加用一两小时来撰写报告。这是一项费力不讨好的工作——确实是费力不讨好。我投入了时间，却没有获得报酬；我付出了辛劳，却没有收到感谢。有一阵子，我对此感到很不爽。这段经历促使我下定决心，以后只在签订严格的合同的基础上承担这样的工作。任务、时间、酬金都要提前说清楚，劳动者应当得到他的回报。

哦，好吧，你不可能赢得所有的胜利。

## 火奴鲁鲁，我来了！

1968 年，我被录用担任夏威夷大学数学系主任一职——并不是我正坐在家里忙自己的事，突然就接到了一份录用电报。这事儿几个月前就开始酝酿，在此期间，我们花费了很多心思，进行了大量的协商。

在那些年，我的年龄合适，声望也合适（既不太高，也不太低），于是我被排进了系主任职务的人选之中。回想一下，在 50 多岁的时候，我收到过十几份各式各样的系主任职务意向书和录用书。我记得最清楚的是来自爱荷华大学（1967 年）、匹兹堡大学（1968 年和 1969 年）、马里兰大学（1968 年）和卡尔加里大学（1972 年）的聘任意向，还有来自夏威夷大学、得克萨斯大学（1968 年）和马萨诸塞大学（1975 年）的正式要约。

我对夏威夷有所了解。我做眼科医生的哥哥在 20 世纪 30 年代搬到那里，他从那时起就一直居住在夏威夷。埃德·莫欧基尼[19] 是 20 世纪 40 年代，我在芝加哥大学时班上的一名学生，他出生在夏威夷，父亲是夏威夷人，母亲是日本人，我从他那里听到过许多关于夏威夷的见闻。（当你说莫欧基尼的姓时，两个 o 都要发音，这样他的名字就有了四个音节，或者三个半音节吧：Mo-oh-ki-ni。）我在 1967 年曾访问过夏威夷大学，在这所大学度过了一个学期，教了一门课程，并且爱上了这个美好的天堂。

**埃德温·莫欧基尼，1965 年**

　　回到密歇根的家中，我开始思忖。"听着，哈尔莫斯，"我对自己说，"你已经年过五十了，即便你的研究生涯还没有结束，那也注定为期不远了，而且总有一天你会退休的。为什么不现在就搬到夏威夷去呢？到退休的时候，你就留在那儿了。"我说的还不止这些，我不停地在另一个问题上思前想后。我告诉自己，我会成为一个称职的系主任。我知道需要做什么，我说。我做事很有条理，并且渴望努力工作。这是一个需要大笔资金投入和大规模扩张的时代，我说（我怎么能知道我说这话的时候，几乎恰逢"黄金时代"的末期？），有了这些，再加上夏威夷的自然风光，我必定能够在太平洋中部建立起一家很好的数学中心。

　　去夏威夷是明智之举的另一条巧妙证明是这样的：那里有 50 万人口，只要其中有千分之一的人具备某种数学天赋和学习兴趣，而只要**其中**再有十分之一的人来到夏威夷大学学习数学，那我的时间和努力就没有白费。结果，这仅仅显示了，在没有查明全部事实的情况下，一厢情愿的人能干出什么来。该群岛上当然有聪明人，很可能我所估计的擅长数学的人数还少于实际状况。

然而，我所不知道的是，夏威夷大学在夏威夷的声誉和吸引力并不高，无法和遥远的加利福尼亚大学的品质和魅力相比。任何有能力的学生，只要负担得起，就会前往加利福尼亚大学的伯克利分校或者洛杉矶分校求学，如果负担不起，那借钱也会去，而且，真正优秀的学生会获得奖学金来帮助自己实现梦想。我这条"证明"建立在了一个不完全的公理体系上。

1967 年秋天，生活变得复杂起来。夏威夷大学想要我，马里兰大学想要我（事情已发展到包括工资在内的所有细节都与相关院长们达成一致，然而，该校校长否决了工资，导致协商中断），得克萨斯大学也想要我。得克萨斯大学指的是其位于奥斯汀的分校，我在那里的协商对象是约翰·西尔伯 [20]，他后来在波士顿大学任职，开始以强硬的手段管理该校，从而获得了国内声誉。

在我开始同夏威夷大学协商时，埃德·莫欧基尼是该校的系主任。他的任期将满，他和托德·弗尼斯 [21] 院长都渴望让夏威夷大学在数学上引人注目。弗尼斯收到的关于我的信札显然令他很满意。协商需要时间，因为这类事情总是如此：我们必须就该数学系新的规模、教学工作量、工资、研讨会资助、教室、办公室，以及其他几十项类似的细节达成一致，即使我们打了大量的越洋电话，仍然要把所有的东西都记录在案，并不断地往返寄送书面版本。

约翰·西尔伯在他的办公室跟我面对面进行了一次私人长谈；之后，我们又进行了几次电话沟通；此外，我们的通信已涉及周密的管理细节。我写给他最长的信有 5 页，用了单倍行距，讨论了 25 个要点。他用了个巧劲儿，将复函压缩到 3 页纸以内："……就不评论你的 [ 前 ]12 个明显的要点了，让我简略地说一下……"通过像这样的职业接触，你能了解一个人多少呢？也许还不够，但是我所能了解到的东西让我欣赏并钦佩约翰·西尔伯。他以前从事哲学研究，他聪明，他对语义的细微差别敏感，他有幽默感，他了解学术界，他处事强硬，总之，他是一个能干的管理者。

托德·弗尼斯有一种截然不同的性格。西尔伯完全可以在运用强行推销策略的二手车行业谋生；而弗尼斯八面玲珑，在外交或房地产领域会更自在。弗尼斯总是对我显示诚意，亲切友善，他真的很想让我来。他讨厌充当坏消息的送信人，但有时他不得不这样做。他不愿意告诉我，在我的正式邀请上签名的夏威夷大学校长汤姆·汉密尔顿（Tom Hamilton）已经辞职，在我到达那里之前就要离开了。（难道我是汉密尔顿的最后一根稻草？）很久以后，我们已经在校园里一起工作了好几个月，他也不愿意告诉我，**他**就要离开了，他接受了位于华盛顿的美国教育理事会（American Council on Education）的一个职位。然而，尽管有许多很优秀的品质，他却有一种看起来不可靠的圆滑，这让我从来都不能完全放心。我更喜欢约翰·西尔伯的直言不讳和全心全意。

沃伦·托德·弗尼斯，1965 年

约翰·罗伯特·西尔伯，1968 年

那年晚些时候，一家报纸专题报道了最近一项美国国内统计研究的亮点。报道说，生活成本最高的地方是火奴鲁鲁，而生活成本最低的地方是得克萨斯州的奥斯汀。我手里有两份录用函：一份来自火奴鲁鲁，一份来自奥斯汀。从经济角度看，火奴鲁鲁提出的条件相当好，但并不惊艳，而来自奥斯汀的录用条件要丰厚得多。

我为什么要接受火奴鲁鲁的录用呢？我不敢肯定自己当时找到了理由，但我敢肯定我现在不知道为什么。下面是我那时候写给安布罗斯的信。

气候——是的，这和气候有很大关系。我忍受着这般非人的寒冷天气，阴郁、昏暗和潮湿让我感到沮丧。夏威夷不仅在消极的方面并不糟糕，而且在积极的方面更绚丽多彩。阳光确实一直都在照耀，天空是诗意的蓝色，沙滩是金色，花儿盛大壮观，我站在那里，呼吸着鸡蛋花[22]的香气，对我的心灵来说，这些几乎就像聆听莫扎特的四重奏一样重要。

气候不是唯一的原因。我其实想当系主任，至少在一段时间内是这样。我希望实现这个目标，当一回小恺撒，把我的一些管理理论付诸实践，只为证明我的自我（ego）：这是可以做到的。另外，系主任之职导致的忙碌也会成为一个借口，为我没能达到我的良心一直告诉我应该达到的数学科研质量和数量提供托词。无论如何，天堂赢了，我兴高采烈地说："火奴鲁鲁，我来了！"

当我告诉西尔伯我的决定时，他说他不会放弃，他会继续期待我去得克萨斯，一年之后，或者两年之后。

1968 年 1 月 8 日星期一的晚上，我给托德·弗尼斯发了一封电报，接受夏威夷大学的系主任一职。起居室窗户旁的室外温度计显示着 –3[23]。第二个星期，我给艾伦·希尔兹和拉里·沃伦发出了录用邀请。艾伦花了两个月的时间考虑这个问题。历经几通打到夏威夷大学的电话，我不断提高条件，但结果甚微：他只接受了一个学期的访问。拉里仅用了一个月的时间就做出了决定。2 月里一个下雪的寒冷夜晚，我家门铃响了。拉里站在那儿，闷闷不乐地瞪着我。"好吧，"他说，"我和你一起去。"我们喝了几杯啤酒庆祝。那已是 16 年前的事了，拉里·沃伦如今还在夏威夷大学，他是数学系的骨干成员之一。

劳伦斯·朱利安·沃伦，1968 年

　　我割舍掉一切在安阿伯的留恋，但一个除外，那就是官方的联络。我和数学系都觉得把我的离开称为"休假"而不是辞职比较合适。从部门的角度来说，在他们寻找替代人选的同时，还能保住我名下的预算额；从我的角度来说，嗯，为什么不呢……以防万一……

## 译者注

[1] 《数学学报》由瑞典数学家约斯塔·米塔－列夫勒（Gösta Mittag-Leffler，1846—1927）于1882年创办，由瑞典皇家科学院米塔－列夫勒研究所出版。创刊以来，它一直是世界上最负盛名的数学期刊之一。

[2] 弗朗西斯科·戈雅（Francisco Goya，1746—1828），西班牙画家，他的绘画、素描和版画反映了当时社会历史的动荡，影响了19世纪和20世纪的重要画家。

[3] 尼科洛·帕格尼尼（Niccolò Paganini，1782—1840），意大利小提琴演奏家、作曲家。作为一位受欢迎的偶像，他激发了艺术大师的浪漫神秘感，并革新了小提琴技艺。

[4] 路易·德布朗热（Louis de Branges，1932—　），法裔美国数学家，因证明了长期存在的比伯巴赫猜想（Bieberbach conjecture）而闻名。

[5] 该研究公告1964年9月发表在《美国数学学会通报》第70卷第5期上，文章署名之下标有"由P. R. 哈尔莫斯递交"（Communicated by P. R. Halmos）。作者建议在撤稿声明上标注"由P. R. 哈尔莫斯撤销"（Excommunicated by P. R. Halmos），并不符合惯例，是作者的玩笑话。该撤稿声明的标题是《对〈不变子空间存在性〉的更正》（"Correction to 'The Existence of Invariant Subspaces'"），发表在该刊第71卷第2期，下方仍标有"由P. R. 哈尔莫斯递交"。

[6] 应指 Notices of the American Mathematical Society（《美国数学学会通告》），自称是全世界数学家最为广泛阅读的期刊。

[7] 原文是 Stony Brook，即石溪大学（Stony Brook University），也即纽约州立大学石溪分校（State University of New York at Stony Brook）。

[8] 吉米（Jimmy）是詹姆斯（James）的昵称，正名是詹姆斯·道森·麦克奈特（James Dawson McKnight）。

[9] 鲍勃（Bob）是罗伯特（Robert）的昵称，正名是罗伯特·沃勒·巴格利（Robert Waller Bagley，1921—2009），他从迈阿密大学退休后成为数学名誉教授。

[10] 詹姆斯·乔伊斯（James Joyce，1882—1941），爱尔兰作家、诗人，后现代文学的奠基者之一，其作品及"意识流"思想对世界文坛影响巨大。作品结构复杂，用语奇特，晦涩难懂，极富独创性。

[11] 原文是 infield and outfield，棒球比赛中内野和外野（即内场和外场）的防守位置。作者以此比喻在不同范围、程度提供帮助的同事。

[12] 尤指 19 世纪后半叶，描写美国西部生活的小说。西部小说曾一度流行，但在 20 世纪 70 年代中期读者开始减少，本书作于 80 年代初。这类小说往往属于通俗文学，可能被视为缺乏深度与内涵。

[13] 原文是 cranks，此处采用了直译，其含义略等同于"伪科学"。中国读者可以将之理解为我们所说的贬义意义下的"民科"（"民间科学家"的简称），这部分人未经正规科学训练，缺乏科学方法和专业知识，乃至忽略科学共识，但热衷于科研探索与交流，常常宣称取得了重大成果，实则可能并无科学根据。

[14] 此处原文是 failed Ph.D. candidates。Ph.D. student 是博士生，想真正获得博士学位（Ph.D.）还需要经过资格审查（也是一种考试），通过者称 Ph.D. candidate（博士候选人），才可以申请博士学位。

[15] 原文是 black ball，一般作 blackball，指在投票箱中用作反对票的黑色小球。

[16] 里夏德·柯朗（Richard Courant，1888—1972），德裔美国数学家、教育家，他在变分法方面取得了重大进展。他写有两卷本的微积分基础著作《微分和积分之演算》（*Vorlesungen über Differential und Integralrechnung*，德语初版于 1927 至 1929 年间，英语版 1934 年出版，两版本内容差异较大）。1965—1974 年，他与弗里茨·约翰（Fritz John）合作出版了全新的教材《微积分和数学分析引论》（*Introduction to Calculus and Analysis*）。他与其导师希尔伯特撰写了颇具影响力的两卷本教科书《数学物理学方法》（*Methoden der Mathematischen Physik*），该书自 1924 年出版以来至今仍在广泛使用。他还与赫伯特·罗宾斯合作，于 1941 出版了一本面向非专业人士的著作《什么是数学》（*What Is Mathematics?*）。

[17] 此处原文中，"离散的"是 discrete，"非离散的"是 indiscrete，"轻率的"是 indiscreet。indiscrete 作为专业术语的译法是"密着的"（但并不统一），而 indiscrete 的另一种英文释义是 not discrete，故采用了现在的译法。indiscrete 与 indiscreet 同音，作者颇有几分讥讽之意。

[18] 埃尔米特算子（Hermitian operator）在计算机科学技术领域又称作自伴算子（self-adjoint operator）。

[19] 埃德 (Ed) 是埃德温 (Edwin) 的昵称，正名是埃德温·莫欧基尼 (Edwin Mookini, 1926—1979)，他当时在夏威夷大学马诺阿 (Mānoa) 分校教授数学，后担任夏威夷大学希洛 (Hilo) 分校的第二任校长 (1975—1978)，该校有以他命名的图书馆。

[20] 约翰·罗伯特·西尔伯 (John Robert Silber, 1926—2012)，美国哲学教授，1967—1970 年担任得克萨斯大学奥斯汀分校文理学院 (College of Arts and Sciences) 院长，后在波士顿大学担任校长，2003 年后直至去世拥有荣誉校长 (President Emeritus) 头衔。

[21] 沃伦·托德·弗尼斯 (Warren Todd Furniss, 1921—　)，毕业于耶鲁大学，当时他担任的是夏威夷大学文理学院 (College of Arts and Sciences) 院长，他 1983 年从美国教育理事会退休，担任高级学术顾问。

[22] 鸡蛋花 (plumeria) 常被认为产自夏威夷，但研究表明其并非该地本土物种。当地人会将鸡蛋花编成花环来迎接宾客，形成传统习俗。

[23] 原文此处省略计量单位，应是指 −3 华氏度，约等于 −19.4 摄氏度。

# 第 15 章

# 公共服务，各色各样

## 民主到荒谬的地步

系主任应该如何选出来？在许多大学，也许是大多数大学，10 人或 100 人的数学系通过选举产生他们的系主任。同时，大学的规章制度或传统惯例却规定，系主任不是选举产生的，而是由院长任命的。这一矛盾通过法律拟制 [1] 的法子得到了解决：系里告诉院长他们的投票结果，院长经过深思熟虑后，任命获胜者。理论上他可以任命其他人，但实际上他不敢。

选举意味着民主，它体现了自决的现代精神。我似乎是反对在学术上运用民主方法的小小少数派中的一员。大多数人对民主并不**总是**奏效的说法感到不安，而这种说法的反对派呈压倒性优势。这让我非常忧虑，并且不能说服我。我知道我可能是错的，但我的经验和我的判断告诉我，我是正确的。尽管我希望能跟大多数人站在一起，但我仍然坚持我的信念。有些人声称我的观点守旧，在过去才行之有效。但我相信我的观点有其内在价值，在未来也可以发挥作用。

安德烈·韦伊的对数定律（一流的人选择一流的人，但是二流的人选中三流的人）[2] 同样适用于投票，无论投票是为了少量补充师资队伍，还是将同事提升到领导层。或许，哈佛大学和芝加哥大学做得已经足够好，他们不会在选举中走得太偏，但大多数地方不是这样的。我相信，大多数时候，选举产生的系主任素质都不高。系主任可能因为他的人气（"他与人相处融洽——你知道，这很重要"），或者因为他巧妙的竞选承诺（"你难道不认为在决定工资时，研究的权重高于教学，是不公平的精英主义吗？"）而当选。专业知识、才干智慧和奉献精神是人们经常谈论的话题，但似乎不是他们最常投票支持的因素。

我赞成由管理部门任命系主任。我能听到同行们的怒吼："不！不！院长自己就不称职。我们不能相信那些对我们的专业一无所知的人的判断。我们可以为自己选择一个比外行选的更好的领导者！"我同情这些怒吼。院长有时的确不称职，如果他们知道得更多，那他们的选择只会更好。诚然，许多院长做出了许多糟糕的选择。然而，总的来说，我相信善意的公正比消息灵通的利己主义更有效。

部门一级的选举往往产生二流的领导层。可以肯定的是，当选的系主任不太可能是想象中最坏的，不会导致该部门陷入士气低落的混乱；但几乎可以肯定，他们是妥协者，既不能指明通往卓越的道路，甚至也不能保持在卓越的道路上。再看看另一方面，如果一个部门已经退化到普遍平庸，那么让任何一个成员担任系主任都只能导致质量持续低下。到那时，除了通过行政干预任命一个有活力的外部人员外，就没有任何补救办法了。

我一生中与15位系主任共事过，其中11位是任命的，4位是选举产生的。他们中有13人水平从中等排到优秀，另有两人极其糟糕。这两人都是选举出来的，结果他们做事拖沓，组织混乱，效率低下。到他们的任期结束时，他们也落得个咎由自取，不受欢迎。

要选出好的系主任，善意的公正是不够的。行动必须以认知为基础，而认知则需要时间来获取。院长们认识其他大学的院长和系主任，一位尽职尽责的院长在做出重要的内部任命之前，必须咨询这个外部人际关系网络。尽职尽责的院长使用的另一种技巧是征求系里每个成员的意见，最好是私下面谈或者采用书面形式。如果系里有40位成员，用这种方法会消耗院长大约40

小时的时间，但它是值得的。这相当于一个仔细的投票过程，提供了比数字（22 人支持史密斯，14 人支持琼斯，4 人支持鲁宾逊）更多的信息。这也相当于一个加权的投票程序，院长能够运用一些智慧。如果沟通结果使院长相信，在支持史密斯的 22 人中，有 11 人是怀偏见的，或是出于私利的，或是判断力差的二流人物，或是完全冷漠的，仅仅因为史密斯的要求而这么投票，那么院长可能会选琼斯而不是史密斯。这样，在两年后，他就会赢得每个人的尊重和感谢。

像数学系这样的部门，在选择系主任的过程中，以及在管理智力服务时采取的每一个其他步骤中，绝对有必要去倾听集体中每一位成员的声音。我不知道一个有 40 名工人的机械车间应该如何运转（很可能是以同样的方式），但我知道，在必须进行合作的重要的学术型企事业成员关系中，共享权力是必不可少的。一位系主任一旦上任，如果没有频繁地征求同事的意见和建议，那他甚至不应该做他的工作。最终负责任的是他（把墙涂成蓝色或绿色；统计学可以，但模糊集合论不行；雇用她，然后解雇他），但智慧来自集体。通过统计赞成和反对的人数来做出所有决策是不好的，但完全忽视共识则更糟糕（也更危险）。没有人可以无所不知，正如谚语所说：两个脑袋总比一个好。

40 个脑袋比两个脑袋更好吗？ 7 个脑袋比 3 个脑袋更好吗？完全的民主要求对每一项决策都进行表决。许多部门试图在一个脑袋和 40 个脑袋之间达成妥协（类似于几何平均值）：将思考和责任委托给一个（乃至两个、11 个）委员会。拿破仑说过，比一个坏将军更糟糕的是两个好将军。我同意：一个不称职的系主任对一个部门的伤害要小于一个委员会，即使这个委员会由充满良好意图的有能力的人组成。

在密歇根大学，我曾一度在执行委员会（Executive Committee）任职。当特德·马丁开始考虑辞去麻省理工学院的系主任一职时，伊萨·辛格写信问我密歇根大学的这个委员会是如何运作的。下一页是我写给他的答复。

亲爱的伊萨：

请在阅读前、阅读后和阅读过程中将这封信烧掉。

密歇根大学有一个执行委员会，其成员包括系主任（凭借职权担任）、副系主任（同上）、四名资深人士（任期三年）和一名资历较浅人士（任期一年）。选举方案如下。系里每年为每个空缺席位提名两名或两名以上的候选人。还有一场选举，每个席位只留下两名候选人，其他人都被淘汰。实际填补空缺席位的人由系主任从这两人中选出——在所有已知的选举中，他只是选择得票多的那个人。

该委员会平均每周开会一次，星期五的 3 点至 6 点。在深秋，开会变得更加频繁；而在其他季节，开会次数会更少一些。**理论上**，所有的权力都属于系主任，这个委员会只是咨询机构。而实际上，所有重大决策都是由委员会做出的。例如，一个系里的办事员（并非委员会的成员）安排教室和制定课程表，必须由委员会批准。又如，委员会讨论所有科研型讲师职位的申请（预先决定聘任条件并设计公告海报），以及选出获胜者。委员会负责从讲师一直到正教授的所有招聘工作（研究生助理除外）。委员会审查每个人的工资，决定加薪的确切数额，决定人员晋升，等等。

当然，系主任有很大的权力，如果他选择行使的话。他是执行委员会会议的主席，他可以引导舆论，他可以影响投票，他是向院长汇报并传递部门建议的人。他的任期为五年，可以连任。

这个体制是如何运转的？简直糟透了。它没有创造力，没有领导力，二流的任命，耽搁拖延，优柔寡断。我个人宁愿来个独断专行者。一个尽职的独断专行者（马歇尔·斯通）可以创造奇迹，而一个失职的独断专行者（我就不指名道姓了）会造成破坏。我在这两个人手下都工作过，倘若一个家伙的资质条件没能摇晃起委员会的这条小船，那他就不会有任何作为。我不知道从麻省理工学院籍籍无名之辈的角度怎么看待马丁，但从外界的角度来看，他做得很好。麻省理工学院有很多优秀的人才，它的好声望实至名归。我身在其中，无法判断密歇根大学的声誉如何，但这些年来，它已不配拥有很高的声誉。这条小船不再摇晃了。

你还在读这封信吗？你还没烧掉它吗？

我相信，世界上的工作是由人来完成的，而不是由委员会来完成。教师苏格拉底不是一个委员会，发明家和科研型数学家阿基米德也不是。在政府和金融界，在自然科学和人文学科领域，巨大进步一直是由人而不是由委员会推动的，林肯、罗思柴尔德[3]、牛顿和歌德都是见证人。

即使在平淡无奇的日常工作中，委员会的决策也是值得商榷的。一些大学设有"招聘"委员会，其成员应该通过雇用合适的人来尽可能提高部门的质量。我认为这份工作就是这样，但他们并非总是这么认识。他们常常认为自己背后有各种群体支持，拓扑学家们想要聘用另一个拓扑学家，而分析学家们想要聘用另一个分析学家。嘴上说要质量和平衡，但实际上往往把设立山头的各种团体放在第一位。科学判断很少能在与现实政治的讨价还价中获胜。

提高质量的理想方式是"锦上添花"，而委员会却通过均衡山峰来填充凹坑。值得一提的是均衡化趋势的最终表现：目前人们支持系主任的任期不能太长，有人认为，这是防止他们获得"王权"的最佳方式。三年是一个流行的任期年限，两年任期并不罕见，甚至任期一年有时也能接受。我认为这很可怕，这当然不是提高质量的方式。

学会如何做系主任，至少需要在岗位上干上一年。因此，三年的任期就意味着，该部门每隔三年就要由一个摸索前行的新手来领导。再则，在任期的最后一年，系主任有可能成为"跛脚鸭"，进而三年的任期只意味着一年的有效行动。

在芝加哥大学，按照不成文的传统，斯通、马克·莱恩和艾伯特（以及他们的一些继任者）的三年任期变成了六年任期，事实证明，这是一个不错的期限。六年的时间不足以致使系主任们在数学专业上垮掉，但足以让他们能不仅仅实施短期计划。

加利福尼亚大学伯克利分校的 G. C. 埃文斯（G. C. Evans）、密歇根大学的 T. H. 希尔德布兰特和麻省理工学院的 W. T. 马丁是三位伟大的系主任。他们的某些同事抱怨——毫不意外——他们有时不公平、专制，甚至完全错误。我不记得他们各自到底任职了多久，但我知道他们的任期都不少于15年，甚至都接近20年。他们筑就了三个伟大的数学系。

## 如何做系主任

系主任同时是一个办公室苦力、一名礼宾官和一位政策制定者。

系主任应该认真对待其部门运行中的**所有**细节。马歇尔·斯通除了证明他关于酉群和布尔代数的著名定理，以及斯通 – 魏尔斯特拉斯逼近定理和斯通 – 切赫紧化定理之外，还重建了一个崩溃的数学系，使之成为世界上最好的数学系之一，此外，他还把粉笔放进教室并去打扫大楼。（在我的记忆中，这样的极端措施只有两次是必需的，当时清洁工们被挡在了埃克哈特大楼外面，一次是因为整整一个星期气温处在零下29度，另一次是因为支持其他工会的同情性罢工。）博赫纳在莱斯大学担任系主任时，我曾看到他去检查系里的公告栏，还把过期的告示从公告栏上撕除。

分工和放权都是好事，但我仍然认为，系主任应该亲自确保部门的所有工作均妥善完成。这些工作各不相同，从一名未经训练的接待员接听电话，到一位著名的教授组织安排研讨会，系主任必须把自己当作一切工作的负责人。系里面可能有十几个秘书，办公室主任是他们的顶头上司。一年之中可能开上二十几场研讨会，为使其顺利召开，需要研讨会的委员会进行大量的通信，并广泛张贴通知——不管怎样，如果出了什么问题，系主任都应该了解情况，而且要确保问题得到纠正。

有些系主任不赞同这一点。他们可能会说："我有重要得多的事情要操心。我宁愿确定我们能聘到合适的人来教明年秋季的偏微分方程，而不是确保两个讨论班不会发生冲突——这事儿你得去问问吉姆。还有，除此以外，我必须继续做我自己的数学。这些琐事，即使对某些人来说很重要，也会占用我大量的时间，太不值了。"我不禁感到同情，但是我表示反对。是的，做出合适的招聘要比编排糟糕的讨论班时间更重要，而且许多人认为即使是暂时放弃自己的专业兴趣也是一种巨大的牺牲。还是那句话，一个不能花时间完成全部工作的系主任根本就不应该承担这份责任。

系主任应该在走廊里睁大眼睛，竖起耳朵。他应该知道谁同谁关系要好、谈得来，谁的办公室明年春天需要重新粉刷。系主任召集教职员工开会，并担任会议的主席。他必须在学校统一设定的最后期限前及时召集他们，必须有足够的领导力和对议事程序的了解，才能愉快而高效地组织会议。系主任是该系在学校内外以及在专业领域的有形代表。因此，他必须充分保持与外界的联系，例如及时而有礼貌地回信。

没有人能在荒岛上进行数学研究，即便只是一段短暂时光。这是一种合作、协同活动。因此，系主任必不可缺的职能之一，就是鼓励和促进教员之间的接触，各种方式的接触。接触发生在每天的午餐中和每周的讨论班上，下午的喝咖啡时间里，秋季和春季的野餐上，还有第一学期开学时的相识聚会、学期末"谢天谢地，一切都结束了"的圣诞聚会上，以及一块搭车去参加美国数学学会的冬季会议的路上。做这些事情的数学系比不做这些事情的可能会拥有更高的士气和更高的专业素质。

经验告诉我，一个系有开展这种活动的传统，会带来很多好处。这些活动普遍受欢迎，但在没有支持的情况下，缺少足够的动力持续下去，这需要一位系主任持之以恒的扶助和激励。系主任的工作就是提供一个永久的咖啡壶，让教师们可以围着它消磨时间，相互发发牢骚，释放掉沮丧，然后鼓起干劲，电力十足。（咖啡本身只是一种象征，并非必须喝咖啡才能完成工作。）同样，尽可能每天和他的同事们一起吃午饭也是系主任的工作，鼓励（激励、帮助）学生们组织数学俱乐部，以及专业的或个人的聚会（常常会与这些团体相关），也是系主任的职责。甚至晚上都不是系主任自己的，他应该把在一年之中不时慷慨地招待系里的教员及其来访者视为他的责任。

我把系主任最明显也显然最重要的任务留到最后，这就是人事和业务方面的任务。"人事"包括聘用、解聘、工资和晋升等问题，"业务"包括若干决策，比如关于图书馆的，以及系里应该发展哪些"数学科学"，哪些科目应该设置在课程中，多久教一次，什么时候教，由谁来教。

系主任必须是一位有远见的数学家，彻底熟悉数学界及其行事方式。有些系主任坐等求职申请，而另一些则出去延揽贤才。（斯通过去常常这样说："让我们盯着那个小伙子，两三年后，他或许准备好要来芝加哥大学了。"）有些系主任追求的是最佳可用人选，而另一些是"现实主义者"，还没开始要约就放弃了。"向他发出录用函是没有意义的，"他们说，"对于我们来说，他过于优秀。那样只能是浪费时间，等到其他人都拒绝了，我们就会被卡住。更现实的做法是降低眼光，从一开始就邀请与我们处于同一水平的人。"这种态度是短视的，我认为，从长远来看势必会降低质量。有一次，当"降低眼光"的论点适得其反时，我忍不住高兴起来。"我们有机会聘到 A 和 B，"某位系主任讲，"但是 X 太优秀了，我们还是争取 A、B 和 C 吧。"幸运的是，该系并没有同意，他们投票给了 A、B 和 X。结果是，A 和 B 拒绝了他们的录用，但 X 接受了。

图书馆是数学家的实验室。一位教师和他的学生们，一位科研型数学家和他的学生们，必须拥有一间大学能负担得起的好的数学图书馆，而且必须把它建在沿着走廊走几步就能到的地方。事实和证明必须能立刻查阅，因为其他一些疑问很可能在午餐前就会随之出现，还有一些会在下午的研讨会上提出。历史学家或许不必去立即核实一条重要的参考文献，就可以继续工作——明天再说。但在数学家所研究的知识结构中，每一步都强烈依赖前面的步骤，任何一步的缺失都可能使进展完全受阻。此时，迫不得已穿上外套，走十分钟来到校中心的科学图书馆，既让人泄气，又效率低下。这无论是在教学上，还是在科学发现上，都让人感到前路艰难。你会把化学家的实验室建在离他办公室步行十分钟的地方吗？你会强迫他每天两三遍地浪费这二十分钟吗？

数学图书馆建在数学大楼里以后，数学系仍要在系主任的领导下决定图书馆应该收藏什么书刊。在过去，答案很简单：一切。即使在数学书籍种类不多、图书馆预算相对宽裕的年代，"一切"这个词也需要谨慎地定义。它从来就不包括一年级新生用的代数学和三角学的所有书籍，却总包括美国数学学会出版的蓝皮"学术研讨会"丛书中的各卷。在这两个极端之间，必须做出取舍。

显而易见，一间希望走向学术性的图书馆必须能代表数学的每一个分支，不管这个分支当前是否流行，也不管目前系里面是否有人对此感兴趣。但权宜之计往往倾向于排除某些学科方向，只订购教师们工作所需且有人明确提出请求的书籍，至于组合学书籍之类的，即使在上着相关的课，也会拒绝订购，诸如此类的观点都是反学术的和反智的。（我并非异想天开，我曾见过这样的情况发生。）一个好的系主任片刻都不会支持这样的观点。

课程决策有时与人事决策重叠，而两者的叠加比任何单一决策都要复杂。有人——通常系主任是其"一级近似"——必须决定数学系是否应该开设统计学（可能不该），或计算机科学（肯定不该）。有人——或许是系主任本人——必须决定系里应该在多大程度上顺应当前的教学和研究潮流。我们要用离散数学替代微积分吗？我们更注重极小曲面理论而不是低维拓扑吗？系主任至少必须提出诸如此类的问题，并在某些情况下回答这些问题。

系主任是行政管理者，他在他的同事和大学行政部门之间充当着中间人。他态度的倾向性很重要：他是做一位保护自己部门的数学家，还是对出资者定下的调调唯命是从？系主任既是职员又是负责人，既是雇员又是领导者。做系主任需要一种特殊的才能和气质。这是一项重要的工作，却也是一项辅助的工作——此处"辅助"的意义，犹如称《数学年刊》为首，《数学评论》为辅一样。系主任的存在不是为了做出什么来，而是为了让其他人能够做出些什么来。如果你正考虑成为系主任，请三思。这个活儿做不好很容易，即使做得好也是件费力不讨好的事。无论你做什么都会树敌。贪心的员工和专制的院长向不同方向拉扯，而你就在中间。在你着手之前，一定要确定这就是你想要达到的目标。倘若你付诸行动了，那么祝你好运，你会需要运气的。

# 为何不做系主任

我本该为担任系主任而平添烦恼，但这并没有发生。我认为，我对如何做系主任了如指掌。我对这一切的了解，就像我在从事教学工作之前对教学的了解一样。多年以来，我一直在观察系主任们的做法，有些对，有些错。在我看来，汲取他们所有的优点，克服他们所有的缺点，是可以轻松办到的。我错了，这一点儿都不容易。

1968 年 8 月底，我降落在火奴鲁鲁。杰茜（Jessie）拿着夏威夷花环来迎接我，她还带来了一个课程安排的问题。"Aloha[4]，"她说，"哈尔莫斯博士，你想怎么解决数学 103 课程选课人数超额的问题？"（这个课程编号可能不对，但话的意思是对的。）我当时根本无法理解这个问题，但幸好，当我问杰茜这意味着什么，此前是否发生过这种情况，以及当时是如何处理的时，她一一给予答复。（她总是无事不知。）我告诉她，今年就按去年一样的做法办，这也正是她想要让我说的。她高高兴兴地走了，而且落实了。第二天早上，当我出现在办公室开始我第一天的工作时，就再也没有问题了。

杰茜·中田（Jessie Nakata）非常棒。她在夏威夷出生和长大，有着纯正的日本血统。她的母语是美式英语。她对她祖先的文化和语言略知一二，但也仅了解一点点。她是位训练有素的秘书，例如，她能拼写出我抛给她的每一个单词，但她几乎完全没有受过公共教育。（当我不经意间提到该隐和亚伯[5]时，她告诉我，她从没听说过他们。）

**杰茜·中田，1968 年**

她是夏威夷大学数学系的首席秘书，曾与前两任系主任共事，我是她的第三任上司。除了全职工作，她还有丈夫和三个学龄前的孩子。我认识她时，她一定快 30 岁了。她的性格和身材（丰腴圆润）让她成为她管理的一小群年轻打字员和兼职秘书，以及系里的学生和员工心目中理想母亲的形象。

我立刻对她有了好感，她对我也一样。很明显，我们可以一起很好地合作。我和妻子对她和她的家人略微有了一些了解。有几个星期六的下午，杰茜和她的孩子们会来看我们，喝软饮料，用我们家的游泳池。也有一两次，我们参加了在她家举行的大型聚会。不过，我们——我和她——的关系主要是工作上的，非常友好。我们的交谈很有效率，而且不拘小节。

她办公室和我办公室之间的墙只有整面墙四分之三的高度，并没通到天花板。我办公桌上有个蜂鸣器，当我需要杰茜的时候用来召唤她。当我第一次用它时，她隔着半堵墙喊道："你想干什么？"那是我最后一次按蜂鸣器。

她几乎知道训练有素的秘书所知道的一切，而且她极其聪明和有胆量。如果我让她做一件她以前从未做过的事，她绝不会告诉我她未曾做过。她什么都愿意尝试，而且一定会取得成功。这里有一个微不足道的例子：我叫她为我安排一次美国大陆之行，略有些复杂。我告诉她出访的日期和地点，剩下的就交给她了。直到后来，在她安排好全部之后，我才得知，她以前从来没有跟旅行社打过交道，对如何安排航班只有最模糊的想法。

一旦她经手了什么事情，她从此就会记住。当我们学院院长的秘书在圣诞节前打电话给我，提醒我要做员工考核工作时，我让杰茜给我解释那是怎么回事。事实证明，从原则上讲，这很简单，但我认为，要做出适当的决定并不容易。这意味着我必须上报院长一大堆公文，要给本系每个人员都写一份。每份公文需认定三种情况中的一种：负号、零或正号。（这是我自己发明的术语。）"负号"意味着这个人的工作不能令人满意，对其工资或级别不进行调整（依严格的常规所要求的例行公事的"梯级"晋升除外）。"零"意味着工作是令人满意的，但不是很突出。得"零"的人将从可供支配的资金中分得一点，但肯定不会被推荐升职。"正号"当然是优秀的等级，这意味着被推荐加薪，如果可能的话，还会升职。我汗流浃背地撰写公文，编制出三种内容样式，星期五中午把它们放在杰茜的办公桌上。我本打算用整个周末来决定哪份公文对应哪个人，但最终没有浪费周末时光。因为所有的公文，很快都带着对应的名字，被放在了我的办公桌上，准备星期一早上签署。杰茜了解数学系，也了解我。她很清楚我会怎么评价每一个人。她"猜"对了每一个人的等级。

除了杰茜以外，夏威夷大学的几乎所有事情都是我担心的根源。这种担忧和压力大到让我有生以来第一次得了一种我知晓名称的心理疾病。我当然知道"焦虑"和"抑郁"这样的词，但它们是遥远的抽象概念，如同"陪拉格拉病"[6]和"瘰病"——我并不能真正明白患上这些病意味着什么。来夏威夷的第三个晚上，我在凌晨3点惊醒，万分恐惧，浑身发抖，后来我被诊断出真实的焦虑症发作，跟书里描述的一个样。房间里没有什么可害怕的东西，但我在害怕，名副其实地"吓得魂不附体"。那些潜伏着的疾患，随时准备攻击我（我一个都说不上来，但它们又那么可怕），使我害怕，我无法应对它们，无法应对任何事情。我叫醒了我太太，我说话，一直在说，不停地说。我们吃了点心，喝了啤酒，我又继续说下去。一小时后，我感觉好多了，我们回去睡觉——发作结束，并且从那时起，我就适应了。

是什么导致了这次发病？我料想是过去和未来。六个多月来，我一直在面对和解决关于系主任的问题，我经历了长途搬家带来的不安，还刚刚结束欧洲漫长的会议和讲座之旅，我的昼夜节律失调了几小时，却面临着一项巨大的、几乎是不可能完成的工作。我在日记中写道："可能不会成功，但我要试一试。"

我做到了。我全力以赴，几乎是满腔热情地投入其中。第一项重大任务：取消电视课程，换成真人授课。让我们出发，看看我是怎么做的。

电视课程是几年前某个人拍脑袋决定的事。为什么不同时解决数量和质量这两大问题呢？我们（夏威夷大学）没有足够的人手按照要求的规模来教大一新生的数学，况且，现有许多人的水平都不够高。还是让我们最好、最受欢迎的老师吉米·萧 [7] 把这门课录下来，然后把录像带分发到整个校园以便全天候回放。学生们将拥有完全的自由——他们想什么时候听课就什么时候听课，想在哪儿听课就在哪儿听课，而且愿意听多少遍就听多少遍。教员们仍然会保证办公时间，而且，学生们应当会喜欢这种轻松易得的公开课程和私下指导的完美结合。

但是，学生们讨厌这种方式。他们想要一位活生生的教师，而不是一个录像带里的人；当他们有问题时，他们想跟他们的老师交流，而不是同一个陌生人说话。学习劲头下降，出勤率下降，成绩下降。必须做出决定了：我们得止损。这种电视实验是一种耗资巨大的愚蠢作为。与三年前相比，如今更容易从等在教室前的求职者中找到合适的人选，况且一位了解行情的新系主任即将上任。让我们在今年年底就消灭电视课程，并聘用 20 个人顶上来 [8]。

的确，有 20 人。这就是我的指令：按现行工资聘任 20 名助理教授，即每学年约 1 万美元。当时，正教授的收入约为 2 万美元，或者多一点。当我告诉亚历克斯·赫勒（Alex Heller），我提供 20 个工作岗位，每个岗位 1 万美元时，他想了一会儿，然后说："我要 3 个。"

聘任 20 名人员的协调工作是相当艰苦的。在初步接触、答复疑问、收到推荐信、安排面试、提出正式要约之前，就需要 10 次左右的信件交流。然后，如果要约被接受，还要在课程、旅程和住房方面提供帮助——对名单上的每个人来说这都是 10 封信。有一段时间（在 11 月），我发出了 47 份不同阶段的要约：你是否对……感兴趣？可否请你填一下这些表格……？我受权录用你……如果他们都接受了，我就会处于一个非常特殊的境地。但是，他们当然没有。我在办公室的墙上挂了一张复杂的图表——记分卡，来帮助我避免用夏威夷大学的钱过度投机。

美国数学学会的冬季会议于 1969 年在旧金山举行。我在伯克利的朋友对我很好：他们在开会前借给我一间办公室，用了几天安排了 20 名他们的研究生给我面试。会议一结束，我就把总部搬到旧金山，马不停蹄地从一家餐馆的餐桌转移到另一家酒店的休息室，又面试了 20 多名候选人。最后的得分并不完美，但已经相当不错了：到 4 月，我一共收获了 $17\frac{1}{2}$ 位助理教授（其中半位是指某人的夫人）和 3 名研究生助理。电视完蛋了，真人万岁！

要吸引大家到夏威夷大学做常任教授并不容易（大学质量并不高，偏远孤立，高昂的生活成本，漫长的行程时间），但我可以邀请到所有我想要的访问学者，待上一个星期、一个学期或一年。哈塞在这里待了一年（**那位**哈塞，伟大的代数学家、数论专家），访学一年的还包括利奥·莫泽（Leo Moser，他那个时代最有活力的组合问题专家之一）和唐·弗雷泽（Don Fraser，加拿大著名统计学家，执着的冲浪爱好者）。利昂·科恩（当时已从美国国家科学基金会和马里兰大学系主任职位上退休）和艾伦·希尔兹（我在密歇根大学的同事）到这儿待了一个学期。几乎每个人在往返世界另一端（澳大利亚、日本等）的路上都会来此逗留几天，我记得有迈克尔·阿蒂亚、爱德华·科林伍德（爱德华爵士——为数不多的被授予爵位的数学家之一，我曾在邓迪请他一同小酌）、里夏德·柯朗（当时身体虚弱，在生病，由彼得·拉克斯照顾）和乔·杜布——这绝不是全部的名单。

此外还有为期一周的官方访问学者。我设法从托德·弗尼斯那里争取了大约相当于一名初级教员工资的资金，分割成七八份用在杰出的资深人士身上。他们每个月来一位，被当成家里的临时成员：他们会给我们开三到四次讲座（从基础的讲解到高水平课程都有），还会参与到我们的午餐、聚会和闲聊中。这些都是出于消解孤立感的考虑，效果很好。为期一周的访客名单包括安布罗斯、宾、保罗·科恩、莱斯特·杜宾斯（Lester Dubins）、埃尔德什和埃德·休伊特。卡普兰斯基也在其中，但身份不同。我们为他安排了一次美国数学科学联合理事会的区域性会议（这种会议的主报告人连续五天每天举行两次讲座），参会者十分踊跃，会议非常成功。

系主任们受聘来操心许多日常的行政问题，这些问题远没有来访问的数学家那么具吸引力：课程和班级的分配，学院和系委员会，用于咖啡的预算，有关复印、邮资和电话的决策，秘书的福利和晋升，以及与其他系主任们、院长们在一起的冗长、无聊和无效的会议。我对所有这些事都做了不同程度的推动，有些办得好，有些办得差。我的一些同事认为我做得很好；而另一些同事，不用说，几乎不赞成也不喜欢我做的每一件事。为了尽力让人们了解事情的进展，我发出许多备忘录，唯一的直接反馈是一封苛刻的匿名信，提出了更多要求。（我没费多大力气就查出了是谁写的。）有一位同事给我发了一条信息，上面有一个粗鲁的称呼："哈尔莫斯主任"[9]。我迫不得已告诉他，我们没有钱买他想要的台式计算器。（这并没有让我很伤心。）按大学规定，不可能再次聘用哈塞——他年龄太大了，而且就像古代的波斯国王一样，他认为消息传递者（我）应该为这个坏消息负责 [10]。

系主任提供的主要服务是对全体教职工进行心理治疗，我可不知道该怎么做。我早就凭直觉知道，系主任是我在这个世界上最不想做的事情，我只是基于对衰老的恐惧，以及出于对夏威夷的魅力似是而非的推断，才改变了我的意愿。在芝加哥大学，当我短暂担任代理系主任时，沃尔特·巴特基曾明确表示，我有望担任系主任一职，就连这样的前景都没有令我满心欢喜。恰恰相反，这是我离开芝加哥大学的原因之一。在夏威夷大学，我在系主任工作的各个方面都很努力，包括心理治疗，但我一点儿也不喜欢这份工作。

整整九个月，我都在勤奋工作，但其实在干了快三个月时，我就已下定决心：我要辞职。我先告诉杰茜，然后是托德·弗尼斯，接着是莫欧基尼，最后，过了几周，告知整个部门。每个人都好心挽留：他们试图说服我继续干下去，或者，如果说服不了，就让另外的人担任系主任，但我还留在系里。我对他们的反应感到高兴，但我渴望回到本来的现实世界——我的现实世界，在那个世界里，时间和地理条件使我只需短途旅行就能参加讨论会报告和会议，而且，我总能知道在哪里有什么活动。

托德·弗尼斯交给我的最后一项重要任务是物色我的继任者。这花了一点儿工夫，但也完成了。H. S. 贝尔（H. S. Bear），大家都叫他杰克（Jake），同意来到系里，成为我为他聘请的助理教授队伍的系主任。

我在火奴鲁鲁的最后六个月比头三个月要愉快得多。我继续做着之前要做的每件工作，但我的心态放松了，我的抱怨也消失了。有了放松的心态，我就能做得更多，例如，我可以在戴蒙德角（Diamond Head）讨论班 [11] 上更努力地工作。该讨论班由拉里·沃伦、艾伦·希尔兹和我组成，每周开一两次，时间在早上 7:00，地点在我位于戴蒙德角环路的家中。火奴鲁鲁是一座早起的城市，我适应了它的生活方式。我已经习惯于 5:30 起床，在游泳池里畅游后吃早餐。市区交通早高峰时段在 7:30 就结束了。我们会喝咖啡、游泳、聊数学。知道我不必无限期地担任系主任后，我就不再感觉像被判了终身监禁，我可以游刃于备忘录之间，开始思考定理，并在讨论班上发挥自己的作用。

还有一个问题需要解决：我将从这里去往何方？按情理，我可以回到密歇根大学，再者，一旦我获得自由身的消息传出，一些工作机会也开始涌现。11 月的一天，我碰巧在奥斯汀的汽车旅馆房间里，一些美国数学学会委员会的事务需要我处理，电话铃响了。"保罗，我是阿伦·布朗。你有没有兴趣来我们这儿——布卢明顿——印第安纳大学工作？"我怎么能拒绝呢？

乔治·斯普林格（George Springer）当时是印第安纳大学的系主任，他邀请我做一场研讨会的报告，并同一屋子的院长会面交流。我到场，做报告，与他们一一握手。我遇到了马克斯·佐恩，他后来成为我非常珍重的好朋友。他带着一张纸条来茶歇，上面记着一系列问题——他一直留着要问我的问题！马克斯是一个擅长提问的人，而且他的问题非同一般，在私底下的交谈或在公开的研讨会中，他总是能准确地指出隐藏着深刻思想的地方。我怎能抗拒呢？两星期之后，就在圣诞节之前，斯普林格向我发出了一份录用邀请，我接受了。1969 年，我成了一名胡希尔人 [12]。

马克斯·奥古斯特·佐恩，1983 年

# 布卢明顿的生活

在我搬到布卢明顿的前一年，美国教育理事会把印第安纳大学评为同类别大学的第 26 名；第二年，在修订后的排名中，印第安纳大学排在第 27 位。我的一些朋友戏将这两件事——我的到来和评分的变化——看成因和果。不管怎样，他们对我很够意思。这所大学总体上也对我很好，无论是在私下里还是官方上，于是我安顿下来，通过比以往任何时候都更加努力地工作，来享受我的"黄金岁月"。

第一步是组织一个泛函分析讨论班，这个计划有着良好的实践基础。起初我们有六个人，都是算子理论专家。阿伦·布朗是其中之一，约翰·康韦（不是在剑桥大学研究博弈论和群论的那位）[13] 是另一个。彼得·菲尔莫尔当时仍在那里（但不久之后他就回到了加拿大），还有他的两位合作者，乔·斯坦普夫利和吉姆·威廉斯（Jim Williams）[14]。吉姆是阿伦的博士生，所以论起学术辈分他是我的孙辈。不论是出于意愿倾向，还是出于培养训练，我们六个人的兴趣紧密地联系在一起。还有一些人，他们也参与讨论泛函分析，或者至少倾听着：比利·罗兹（Billy Rhoades）和格雷厄姆·本内特（Graham Bennett），他们了解可求和性；佩西·马萨尼（Pesi Masani）和斯利姆·舍曼（Slim Sherman，Slim 即 Seymour，西摩），他们了解概率。（不久后，马萨尼去了匹兹堡大学。后来，先是舍曼，后是威廉斯，都过早地去世了。）

泛函分析讨论班一开始就很顺利，并且，就在我撰写本书时，它依然还在延续着。讨论班在第一年就异常成功，这要归功于乔治·斯普林格的一项管理举措。彼时，这所大学即将庆祝它的 150 岁生日，斯普林格设立了一个"一百五十周年纪念讨论班"，并让我负责。我们计划邀请学者做为期一个星期的访问，但不是像夏威夷大学那样在一年中邀请六到八次，而是每星期都邀请，周周不落。这一日程安排方式常会发生意外，在一个星期内我们可能同时接待两位访问学者，但没有哪个星期无人到访的。

印第安纳大学的泛函分析学家，1968 年。从左至右分别为：P. A. 菲尔莫尔，J. G. 斯坦普夫利，J. P. 威廉斯，J. B. 康韦，H. A. 布朗

　　这听起来也许不错，但还是存在一些问题。访问学者从星期天晚上到星期五下午都将和我们在一起。他会做讲座，也会来吃午饭和喝茶，但其余时间，他会显得无聊和失落。结果，我们作为东道主，觉得必须为他举办鸡尾酒会，带他游览观光，倾听他做出的最新数学成果——这些都很好，但容易过犹不及。从 9 月到 4 月，我们接待了超过 25 名访问学者，我希望他们在这里过得愉快。作为主办方，我们对这一切也是不胜其烦，当活动结束时，我们也会松一口气。尽管如此，一个由吉姆·格利姆（Jim Glimm）、角谷静夫、乔治·麦基（我从 25 个名字中随机挑选了 3 个）等知名人士担纲主讲的讨论班，理应

称得上是成功的。访问学者们报告的主题在当时都是崭新的数学问题，例如，萨拉森给我们讲的是他利用多项式进行弱星逼近的工作。当我最近再一次浏览这些标题时，我高兴地注意到，这些报告即便到今天听起来仍然很有趣。

布卢明顿对我来说有许多好处。譬如，这是一座小城，在我年轻的时候，它的面积和尚巴纳差不多大。法学院就在附近，和数学楼斯温大楼只隔了一栋楼[15]，我利用这个有利条件，旁听了一年级的侵权法和刑法课程。从斯温大楼朝另一方向走，隔着四栋楼远就是音乐学院。这是世界上最好的音乐学院之一，对我的生活产生了巨大的影响。我见到了亚诺什·什塔克[16]和梅纳赫姆·普雷斯勒[17]，聆听他们的演奏。由于他们在这里，我也从中获益良多：他们的学生、同事和来访者每个月会奉献近百场高质量的演出。

印第安纳大学的泛函分析学家们都非常年轻，人数众多，起初足以被视为一个令人尊敬的群体，但由于各种个人原因，这个群体在质量上和数量上不断下降。除了泛函分析之外，数学系并不强大。代数学几乎是看不见的，拓扑学也是如此（从那时起拓扑学有了很大的改观）。系里还有一群声名显赫的应用数学家，他们主要是一些弱分析学家（这个群体也发生了很大变化，变得更强了）。比尔·古斯塔夫森（Bill Gustafson）和我们一起工作了几年，他还是我出色的代数学的"治疗专家"。他懂得数学，不仅限于代数学，对于许多分支都有广泛的见解。他也是一个颇有修养的人，兴趣广泛，例如，他是关于侦探小说和 20 世纪 30 年代电影明星的信息的可靠来源。约翰·尤因与比尔同时在校，并仍是我在拓扑学方面的"线人"，因为他还懂得海量的数论知识，而且愿意谈论数学或任何事情。无论白天还是晚上，在任何时候，有他这样的同事是一种乐趣。

古斯塔夫森和尤因是具有奉献精神的数学家典范，他们是真正的专业人士，系里过去和现在仍然有像他们一样的人，但为数稀少。对于许多人来说，他们的工作只是一份工作，他们干得很得体，能胜任，甚至偶尔还会冒出兴趣的火花。但这不是一种召唤，不是一种使命。对一些人来说，这份工作是一件苦差事，一种挫折，他们干够了，留下来只是为了保住饭碗，仅此而已。这对每个人都造成了影响，从而无法达到最高昂的士气。

倘若属于一个共同体的大多数成员都尽其所能为它做出贡献，并因此获得自尊，那将是一种荣幸，一种有益的快事。我说的不是创造高质量的研究——不一定非得是研究。一流的本科教学机构也可以成为这样一个共同体，只要想想布林莫尔学院[18]和沃巴什学院[19]就够了，沃巴什学院和芝加哥大学都以竭尽所能、尽善尽美而自豪。在我看来，印第安纳大学的问题则在于它根本没有去尝试。

当然，如此判断是受到了一些印象的影响，是主观的，跟数学毫无关系。倘从数学上讲，我认为密歇根大学很像芝加哥大学，但不是那么好；而印第安纳大学很像密歇根大学，但远没有那么好。然而，比这更重要的是，尽管按地理标准，安阿伯被划分至美国中西部，但它有许多东部作风；而布卢明顿按地理标准也地处中西部，但在我看来，它似乎一直是南方的一部分。密歇根大学享有当之无愧的崇高声誉，这建立在根深蒂固的学术传统之上，该传统得到了国家的承认和鼓励。印第安纳大学在"伟大的"大学行列中几乎垫底，在最近20多年里，它既没有名副其实的学术领袖，也没有名副其实的立法支持。在安阿伯，我当然是"穿学袍的"[20]，但我感到当地人没有任何敌意，甚至都谈不上冷淡；而在布卢明顿，很多时候我觉得自己像个不受欢迎的陌生人，而且我可以确信，"乡巴佬"[21]这个嘲弄的形容词描述了"大学城居民"[22]中的许多人。不过，我必须赶紧声明，我说的是平均水平，而不是个人。曾经和我打过扑克的那帮人里有汽车经销商、水管工和卡车司机，他们似乎也把我当作哥们儿，即使我说起话来滑稽古怪。

# 印第安纳大学博士生

对于一个未来的博士生和他的未来导师来说，在做出任何严肃的承诺之前，结识并互相试探的最好的地方是在研究生课程上。这不是唯一的办法，却是最稳妥的。我的大部分学生都是这样来找我的。我会教一年级研究生的实变函数课程，然后是二年级的泛函分析课程，有时甚至连着教三年级的算子理论研究层次的课程。在我有生之年，我经历了三到四次这样的序列，每一次都产生了几名博士生，在两到五名之间。

1969 年，也是我在印第安纳大学的第一年，我讲授了基础实变函数课程。班上有 20 名学生，其中三人是乔·巴斯琴（Joe Bastian）、唐·罗杰斯（Don Rogers）和拉斯·斯马克（Russ Smucker）。他们并没有特别选择我，他们已经为这门课程做好了准备，当他们第一天到班上来的时候，我就在那里。第二年我讲授泛函分析，大约有一半一年级原班的学生，包括他们三个，选择继续跟着我上课。同我的实变函数课程并行的其他班学生也有一半左右选了我二年级的泛函分析课，新人包括何塞·巴里亚（José Barría）和鲍勃·穆尔（Bob Moore）。我在印第安纳大学一共培养了八名博士，其中包括我刚刚提到过的五名。

他们五人相处得很好。他们都在研究算子理论，都能理解他人正在研究的问题，对各自的困难产生共鸣。在课堂上，在公开的讨论班上，在我们内部的讨论班上，有时还在我家起居室里（喝啤酒，吃椒盐卷饼 [23]），我经常看到他们，独自工作或聚在一起。当我在爱丁堡度过学术休假年的一个学期时，我设法获得了资助，让他们跟我一起去，而且效果也非常好。他们很享受旅行的魅力，也很享受一个不太陌生的陌生国家的魅力。有其他人陪伴，对他们每个人来说都是一种安慰和支持的源泉。我喜欢这帮人，我喜欢他们每一个人。他们现在都已经事业有成，其中三位（巴里亚、穆尔和斯马克）在学术界，另外两位在学术界之外。我深感欣慰和自豪，因为我帮助他们成了有用的公民。

我之前提到过，我的一些学生共同讨论学位论文内容，这使我在印第安纳大学的同事安娜·哈彻大为震惊。尤其是这个五人组，让她流露出无法理解的反对态度。尽管她在这件小事上目光不够长远，但她是一位伟大的女性，我仍记得当初见到她和认识她的情景。

有一天，我们二人的名字和照片出现在当地报纸《布卢明顿先驱电话报》(*Bloomington Herald-Telephone*)上，不久我就见到了她本人。在那个春日之前的几个月里，我的领会力一直很迟钝。乔治·斯普林格向我提了一些不同寻常的问题（获得过什么荣誉和奖项？在美国数学学会担任过什么职务？曾受邀做过哪些著名的报告？）。我已经来到印第安纳大学，并有了一个职位，这些信息能带来什么好处吗？他低声含混地说，是因为资料不完整。于是，我把这事抛诸脑后。当我的照片出现在报纸第二版的头条时，我完全没有料到：校理事会晋升杰出教授的四名教员中就有我和安娜·哈彻。无疑，这是一份令人高兴的荣誉，同时，还会有虽不多但令人愉快的加薪。这下我发现自己后知后觉，赶忙打电话给乔治·斯普林格，感谢他提名我。他为我的满足而高兴，而且也为这件事而高兴——他还不知道自己的努力获得了成功，因为我比他先看到报纸，我是第一个告诉他这个消息的人。但是，一处微不足道的印刷错误给这一切带来了喜剧效果，我和安娜照片下面的名字被弄颠倒了。

我打电话给她，做了自我介绍，向我们俩表示祝贺，并建议在这种情况下，我们至少应该一起吃午饭。我立刻就对她有了好感。她大约比我大十岁，有着双重的部门隶属关系，但听起来有四重：她在法语和意大利语系、西班牙语和葡萄牙语系都有任职。我们都对词汇感兴趣，她是专业人士，我是业余爱好者，在接下来的几年里，我们的许多谈话都是关于语言学的。她的一本书的标题（对我来说）很有吸引力：《现代英语造词法和新拉丁语》(*Modern English Word-Formation and Neo-Latin*)。我们常常请她来吃饭，她可不想当个揩油者，于是礼尚往来，就在她的小公寓请我们吃饭。社交总是令人愉快的，但她是个糟糕的厨师，鸡肉几乎是生的，而米饭煮得太烂了，软乎乎的。她有些耳背，而且抽烟很凶。她到 70 岁时退休（这是强制性的），在两年后去世 [24]。我很怀念她。

让我们回到学生的话题上。肯·哈里森（Ken Harrison）除了没有正式的名分外，实际上也是我的学生。他是澳大利亚人，本科时在墨尔本的莫纳什大学师从约翰·米勒（John Miller）。米勒没有强硬要求他学习任何特定的科目，而当发现肯被我研究的算子理论所吸引时，米勒写信问我是否愿意让肯来跟我一起学习一段时间。我说，为什么不呢？这"一段时间"是从夏威夷开始的。肯当时非常年轻（或许 20 岁、21 岁），金发碧眼，求知若渴，敏而好学，操着我听到过的最浓重的澳大利亚口音。（比尔·古斯塔夫森后来说，肯的方言中的五个元音听上去是 aye、aye、aye、aye 和 u[25]。）我们在夏威夷相处得很好，当我转到印第安纳大学时，肯也跟来了。他写的学位论文与我一直很感兴趣的不变子空间理论的一部分有关，就所有合理正当的意义而言，我是他学位论文的导师，但就程序性细节和他未来的职业生涯而言，他的博士学位由莫纳什大学正式授予，则更顺理成章，事实也的确如此。

保罗·哈尔莫斯，1970 年

　　接下来是唐·哈德温（Don Hadwin）。1970 年春，在沃思堡（Fort Worth）的得克萨斯基督教大学召开的美国数学科学联合理事会区域性会议上，我担当主报告人。我非常努力地为那次会议准备了十场讲座，借此留下了我写过的最好的研究级说明性论文。我深深地沉浸在这一分支里，对它的每一部分都十分享受。在口头表达和随后的论文之中，我试图加入新的阐释技巧，并且尽可能多地加入新的数学。哈德温参加了这次会议，似乎学到了一些东西，而且很喜欢。一两年后，他出现在布卢明顿，说想成为我的博士生。这不是办事的常规路数，但我把赌注押在了他身上，我果然赢了：他也写了一篇关于不变子空间的学位论文，一篇很好的论文，而他也从此逐渐成长为成熟的算子界的一员。

　　我在得克萨斯基督教大学的报告刊发的背后，有一个小故事。当时，美国国家科学基金会资助区域性会议的方式是支付给演讲者 $N$ 美元的讲课费（该组织的资助方式至今大同小异），之后，当演讲者提交了一份可接受的手稿时，再支付 $N$ 美元的论文费。（我现在还记得，$N$ 是 1500。）这样做的意图是（至今也是），把文稿收录在一个专门丛刊当中出版——我对这个主意非常不满。专门丛刊一般发行量不大，每一期可能有几十个人购买，可能有几百家图书馆订阅，但大多数专门丛刊甚至不为大多数人所知，人们偶然听到其中有引起兴趣的东西时，在自己的图书馆里又找不到。随便选一所美国、日本或波兰的非重点大学，不太可能有足够的学识和足够的资金去订阅许多专门丛刊，这样一所大学的人员也绝不会在新期刊架上看到最近一期专门丛刊。这一般也适用于已出版的"会议录"。我认为这是一项糟糕的设计。

　　我渴望每个人都能看到我富于灵感的文字——你不必喜欢它们，但拒绝的决定应该由你自己做出。我说了一些意见，经过几次官方通信后，双方达成了协议。很好，我将得到 $N$ 美元（而不是 $2N$ 美元），但可以随心所欲地处理自己的手稿。我说，太棒了！我立即把它提交给《美国数学学会通报》。我很幸运。在此之前的一段时间，为了提高《通报》上说明性论文的数量和质量，美国数学学会宣布，作为一项尝试，他们将从众多这样的投稿论文中挑选出前十篇，为其付费（我记得稿酬是 1000 美元）。这次尝试并不是很成功：显然人们不想写说明文，或者说不能写，即便有稿费也不写。经过很长时间才录用到九篇论文，而当我的手稿寄到时，第十篇论文还没有产生。《通报》录用了它，这样，我收获了两全其美的结果——尽管报酬"不全"。我对这个结果感到非常自豪，所以在卷首写了一段献词："以崇敬和爱戴之情献给我的老师兼朋友约瑟夫·利奥·杜布。"这篇论文[26] 发表后，乔给我寄了一张明信片："读到那段献词真是惊喜，但你简直让我觉得自己像一座纪念碑！"

这是乔第二次给我写致谢短笺。第一次是在几年前，当时我在邮购目录上看到了马鞅（martingale），就买了一副寄给他。赌徒们过去常说起传奇的马丁盖尔（Martingale）上校，他每次输了都要把赌注翻倍。后来，这个词在概率论中获得了一个专业上的含义。对于杜布来说，鞅是一种特殊的随机过程，他对其理论做出了许多深刻的贡献。然而，鞅的第一个含义是"马的挽具的一部分，用来防止马头后仰。"我在邮购目录中找到的就是这种。乔很高兴得到一副。"我非常感谢你，"他写道，"给我寄来了我办公室所需要的东西。现在它就挂在我的一个书架上，跟我文章的抽印本放在一起，这很相配。"

我在印第安纳大学的最后一名学生，其实也是我的最后一名博士生，叫孙达尔。他的全名是维亚卡拉图尔·尚卡尔·孙达尔（Viakalathur Shankar Sunder），但**他的**名字，就是他一直被人称呼的那个名字，只是孙达尔。这不同于约翰·勒罗伊·凯利（John Leroy Kelley），有些无知的人叫他约翰，他的一些家人叫他勒罗伊，但他所有的朋友都叫他凯利，这的确非常独特。而在孙达尔的情形中，维亚卡拉图尔是一个地名，尚卡尔是他父亲的名字，唯一真正**属于他**的名字是孙达尔，他的母亲、他的朋友和陌生人都这么叫他。

1973 年，他直接从马德拉斯大学[27] 来上我一年级的实变函数课，立刻展现出他是一名聪明而勤奋的学生。除此以外，他还彬彬有礼，招人喜欢，是个健谈的人，兴趣爱好广泛，包括精通一些在西方并不广为人知的印度乐器。

他跟着我念完了那一轮二年级的课程，然后问我可否跟我攻读博士学位。我很高兴地答应了。当时我正在写一本关于积分算子的书，我让他读了一些这方面的文献，以及我的书的草稿，他轻松而愉快地接受了这一切。

随后，出乎意料地，我又一次撞了大运。我的一位老朋友约翰·欧内斯特（John Ernest）某天从加利福尼亚大学圣巴巴拉分校打来电话，问我是否想去他那里。我非常感兴趣，并这样告诉他，但同时我也断然表态。"我太老了，约翰，"我说，"而且身价太高了。"那是 1975 年的秋天，我快 60 岁了，我的年薪是 41 000 美元。他并没有被吓倒，继续讨论。结果，我搬到了圣巴巴拉分校。

这是一个愚蠢的举动，但幸运的是，无论是心理上还是专业上，它都没有对我产生多大影响。圣巴巴拉分校并没什么内在问题，但对我来说，与印第安纳大学相比，这里少有值得喜欢的东西，却有更多令人抱怨的事。这座城市很漂亮，气候也很棒。文化设施（如音乐方面的）可用，但不够充足。这是所二流大学，加利福尼亚大学系统中异常严厉的行政官僚主义让人很难爱上它。这里有一些友好而有才华的人，当然，也有一些老顽固，但系里曾经存在的"哈特菲尔德 – 麦科伊分裂"[28] 造成了痛苦的回忆，至今仍有明显的摩擦。我教了几门课，思考了一些数学问题，完成了关于积分算子的书。两年后，我回到了印第安纳大学。难道我永远不会明白阳光是不够的吗？

孙达尔跟我一起来到圣巴巴拉分校，在那里完成了他的学位论文。他得到了一些漂亮的结果，看到他取得这些成绩，真令人兴奋。他将紧性重新引入积分算子理论。就在 1976 年圣诞节前后，每当有了突破性进展，他都会高兴地、气喘吁吁地来找我，无论是早上还是晚上，让我了解最新的秘密。他解答了如此多的问题，如果没有他的结果，我的书就不完整了，但把它们收进书里，以我的名义公之于世是不公平的。一个解决方案是让他和我合作写这本书。虽然这种解决方案对我来说似乎公平，但我对此还是担忧。师生关系在此，他几乎不可能拒绝我的邀请，但我担心他是迫于压力而接受的。我最终征求了他的意见，我确信他是出于真诚的热情接受的。

故事的结局很好：我们的合作富有成效，我们都很努力，造就了一本力作。在这本书出版后，充满希望的前景中却飘来沉重的阴影：我们忽略了一部分文献——我们？那是推诿塞责，我才是遗漏文献的那个人。作为学位论文的导师，我负有责任。孙达尔证明的一个定理之前已被证明过，书中提出的一个问题之前也已得到解决。这里提到的文献是俄语的，牵涉到科罗特科夫（Korotkov）和布赫瓦洛夫（Bukhvalov）。太糟糕了，但这种事情确实会发生。我本不该让这种事发生，但事情是我经手的，还是发生了。

只有一次，我们产生了重大分歧。在数学原理及其阐述完成后，我描述了阅读这本书所需的预备知识。在这段话中有一句是这样的："……本书读者应当知道 X，他应当清楚，或者无条件地相信，或者去查阅 Y。"孙达尔坚决反对这种陈述，理由是，这里有性别歧视，暗示读者"他"[29]必然是男性。孙达尔的信念不允许他在有这种含义的文章上签名。这下轮到我发飙了。一派胡言，我说。这是传统英语中中性代词的得体用法，并不存在性别歧视的意味。它与男性代词有相同的形式，这纯粹是历史上的偶然，与性别没有任何牵连。"他/她"（he or she）的这一丑陋用法反而会引起人们对性别歧视的注意，而本来并没有人故意要强调性别，更不会有人察觉到什么（除了那些过分敏感或没有受过语法教育的读者）。我们可以让这句话保持原样，或换成别的。换成什么呢？孙达尔十分坚定，我也十分坚定。他拒绝使用"他"，而我拒绝使用"他/她"。结果当然是一种妥协，我认为孙达尔实际上赢了，但或许他认为我赢了。[30]

# 一个人的委员会：沃巴什

在大学里，很多所谓的"公共服务"都是委员会的工作，这是有史以来最浪费时间、效率最低下的处理琐事的方式。举例来说，我曾任职的系研究生政策委员会，除了建立和维持平庸的标准外，什么都没做；而我未曾任职的学院长期聘用和晋升委员会，除了不必要地延长部门建议和行政决策之间的拉扯时间外，什么都没做。

有效的权力下放（这是件好事）和荒谬的权力稀释之间有着天壤之别。研究生政策委员会必须做出的决定，完全可以交由一位尽职尽责的研究生事务主任来做。但并没有。由一个人来做决定要比六个人好得多，更快，更好。

一些部门委员会通常只有一名成员，据我所知，其职能运转与大型委员会一样良好，甚至更好。系图书馆委员会就是一个常见的例子，它可以由系里一位热爱书籍、了解书籍并可以与图书管理员讨论技术细节的具有奉献精神的成员负责。另一个常见的例子是学术研讨委员会，一个人就可以组织、运行学术研讨会，并与其他活动相协调，这要比两人委员会强 4 倍，比三人委员会强 9 倍。

《美国数学学会通报》由一个三人编辑委员会管理，但实际上，他们是三个小的编辑委员会，每个小委员会只有一人：一人负责研究性、说明性文章的编辑，一人负责研究公告的编辑，一人负责图书评论的编辑。该"委员会"的各种会面全靠偶然。它的三位成员完全自治，每个人都做自己分内的工作，不受别人的干扰。三人之中有一人担任总编辑，这是一份轮值的工作，该职位通常处理的唯一事项是在同设于普罗维登斯的美国数学学会中央办公室进行日常通信。

《美国数学月刊》看起来具有一个大约 20 人的庞大编委会，但表象再一次展现出欺骗性。20 人中的一小部分（介于一到三人之间）负责编辑简短的按语（Notes），即便是这一小部分人也会在其成员之间分解工作，因此实际上，每个人都大权在握、独当一面，无需上级指令或同行投票就能做出编辑决定。《月刊》的其他部门同样具有自主权。责任编辑（the Editor，首字母需要大写的那一位）的职责是编辑他分管的那个版块（长篇文章），同时密切关注同事们。

　　倘若一个不怎么样的人负责一人委员会，会出现什么状况呢？对于由两个人、三个人或七个人组成的委员会，假如其中一个成员拖拖拉拉、毫无条理、尸位素餐甚至心怀恶意，那其他人承担全部责任，权且能够应付过去。的确如此，这算是委员会制度的一项优势。我见识过一个懒得要命的人，他一人占着图书馆委员会，把所有工作都推给图书管理员。那些年的图书订购情况一团糟。我还见过一个组织混乱到无可救药的主办者（由一个判断力差到无可救药的民选系主任任命）搞砸了研讨会计划（报告不发布题目，没给演讲者安排酒店房间，好几个星期邀请不来演讲者）。我也知道，有些编辑任凭未经处理的手稿在他们的办公桌上堆积数月（甚至数年）。事实就是如此，必须承认，这是一个人组成的委员会在管理上的严重劣势。

　　我们必须做出选择。我们是选择一艘不摇不动、哪儿也去不了的可靠的"平庸之船"，还是选择创造性的想象力和甘于奉献的辛勤劳动，直面彻底停驶，甚至可能倒退的危险？你的选择取决于你的性格。至于我，我是个冒险家。我坚信，优秀的一人委员会能带来的巨大收益是值得付出偶尔、暂时的损失的。

　　我曾在大型部门委员会和专业委员会中尽过自己的一份力量，但我确信，我能够为数学界提供的主要服务，都是从这种情况开始的——某人把扫帚放到我手里，然后说："扫吧！"有一把这样的"扫帚"是厄尔·伯克森（Earl Berkson）的建议。在 20 世纪 30 年代，亚里士多德·季米特里奥斯·迈克尔（Aristotle Demetrius Michal）主持了一个著名的巡回讨论班。它在南加利福尼亚大学、加利福尼亚大学洛杉矶分校和加利福尼亚理工学院之间轮换，跟随亚里士多德——就像从前那位亚里士多德一样，从一个地方换到另一个地方。在 20 世纪 60 年代后期，北不列颠泛函分析讨论班 [31]（NBFAS，发音为 en-bee-fass）开始在爱丁堡大学、格拉斯哥大学和纽卡斯尔大学举办。可能是受到这些事例的启发，伯克森建议在布卢明顿（印第安纳大学）、拉斐特（普渡大学）和厄巴纳（伊利诺伊大学）的泛函分析学家们定期聚在一起，交流交流专业，再侃侃大山。

"扫帚"落实了。厄尔、杰里（就是迈耶·杰里森[32]，当时是普渡大学的系主任）和我负责这个活动。我们很幸运地为会议找到了举办地：沃巴什学院（位于印第安纳州克劳福兹维尔），距离布卢明顿、拉斐特和厄巴纳这个三角形的重心很近，而且本地的数学家们，尤其是比尔·斯威夫特（Bill Swift，当时沃巴什学院的系主任）不遗余力地使会议开得愉快而高效。

我们的"官方"名称是校际泛函分析讨论班（Extramural Functional Analysis Seminar），但通常的识别词是"沃巴什"。（"你听没听上次关于格利森定理的沃巴什报告？"）报告前和报告间歇有茶与饼干，后面有美酒与正餐，为活跃的思想交流（正式的报告、非正式的对话、挑战性问题）提供了帮助和支持。正式活动在星期六下午 2:00 开始（大约占上学年里的 6 到 8 个星期六），通常会在 7:30 左右休会。其间的几小时有时令人困惑，但往往信息丰富、增长见识，而且总能让人有所收获。我们与会者可以了解到其他人正在干什么、怎么样了——新技术、新定理、新工作、新同事……回家时，我们虽然疲惫，但很兴奋。散场时，我们感到松了口气，但又期待着下一次。有时我们迫不及待地想找机会坐下来，平静地思考我们刚刚听到的内容。

一开始，沃巴什只靠热情来经营——没有拨款，也没有差旅经费或其他资助，就连饼干都是每个人凑份子购买的。在三年的时间里，我们已经积攒了足够的信誉跟声望，我们能够安排一次国际会议了。那一次，我们确实得到了美国国家科学基金会的支持，他们还支付了几名国外的访客一周的费用。注册参会者数量总共刚好一罗（即 $12^2$）[33]，包括来自夏威夷、爱尔兰、以色列和罗马尼亚的一些人。会议在数学内容与膳食安排上常为人所称道。

在那次盛大的集会之后，我们又恢复了原来的规模。一般每月出席人数为 25 到 30。参加者不限于会议主办团体的成员。我们已经接待了许多邻近的学院和大学，包括肯塔基大学，甚至还有一两次密歇根大学的来访者 [ 利昂·布朗（Leon Brown）驾驶着他自己的飞机过来 ]。历经 12 年的不辍活动，讨论班申请并获得了一笔美国国家科学基金会的小额拨款，用于支付一位远途而来的非常任客座报告人的差旅费。由于担忧可能随之而来的官僚化，我不赞成申请更多经费，但到目前为止，事实证明我的忧虑是毫无根据的。

　　负责该讨论班的三人委员会时不时会发生人员变动。讨论班的开创者都已不再是委员。沃巴什成功的一个原因可能是委员会没有太多的事情要处理，另一个原因是委员会实际上是三个一人委员会。他们中的一位负责在每次会议前邮寄提醒通知，而每一位委员都担负着邀请报告人的任务，要在家里使出浑身解数去完成自己的当年份额——这就是所有的职责。

　　我在加利福尼亚大学圣巴巴拉分校最自豪的成就之一就是建立了 SCFAS（发音为 ess-cee-fass），你可能猜到了，这个名称代表南加利福尼亚泛函分析讨论班（Southern California Functional Analysis Seminar）。它似乎已经成为加利福尼亚南部生活的一个永久的组成部分，只有少数无礼的胡希尔人敢把它称为“沃巴什西部据点”[34]。

# 一个人的委员会：《通报》

　　1974 年，我成为《通报》的图书评论编辑，按照惯例，我的任期是两届，每届三年。在此之前的 12 年里，图书评论陷入了一种可悲的境地。那些年的编辑们似乎把他们的职位理解成一种荣誉，而不是一份工作。在 20 世纪 30 年代，《通报》平均每年发表约 70 篇评论，而 1961 年至 1973 年的年均数量在 10 至 15 篇之间。我满怀热情和目标开始了这份工作：我打算刊发大量的评论，高质量的评论，让人们愿意去读，从中学有所获，并乐享其中。

　　我订阅了《纽约时报图书评论》（New York Times Book Review），我的想法是，照着评论文学那样去评论数学。我读《纽约时报图书评论》是因为我没有时间把所有出版的书都读完，读书评总比什么都不读更能令我贴近现代文化。

在我寄发给潜在书评作者的说明中，有以下两段内容。

目录注释表是一种糟糕的图书评论。没有人想知道某某定理出现在某某章节中。

一篇耐读的图书评论是关于当前有趣主题的闲谈式说明性文章。书评的目的是用三四页的篇幅提供一个"一级近似"，来概括这本书在三四百页中所呈现的（或本可以呈现的）内容。

我告诉书评作者，他们可以，但不需要表达价值判断，比如"这本书值得摆在每个学生和学者的书架上"。其实，我进一步告诉他们，除了在接近书评结尾的某个段落礼节性提一下这本书之外，他们甚至几乎不需要提及这本书。他们旨在让读者们接触现代数学及其发展，而不是讲述关于一本书的事实。

在历史学、经济学或哲学等许多学科中，传统上认为，评论是一项学术贡献，受到作者和读者双方的重视。我想在数学中建立（或者说重新建立）这个传统。我的目的不是帮助读者决定他们是否愿意花 29.5 美元，而是要办一本有趣的杂志。

我为自己制定了基本规则，对于书评作者也同样如此。举例来说，我决定不评论研究性著作，例如美国数学学会备忘丛刊 [35]，或大多数施普林格出版社出版的讲义、笔记；不评论专题讨论会的会议录（可能有 15 位作者的那种）；不评论教科书、重印书、译著，以及出版超过两年的图书。我还坚决紧盯着数学领域不放，避开来自计算机科学、经济学和生物学的著作。我想，这些规则中的每一条我都至少违背过一次，然而在大多数情况下，这些都是很恰当的工作规则。

图书评论编辑是做什么的呢？他打开一包包的书，把它们的作者、书名、出版商和其他书目属性登记到主日志上；他决定把哪些图书送出去评论；他尽力用一些聪明的途径来处置其他图书；他得选择一位书评作者；他要（多次）提醒书评作者交稿已经逾期；他阅读、编辑和校对评论；他还要努力保持对这项工作足够的兴趣，以便下星期能继续。如果没有一名聪明而勤快的秘书，这一切都是不可能的。我估计，这个工作每周要花费我大约 10 小时，而秘书可能需要花掉两倍于此的时间。

据我所知，在我做编辑（不要问我确切的界定）的那些年里，每年大概有 1500 本数学书问世，其中略超 400 本被寄到我这里，以供评论。我发现很容易决定（平均只需 20 秒）哪些图书需要进行评论（大概占 20%），而处置其余图书也不麻烦。我把所有图书中的大部分，比如说 79%，捐赠给了大学图书馆，将剩下的 1% 作为该工作的额外福利珍藏起来。到此为止，最困难的任务是找到一位书评作者。

每本书都有一张评论表，上面包括所有相关信息，而且这张表就摆在我面前。我坐在那里，闷闷不乐地盯着这本书，设法想出一些书评作者的名字。我会看看这本书的参考书目，如果它提供了任何可能的人选，我就会把他们的名字草草地写在评论表上。我设法想起一些名人，或一些默默无闻的朋友，或是我上周去做报告的学院里的某人，希望他们中有人愿意写一篇我所需要的评论。我会遍历《数学评论》，查看作者和评论员的名字，并不断在表中添加潦草的字迹。我必须保持警觉：书评人最好不要和图书作者在同一所大学；书评人最好不是图书作者的博士生，或反之；虽然观点上的分歧可能很有趣，但争执可能唇枪舌剑；书评人最好不是评论主题的死敌，以致无论书中包含什么内容，他都决心抨击这本书。另一个明显的边界条件是，如果我在那一年已经两次要约了一位完美的评论员，那么在第三次时，我最好不要过度耗费他的好品质；倘若我现在让他休息一下，将来我也许能从他那里收获到更多的金蛋。

一旦评论表上有了六七个名字，有 10 个到 12 个会更好，我就可以非常从容地从中选择一个，然后发出一封格式信函："由……所著的……一书已递交《美国数学学会通报》进行评论，特此写信询问，您是否愿意按照随函所附表格描述的精神来评论它？"如果我在五六个星期内收到同意的明信片，那一切（暂时）都没问题；如果没有，我就把这封格式信函寄给名单上的另一个人。一篇书评平均要发出两次请求，而"平均"的言外之意是，不少时候需要三四次，我记得最多是七次（那本书最终未得到评论）。实际上，收到评论稿件的时间平均是六个月，我记得最长是 18 个月。

我很喜欢一些书评作者，对另一些人则怒不可遏。只是单纯的不作为还不足以让我的血压升高——这已经是见怪不怪了。典型的情景是：表示接受的复信及时返回，但四个月后的催稿被置之不理，再两个月后的催稿被置之不理，**再**三个月后的催稿也被置之不理；我只好耸耸肩，放弃了。代价是一美元的邮资、几个工时的工作、一本书、一篇未撰写的评论，以及一个书评作者的姓名从名单上被画掉。实际上，有些书评作者虽未交稿，却处事更得体。例如，某位受到良心谴责的作者明确承认了失败："我已经做出判断，我不可能完成这篇评论了……但我想保留这本书（我在里面做了一些笔记）……请告诉我要支付多少钱，我会马上给你寄去支票。"我的回答是："不用担心，当然，也**不必**寄支票。这是一册免费的书评用书，书评编辑也知道自己不可能次次成功。"

有些书评作者毛遂自荐，但我不记得哪次成功刊发过。有一两次，我把不请自来的评论安排进评审环节，最后收到的建议是拒绝录用。更多时候，我明知投稿是不可能被接收的，却躲在我自己的官僚规定后面："对不起，只有受到邀请才能撰写书评。"当我告诉一位自告奋勇者，他想写的那本书的书评已在印制中时，他并没有气馁，力劝我允许刊发第二篇书评，就是他写的那篇。因为他描述的详细计划听起来很有趣，所以我谨慎地鼓励他动笔写出来；我拒绝不看货色就买下他的"猪崽儿"，但如果真能生出来，我愿意掂量掂量它。结果，一封热情洋溢的致谢信答应了我的条件，然后就没有下文了，一头猪也没有。

当时，我认识贝努瓦·芒德布罗（Benoit Mandelbrot）已经有一段时间了，当我第一次从他那里了解到他那本分形的书时，我迫切想找人为该书写下评论。真就交上了好运，我想，这就是恰逢其时。我收到了一位非常受人尊敬的著名法国数学家的一封短笺，他自荐撰写这篇书评。我立即答复说："我很高兴收到你的提议……我的答复是满腔热情的赞同。我期待阅读你的文章。"
那是在 1977 年 11 月，承诺的交稿时间是 1977 年的圣诞节——期限短得令人
惊讶并让人愉快。1978 年 2 月，我寄出了惯常的催稿函：

> 芒德布罗那本书的评论怎么样了？
>
> 你给自己设定的时间期限已经过去了，但我并不为此感到担心。高质量评
> 论的写作不能操之过急，也不能勉强。
>
> 这封信只是为了提醒你，并请求你给我一个既有限又现实的新期限。请将回
> 复写在随函所附的明信片上，我将会在一段比较长的时间内不再打扰，好吗？

明信片很快就返回来了，上面写着"1978 年 4 月 1 日"。我之后在 5 月和
7 月的询问都没有得到答复，我最终也没能在《通报》上发表芒德布罗那本书
的评论。

在我的经历中，最惊人的一次食言发生在要约撰写"讲稿"[36] 中罗纳
德·利普斯曼（Ronald Lipsman）所著那一册的书评的时候。我的邀请很快得
到答复：

> 我很乐意为《通报》评论利普斯曼的《群表示》（*Group Representations*）。
> 在过去的几年中，人们对这一领域的兴趣显著提高，最近出现了一些论述这
> 一主题各个方面的书籍。我觉得在《通报》上刊登对所有这些书的评论是有
> 用的。我提出以下规划。
>
> 我将评论七本书……按照以下时间安排。
>
> R. 利普斯曼，《群表示》；S. 加尔，*Linear Analysis...*[37]；……1975 年 1 月
> 1 日前。
>
> A. 博雷尔，*Representations de groupes...*[38]；N. 沃勒克，*Harmonic Analysis...*[39]；
> G. 沃纳，*Harmonic Analysis...*[40]；1975 年 4 月 1 日前。
>
> I. M. 盖尔范德等，*Representation Theory...*[41]；S. 兰，$SL^2(R)$[42]；1975 年
> 仲夏前。

我立刻答复："你给了图书评论编辑祈望的回信。"我接受了七分之五的建议；盖尔范德的书出版得太早了，而兰的书太新（还没出版）。于是我写信去找另外几本书，拿到手后，就寄发给这位"书评作者"以供评论。（这些样书在 1974 年的总价略超过 150 美元。）剩下的是一个关于催稿函、受挫和最终彻底失败的故事。我在 1975 年 10 月初写信说我放弃了，在六个星期后，我收到了回信。"不要放弃！……我快写完利普斯曼那本书的评论了。完稿之后，我们有望为剩下的工作制定一个时间表。"仅此而已，不再有来自他的信件了，更没有任何书评。

我的文档里留存着所有这些"罪人"的名字。只需一小笔贿赂，就能让我把他们的身份泄露出去。

这些只是当编辑所经历的一部分磨难。我发现，这些磨难既让人着迷，又让人恼火，我可以继续讲下去，大多数人听了或许远不会感到无聊。这份工作也有回报。在我当编辑的第一年，即 1974 年，我约了大约 75 篇书评，收到并采用了 22 篇（其余的直到 1975 年才收到）。但由于我寄送一篇到普罗维登斯发表至少需要六个月，所以当年只有两篇真正刊发了。一旦这种暂时的延迟结束，我每年能刊发大约 75 篇书评。它们与 50 年前的那种"内容 + 评判"式的书评不同，而是平均占四个版面的说明性文章，构成了《通报》中最受欢迎的部分。并非每个人都喜欢它们，这是肯定的，但人们会阅读它们。我收到过攻击性信件，也收到过追捧者的来信，总的来说，我觉得我已经干成了一些事。失之东隅，收之桑榆。

# 《美国数学月刊》

有些人嘲笑《美国数学月刊》。他们扬扬得意地宣称"我从没读过它""都是破烂儿"。"破烂儿"在这里的意思是"微不足道"、不新鲜、不深入、不是研究。更有甚者说，其中充满了教育上的废话。

还有一些人则斥责《月刊》，给编辑写的信怒气冲冲。他们说，《月刊》应该是为教师服务的，它理应专注于数学教育。他们说，他们对所有那些纯粹数学研究的"破烂儿"（这个词的另一种运用）毫无兴趣。

《月刊》是世界上发行量最大的数学期刊之一，我猜测它也是阅读最广泛的一份。它最久远的特色是其中的说明性文章和问题栏目，而后者，我猜测，是首先吸引读者也是最受欢迎的部分。当我被邀请接替拉尔夫·博厄斯担任主编时，我无法马上答应。难道我愿意身陷其中，去挨两边朝我砸过来的砖头吗？我认为《月刊》是一本不错的杂志。我能否幸运地保持它的优势，甚至使它变得更好？还是我命中注定成为使它沉沦的主编，而被载入历史？

当我最终决定试一试的时候，也就是大约在我正式开始主编工作的一年前，生活立即变得忙碌（更忙碌）起来，从那以后，忙碌系数一直在稳步增大。我必须制订计划，我必须吸收许多人参与其中。我与美国数学协会的官员（秘书长、财务主管、执行理事及其他人）进行了详细的讨论，我向同事们咨询（系里是否愿意支持一项实际上会占用我一半工作时间的活动？），我还不得不组建我的团队。类比一下：编辑委员会在组织上有点像美国州长或总统的内阁。每位副主编在他们的领域拥有全权，有些人甚至有自己的预算，但有时他们必须同其他编辑协调活动。从某种意义上说，他们在主编的领导之下，受到监督或检查。主编的任期是五年，他自己挑选副主编，他们的任期与主编完全一致。

我与亚历克斯·罗森贝格（Alex Rosenberg，博厄斯的前任）和哈利·弗兰德斯（罗森贝格的前任）进行了长谈，与博厄斯一起度过了信息充实而疲惫不堪的一天。他们都给了我所需要的建议，尤其是我关于副主编的决定，在很大程度上来自我从他们那里学到的经验。《月刊》的主要栏目（按现行的用语来说）有论文、随笔、教学、问题和评论。主编负责论文，其他每一栏目由两三个人组成的小团队负责。还有少数"不管部"副主编，他们大多数人的任务就是做好准备，对于主编一无所知的主题建言献策。例如，我请赫布·维尔弗（Herb Wilf）做我的计算机科学编辑，他的作用超出了我的预期。他写了若干论文，征集并编辑了其他论文，当我需要他的时候，他总已准备好，充满才智，令我放心。

其实在组建团队之前，以及在与团队协商的过程中，我认识到必须决定《月刊》的重心所在，我要把杂志引向何方呢？答曰：数学。我想要的论文和随笔栏目是对数学的阐述，我想要的教学栏目专注于数学，甚至评论栏目我也想要都是数学书的评论，而不是图书目录式的。我不打算强调"小课题研究"，而倾向于说明文；关于教学的讨论，我不打算传授其运行机制和统计信息，而侧重学科的思想；我当然还打算远离社会学和政治。

有人认为《汇刊》是刊登优秀论文的期刊，《会报》是刊登较弱论文的期刊，而剩下的论文刊登在了《月刊》上。如果他们写了一些自己并不特别引以为傲的东西，或者被《会报》拒了稿，他们就会投稿给《月刊》。关于畸形拓扑（怪异拓扑空间的性质）和组合学中乏味内容的小课题研究论文，以令人苦恼的频率出现在我的信箱中。曾经有些编辑发表过这样的文章，但我尽量不发。如果是研究性论文，即使是好论文，我也会拒绝。我一直对作者们讲，《月刊》不是研究论文的出路。法律没有禁止一项数学成果在《月刊》上首次公之于世，但如果一篇论文唯一的优点就是它有新的结果，那我会敦促作者把它寄送到别处去。

我把《数学教育》（Mathematical Education）栏目更名为《执教数学》（Teaching of Mathematics），其中一个理由就是要明确重心："数学教育"是带修饰限定的"教育"，重心不是"数学"。另一个理由旨在聚焦重心：对于作者提出的教育智慧，如果把其中的"数学"一词用"地理学"替代，仍能讲得通，也就是说，纵览全文还是合情合理，那么，我说，它应该发表在一本致力于教育的期刊上，而不是一本数学期刊上。

我的目标是把《月刊》上的所有内容都打造成"数学的"（mathematical），

虽然无法彻底实现，但我仍然认为这是一个值得铭记的好目标。数学的哲学是数学的吗？数学史又如何？我的回答是肯定的，但这当然必须是一个有条件的肯定：这取决于作者所言所述。哈利·弗兰德斯引进的电报式图书评论[43]是数学的吗？我的回答是否定的，但它们太受欢迎了，被人们广泛用来选择新一学期的理想教材，所以，假如试图把它们撤掉，那主编也就不要干了。我引进（或者说重新引进）的数学家们的照片是数学的吗？不是，但数学家们喜欢，没有人会反对。

《月刊》的主编对这份杂志有很大的权力，他说的话都会被照办。各式各样的主编都试图以不同方式将自己的个性映射到作品上。他们改变封面的颜色，大约平均每十年一次；他们把目录放在前面，然后把它换到后面，然后又换到前面。博厄斯采用了一种全新的封面设计（我放弃了这种样式，而选择了老式的目录式封面），并引进了《杂录》栏目（有些人不敬地称之为"填料"）。我讨厌各种各样的列表，那些短命的列表最糟糕，我引进了可废弃的《中部》[44]栏目（引发了许多反对声），以及《致主编》栏目。博厄斯的创新之一是每年度更换封面颜色，其初衷是，当读者在书架上找寻想要的某一期时，不同颜色有助于区分各卷。我喜欢这种做法，并继承下来。于是乎，每年我都必须花上很短却意义重大的几分钟，决定下一年度的《月刊》应该是紫色的还是橙色的。

主编还做什么别的事吗？能概括其所有行为的答案是：做决定。就像在大多数行政工作中一样，做出哪个决定其实并不重要，重要的是不要动摇。明年3月，我该刊出谁的照片？是故去已久的伟大的英国分析学家，还是最近获得菲尔兹奖的人？决策时长大约3分钟。我还需要10分钟的时间来撰写题注（提示引导和启示总结），并向执行编辑口述约稿函，然后，我就可以开始干下一个活儿了。为了避免浪费时间，你必须学会坚定地做出决定：做出选择并坚持你的选择。如果你能设法做到这一点，你就会惊讶于有许多问题甚至根本不会出现。

经常有人问我：你是从哪里得到期刊上刊印的那些照片的？答案：我求来的，借来的，悄悄搞来的，买来的，还有很少一部分是我自己拍的。德国埃尔朗根 – 纽伦堡大学的康拉德·雅各布斯（Konrad Jacobs）有大量的收藏 [ 这是上沃尔法赫（Oberwolfach）图书馆令人瞩目的基本资料 ]，加利福尼亚大学伯克利分校的乔治·伯格曼（George Bergman）也有。他们俩对我都很有帮助。另外还有圣克拉拉大学的杰里·亚历山德森（Jerry Alexanderson），他致力于波利亚毕生照片的收集。当我获悉哪里有一幅好照片时，我就写信索要（有时会成功），我把它们收藏起来，不断积攒。最后一次统计时，我有了足够的照片存货来维持我的主编任期。"在我之后，哪管洪水滔天？"[45]

《月刊》的主编制定政策，选择颜色和照片，试图裁决对副主编的投诉（有时是副主编之间的投诉），以及（罕有）考虑如何解雇某位副主编。从技术上讲，主编既不能雇用也不能解雇任何人。诚然，副主编们是由他提名的，但随后他们由理事会"选举"出来，一旦当选，他们就会像主编本人一样稳稳地加入。如果他们做得不好，或者根本不工作，你所能做的就是试着灵活变通地说服他们辞职。然而，主编最重要的工作对象不是政策、照片或策略，他的头等大事与论文有关。

我要强调一下：是长论文，而不是随笔。两者有什么不同？人们提出了各种各样的区别——语气口吻、方法态度、整体统一性……但我唯一真正理解的是篇幅。一篇手稿有 8 页或不到 8 页的就是随笔，交由随笔栏目的编辑处理，长于这个篇幅的才称得上论文。主编的问题是如何获得足够多的长论文，并从中选择，剔除差的，编辑好的。

如何获得论文呢？我试着约稿征文："关于……你无所不知，而且你是一位大师级的阐释里手。你能否与《月刊》的读者分享你的奥秘和诀窍呢？"我一直在努力，但我的成功率令人沮丧。如果我能从 100 份约稿函中得到 3 篇论文，就算是幸运的了。获得论文的唯一有效方法似乎是坐等来稿。

很多投稿都是无法采用的。我在早期就收到过一份上百页的关于代数几何学一些最新技术的说明性文章，这是我无法采纳的手稿，我尽量讲策略地向作者解释，是他错误地判断了《月刊》读者的阅读兴趣和知识背景。怪诞的论文总是伴随着我们，其中大多数甚至都没什么想象力。它们不断回到古代的经典问题上：三等分角，化圆为方，倍立方（按照受关注程度的顺序）。至于比较现代的问题，它们几乎总是选择费马大定理。我觉得我必须以官方身份答复所有的正式信件，但同一篇论文没必要回复超过一次。对于那些声称已经解决了不可解问题的人，我通常的回复是请他们给出一个不可解性证明的参考文献，并且坚持称，在我找出他们工作中的错误之前，他们就会发现该证明中的错误。正是由于那些数百页篇幅的基于误判的投稿、怪诞的论文或着眼于小课题的研究，也是由于那些具有明智目标的明智作者偏巧与我们的主题擦肩而过，《月刊》的投稿接受率一直保持在 20% 左右。

主编最困难的工作是寻求好的建议。我时常使用的一个窍门是让作者推荐评审人。我会要求作者给我四到五个人选，也会告诉作者，我不保证会用其中任何一位。我会写信给作者推荐的人，进一步征询**他们**的推荐人选。这个过程收敛得非常快，一种模式显露出来，最合适的评审人的名字似乎浮现在顶端。我发现啦！

大多数时候，我把论文同时寄给两名评审人。如果两个人意见一致，就比较容易做出决定。如果他们的意见不一致，我就会设法在他们之间达成合理的妥协，或者，如果这行不通，就求助于第三名评审人。无论如何，要以某种方式做出决定——责任只能推到这个地步了。如果决定拒绝，我会态度坚决但又不失策略性——有些评审人太过消极，把他们负面的话原封不动地传达给作者是毫无意义的，也是非常不友善的。如果决定接受，那么我要么小憩一下，要么继续工作。

一旦稿件被接受，"编辑"论文到底意味着什么呢？每位编辑对这个问题都有不同的答案。对一些人来说，这意味着无穷无尽的细节上的麻烦：修改字词，修改它们的顺序，修改标点符号。有时，这意味着重写这篇论文，或者，论文的语言风格是中式的、匈牙利式的或巴基斯坦式的，仅仅所用词汇是英语，要将其"翻译"成英语读者可接受的习惯用法。我做过一些这样的工作，但我尽可能多地把它交回到作者头上。如果作者用的语法很独特，但还算清晰，或者他的写作风格带有淡淡的日语或葡萄牙语口气，我就由他去了。是我太懒了吗？不，我告诉自己，我只是让作者的个性有机会在作品中表现出来。

这应该能给你一些启发。如果你想成为《月刊》的编辑，现在你知道要面对什么了。

## 这里和那里

研究，教学，公共服务——的确就是这些，但随着时间推移，三者混合的状况也在变化。当我在布卢明顿教书的时候，特别是培养博士生的时候，当我在从事各种公共服务的时候，我仍然满怀热情地参与研究。我不断发表论文，有些还不错。我证明了每个正规算子都是埃尔米特算子的连续函数，这是一个多少令人为之一振，且绝对有用的结果。后来，我研究了函子 Lat，它与每个算子及其不变子空间的格相关联；并证明了在自然意义下它是上半连续的——这是一个令人满意的结果，不过其应用前景仍仅仅是前景。一切都很好，研究值得一做，但并非令人惊叹。在完成这项工作的中途，我度过了 60 岁——40 年的数学生涯，我不禁感到，我的成果，无论是质量还是数量都在衰退。我并不感到羞愧，只是抱憾。

通过许许多多的旅行、报告、会议和"传经布道"，我不断接触世界其他地方人们的研究，受到新思想的激发，获得新的能量。上沃尔法赫、波苏斯－迪卡尔达斯（Poços de Caldas）、圣地亚哥（Santiago）、圣安德鲁斯（St. Andrews）、德黑兰（Teheran）、珀斯（Perth）、布达佩斯——在 20 世纪 60 年代末和整个 70 年代，几乎每年，我都会发现一些我觉得迷人的地方，我没有被困在自己的荣誉之上。

无论是在德国南部还是在苏格兰中部，谈论数学这件事都是一样的，而且你所遇到的"数学飞人"群体并不大，尤其是如果你像我们大多数人那样，把兴趣局限在会议中的一两个主题上的话。你会不断地在各处碰到同样的人，谈论着同样的定理。在德国上沃尔法赫，我遇见了在密歇根大学的同事罗恩·道格拉斯；而在英国圣安德鲁斯，我遇见了我在芝加哥大学的同事欧文·卡普兰斯基。在伊朗，语言陌生，集市嘈杂却丰富多彩，清真寺美轮美奂，而且没有任何地方像这里一样，被邀请的演讲者会收到一个花哨的相框，里面装着一张花哨的沙阿 [46] 的彩色照片，但是，看起来正规算子在波斯语中跟在葡萄牙语中具有相同的性质。在德黑兰，有礼貌的孩子会来找我聊天，他们打招呼的话听起来像是"so long"[47]，这让我感到困惑，不过，我还是友好地答了声"hello"，并报以微笑。过了很久我才醒悟过来，意识到他们在说波斯语版的"salaam"[48]。至于沙阿的照片，被放到了一本相册的塑料薄膜下面，在那相框中，我的妻子用我的照片取而代之。

我访问过的两个地方对我来说有特别的意义，我想谈谈，它们是上沃尔法赫和圣安德鲁斯。

上沃尔法赫在数学家中很有名，其盛名当之无愧。数学研究所 [49] 坐落在一座小山顶上，山不是很高，但路很陡峭，爬上五分钟就会让人喘不过气来。要到那里，你可以先飞往法兰克福，然后乘坐火车；或者，如果你乐于冒险，可以在德国高速公路上搭便车，直奔瓦尔克（Walke）。研究所地处山地，满山矗立着极为高大的巨型树木，研究所就位于黑林山（Black Forest）内，在德国版图的下角，靠近法国和瑞士。该研究所主办为期一周的会议，通常每年 50 次，涉及数学的各个领域。我第一次去那里是在 1968 年，参加一个关于"抽象空间和逼近"的会议。这次会开得很成功，从那以后每三年举办一次。我不可能出席每场会议，不过我还是参加了三场不同的会议，既感到有乐趣，也得到数学上的收获。该系列会议的组织者是保罗·布策（Paul Butzer）和贝洛·Sz.– 纳吉。

1980 年的会议具有一定的典型性，令我记忆犹新。我是在 8 月初的一个星期六下午到达那里的。会议于星期日上午 10 点开始——是的，星期日上午，布策简直是"周扒皮"。我是第一个演讲者——这是好事（赶快把任务做妥当就完事了），也是坏事（时差还没倒过来）。

该研究所有一栋会议大楼、一栋客用大楼和几幢被称作"孟加拉式"平房（bungalow）的小建筑。会议大楼有一个报告厅，可舒适地容纳 50 至 60 人就座，超过这个数量，就会造成令人不快的拥挤。这是有意为之，目的是保持会议的规模足够小，这样与会者就可以真正结识和交流。会议大楼还有一间休息室、一座小型但效率惊人的数学图书馆、一张台球桌、一张乒乓球桌、一台便利的咖啡机以及一座葡萄酒窖。会议大楼距离客用大楼和平房只有 20 步远。图书馆拥有极为丰富的数学家照片收藏，来自埃尔朗根 – 纽伦堡大学的康拉德·雅各布斯是一位伟大的摄影爱好者，也是一位极有条理的收藏家，他建立了这项收藏，并留心照管着。

客用卧室干净、小巧，像修道院一样简朴，但设施充足。这里有少量双人间，但大多数人都不带配偶，住在单间。典型单间里的家具包括一张又硬又窄的小床、几把椅子、一张带学习台灯的桌子，还有一把大得足以放上一只敞开的大手提箱的平板凳。

餐点都在客用大楼一层的餐厅提供。烹饪谈不上令人激动，但也足够好了。早餐是面包、果酱和火腿；中午正餐是欧式的，大约在 12:30 开始；接着是下午 3:30 前后丰盛的茶点，提供普通蛋糕和德式蛋糕；简单的晚餐在 6:30 供应。上沃尔法赫研究所餐厅的一个巧妙特点是随机发放餐巾，每位客人都会获得一条写有他名字的布质餐巾。当六人座的桌子布置好后，餐巾会被打乱，随机摆放在布置好的座位上。当你准备坐下时，你必须在餐厅里转上一分钟左右，寻找带有你名字的餐巾。你永远不知道自己将与哪五个人共用一张餐桌。这么做不仅能阻止抱团结派，还鼓励大家结识、交往，效果很好。

餐厅旁边有一个自助酒吧，有啤酒、葡萄酒、干邑白兰地和一些调制酒可供选择，而且付账采用信用制度——你把钱放进雪茄盒里，或者签收自己消费的东西，过后再付费。这间酒吧在晚饭前很受欢迎，还有许多精力充沛的年轻人在晚饭后流连忘返。畅谈一直持续到凌晨 2 点是很常见的，持续到早上 6 点就比较鲜见了，却也并非闻所未闻。

我们的会议辛苦地开了六天，另有半天休息，我们进行了短途游览。每个整天都安排了八场报告，在进餐、散步和饮酒的时候，日程表外的交流也开足了马力。在上沃尔法赫研究所，你努力工作，也有很多机会尽情玩乐。在这儿，你可以登山徒步。大楼的地板上画着一个国际象棋棋盘，棋格得有 1 英尺见方，配着大约 2 英尺高的棋子，还有方便取用的扑克牌。短途游览可以选择去大教堂、赌场或米其林三星的法国餐厅。

万一这些设施中没有你所喜爱的，你还有机会在名为 Wunsch Buch[50]，也被称为"意见簿"（Kvetch Book）的小本子中表达自己的建议。翻阅意见簿，看看缺了什么，感觉很有趣。人们想要更干的葡萄酒、卷笔刀、更好的卫生纸、瑞典保险精算期刊、载他们上山的电动火车、宣传该研究所的 T 恤衫，还有，钢琴该调音了。

出席 1980 年会议的人是来自世界多地的代表：保加利亚的伊利耶夫（Iliev）、荷兰的扎嫩、匈牙利的绍鲍多什（Szabados）、比利时的卢默（Lumer）、日本的安藤（Ando）、以色列的米尔曼 [51]，当然，还有来自德国和美国的大队人马。我特别感兴趣的是米尔曼——是的，就是**那个**米尔曼，因克赖因－米尔曼定理而闻名的达维德·米尔曼。那时他已经快 70 岁了，喜欢回忆往事。他放弃了在敖德萨的家、他的语言和他的文化，移居到以色列。在那里，他学会了希伯来语，也学会了英语。更确切地说，他学会了一种"三分之一英语"——

达维德·米尔曼（左）和保罗·哈尔莫斯，1980 年

他知道自己要用到的单词的大约三分之一，也就是前一两个音节，但他靠这法子说得很不错。他完全秃顶，长着浅蓝色的眼睛，许多牙齿由各种奇怪的金属制成，部分是补的，部分是假的。他有一种热情洋溢、讨人喜欢的性格。他说他的大多数苏联前同事都是疯子。他向我保证，盖尔范德是个疯子——伟大的数学家，但很疯狂；科尔莫戈罗夫是个疯子——伟大的数学家，但很疯狂；希洛夫很古怪；赖科夫很古怪。克赖因呢？——不，克赖因并不古怪。（我没有表达我的不同意见。）

上沃尔法赫会议的官方语言通常是英语——很难找到另一种语言让日本人和保加利亚人彼此交流。当然，德语也在使用，但少得惊人。我试着尽可能多地重新学习德语，这里我得感激贝伦斯（Berens）。他在美国，特别是在圣巴巴拉生活了很长一段时间，能说一口流利的、正确的、口语的、地道的美国话。尽管如此，他还是选择了用德语做报告。他告诉我，他不愿意放弃百分之百的语言控制，我对他的决定表示理解和赞赏。他努力让自己的发音比平时更清晰，而我发现，我听德语所需的一点点额外精力反而让理解数学变得更容易，而不是更难了。

在一次关于语言的对话中，我了解到"Zorn"在德语中是"愤怒"或"生气"的意思[52]。古罗马历史学家塔西佗曾经说过，他下笔记录事件的时候"sine ira et studio"[53]，大略意思是"不带愤懑和偏袒"。这一主张的一个可能的德语翻译是"Blick zurück ohne Zorn"，意思是"回首往事，放下怒气"，而这句短语已经被饱学的德国数学家时而运用，表示在一个证明中并不需要选择公理，而选择公理与佐恩引理逻辑上等价。

在上沃尔法赫研究所那六天半的日子里，我需要用到我掌握超过两个单词的每一门语言——英语、法语（甚至还有法语！）、德语、匈牙利语、俄语和西班牙语；其实我还可以使用其他几种语言，比如希腊语、希伯来语和日语，如果我懂的话。若只是日常相处，基本的英语本身就足够了，但能多说一点总是有所裨益。

星期四晚上有一个问题讨论会，随后是一场葡萄酒会——这一周最后一次正式的社交活动。满耳都是祝酒词、感谢词、告别词。星期五仍然是一个全天的工作日，但事情显然正在收尾。大多数人会在星期六早上早早离开去赶火车或飞机，星期五晚些时候的社交活动就不受追捧了。最后的告别在星期六进行，餐桌上堆满了椅子，到处都是水桶和拖把——下一批人将在下午到来。

圣安德鲁斯学术研讨会则是完全不同的一类。它没有那么出名，没有那么国际化，也没有那么专注于一个主题。它的规模更大一些，持续时间也更长，它的目的更多是传播知识，而不是扩充人类的知识。

圣安德鲁斯是爱丁堡东北35英里处的一个小镇，面朝北海。圣安德鲁斯大学是苏格兰最古老的大学，也是英国第三古老的大学，始建于15世纪早期。

我一直很喜欢苏格兰。我喜欢这里的人以及他们说话的方式；我喜欢这里的乡村、风景、啤酒、羊群，甚至这里的气候。可以肯定，从12月份到来年3月份，天色昏暗，而且经常下雨，但是春天美得令人叹为观止，雨是柔顺的、温和的，几乎不会弄湿你的精神和衣衫。1972年我在那里的时候，夏天最热的一天出现在 7 月中旬，温度达到了 23 度。

爱丁堡数学学会每四年（确切地说是在闰年）在圣安德鲁斯举行一次学术研讨会。1970 年 11 月，我收到了一封来自阿瑟·埃尔代伊的官方信件，他代表 1972 年研讨会的策划委员会问我：可否开一个六到七场的系列讲座？荣誉，有；酬金，没有；差旅费，他们将尽力同英国科学研究委员会（Science Research Council）安排解决一部分，但他们一定会提供十天的食宿。我去吗？拦都拦不住！我回信接受了，并及时到达，开讲座，享受在那里的每一分钟。

在那次研讨会上，我认识了一些新朋友，还碰到了几位老朋友。汤姆·布莱思（Tom Blyth）是圣安德鲁斯大学的初级教员，他肩负着会务安排的苦差事，并很好地履行了自己的职责。他接待三位主要演讲者 [F. 哈拉里（F. Harary）、S. 沃伊道（S. Vajda）和我 ]，此外还有大约 150 人。哈拉里讲图论，沃伊道讲数学规划，我讲线性代数和算子理论之间的联系——不然还能讲什么呢？圣安德鲁斯大学数学系的系主任约翰·豪伊（John Howie）非常热情好客，讲求高效，而保罗·科恩（Paul Cohn）和吉姆·伊尔斯（Jim Eells）负责下午的讨论班（主题分别是代数和全局分析），排在上午的讲座之后，这样下来一天都很充实。

跟我在一起时间最长的是弗兰克·史密西斯 [54] 和诺拉·史密西斯夫妇。弗兰克可以被称为英国泛函分析之父（或说"之祖"）。他在剑桥大学度过了大半生，他的学生以及学生的学生在英国占据着许多有影响力的职位。他是个很棒的人，跟他在一起总令人愉快。他懂得诗歌、历史、语言，当然还有数学；他有洞察力、智慧和风趣，说话轻柔而准确；他喜欢在正餐前喝一两杯雪利酒，而且总在抽烟。

显然，参加研讨会的人并不都是英国人，但大多数学员的确是，事实上，我记得，他们中的大多数不是苏格兰人就是居住在苏格兰。会上有许多研究

弗兰克·史密西斯，1968 年

层面的交流，但研讨会的主要目的似乎是阐释性的：打开一扇窗户，让光线照进来。大多数学员都是勤奋工作的教师，他们在学年中没有太多的机会见面，也没有足够的时间同数学的发展保持接触。圣安德鲁斯学术研讨会使他们产生了联系，而且是与世界上其他地方的人，以一种吸引人的、没有压力的方式联系。他们带着自己的高尔夫球杆、小提琴，或者兼而有之，充分享用着专业设施和娱乐设施。

这里每天的日程安排与上沃尔法赫明显不同。三场讲座（丰盛的早餐后）安排在 9:15、10:30 和（半小时喝咖啡休息之后的）12:00。午餐过后，你可以打个盹，或者工作，或者打高尔夫球，直到下午 4:00 用茶点。讨论班从 4:30 持续到 6:00 左右，都是（由其主办者）临时安排："你愿意在明天的代数讨论班上发言吗？"

至于娱乐，当然有下棋和打牌，更多的还是打高尔夫球，网球场、壁球场和乒乓球桌都很方便使用。晚上（7:00 开始的晚餐之后）不再安排任何专业活动。你可以跟朋友聊天，或者去看电影，或者参加日程表上的娱乐活动。有一个晚上是音乐会（自己表演），另一个晚上提供了镇上剧院的一大沓门票，还有一个桥牌之夜、一个苏格兰乡村舞蹈之夜，以及一个管风琴独奏会之夜。同在上沃尔法赫研究所一样，人们会节省出长达半天的时间组织一次远足，然而，不同的是，星期日的活动完全是免费的。

圣安德鲁斯学术研讨会是一场严肃的数学集会，但同时，它也是一个节日。这是一个数学节日，我第一次去就爱上它了，从那以后，我每届都会来，我计划在有生之年中尽可能多的闰年里继续这么做。

## 如何写数学

我原本没有这方面的计划，但在 20 世纪 60 年代，特别是 60 年代末和 70 年代，我的大部分精力都放在了撰写综述和说明性论文上。二者存在差别，不是吗？综述更有可能是研究层面上的，是一篇系统性的报告，告诉专家或准专家他们可能忽视的材料。一篇说明文不需要读者具备专业知识，也不需要花费什么气力理解，它的目的是说明为什么人们可能想这样做，以及如何开始一项严肃的研究。换句话说，说明文的目的是吸引和描述，而不是讲解和指导。我早期（1944 年）关于概率论基础的论文是说明性的；由美国数学科学联合理事会（1970 年）主办，并由我完成的关于希尔伯特空间十个问题的讲座构成了一篇综述。[55]

1956 年，在我对多元代数的热爱达到高潮的时候，我发表了一篇题为《代数逻辑的基本概念》（"The Basic Concepts of Algebraic Logic"）的说明文。当时完全是兴之所至，我一心想成为一名"传教士"。1963 年，我回归算子理论，发表了一篇题为《希尔伯特空间一瞥》（"A Glimpse into Hilbert Space"）的综述，因为汤姆·萨蒂（Tom Saaty，当时在美国海军研究所工作）委托了一系列报告，这些报告将被记录下来并汇集成册，给那些还在下面准备艰难攀登的人提供一种从高处俯瞰的视角。他肯定急需一篇综述，内容定位在研究层面。在我们通信初期，我告诉他我那部分报告的标题时，他感到懊恼。他"一瞥"后认为，理论似乎太容易了，技术太软了，水平太低了。我猜，他怀疑我试图规避爬上顶峰的难关。

综述是很难写的，但好的说明文要深入浅出，更加难写——门槛越低越难写。真正成就我跻身一名半职业级说明文和综述创作人的分水岭，是 1967 年来自母校的邀请。伊利诺伊大学即将迎来建校百年华诞，作为百年校庆活动的一部分，我受邀向"普通"听众发表演讲。我能讲什么呢？除了数学，我什么都不懂。关于数学，我能告诉"普通"听众什么呢？当时，我对这个疑问的回答同现在的不一样。现在，我想让听众积极起来，挑战他们，让他们思考我"布置"的问题。当时，我所能想到的就是一段华丽的游说报告，或者更恰当地形容，一场"讲经布道"。我并没有用硫黄和地狱之火来威胁门外汉（那些不是数学家的人），而试图用光辉的色彩来描绘数学的天堂，把数学描述为一门艺术，一门创造性的艺术，一种向那些看到光明的人承诺的永恒救赎。这次报告进行得相当顺利，至今偶尔还会有人向我索要文稿 [56]，而且，在那次令人兴奋的成功之后，我发现接下来的几年里很难拒绝这类邀请。是否要答应美国数学学会撰写一本小册子，让数学家们从中学习写作如何能明白易晓？是否要答应不列颠百科全书撰写一篇关于冯·诺伊曼的文章 [57]？是否要答应美国数学协会撰写一篇关于二战以来美国数学发展的报告 [58]？当然，只要有人来问我，我就开始行动。

诺曼·斯廷罗德是一个令人钦佩的人。他是位卓越的拓扑学家，可爱，温暖，古道热肠，并坚守着最高的专业和道德标准。我们中的许多人只会抱怨大多数书籍和论文写得糟糕，但诺曼想就此做点什么。在他的要求下，美国数学学会任命了一个委员会（当然，他担任主席），"策划一本小册子，旨在指导具有研究水平和研究生教材水平的书籍和论文的写作"。除了斯廷罗德，委员会还包括迪厄多内、梅纳赫姆·席费尔 [59] 和我。

诺曼·厄尔·斯廷罗德，1938 年

我是在 1969 年被任命的。一年多以后的 1970 年 6 月，我给安布罗斯致信如下。

斯廷罗德是一个意志坚定的人，有着钢铁一般的原则，像浇筑的混凝土那样具有灵活性，风度犹如豪猪一样优雅[60]。尽管迪厄多内骨子里是一个傲慢的法国人，但这人不错，我并不会强烈斥责他关于说明文的理念，只是意见上有分歧而已。他在担任什么院长，一个星期就得写上两本半的账簿，他还要参与筹备即将召开的国际数学家大会（在法国尼斯）[61]。结果是他太忙了，没空给一个无聊的委员会写信。席费尔之所以进入委员会，可能是因为他懂一些所谓的应用数学，但我觉得他不懂英语[62]。至于我，是一个狂傲的万事通，我曾经在字典里查过"合作"的意思，然后就把字典扔掉了。在委员会任职几个月后，我判断整件事已毫无希望，就辞了职，但又开始着手撰写委员会原本应该写的东西。我做到了。这是一篇题为《如何写数学》的文章，不过，正如我在引言中指出的那样，它实际上更像日记，"to"应该改为"I"[63]。不管怎样，文章已经完成了。很多人（也许十几位）阅读并批评了它，在读过他们所有的建议和意见之后，我什么都没有采纳。理由：他们让我既要做 $x$ 又要做 $-x$，还有既要做 $y$ 又要做 $y$ 的正交补，同时做 $z$ 和 $z$ 的否定。所以我说，管他呢，决定就这样发表。

这是一个相当令人不快的总结，甚至没有把全部事实总结进去。斯廷罗德在这项计划上投入了很多心血，但他要和一个糟糕的委员会共事。我的"辞职"并没有给他带来太大困扰。他只是泰然处之，实际上，他拒绝接受我的辞职。诚然，是我致使他轻易做出了拒绝的决定。我在信中提出了以下计划。

作为一名普通公民，我将继续致力于我"针对说明文的说明文"的写作。如果当我完稿时，该委员会也完稿了，特别是如果该委员会的工作成果是一组互不关联的文章，并且，倘若我的文章随即被接受为那项工作的补充，那么我很高兴能一同发表。然而，如果我们的时间节点差异很大，以及你们的作品不是个人文章的汇集，而是更正式和统一的东西，比如一本手册，或者缺乏个性，无法保持客观，就像《美国数学学会格式指南》（*AMS Manual of Style*），那么我将把我的文章单独发表。

起初，斯廷罗德希望我们能制作出犹如《圣经》般的权威宝典，或至少是数学写作领域的"斯特伦克和怀特"[64]。他想要一本浑然一体的书，讲述得面面俱到，而不是四篇独立的文章。令他感到难过的是，他的委员会就是不按他的方式行事。1970 年末，他写信给我：

我在给说明文写作委员会（Committee on Expository Writing）的最后一封信（1969 年 11 月）中要求对我们最初的文章进行一轮批评。你迅速回答说，我所请求的事毫无用处。你的这个评估准确无误，迪厄多内和席费尔都没有回应。这令我极度失望。我花了相当大的精力来写那封信。我自以为它包含了恰到好处的尖锐批评来激励行动，但又不致冒犯大家。它失败了……除了一些独立的文章，我对我们的委员会还能产生什么其他成果，不再抱有任何希望。

斯廷罗德于 1971 年去世。他自己的文章差不多写完了，剩下的工作就是"完成最后几页，还有订正措辞、语法等等"——这句引文摘自卡罗琳（Carolyn，他的遗孀）写给我的信。斯廷罗德让她这么做，她说他在医院做的最后一件事就是把文章口授给她。

措辞和语法都很好，我要做的只是在过渡处做一些琐碎的文本编辑之类的事，以确保行文流畅、前后一贯。我收到了席费尔的文章，并改编了一封迪厄多内写给斯廷罗德的信，好让它看起来像一篇文章。我自己的那篇已在 1970 年的《数学教育》（*L'Enseignement Mathématique*）[65] 上发表（这事得到了每个人的同意）。我把它添加到其他文章之中，给美国数学学会理事会写上一份报告作为序言，这项任务就完成了。1978 年 [66]，这本小册子包含了所有的文章，以《如何写数学》（*How to Write Mathematics*）为题出版。

## 如何写冯·诺伊曼

不列颠百科全书的计划开始时，斯廷罗德的计划还在进行当中。这项任务听起来很简单：愿不愿意写一段关于冯·诺伊曼的 1000 字的词条？同意，为什么不呢？唯一的问题是，我对 1000 字这一篇幅的大小缺乏认识。

我如同往常一样去落实这项任务。第一步是坐下来，开始以一种完全杂乱无章的方式写作。我会在一张我爱用的 $8\frac{1}{2} \times 11$ 规格的黄色书写纸上，写下一系列互不关联的词，提醒我要涵盖的话题；在下一张纸上，我会列出可能要查阅的文献清单（讣告、私人信件、早些时候的综述文章）；再下一张纸，我会写出整篇文章可能的提纲。几小时的工作产出了几十张这样的纸，这项工作现在已经起步了。

下一步是文献检索和阅读。我会查阅我已经想到的文档，做好笔记，并寻找其中提示的其他参考资料。我会在图书馆里追踪脚注和《数学评论》上的参考文献(每一条都潦草地粗略记下),还会在早先的《不列颠百科全书》传记中寻找可遵循的模式。这部分工作花了几个月的时间,我不得不把它挤进平常每天的工作负担中。随着工作的进行,我在午餐和喝茶的时候不断地向我遇到的每个人提起这件事,我还会热切地把我收到的建议和意见("你会把他开车的故事讲给别人听吗?")匆匆记在午餐收据和茶巾的背面。

无论作品是长篇小说、短篇传记、研究论文,还是樱桃酱馅饼的食谱,写作交流中最困难的技术问题是按照线性顺序叙事。我们通常接收天地万物信息的方式是多维的,我们通过多种感官同时收到的信号来了解某事(或某人)。平衡感告诉我们一件事,而肌肉拉伸的方式告诉我们另一件事。我们具有视觉、听觉、触觉、嗅觉和味觉,由此体会温暖或寒冷,潮湿或干燥。讲授者使用词汇,但同时他也控制自己说话的速度和音量,他的面部表情、手势和语调都是他表达的一部分。言辞交流的最高浓缩形式是写作。一名作家拥有的唯一原材料就是他的词汇,而将他的词汇以一个整体顺序呈现,是他展现写作效果的唯一方式。

我会玩一种复杂的纸牌游戏,来解决内容编排的问题。第一步,我把积累的所有材料——黄色书写纸、书籍、抽印本、纸巾——转录到 3×5 规格的纸片上,采用简短的提示语的形式,每条短语有五六个单词。当然,这些纸片的数量与其涵盖的材料总量成正比,通常在 25 张到 100 张之间。(这里说的是一次性解决几页版面的内容编排问题。编排整本书的所有章节也能用类似办法解决。)我手里拿着一沓纸片,坐在一张清理干净的桌子前,把它们分成五六堆。这些纸片的分法不依赖固定的概念,我会根据这一次的主题来确定它们的结构编排。我记得,编排冯·诺伊曼的那篇文章分出了五堆纸片,大致对应着早年生活、职业生涯、数学、战争和故去。这个过程不是自动的。有些纸片似乎不属于任何一堆(对此,极端措施是扔掉它们);有时,不同的选择都站得住脚,并且(反复斟酌后)新选择很可能更可取;而同一堆中的内容编排,以及纸堆之间的顺序问题仍有待解决。

一旦纸片顺序整理好，写作就可以开始了。内容顺序可能会发生改变——关于局部编排的新见解会突然从字里行间冒出来，但这一改变不见得很大。对我来说，第一稿的实际写作通常相当顺利。《美国传统词典》和《罗热词库》（*Roget's Thesaurus*）[67] 就放在书桌上，打开着，供我经常查阅。此外，我会一口气写到开头。是的，我正是这么说的：开头。不仅整个作品，而且它的每一部分（例如本书中的每节）都应该有一个适当的开头和一个适当的结尾，而且，按照我的做法，它们的写作顺序是反过来的。我对"终曲"深思熟虑，并力图在轻快的乐观态度中结束；但我对"序曲"更为澄思渺虑。一旦这一节（或整篇论文、整本书）完成，我就会把它通读一遍，然后写（重写）开头。对于很短的一节来说，"序曲"可能只有一个段落，甚至只有一个句子，但它依然重要。为了把它写好，我必须对它所引导的总体结构有一种感受。

每当中断写作去查词典和词库，通常要找的不是词语在宏观意义下的含义（"oppugn"的正确用法是什么？），而是确定用词的准确性，找寻恰如其分的词。当我形容莱夫谢茨的笔迹时（见第 6 章"公共休息室"一节），我应该称之为"歪歪扭扭"（wiggly）还是"蠕蠕而动"（wriggly）呢？我和冯·诺伊曼所构造的例子对移位变换的共轭性猜想有什么影响（见第 11 章"遍历理论的最新进展"一节）？这些例子否认（contradict）、抵触（contravene）、反驳（gainsay）、质疑（dispute）、取消（disaffirm）、驳回（disallow）、舍弃（abnegate）还是拒绝（repudiate）了该猜想？《罗热词库》列出了我想要的那个意思的 25 个候选词。）当我查询和权衡时，写作得停下来 10 到 15 分钟。

除了"双"词以外，我并不担心拼写。"letdown"是一个词还是两个词，应该用连字符吗？"high school""grownup""book review""by-pass"和"payoff"[68] 这些词又该怎样呢？这个问题不重要也没深度，但前后不统一是不好的。如果有充分的理由，我不介意违反词典的规定；但如果缺乏充分的理由，我会让词典帮我做决定。

回到写冯·诺伊曼的那篇文章。经过撰写、统计、修改、重新统计，它有共约 7000 个单词。我并不感到惊讶或不安，我早就预料到了。删减，压缩，修整，缩短，最后干脆残忍地砍掉东西——我发现，把它转换成一篇增长见闻、易于理解的文章很容易，刚好有 998 个单词。

现在我有两篇文章，一篇长一篇短，我不愿放弃任何一篇。解决方案（完全是光明正大，经有关各方同意的方案）：我将长稿提交给《美国数学月刊》，短稿提交给《不列颠百科全书》。这就是故事的结局，而且几乎是一个圆满的结局。《月刊》刊登了我提交的论文，我仍然很欣赏它。然而，《不列颠百科全书》经过一番在语法上讲不通、在数学上搞不懂的修改和加工，"改进"了我提交的稿件。在我看来，这种改进是量产的、机械的、平庸的和迟钝的。

以我写的第一段为例：

约翰·冯·诺伊曼是一位出色的数学家，他对量子物理学、逻辑学、气象学、战争（war）、高速计算机的理论和应用（theory and applications），以及通过战略博弈的数学理论对经济学，都做出了重大（important）贡献。

以下是《不列颠百科全书》的版本。

作为一名数学家，约翰·冯·诺伊曼对量子物理学、逻辑学和气象学做出了重大贡献，这些贡献在国防（national defense）、高速计算机的发展（development）上都有实际应用。他的战略博弈的数学理论对经济学产生了显著（significant）影响（impact）。

你看到区别了吗？我说的是"战争"，他们（那些无处不在的恶毒的"他们"）却说是"国防"。更甚者，他们说他对量子物理学、逻辑学和气象学的贡献在这些方面都有实际应用。难道事实如此吗？我说的是"理论和应用"，他们改成"发展"。这更准确吗？更易于理解吗？至于"显著"，我很遗憾，现在很多人认为这个词是"重大"或"有价值"的同义词，但我是不是必须要这么表达呢？我认为它的意思更偏重"有意义"，当有人用这个词来形容一场演讲或一幅画时，我就要询问，这场演讲或这幅画意味着什么。至于"影响"，嗯，我无话可说！

我写的是："基本观点是，无穷维欧几里得空间中向量的几何学与量子力学系统的态的结构具有相同的形式性质。"他们改成了："他对向量有一个基本见解：在无穷维欧几里得空间中向量的几何学与量子力学系统的态的结构具有相同的数学特征。"

谈到冯·诺伊曼关于"算子环"的论文，我写道："这很可能作为他篇幅最长的论文而被人们铭记。"[69] 他们改成："在他所有的作品中，很可能这些概念被人们铭记最久。"我写的是"算子环一个出人意料的结果是'连续几何'"，而他们用"重要的"取代了"出人意料的"。他们还加了一句："迄今为止，数学家们仅用整数来表示给定的空间。"结论：对如何运用一门学科的语言一无所知的人，就不该写这方面的文章。

我的最后一句话是墓志铭式的诗文："他的深刻见解是启迪明灯，他的论述表达是五石六鹢。"他们省略了第二个"是"。这也算一个改进吗？

《不列颠百科全书》中的该词条不比我写的更短小，不比我写的更清晰，不比我写的更优秀；他们改变了（我认为他们毁了）我的明晰、我的诗意。接下来，我发出了言辞尖刻的信件，提出撤回我写的 1000 字并退还稿费。妥协的结果是，他们最终还是使用了自己的版本，但在我的坚持下，他们把我的名字移除了 [70]。他们拿到了自己想要的，而我保住了自己的名誉。我觉得，他们的品味糟糕得离谱，而他们认为我挑剔得离谱。

## 如何写历史

1976 年，在圣安东尼奥举行的冬季会议同时庆祝了美国建国 200 周年，在这方面，美国数学协会安排了一系列关于美国数学成长发展历史的报告。

伦尼·吉尔曼 [71] 是议程委员会的主席，他邀请我来准备近一段时期，即此前35年左右的历史的报告。我没有马上答应，但决定也没有拖延太久。依照吉尔曼关于此事的说法，我一开始要求一个月的时间来考虑，却在三天后就打电话表示接受。

我知道我无法独自完成这项工作。我花了三天时间询问一众同事是否愿意与我合作。当五人表示同意的时候，我心里踏实了下来。大家开始行动。这五位是约翰·尤因、比尔·古斯塔夫森、苏雷什·穆尔加夫卡尔（Suresh Moolgavkar）、比尔·惠勒（Bill Wheeler）和比尔·齐默（Bill Ziemer）。我们希望，我们合在一起有足够的数学知识来述说过去 35 年里所发生的一切。

我们应该说些什么，又应该怎么说？我们聚在一起，有时全体，更多时候分小组讨论可能性。我们应该讲一些"硬"事实，比如《数学评论》的飞速成长吗？还是应该描述那些使美国在这一学科成为世界领先国家的数学家的生活？我们是否应该着眼书目，准备一份论文和书籍的清单，让任何想了解真相的人都能从中学习？这是我们的一些选项。我们的报告的第一段描述了这些选项，也包括其他选项，然后继续展开：

我们决定不做这些事情，而是尽可能多地讲述数学，当今鲜活的数学。为了在指定的时间和空间范围之内做到这一点，我们以传统的"战役和国王"的历史风格来呈现这个主题。我们试图描绘 1940 年以来，美国数学的一些重大胜利，并举出胜利者们的名字，同时希望有足够（但有限度）的解释来表明谁是"敌人"。这些描述通常只是陈述。我们省略了所有的证明，但有时会简要地概述一个证明是如何进行的。概述可以是一句话，也可以是两三个段落，目的更多是阐释，而不是说服。

"战役和国王"（battles and kings）的风格固然很好，但是挑选哪些"战役"和哪些"国王"呢？还有，顺便提一下，我们该如何称呼自己的作品？也就是说，在我们开列清单的顶端可以放上什么题目呢？这最后的问题是最容易回答的。经过一番讨论，我们列出了由三个题目构成的简短名单，其中赢得民意调查的那个是"美国数学——从 1940 年到前天"。经过更多的讨论之后，我草拟了一份包含 32 个可能的主题的清单，我们的最终清单将从中选定，每个主题都伴随一些与之关联的名字，例如：

不变子空间（阿龙扎扬、伯恩斯坦、博灵、罗蒙诺索夫、鲁宾逊、史密斯）；

模型论（阿克斯、科亨、鲁宾逊、塔尔斯基）；

傅里叶级数（卡勒松）；

函数的叠加（科尔莫戈罗夫）；

质数定理（埃尔德什、塞尔贝格）。

我们票决，我们分配字数权重，我们争论。最后，我们定下 10 个主题，它们是：连续统假设、丢番图方程、单群、奇点的分解、韦伊猜想、李群、庞加莱猜想、怪球面、微分方程和指标定理。每个主题分配给我们中的一个人，这个人要准备初稿。初稿在大家手中传阅、批评和修改，最终都送到了我的办公桌上。我负责统稿。我完成了整篇论文的草稿，这是我做过或者曾经期盼去做的最艰难的数学写作。

我对连续统假设和李群有所了解，能听懂几个别的主题的大部分语言和思想，而剩下的主题我完全处于高度无知状态。我们希望向广大报告听众——协会的会员、《月刊》的读者，解释最近的进展，他们中的许多人可能和我一样无知。我给我的同事们提出挑战，让他们向我解释这些主题，并使我充分理解它们，以便把我由此所获得的东西传播给那些一片空白的听众。这个目的实现了——不知怎的，就办成了。阿蒂亚－辛格指标定理对我来说是最大的障碍，但是，不知怎的，我们也攻克了它。（诚然，在该报告发表之后，辛格告诉我，内容并不完全正确，它与黎曼－罗赫定理的关系尚不清楚，甚至可能出现错误的表述，但事实就是这样，我确信我和我一片空白的听众们学到了一些我们以前不知道却又值得知道的东西。）我的草稿被传阅、批评和修改，接下来我们清楚，这个过程已经达到了极限。

我从我们的 10 个主题中选择了一个子集，这个子集小到足以支撑一小时的演讲。在圣安东尼奥的会议上，我向据称有 1776 名的观众呈现了这个子集。然后我松了一口气，出去喝了几罐啤酒——喝得太早了。事情是这样的，这份手稿，也就是我做报告所依据的"最终"版本，包含以下两句关于 $S^n$ 的广义庞加莱猜想的叙述："斯托林斯（Stallings）对于 $n \geqslant 7$ 的情形（1960 年），齐曼（Zeeman）对于 $n = 5$ 和 $n = 6$ 的情形（1961 年），给出了证明。与此同时，斯梅尔（1961 年）使用完全不同的方法，给出了对于所有 $n \geqslant 5$ 的情形的一个证明。"我过早地松了一口气的原因是，几天后我收到了史蒂夫·斯梅尔的一封言辞激烈（或者说咄咄逼人、好战、脾气暴躁、不满、好斗）的信。信中指出，我的报告给人造成了"严重扭曲的印象"，以及，我对他造成了"伤害"。

我仔细研究了这件事，发现我基于史实的重点的确是错误的。那两句冒犯的话被变更为这样两句："斯梅尔（1960 年）证明了这一点。此后不久，斯托林斯听说了斯梅尔的成功，又给出了 $n \geqslant 7$ 的情形的另一证明（1960 年），而齐曼将其推广到 $n = 5$ 和 $n = 6$ 的情形（1961 年）。"错在我，我做出了改变，我写信告诉了斯梅尔，但我无法让我的信看上去不那么悲伤和哀怨。我说，如果他写一封更友善的信，我也会做出同样的改变，但感觉就会好得多。最后，是时候正当地松一口气了。

我们，六名合作者，把我们的论文投寄给了《月刊》，编辑亚历克斯·罗森贝格几乎立刻就给了答复：

> 在此确认尤因等人的论文已收到。……我已经阅读了这篇论文，简直赏心悦目，特此告知《月刊》接受该论文。

第二天，我给亚历克斯回了信：

> 你给了我们美好的六天（尤因、古斯塔夫森、哈尔莫斯、穆尔加夫卡尔、惠勒和齐默各一天），对约翰·尤因来说尤其美妙，他很欢喜你把作者称为"尤因等人"。

# 译者注

[1] 法律拟制（legal fiction），是将原本不符合某种规定的行为也按照相应规定处理，即在法律中用"视为"二字，将甲事实看作乙事实，使甲事实产生与乙事实相同的法律效果。

[2] 对数定律（logarithmic law）在第 7 章"从锡拉丘兹大学到芝加哥大学"一节曾提及，叙述上稍有差异。在心理学、流体动力学等领域的确有所谓的对数定律，当然内容各不相同，至于韦伊的对数定律则是一种戏称。但为何像真的一样呢？在于其对现实的生动写照。译者试图从韦伊的著作中找出这句话的源头，仅发现他人辑录的一条类似语录："First-rate mathematicians choose first-rate people, but second-rate mathematicians choose third-rate ones."（转引自 *Comic Sections*，Desmond MacHale，1993 年）。

[3] 此处应当指罗思柴尔德家族的创始人迈尔·阿姆谢尔·罗思柴尔德（Mayer Amschel Rothschild，1744—1812），他及其五个儿子从德国法兰克福的一家银行起步，于 19 世纪 20 年代在英国伦敦、法国巴黎、奥地利维也纳和意大利那不勒斯建立分支机构，成为国际银行家，并奠定了显赫的欧洲"银行王朝"，对欧洲经济和政治产生了长达 200 年的影响。他通过关系紧密的家族成员间通婚来防止家族财富落入他人之手。除了银行和金融，该家族的业务还包括采矿、能源、房地产和酿酒等。

[4] aloha 源自夏威夷语，传统上表达问候或告别。

[5] 该隐（Cain）和亚伯（Abel）分别是《圣经》所载亚当和夏娃的长子和次子，亚伯被其兄该隐所杀。

[6] 原文是 pellagra，术语通译作"糙皮病"，也可以音译。本病因维生素 B 缺乏引起，临床以皮炎、舌炎、肠炎及精神障碍等为特征。pellagra 来自意大利语 pelle agra，意为粗糙的皮肤，作者之所以感到抽象或许是因不了解本意。

[7] Jimmy Siu，Siu 是汉姓"萧"或"肖"的广东话发音的威妥玛式拼音，而吉米（Jimmy）是男子教名詹姆斯（James）的昵称。在夏威夷大学数学系网站可以找到教师 James Siu 的少量信息，他担任副教授，1956 年进入夏威夷大学数学系，2011 年退休。

[8] 在该系网站上一篇题为《系史 1954—2023》的文章中，包含本书作者的一幅照片的附注写道：作为 1968—1969 学年的系主任，保罗·哈尔莫斯聘用了一小代新教员，其中最后一位于 2015 年退休。

[9] 在美国，对部门领导者的称呼跟我们的习惯不同，美国人并不会直呼职位，而通常（以男性为例）用"Mr. + 姓"的方式，即某先生，甚至可以直呼其名，展现上下级之间的熟悉。

[10] 这源自西方文化中的一个典故。在古代波斯与希腊的战争期间，若信使带来的是好消息，波斯国王就会大力奖赏，否则，便直接将其杀掉。久而久之，信使们不再带来负面消息，国王则沉浸在好消息筑成的幻觉中，连对方发起进攻的消息也不知道，最后便亡国了。该故事于史不知是否可考，但在现代商业领域，甚至出现了"波斯信使综合征"（Persian messenger syndrome）这个词。

[11] Diamond Head Seminar，其中戴蒙德角是地名，是位于美国夏威夷州瓦胡岛（O'ahu）东南角的一座火山锥。该英文名称是由19世纪的英国水手起的，其在海滩上发现了闪闪发光的火山方解石晶体，误以为是钻石，因之命名为钻石山，即Diamond Hill，后来名称演变为Diamond Head，其中head是headland（岬角）的缩写。

[12] 胡希尔人（Hoosier），或译作胡热人，是美国印第安纳州本地人或居民的绰号。

[13] 参加作者泛函分析讨论班的约翰·康韦是John B. Conway（1939—　），他那时及之后很长时间都在印第安纳大学任教，其专长是泛函分析，特别是希尔伯特空间上的有界算子，也同马克斯·佐恩是密友。剑桥大学的那位是指约翰·霍顿·康韦（John Horton Conway，1937—2020），英国数学家，1986年移居美国。

[14] 吉姆（Jim）是男子教名詹姆斯（James）的昵称，正名詹姆斯·帕特里克·威廉斯（James Patrick Williams）。

[15] 斯温大楼（Swain Hall）分为西楼（Swain Hall West）和东楼（Swain Hall East），数学系在东楼，隔过西楼（包括物理系、天文系等）就是法学院（Maurer School of Law，印第安纳大学有两所法学院，此处指坐落于布卢明顿的）。

[16] 亚诺什·什塔克（János Starker，1924—2013），匈牙利裔美国大提琴演奏家，被认为是有史以来最伟大的大提琴家之一。从1958年直到他去世，他一直在印第安纳大学音乐学院任教。

[17] 梅纳赫姆·普雷斯勒（Menahem Pressler，1923—2023），德国出生的以色列裔美国钢琴家。

[18] 布林莫尔学院（Bryn Mawr College）成立于1885年，是位于美国宾夕法尼亚州布林莫尔的一所私立女子文理学院，可以授予博士学位，提供研究生教育。

[19] 沃巴什学院（Wabash College）成立于1832年，是美国印第安纳州克劳福兹维尔的一所私立男子文理学院，以实施"博雅教育"为主。

[20] 原文是gown，本是专业人士或学者穿的独特长袍，此处指大学的一员，而非普通居民。

[21] 原文是redneck，也可直译作"红脖子"，原来专指南方农场的白人体力劳动者，后泛指具有这类人群举止和观点的人，有轻蔑的贬义。

[22] 原文是 members of "town"，指大学所在社区或大学城的居民，与 gown 相对。

[23] 原文是 pretzels，译者见到多种译法，大多落在"饼"上。其实它和我们所认知的饼
不一样，它是一种由面团制成的烤面包，传统形状呈一个对称的结，所以也被称作扭
结饼、蝴蝶饼等。然而，如今椒盐卷饼有各种各样的形状，可以制成软的（即食）或
硬的（长期保存）。德国人常以此佐啤酒，犹如中式饮食中油条豆浆的常见搭配。

[24] 安娜·哈彻，美国语言学家，生于 1905 年，1976 年在印第安纳大学退休，1978 年逝
世。1956 年，她成为约翰斯·霍普金斯大学第一位担任正教授的女性。1970 年，她
成为印第安纳大学杰出教授，是该大学第一位获得这一头衔的女性。

[25] 英语中五个基础元音字母是 a、e、i、o、u。

[26] 该论文在第 5 章"自力更生"一节中提到过，即《希尔伯特空间的十个问题》，本章
"如何写数学"一节将其称为"综述"。

[27] 原文是 Madras，地名，美国或印度的多个地方都使用该名称。孙达尔是印度人，因
此是印度地名的可能性更大，即现在印度的金奈（Chennai，1996 年马德拉斯改名为
金奈），是世界大都市地区之一。根据作者的行习惯，此处应该是指 University of
Madras，即马德拉斯大学，该大学成立于 1857 年，是印度最古老和最著名的大学之一。

[28] 原文是 Hatfield-McCoy schism，常称作 Hatfield-McCoy feud 或 Hatfield-McCoy
conflict，即哈特菲尔德 – 麦科伊世仇或哈特菲尔德 – 麦科伊之争。两家族分别居住
在美国西弗吉尼亚州和肯塔基州的一条边界河流的两侧，他们各自都有许多亲戚和盟
友，双方有着传奇的宿怨。这一世仇的起源尚不清楚，有人将其归因于美国南北战争
期间形成的敌对状态。第一次大规模流血事件发生于 1882 年，1888 年，双方的械斗
达到高潮，美国最高法院的介入使得双方关系有所缓和，此后偶有冲突，直到 20 世
纪 20 年代才结束。这一词现已用来借代任何宿怨不休的敌对党派或群体关系。

[29] 原文是 he，按孙达尔的认知，仅指男性。在现代汉语里，"他"一般用来称男性，但
也可以是不区分性别的泛指。同样，查阅《美国传统词典》或其他主流英语词典，皆
表明 he 可以泛指。

[30] 二人是如何解决的呢？经查，二人合著的是《$L^2$ 空间上的有界积分算子》（*Bounded
Integral Operators on L² Spaces*），"预备知识"印在单独一页上，仅一小段文字，写
作："……本书读者应当知道法图引理、勒贝格控制收敛定理、里斯 – 费舍尔定理、
富比尼定理和拉东 – 尼科迪姆定理。此外，本书读者应当清楚，或者无条件地相信，
或者去查阅不含原子的有限可分测度空间的表示定理（按直线上的有限区间）。"他们
就这样规避了相关问题。

[31] 北不列颠泛函分析讨论班（North British Functional Analysis Seminar）现在依然活跃，由弗兰克·邦索尔和约翰·林格罗塞（John Ringrose）于 1968 年 2 月在爱丁堡大学召开会议成立。创始高校是爱丁堡大学和纽卡斯尔大学，成员机构目前有 12 所英国大学。讨论班举行了近 200 次会议，目的是将英国以外的泛函分析领域的领军人物带到英国。书中说到的格拉斯哥大学是在成立第二年加入的。

[32] 迈耶·杰里森（Meyer Jerison，1922—1995），波兰裔美国数学家，以其在泛函分析和环论方面的工作而闻名。他 1951 年进入普渡大学，直到 1991 年退休。几乎每个人都叫他杰里（Jerry），包括他的妻子。

[33] 12 件称为一打（dozen），12 打称为一罗（gross）。

[34] 原文是 Wabash West。圣巴巴拉位于美国西部的加利福尼亚州南部，作者在加利福尼亚大学圣巴巴拉分校工作时，建立了类似于"沃巴什"的南加利福尼亚泛函分析讨论班（SCFAS）。而作者也是"沃巴什"的创始人之一，沃巴什学院则地处美国中北部偏东的印第安纳州，"胡希尔人"是印第安纳州本地人或居民的绰号。因此他们称 SCFAS 为"沃巴什西部据点"就带有些许轻视了。

[35] 全称 Memoirs of the American Mathematical Society，由美国数学学会主办的丛刊，致力于出版纯粹数学和应用数学所有领域的研究著作。

[36] 原文是 Lecture Notes，施普林格出版社出版的一套丛书，全称是"数学讲稿"（Lecture Notes in Mathematics）。

[37] 《线性分析与表示论》（*Linear Analysis and Representation Theory*），作者史蒂文·加尔（Steven Gaal）。

[38] 《局部紧群的表示》（*Representations de Groupes Localement Compacts*，法语），作者阿尔芒·博雷尔（Armand Borel）。

[39] 《齐次空间上的调和分析》（*Harmonic Analysis on Homogeneous Spaces*），作者诺兰·沃勒克（Nolan Wallach）。

[40] 《半单李群上的调和分析》（*Harmonic Analysis on Semi-Simple Lie Groups*），共有两卷，作者加思·沃纳（Garth Warner）。

[41] 《表示论与自守函数》（*Representation Theory and Automorphic Functions*），盖尔范德与 M. I. 格拉耶夫（M. I. Graev）、I. I. 皮亚捷茨基－夏皮罗（I. I. Pyatetskii-Shapiro）合著，原书为俄语版，英译本（1969 年）由 K. A. 希尔施（K. A. Hirsch）翻译。

[42] 原书名即如此，以特殊线性群符号为题，作者瑟奇·兰（Serge Lang）。该书初版于 1975 年，后 1985 年由施普林格出版社重印，作为"研究生数学教材"丛书的第 105 卷。

[43] 《美国数学月刊》1967 年在评论栏目下设《电报式评论》（Telegraphic Reviews）栏目，
首发时其政策声明中陈述："由于对《月刊》读者感兴趣的所有出版物进行详细的评论
是完全不可能的，而且全面的评论经常被推迟，导致其新闻价值大大降低，所以我们
计划在这个栏目对相关领域内的所有材料进行及时的'电报式评论'，覆盖范围包括
从大三到研究生二年级的大学数学。"一本书的电报式评论是一段包含作者、出版社、
出版年、页数、价格、主要内容以及该书已有书评的线索的简短文字，并使用约定的
缩写来表示。随着时代发展，该栏目终于 2004 年第 7 期落幕，代之以网络形式。哈
利·弗兰德斯（Harley Flanders，1925—2013），美国数学家。本书作者 1946 年在芝加
哥大学给他讲过研究生课程（参见第 8 章"学生和访客"一节）。他也曾担任《月刊》
的主编，任期 1969—1973 年。

[44] 即 Center Section，印制在每期《月刊》的中间部位，页码单独编制，但仍计算在总页
数中。如作者所述，这个栏目刊载一些时效性较强的内容，比如各式列表、电报式评
论等。《月刊》自 1894 年创刊，至 2023 年已出版 130 卷，译者虽未期期查验，但可
确认，作者担任该刊主编时期（1982—1986）创制的这个栏目以及这种印制样式可谓
标新立异，既不同于前任主编，也未被继任主编采用。

[45] 原文 "Après moi le déluge."，是一句法语名言，相传出自法国国王路易十五或其情妇
蓬帕杜夫人（Madame de Pompadour）之口。

[46] 沙阿（Shah）是旧时对伊朗君主的尊称，此处指伊朗巴列维王朝的礼萨汗（后改称
礼萨沙）。

[47] 英语，意思是再见。

[48] 源自阿拉伯语的问候语 As-salamu alaykum，意为"愿你平安"，在伊朗常说成
salaam，是人们见面时打招呼的用语，犹言"你好"。

[49] 指上沃尔法赫数学研究所（德语 Mathematisches Forschungsinstitut Oberwolfach，简称
MFO。英语 Oberwolfach Research Institute for Mathematics），成立于 1944 年，现已
发展为一个国际研究中心，每年接待来自世界各地的近 3000 名科学家。本章《美国
数学月刊》一节提到的上沃尔法赫图书馆就属于该研究所。

[50] 德语，意为愿望簿。

[51] 达维德·米尔曼（David Milman，1912—1982），苏联数学家，是苏联泛函分析学派的
主要人物之一。20 世纪 70 年代移民以色列。

[52] Zorn 也是一个德语姓氏，如下文谈到的"佐恩引理"中的德国数学家马克斯·奥古
斯特·佐恩（Max August Zorn，1906—1993），第 15 章"为何不做系主任"一节有

其照片。该引理最早由波兰数学家卡齐米日·库拉托夫斯基（Kazimierz Kuratowski，1896—1980）在 1922 年提出，然后由佐恩在 1935 年独立提出。因此，该引理也被称为"库拉托夫斯基－佐恩引理"。

[53] 拉丁语，出自塔西佗的《编年史》（*Annals*），这句话经常被用来提醒历史学家、记者等在写战争或罪行时不要被情绪所左右。此处翻译参考了王以铸、崔妙因的译本（《塔西佗〈编年史〉》，商务印书馆，1981 年）。

[54] 弗兰克·史密西斯（Frank Smithies，1912—2002），英国数学家，主要研究积分方程、泛函分析和数学史。

[55] 前一文及相关故事见第 7 章"在锡拉丘兹大学做研究"一节，后一文及相关故事见本章"印第安纳大学博士生"一节。这两篇文章都是作者的得意之作。

[56] 该文可见《作为创造性艺术的数学》（"Mathematics as a Creative Art"），《美国科学家》（*American Scientist*）1968 年第 56 卷第 4 期。

[57] 该文系作者受不列颠百科全书委托撰写，其原始的未删节稿《约翰·冯·诺伊曼传奇》（*The Legend of John Von Neumann*）曾公开发表于《美国数学月刊》1973 年第 80 卷第 4 期。本章"如何写冯·诺伊曼"一节回顾了相关故事。《不列颠百科全书》归不列颠百科全书公司（Encyclopædia Britannica, Inc.）所有，此处及下文中未标书名号的"不列颠百科全书"一词，均表示该机构而非该作品。

[58] 作者在 1976 年 1 月 24 日受邀在美国数学协会组织的圣安东尼奥会议上做过相关报告，后扩充成文，与印第安纳大学的五位同事合作于《美国数学月刊》发表，题为《美国数学——从 1940 年到前天》（*American Mathematics from 1940 to the Day before Yesterday*）。本章"如何写历史"一节回顾了相关故事。

[59] 梅纳赫姆·马克斯·席费尔（Menahem Max Schiffer，1911—1997），德裔美国数学家，主要研究复分析、偏微分方程和数学物理。

[60] 后两个形容显然是一种运用矛盾修辞的幽默说法，意在表达其缺乏灵活性和优雅风度。

[61] 这里所述的是 1970 年 9 月 1 日至 10 日在法国尼斯召开的第十六届国际数学家大会，迪厄多内担任大会组委会下设的地方委员会主席和财务委员会委员。

[62] 席费尔生于犹太家庭，基于当时的环境，他在 1933 年底前离开了德国，并在 1946 年移居美国，1952 年 9 月被任命为斯坦福大学数学教授，1954 至 1959 年担任数学系主任。1970 年，当选为美国国家科学院院士。1977 年，从斯坦福大学退休成为名誉教授。很难想象席费尔会"不懂英语"，或许是因为作者不认识席费尔（本书从未谈及斯

坦福大学）。不过，席费尔的姓名所显示的德国特征确实太明显了。

[63] 这样修改，题目就成了"我如何写数学"。

[64] 康奈尔大学英语教授小威廉·斯特伦克（William Strunk Jr.，1869—1946）在 1918 年撰写印发了《英文写作指南》（*The Elements of Style*，又译作《风格的要素》）这本小册子。他的学生，美国作家 E. B. 怀特（E. B. White，1899—1985）对这本书进行了大量的扩充和修订，于 1959 年正式出版。该书被誉为最优秀、最有影响力的英语写作类图书之一。

[65] 该刊创刊于 1899 年，是国际数学教育委员会（International Commission on Mathematical Instruction）的官方期刊。

[66] 此处原文或有误，这本小册子最早于 1973 年由美国数学学会出版。作者文章在《数学教育》上发表时的篇名与这本小册子的书名相同，小册子中的四篇文章在通常印刷标题处被代之以各自作者的姓名。

[67] 《罗热词库》有时被称作"同义词词典"，但其不仅仅是一部同义词和反义词词典，读者可以从一个想法开始，不断翻阅该书，直到找到最能表达这个想法的词。其编纂者彼得·马克·罗热（Peter Mark Roget，1779—1869）是英国医生和语言学家，早在 1805 年，他年仅 26 岁时就有了初稿，但直到晚年才开始专心编写，1852 年得以出版，后又不断增补修订。

[68] 以上词语有的也可以分开、增加连字符或去掉连字符，不同的形式在词义、词性上或有差别，不同词典收录的形式也不尽一致。

[69] 冯·诺伊曼 1936 年与人合作发表了题为《关于算子环》（"On Rings of Operators"）的论文，共 114 页。其后 7 年又以相同题目发表系列论文 3 篇，最短的也超过 40 页。1949 年再以副标题《约化理论》（"Reduction Theory"）独立发表同名论文，有 85 页。"算子环"现在一般被称为"冯·诺伊曼代数"。

[70] 目前《不列颠百科全书》网络版中"约翰·冯·诺伊曼"词条已由他人重新撰写。译者猜测 1974 年第 15 版（28 卷）或许采用的是哈尔莫斯"参与"撰写的词条，也可能在第 14 版的某次重印中就采用了，不知是否保留至 1985 年 32 卷本，这是《不列颠百科全书》最后的纸质版，2012 年纸质版本停印。倘若读者有机会证实或推翻，译者很乐于接收到相关消息。

[71] 伦尼（Lenny）是伦纳德（Leonard）的昵称，即伦纳德·吉尔曼，作者在本书"致谢"中提到他。

# 终曲：如何做数学家

你需要很长时间才能学会生活，直到那时，你会知道自己的时光已经流逝。我花了大半辈子的岁月努力去做一名数学家，从中我学到了什么？怎样才能成为其中的一员？我认为我发现了答案：你必须天资卓越，你必须力臻完善，你必须热爱数学胜过一切，你必须勤奋不辍，你必须永不言弃。

天资卓越？是的。要成为一名数学学者，你必须生来具有天赋、洞察力、专注力、品味、运气、驱动力以及想象和猜测的能力。为了教学，你必须额外体悟学习者可能会遭遇什么样的障碍，你必须同你的听众产生共鸣，无私敬业，口才流利，思路清晰，长于说理。最后，为了能够在这个行业中发挥自己的作用，在从事基本的文书工作和履行行政任务时，你必须负责、认真、仔细、井井有条，如果你还具备一定的领导能力和个人魅力，就更有助益了。

你不可能十全十美，但如果不尝试，你就不会做得足够好。

要做一名数学家，你必须热爱数学甚于热爱家庭、宗教、金钱、舒适、快乐和荣耀。我的意思并不是说，你必须热爱数学而不顾家庭、宗教和其他方面；我也不是说，如果你真的热爱，就永远不会有任何怀疑，永远不会气馁，永远不会准备抛下一切转而从事园艺。怀疑和气馁是生活的一部分。伟大的数学家也会怀疑，也会气馁，但通常他们无论如何也无法停止做数学；而当他们真的停下来时，他们又会深深地怀念数学。

可以肯定，"数学家"是一个没有定义的术语，也可能现在（或以前）被称为数学家的某些人并不（或不曾）那么深地热爱数学。对数学不感兴趣的配偶需要同等的陪伴时间，作为父母对孩子的内疚感会让你选择在周六下午跟儿子玩接球游戏，而不是对着那道难以捉摸的问题去白费力气。家庭、宗教、金钱、舒适、快乐、荣耀和生活上的其他要求，或深或浅，对我们所有人而言都不同程度地存在着，我并没有说数学家们总在忽视这一切，我也没有说对数学的热爱比对其他事物的热爱更重要。我想说的是，在某种程度上，一个人的爱是可以排序的，数学家（我总是乐于在这种意义下使用该词）最大的爱是数学。我认识许多数学家，无论伟大的还是平凡的，我确信，我所讲的对于他们而言都千真万确。举几位著名的数学家为例，如果马斯顿·莫尔斯（Marston Morse）、安德烈·韦伊、赫尔曼·外尔和奥斯卡·扎里斯基不同意我的观点，我会非常惊讶。

请注意，我并不是建议你或坚持让你热爱数学。我不会发出这样的命令："如果你立志做一名数学家，就该立即开始热爱数学。"那将是荒谬的。我的意思是，对数学的热爱是一种假设，没有这个假设就不会得出那个结论。如果你立志做一名数学家，你就要审视自己的灵魂，质问自己做一名数学家的愿望有多大。如果这个愿望不是深刻和巨大的，如果它实际上不是最大的愿望，如果你有另一个优先的愿望，甚至不止一个，那么你就不应该尝试成为数学家。"应该"这个词不是从道德伦理上考虑，而是从务实的角度出发。因为我认为你的尝试很可能不会成功，而且，无论如何，你可能会感到沮丧和不快。

至于"勤奋不辍"，当卡迈克尔告诉我他花了多长时间准备一场50分钟的特邀报告时，我第一次明白了这意味着什么。50小时，他说。换言之，最终报告里的每一分钟都需要一小时的基础。多年以后，当我们六个人写了一篇"数学史"的论文（《美国数学——从1940年到前天》）时，我算了一下，我那份任务大约花了150小时。我再一想到整个团队花了多少工时，就不寒而栗。仅是准备一次演讲（并不是论文）就能占用我几小时。我高声朗读全稿，然后，又对着录音机通篇讲了一遍。随后，我从头到尾听了六遍，其中三遍是为了找出需要润色的地方（并在下一次播放前就做好需要的润色），另外三遍是为了把握好节奏（特别是为了把握好每个部分的时机）。当这一切都过去后，我准备好透明胶片，在最后的彩排中（独自一人，没有观众）又从头至尾演练了一回。这就是工作。

阿基米德教导我们，一个渺小的量不断叠加，足以成为一个巨大的量，或用谚语来说：一点一滴，汇聚成河。要说如何成就这世上繁重的工作，尤其是数学家的工作，无论是证明一个定理、写一本书、教授一门课程、主持一个部门，还是编辑一份期刊，我赞成这一说法：阿基米德的方法是完成一件事的唯一方法。坚持每天做一点，没有例外，没有假期。作为例子，我提一下我的《希尔伯特空间问题集》的第一版，其中有 199 个问题。在迈阿密大学的那一年，我完成了初稿的大部分，我强迫自己每天写一个问题。但这并不意味着我写整本书花了 199 天，总时间大约是这个数字的三倍。

至于"永不言弃"，那是无须解释的，我一直都在试图用轶事来举证说明，但这里，为了有趣，我讲一个相关的小故事。大约是在 1980 年，我受邀给"普通"听众做了一次演讲。演讲结束后，我把它写了下来，投寄给《数学教师》(*The Mathematics Teacher*) 发表。没过太久，我收到了几位评审人的报告，部分内容如下："本文作者显然觉得她 / 他是在展示抽象的魅力和威力。虽然他 / 她的例子包含了这样的潜力，但我不觉得其呈现方式创造出了这种效果。……这篇论文的主要问题在于文风散漫，思想脉络也不清晰。……所关注的数学主题只能引起适度的兴趣。"这次投稿被坚决地拒绝了。我没有放弃，只是耸耸肩，只字未改地把同一篇文章投给了当时名为《两年制学院数学学报》(*The Two-Year College Mathematics Journal*) 的期刊。它被接收并刊印，一年后，获美国数学协会颁发的"波利亚奖"[1]。

这些关于如何做数学家的诀窍和描述，都不可避免地源于我自己成为数学家的尝试。没有人能告诉你数学家应该做什么，而我也不完全确定我知道他们实际上在做些什么——我真正能说出的只是我做了什么。

我跟数学家有多接近？我在数学上的全部贡献有多少？我首先想到的回答是一个小巧而漂亮的证明（单调类定理），几个还不错的定理（主要在我的遍历理论的论文 "Approximation Theories..."[2] 和 "In General a Measure-Preserving Theorem Is Mixing"[3] 中），以及一个逻辑学上的好想法（多元代数）。

我颇为擅长的一件事就是问问题。假定有一个数学问题，如果我能理解它的陈述，对它的历史有所了解，还曾花了一些时间研究它，对它的标准理论方法的掌握还算跟得上时代，那在这些条件下，我具备发现、识别和系统阐述其核心问题的天赋。如果我花了一个月的时间认真研究一个问题，试图回答它，却失败了，那么我就坚信它并非无足轻重。我坚信这样一个问题适合比我更优秀的数学家去解决。如果他们之中有人解决了该问题，那他必定会感到自豪和欣慰，至少要激动一阵子。例如幂不等式、正规算子的外尔－冯·诺伊曼定理。

与我曾经问过的问题相关的是我发现并引入的那些概念，尤其是次正规算子和拟三角算子，可能还有巴拿赫代数中的容量。重要的理论都是从这些概念发展而来的。我认为，称之为贡献是公平的。

我写了一些不错的综述，还写了一些相当好的书。或许最出色的是《有限维向量空间》和《希尔伯特空间问题集》，不过，我自己对这种事表示支持或反对，可能是最没分量的了。

我最接近不朽的贡献是一个缩写拼法和一个印刷符号。我发明了 "iff"，意思是 "当且仅当"（if and only if），然而，我从来不相信我真的是它的发明者。我很乐于相信，在我发明之前它就已经存在，但我**不知道**它的存在，反正是我对它的创造（或者说再造）使它在数学世界中传播开来。而那个符号肯定不是我的创造——在我采用它之前，它已出现在流行杂志上（不是数学杂志），但是似乎也是我把它引入了数学。它是有时形如 "□" 的符号[4]，用于表示结束，通常是一个证明的结束。它最常被称作"墓碑"（tombstone），但至少有一位慷慨的作者将其称为"halmos"（哈尔莫斯）。

　　就是这样，这就是生活，这就是事业。我是一名作家、编辑、教师和科研型数学家，这是依我对自己各项能力的评判，按由高到低顺序排列的。

　　接下来做什么呢？写作本书耗费了我极大的心血，花了一年半的时间和精力，在此期间，我无暇顾及科研。这是深思熟虑之后的一场冒险。我想写这本书，但根本不确定我能否按照我梦想的方式完成，不确定我能否把自己想说的话告诉读者。如果我最终成功了，我会很高兴；如果没有，我会很难过。但是，不管是哪种情况，我都不准备钻进地缝里，永远地消失。我想要再多写一些数学，再多教一些数学，甚至再多证明一个定理。我会努力去尝试，这是肯定的。我思考数学，我教授数学，我撰写数学，我谈论数学，都已经达 50 年之久，我很高兴我一直这么做下来。我想当数学家。我仍然在路上。

## 译者注

[1]　该奖项全称是乔治·波利亚奖（George Pólya Award），由美国数学协会设立于 1976 年，每年至多颁发两个奖项，每个奖项的奖金为 1000 美元，用来奖励发表在《学院数学学报》（*The College Mathematics Journal*，《两年制学院数学学报》为其曾用刊名）上的优秀说明性文章。作者获奖于 1983 年（恰恰该年度唯一一次颁发了三个奖项），论文是《抽象的魅力》（*The Thrills of Abstraction*）。

[2]　原文未把标题写全，应为 "Approximation Theories for Measure Preserving Transformations"（《保测变换下的逼近论》），见《美国数学学会汇刊》1944 年第 55 卷第 1 期。

[3]　原文标题有误，应为 "In General a Measure Preserving Transformation Is Mixing"（《一般而言，保测变换是混合变换》），见《数学年刊》1944 年第 45 卷第 4 期。本书第 7 章"在锡拉丘兹大学做研究"一节谈到该文。

[4]　这一符号也作 "▮" "□" "▪"，等等。